DIE GROSSEN RÄTSEL UNSERER WELT

Dieses Buch entstand in Zusammenarbeit
zwischen dem ADAC Verlag und dem Verlagshaus Stuttgart

Autor: Felix R. Paturi
Redaktion: Ursula Saling
Layout: Volker Schöbel
Reproduktionen: Fotolito Longo AG, Frangart/Bozen
Druck und Bindung: Brepols Graphic Industries, Turnhout, Belgien
ISBN 3-87003-926-4

DIE GROSSEN RÄTSEL UNSERER WELT

EIN ADAC BUCH

Inhalt

Vorwort

Hier Wissenschaft, da Aberglaube oder Yellow Press: schön, wenn es immer so einfach wäre. Dann gäbe es gesicherte Fakten und Erkenntnisse auf der einen Seite und das Reich der sensationshungrigen Fiktion, der Scharlatanerie und des naiven, unrationalen Glaubens auf der anderen. Man wüßte, worauf Verlaß ist. Aber so einfach ist das eben nicht.

Die Wissenschaftler selbst sind sich dessen durchaus bewußt. Nur geben sie das meist nicht zu. Und das mit gutem Grund. Erwiesen sich ihre Aussagen nämlich als falsch, dann würde der Elfenbeinturm der Forschung und Erkenntnis bald in sich zusammenstürzen. Ein Wissenschaftler darf nur hundertprozentig gesicherte Fakten als solche ausgeben. Das aber verleitet ihn nicht selten dazu, über anderes gar nicht nachzudenken oder es von oben herab als »unwissenschaftlich« abzutun. Dabei vergißt er aber, wie die Wissenschaft Fakten überhaupt erst sichert: Sie befaßt sich mit dem Unbekannten, untersucht es, bemüht sich, zugrunde liegende Prinzipien zu verstehen und Gesetzmäßigkeiten aufzudecken. Berührungsängste dürfte es dabei eigentlich gar nicht geben. So gesehen ist überhaupt kein Thema »unwissenschaftlich«. Nur hält das eine Phänomen einer näheren Untersuchung nicht stand und entpuppt sich als Täuschung, das andere läßt sich wissenschaftlich untermauern. Doch auch diese Qualität umfaßt nicht alles, und hier liegt eine Fußangel für die Wissenschaft. Es gibt da nämlich eine gewaltige Grauzone, die wissenschaftlicher Methodik überhaupt nicht oder nur teilweise zugänglich ist und dennoch real existiert. So kann es der Fall sein, daß die Geschichte alle Spuren, die zu einem bestimmten Phänomen führten, unwiederbringlich verwischt hat. Es kann der Fall sein, daß zu wenig oder unzureichendes Untersuchungsmaterial vorliegt oder daß ein Forschungsgegenstand räumlich oder zeitlich nicht erreichbar ist. Es kann der Fall sein, daß ein Forscher wichtige Spuren übersieht oder falsch interpretiert. Und es kann der Fall sein, daß die wissenschaftliche Methodik – noch – nicht weit genug entwickelt ist, um ein bestimmtes Phänomen zu untersuchen. Und auch Wilhelm Buschs Bemerkung, daß »nicht sein kann, was nicht sein darf«, spielt eine wichtige Rolle. Die meisten Naturwissenschaftler sind nämlich keineswegs frei von Vorurteilen. Eines davon heißt: Überlichtgeschwindigkeit gibt es generell nicht. Doch seit kurzem übertragen Experimentalphysiker Informationen (z.B. Mozarts 40. Symphonie) mit mehrfacher Lichtgeschwindigkeit. Das ist ein Faktum. Ein anderes Vorurteil liegt im mechanistischen Weltbild der Naturwissenschaften begründet. Hier wurzelt der Kausalitätsbegriff von Ursache und Wirkung. Der britische Biologe Sheldrake stellt dem akausale Sinnzusammenhänge und »morphogenetische Felder« gegenüber, die es ihm erstmals gestatten, Phänomene wie die Selbstorganisation von Lebewesen zu erklären. Und daß Emotionen wie eiserner Wille oder Glaube Berge versetzen, unterschreiben seit einigen Jahren sogar Wissenschaftler der Max-Planck-Gesellschaft: Gefühle erzeugen komplexe Boteneiweiße im Nervensystem und diese beeinflussen direkt das Immunsystem. Noch vor kurzem nannte man so etwas Wunderheilung. Heute bezeichnet es die Medizin als Psychoneuroimmunologie.

Das vorliegende Buch befaßt sich mit zahlreichen heiklen Themen, die die Öffentlichkeit schon immer interessierten, denen sich aber die Naturwissenschaften nur zögernd oder gar nicht nähern. Dabei vermeidet der Autor – selbst ein Naturwissenschaftler – sorgfältig jede Spekulation, die im krassen Gegensatz zu naturwissenschaftlich gesicherten Erkenntnissen steht. Deshalb fehlen hier z.B. die Ufos oder die Telekinese. Das Buch berichtet sachlich über Fakten – auch wenn diese noch nicht oder nur unvollständig verstanden sind –: es zeigt den Stand der jeweiligen Recherchen, stellt gesicherte Mosaiksteine vor, die manchmal erst verschwommen ein Gesamtbild erahnen lassen und berichtet über in sich widerspruchsfreie Hypothesen, die zu möglichen Erklärungen führen könnten.

Generell behandelt das Buch faszinierende, aber für den Naturwissenschaftler nur schwer zugängliche Phänomene: Vorzeiträtsel wie die Megalith-Bauten oder die Monumentalfiguren der Osterinsel, bei denen wir nicht auf Augenzeugenberichte zurückgreifen können; Sagen, bei denen sich Phantasie und Dichtung fast unentwirrbar mit realen Hintergründen verknüpfen; seelische Phänomene, die sich der materiell und energetisch messenden Wissenschaft bisher fast völlig entziehen: rätselhafte Tiere, die vielleicht eines Tages doch noch wissenschaftlich entdeckt und beschrieben werden können …

Die großen Steine

1

2

3

Mythen und Legenden umranken sie, die gewaltigen Steine bei Carnac in der Bretagne. Seit 6000 Jahren stehen dort die bis zu 17 Meter hohen Säulen.
Warum wurden sie aufgestellt? Wer hat diese gewaltige Leistung vollbracht? Wir wissen es nicht.
Zu Abertausenden finden sich solche prähistorischen Steinriesen in Europa und Nordafrika, in Syrien und Palästina. Markieren sie alte Kultstätten? Handelt es sich um Grabstelen oder Götterthrone? Wir wissen es nicht.
Heute vermuten die Wissenschaftler, daß das berühmteste Denkmal der Megalithkultur, die Steinkreise von Stonehenge, astronomischen Peilungen diente.
Aber wie konnten die Menschen der Jungsteinzeit astronomische Kenntnisse haben, über die wir heute nur staunen?

1/2 Mythen und Sagen umgaben einst die bretonischen Menhire. Die Kirche »christianisierte« viele der Steinsäulen und ließ sogar Skulpturen als Kreuze und Bibelszenen errichten.

3 Bei Carnac ziehen sich kilometerlang Alleen mit mehr als 3000 Menhiren hin bis zum Horizont.

4

5

6

In der Nähe des kleinen Örtchens Locmariaquer bei Carnac in der Bretagne liegt eine in vier Teile zerschmetterte rohe Steinsäule aus grobkörnigem Granit. Das wäre an sich nichts Besonderes, denn derartige längliche Granitmonolithen sind natürlichen Ursprungs und an der Westküste der Halbinsel Quiberon – an der »Côte Sauvage«, der »Wilden Küste« – nicht gerade selten. Nur liegt diese Küste mehr als 15 Kilometer weiter westlich, und die Entfernung ist als Luftlinie gemessen. Der Landweg macht gut und gern das Doppelte aus, denn zwischen der Felsküste und Locmariaquer erstreckt sich eine Meeresbucht. Der Wasserweg ist, da die Halbinsel umschifft werden muß, nicht kürzer als 25 Kilometer.

Irgend jemand muß den mächtigen Stein also an seinen jetzigen Platz transportiert haben. Und es muß ein sehr wichtiger Anlaß gewesen sein, denn der Granitkoloß ist mit 347,53 Tonnen rund 40 Tonnen schwerer als ein vollbesetzter Jumbo-Jet! Als er noch nicht zerbrochen war, maß er 20,3 Meter und war damit höher als ein sechsgeschossiges Haus. Von Höhe – und nicht von Länge – muß nämlich die Rede sein, denn wer immer ihn nach Locmariaquer schaffte, der richtete ihn dort auch auf. Etwas mehr als drei Meter tief mag sein Sockel in die Erde gereicht haben, 17 Meter hoch überragte er als mächtige Steinsäule das flache Land.

Es ist fast auszuschließen, daß der Stein schon beim Aufstellen zu Bruch gegangen ist, denn unter dem gestürzten Riesen entdeckten Archäologen gallo-römische Artefakte. Die Säule wurde aber nicht nach römischer Zeit

4/5 Das wohl bekannteste prähistorische Monument Europas ist Stonehenge im Süden Englands. Seit Jahrhunderten schon beschäftigen seine geheimnisvollen Steinkreise die menschliche Phantasie.

6 Die Bretagne war in der Jungsteinzeit eines der Zentren der europäischen Megalithkultur.

herbeigeschafft, sondern schon um 2000 v. Chr., also in der Jungsteinzeit. Sie muß demnach erst viel später umgestürzt und auf die jüngeren Kulturzeugnisse gefallen sein.

Wer den Men Er-Grah – so heißt der mächtige Obelisk – herbeischaffte, geht aus der wissenschaftlichen Datierung hervor: Vor rund vier Jahrtausenden lebten im Nordwesten Frankreichs die Armorikaner, deren Vorfahren wohl wenigstens zum Teil in den Cro-Magnon-Menschen, der ersten in Europa bekannten Homo-sapiens-Rasse, zu suchen sind. Ihre Heimat war Armor, das »Land am Meer«. Die Armorikaner waren Bauern und Fischer und wagten sich mit ihren leichten Weidengeflechtbooten mit Lederbordwänden auch auf das offene Meer hinaus.

Eines kannten sie mit Sicherheit nicht: eine städtische Kultur mit großen Menschenzusammenballungen, wie es sie etwa in Mesopotamien oder Ägypten gab.

Für manche Archäologen, die Theorien über den Transport und die Aufstellung des mächtigen Steins entwickelt haben, war diese Erkenntnis gewiß ärgerlich. Meinten sie doch, daß für die Fortbewegung des 134,5 Kubikmeter

Zauberkundige Priester als Transporteure?

großen 348-Tonners auf Rollen nicht weniger als 3000 Menschen notwendig gewesen seien! Diese Unmöglichkeit brachte phantastische Gemüter auf den Einfall, alte zauberkundige Priester könnten die immensen Lasten telekinetisch bewegt haben, einfach durch die Kraft ihrer Gedanken.

Ein Erklärungsversuch des französischen Archäologen Z. Le Rouzic aus den ersten Jahrzehnten unseres Jahrhunderts klingt wesentlich plausibler. Der Wissenschaftler wies praktisch nach, daß rund 100 geschickte Männer mit richtig angesetzten Hebebäumen auch sehr große Monolithen bewegen können. Nimmt man noch Rinder als Zugtiere hinzu, dann dürfte die Frage des Kräftebedarfs gelöst erscheinen.

Den nüchternen Techniker mögen Le Rouzics Experimente befriedigen, dem Mystiker sind sie indes zu banal. Und genauso banal muß ihm die Begründung erscheinen, die manche Archäologen für die Errichtung des Men Er-Grah geben. Sie halten ihn einfach für ein Seezeichen, denn in der Tat markiert sein Standort einen für die Navigation der Steinzeit-Segelschiffe wichtigen Punkt: den Zugang vom offenen Meer zum Golf von Morbihan (dem »Kleinen Meer«) und zum Fluß von Auray.

Die Theorie erscheint auf den ersten Blick durchaus plausibel. Aber ganz so einfach ist es wohl doch nicht. Menhire oder Mannsteine wie der Men Er-Grah sind keine

7 Eines der faszinierendsten Zeugnisse der Megalithkultur: das Bauwerk Stonehenge bei Salisbury, das etwa 2000 v. Chr. mit höchstem technischem Geschick errichtet wurde. Die Kultstätte besteht aus einem Doppelkreis aufrecht stehender Steinsäulen, die durch Querblöcke verbunden sind.

7

Im Zentrum liegt ein Monolith, den man für einen Altarstein hält. Die besondere Stellung der einzelnen Menhire legt nahe, daß das Monument ein astronomisches Heiligtum war, das die Urmenschen zur genauen Beobachtung von Sonne- und Mondbewegungen am Himmel nutzten.

8

9

10

Seltenheit in der Bretagne, und wenngleich kein einziger an seine Größe heranreicht, so ragen doch zahlreiche davon noch heute mehrere Meter weit auf. Der größte noch stehende Stein, der Menhir von Kerloas, erhebt sich bei Plouarzel in der Bretagne zwölf Meter hoch über den Erdboden. Die meisten dieser Menhire, wie die Archäologen die Steinsäulen nach dem alten bretonischen Wort allgemein nennen, stehen nicht an der Küste. Von Schifffahrtszeichen kann also keine Rede sein.

Unmittelbar an den Men Er-Grah schließt sich ein 168 Meter langes und 30 Meter breites Steinzeitgrab an. War die Granitsäule also eine Art Grabstele? Dafür spricht nicht zuletzt das Alte Testament. Vor mehr als 3700 Jahren, also etwa zur Zeit der nordfranzösischen Großsteinsetzer, starb in der Nähe von Bethlehem die Frau des biblischen Stammvaters Jakob. »Und Jakob richtete ein Mal auf über dem Grab, dasselbe ist das Grabmal Rahels bis auf diesen Tag.« So beschreibt das erste Buch Mose (Kapitel 35, Vers 20) die Beisetzung. »Bis auf diesen Tag« – Rahels Grab in Palästina hat die Jahrtausende unverändert überdauert. Das monumentale steinerne Mal ist ein Menhir!

Nun ließe sich einwenden, zwischen Rahels Grab und den Mannsteinen in der Bretagne liegen nicht weniger als 4000 Kilometer. Was hat das eine mit dem anderen zu tun? Doch dieses Argument verschwindet, wenn man weiß, daß die stehenden Steine im Nordwesten Frankreichs keine isolierte Erscheinung sind. Abertausende finden sich noch heute in ganz Europa und Nordafrika: in Griechenland und Apulien, auf Sizilien, Sardinien, Korsika und den

8 Unsere Ahnen schrieben den Menhiren einst geheimnisvolle Kräfte der Zeugung zu.

9 Die mächtigen Steine von Stonehenge könnten vor Urzeiten von Riesen aufgetürmt worden sein.

10 Abertausende von Megalithen finden sich heute noch in Europa, Nordafrika, Syrien und Palästina.

Balearen, in Norditalien, Südfrankreich, der Schweiz und Österreich, in Süd-, West- und Nordspanien, Portugal, ganz West- und Nordfrankreich, auf den Britischen Inseln, in Belgien, Holland, Norddeutschland, Dänemark und auch im Süden Skandinaviens. Längs der Mittelmeerküste von Libyen bis Marokko und weiter nach Süden bis in den Senegal und nach Gambia fehlen sie ebenfalls nicht. Und es gibt sie in Syrien und Palästina. Die Archäologen sprechen von einer Megalithkultur. Mega ist die griechische Vorsilbe für groß, lithos heißt Stein.

Waren all diese großen Steine, diese Megalithen, Grabstelen? Auch das ist unwahrscheinlich, denn vielerorts treten sie zu Gruppen zusammen, zu großen Ringen in Kreis- oder Eiform, zu langen Reihen oder – in der Westsahara – zu einer Art Parabeln. Und nur selten finden sich in ihrer unmittelbaren Nähe wirklich Gräber.

Vielleicht hilft es weiter, zu wissen, wo die Wurzel der Megalithkultur zu suchen ist. Dazu muß man sich darüber im klaren sein, daß der Begriff selbst irreleitet. Eine Megalithkultur gab es mit Sicherheit überhaupt nicht, ebenso wie man heute nicht von einer Hochhauskultur sprechen kann. Der Megalithgedanke breitete sich aus und erfaßte die verschiedensten Völker. Aber von wo kam er?

Im Band zwei seiner »Vorgeschichte der Menschheit« gab 1963 der deutsche Prähistoriker Professor Herbert Kühn die plausibel klingende Erklärung: »Die große Zahl der Megalithbauten auf den Inseln des Mittelmeers, auf den Balearen, auf Sardinien, Korsika, Malta, Gozo und in ganz Nordafrika deutet auf den Osten des Mittelmeers, auf eine Stelle, wo die beiden Hochkulturen, Ägypten und Mesopotamien, immer wieder um die Vorherrschaft kämpften – auf Syrien und Palästina.« Im Detail beschreibt Kühn, auf welchem Wege sich der Megalithgedanke seiner Meinung nach im Laufe vieler Jahrhunderte über Europa ausgebreitet hat: »Das Erschließen von neuen Zinnvorkommen war für den Orient der tiefere Grund zur Kolonisation des Raumes des Mittelmeers.« Dorthin trugen die Megalithbauer ihr Gedankengut zuerst. Dann strahlte es auf dem Seeweg weiter aus: »...an der Nordküste Afrikas entlang nach Spanien, Frankreich, England und Skandinavien. – Es fand keine Wanderung statt, sondern eine Kolonisierung.«

Eine Landbrücke mit Großsteinsetzungen verläuft von Südfrankreich nach Norden bis zur Kanalküste. War sie eine Abkürzung für den weiten Handelsweg zur See, der den großen Umweg um die Iberische Halbinsel in Kauf nehmen mußte? Die Vermutung paßt gut in das Bild von der Kolonisation Europas durch die Megalithleute, ebenso

Atomphysik bringt Theorien ins Wanken

wie die Tatsache, daß es in Carnac in Nordwestfrankreich Steinreihen gibt, die ganz jenen von Gezer in Palästina entsprechen, oder daß sich in irischen Großsteingräbern ägyptische Perlen fanden.

Alles scheint sich widerspruchslos ineinanderzufügen. Doch das war 1963. Inzwischen haben Kohlenstoff-14-Datierungen neues Licht auf die Megalithfrage geworfen und damit zugleich neue, tiefe Schatten. Wenn die Kolonisationstheorie stimmte, dann müßte sich die Großsteinkultur nach und nach vom Mittelmeer über Portugal und Nordspanien nach Nordwestfrankreich und weiter zu den Britischen Inseln ausgebreitet haben.

Jüngere Zeitbestimmungen der Engländerin Elisabeth Shee brachten aber eine Überraschung: Die ältesten Ganggräber in der Bretagne stammen aus der Zeit um 3900 v. Chr. und erweisen sich damit als wenigstens ein Dreivierteljahrtausend älter als jene in Portugal, und die Megalithen Südspaniens und der Mittelmeerinseln sind ihrerseits jünger als die portugiesischen. »Wenn sich in Zukunft keine früheren Daten (für die Iberische Halbinsel) finden lassen«, schreibt die englische Wissenschaftlerin, »wird es erforderlich sein, ernsthaft zu erwägen, ob nicht in Wirklichkeit die Ganggräber der Bretagne die frühesten megalithischen Grabmale im atlantischen Europa sind.«

Auch viele Großsteinsetzungen der Britischen Inseln sind wesentlich älter, als Professor Kühn es noch 1963 angenommen hatte. »In Großbritannien fallen alle Megalithbauten in die Bronzezeit, also nach 1800 v. Chr.«, schrieb er. Inzwischen haben Kohlenstoff-14-Untersuchungen Datierungen ergeben, die bis in die Mitte des dritten vorchristlichen Jahrtausends zurückreichen.

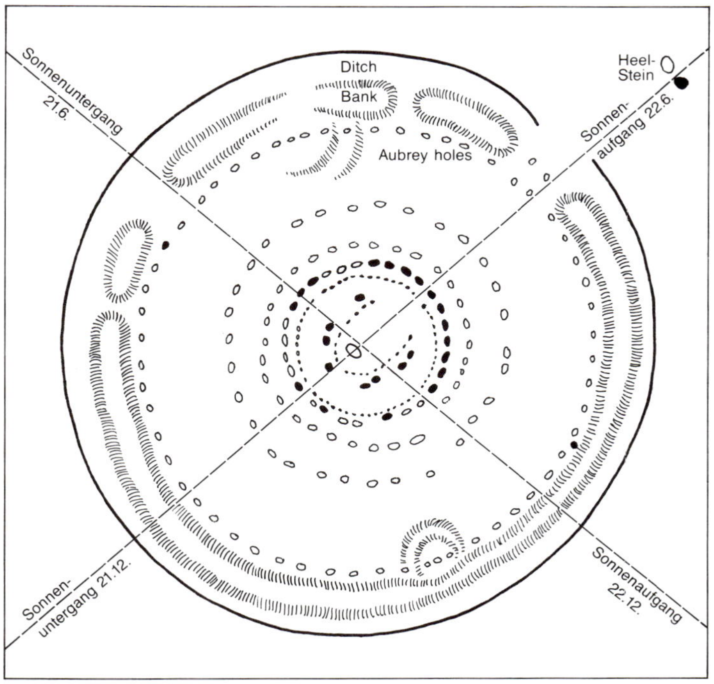

Der Ursprung der großen Steine liegt wieder völlig im dunkeln. Und damit ist die Megalithforschung wieder um ein Rätsel reicher geworden, das beinahe schon gelöst schien.

Dann ist da noch die Frage nach der Bedeutung der Menhire. Denn während der Zweck der erwähnten Großsteingräber, der Ganggräber und Dolmen, durch Bestätigungsfunde eindeutig erwiesen ist, waren die Forscher zumindest bei den alleinstehenden Menhiren auf Spekulationen angewiesen. Nur eines scheint klar: Die Steinsäulen markieren alte Kultstätten, denn da sie keinem praktischen Zweck dienen konnten, muß man wohl davon ausgehen, daß sich ihre Erbauer nur aus rituellen Erwägungen die gewaltige Arbeit machten, sie aufzustellen. In der Tat haben sich in ländlichen Gebieten Nordwestfrankreichs und auf den Britischen Inseln alte Kulte bis in das Mittelalter hinein gehalten, wurden dann aber zunehmend von der sich immer mehr ausbreitenden christlichen Religion überlagert, verdrängt oder gar in ihr Gegenteil verkehrt. So tragen nicht wenige der einstmals heiligen Steine heute Namen wie »Teufelspfeil«, »Teufels Brandeisen« oder »Teufels Wurfscheibe«.

Häufig werden stehende Steine mit Geistererscheinungen und anderem Spuk in Verbindung gebracht. Und häufig gelten die Menhire als verzauberte Wesen, die zu bestimmten Zeiten wieder zum Leben erwachen und gewisse Handlungen ausführen: Sie rennen, tanzen, drehen sich – meist drei- oder neunmal – im Kreise oder laufen dreimal um einen Teich. Oft gehen sie zu einem nahe gelegenen Fluß oder See und trinken oder baden dort, kehren dann zurück und werden wieder zu Stein.

Das alles ließe sich als Märchen abtun, die sich Eltern in der Nähe solcher steinernen Vorzeitmonumente für ihre Kinder ausgedacht haben, gäbe es nicht immer wiederkehrende Übereinstimmungen in den überlieferten Erzählungen. So bewegen sich die Steine durchweg zu bestimmten Uhrzeiten und/oder Jahreszeiten: um Mitternacht, bei Sonnenaufgang, am Mittag (also bei Sonnenhöchststand), am Mittsommerabend oder zur Wintersonnenwende. Auch christliche Feste wurden in dieses Schema aufgenommen: der Weihnachtsmorgen, der Ostersonntag oder Allerheiligen. Immer wieder betonen die alten Sagen die exakte Einhaltung dieser Zeiten, und immer wieder kommen die magischen Zahlen drei oder neun, manchmal auch die Sieben vor.

Licht in diese dunkle Sagenwelt werfen alte bretonische Bräuche, die noch bis ins 20. Jahrhundert hineinreichen. Meist sind sie seit dem Mittelalter christlich verbrämt, aber ihre Wurzeln reichen ebensoweit in graue Vorzeit zurück, wie etwa der wohl vom altgermanischen Mittwinterfest, dem Julfest, übernommene spätere Weihnachtsbaum. Wo die christliche Kirche altes Brauchtum nicht ausrotten konnte, verleibte sie es sich einfach ein und gab ihm einen neuen Sinn. So »christianisierte« die Geistlichkeit nicht wenige der alten bretonischen Menhire einfach dadurch, daß sie ein Kreuz einmeißeln oder gar aus diesem herausskulptieren ließ.

Die noch heute mit starkem folkloristischen Kolorit gefeierten »Pardons«, Kirchenprozessionen, an denen sich bis zu 20 Bischöfe beteiligen, gehen ohne jeden Zweifel auf vorchristliche Feste zurück. Und diese fanden zu den gleichen Zeiten statt, zu denen nach mythologischen Überlieferungen selbst die Steine tanzten. So wurde noch vor kurzem in der Bretagne das Johannisfest am 23. Juni besonders eindrucksvoll gefeiert. Der Vorzeitforscher Werner Hülle berichtete dazu 1976: »Schon bei Einbruch der Dunkelheit wurden schwelende Feuer entzündet, durch deren Rauch man die Herden (Rinder, Schweine, Pferde und Schafe) trieb, um sie vor Krankheiten und Wölfen zu feien. Anschließend sprangen auch alle Hofbewohner selbst durch das Feuer. Bei völliger Dunkelheit wurde dann ein großer Holzstoß entzündet, und in sehr, sehr weit zurückliegenden Zeiten stellte man Steine um diesen Holzstoß auf, überzeugt, daß sich die Seelen der Verstorbenen darauf niederlassen werden, um sich zu wärmen. Auf einem Dreibein wurde dann ein großer kupferner Dampfkessel aufgehängt, mit wenig Wasser gefüllt, in den man ein Messer oder einen Rosenkranz warf. Dann versetzten zwei Männer diesen Kupferkessel mit Hilfe von geflochtenen Schilfrohren oder Binsen in Vibration, indem sie Bewegungen wie beim Melken ausführten, so daß ein weithin hörbarer Orgelton entstand, mit dem sie die benachbarten Orte begrüßten... Am nächsten Morgen kamen die Kinder, um nachzusehen, ob St. Johannis die Spur seiner Holzschuhe in der Asche hinterlassen hatte, und sie waren sehr glücklich über dieses gute Vorzeichen! Dann streuten sie mit vollen Händen die Asche auf die Felder.«

Heidnische Bräuche – christlich verbrämt

In diesem Bericht kommen drei wichtige Fakten zum Ausdruck: der Zeitpunkt der Feier zur Sommersonnenwende, die Funktion der Steine als Seelenthron und der Fruchtbarkeitskult für die Felder. Die steinzeitlichen Menhirbauer waren noch Nomaden, die mit ihren Herden umherzogen. Wollten sie Kontakt mit ihren Verstorbenen haben, so erfüllten Seelenthrone an zentralen Orten, etwa an Kreuzungspunkten von oft begangenen Wegen, eine »Treffpunktfunktion« gewiß besser als mehr oder weniger durch den Zufall bestimmte Plätze von Gräbern.

Wo es um ein Leben nach dem Tode und um Kontakte mit dem Jenseits geht, da ist in fast jeder Naturreligion

11

11 Langsam versinkt die Abendsonne hinter dem imposanten Menhir von Kerloas, dem größten noch stehenden Hünenstein: Zwölf Meter ragt er aus der Landschaft bei Plouarzel in der Bretagne.

auch das irdische Leben, die Vermehrung und die Fruchtbarkeit, mit im Spiel. So verbürgt die Asche vom bretonischen Mittsommernachts-Kultplatz neues Leben für die Felder, so gelten die steinernen Seelenthrone selbst in alten Überlieferungen und Traditionen als Garanten für Gesundheit und Fruchtbarkeit.

Da gibt es beispielsweise die eigentümlichen Lochsteine auf den Britischen Inseln, die noch vor wenigen Jahrzehnten eine Bedeutung für die ländliche Bevölkerung besaßen. Dem Mên-an-Tol oder Crick-Stein bei Morvah in Cornwall zum Beispiel sagen die einheimischen Bauern

Seelenthrone als Garanten für Fruchtbarkeit

nach, daß er rachitische Kinder von ihrem Leiden befreit, wenn sie drei- oder neunmal gegen die Sonne durch diesen steinernen Ring kriechen. Kleinkinder heilte auch der 2,7 Meter hohe Lochstein Constantine Tolven in Cornwall, wenn man sie neunmal in wechselnder Richtung durch die runde Öffnung hindurchreichte.

In einer schalenförmigen Vertiefung in einem Stein in Kilchoman, Islay, muß, wer einen Wunsch – etwa nach Kindersegen – hat, dreimal den Stößel eines Mörsers im Umlaufsinn der Sonne herumdrehen und anschließend eine Opfermünze hineinlegen. (Die Münzen werden noch heute periodisch von einem Bediensteten der nahen Kirche herausgenommen.) Und nicht wenige der alten magischen Steine verhalfen angeblich unfruchtbaren Frauen zur Schwangerschaft, wenn sie – zu ganz bestimmten Zeiten – ihren nackten Bauch an den Menhiren rieben.

Es fehlt auch keineswegs an »physikalischen« Erklärungsversuchen für diese eigentümlichen Phänomene. Die wundergläubigen Bauern meinen mancherorts, die Steine wirken wie Sammellinsen für kosmische Energien oder magnetische Felder, so etwa das Loch im Ring des Mên-an-Tol.

Bleibt noch der Zusammenhang der Menhirsetzungen mit bestimmten Jahres- und Tageszeiten zu erklären. Hier brachte die moderne Wissenschaft Antworten. Sie knüpfte dabei zunächst an das wohl bekannteste Megalithbauwerk Europas an: Stonehenge. Die Anlage steht unweit des Städtchens Salisbury in der südenglischen Grafschaft Wiltshire und ist heute weitgehend verfallen. Aber selbst die Ruinen sind von beeindruckender Größe. Gewaltige Steinsäulen ragen aus der flachen Landschaft auf, mächtige Pfeiler, deren größte die Höhe dreigeschossiger Häuser haben und bis zu 50 Tonnen wiegen.

Kein Wunder, daß sich nicht erst die Archäologen des 20. Jahrhunderts mit der tempelartigen Stätte befaßten, die

12 Gleich einem Kartenhaus stützen massige, senkrecht aufgestellte Tragsteine die noch schwereren Deckplatten der urgeschichtlichen Ganggräber. Die langgestreckten Grabkammern, die im Mittelmeerraum, an der atlantischen Küste Westeuropas, in Norddeutschland und Süd-

12

skandinavien verbreitet sind, waren offenbar für Kollektivbestattungen vorgesehen.

13

14

13 Die prähistorischen Riesensteingräber, die aus Findlingen oder zurechtgeschlagenen Platten errichtet wurden und Hünenbetten ähneln, waren ursprünglich oft mit einem Erdhügel überwölbt.

14 Die ältesten Ganggräber in der Bretagne stammen vermutlich aus der Zeit um 3900 v. Chr.

so aussieht, als hätte sie vor undenklichen Zeiten ein Geschlecht von Giganten aufgetürmt. Um das Jahr 1600 erregte Stonehenge das lebhafte Interesse des englischen Königs James I. Der Monarch schickte seinen Hofarchitekten, Inigo Jones, zu der rätselhaften Ruine. Der Baumeister stellte fest, daß es sich um die Überreste eines römischen Tempels handeln müsse.

Rund 50 Jahre später entsandte König Charles II. den offensichtlich in Altertümern bewanderten John Aubrey zu den Steinen von Stonehenge. Der Forscher hatte zuvor eine ganz ähnliche, nur weniger eindrucksvolle Anlage, die Steinkreise von Avebury, beschrieben. Vielleicht konnte er auch Stonehenge enträtseln. Aubrey prüfte die Steine gewissenhaft und kam zu dem Schluß: Stonehenge war ein Druidenheiligtum.

Druiden hießen die Priester der Kelten. Sie konnten die Sterne deuten, durch Eingeweideschau und Beobachtung des Vogelfluges Naturereignisse vorhersagen und bekleideten hohe Ämter als politische Berater und Richter. In den Berichten römischer und griechischer Geschichtsschreiber wie Plinius, Diodor und Tacitus war viel von den Werken der Druiden die Rede. Wer anders als sie konnte Stonehenge erbaut haben? Damit schien die Herkunft der mysteriösen Steine geklärt. Nur im Volk hielt sich noch immer der alte Aberglaube, Merlin, der weise Zauberer am Hof von König Artus, habe Stonehenge eigenhändig errichtet oder zumindest seinen Bau geplant und überwacht.

Sonnenbeobachtung 2000 v. Chr.

Eine wichtige Entdeckung bestärkte Anfang des 19. Jahrhunderts den englischen Forscher William Stukeley in der Meinung, ein Bauwerk der Druiden zu vermessen. 80 Meter vom Altarstein, einem Felsblock im Zentrum der Steinkreise, entfernt, lag ein großer einzelner Stein, der Heelstein. Wer ihn am Tage der Sommersonnenwende frühmorgens vom Altarstein aus anvisierte, sah über ihm die Sonne aufgehen. War das ein bloßer Zufall? Sicher nicht, denn die Druiden waren für ihre Himmelsbeobachtungen von alters her bekannt.

1901 überprüfte der staatliche Astronom Norman Lockyer diese Theorie. Wenn sie zutrifft, überlegte er, dann kann diese Peilanlage heute nur noch ungefähr gelten. Im Laufe der Jahrtausende veränderte sich nämlich die Bahn der Erde um die Sonne geringfügig, und das führt zwangsläufig zu Abweichungen in der Peilung. Andererseits läßt sich diese Bahnänderung genau berechnen, und es müßte deshalb gelingen, den Zeitpunkt herauszufinden, zu dem die Peilanlage ganz exakt funktionierte. Lockyers Rechnungen ergaben das Jahr 1860 v. Chr. mit einem möglichen Fehler von plus/minus zwei Jahrhunderten. Um 1935 wiederholte Herbert Stone das astronomische Kalkül aufgrund noch präziserer Vermessungen der beiden Steine und kam dabei auf das Jahr 1840 v. Chr.

Stonehenge stammt also aus vorkeltischer Zeit und ist kein Druidentempel! War das nicht ein Widerspruch in sich? Die Berechnungen der beiden Astronomen gingen von der Annahme aus, daß Sonnenbeobachter die Steine von Stonehenge dorthin gestellt hatten, wo sie heute stehen; aber die Ergebnisse führten in eine Zeit zurück, in der es in England sicher noch keine himmelskundigen Druiden gegeben hatte. Die Fachwelt zweifelte an der Aussagekraft der Rechnungen.

Noch ein anderes Argument sprach gegen das hohe Alter der gigantischen Anlage: 1923 war es gelungen, die Herkunft der mächtigen Steine herauszufinden. Sie stammten aus Pembrokeshire im Süden der Grafschaft Wales, und dieser Ort liegt nicht weniger als 230 Kilometer von Stonehenge entfernt. Wie sollten Menschen vor dreidreiviertel Jahrtausenden ein so ungewöhnliches Transportproblem gelöst haben?

Als mit der Entdeckung der Kohlenstoff-14-Methode gegen Mitte unseres Jahrhunderts die Möglichkeit für eine exakte Altersbestimmung des mysteriösen Vorzeittempels gegeben war, wuchs die Spannung ins Unermeßliche. Das Resultat war sensationell: 1847 v. Chr. mit einem möglichen Fehler von 275 Jahren. Das war auf sieben Jahre genau das gleiche Resultat, das Stones astronomische Berechnung ergeben hatte! Also stammte Stonehenge wirklich aus der Zeit vor den Druiden, und eine Sonnenortungsanlage war es obendrein.

Computer bestätigt Bronzezeit-Astronomen

Diese verblüffende Erkenntnis rief den amerikanischen Astronomen G. S. Hawkins auf den Plan, der dem alten Tempel nunmehr systematisch zu Leibe rückte. Zunächst besann er sich darauf, daß Stonehenge schließlich aus mehr als zwei Steinen aufgebaut ist. Vielleicht stellte nicht nur die Verbindungslinie Altar- und Heelstein eine astronomisch bedeutsame Peilrichtung dar. Hawkins vermaß noch einmal sorgsam alle Steine der Anlage und zeichnete in seine Pläne 7140 mögliche Verbindungslinien ein. Mit den Himmelsrichtungen dieser Geraden fütterte er einen Computer, der herausfinden sollte, ob bestimmte Richtungen wesentlich häufiger waren, als es die Wahrscheinlichkeit erwarten ließ. Und eine Anhäufung gab es tatsächlich. Hawkins' Computer fand für Stonehenge die Deklinatio-

15

16

17

nen ± 290, ± 240 und ± 190 als besonders häufige Zahlen heraus. Die Deklination ist ein wesentlicher Begriff bei der Ortsbestimmung eines Gestirns. Eine gedachte Linie zwischen einem Stern und dem Erdmittelpunkt dringt an einer ganz bestimmten Stelle durch die Erdoberfläche. Die geographische Breite dieses Ortes ist identisch mit der Deklination des Sterns. + 240 war um das Jahr 1880 v. Chr. die Deklination der Sonne zur Zeit der Sommersonnenwende, − 240 zur Zeit der Wintersonnenwende.

Im Gegensatz zum Tagesgestirn durchläuft der Mond auf seiner wesentlich komplizierteren Bahn nicht nur zwei, sondern vier extreme Deklinationswerte. Um 1800 v. Chr. waren das: + 290, − 290, + 190 und − 190!

Hawkins hatte das Geheimnis um Stonehenge gelüftet. Von einem Zufall konnte keine Rede sein, denn die Wahrscheinlichkeit, daß sich bei der Anzahl der Steine gerade diese und keine anderen Deklinationswerte als vorherrschend zeigten, liegt bei 1:1000000. Stonehenge ist ein altes Sonnen- und Mondheiligtum.

Doch Hawkins gab sich mit seinen Erkenntnissen noch nicht zufrieden. Rekonstruktionen der Anlage zeigten ein Bild, das mehr ahnen ließ als bloße Ortungen von Stein zu Stein. Da war der sogenannte Sarsenkreis, jener Zirkel aus mächtigen Stützsteinen, die oben eine Reihe von Decksteinen miteinander verband. Im Zentrum standen außerdem die fünf noch gewaltigeren Trilithen, die wie zyklopische Tore aussehenden »Dreisteine«. Und dann waren da noch die 56 rätselhaften Löcher rund um den Tempel herum, die schon Aubrey entdeckt hatte.

15 Waren alleinstehende Menhire früher Grabstelen, Wegweiser für Schiffe oder gar Seelenthrone?

16 Der mit 20 Metern größte Menhir liegt heute zerbrochen im bretonischen Locmariaquer.

17 Symbolische Reliefs zieren die Wände eines Ganggrabes auf der bretonischen Insel Gav'rinis.

Die mächtigen Trilithen und der Sarsenkreis gaben ihr Geheimnis rasch preis: Visierte ein Priester aus dem mittleren Hof der Anlage so durch eines der inneren Tore, daß er zugleich durch ein bestimmtes Tor des Sarsenkreises hinaussah, dann hatte er, je nach Kombination von innerem und äußerem Tor, wiederum einen ganz bestimmten Himmelspunkt im Auge, der einer der schon bekannten Deklinationen (± 290, ± 240, ± 190) entsprach.

Nicht so leicht gaben die Aubrey-Löcher ihr Geheimnis preis. Löcher können nicht als Peilpunkte gedient haben. Hawkins deutete sie als Zählwerk. Er nahm an, daß die Vorzeitpriester sechs Zählstäbe in die Löcher gesteckt hatten, und zwar im Uhrzeigersinn je einen Pfahl in das 10., 19., 28., 38., 47. und 56. Loch. Die Abstände der Pfähle betrugen dann jeweils 9, 9, 10, 9, 9 und 10 Löcher. Jedes Jahr rückten die Priester alle Stäbe um je ein Loch weiter. Mit diesem einfachen Zählwerk konnten sie auf einige Tage genau Sonnen- und Mondfinsternisse vorhersagen. Zum Beispiel war immer, wenn ein Pfahl in dem Loch auf der Verbindungslinie zwischen Altar- und Heelstein stand, mit einer Sonnenfinsternis zur Zeit der Wintersonnenwende zu rechnen. Damit war der ungefähre Termin für eine Finsternis bekannt. Der genaue Tag ließ sich dann, wie Hawkins meint, mit einem Merkstein oder Merkpfahl ermitteln, der vor einem der 30 Tore des Sarsenkreises stand und jeden Tag um ein Tor weitergerückt wurde. Befand sich dieser »Mondpfahl« zwischen den Pfeilern 30 und 1, also wieder in einer Linie mit der Ortungsgeraden vom Altar- zum Heelstein, dann konnte sich an diesem Tag eine Mondfinsternis ereignen, sofern ein Pfahl der Aubrey-Löcher dies vermuten ließ; stand der Mondpfahl genau auf der gegenüberliegenden Seite des Sarsenkreises, dann drohte eine Sonnenfinsternis.

Sonnen- und Mondfinsternis per Zählstab

Die neueren Erkenntnisse des britischen Astroarchäologen Alexander Thom sprechen eine so beredte Sprache, daß an den ausgefeilten Himmelsbeobachtungen unserer Vorfahren keinerlei Zweifel mehr möglich ist. Der Wissenschaftler zog aus, um von nicht weniger als 450 Steinkreisen und Steinreihen auf den Britischen Inseln mit modernsten Hilfsmitteln der Landvermessung exakte Pläne anzufertigen. Daten von rund 600 Steinsetzungen im ganzen Land verleibte er einem Computer ein. Das Ergebnis: Mit Sicherheit konnte Thom 48 Visieranlagen zur Sonne und 23 zum Mond nachweisen. Weitere 50 Sonnen- und 15 Mondvisuren sind sehr wahrscheinlich, zehn Sonnen- und vier Mondvisuren immerhin möglich.

Doch das war nicht das einzige Resultat. Der Computer fand heraus, daß die Bronzezeitastronomen neben Sonne und Mond auch die größeren Fixsterne anvisiert haben: Kapella, Deneb, Arkturus, Kastor, Spika, Antares, Atair, Pollux und Wega.

Alexander Thom gelang es schließlich auch, anhand der alten Sonnenheiligtümer einen Sonnenkalender der Bronzezeitleute zu rekonstruieren. Sie teilten das Jahr in 16 annähernd gleiche Teile von 23, 23, 24, 23, 23, 23, 23, 22, 22, 22, 22, 23, 23, 23, 23 und 23 Tagen. Das Jahr der Megalithleute hatte also wie unseres 365 Tage. Auch den Schalttag in jedem vierten Jahr, der erst anderthalb Jahrtausende später, zur Zeit Cäsars, in unseren heutigen Kalender Eingang fand, kannten sie schon.

Zumindest die großen Steine der Britischen Inseln waren also mehr als bloße Grabstätten. Sie waren sorgfältig angelegte Sternwarten und Kalenderheiligtümer. Professor Thom gelang es, auch ihre mathematischen Konstruktionen nachzuvollziehen und dabei unter anderem nachzuweisen, daß die Stein- und Bronzezeitbaumeister mit Sicherheit bereits das Prinzip der (rechtwinkligen) pythagoreischen Dreiecke kannten. Er zeigte schließlich, daß es ein megalithisches Einheitsmaß gab, das er Megalithic yard nennt. Es beträgt auf ± 2 Millimeter genau 82,7 Zentimeter und war in ganz Europa gebräuchlich.

Bei diesen einheitlichen Zügen im ganzen Megalithraum liegt der Gedanke nahe, daß auch die Großsteinsetzungen außerhalb der Britischen Inseln astronomische Heiligtümer waren. Genaue Untersuchungen stehen fast durchweg noch aus. Mitte der siebziger Jahre unternahm der damals bereits über siebzigjährige Professor Thom, nachdem er 30 Jahre seines Lebens den britischen Megalithen gewidmet hatte, mit einem ganzen Team von Wissenschaftlern und Landvermessern eine Reise in die Bretagne und untersuchte die aus Tausenden von Menhiren bestehenden Großsteinreihen in der näheren und weiteren Umgebung von Carnac. Seine Erwartungen wurden weit mehr als erfüllt. Auch diese Anlagen dienten eindeutig astronomischen Peilungen.

Ähnliche Ergebnisse hatte übrigens schon im Sommer 1935 der deutsche Vorzeitforscher R. Müller bei Vermessungen der sogenannten Hünengräber in der Lüneburger Heide erzielt.

Statistische Rechnungen haben längst die Zuverlässigkeit der Astronomiehypothese für die Großsteinbauten erwiesen, aber wie sollten Stein- und Bronzezeitmenschen vor fast vier Jahrtausenden, die ganz offenbar nicht einmal der Schrift mächtig waren, jene ausgeklügelten Steinsetzungen mit so außergewöhnlicher Präzision erstellen?

Diese Frage harrt noch der Lösung, aber daß sie es konnten, steht heute außer Zweifel. Gesichert ist, daß die Menschen der Jungsteinzeit nicht nur über astronomische Kenntnisse, sondern auch über ein beachtliches geometrisches Fachwissen verfügten.

Die geheime Botschaft der Pharaonen

1

2

3

Unnahbar und gewaltig erhebt sich die Cheops-Pyramide auf dem Felsplateau von Giseh nahe Kairo. Das größte Bauwerk der Antike zählt zu den Sieben Weltwundern. Seit eh und je gab diese Pyramide Anlaß zu Spekulationen. War sie ein monumentales Grabmal zur Verherrlichung des Gottkönigs? Oder diente sie wissenschaftlichen Zwecken, war sie Zentrum der Himmelsbeobachtung, Sonnen- und Kalenderuhr, Richtpunkt der Landvermessung?
Zum Zeitpunkt des Baus vor mehr als 4000 Jahren konnten die Ägypter die Gestalt der Erde genau berechnen. Und dieses Wissen haben sie in den Bau eingebracht. Die riesigen Steinquader wurden mit unvorstellbarer Präzision zusammengefügt, wo dies von astronomischer Bedeutung ist, mit Millimetertoleranzen. Nur, um ein einziges Mal mit einem Leichenzug durchzuschreiten?

1 Die Pyramiden von Giseh haben als einziges der Sieben Weltwunder die Jahrtausende überdauert.

2 Ehemals war die Cheops-Pyramide völlig mit glattem, strahlend weißem Kalkstein verkleidet.

3 Zu Füßen der Pyramiden ruht die Große Sphinx, die bei den alten Ägyptern Herrschersymbol war.

4

5

6

In der Antike galt sie als Weltwunder. Im 12. Jahrhundert versicherte Rabbi Benjamin ben Jonah aus Navarra, sie sei mit Hilfe von Zauberei erbaut worden. Araber wollten wissen, daß in ihrem Inneren um die Mittagszeit und bei Sonnenuntergang eine nackte Frau mit Hauern wie ein Keiler umginge. Geheimorden wie die Templer, die Rosenkreuzer und die Freimaurer sahen und sehen in ihr auch heute noch die bedeutendste Stätte der Einweihung in okkulte Mysterien, einen »Tempel der Initiation, in dem die Menschen zu den Göttern emporwuchsen und die Götter sich zu den Menschen herabließen«.

Die Rede ist von der größten der ursprünglich rund hundert ägyptischen Pyramiden, der berühmten Cheops-Pyramide auf dem Felsplateau von Giseh vor den Toren Kairos. Um 440 v. Chr. hatte erstmals in historischer Zeit Herodot einen Bericht über den monumentalen Bau verfaßt. Der griechische Historiker besuchte die Pyramide und erhielt an Ort und Stelle Informationen von ägyptischen Tempelpriestern über das Bauwerk. Sehr ergiebig waren die Aussagen allerdings nicht, wenn man einmal von einer priesterlichen Mitteilung hinsichtlich der Geometrie absieht, die der großen Pyramide zugrunde liegt: Der Flächeninhalt jeder ihrer Seiten ist ebenso groß wie das Quadrat ihrer Höhe. Dies nämlich sei eine Relation, die sich – als Goldener Schnitt – im Bauplan der gesamten Schöpfung finde.

Die klare Anspielung auf kosmische Zusammenhänge ließ Mystiker aller Schattierungen bis heute nicht ruhen. Sie vermuteten in der Cheops-Pyramide ein gigantisches

4 Feluken, traditionelle Segelboote, befahren seit jeher den Nil, die Lebensader Ägyptens.

5 Südlich von Assuan kann man heute noch die Granitsteinbrüche des Altertums bestaunen.

6 Im fruchtbaren Niltal entstand vor 5000 Jahren eine der ältesten Hochkulturen der Menschheit.

Energiezentrum, das unbekannte geballte Kräfte in sich bergen sollte. Sie glaubten an eine mystisch-esoterische Schlüsselfunktion der Pyramide für den geheimen Sinn des Alten Testaments. Sie hielten die große Pyramide für eine in Stein gearbeitete Offenbarung, die orakelhaft die gesamte Menschheitsgeschichte von Adam und Eva bis zu ihrem Ende (2045 oder 2914 n. Chr.) beschreiben soll, wobei Adam im Jahre 4000 v. Chr. geschaffen worden und die große Pyramide unter göttlichem Einfluß 2400 v. Chr., in der Zeit der Sintflut, entstanden sein sollte.

Neuen Nährboden fand die schier endlose Kette von Spekulationen, als vor einigen Jahrzehnten der Franzose M. Bovis die Cheops-Pyramide besuchte und in ihrer sogenannten Königskammer verirrte tote Katzen und

Spekulationen wuchern

andere Kleintiere fand. Bovis stellte erstaunt fest, daß die Kadaver keinerlei Spuren von Verwesung aufwiesen. Er ließ einige davon untersuchen, und es zeigte sich, daß sie vollkommen ausgetrocknet, also mumifiziert waren. Der Franzose fertigte ein Holzmodell in Pyramidenform an und deponierte in einer Höhe, die maßstäblich jener der Königskammer entsprach, eine frisch verendete Katze und leicht verwesliches Eiweiß, unter anderem Kalbshirn. Weder die Katze noch die anderen organischen Stoffe zersetzten sich. Sie dehydrierten. Der tschechische Elektroingenieur Karel Drbal wiederholte Bovis' Experiment mit gleichem Erfolg.

Ähnliche Resultate brachten Versuche in Italien und Jugoslawien, und eine französische Firma ließ sich sogar eine pyramidenförmige Verpackung zum Frischhalten von Joghurt patentieren. Im Verlauf weiterer Experimente mit Pyramidenmodellen will Drbal entdeckt haben, daß gebrauchte Rasierklingen im Inneren einer Pyramide ihre ursprüngliche Schärfe wiedergewannen. Unter Nr. 91304 erhielt Drbal schließlich sogar ein tschechisches Patent auf einen »Cheopspyramiden-Rasierklingenschärfer«, den er – aus Pappe gefertigt – auf den Markt brachte.

Alles Rätselhafte beflügelt die Phantasie. Und an Pyramidenrätseln fehlt es nicht: Wer baute die große Pyramide? Natürlich die alten Ägypter! Aber wer waren sie, woher kamen sie, woher hatten sie die für den Bau erforderlichen immensen technischen und mathematischen Kenntnisse? – Wir wissen es nicht.

Wann entstand die Cheops-Pyramide? – Wir wissen es nicht. Legenden sprechen von einer Zeit 300 Jahre vor der Sintflut, die moderne Archäologie schwankt zwischen 2644 und 2200 v. Chr. für den Baubeginn.

Wie errichteten die Alten das imposante Monument? – Wir wissen es nicht. Es gibt keine Berichte über den Bau, und so bleiben die Wissenschaftler auf Mutmaßungen und wenige Indizien angewiesen.

Was war die Cheops-Pyramide? – Wir wissen auch das nicht. Die klassische Archäologie hält sie für ein monumentales Königsgrab. Aber bisher fanden sich in ihr weder die Reste eines Verstorbenen noch irgendwelche sonstigen Spuren einer Bestattung, abgesehen von einer präzise gearbeiteten quaderförmigen Steinwanne ohne Deckel, die die Archäologen allgemein als Sarkophag bezeichnen, die aber ebensogut irgendeinem anderen Zweck gedient haben kann. Auch in den benachbarten ägyptischen Pyramiden fanden sich bis heute keine zur letzten Ruhe gebetteten Pharaonen.

Außer den Fakten und zuverlässigen Berichten darüber, daß das gesamte Bauwerk noch im 14. Jahrhundert vollkommen mit blankpolierten Blöcken aus hartem Kalkstein verkleidet war, hat die Pyramidenforschung keine unmittelbaren Ansatzpunkte. Alexander der Große zerstörte Heliopolis, das biblische On, im 4. Jahrhundert v. Chr., um dort die Hauptstadt seines eigenen Reiches, Alexandria, zu errichten. Heliopolis war das geistige Zentrum des alten Ägypten. Es verfügte um 1225 v. Chr. über eine umfangreiche wissenschaftliche Bibliothek, und in seinen Mauern sollen zeitweise bis zu 13000 gelehrte Männer

Wissenszentrum in Heliopolis zerstört

gewirkt haben. Hier sind mit Sicherheit auch die geistigen Quellen der alten Griechen auf den Gebieten der Physik, der Chemie, der Geometrie, Arithmetik, Astronomie, Medizin, Geologie, Meteorologie und Musik zu suchen. Der griechische Mathematiker Eratosthenes hatte die Bibliothek von Heliopolis geleitet; Pythagoras, der Begründer der griechischen Mathematik, hatte 22 Jahre lang als Priester in ägyptischen Tempeln gelebt. Für sie war der Zugang zu dem Wissenszentrum noch offen, das Alexander zerstörte. Die neue große Bibliothek, die in Alexandria entstand und möglicherweise noch so manches von dem alten Wissen verzeichnete, brannte zur Zeit Cäsars ab, wurde von Mark Anton wieder aufgebaut, dann aber auf Befehl des Kaisers Theodosius 389 n. Chr. von christlichen Fanatikern endgültig vernichtet.

813 folgte dem noch heute berühmten Kalifen von Bagdad, Harun al Raschid, dessen Sohn Abdullah al Ma'mun auf dem Thron. Er kümmerte sich nach den alten griechischen Gelehrten erstmals um die Enträtselung der großen Pyramide und ließ einen künstlichen Zugangsstollen in das

7

7 Eine geheimnisvolle Aura umgibt die aus dem Fels gehauene Sphinx von Giseh. Das rätselhafte Fabelwesen mit Menschenhaupt und Löwenleib, 74 Meter lang und 20 Meter hoch, galt im alten Ägypten als Sinnbild der höchsten geistigen und körperlichen Kraft des Königs.

Gemäuer schlagen, weil der ursprüngliche Eingang durch einen polierten Verschlußstein versperrt und unauffindbar war. Al Ma'muns Mannen gelangten so zwar in das innere Gang- und Kammernsystem, fanden aber nichts von all den Schätzen, die sie erwartet hatten, oder gar den Leichnam eines Pharaos. Enttäuschung trat an die Stelle der Neugier und ließ den gigantischen Bau wiederum für fünf Jahrhunderte in Vergessenheit fallen.

Im 14. Jahrhundert demontierten die Ägypter im Laufe weniger Generationen fast alle polierten Verkleidungssteinblöcke der Pyramide und verwandten sie für den Bau ihrer neuen Hauptstadt El Kahirah, der »Siegreichen«. Die Cheops-Pyramide verlor damit an Attraktion. So kam es, daß sich ihr erst 1638 ein ernsthafter Forscher widmete: der englische Mathematiker und Astronom John Greaves. Als erster vermaß er das Äußere und Innere des Monumentalbaus gewissenhaft und machte sich Gedanken über die gigantische Anlage. Seine Abhandlung rief andere

Cheops-Pyramide als Steinbruch

Forscher auf den Plan – darunter den Italiener Tito Livio Burattini, den berühmten Galileo Galilei und Sir Isaac Newton. Newton vertrat die Auffassung, daß sich die Pyramidenbauer zweierlei Maße bedienten: der »profanen Elle« von 20,63 englischen Zoll (52,40 Zentimeter) und der »sakralen Elle« von 25 englischen Zoll (63,5 Zentimeter).

Einen wissenschaftlichen Großangriff auf den mysteriösen Bau initiierte 1798 der neunundzwanzigjährige General Bonaparte auf seinem Weg nach Indien. Er nahm eine Streitmacht von 35000 Mann und nicht weniger als 175 Gelehrte auf diese Reise mit.

Einer der bedeutendsten Forscher, die Napoleon begleiteten, war der Franzose Edmé-François Jomard. Ihm gelang erstmals die recht gute Höhenbestimmung von 144 Metern, die Messung der Neigungswinkel von 51°19′14″ und der Dreieckshöhe der Wände von 184,722 Metern. Das letzte Maß ließ Jomard aufhorchen. Er wußte, daß ein altes griechisches Maß, das Stadion, 185 Meter betrug, und daß ein Stadion als der sechshundertste Teil eines Breitengrades galt. Er berechnete die Länge des Breitengrades für den Standort der Pyramide, teilte den Wert durch 600 und erhielt 184,712 Meter. Das war auf einen Zentimeter genau der von ihm gemessene Wert! War es ein Zufall, oder hatten die alten Griechen, deren bedeutendste Mathematiker schließlich in Ägypten gearbeitet hatten, dort ein weitaus älteres Maß übernommen? Das aber mußte heißen, daß bereits die Ägypter die Abmessung der Erde kannten. Den Archäologen war das unvorstellbar.

8 Vor den Toren Kairos trotzen die Pyramiden von Giseh seit viereinhalbtausend Jahren dem Wüstensand. Die Cheops-Pyramide zur Rechten ist mit ihren ursprünglich 147 Meter, heute 137 Meter Höhe eines der größten Steinbauwerke der Erde. Der griechische Historiker Herodot berichtete seiner-

8

zeit, daß 100000 Menschen 20 Jahre lang an ihr gearbeitet hätten. Die kompliziert konstruierte Pyramide gibt heute noch zahlreiche Rätsel auf: War sie ein monumentales Königsgrab oder ein imposantes Zeugnis des naturwissenschaftlichen Kenntnisstandes der Menschen im alten Ägypten?

9

10

9/10 Die streng geometrische Cheops-Pyramide ist exakt nach den Himmelsrichtungen ausgerichtet. Die doppelte Höhe der Cheops-Pyramide, multipliziert mit Pi, ergibt ihren Umfang an der Basis. Leiteten die alten Ägypter ihre Längenmaße von den Dimensionen der Erdkugel ab?

In Übereinstimmung mit Herodot, der erwähnt hatte, daß ein griechisches Stadion 400 Ellen lang sei, ermittelte Jomard für die Länge der Pyramiden-Elle 0,4618 Meter. Das war überraschenderweise genau die Länge der modernen ägyptischen Elle. Und das entsprach auch den altgriechischen Angaben, daß die Basiskantenlänge der Pyramide 500 Ellen messen sollte. 500 × 0,4618 Meter ergibt 230,90 Meter, und genau diesen Wert hatte Jomard auch gemessen. Jomards Pyramidenmaßeinheit deckte sich nicht mit denen Newtons, aber sie spornte die Altertumswissenschaftler zu weiteren Untersuchungen an. Unter anderem kamen sie zu der Vermutung, daß es sich bei der Königskammer mit ihrem leeren, deckellosen Sarkophag vielleicht gar nicht um eine Grabstätte, sondern um ein meßtechnisches Zentrum handeln könnte. Der »Sarkophag« wurde als Einheitshohlmaß gedeutet.

Hieroglyphen entziffert

Napoleons Landvermesser entdeckten auch, daß die große Pyramide äußerst exakt nach den Himmelsrichtungen ausgerichtet ist.

Für die Wissenschaftler brachte Napoleons Expedition eine unerwartete Sensation: den Fund des sogenannten Rosette-Steins, einer rund 90 Zentimeter großen Platte aus Diorit mit einer dreisprachigen Inschrift. Mit ihrer Hilfe gelang es Jean-François Champollion, die altägyptische Hieroglyphenschrift zu entziffern. Und das versprach Fortschritte auch in der Pyramidenforschung.

Napoleons Gelehrten folgten weitere »Pyramidologen«, die zwischen 1800 und heute eine Fülle erstklassig belegter Fakten zusammentragen konnten. Als allgemein gesichert und anerkannt gelten heute besonders die genauen inneren und äußeren Abmessungen der Cheops-Pyramide: Das Baumaß war vermutlich die »königliche Elle« (52,36 Zentimeter), das erstrebte Seitenmaß lag bei 440 Ellen (230,38 Meter). Von ihm weichen die tatsächlichen Grundflächenseiten jeweils um wenige Zentimeter ab. Die Pyramide war rund 280 Ellen bzw. 146,60 Meter hoch. Der Neigungswinkel ihrer Seiten liegt bei 51°50′23″. Die Winkel ihres Grundquadrats weichen um nur 2″, 3′2″, 3′33″ und 33″ vom rechten Winkel ab, zeigen also eine faszinierende Präzision, die besonders verblüfft, wenn man weiß, daß der gewachsene Felskern unter der Pyramide über deren Umfassungsquadrat in der Höhe hinausreicht und diagonale Messungen unmöglich machte.

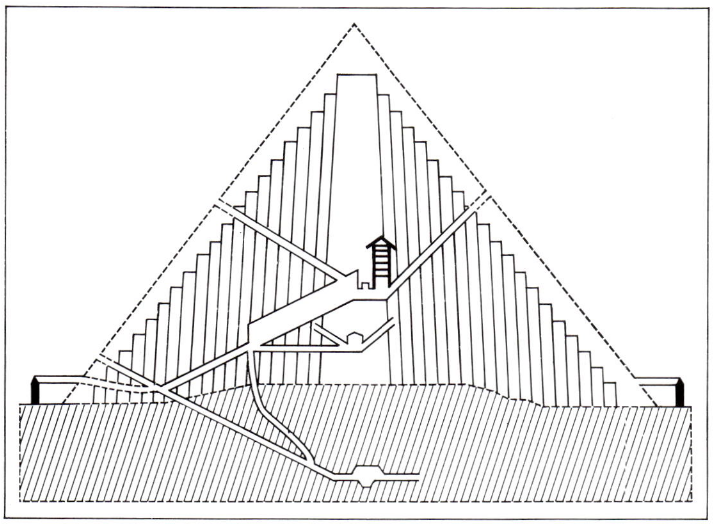

Das Fundamentpflaster ist eine weitere Meisterleistung: Die maximale Abweichung zweier beliebiger Basispunkte liegt bei 2,05 Zentimetern. Die Abweichung von der exakten Nord-Süd-Richtung lag zur Zeit des Baus bei 3′6″. Der Eingang der Pyramide befindet sich auf ihrer Nordseite auf der Höhe der früheren 19. Schicht der Verkleidungssteine. Von ihm aus verläuft ein 1,09 Meter breiter und 1,20 Meter hoher Gang unter 26°34′23″ Gefälle etwa 34 Meter weit geradlinig in das Mauerwerk hinein und dann in gleicher Richtung noch weitere 70 Meter durch gewachsenen Fels. Nach insgesamt 105,34 Metern löst ihn ein horizontaler Gang ab, der zu einer Felskammer rund 30 Meter tief unter dem Basisniveau führt. 28,21 Meter nach dem Eingang zweigt von der Decke dieses absteigenden Ganges aus unter 26°2′30″ ein Gang nach oben in die Pyramide hinein ab. Er liegt genau über dem absteigenden Gang, der bei der Entdeckung unterhalb dieser Abzweigung verschüttet war. Sein Querschnitt gleicht auf den ersten 37,76 Metern dem des absteigenden Ganges, dann erweitert er sich plötzlich zu einer großen, unter gleichem Winkel weiter ansteigenden Galerie von 8,46 bis 8,74 Meter Höhe.

Faszinierende Präzision

Etwa dort, wo die Galerie ansetzt, zweigt ein horizontaler Gang zum Zentrum der Pyramide hin ab, der zur sogenannten Königinnenkammer führt. Vom oberen Ende der großen Galerie schließlich leitet ein kurzer und niedriger horizontaler Gang zur Königskammer. Als letzter bekannter Gang führt schließlich ein mehr oder weniger unregelmäßiger Schacht vom Anfang der großen Galerie nach unten und mündet in den absteigenden Gang, kurz bevor dieser seinen Tiefpunkt erreicht. Von der Königskammer führen feine Luftschächte schräg nach oben zur nördlichen und südlichen Pyramidenaußenwand.

Kaum mehr als Mutmaßungen lassen sich zur Bautechnik der großen Pyramide äußern. Bekannt ist, daß die weicheren, nummulitischen Kalksteine des Inneren aus dem nahen Mokattam-Gebirge jenseits des Nils, der harte Turakalk der Verkleidung aus Mittelägypten und die bis zu 70 Tonnen schweren Granitblöcke, die die Königskammer umgeben, aus den rund 500 Kilometer nilaufwärts gelegenen Steinbrüchen von Assuan stammen. Gesichert ist der Transport der insgesamt 2,3 Millionen Steinblöcke von je 2,5 Tonnen Gewicht auf dem Wasserwege in die Nähe des Plateaus von Giseh. Von dort zog man sie sehr wahrscheinlich über eine eigens angelegte, aus mächtigen geschliffenen Quadern gebaute Schräge zum Bauplatz. Wie die schweren Steine an der Pyramide selbst in die Höhe gebracht wurden, ist nach wie vor umstritten. Wahrscheinlich ist, daß dies auf Rampen geschah, die später wieder abgebaut wurden. Doch wie diese Rampen verliefen, ob in gerader Linie von außen zur wachsenden Pyramide hin, ob schräg durch ihr Inneres selbst führend oder sich spiralig um ihr Zentrum windend, ist völlig ungeklärt.

Granitblöcke aus Assuan

Das Lager der ernsthaften Pyramidenforscher zerfällt in zwei Parteien: in klassische Archäologen, die meist von geisteswissenschaftlichen – also kultischen, religiösen und ähnlichen – Erklärungsversuchen ausgehen, und Naturwissenschaftler, die nüchterne Wahrscheinlichkeitsbetrachtungen über Sinn und Zweck der Pyramiden anstellen.

Nicht selten bezeichnen die einen die anderen als »Pyramidioten«, und das hat wohl zwei Ursachen: Zum einen haben sich zu viele Spekulanten mit Theorien über eine rätselhafte frühe Hochtechnologiegesellschaft oder gar das persönliche Eingreifen von Götterastronauten die Forschungsergebnisse der exakten Naturwissenschaften zu eigen gemacht und an sie angeknüpft; zum anderen verfügen die klassischen Archäologen meist nicht über die mathematisch-wissenschaftliche Ausbildung, um die große Bedeutung von Computer-Wahrscheinlichkeitsrechnungen zur Diskussion von zufälligen oder beabsichtigten geometrischen Eigenschaften der Pyramiden beurteilen zu können. So bleiben die meisten reinen Archäologen bei der lapidaren Auskunft: Die Pyramiden waren Bestattungsmonumente und/oder Kultplätze. So erklärten sie schließlich seit Generationen im Grunde alle großen prä- und protohistorischen Anlagen, wie etwa Stonehenge und Hunderte anderer megalithischer Steinkreise, Menhir-Alleen, die mysteriösen Nuraghen (zyklopische Türme) Sardiniens oder die Talayotes der Balearen.

Für die meisten dieser Bauwerke gelang indes den Naturwissenschaftlern der gesicherte Nachweis, daß es sich um astronomische Peilanlagen, um Kalenderbauten handelte. Daß die weisen Männer unter unseren Vorfahren bereits vor vier bis fünf Jahrtausenden in ganz Europa, im Mittleren Osten und in Indien solide astronomische und geometrische Kenntnisse besaßen, ist heute sachlich bewiesen. Die Astronomen und Mathematiker sind sich darüber einig, daß auch die Cheops-Pyramide ein altes Zentrum der Meßtechnik und Himmelsbeobachtung war. Sie bestreiten nicht, daß sie vielleicht auch als Königsgrab fungiert haben kann, etwa in der Art, wie auch heute noch gelegentlich wichtige Persönlichkeiten in bedeutenden Gebäuden beigesetzt werden.

Gesichert ist, daß die Pyramidenbauer den pythagoreischen Lehrsatz beherrschten, daß sie über gute trigonometrische Kenntnisse verfügten, und daß ihnen die Kreiszahl Pi geläufig war. Die doppelte Höhe der Cheops-Pyramide, multipliziert mit Pi, ergibt exakt ihren Umfang an der Basis. Ausdrücklich erscheint die Zahl Pi denn auch in einer ägyptischen Papyrusschrift um 1700 v. Chr.

Gegen Ende des zweiten vorchristlichen Jahrhunderts berichtete der griechische Philosoph Agatharchides von Knidos, der am Hofe des ägyptischen Königs wirkte, die Höhe der Pyramiden-Wanddreiecke betrage ein Zehntel der Winkelminute eines geographischen Breitengrades. Die mehrfach exakt gemessene Seitenhöhe der Pyramide beträgt 184,722 Meter, was demnach einer Winkelminutenlänge von 1847 Metern entspräche.

4000 v. Chr. – Exaktes mathematisches Wissen

Der französische Gelehrte Jomard aus Napoleons Gefolge berechnete, daß dieses Maß für eine geographische Breite von 27° 40′ in der Tat zutrifft. Was ihm jedoch noch nicht bekannt war, ist die Tatsache, daß das älteste – zu Napoleons Zeit noch nicht entdeckte – ägyptische Vermessungszentrum bei Tell el-Amarna auf der Breite von 27° 45′ lag! Mehr noch: Eine in diesem Zentrum gefundene Inschrift gibt den durchschnittlichen Abstand eines Breitengrades zwischen Äquator und Pol zum nächsten mit 240 715 Ellen oder 111 136,7 Metern an, wobei hier nicht mit der königlichen, sondern mit der prädynastischen oder geographischen Elle gemessen wurde. Moderne Berechnungen ergaben einen Wert von 111 134,1 Metern.

Es steht also außer Zweifel, daß die alten Ägypter die Gestalt der Erde exakt berechnen konnten. Aus dieser Sicht scheint die faszinierende Übereinstimmung eines Pyramidenmaßes mit einer geographischen Dimension mehr als

11

12

13

bloßer Zufall zu sein: Der doppelte Umfang des Pyramidengrundquadrats beträgt 1843, nach anderen Messungen 1842,9 Meter. Moderne Messungen ergaben für eine Bogenminute am Äquator 1842,9 Meter! Läßt sich der Pyramidenumfang demnach als verkleinertes Abbild des Äquators auffassen, dann erhellt daraus auch der Sinn dafür, daß die doppelte Pyramidenhöhe, mit Pi multipliziert, ebenso lang ist wie der Pyramidenumfang. Die gleiche Beziehung gilt schließlich auch für die nördliche Erdhalbkugel. Ihr doppelter Radius, mit Pi multipliziert, ergibt die Äquatorlänge. Die Pyramide wäre somit eine Repräsentation der nördlichen Erdhalbkugel.

Doch warum ist der Äquator als Quadrat und nicht als Kreis abgebildet? Manche Meßtechniker und Kartographen vertreten die Auffassung, daß auf diese Weise jedes Pyramiden-Seitendreieck einen Quadranten der Nordhalbkugel als Fläche repräsentiere, und daß dies die Grundlage für die altägyptische Landkartenprojektion gewesen sei, ähnlich wie später ja auch Mercator und andere die Kugeloberfläche der Erde in die Ebene projizierten.

Die geographischen Bezüge der Pyramidenmaße ergaben weitere Zusammenhänge. Der königl chen Elle, nach der die Pyramide vermutlich gebaut wurde, ging in Ägypten die ältere, geographische Elle voraus. In ihr gemessen, beträgt die Seitenlänge der Pyramidengrundfläche 500. Nun gab Agatharchides unter Berufung auf alte ägyptische Quellen an, daß diese Grundkante genau der Länge des achten Teils einer Bogenminute am Äquator entspricht. Daraus ergeben sich für den Erdumfang 86400000 Ellen.

11 Immens muß damals die Anstrengung des ägyptischen Volkes beim Pyramidenbau gewesen sein.

12 Aus den Steinbrüchen von Assuan stammen die Granitblöcke für den Bau der Cheops-Pyramide.

13 Auf dem Nil wurden die schweren Steinblöcke zum Pyramidenbauplatz von Giseh transportiert.

14

15

16

Da der Tag 86400 Sekunden lang ist, rotiert die Erde also am Äquator mit exakt 1000 geographischen Ellen pro Sekunde. Diese Elle entspricht also einer tausendstel Zeitsekunde. Parallel zur geographischen Elle gab es den ägyptischen Fuß à 0,308 Meter. Setzt man ihn in Relation zum Erdumfang, dann entspricht er einer hundertstel Bogensekunde. Wie der Meter, der zunächst als ein Vierzigtausendstel des Erdumfangs definiert wurde, leiteten sich demnach auch die altägyptischen Längenmaße von den Dimensionen der Erdkugel ab.

Die Ägypter konnten die Erdmaße und die Erdrotation nur aus astronomischen Beobachtungen errechnet haben. Wenn sie aber diese beherrschten, dann läßt das Rückschlüsse auf die Bauweise der Cheops-Pyramide zu. Es fällt auf, daß der 106,68 Meter lange absteigende Gang so präzise angelegt ist, daß seine Seitenwände nirgends mehr als 6,3 Millimeter und seine Decke nirgends mehr als 2,5 Millimeter von einer idealen Fläche abweichen. In der Nähe des Eingangs beträgt die Abweichung sogar weniger als 0,5 Millimeter. Dies erwartet man nicht von Korridoren, durch die nur einmal ein Leichenzug schreitet, sondern von sorgfältig ausgerichteten Peil- und Meßanlagen.

Was aber wurde angepeilt? Astronomische Berechnungen haben ergeben, daß sich zur Zeit des Pyramidenbaus auf dem 30. Breitengrad – dort steht die Cheops-Pyramide – der damals dem Himmelspol nahe Stern Alpha Draconis beobachten ließ, wenn der Gang etwa 26° 17′ geneigt war. Eben das ist der Mittelwert der Neigungswinkel vom absteigenden (26° 34′) und aufsteigenden (26° 2′) Gang.

14 In den Grabkammern der Cheops-Pyramide fand man weder die Mumie eines Pharaos noch Schätze.

15 Mit Hilfe des »Steins von Rosette« gelang es 1822, die Hieroglyphen zu entziffern.

16 War die Galerie in der Cheops-Pyramide gar die Warte eines astronomischen Observatoriums?

Trieb man zunächst den absteigenden Gang in den gewachsenen Fels des Pyramidenuntergrundes, dann ließ er sich durch fortwährende Gestirnsbeobachtung äußerst exakt in Nord-Süd-Richtung anlegen. Die Pyramidenachse lag fest. Als das eigentliche Bauwerk heranwuchs, blieb sie solange erhalten, bis der jetzt überirdisch im Gemäuer fortgeführte Gang auf die Pyramidenaußenwand stieß, nämlich dort, wo er den Pyramideneingang bildet.

Beim Weiterbau mußte anders gepeilt werden, und dazu diente nach Meinung der Astronomen der aufsteigende Gang. Unterhalb der Stelle, wo er vom absteigenden Gang abzweigt, schüttete man den letzteren mit besonders harten und wasserdichtem Gestein zu. Dann goß man auf die Abzweigstelle Wasser, in dessen Oberfläche sich der beobachtete Stern Alpha Draconis so spiegelte, daß er sich nunmehr exakt aus der ansteigenden Galerie anvisieren ließ und diese mit dem Baufortschritt ausgerichtet werden konnte.

Modernste astronomische Meßmethode

Die Reflexionsmethode liefert zugleich eine überaus exakte Zeitmeßbasis: Sie gestattet die Feststellung des Meridiandurchganges eines Sterns auf den Bruchteil einer Sekunde genau. Noch heute arbeitet die Sternwarte der amerikanischen Flotte in Washington D.C. nach dem gleichen Prinzip, wobei sie sich zur Reflexion des Sternenlichts allerdings einer Quecksilberoberfläche bedient.

Unterstellt man dieses Konstruktionsverfahren der großen Pyramide, dann erhalten sowohl die Königinnen- wie die Königskammer einen Sinn als Arbeitsräume, die große Galerie aber einen solchen als Beobachtungsplatz. Die oberen Deckplatten dieser Galerie ließen sich einzeln abheben. Wurde die Galerie genutzt, bevor der Pyramidenbau über die Königskammer hinaus fortgesetzt war, dann ließ sich mit Hilfe von Beobachtern in diesem Schacht und an den Ecken des Pyramidenstumpfes das ganze sichtbare Himmelsgewölbe exakt kartographieren.

Es würde zu weit führen, hier alle von Naturwissenschaftlern in Erwägung gezogenen astronomischen Funktionen der großen Pyramide zu erörtern und zu begründen. Eine nur kurze Auflistung muß deshalb einen ausführlichen Bericht ersetzen.

Bauform und strukturelle Details der großen Pyramide eigneten sich unter anderem dazu, die Länge des Sonnenjahres exakt und korrekt auf 365,2422 und des Sternenjahres auf 365,2564 Tage zu bestimmen, woraus sich der altägyptische Kalender mit einem Jahr zu 365 Tagen und einem Schaltjahr als jeweils viertem Jahr erklären ließe.

Einiges spricht auch für die Nutzung der Pyramide als Kalender-Sonnenuhr. Zum Zeitpunkt der Tag- und Nachtgleiche im Herbst beginnt die Pyramide, bei Sonnenhöchststand einen Schatten auf die ihr vorgelagerte große Nordterrasse zu werfen. Bis zur Wintersonnenwende wird der Mittagsschatten täglich länger, und genau diesem Längenzuwachs entspricht die Länge der einzelnen Steinplatten auf der Terrasse. So funktionierte die Pyramide als höchst präziser Kalender. Ähnliche Kalenderbauten gab es in der Vorzeit auch schon auf den Britischen Inseln.

Und noch eine weitere Funktion mag die große Pyramide erfüllt haben: Sie könnte ein Richtpunkt der Landvermessung gewesen sein. Weithin sichtbar, ließ sich ihre Spitze anvisieren und für genaue Ortsbestimmungen verwenden. Entsprechende Peilgeräte sind den Archäologen aus dem alten Ägypten bekannt. Ein ägyptischer Text aus dem 3. Jahrtausend v. Chr. gibt die Ausdehnung des Reiches mit umgerechnet 831 240 Metern an. Moderne Messungen liefern 831 002 Meter. Aus dem gleichen Text läßt sich ableiten, daß der mittlere Breitengrad in Ägypten mit umgerechnet 110 832 Metern veranschlagt wurde. Wirklich ist seine Ausdehnung 110 800 Meter. Die alten Ägypter verfügten also über eine hochentwickelte Landvermessung. In diesem Zusammenhang ist es interessant, daß die Spitze der großen Pyramide fast genau auf dem 30. Breitengrad (30° 06′) liegt, und daß zahlreiche pyramidenartige Bauwerke in ganz Ägypten voneinander jeweils etwa 110 Kilometer oder einen Breitengrad entfernt sind.

Kalender-Sonnenuhr und Richtpunkt der Landvermessung

Noch ist es der Archäologie bei weitem nicht gelungen, alle Rätsel der großen Pyramide zu lösen. Doch eines ist gewiß: Wer in der Lage ist, derart immense Steinmassen zu einem Gebäude mit Zentimetertoleranzen und dort, wo es astronomisch von Bedeutung war, mit Millimetertoleranzen zusammenzufügen, der verfolgte damit wissenschaftliche und keine rein kultischen Zwecke.

Manche dieser Zwecke ließen sich erklären. Viele Fragen bleiben offen. Doch die Pyramidenforscher geben noch nicht auf. Neuerdings rückten zum Beispiel französische Archäologen dem mächtigen Bau mit Sonden zu Leibe, um in seinem Inneren nach eventuellen weiteren verborgenen Gängen und Kammern zu suchen. Und amerikanische Wissenschaftler maßen die kosmische Strahlung, die durch den Bau dringt, um Dichteunterschiede und damit unbekannte Hohlräume zu orten. Vielleicht lassen sich in Zukunft weitere Geheimnisse des rätselhaften Baus lüften.

Astronomisches Wissen der Dogon

1

2

3

Das kleine Bauernvolk der Dogon im Herzen Malis, dessen ethnischer Ursprung ungewiß ist, kennt seit vielen Jahrhunderten astronomische Fakten, mit denen moderne Wissenschaftler erst durch Teleskope und komplizierte Berechnungen vertraut wurden. Dogon-Priester wissen aus uralten Überlieferungen von dem mit bloßem Auge unsichtbaren Stern Sirius B, einem Begleiter des Sirius. Und sie kannten den Saturnring, die vier Jupitermonde und die Oberflächenmaterie des Erdmondes lange bevor die Astronomen darum wußten. Eine Dogon-Legende berichtet von einem längst verstorbenen religiösen Oberhaupt, das von sich behauptete, ein halbes Jahr lang auf dem Stern pō gelebt zu haben. Gewann der Priester seine erstaunlichen kosmischen Kenntnisse auf einer Trance-Reise, wie sie heute noch Schamanen zahlreicher Naturvölker praktizieren? Wie alt ist dieses geheime Dogon-Wissen? Läßt es sich bis ins prähistorische Libyen und Ägypten zurückverfolgen?

1/2/3/5/6 In der grandiosen Landschaft des südlichen Mali wohnt das kleine Bauernvolk der Dogon. Sein Herkommen ist unbekannt. Sind diese Menschen die Nachkommen der Urbevölkerung? Oder sind sie aus dem Norden eingewandert? Die Dogon sprechen eine eigene Sprache. Ihre Dörfer, bewohnt

4

5

6

Im zentralen Süden Malis liegt südlich des Niger-Überschwemmungsgebietes das bergige Bandiagara-Plateau. Mit den Hombori-Bergen, die mit ihren unglaublich kühn aus der Steppe aufragenden Felsnadeln einem mythologischen Zauberreich gleichen, sucht dieses Gebiet hinsichtlich landschaftlicher Schönheit seinesgleichen selbst auf dem an Naturwundern so reichen Schwarzen Kontinent. An den von der Wüstenerosion teilweise in mächtige Schutthalden zerlegten Hängen und zu Füßen der Gebirgsmassive lebt ein Bauernvolk, das heute rund 225 000 Menschen umfaßt: die Dogon. Es spricht eine eigene Sprache, über deren Zugehörigkeit sich selbst Autoritäten streiten. Woher die Dogon stammen, ist ebenfalls ungewiß. Manche Völkerkundler sehen in ihnen Nachkommen der Urbevölkerung des Gebietes, in dem sie leben, andere glauben, sie seien vor langer Zeit aus dem Nordosten eingewandert.

Manches spricht dafür, daß ein in prähistorischen Zeiten in Libyen heimisches Volk, die Garamanten, über Algerien bis in das Land am Niger vordrangen und sich dort mit der einheimischen Bevölkerung vermischten. Diese Garamanten könnten zu den Vorfahren der Dogon zählen.

Seit eh und je leben die Dogon vorwiegend vom Hirseanbau. Daneben pflanzen sie heute auch Mais, Reis, Baumwolle, Indigo, Henna, Tabak, Melonen und Hanf. Sie halten Schafe, Ziegen, Hühner und Bienen. Rinder, Pferde und Kamele dienen eher dem persönlichen Prestige als bäuerlicher Nutzung.

von Großfamilien, werden von einem Ältestenrat regiert. Religiöses Oberhaupt aller Dogon ist der Hogon. Er lebt in einem isoliert stehenden Haus und wird von der Gemeinschaft unterhalten.

4 Der Gott Amma und sein Sohn Nommo (Abb.), der Wegbereiter der neuen Welt, sind Kultfiguren.

Die Gesellschaft der Dogon ist geschichtet: Ackerbauern und Regierende besitzen den höchsten sozialen Rang, gefolgt von verschiedenen Handwerkerkasten.

Eine politische Zentralgewalt gab es bei den Dogon nie. Ihre Dörfer, bewohnt von Großfamilienverbänden, werden voneinander unabhängig jeweils von einem Ältestenrat regiert. Sie sind auch durchweg zu klein und zu weit voneinander entfernt, als daß sich so etwas wie ein zentralistisches Staatsgefüge hätte entwickeln können.

Dennoch aber gibt es ein Bindeglied, das alle Dogon eng zusammenhält: den Hogon. Er ist das religiöse Oberhaupt der Dogon. Ihm obliegt die Durchführung kultischer Zeremonien, und er ist zugleich oberster Richter. Die äußeren Insignien seines Amtes sind sein Stab und ein Stein, den er an einer Kette um den Hals trägt und der von Hogon zu Hogon vererbt wird. Der Hogon trägt eine besondere Kleidung und wohnt in einem isoliert stehenden Haus, das von dem benachbarten Dorf unterhalten wird.

Eine der wichtigsten Aufgaben des Hogon ist die Bewahrung der mythologischen Überlieferung der Dogon und deren Auslegung. Zum Teil handelt es sich dabei um

Ritual zur Erneuerung der Welt

Geheimwissen, das nur Eingeweihten bekannt gemacht werden darf. Besonders komplex sind die Schöpfungsmythen der Dogon, deren Wurzeln sehr weit zurückreichen müssen, vielleicht bis in die Ära der rätselhaften Garamanten.

Es ist das Verdienst der französischen Ethnologen Marcel Griaule und Germaine Dieterlen, bei den Dogon und drei weiteren afrikanischen Völkern – Bambara, Bozo und Minianka – während der späten vierziger Jahre in langwieriger Arbeit Vertrauenspersonen von hohem sozialen Rang gewonnen zu haben, die ihnen mythologische Überlieferungen mitteilten, die sonst nur Stammespriestern zugänglich sind.

Alle 60 Jahre feiern die Dogon das Sigui-Ritual, eine festliche Zeremonie, deren mystische Bedeutung nichts Geringeres als die Erneuerung der Welt ist. Der Schöpfungslegende nach leuchtet eine heilige Felsspalte im Dorf Yougo Dogorou im Jahr vor dem Sigui-Fest rotglühend auf. Aber natürlich will niemand 59 Jahre lang auf dieses Zeichen des Himmels warten. Deshalb entwickelten Stammesälteste und Priester verschiedene Zählsysteme für die Sigui-Berechnung. Eines davon ist ebenso einfach wie eigenwillig: Alle zwei Jahre veranstalten die Stammesältesten ein Hirsebierfest. Bei dieser Gelegenheit deponiert der Betagteste unter

7 Die Heimat der Dogon gleicht einem Zauberreich: Felsnadeln ragen kühn aus der Steppe auf, ein Affenbrotbaum im Gegenlicht läßt die Landschaft unwirklich erscheinen. Hier ist die Mythologie noch lebendig. Danach mußte die Welt alle sieben Jahre erneuert werden. Jeweils nach der siebenten Ernte opferte

7

man den obersten Stammeshäuptling. Dessen toter Körper und auch seine Seele wanderten zum Stern pō, dem wichtigsten Stern am Himmel der Dogon. Von ihm geht die Kraft der Welterneuerung aus. Sieben Häuptlinge unterwarfen sich der Zeremonie, der achte suchte eine neue Lösung.

8

9

8 Die Dogon leben vorwiegend vom Hirseanbau, sie halten Schafe, Ziegen, Hühner und Bienen.

9 Malereien an den steil aus der Steppe ragenden Felsen sprechen von der alten Kultur dieses Volkes.

ihnen eine Kaurischnecke. Sobald 30 derartige Schnecken zusammengekommen sind, ist es Zeit für das nächste Sigui-Zeremoniell.

Eine andere Sigui-Rechnung bedient sich mythischer Zeichnungen. Griaule und Dieterlen berichten darüber: »Dem Priester Manda zufolge enthielten zwei Hirsebreifiguren über der Tür des Heiligtumes von Binou – sie stellen den Gott Amma und seinen Sohn Nommo dar, den ›Wegbereiter der neuen Welt‹ – die Sigui-Berechnung. Beim ersten dieser beiden Gebilde handelt es sich um ein senkrechtes Oval – das Weltei – und dessen Hauptachse: Amma in der Urnacht. In der rechten Hälfte der Figur bringt man, unten beginnend, für jedes Jahr einen Punkt an. Im siebenten Jahr zeichnet man außerhalb der Figur in der Verlängerung der Linie, die die Punkte bilden, eine Art Dreizack hinzu. Ebenso verfährt man auf der linken Seite, nur beginnt man hier nicht unten, sondern oben. Auf diese Weise kommt man mit der Zählung auf 14 Jahre: die sieben Doppeljahre, in denen die Welt geschaffen wurde. Und man fügt ein Element hinzu, das das Ganze symbolisiert. Vom Gesamtbild her versinnbildlicht die Figur die letzte Gebärde Gottes – eine Hand ist erhoben, die andere gesenkt, und dies bedeutet: Himmel und Erde sind geschaffen. Die Zeichnung findet sich in vierfacher Wiederholung. Man kann auf diese Weise einen Zeitraum von 60 Jahren festhalten. Neben dem Amma-Symbol steht die Darstellung des Weltenlehrers: ein Gebilde aus zwei senkrechten Beinen und darüber ein Kopf auf langem Hals. Solange noch die ersten 30 Jahre in die ersten zwei Ovale eingetragen werden, besitzt die Figur nur ein Bein; das zweite kommt im Laufe der folgenden 30 Jahre hinzu, jedes Jahr ein Stück mehr, bis es schließlich dann, wenn die Sigui-Zeremonie stattfindet, ebenso lang wie das andere ist. Auf diese Figur spielt man an, wenn man in der zweiten Dreißigjahres-Halbzeit davon spricht, das Sigui-Fest käme jetzt ›auf die Beine‹.«

Es gibt noch weitere Methoden zur Ermittlung der Sigui-Daten. Im Rahmen des Festes werden dann besondere Kultgegenstände angefertigt, darunter große zeremonielle Holzmasken, geschnitzte Pfähle und ein aus den Fasern des Baobab- oder Affenbrotbaums geflochtener riesiger Gärbottich für die Herstellung des kultischen Hirsebiers. Diese Gegenstände werden anschließend im Hause des Hogons aufbewahrt, und ihre Sammlung wächst im Laufe der Zeit zu einem regelrechten Stammesarchiv heran.

10 Wie die Dörfer der Dogon, so sind auch die Begräbnisstätten am Felshang gut getarnt.

Das Opfer des Häuptlings

Bekannt sind heute Kultpfähle, die aus der Zeit von 1720 stammen und verwitterte Überreste, die wohl bis ins 13. Jahrhundert zurückreichen. Einer der erhaltenen Gärbotticheinsätze stammt sogar aus dem 12. Jahrhundert, und auch er ist gewiß nicht anläßlich des ersten Sigui-Festes angefertigt worden. Die Tradition muß noch weitaus älter sein.

Was hat es mit dem merkwürdigen Fest der Welterneuerung auf sich? Ein Mythos erklärt das. Nach der Schöpfungslegende der Dogon mußte früher die Welt alle sieben Jahre erneuert werden. Und das geschah auf eine äußerst merkwürdige Art und Weise. Jeweils nach der siebenten Ernte opferte man den obersten Stammeshäuptling.

Nach dem überlieferten Glauben wanderten dessen toter Körper und auch seine Seele zum Stern *pō*. Den Namen *pō* hat er von einem sonst in Westafrika oft als *fonio* bezeichneten Getreidekorn, das von einer hirseähnlichen Grasart stammt und ursprünglich als »Hungerreis« bekannt ist. Botanisch heißt die Art Digitaria exilis.

Der Stern *pō* ist der wichtigste Stern am Himmel der Dogon. Das geht schon daraus hervor, daß die Dogon jedem ihrer Stämme gewisse Gestirne als Attribute zuweisen, etwa die aufgehende Venus dem Stamm der Ono, den

11

12

13

Gürtel des Orion den Dommo, die Sonne den Dyon und den Mond den Arou, daß aber der Stern *pō* nach ihrer Auffassung allen Menschen gehört. *pō* nämlich ist es, von dem die Kraft der Welterneuerung ausgeht. Und damit diese Kraft nicht ausbleibt, opferte man ihm alle sieben Jahre den Stammeshäuptling.

Diese Tradition hatte allerdings keinen langen Bestand. Nur die ersten sieben Häuptlinge unterwarfen sich ihr. Der achte wurde zwar ebenfalls geopfert, aber er überlebte das Ritual, indem er sich totstellte und anschließend ein halbes Jahr lang versteckt hielt. Dann erschien er vor seinem Nachfolger und erzählte diesem eine erstaunliche Geschichte. Er sei, so sagte er, in der Zwischenzeit auf dem Stern *pō* gewesen und kenne jetzt dessen Geheimnisse. In Zukunft gelte eine neue Legislaturperiode für die Häuptlinge beziehungsweise religiösen Stammesführer. Sechzig Jahre werde jeder Hogon regieren.

Diese Zeitspanne trennte später die Sigui-Feste voneinander. Die Reise zum Stern *pō* hatte natürlich nicht wirklich stattgefunden, und auch die Person des achten Hogon selbst hat ausgesprochen legendäre Züge. Erstaunliches Faktum aber ist, daß die Dogon von alters her tatsächlich sehr genau über den Stern *pō* informiert sind. Das ist äußerst verblüffend, denn dieser Stern ist nicht nur für das menschliche Auge völlig unsichtbar, selbst mit einfachen optischen Instrumenten läßt er sich nicht entdecken.

Aufmerksam auf diesen Stern, den wir heute *Sirius B* nennen, wurde erstmals der Mathematiker und Astronom

11 Auch heute noch tragen die Dogonfrauen schwere Lasten auf dem Kopf.

12/13 Rituelle Maskentänze haben lange Tradition. Einige Masken symbolisieren Gottheiten. Das Doppelkreuz taucht immer wieder auf und ist zum Emblem Malis geworden.

14

14 Zu den heiligen Stätten der Dogon, die seit Jahrhunderten an ihren Glaubensvorstellungen festhalten, gehören auch Felsen. Größte Bedeutung in der Mythologie hat der Stern pō, den wir heute Sirius B nennen. Obwohl er mit bloßem Auge nicht zu sehen ist, kennen die Dogon ihn seit Jahrhunderten.

15

15 Legenden und Ahnenkult sind fest im Alltag der Dogon verankert. So erzählte der achte Hogon, der sich der Opferzeremonie nicht beugen wollte, er sei auf dem Stern pō gewesen: In Zukunft gelte für die Welterneuerung eine andere Zeitspanne. Jeder Hogon werde nun 60 Jahre regieren.

Friedrich Wilhelm Bessel. Ihm fiel 1834 auf, daß der gut sichtbare »Hundsstern«, Sirius oder Sirius A, merkwürdige Pendelbewegungen macht. Zehn Jahre später schloß Bessel daraus auf die Existenz eines sehr schweren unsichtbaren Begleiters dieses Sternes. Bessels Berechnungen forderten, daß beide Sterne mit einer Umlaufzeit von 50 Jahren einen gemeinsamen Schwerpunkt umkreisen.

1862 gelang es dem US-Amerikaner Alvan G. Clark erstmals, mit dem größten Teleskop seiner Zeit Sirius B als einen winzigen Lichtpunkt zu sehen. Genauere Untersuchungen des Sternes machte erst 1915 das Riesenobservatorium auf dem Mount Wilson möglich, und das erste Foto des Sternes glückte nach jahrelangen Vorbereitungen nicht vor 1970. Als Sirius B entdeckt wurde, versetzte das die Astronomen in nicht geringe Aufregung, denn er war der erste Vertreter einer bis dahin völlig unbekannten Klasse von Sternen.

Der Durchmesser von Sirius B entspricht nur drei Erddurchmessern, aber seine Masse ist kaum geringer als die unserer Sonne. Der Stern ist so heiß, daß seine Oberfläche

Wissen über »Weiße Zwerge«

pro Quadratmeter etwa drei- bis viermal soviel Licht und Wärme abstrahlt wie die Sonne. Aber weil Sirius B für einen Fixstern äußerst winzig ist, liegt seine gesamte Leuchtkraft um zehn Größenklassen unter jener des hellen Sirius A.

Eigens für Sirius B entwickelten die Astrophysiker die heute bestätigte Theorie der »Weißen Zwerge«. Solche Sterne, von denen inzwischen über hundert weitere bekannt sind und wahrscheinlich Tausende existieren, bestehen aus »zusammengebrochener« oder »entarteter« Materie. Ihre Atome haben die Elektronenhüllen verloren, so daß die Atomkerne dicht gepackt beieinander liegen. Die Elektronen selbst bilden nur noch ein »entartetes« Elektronengas.

Solche Sterne besitzen die unvorstellbare Dichte von einigen hundert Kilogramm je Kubikzentimeter. Für Sirius B hat man rund 220 kg/cm^3 errechnet. Wäre die Erde derart kompakt aufgebaut, dann hätte sie bei unveränderter Masse einen Durchmesser von nur rund 360 Kilometern. Heute weiß man, daß die Weißen Zwerge die Endstadien der Entwicklung nicht allzu massereicher Fixsterne darstellen. Ist der nukleare Brennstoffvorrat im Inneren eines Sterns verbraucht, dann kollabiert die Gaskugel durch die Schwerkraft zu einem superschweren Ball, der nur noch seine aufgespeicherte Wärmeenergie abstrahlt, bis er schließlich erkaltet und zu einem völlig unsichtbaren »Schwarzen Zwerg« wird.

Es war eine beachtliche wissenschaftliche Leistung der modernen Astronomie und Astrophysik, die Natur des Weißen Zwerges Sirius B zu erkennen. Die Dogon allerdings wissen darum bereits seit prähistorischen Zeiten, nämlich seit dem legendären achten Hogon. Ihre von Griaule und Dieterlen enthüllten geheimen Überlieferungen sagen, daß der Stern *pō*, den die französischen Ethnologen nach dem botanischen Namen des Hungerreises auch Digitaria nennen, »alle Dinge der Welt enthält«. Und die Dogon-Informanten berichteten den Völkerkundlern auch: »Digitaria ist das kleinste Ding, das es gibt. Es ist der schwerste Stern. Er besteht aus einem sagala genannten Metall, etwas glänzender als Eisen und so schwer, daß alle Erdenwesen zusammen es nicht heben können«.

Mythisch umschrieben formuliert eine Dogon-Legende: »Tatsächlich wiegt der Stern soviel wie 480 Eselslasten (etwa 35 000 kg), soviel wie alles Korn und alles Eisen der Erde, obwohl er nur so groß ist wie eine auseinandergezogene Ochsenhaut oder ein Mörser.« Und weiter ist überliefert: »Die Digitaria-Umlaufbahn liegt in der Mitte der Welt. Digitaria ist die Achse der ganzen Welt, und ohne seine Bewegung kann sich kein Stern halten. Das heißt: Er bestimmt die Position der Himmelskörper, insbesondere die des Sirius,

Geheimlehren der Dogon

des regellosesten Sterns. Ihn sondert er von anderen Sternen ab, indem er ihn ständig umkreist.«

Die Dogon wissen aber auch, daß dieses Umkreisen nicht der üblichen Bahn eines Planeten um eine zentrale Sonne entspricht, sondern daß Sirius A und Sirius B eine elliptische Bahn um einen gemeinsamen Schwerpunkt beschreiben. Und sie kennen auch genau die Umlaufdauer von 50 Jahren. Sakrale Zeichnungen der Dogon-Priester geben exakt verschiedene relative Positionen beider Sterne zueinander während ihres gegenseitigen »Umkreisens« wieder.

Nicht genug damit. Die Geheimlehren der Dogon und benachbarter Stämme berichten noch von weiteren Sternen im Sirius-System. So kennen sie den Stern *emme ya*, was soviel bedeutet wie »weibliches Kaffernkorn« oder »weibliche Kaffernhirse«. Dieser Stern ist nach Aussage der Dogon-Priester größer als Digitaria, hat aber nur ein Viertel von dessen Masse. Er umrundet Sirius A in gleicher Richtung und in der gleichen Zeit wie Digitaria, nur auf einer viel weiteren Bahn. Die Bahnebenen von *emme ya* und Digitaria stehen rechtwinklig aufeinander.

Griaule: »Die Positionen, die dieser Stern (*emme ya*) einnimmt, bestimmen verschiedene Riten in Yougo Dogou-

16

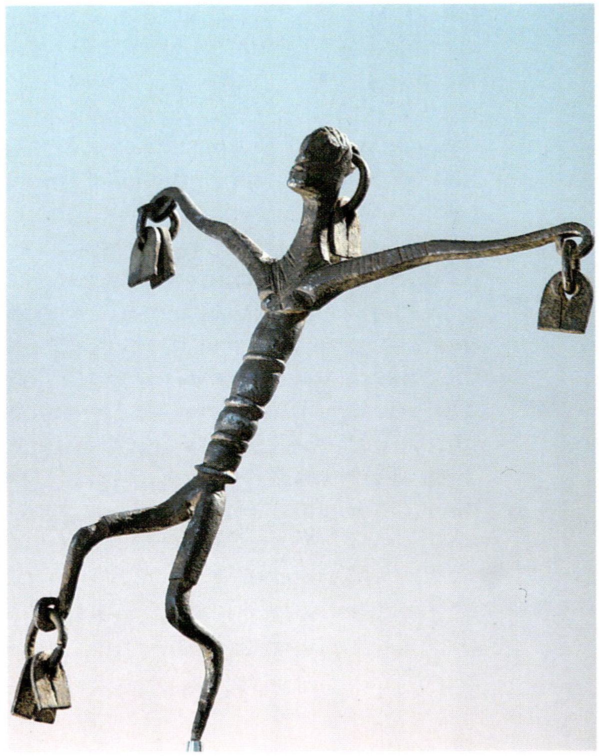

17

18

rou«, einem Dogon-Dorf. »*Emme ya* ist der einzige Stern, dessen Strahlen wie Sonnenstrahlen sind, denn er ist ›die Sonne der Frauen‹, eine ›kleine Sonne‹.«

Die Dogon sind davon überzeugt, daß *emme ya* einerseits von einem Trabanten begleitet wird, den sie *nyãn tolo* (Stern der Frauen) oder auch *enegirin* (›Ziegenhirt‹, nicht zu verwechseln mit dem bekannten großen ›Ziegenhirten‹) nennen. Auch von *emme ya* und *nyãn tolo* machen die Dogon Planskizzen hinsichtlich der Position dieser Himmelskörper im Sirius-System.

Interessant ist, daß sich auch diese beiden Gestirne mit bloßem Auge nicht sehen lassen. Mehr noch: Der Wissenschaft sind sie bis heute überhaupt noch nicht bekannt. Doch der Astronom Dr. Paul Murdin vom Königlichen Observatorium in Greenwich vertritt die Auffassung: »Für mich besteht kein Grund, daß es nicht auch einen Sirius C geben sollte, vielleicht einen weiteren Weißen Zwerg, von Sirius A um den vierhundertfachen Halbmesser unserer Sonne entfernt, dessen Umlaufbahn in der Himmelsebene liegt, so daß er die Radialgeschwindigkeit von Sirius A nicht beeinträchtigt ... Sein Orbit hat infolge von Sirius B eine gewisse Präzession, doch ist die Periode größer als bei B, so daß wir zur Zeit leider die Störung nicht sehen.«

Im Klartext heißt das, die Richtigkeit der Behauptung der Dogon hinsichtlich der Existenz eines Sternes *emme ya* ist wissenschaftlich gesehen zumindest möglich, allerdings nur unter der Voraussetzung, daß die Ebene seiner Umlaufbahn senkrecht zu jener von Sirius B steht. Und genau das

16 Mythologie und Legenden gehören zum Alltag: tanzende Figur aus Eisen.

17 Haus der Dogon. Auch hier: kunstvolle symbolische Schnitzereien an den Pfosten.

18 Dieser Schemel ist Statussymbol des Hogon und zeigt, wie Himmel und Erde verbunden sind.

behaupten die Dogon-Überlieferungen. Überdies gibt es astronomische Quellen, die besagen, der fragliche Stern Sirius C sei in den zwanziger Jahren unseres Jahrhunderts tatsächlich einige Male mit Teleskopen beobachtet worden; doch lassen sich diese Sichtungen nachträglich natürlich nicht bestätigen, und seither ist ein derartiger Himmelskörper nicht mehr aufgetaucht. Wenn die Aussage der Dogon bezüglich der Masse von Sirius C (ein Viertel der Masse von Sirius B) zuträfe, dann könnte das durchaus einen Grund haben. Der Stern wäre dann ein sogenannter Roter Zwerg, und von derartigen Himmelskörpern weiß man, daß ihre Helligkeit stark schwanken kann. Sie werden plötzlich um eine oder zwei Größenordnungen heller, um wenig später drastisch an Leuchtkraft zu verlieren.

Im einzelnen zu erklären, welche spirituelle Bedeutung das komplizierte Sirius-System für die Dogon besitzt, würde den Rahmen dieses Kapitels sprengen. Das Naturvolk verknüpft das kosmische Geschehen mit sehr komplexen Schöpfungsmythen, in deren Zentrum neben dem Gott Amma dessen Sohn Nommo, der »Wegbereiter der neuen Welt«, steht.

Der unsichtbare, ferne Stern

Ein anderer, stark symbolhafter Mythos sieht im Weißen Zwerg Sirius B das »Ei der Welt«, das sich in zwei Zwillingsplazenten teilte, von denen aus jeder ein »Weltenlehrer«-Paar hervorgehen sollte. Doch entsprang der einen Plazenta nur ein einziges männliches Wesen als Frühgeburt. Auf der Suche nach seinem Zwilling riß dieses Wesen einen Teil der Plazenta ab. Daraus entstand die Erde. Das Wesen selbst verwandelte sich in einen blassen Fuchs, der bei den Dogon eine bedeutende mythologische Rolle spielt.

Abgesehen von derartigen symbolhaften Lehren, stellt sich die zentrale Frage, wie ein »primitives« Naturvolk ohne astronomische Instrumente und ohne ausgefeilte mathematische Kenntnisse Wissen über die Existenz und den genauen Bewegungsmechanismus eines fernen Sternes erwerben konnte, der zudem unsichtbar ist.

Den US-amerikanischen Sachbuchautor, studierten Orientalisten und Mitglied der britischen Royal Astronomical Society, Robert K. G. Temple, brachte diese Frage zu der Überzeugung, Bewohner eines Planeten im Sirius-System müßten vor Jahrtausenden mit Raumschiffen die Erde besucht haben. Sie seien im Mittleren Osten gelandet und hätten die Menschheit mit astronomischem Wissen aus ihrem Sternensystem und zudem mit jenen Infrastrukturen beglückt, die zur Entwicklung der frühen Hochkulturen Mesopotamiens und des alten Ägypten notwendig waren. Aus der Libyschen Wüste sei das »Wissen der Götter« dann durch die Wanderung der Garamanten, der Vorfahren der Dogon, ins heutige Mali gelangt.

In der Tat spielt das Sirius-System auch im alten Ägypten eine bedeutende religiöse Rolle. Der »Hundsstern« Sirius A hieß dort Sothis, und nach dessen Aufgang im Frühling (heliakalischer Aufgang) definierten die Ägypter die Sothis-Periode, einen Zeitraum von 1461 Jahren zu 365 Tagen. Genau nach dieser Zeit fiel der Sirius-Aufgang im Frühjahr wieder exakt mit dem Jahresanfang des ägyptischen Wandeljahres von 365 Tagen zusammen.

Anders formuliert: Während einer Sothis-Periode von 1460 Sothis-Jahren zu 365¼ Tagen bewegte sich der Anfang des 365-Tage-Jahres einmal durch alle Jahreszeiten.

Doch diese Himmelsbeobachtung allein läßt sich relativ einfach erklären: Sirius A ist immerhin der hellste Fixstern am Himmel, und es liegt nahe, ihn als Bezugsobjekt für die Errichtung eines astronomischen Kalenders zu wählen. Andererseits schienen aber die alten Bewohner des Nahen Ostens auch schon ein Wissen um den unsichtbaren Sirius-Begleiter gehabt zu haben. Temple konstruiert in seinem Buch »The Sirius Mystery« mehrere Indizienketten, die plausibel machen, daß sowohl im alten Sumer wie im alten Ägypten ein dunkler Himmelskörper bekannt war, der besonders klein und zugleich besonders schwer ist, der mit Schöpfungslegenden in Zusammenhang gebracht und der wiederholt mit der Zahl 50 verbunden wurde. Fünfzig Jahre beträgt bekanntlich der Umlauf des Sirius-Sternengespannes.

Lichtjahre von der Erde entfernt

Sowohl die Sumerer wie die Ägypter als auch die Dogon und benachbarte Stämme Schwarzafrikas brachten und bringen Sirius B außerdem mit einer – jeweils anders genannten – Göttergestalt in Verbindung, die einen Fischschwanz besitzt und amphibische Eigenschaften hat oder generell durch ein Fischsymbol charakterisiert wird.

Temples Spekulationen gehen davon aus, die aus dem Sirius-System auf die Erde gekommenen Astronauten seien Amphibien gewesen, die tagsüber mit den Menschen kommunizierten und sie lehrten, um nachts in die Tiefen der Meere hinabzutauchen.

Diese phantasievollen Folgerungen aus zweifellos schwer erklärbaren Fakten sind allerdings unrealistisch. Temple selbst ist offenbar nicht ganz wohl bei seiner Hypothese. Er schreibt: »Allerdings betreten wir damit den so

19

19 Diese Aufnahme zeigt Reste von Hirsefeldern, die sich nur schwer gegen den Wüstensand behaupten können. In einem so kargen Land ist es verständlich, daß die Bauern in der Hierarchie sehr weit oben stehen. Neben Hirse wird auch Mais, Reis, Baumwolle, Indigo, Henna, Tabak und Hanf angebaut.

trügerischen, gefährlichen Boden der Spekulation.« Und: »Doch sollten wir uns nicht in Spekulationen verlieren, in welcher Art von Raumfahrzeugen die Außerirdischen landeten.«

Tatsache ist, daß das Sirius-System von der Erde 8,7 Lichtjahre entfernt ist. Hätte ein Raumfahrzeug diese Strecke mit einer sinnvollen Geschwindigkeit von 100 000 km/h zurückgelegt, es wäre fast 94 000 Jahre unterwegs gewesen, ohne irgendwo Proviant aufnehmen zu können. Amphibien dürften eine solche Reise kaum überlebt haben, auch nicht in einer langen Generationsfolge.

Es muß also grundlegend andere Erklärungsmöglichkeiten für das rätselhafte Wissen der Dogon-Priester geben, auch deshalb schon, weil sie nicht nur Kenntnisse über astronomische Details des Sirius-Systems besitzen, sondern auch über andere Fakten der Himmelskunde, die sich ebenfalls nicht durch bloße Beobachtungen mit dem unbewaffneten Auge herausfinden lassen.

So wissen die Dogon von alters her, daß der Erdmond »trocken und tot wie trockenes und totes Blut« ist, während man in Europa noch in der ersten Hälfte des 20. Jahrhunderts Überlegungen anstellte, ob er nicht vielleicht aus Eis bestehen könnte. Den Planeten Saturn zeichnen die Dogon korrekt mit seinem Ring, und sie wissen, daß sich die Planeten nicht etwa um die Erde, sondern um die Sonne bewegen.

Die vier hellen Jupitermonde

Sie erklärten Griaule: »Jupiter folgt Venus, indem er langsam um die Sonne kreist.« In ihren uralten Überlieferungen ist auch bereits von den vier hellsten Jupitermonden die Rede, die sich ebenfalls mit bloßem Auge nicht sehen lassen. Galilei entdeckte sie 1610 bei ersten Jupiter-Beobachtungen mit seinem Fernrohr.

Ein Dogon-Zitat: »Als (der Fuchs) verstümmelt wurde, floß noch Blut. Das Blut seiner Genitalien tropfte zu Boden, doch Amma (der Schöpfergott) ließ es als vier Satelliten zum Himmel steigen, die *dana tolo* (Jupiter) umkreisen . . . Die vier kleinen Sterne sind Jupiter-Keile.« Griaule erwähnt dazu, daß die Dogon Jupiter gelegentlich durch einen Felsen darstellen, der von vier Steinen »eingekeilt« ist.

Wenn die Dogon und andere Stämme all diese Kenntnisse nicht von fischschwänzigen Götter-Astronauten haben, woher sind sie ihnen zuteil geworden? Es gibt erstaunliche Parallelen, die Licht in diesen mysteriösen Komplex werfen könnten. So enthält auch die Offenbarungsschrift der Muslime, der Koran, zahlreiche korrekte Aussagen, die dem weltweiten Stand der wissenschaftlichen Erkenntnis um viele Jahrhunderte vorauseilten. Sie betreffen unter anderem astronomische, geophysikalische und auch mikrobiologische Fakten. Prophet Mohammed beruft sich eindeutig auf göttliche Offenbarung.

Auch die Dogon-Priester betonen, sie haben ihr Wissen unmittelbar von den Göttern. Es ist absurd, sich diese Götter oder ihre Boten – etwa die biblischen Engel – als Astronauten aus fernen Welten vorstellen zu wollen. Im religiösen Alltag der Naturvölker sind mystische Trancekontakte zu »Göttern« und Lehrerfiguren in nichtalltäglichen Realitätsebenen auch heute noch nichts Ungewöhnliches. Dabei ist es völlig gleichgültig, ob die »außerirdischen« Informanten in der »mittleren Welt« (der transzendenten Ebenen der irdischen Sphäre) erscheinen oder ob sich die Priester und Schamanen auf ihren Trancereisen in andere Ebenen zu ihnen begeben.

Manche Indianer und Eskimos der amerikanischen Nordwestküste beginnen ihre Geistreisen in die »obere Welt« oft mit Ausflügen zum Stern Alpha Ursae minoris im Sternbild des Kleinen Bären, bekannt als Polarstern. Daß solche Reisen keinesfalls nur Phantasievorstellungen, sondern tatsächliche Informationsfahrten des Geistes sind, dafür gibt es erstaunliche irdische Belege.

Südamerikanische Urwaldindios auf steinzeitlichem Zivilisationsniveau beschrieben bei ihrem ersten Kontakt mit Weißen recht genau nordamerikanische Großstädte mit Hochhäusern und Straßenschluchten. Sie hatten sie wiederholt auf Trancereisen besucht. Die großen steinernen »Wohnhöhlen« konnten sie sich erklären, aber sie wollten ausdrücklich wissen, was das denn für eigenartige Kästen seien, in die die Menschen hineinkröchen, um sich dann mit ihnen in unglaublicher Geschwindigkeit fortzubewegen. Sie kannten also Autos, ohne jemals auch nur in der Nähe irgendeiner Straße gewesen zu sein.

Neuere Tranceversuche mit Menschen aus westlichen Industrienationen in Instituten für transpersonale Psychologie in den USA haben erwiesen, daß derartige mentale »Forschungsreisen« tatsächlich möglich sind. Wenn das aber der Fall ist, dann kann es nicht überraschen, daß im Laufe der Geschichte immer wieder Persönlichkeiten auftreten, die für derartige Erfahrungen besonders qualifiziert sind: Propheten. Es ist viel wahrscheinlicher, daß der achte Hogon (oder irgendein anderer Priester) der Dogon wirklich in Trance das Sirius-System erkundete, als daß von dort fischschwänzige Astronauten zur Erde gelangt sein sollen. Er selbst betonte schließlich, er sei da gewesen und nicht, er habe Besuch von dort bekommen.

Der Reiseführer des Antipatros

1

2

3

Schon die alten Griechen bildeten sich durch Reisen: Man schätzte außergewöhnliche Bau- und Kunstwerke, doch Ruinen pflegte man damals nicht zu bewundern. So schrieb der phönizische Dichter Antipatros im 2. Jahrhundert v. Chr. einen Reiseführer, den er »Die sieben Weltwunder« nannte. In seinem Werk, das nur unversehrte Monumente aus jener Zeit erwähnt, rühmte der antike Schriftsteller die Pyramiden von Giseh, die Gärten der Semiramis in Babylon, die Zeus-Statue des Phidias in Olympia, den Artemis-Tempel in Ephesus, das Mausoleum in Halikarnassos, den Koloß von Rhodos sowie den Leuchtturm Pharos von Alexandria. Heute noch genießen die sieben Weltwunder des Antipatros Weltruhm, obwohl sie bis auf die Pyramiden nicht mehr erhalten sind.

1 Erinnerung an den berühmten Artemis-Tempel in Ephesus: eine alte Kopie der Artemis-Statue.

2 Die hängenden Gärten von Babylon galten in der Antike als ein architektonisches Weltwunder.

3 Der Koloß von Rhodos stand wohl nicht über der Hafeneinfahrt, wie man einmal vermutete.

Daß reisen bildet, ist keine neue Weisheit. Wer reist, um Wissen zu sammeln, dem wird Gott das Paradies zeigen, sagten bereits im Mittelalter die Araber, und auch schon die alten Griechen kannten so etwas wie Bildungstourismus. Da sie zugleich ein literarisches Volk waren, überrascht es nicht, daß sie über ihre Fahrten schriftlich berichteten oder sich anhand verfügbarer Texte auf ihre Reisen vorbereiteten. Es gab sogar regelrechte Reiseführer. Einen der bekanntesten verfaßte im 2. Jahrhundert v. Chr. der phönizische Schriftsteller Antipatros von Sidon. Es ist nicht sicher, ob dieser Autor alles, was er so eindrücklich beschrieb, auch selbst gesehen hat. Fest steht nur, daß er sich mit der Auswahl seiner Reiseziele geographisch an die Nähe großer Handelswege hielt und daß er eine unverhohlene Vorliebe für architektonisch-technische Höchstleistungen entwickelte. Für sein Werk fand er einen Titel, um den ihn so mancher Sachbuchautor unserer Tage beneiden würde, denn er versprach Popularität. Vielleicht war der Titel sogar zu gut, denn der Verfasser des antiken Reiseführers blieb in seinem Schatten, während der Name des Buches bis heute Weltruhm genießt: »Die sieben Weltwunder«.

Den Begriff der »Weltwunder« gab es aber bereits vor Antipatros, und ihre Beschränkung auf die Zahl Sieben bereitete gelegentlich Schwierigkeiten, mit denen auch der Autor des Reiseführers zu kämpfen hatte, denn die Auswahl unter der Vielzahl bedeutender antiker Bauwerke wirkt reichlich willkürlich. So hatten früher einmal auch die imponierenden Mauern der alten Stadt Babylon als

4 Im Prytaneion, dem Rathaus von Ephesus, fand man 1956 die Kopien des Kultbildes der Artemis.

5 Als die antike Liste der Weltwunder entstand, war der biblische Turm von Babel längst zerstört.

6 Befanden sich die hängenden Gärten von Babylon beim Südpalast des Königs Nebukadnezar?

7

8

9

Weltwunder gegolten, doch als dann im Jahre 279 v. Chr. der erste – und bis zum heutigen Tage größte – Leuchtturm der Welt, der Pharos von Alexandria, fertiggestellt wurde, strich man das monumentale Gemäuer aus der Liste und nahm darin statt dessen den Leuchtturm auf. Antipatros fixierte die Auswahl der Weltwunder zum ersten Mal schriftlich, wobei er sie möglicherweise neu festlegte. Es fällt auf, daß er nur Monumente erfaßte, die zu seiner Zeit noch intakt waren, denn griechische Reisende pflegten im Gegensatz zu kulturbeflissenen Touristen unserer Zeit keine Ruinen zu bewundern. Der Turm von Babel zum Beispiel, im 2. Jahrhundert v. Chr. bereits verfallen, fand deshalb in Antipatros' Werk keinen Platz. Aber auch so bewunderungswürdige architektonische Leistungen wie die Akropolis qualifizierten sich nicht für seinen Reiseführer, denn dieser war in erster Linie für Athener verfaßt, und welcher Athener fragte schon nach einer Beschreibung des bedeutendsten Tempels seiner eigenen Stadt?

Es wäre ein leichtes gewesen, die Zahl Sieben zu überschreiten, dann aber hätte der Titel des Buches den Hauch des Geheimnisvollen eingebüßt. Sieben war schließlich von alters her eine heilige Zahl. Sie spielte in der babylonischen und altägyptischen Philosophie eine ebenso bedeutende Rolle wie bei den frühen griechischen Naturphilosophen, etwa bei Pythagoras, der im 6. Jahrhundert v. Chr. lebte. Sie taucht in der alten mosaischen Vorstellung auf, nach der Gott die Welt in sieben Tagen schuf, und wurde später von den Juden und Christen als heilige Zahl übernommen. So gibt es in der katholischen Theologie noch

7/8 Die Akropolis mit ihren großartigen Tempeln erhielt wohl nicht den Rang eines Weltwunders, weil der Reiseführer des Antipatros vor allem für Athener verfaßt war, die ihre Stadt ja kannten.

9 Der antike Zeus-Tempel in Olympia war seinerzeit der größte Tempel auf dem Peloponnes.

10

10 Die mächtigen Säulen des Zeus-Tempels geben noch eine Vorstellung von dem imposanten Heiligtum, in dem einst das Kultbild des Zeus thronte. Die prunkvolle Statue aus Gold und Elfenbein, die der berühmte Bildhauer Phidias geschaffen hatte, zählten die Griechen zu den Sieben Weltwundern.

11

11 Als die Römer Ephesus eroberten und zur Hauptstadt ihrer neuen Provinz Asia machten, übernahmen sie den griechischen Artemis-Kult. Unter ihnen erlebte die Stadt im 2. Jahrhundert n. Chr. ihre kulturelle Blüte: Es entstanden prächtige Bauwerke wie die Celsus-Bibliothek.

heute sieben Todsünden und sieben heilige Sakramente. Der Islam kennt sieben Himmel. Und schon vor der Bedeutung der Zahl Sieben in den monotheistischen Religionen entstand Rom auf sieben Hügeln, kannte die griechische Astronomie das »Siebengestirn« der Plejaden, das in Wirklichkeit aus wesentlich mehr Sternen besteht. Auch in vielen Märchen, deren Wurzeln oft selbst in die Vorzeit zurückreichen, spielt die Sieben eine besondere Rolle: So gibt es die sieben Zwerge hinter den sieben Bergen, die Siebenmeilenstiefel, die sieben Geißlein, später auch die sieben Schwaben oder das tapfere Schneiderlein, das sieben (Fliegen) auf einen Streich tötete. Den Mathematikern der griechischen Antike galt die Sieben als »vollkommene« Zahl, mit der uns etwas willkürlich erscheinenden Begründung, daß sie die Summe der Ecken von Dreieck und Viereck angäbe. Eine »vollkommene« Zahl erschien offenbar auch für Weltwunder als ideales Maß.

Vom ersten der sieben Weltwunder des Antipatros, von der Cheops-Pyramide, ist in diesem Buch ausführlich die Rede. Sie ist das älteste und zugleich das einzige bis heute erhaltene dieser auserwählten Monumente. Antipatros beschrieb die Cheops-Pyramide übrigens nicht allein, er bezog auch die benachbarten Pyramiden des Chephren und des Mykerinos mit ein.

Die Hängenden Gärten der Semiramis

Das zweite Weltwunder war fast zwei Jahrtausende jünger als die Cheops-Pyramide. Antipatros' Zeitgenossen konnten es in Babylon besichtigen, nach Uruk wohl der ersten Weltstadt der Menschheit, die zu der Zeit, als die Sieben Weltwunder erstmals beschrieben wurden, schon auf eine rund dreitausendjährige Geschichte zurückblikken konnte und darüber hinaus schon seit drei oder vier Jahrhunderten weitgehend verfallen war. Die Perser und Makedonier hatten Uruk im 7. und 6. Jahrhundert v. Chr. zugrunde gerichtet. Der biblische Turm von Babel lag in Antipatros' Ära längst in Schutt und Asche. Was aber noch bestand, waren die berühmten »Hängenden Gärten der Semiramis«, das zweite der Weltwunder. Es handelte sich um sieben Terrassen, die jeweils aus 5,45 Meter langen und 1,35 Meter breiten Steinplatten aufgebaut waren. Diese Platten lagen balkenartig über einem darunter befindlichen Kellergewölbe. Jede Terrasse war etwa fünf Meter höher als die ihr vorausgehende angelegt, so daß eine riesige treppenartige Gesamtkonstruktion entstand. Direkt auf den Steinplatten fungierte eine Schicht aus verklebtem Schilf als erste Wasserabdichtung, darüber folgte eine doppelte Lage aus gebrannten Ziegeln, deren Fugen mit Gips ausgegossen waren. Darauf bildete eine Bleischicht eine weitere Feuchtigkeitssperre. Auf dieser schließlich lag eine rund drei Meter hohe Schicht aus Gartenerde, in der auch große Bäume Wurzeln fassen konnten.

Palastgärten waren an sich auch damals nichts Außergewöhnliches. Die hängenden Gärten von Babylon aber strahlten den Reiz des Besonderen aus. Sie waren architektonisch einmalig. Dazu gehörte nicht zuletzt ein ausgeklügeltes Bewässerungssystem aus zahlreichen Gräben, Kanälen, kleinen Teichen und Wasserspielen, das die Terrassen, eine nach der anderen, mit dem im heißen, trockenen Wüstenklima der Region so wichtigen Naß versorgte. Im Sommer pumpten Sklaven ununterbrochen Wasser in die Anlage. Der Eindruck des Hängens der Gärten entstand durch die geschickte Staffelung der sieben Etagen. Untereinander waren sie optisch durch ein dichtes Gerank von Hängegewächsen verbunden.

Auch botanisch gesehen besaß das alte Babylon in seinem Palast einen Superlativ. Was hier grünte, war nicht einfach ein Garten, sondern die erste umfangreiche Pflanzensammlung der Welt. Ihr Schöpfer, König Nebukadnezar, hatte seine Soldaten beauftragt, auf ihren Feldzügen alle unbekannten Gewächse, die sie im Ausland fanden, sorgfältig auszugraben und schnellstens in seinen Palast zu schaffen. Auch die babylonischen Handelskarawanen und Seeschiffe brachten fortwährend neue Pflanzen mit.

Botaniker auf dem Königsthron

Es fehlt nicht an guten Beschreibungen der hängenden Gärten. Überliefert ist auch, daß der Monarch diese ersten botanischen Gärten seiner Frau schenkte, einer persischen Prinzessin, damit sie sich während seiner oft langen Abwesenheit in der eintönigen Landschaft Mesopotamiens zerstreuen könne. Ihr Name allerdings ist unbekannt. So wird es wohl für immer ein Rätsel bleiben, warum die Anlage die »Hängenden Gärten der Semiramis« hieß. Den Historikern geläufig ist nur die weit ältere assyrische Königin Semiramis, die aber kaum als Taufpatin in Frage kommt.

Rätselhaft ist auch, wo sich die Gärten genau befanden. In achtzehnjähriger Arbeit entdeckte der deutsche Archäologe Robert Koldewey ab 1898 Überreste der alten babylonischen Stadtmauer, des Turmes von Babel und – wie er meinte – auch die Gewölbeunterbauten der hängenden Gärten. Vieles spricht für die Authentizität seines Fundes, aber viele seiner Fachkollegen bezweifeln, daß die Gärten dort gelegen haben, wo Koldewey die ungewöhnlich massiven und tragfähigen alten Gewölbe unter einer meterhohen Schuttschicht entdeckte.

12

13

14

Das dritte der antiken Weltwunder ließ sich als einziges nicht unter freiem Himmel besichtigen. Es war eine zwölf Meter hohe sitzende Statue des Götterfürsten Zeus, und sie befand sich in seinem Hauptheiligtum in Olympia.

Bekanntlich benahmen sich die altgriechischen Götter zuweilen nur allzu menschlich und teilten mit den Irdischen insbesondere charakterliche Schwächen. Mißgunst, Intrigen und gegenseitiges Ausstechen waren an der Tagesordnung. Göttervater Kronos pflegte sogar seine Kinder unmittelbar nach ihrer Geburt zu verschlingen, nur weil ihm ein Orakel geweissagt hatte, einer seiner Söhne würde ihn dermaleinst entthronen. Mutter Rhea kam das hart an, und eines Tages gelang es ihr, den herrschsüchtigen Gemahl zu überlisten. Statt des neugeborenen Zeus wikkelte sie einen Stein in die Windeln, den Kronos dann auch blindwütig schluckte. Zeus wuchs im geheimen auf und flößte seinem Vater später ein Brechmittel ein, was diesen zwang, seine fünf ersten Kinder unversehrt wieder auszuspeien. Kronos verübelte Zeus diesen Akt brüderlicher Liebe, und es kam zum erbitterten Zweikampf, den der kräftige Sohn für sich entschied. Götterchef oder nicht, Zeus stieß seinen Vater in den Tartaros, in die altgriechische Hölle, und nahm hinfort selbst den ersten Rang in der Götterhierarchie ein, wie das Orakel vorhergesagt hatte. Das nun wirkte sich auch auf das Menschengeschlecht aus, denn Zeus nahm den Sieg zum Anlaß, die Griechen zum Gedenken seines göttlichen Triumphes alle vier Jahre ein großes Fest feiern zu lassen und dabei sportliche Wettkämpfe in Olympia abzuhalten. So geschah es denn

12/13/14 Der marmorne Artemis-Tempel in Ephesos, einst ein Juwel griechischer Baukunst, wurde 356 v. Chr. in Brand gesetzt, aber als eines der sieben Weltwunder bald wiederhergestellt. Von dem herrlichen Bauwerk ist heute bis auf ein paar Säulentrommeln nichts mehr zu sehen.

auch, erstmals im Jahre 776 v. Chr. Die Griechen nahmen diese neue Einrichtung so ernst, daß sie mit ihr zugleich eine neue Zeitrechnung begannen. Jedes Vierjahresintervall zwischen zwei Olympischen Spielen hieß hinfort »Olympiade« und wurde nach einem Sieger der letzten Wettkämpfe benannt.

Ursprünglich ein noch relativ regionales Fest, mauserten sich die Spiele im Laufe der Jahrzehnte und Jahrhunderte zu imposanten panhellenischen Wettkämpfen. Olympia wurde zu einer bedeutenden architektonischen Anlage. Die Krönung sollte ein Zeus-Tempel werden, dessen Baukosten 470 v. Chr. durch eine großangelegte Spendenaktion in ganz Griechenland getragen wurden. 14 Jahre später erfolgte die Einweihung des imposanten Bauwerks. Mit 64 × 27 Meter Grundriß war es der zu seiner Zeit größte Tempel auf dem griechischen Festland. In seinem Allerheiligsten, der Cella, thronte die von dem berühmten Baumeister Phidias geschaffene Zeus-Statue auf einem prunkvollen Armsessel aus Elfenbein. Ihr Inneres war zwar nur ein Gerüst aus Eisen, Holz und Gips, doch ihr Äußeres bestach durch wertvollstes Material: Gesicht, Arme, Hände und Füße – also alle unbedeckten Körperpartien – waren aus geschnitztem Elfenbein gestaltet. Haare, Gewand und Sandalen bestanden aus insgesamt 200 Kilogramm Gold. Als Augen dienten sehr wahrscheinlich zwei faustgroße Edelsteine. Die Füße des Zeus ruhten auf einem von zwei Löwen getragenen Schemel. In seiner Linken hielt er ein Zepter, auf dessen Knauf sein Botenvogel, ein Adler, saß. Auf seiner erhobenen Rechten stand die geflügelte Siegesgöttin Nike – das Vorbild der späteren christlichen Engel. Sie allein hatte die Größe eines stattlichen Irdischen.

Wie Zeus seinen Vater Kronos entthronte, so mußte er – nach fast 1100 Jahren Olympischer Spiele – dem christlichen Gott weichen. Im Jahre 393 n. Chr. verbot Kaiser Theodosius I. den heidnischen Kult von Olympia. Den Zeus-Tempel hatte im 2. Jahrhundert bereits ein Erdbeben schwer beschädigt. Das Schicksal der weltberühmten Statue ist ungewiß. Es gibt Hinweise, daß sie schon um 350 n. Chr. Plünderer in ihre Bestandteile zerlegten. Andere Quellen sprechen davon, sie sei 475 n. Chr. nach Konstantinopel geschafft worden und dort später einem Brand zum Opfer gefallen.

Artemis-Tempel in Ephesos

Ein Raub der Flammen wurde auch ein Vorläufer des vierten Weltwunders, der alte Tempel der Artemis in Ephesos in Kleinasien, einer Hafenstadt gegenüber der Insel Samos. Die Ionier hatten den Ort – vom griechischen Festland kommend – gegen Ende des zweiten vorchristlichen Jahrtausends gegründet. In der Nähe stand damals ein Baum, den einheimische Stämme verehrten. Er galt ihnen als Heiligtum einer Fruchtbarkeitsgöttin, die sie als Frau mit vielen Brüsten darstellten. Die griechische Mythologie – immer aufnahmebereit für Neues – nahm sich ihrer begeistert an. Die Ionier bauten das uralte Heiligtum aus, identifizierten die ehrwürdige Muttergottheit aber später mit ihrer Artemis, der attraktiven jungfräulichen Göttin des Mondes, einer nimmermüden Jägerin, zugleich aber Beschützerin von Jungwild, Frauen und ganzen Städten. Sie galt als Tochter von Zeus und Zwillingsschwester des Apollon.

Um 600 v. Chr. wollten die Ionier ihr bei Ephesos einen neuen prächtigen Tempel weihen, doch es fehlte an Geld für einen solchen Monumentalbau. Da ereignete sich 560 v. Chr. etwas historisch recht Ungewöhnliches. Der Lyderkönig Krösus griff Ephesos an, nahm es ein und – finanzierte den ersehnten Artemis-Tempel. Die Kosten dafür müssen beachtlich gewesen sein, denn allein die Fundamente des mächtigen Säulenbaus waren ungewöhnlich.

Erdbebensicherer Tempelbau

Weil in der Region häufig Erdbeben drohten, setzte man den Tempel buchstäblich ins Moor, in der berechtigten Annahme, der weiche Untergrund würde Erdstöße abfangen. In einer tiefen Baugrube rammte man dicht an dicht angekohlte – und damit verrottungsgeschützte – Eichenstämme in den Boden. Darauf schichtete man einen massiven Unterbau aus großen Felsbrocken, auf dem schließlich der 51 Meter breite und 105 Meter lange Tempel ruhte. Sein Giebeldach, getragen von 127 weißen Marmorsäulen, ragte 18 Meter hoch auf, was einem sechsgeschossigen Haus heutiger Bauart entspricht. Decken und Dachstuhl waren aus duftendem Zedernholz, die gewaltigen Flügeltüren des Allerheiligsten aus kostbarem, bunt bemaltem und teilweise vergoldetem Zypressenholz gefertigt. Artemis selbst war durch ein zwei Meter großes, gold- und silberverkleidetes Standbild aus dem Holz alter Weinstöcke verkörpert.

Mit dem Geld des unermeßlich reichen Königs, nach dem man noch heute Multimillionäre »Krösus« nennt, war ein Juwel der Baukunst entstanden, das sich in der gesamten antiken Welt großen Ruhms erfreute. Völlig unbekannt war seinerzeit hingegen ein einfacher Grieche namens Herostratos. Von Größenwahnsinn getrieben, nahm er sich vor, berühmt zu werden. Weil ihm das jedoch weder

15

16

17

durch geistige noch durch körperliche Großtaten gelang, setzte er 356 v. Chr. kurzerhand die »schönste, größte und vornehmste Weihestätte des Erdkreises«, wie der griechische Historiker Ampelios das Artemision nannte, in Brand, in der nicht unrichtigen Annahme, das werde seinen Namen in aller Munde bringen und ihn unsterblich machen. Gewiß, er wurde gefaßt und verurteilt, aber das entsprach schließlich seinem Plan. Nicht in seiner Absicht lag der Beschluß der Richter, seinen Namen in der Öffentlichkeit zu verschweigen, um ihm die ersehnte Popularität zu verweigern. Offenbar machte ihn aber gerade diese Maßnahme bis heute unvergeßlich.

Herostratos' Werk war die vollständige Vernichtung des Tempelbaus. Das Holz verbrannte, die Säulen zerbarsten in der Glut. Allein die Artemis-Statue blieb fast völlig unversehrt. Die gläubigen Griechen sahen darin ein Wunder und beschlossen, den Tempel umgehend wieder aufzubauen. Die ganze Nation beteiligte sich an einer Spendenaktion. Unter der Leitung des Architekten Cheirokrates entstand bald ein neues Artemision, mit 65 × 125 Meter Grundmaß noch größer als der alte Tempel, sonst aber diesem bis ins Detail gleichend. Nur baute man diesmal die Decke und den Dachstuhl nicht aus Holz, sondern aus Stein, um weiteren Brandanschlägen vorzubeugen. Dieser Neubau war es, den Antipatros als Weltwunder rühmte. Er sollte Jahrhunderte überdauern.

Als 133 v. Chr. die Römer Ephesos einnahmen und es als Ephesus zur Hauptstadt ihrer neuen Provinz Asia machten, übernahmen sie das Heiligtum. Sie sahen in Artemis

15/16/17 Als leidenschaftlicher Bauherr veränderte König Nebukadnezar das Gesicht der Weltstadt Babylon. Er ließ eine feierliche Prozessionsstraße mit einem farbigen Fries schreitender Löwen errichten und das Ischtartor, das mit Reliefziegelfiguren von Stieren und Drachen verziert war.

18

18 Nach wie vor ist rätselhaft, wo sich die Hängenden Gärten der Semiramis in Babylon befanden. Der architektonisch einmalige Bau mit sieben Terrassen besaß ein raffiniertes Bewässerungssystem, das mitten in der Wüste die erste umfangreiche Pflanzensammlung der Welt versorgte.

ihre Jagdgöttin Diana. Erst 262 n. Chr. plünderten marodierende Gotenhorden das zu dieser Zeit politisch bereits bedeutungslos gewordene Ephesus und zerstörten auch den Tempel teilweise. Im Jahre 380 ließ der christliche Kaiser Theodosius I. das Artemision in aller Form als heidnische Kultstätte schließen. Christen, Seldschuken und Araber nutzten die Ruinen später als Steinbruch. Sie trugen die Marmorbrocken bis auf das Fundament ab, und dieses versank im Laufe der folgenden Jahrhunderte im morastigen Untergrund.

Heute bedeckt ein sumpfiger See die Stätte, an der sich einst der ruhmreiche Tempel erhob. Daß uns der Platz bekannt ist, dafür sorgte Mitte des 19. Jahrhunderts der britische Archäologe John Turtle Wood, der bei Grabungsarbeiten unter sechs Meter mächtigem Schlamm auf die Fundamente des Artemisions stieß. 1903 entdeckte sein Landsmann David Hogarth den wertvollen Tempelschatz: 3000 Perlen, kostbare Ohrringe, Haarnadeln und Broschen und zahlreiche kleine Münzen aus einer Silber-Gold-Legierung, die in der Antike Elektron hieß. Wie die Artemis-Statue aussah, fanden die Archäologen aber erst 1956 heraus, als sie in unmittelbarer Nähe des Tempelfundaments die Werkstatt des Bildhauers Phidias ausgruben, in der noch drei Kopien der ursprünglichen Figur lagen.

Das Grabmal des Mausolos

Nicht mehr als 110 Kilometer südlich von Ephesus erhob sich nahe der Südwestküste Kleinasiens das fünfte der antiken Weltwunder. Die strategisch besonders für die Schiffahrt im östlichen Mittelmeer wichtige Region war immer wieder Schauplatz kriegerischer Auseinandersetzungen. 256 v. Chr. nahm der Perserkönig Kyros II. sie ein, der für sein Weltreich damit einen Zugang zum Mittelmeer errang. Weil sich das im Osten bis zum Indus, im Norden bis an die Gestade des Schwarzen Meeres und im Süden bis zum Indischen Ozean reichende Riesenimperium beim damaligen Stand der Verkehrs- und Kommunikationstechnik nicht zentral regieren ließ, setzten die Perserkönige regionale Statthalter – die sogenannten Satrapen – ein.

Über Karien, die Küstenregion im Südwesten Kleinasiens, herrschte ab 377 v. Chr. der Satrap Mausolos, unter dessen Vater Hekatomnos vor allem die Hafenstadt Halikarnassos zu wirtschaftlicher Blüte gelangte. Mausolos baute diese Provinzmetropole weiter aus. Er legte zugleich Wert darauf, sich an seinem und seines Vaters Regierungssitz schon zu Lebzeiten ein unvergängliches Denkmal zu setzen. Als Freund hellenischer Kultur holte er dafür die griechischen Baumeister Satyros und Phytheos ins Land. Daß diese das geplante Grabmal nicht getreu den architektonischen Gepflogenheiten ihres heimatlichen Tempelbaus ausführen wollten, mag mit ein Grund dafür gewesen sein, daß sie den von Mausolos ausgeschriebenen Architektenwettbewerb gewannen. Sie hoben sich mit ihrem ebenso ungewöhnlichen wie imposanten Plan von der Masse der Konkurrenten schon dadurch ab, daß sie keinen der in Griechenland üblichen Flachbauten konzipierten, sondern ein hoch aufragendes Monument.

Mausolos selbst konnte sich an seinem »Mausoleum« allerdings nicht mehr erfreuen. Er starb 353 v. Chr. Seine Witwe Artemisia, die auch seine Schwester war, ließ das begonnene Werk fortführen, nicht ganz ohne den Nebengedanken, sich selbst damit ebenfalls ein Denkmal zu setzen, denn die steinerne Quadriga, die das mächtige Grabmal krönen sollte, wurde nicht von einem einzigen Wagenlenker, sondern von einem Herrscherpaar gezügelt. Doch auch die für ihre Zeit ungewöhnlich emanzipierte Dame lebte nicht lange genug, um das fertige Werk mit eigenen Augen zu sehen. Sie starb nur zwei Jahre nach ihrem Gatten und Bruder. Finanziell gut ausgestattet, führten die Architekten den Bau jetzt auf eigene Faust zu Ende und setzten nicht zuletzt sich selbst damit ein Denkmal, das später als Weltwunder gefeiert wurde.

Eine Quadriga krönt den Grabtempel

Auf einem 33 × 39 Meter breiten fünfstufigen Sockel stand ein kubischer Unterbau von 27 Meter Breite, 33 Meter Länge und 22 Meter Höhe. Auf diesem befand sich der von 39 elf Meter hohen Säulen getragene eigentliche Grabtempel, der als einziges an typisch griechische Architektur gemahnte. Unmittelbar auf dem flachen Dach der Säulenhalle erhob sich schließlich noch eine vierundzwanzigstufige steile Pyramide, die auf ihrer gekappten Spitze die Quadriga trug. Mit 49 Meter Gesamthöhe hätte es das Mausoleum mit einem sechzehnstöckigen Bürohaus unserer Tage aufnehmen können.

Menschenhand zerstörte das berühmteste Grabgebäude der Antike – dem alle späteren Großgrabmale ihren Namen verdanken – nicht. Eroberer wie Alexander der Große, der 334 v. Chr. Halikarnassos einnahm, verschonten es ehrfurchtsvoll. Erst im 12. Jahrhundert n. Chr. brachte ein Erdbeben den Prachtbau zum Einsturz und lieferte ihn damit dem Schicksal aus, zum Steinbruch für Kreuzritterburgen zu werden.

Das sechste der antiken Weltwunder konnte auf eine Vorgeschichte von nachgerade epischer, wenn nicht

19 gar mythologischer Größe zurückblicken. Es war im Jahre 305 v. Chr., als König Demetrios von Phrygien und Lykien, gefürchtet als »Poliorketes« oder »Stadtbelagerer«, die Bewohner der Mittelmeerinsel Rhodos aufforderte, sich an einem Kriegszug gegen die Weltstadt Alexandria zu beteiligen. Weil die Rhoder jedoch in Alexandrien einen wichtigen Handelspartner besaßen, lehnten sie Demetrios' Ansinnen entschieden ab. Das veranlaßte den verärgerten Meister der Belagerung, statt Alexandria zunächst die Hauptstadt von Rhodos zu attackieren. Als ihm dabei der Erfolg versagt blieb, ließ er den größten Belagerungsturm der Welt bauen, die 30 Meter hohe »Helepolis« oder »Städtezertrümmerin«. Dieses eichenhölzerne Monstrum ließ sich auf Rädern an die Stadtmauer heranschieben. Später berechneten Ingenieure, daß dafür wahrscheinlich rund 3400 starke Männer erforderlich waren. Hoch vom Turm konnte man Brandfackeln abschießen und zentnerschwere Steine katapultieren. Aus einer der mittleren von

Die eichene Städtezertrümmerin

20

insgesamt neun Etagen ließ sich eine Art Zugbrücke auf die Krone der Stadtmauer herabhieven, und ganz unten – sozusagen im Erdgeschoß – verfügte der Turm über einen Rammbock, der gleich beim ersten Ansturm eine Bresche in die Stadtmauer schlug. Die entsetzten Rhoder flehten ihren Inselschutzherrn, den Sonnengott Helios, um Rettung an. Für den Fall, daß er ihre Gebete erhörte, versprachen sie ihm sogar eine Statue, größer und strahlender als jedes bekannte Götterbild der Zeit.

Allerdings galt auch bei diesem Handel: Hilf dir selbst, so hilft dir Gott. Denn was die Stadt wirklich rettete, war ein in aller Eile nachts ausgehobener tiefer Graben, in den anderentags die Vorderräder der Helepolis stürzten. Der hölzerne Koloß blieb stecken und verschloß die Bresche in der Stadtmauer durch seine eigene Masse. Demetrios zog enttäuscht ab.

Die Rhoder blieben ihrem Versprechen treu und gaben die Götterstatue in Auftrag. Daß sie dabei den berühmten Bildhauer Chares von Lindos durch eine trickreiche Kostenabrechnung finanziell in den Ruin stürzten und schließlich zum Selbstmord trieben, schien die Erfüllung des sakralen Eides in ihren Augen moralisch nicht weiter zu belasten.

Das Ergebnis der 302 v. Chr. in Angriff genommenen und im Jahre 290 beendeten Arbeit war ein »Koloß« von 32 Meter Höhe. Dieses Wort bezeichnete zuvor jedwedes Standbild. Aufgebaut war er als lehmummanteltes Eisengestell. Außen umschloß eine Bronzehülle den getrockne-

19/20 Nichts mehr zeugt heute auf der Insel Rhodos von der gigantischen und strahlenden Statue, die ihre Bewohner einst für den Sonnengott Helios errichteten, als er ihre Stadt aus der Belagerung des Königs Demetrios errettete.

21

22

21/22 Das siebente antike Weltwunder war der mächtige Pharos von Alexandria. Der erste und höchste Leuchtturm der Geschichte wurde 279 v. Chr. vollendet. Erhalten blieben nur seine Fundamente, auf denen der Mamlukensultan Kait Bey 1477 eine Festung errichtete.

ten Lehm. Ob dabei dünne Bronzeplatten aufgehämmert oder die Bronze aufgegossen wurde, ließ sich später nicht mehr klären. In alten Aufzeichnungen ist jedenfalls von mehr als zwölf Tonnen dieser Legierung die Rede, was einer durchschnittlichen Wandstärke von 1,6 Millimeter entspricht. Allerdings sind diese Angaben fragwürdig. Der Koloß stand nur 66 Jahre lang. 224 v. Chr. stürzte ihn ein Erdbeben um. 900 Jahre lang blieb der an den Knien abgebrochene Riese an Ort und Stelle liegen, bevor sich 653 n. Chr. die Araber der Bronzeschicht bemächtigten, sie in einer Kamelkarawane nach Edessa in Mesopotamien brachten und dort einschmolzen. Von 900 Lastkamelen war dabei die Rede, und hier geht die Rechnung nicht auf: Bei zwölf Tonnen Bronze wären auf jedes Tragtier nur 13,3 Kilogramm entfallen. Des Rätsels Lösung wird sich wohl nie mehr finden lassen, ebensowenig wie der genaue Standort des riesenhaften Helios, der sicher nicht, wie manche Archäologen früher vermuteten, breitbeinig die Hafeneinfahrt von Rhodos überspannte.

Mit seiner Beschreibung der Sieben Weltwunder verfaßte Antipatros einen Bildungsreiseführer. Und weil Reiseführer nicht eintönig sein dürfen, wählte der griechische Autor offenbar ganz bewußt in ihrer Art sehr unterschiedliche Monumente aus: Die schon zu seiner Zeit über zweieinviertel Jahrtausende alten geheimnisvollen Pyramiden von Giseh, blühende Gärten, eine olympische Statue, einen Tempel, ein extravagantes Grabmal und den eigenwilligen Koloß. Das siebente Weltwunder fügt sich ebenbürtig in den bunten Reigen. Es handelt sich um einen Leuchtturm, genaugenommen um den ersten Leuchtturm der Geschichte. Und dieser war so gewaltig, daß – wie es hieß – sein Licht bis an die Enden der Welt zu sehen war. Auch bei weniger euphorischer Betrachtung bleibt er ein Superlativ: Bis heute wurde kein höherer Leuchtturm gebaut!

Der Leuchtturm von Alexandria

Das markante Zeichen für die Seefahrt zierte jene Stadt, die Demetrios 305 v. Chr. mit Hilfe der Rhoder einnehmen wollte: Alexandria. Zur Zeit seiner beabsichtigten Attacke befand der Turm sich allerdings erst in der Planungsphase. Fertig wurde er im Jahre 279 v. Chr. Demetrios' Verlangen nach der nordostafrikanischen Hafenstadt kam nicht von ungefähr, denn Alexandria war zu dieser Zeit einer der wichtigsten Handelsplätze der Welt. Es besaß einen Binnenhafen, in dem Getreide und Gemüse aus dem fruchtbaren Niltal umgeschlagen wurden, und einen Seehafen als Tor nach Griechenland, der Levante und dem westlichen Mittelmeer. Neben Holz aus dem Libanon, Wein aus Griechenland, Gewürzen und Weihrauch von der Arabischen Halbinsel und Metall aus Spanien trafen hier auch zahllose Passagiere aus aller Herren Länder ein: Kaufleute, Wissenschaftler, Diplomaten und Studenten.

Der Seeverkehr von und nach Alexandria wurde so lebhaft, daß die Schiffe entgegen den Gepflogenheiten der Zeit schließlich auch nachts die Häfen ansteuern mußten, und eben das sollte der große Leuchtturm ermöglichen. Der Befehl, ihn zu errichten, stammte vom Stadtgründer Alexander dem Großen selbst. Der jedoch starb, dreiunddreißigjährig, im Jahre 323 v. Chr. in Babylon an Malaria, während der Grundstein für den Turm erst 23 Jahre später gelegt wurde.

Das Fundament maß 30 × 30 Meter. In seinem Zentrum errichteten die Erbauer zunächst ein 71 Meter hohes, schlankes Teilstück mit quadratischem Querschnitt, das

Als Krönung eine Zeus-Statue

sich nach oben leicht verjüngte. Darauf folgte ein 34 Meter hoher achteckiger Bauabschnitt, auf den ein kleiner Rundbau mit dem Leuchtfeuer aufgesetzt wurde. Den Abschluß bildeten ein Rondell aus fünf Säulen, die ein kegelförmiges Dach trugen, und schließlich noch eine Zeus-Statue. Außen verkleidete man den gesamten Turm mit weißem Marmor. Im Inneren sorgte ein durchgehender zentraler Schacht mit einem Seilaufzug dafür, daß man das Brennmaterial – Baumharz und Öl – für die große Lampenanlage leicht nach oben schaffen konnte. Ein Reflektor bündelte das Licht in Richtung auf das offene Meer.

Überliefert ist, daß der Bau des mächtigen Leuchtturms rund 800 Talente kostete, das war der Gegenwert von 20800 Kilogramm Silber. Die technische Ausführung muß überaus solide gewesen sein, denn der »Pharos« – wie man den Turm nach seinem genauen Standort kurzerhand nannte – überdauerte rund ein Jahrtausend. Erst 796 n. Chr. brachte ihn ein Erdbeben zu Fall. Versuche, ihn wieder aufzubauen, mißlangen, und so ereilte auch ihn das Geschick so mancher Weltwunder: Er wurde zum Steinbruch. Erhalten blieben lediglich seine Fundamente, auf denen 1477 der Mamlukensultan Kait Bey eine Festung errichtete, die noch heute seinen Namen trägt.

Berühmter indes blieb die Bezeichnung »Pharos«, denn sie übernahmen die romanischen Sprachen später für alle Leuchttürme der Welt: »pharus« sagten die alten Römer, »faro« sagen die Italiener und Spanier, »farol« die Portugiesen und »phare« die Franzosen.

Tempel für Gott Chronos

1

2

3

Kaum etwas lenkt unseren Alltag, unser ganzes Leben mehr als die Zeit. Erstaunlicherweise konnten schon die prähistorischen Menschen Tage, Monate und Jahre mit großer Präzision bestimmen. Zunächst schauten sie mit bloßem Auge in den Himmel und beobachteten Sonne, Mond und Sterne. Später errichteten sie nach astronomischen Gesichtspunkten abstrakt wirkende Steinanlagen, Pyramiden oder Tempel. Bis vor wenigen Jahrzehnten trauten die Archäologen den Menschen der Vorzeit eine solche Leistung gar nicht zu. Die Geheimnisse uralter Monumente in Europa, Asien und Amerika, die wohl nicht nur religiöse Kultstätten, sondern auch Kalenderbauten waren, will eine junge Wissenschaft mit Hilfe modernster Computer lüften: die Astroarchäologie.

1 Die Form alter buddhistischer Sakralbauten weist auf eine kosmisch-symbolische Bedeutung hin.

2 Die Bauwerke altindianischer Hochkulturen stellten heilige Stätten kosmischer Harmonien dar.

3 Mayas und Azteken besaßen ein brillantes Kalendersystem, das auch astronomischen Zwecken diente.

4

5

6

Eines der größten Geheimnisse und zugleich der Schlüssel für zahlreiche Mysterien ist die Zeit. Kaum etwas bestimmt unseren Alltag, ja unser ganzes Leben mehr als sie. Und doch sind viele moderne Physiker und mit ihnen Mystiker der meisten Religionen der Auffassung, daß es die Zeit im Grunde gar nicht gibt. Was wir so nennen, ist eine nur scheinbare Konsequenz aus Bewegungen im Raum. Deshalb läßt sich Zeit auch nicht wirklich messen. Was wir bei der sogenannten Zeitmessung beobachten, sind immer nur Veränderungen im Raum. Auch am Uhrzeiger sehen wir nichts anderes als dessen Bewegung. Wie relativ der Zeitbegriff ist und wie eng er zugleich an die Strukturen des Raumes gebunden ist, zeigte 1905 erstmals mathematisch exakt Albert Einstein. Er freilich stellte zugleich den bisher als verbindlich betrachteten Raumbegriff in Frage und operierte mit Begriffen wie der Raumkrümmung. Räume mit nichtlinearen Koordinaten haben natürlich fatale Auswirkungen auf den Zeitbegriff. Deshalb gehen verschiedene Uhren nach den Gesetzen der Relativitätstheorie auch verschieden schnell, wenn sie selbst in Bewegung sind. Solche naturwissenschaftliche Erkenntnis führt rasch zu kosmischen Problemen und damit zur Frage nach dem Ursprung aller Dinge, nach der Schöpfung.

Einsteins Gedanken waren aber allenfalls für den Naturwissenschaftler revolutionär, der sich seit der Renaissance, stärker noch seit der Aufklärung, in trügerischer Sicherheit einer rein mechanisch begreifbaren Welt wähnte. Dem Mystiker sagte die Relativitätstheorie nichts grundlegend

4/5/6 Die meisten bedeutenden Vor- und Frühzeitmonumente in aller Welt waren Kalenderbauten, die Zeit in der Form von Raumstrukturen fixierten. Auch die imposanten Baukunstwerke der alten Indianervölker Mittel- und Südamerikas setzten genaue astronomische Kenntnisse voraus.

Neues. Er hatte schon immer und in fast allen Kulturkreisen um das Numinose des Zeit-Raum-Kontinuums gewußt. Schlüssel dazu waren ihm der gestirnte Himmel einerseits, die jährlichen irdischen Zyklen in der Natur andererseits. Beide verknüpfte er miteinander und kam damit Grundgeheimnissen der Schöpfung auf die Spur, die weit über ein bloßes mechanistisch-astronomisches Weltbild hinausreichten.

Es kommt nicht von ungefähr, daß der Kalender in allen alten – und in mancher Hinsicht noch in modernen – Kulturen ausgeprägt religiöse Bedeutung besaß. Und es ist kein Wunder, daß andererseits viele religiöse Kultbauten zugleich oder gar primär Kalenderbauten waren. Noch heute werden christliche Gotteshäuser so ausgerichtet, daß der Altar genau im Osten des Kirchenschiffs steht. Der Osten ist aber nicht nur eine Himmelsrichtung. Er steht für den Morgen, wie wir denn auch Länder im Osten »Morgenland«, oder – im fernen Osten – »Land der aufgehenden Sonne« nennen. Auch die Sprache setzt hier Zeit und Raum miteinander gleich. »Gen Mittag« sagten noch unsere Großeltern, wenn sie »im Süden« meinten.

Grundgeheimnisse der Schöpfung

Uhr und Kalender ergänzen sich: Bestimmt die eine die Tageszeit, so gibt der andere die Zeit im Jahresablauf an. Beide sind aber nicht unabhängig voneinander. Die alten Römer wußten darum. Die Länge ihrer Stunden änderte sich von Tag zu Tag. Im Sommer waren die Tagesstunden länger und die Nachtstunden kürzer als im Winter, denn die Römer teilten jeweils die Zeit zwischen Sonnenaufund Sonnenuntergang in zwölf gleiche Intervalle. Das mag vielleicht unnötig kompliziert erscheinen, geht aber auf jahrtausendealte Tradition zurück.

Bis vor wenigen Jahrzehnten trauten die Archäologen eine solche Leistung den Menschen der Vorzeit überhaupt nicht zu. Ihr Argument: Wie sollen des Schreibens unkundige »Primitive« astronomische Kenntnisse besessen haben, über die sie selbst als Menschen des 20. Jahrhunderts nicht verfügen? Erst als sich Astronomen der Vor- und Frühzeitforschung annahmen, kam Licht in das uralte Wissen um Zeitmessung und Kalenderbestimmung. Die neue Wissenschaftsdisziplin der Astroarchäologie entstand. Zu ihren Pionieren gehören Wissenschaftler wie der Schotte Alexander Thom oder sein sardischer Fachkollege Carlo Maxia. Inzwischen gilt als gesichert – wenn auch immer noch nicht von allen Archäologen alter Schule anerkannt –, daß wohl die Mehrzahl bedeutender Vor- und Frühzeitmonumente in aller Welt in irgendeiner Weise Kalenderbauten waren, also Zeit in der Form von Raumstrukturen fixierten. Es geht dabei nicht um Meinungsverschiedenheiten unter Gelehrten. Ob eine architektonische Anlage, eine prähistorische Steinsetzung, eine abstrakt wirkende Felsskulptur, eine Pyramide oder ein alter Tempel nach astronomischen Gesichtspunkten errichtet wurde oder nicht, läßt sich heute in der Regel anhand von Wahrscheinlichkeitsrechnungen mit dem Computer herausfinden und belegen.

Allerdings gibt es gravierende Unterschiede. Manche der frühen Bauten erweisen sich als wirkliche Großgeräte zur astronomischen Zeitmessung. Es waren meist Sonnenuhren, die sowohl Eckdaten im Jahreslauf bestimmen halfen wie – in manchen Fällen – auch Tagesstunden anzeigten. Andere Architekturen erlaubten keine wirklichen Messungen. Sie besaßen eher eine Art Denkmalfunktion für das Wissen um die rhythmische Harmonie im Kosmos und damit in der ganzen Schöpfung. Sie konnten so angelegt sein, daß die Sonne oder ein auffälliger Stern an ganz bestimmten Tagen des Jahres genau über einer besonderen Marke auf- oder unterging. Sie dienten nicht der messenden Beobachtung des Himmels, setzten aber bereits bei ihrer Errichtung genaue astronomische Kenntnisse voraus. Auch die Bedeutung solcher Anlagen läßt sich heute eindeutig erkennen. Schwieriger wird es erst bei einer dritten Kategorie, bei Bauten, die in ihren Maßen und ihrer Orientierung im Raum nicht einmal auf kalendertechnisch wichtige Daten hinweisen, sondern auf Zahlen von kosmisch-symbolischer Bedeutung für die jeweilige Kultur.

Astronomische Meßgeräte oder Denkmäler?

Solche Bauwerke waren die Zikkurat genannten Stufentürme der Sumerer und Babylonier. Ihre Dreiteilung entsprach der Gliederung der Welt in Himmel, Erde und Unterwelt, eine siebengegliederte Zikkurat verkörperte die sieben Planetensphären. Ähnliche Symbolbauten gab es im alten China, etwa die Ming-t'ang-Halle, deren Konstruktion dem König Wen, dem Ahnherrn der Tŝou-Dynastie (1122 bis 255 v. Chr.), zugeschrieben wird. Auf quadratischem Fundament – das Quadrat war das Symbol der Erde – ruhte ein rundes, den Himmel repräsentierendes Strohdach. Der Bau besaß fünf oder neun rechteckige Räume mit insgesamt zwölf Ausgängen, die die zwölf Monate repräsentierten. Wie die Sonne im Laufe des Jahres scheinbar die zwölf Tierkreiszeichen durchläuft, so durchschritt der Monarch die Räume der Ming-t'ang-Halle und verkündete jeden Monat durch ein anderes Tor Weisungen an sein Volk. Auch der frühe Buddhismus und der Hinduis-

7 Auf einem unzugänglichen Bergplateau in den peruanischen Anden liegt Machu Picchu, eine berühmte Ruinenstadt der Inkas. Die schiefe Architektur ihrer Tempel, die meist in merkwürdigen Winkeln gebaut sind, ermöglichten vom Rauminneren aus eine genaue Vermessung der Gestirne.

8

9

10

mus kennen zahlreiche Gebäudetypen von kosmischer Symbolik, zum Beispiel den buddhistischen Stupa, der das Himmelsgewölbe repräsentiert, oder die hinduistischen Tempeltürme, die den Weltenberg Meru versinnbildlichen.

Von den komplexen Verknüpfungen in Zeit und Raum in der Cheops-Pyramide ist an anderer Stelle in diesem Buch die Rede. Und über die astronomische Bedeutung der prähistorischen Menhir-Reihen und von Steinkreisen wie Stonehenge wird ebenfalls ausführlich berichtet. Hier sollen weitere Großanlagen aus verschiedenen Kulturen und Zeiten vorgestellt werden, die religiöse Menschen als heilige Stätten kosmischer Harmonien, wenn nicht sogar als Tempel für Chronos oder einen anderen Gott der Zeit errichteten.

Auf der Mittelmeerinsel Sardinien haben sich mehr oder weniger gut rund 7000 monumentale prähistorische Rundtürme aus nicht selten zyklopisch anmutendem Mauerwerk erhalten, die Nuraghen. Früher einmal müssen es mehr als 12 000 gewesen sein. Wann dieses Früher war, darüber gibt es nur Spekulationen. Die Datierungsversuche reichen von »nach der Eiszeit« bis zur »Eisenzeit«. Die vermuteten Verwendungszwecke der Nuraghen sind nicht minder vielfältig. Von ägyptischen Gräbern war ebenso die Rede wie von Wohntürmen riesenwüchsiger Ureinwohner, Mausoleen vornehmer Verstorbener, Gemeindezentren, einem mystischen Feuerkult geweihten Tempeln, Siegestrophäen, Festungen und Wachtürmen oder gar von Wohnhäusern.

8 Schon vor den Inkas gab es altperuanische Hochkulturen mit eindrucksvollen Sonnenpyramiden.

9/10 Die alten Anlagen der virtuosen Inka-Astronomen waren oft regelrechte Sonnenuhren: Dazu zählen das Sonnenheiligtum Intihuatana und der stufenförmige Inka-Thron bei Cuzco in Peru.

11

Wer die Nuraghen sorgfältig betrachtet, wird feststellen, daß für die meisten dieser Deutungen nicht gerade viel spricht. Als Bauwerke für den täglichen Gebrauch, ganz gleich für welchen Zweck, scheiden die fensterlosen, innen völlig dunklen Nuraghen aus. Von Luftlöchern, aus denen der Rauch eines Herdfeuers entweichen konnte, fehlt jede Spur. Und während der größten Zeit des Jahres ist es in den Nuraghen so feucht, daß jeden Bewohner nach kurzer Zeit Rheumatismus und Arthrosen plagen würden. Außerdem hat niemals eine Grabung Spuren freigelegt, die auf eine Nutzung der kolossalen Türme als Wohnräume, Gemeindehäuser, Festungen oder Wachtürme schließen ließen.

Die heute noch allgemein in Schriften über Prähistorie verbreitete Festungstheorie stößt noch auf ein anderes Gegenargument. 12 000 Festungen sind für ein so kleines Gebiet wie Sardinien untragbar. Sie vereinen eine Streitmacht nicht, sie zersplittern sie in handlungsunfähige Gruppen, und sie verlangen so viele Mannen unter Waf-

Angst vor Sonnen- und Mondfinsternis

12

fen, daß die landwirtschaftlich orientierte Bevölkerung allein wegen des wirtschaftlichen Drucks nicht lebensfähig gewesen wäre. Außerdem: Gegen wen sollte die Streitmacht eine Insel verteidigen, die über mehr als ein Jahrtausend niemand angriff? – Wenig spricht auch dafür, daß die Nuraghen Bestattungsplätze waren. Die frühen Sarden kannten Dolmengräber, die späteren die »tombe dei giganti« und die »domos de jana«, für die Insel typische Großstein- und Felshöhlengräber.

Ab 1974 enträtselte Professor Carlo Maxia von der Universität Cagliari mit den Methoden der Astroarchäologie das Geheimnis der Nuraghen: Die meisten dieser Türme sind mit ihrem Eingang präzise nach Süden ausgerichtet. Die Anordnung der inneren Gänge und Höfe läßt darauf schließen, daß die Anlagen der Forderung nach gezielten Sonnenbeobachtungen gerecht wurden. Einige Nuraghen weichen von diesem Schema ab. Bei manchen weist der Eingang anscheinend in die Richtung des Sonnenaufgangs zur Zeit der Wintersonnenwende, bei anderen auf den Ort des Aufgangs besonders heller Sterne, zum Beispiel des Rigil im Sternbild des Kentaurus, des Sirius oder des Rigel. Und noch etwas Interessantes zeichnet sich ab. Die Bautätigkeit der Nuraghen-Leute stand möglicherweise in direktem Zusammenhang mit den Sonnen- und Mondfinsternissen, die sich von Sardinien aus in der Zeit zwischen 1200 und 200 v. Chr. beobachten ließen. Immer, wenn sich eines der beiden großen Gestirne verdunkelte, haben

11/12 Die präkolumbische Geschichte Perus besteht aus einer Fülle hochstehender Kulturen. Die Inkas waren Meister in der Monumentalarchitektur, die meist astronomische Bedeutung hatte.

die alten Sarden der Sonnen- oder Mondgottheit einen neuen Tempel, eine Nuraghe, geweiht, um sie versöhnlich zu stimmen oder aus Angst, sie könnte einmal auf immer den Himmel verlassen.

Wie hervorragend die astronomischen Kenntnisse der alten Sarden waren, dafür sprechen noch andere prähistorische Anlagen auf dieser Insel: die Brunnentempel. Das sind eigentümliche unterirdische Bauwerke, von denen die Archäologen bis jetzt 70 gefunden haben. Über 30 sind gut erhalten. Alle sind ähnlich aufgebaut, und immer liegen sie in der Nachbarschaft von einer Nuraghe. Eine steinerne Treppe führt ein halbes Dutzend Meter tief unter die Erde und endet dort vor einem runden gemauerten Brunnen, den eine hohe, fast gotisch wirkende Kuppel überspannt. Die Spitze der Kuppel reicht bis zur Erdoberfläche und ist oben offen. Die heute rund eineinhalb Jahrtausende alten Steine mancher dieser Brunnentempel sehen noch jetzt so aus, als seien sie eben erst mit modernsten Steinsägen bearbeitet worden. Im Gegensatz zu den Sonnen- und Sterntempeln der Nuraghen sieht Professor Maxia in diesen

Astronomische Gebäude in Mittelamerika

merkwürdigen Brunnen Mondheiligtümer. Die Anlage von Santa Cristina hat er zusammen mit dem Astronomen Proverbio als erste sorgfältig vermessen. Der heilige Born ist ganz exakt so angelegt, daß einmal im Jahr der Vollmond sein Licht genau durch die kleine obere Öffnung der Kuppel wirft und sich kurz nach Mitternacht für wenige Minuten in dem Wasser des Brunnens spiegelt. Und dieses eine Mal ist ausgerechnet jenes, bei dem sich Mondfinsternisse ereignen können! Das könnte natürlich ein Zufall sein, wenn auch ein sehr ausgefallener. Aber die folgenden Messungen der beiden Professoren am ebenfalls guterhaltenen heiligen Brunnen von Santa Vittoria di Serri ergaben sehr ähnliche Werte.

Die sardischen Kalenderbauten fallen in jene Kategorie von astronomischen Gebäuden, die schon bekanntes Wissen um die kosmischen Zeitabläufe lediglich kultisch fixieren und nicht eigentlich Meßinstrumente sind. Das teilen sie mit zahllosen Anlagen des präkolumbischen Mittel- und Südamerika. Eine der komplexesten ist wohl El Caracol in Chichén Itzá, in Mexiko. »Caracol« heißt »Schnecke«, und bezeichnet ist mit diesem Namen ein Rundturm, der auf zwei übereinanderliegenden viereckigen Plattformen steht und seinen Namen nach einer Wendeltreppe in seinem Inneren hat. Errichtet haben ihn irgendwann zwischen 975 und 1200 n. Chr. die Tolteken. Der Name der gesamten Anlage, Chichén Itzá, rührt aller-

13 Im undurchdringlichen Urwald des Petén, in Nordguatemala, ruht die riesige Ruinenstadt Tikál mit Pyramiden, Tempeln und Palästen, die einst ein bedeutendes Kultzentrum der Mayas war. Zwischen 300 und 900 n. Chr. schuf das Indiovolk auch in Südostmexiko und Osthonduras eine glanzvolle Kunst

13

und Architektur. Darüber hinaus besaß es ein hohes mathematisches Wissen sowie ein kompliziertes Kalendersystem. Die astronomischen Kenntnisse der Mayas waren überragend: Die Venusumläufe in 481 Jahren etwa wiesen nur einen Fehler von 0,08 Tagen auf.

14

14 Im Zentrum der altindianischen Stadt Chichén Itzá auf der Mexiko-Halbinsel Yucatán steht eine Tempelpyramide, Castillo genannt. Die je 91 Treppenstufen an den vier Seiten der Himmelsrichtungen ergeben zusammen mit der oberen Plattform 365, die Anzahl der Tage eines Jahres.

dings von dem mexikanischen Stamm Itzá her, der im 13. Jahrhundert die verlassene Siedlung übernahm. Auch die Tolteken waren nicht ihre ersten Bewohner, sie folgten hier gegen Ende des 10. Jahrhunderts den Mayas.

Die 6 Meter hohe und 61,5 × 66,9 Meter große untere Plattform des Caracol ist rechtwinklig, die 3 Meter höhere obere Plattform ist mit Seiten von 21, 21, 22,15 und 24 Meter Länge schiefwinklig und zudem gegenüber der unteren Plattform in ihren Achsen um 5° verdreht. Dennoch verlaufen die Diagonalen von der Nordost- zur Südwestecke beider Plattformen in geringem Abstand voneinander exakt parallel etwa durch das Zentrum des Rundturms. Sie weisen mit nur 37′ Ungenauigkeit auf die Punkte, an denen die Sonne im Jahre 1000 n. Chr. zur Sommersonnenwende aufging und – in Gegenrichtung – zur Wintersonnenwende unterging. Ein Beobachter auf der Treppe, die zur unteren Plattform emporführt, blickte – ebenfalls um 1000 n. Chr. – treppabwärts recht genau zu jenem Punkt, an dem die Sonne zur Sommersonnenwende unterging. Ein Beobachter auf der Treppe zur oberen Plattform schaute treppabwärts mit nur 31′ Fehler in die Richtung, in der die Sonne an jenen beiden Tagen des Jahres unterging, an denen sie über Chichén Itzá im Zenit stand. Nicht genug damit. 33 Zentimeter über dem Niveau der unteren Plattform befindet sich ein Stylobat, eine Basis, auf der dicht an dicht in einer Beobachtungsnische zwei Säulen stehen. Schaute man im rechten Winkel von der Nischenrückwand zwischen den beiden Säulen hindurch, dann blickte man in ziemlich genau die Richtung, in der die Venus in ihrer nördlichsten Extremposition unterging. Daß

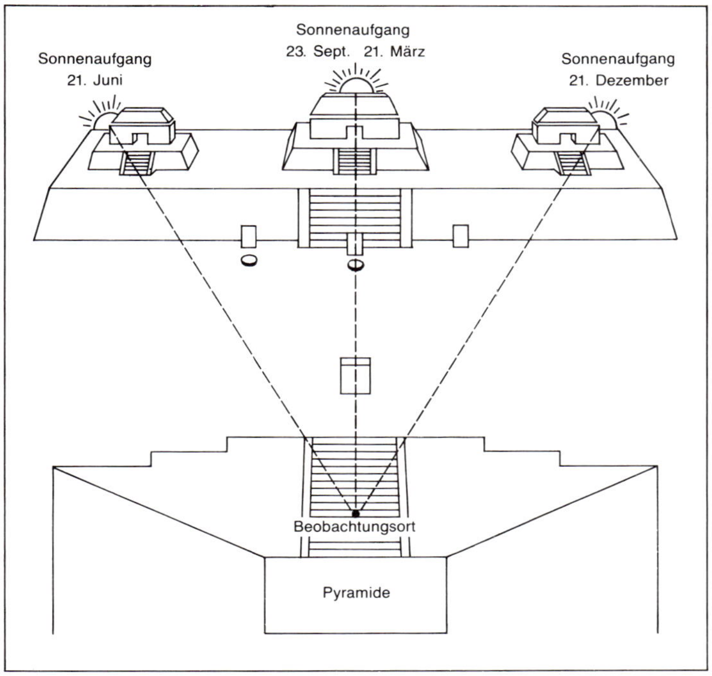

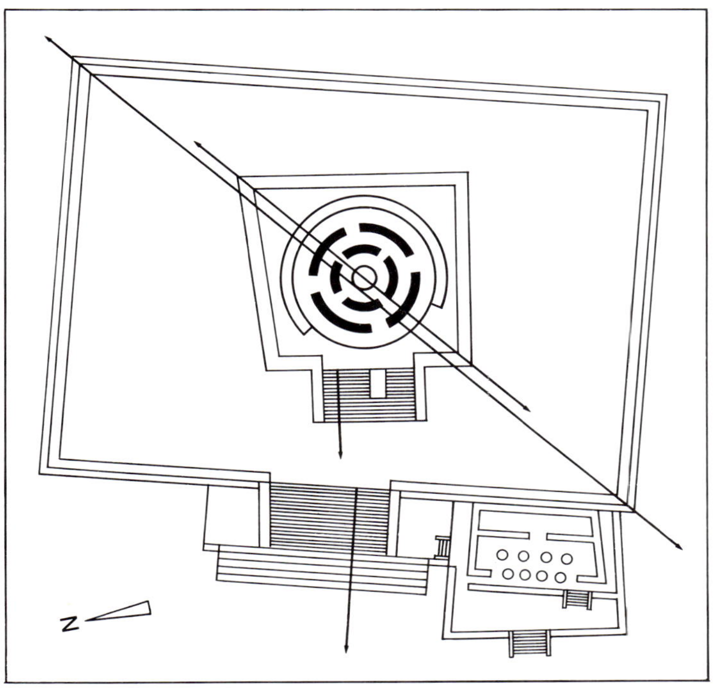

Dem Morgen- und dem Abendstern geweiht

das kein Zufall ist, dafür sprechen andere Anhaltspunkte: Die eine Säule war schwarz, die andere rot angemalt. Die Farbe Rot stand schon bei den Mayas für den Osten, Weiß für den Norden, Schwarz für den Westen und Gelb für den Süden. Die Venus aber ist der Morgen- und Abendstern; ihr sind deshalb die Farben Rot und Schwarz zuzuordnen. Und schließlich war das ganze Gebäude dem Gott Kukulkan geweiht, der schon in der Maya-Mythologie mit dem Morgenstern identifiziert wurde.

Ein Beobachtungsturm besonderer Natur war schließlich der Rundturm. Ein kleiner kreisförmiger Raum an seinem oberen Ende besitzt vier Außentüren, die auf einen Umgang führen. Von diesem Umgang konnte man jeweils durch eine Außentür hinein- und durch die benachbarte Tür wieder hinaussehen, was eine ganz genaue Blickrichtung festlegte. Von den acht auf diese Weise möglichen Sichtlinien erwiesen sich bis jetzt fünf als astronomisch bedeutsam. Sie weisen zu den Aufgangsorten der hellen Sterne Kanopus, Kastor und Pollux, zum Untergangsort von Formalhaut – jeweils in ihren Extrempositionen – sowie zum Sonnenuntergangspunkt bei Zenit-Durchgang. Weitere Peilmöglichkeiten legten vermutlich acht Maueröffnungen im Oberteil des Turmes fest, von denen allerdings nur drei erhalten geblieben sind. Rekonstruktionsversuche ergaben mögliche Visuren, die mit großer Genauigkeit auf bestimmte Positionen von Sonne und Venus sowie des Sterns Achernar wiesen.

15

16

15 War der Kriegertempel mit der Säulenhalle dem Morgenstern-Gott geweiht? Der architektonische Einfluß der Tolteken in der einstigen Maya-Stadt Chichén Itzá wird hier besonders deutlich.

16 Als die Mayas Belize besiedelten, schufen sie in Xunantunich ein grandioses Gestirnefries.

17 Ein bedeutender Kalenderbau war auch das Sonnenobservatorium von Uaxactún in Guatemala. Dort bauten die Mayas zwischen 300 v. Chr. und 150 n. Chr. eine große Kultanlage aus mehreren Baugruppen, von denen besonders vier Stufenpyramiden hervorzuheben sind. Diese Pyramiden stehen beziehungsweise standen in einer geraden Reihe auf einer gemeinsamen 4,57 Meter hohen Terrasse, die vierte erhebt sich in größerem Abstand neben dem Zentrum dieser Plattform. Zu ihr führt eine 9,90 Meter hohe Treppe hinauf. Zwischen Terrasse und vierter Pyramide stehen schließlich ebenerdig drei Steinsäulen. Von drei Beobachtungspositionen an der Pyramidentreppe – je eine an ihrem Fuß und auf ihrer obersten Stufe und eine in Augenhöhe mit der gegenüberliegenden Terrasse – ließen sich zahlreiche astronomisch wichtige Orte anvisieren, je nachdem ob man über die Stelen oder über bestimmte Kanten der drei anderen Pyramiden peilte. Am beeindruckendsten erscheint die Tatsache, daß die

Monumentales Sonnenobservatorium

18 Sonnenaufgangspunkte während des Jahres, gesehen von der obersten Treppenstufe, genau die gesamte Breite der Dreier-Pyramidenreihe überstrichen. Die Endpunkte dieses Hin- und Herpendelns lagen zeitlich am 21. Juni und am 21. Dezember, also an den Sonnenwenden. Über der mittleren der drei Pyramiden ging die Sonne am 21. März und am 23. September, also zu den Daten der Tagundnachtgleiche auf. Eine der zahlreichen anderen Visuren markiert den 6. April. Dieser Tag galt den Mayas als Beginn der jährlichen Trockenheit und damit des landwirtschaftlichen Jahres. Er wurde als hoher Feiertag begangen.

Von den vielen weiteren bedeutenden Heiligtümern präkolumbischer mittelamerikanischer Kulturen sollen die Maya-Kultstätte Copán in Honduras und der Monte Albán, heiliger Berg der Zapoteken bei Oaxaca in Mexiko, hier nur dem Namen nach erwähnt werden. Ihre astronomische Bedeutung läßt sich nicht bezweifeln.

Kalenderanlagen anderer Art finden sich in den Anden, auf den schwer zugänglichen Gipfelregionen steiler Berge. Die Inkas haben die meisten davon gebaut. Da sind das Heiligtum von Pisac in Peru, das um 1450 n. Chr. entstand; das berühmte Machu Picchu, wenig später bei Cuzco in den Anden errichtet; der sogenannte Inka-Thron auf dem Felsen Suchuna bei Cuzco; oder der »Mondstein« Quillarumi in derselben Gegend. Die alten Inka-Anlagen sind meist regelrechte Sonnenuhren. Aus dem gewachsenen Gestein sind senkrechte Vierkantzapfen mit ganz bestimmt abgeschrägten Seiten- und Stirnkanten herausge-

17 Der Rundturm aus der toltekischen Epoche Chichén Itzás diente einst als astronomisches Observatorium. Wegen seiner Wendeltreppe im Inneren wird er El Caracol (»Die Schnecke«) genannt.

18 Die Sonnenpyramide von Teotihuacán war mit 64 Meter Höhe der mächtigste Bau Altmexikos.

arbeitet und sorgfältig geschliffen. Ihre Schatten sind es, die sehr genau bestimmte Kalenderdaten markieren. Sie heißen Intihuatana, was ebensoviel bedeutet wie »Ort, an dem die Sonne festgehalten wird«. Der Wortteil »Huata« steht aber nicht nur für »binden, festhalten«, sondern bezeichnet zugleich den Begriff »Jahr«.

Eine besonders interessante südamerikanische Kalenderanlage war der Sonnentempel Kalasasaya in Tiahuanaco in Bolivien. Er ist ein Werk der Ayamara-Indios, die hier zwischen 540 und 900 n. Chr. vor den Mayas lebten. Der Tempel ist als großes Rechteck angelegt, das seine Erbauer genau nach den vier Himmelsrichtungen orientierten. Im Zentrum seiner Westwand befand sich ein Beobachtungsplatz, von dem aus sich über die östlichen Eckpunkte die Sonnenaufgänge zur Zeit der Winter- und der Sommersonnenwende anpeilen ließen. Etwas exzentrisch zur Mitte der Ostwand gab es eine Freitreppe. Über ihr ging die Sonne – von demselben Beobachtungsplatz gesehen – genau am 24. März und am 21. September auf. Das sind nicht die Daten der Tagundnachtgleiche (21. März und 23. September), was sich durch die Exzentrizität der Treppe erklärt. Es sind aber exakt jene Daten, die zwischen den Sonnenwenden das Kalenderjahr präzise in vier gleiche Teile teilen. Die geringen Abweichungen zwischen diesen Daten und den Tagundnachtgleichen rühren davon her, daß sich die Sonne nicht genau im Mittelpunkt der Erdbahn befindet. Die Erbauer des Kalasasaya-Tempels hatten bei ihrer Kalenderanlage also die Exzentrizität der Erdbahn berücksichtigt!

Von der Freitreppe wiederum konnte man über die Westwand des Tempels hinweg zehn durch eine 48,9 Meter lange Mauer miteinander verbundene große stehende Steine anpeilen. Die alten Astronomen orteten dadurch Sonnenuntergangspunkte, die ihr Kalenderjahr regelmäßig unterteilten. Kalendäre Bedeutung besitzen mit Sicherheit auch die Erdzeichen bei Nazca in Südperu.

Astronomische Meßinstrumente in Asien

Dienten die mittel- und südamerikanischen Kalenderbauten vorwiegend der jahreszeitlichen Markierung bestimmter, vor ihrer Errichtung berechneter Zeitpunkte im Jahreslauf, so entstanden im alten Asien Großbauten, die sich als reguläre astronomische Beobachtungs- und Meßinstrumente eigneten. Eine der ersten Anlagen dieser Art ist ein im Querschnitt rechteckiger Ziegelturm, der unten 15 Meter und oben 7,5 Meter breit ist und in seiner Wandmitte einen 12 Meter hohen Schlitz für ein Gnomon – den vertikalen »Zeiger« einer Sonnenuhr – freiläßt. Der Turm steht rund 70 Kilometer südlich von Lo-yang in der chinesischen Provinz Honan und wurde 1276 n. Chr. unter König Tŝou Kung in der alten Stadt Yang-tŝe-ng gebaut. Er hatte jedoch offenbar ein arabisches Vorbild um das Jahr 1000. Um ihn als astronomisches Großgerät nutzen zu können, geht von der Mitte seiner Grundkante im rechten Winkel ein 36 Meter langes gerades Steinband aus, das mit einer Gradeinteilung versehen ist. Eingearbeitete Kanäle sorgen als Wasserwaagen dafür, daß das Band genau horizontal liegt. Der Bau erlaubte die präzise Bestimmung der Länge des Sonnenschattens zur Mittagszeit, war also im Prinzip ein großer steinerner Kalender.

Ein noch weitaus mächtigeres Instrument gleicher Natur schuf 1437 n. Chr. in Samarkand, in der heutigen Sowjetrepublik Usbekistan, Mohammed Taragaj, Enkel des großen Eroberers Tamerlan oder Timur. Bekannter wurde er freilich unter seinem Titel Ulug Beg, was aber nichts anderes bedeutet als »Großfürst«. Von dem berühmten Observatorium des Ulug Beg ist heute nur noch ein teilweise unterirdischer Mauerquadrant von 40,10 Meter Radius erhalten. Anhand einer ihn begleitenden Skala ließen sich die Höhen der Gestirne ablesen. Für die Anlage des Quadranten hatte der Fürst einen 2,5 Meter breiten Schacht in den gewachsenen Felsen hauen lassen. Es ist überliefert, daß diese kreisbogenförmige Ablesevorrichtung einst mit einem Observatorium von der Höhe der Hagia Sofia in Byzanz (60 Meter) zusammenarbeitete. Mit diesem Großinstrument stellte Ulug Beg für die damalige Zeit erstaunlich exakte Gestirnsbeobachtungen an. Er verfaßte einen Sternkatalog mit den genauen Positionen von über 1000 Himmelskörpern. Politische Macht, gepaart mit wissenschaftlicher Bildung ist rar, ruft aber leider nicht selten Neid hervor. Ulug Begs Schicksal war es, daß ihn sein herrschsüchtiger Sohn Abd ul-Latif während einer Pilgerfahrt nach Mekka im Oktober 1449 meucheln ließ.

Sternkalender, 3500 Jahre alt

Sein geistiges Werk bestand fort und fand knapp drei Jahrhunderte später einen begeisterten Anhänger im indischen Maharadscha Jai Singh II., der 1728 als neue Residenz seines Fürstentums Amber die Stadt Jaipur gründete. Jaipur liegt etwa 250 Kilometer südwestlich der heutigen Großstadt Delhi. Jai Singh II. zeigte schon als junger Mann lebhaftes Interesse an Mathematik und Astronomie und beschäftigte sich intensiv mit den diesbezüglichen Erkenntnissen der Moslems und Hindus. Leider entgingen ihm offenbar die schon 1608/09 in Europa erfundenen optischen Fernrohre, die ihm seine geliebten Sternbeobach-

19

19 Der Stupa, ein sakrales Bauwerk des Buddhismus, beinhaltet kosmische Symbolik. Das steinerne Kulturdenkmal, das das Himmelsgewölbe repräsentiert und ursprünglich zur Aufbewahrung von Reliquien bestimmt war, besteht aus einer Halbkugel über einem terrassenförmigen Unterbau.

20

21

22

tungen wesentlich erleichtert hätten. Das ist aber weiter nicht verwunderlich, denn seine Berater aus dem Westen waren in erster Linie Jesuiten. Die verschwiegen nur allzu gerne die astronomischen Erkenntnisse eines Galileo Galilei, eines Tycho Brahe oder eines Johannes Kepler, empfand die katholische Kirche diese doch als blanke Ketzerei. Mit der Meßgenauigkeit der kleinformatigen, im Orient gebräuchlichen Astrolabien unzufrieden, drängte es Jai Singh II., präzisere Instrumente zu besitzen. Der Existenz des Fernrohrs unkundig, ließ er in Delhi (um 1724), Jaipur (1734), Mathura (nach 1734), Benares (1737) und Ujjain fünf riesige Observatorienanlagen errichten, die zu dieser Zeit im Grunde bereits Anachronismen waren. Die Bauten von Mathura dienten in den vierziger Jahren unseres Jahrhunderts als Steinbruch, die anderen sind mehr oder weniger gut erhalten geblieben, besonders jene von Jaipur und Delhi. Einen guten Überblick über die Fülle der zahlreichen Großgeräte gibt der Bericht des Jesuitenpaters Joseph Tieffenthaler, den dieser 1785 verfaßte:

»Ueber alles aber verdient derjenige Ort bemerkt zu werden, der zu astronomischen Beobachtungen bestimmt ist; ein Gebäude, dergleichen man hier zu Lande nie gesehen hatte, und das also wegen der Neuheit sowohl als der Menge von Instrumenten Bewunderung verdient. Es liegt neben dem Residenzschloß in einer freyen Ebene, ist groß und geräumig, auch mit Mauern umgeben, und zu Beobachtungen am Himmel eingerichtet. Zuerst beym Eingang erblickt man darinn die zwölf Zeichen des Thierkreises, die alle in große Zirkel vom reinsten Kalk getheilt sind.

20 Der Stupabau hat oft einen Steinzaun mit vier Toren nach den vier Himmelsrichtungen.

21/22 Das Observatorium von Jaipur in Indien wurde 1734 nach den Plänen des Maharadschas Jai Singh II. erbaut. Unter den steinernen Instrumenten ragt eine über 30 Meter hohe Sonnenuhr empor.

23 Ferner allerley astronomische Sphären-Schnitte nach der Polhöhe des Ortes, von 12 und mehr Pariser Fuß im Durchmesser; dann große und kleine Nachtgleichenuhren und Astrolabien, auch in Kalk geformet; und endlich die Mittagslinie und eine in einen sehr großen Stein geschnittene Horizontal-Sonnenuhr. Vorzüglich aber stellt sich eine sehr hohe und dicke Weltaxe dar, von Backsteinen und Kalk, in deren Mittagsfläche, und unter einem der Ortsbreite gleichen Winkel; die Höhe derselben mag 70 Pariser Fuß betragen. Oben auf dieser Axe steht die Warte, von welcher man weit über die Stadt weg- und nicht ohne Schwindel herabsieht. Der Schatten dieser riesenmäßigen Axe fällt auf einen ungeheuer großen astronomischen Quadranten (Halbcirkel), dessen Hörner und Bogenenden aufwärts gerichtet sind, und der in Grade und Minuten

Reisender Jesuitenpater im 18. Jahrhundert

getheilt ist: eine sehr geschickte Arbeit vom weißesten Kalk oder Gyps. Des Morgens fällt der Schatten auf den Quadranten an der Abendseite, und Nachmittags auf der ande-
24 ren an der Morgenseite; so daß die Weltaxe zwischen beiden die Mitte hält, und jeden Augenblick die Sonnenhöhe gefunden werden kann. Neben diesem Quadranten sieht man einen doppelten Gnomon ebenfalls von Gyps; er ist in einem Zimmer eingeschlossen, worin er an beiden Seiten in die Höhe geht. Sobald es Mittag ist, so fällt der Sonnenstrahl durch zwey Löcher einer kupfernen Platte, und zeigt die Mittagshöhe an jedem Quadranten, und zwar im Sommer unter der Mitte, und im Winter oberhalb derselben. Nicht weniger sind drey große an einem eisernen beweglichen Ringe hängende messingerne Astrolabien zu merken, nebst einem messingernen, mit einem Lineal versehenen und nach der Polhöhe errichteten Ringe, um die Abweichung der Sonne zu finden, welche man jederzeit wahrnehmen kann, sobald man nur das Instrument gegen die Sonne richtet. Kleinere Werkzeuge übergehe ich. Zu den Unvollkommenheiten dieser Sternwarte aber gehören nicht nur die niedrige Lage und die Mauern umher, indem man davor den Auf- und Untergang der Gestirne nicht beobachten kann; sondern auch dieß, daß der Gnomon, die Weltaxe und andere Werkzeuge von Gyps sind, und daher keine sehr genaue Beobachtung zu bewerkstelligen ist.«

23/24 Auf Sardinien haben sich etwa 7000 kolossale prähistorische Rundtürme mit zyklopischem Mauerwerk erhalten. Die Deutung dieser Nuraghen ist umstritten: Waren sie einst Festungen, Wohnräume, Wachtürme, Gräber oder gar Sonnen- und Mondgottheiten geweihte astronomische Gebäude?

Geheimnisvolle Zeichen in der Wüste

1

2

3

Sonderbare Scharrbilder von gigantischen Dimensionen breiten sich in der erstarrten Wüstenlandschaft rund um die südperuanische Stadt Nazca aus. Hunderte schnurgerader Linien, geometrischer Muster und riesiger stilisierter Tierfiguren, die hier einst in den sonnenverbrannten Boden gegraben wurden, hat das trockene Klima über Jahrhunderte hinweg konserviert. Welche versunkene Kultur schuf die Landschaftsgraphiken von Nazca, deren Ausmaß sich erst aus der Luft erkennen läßt? Zu welchem Zweck wurden die faszinierenden Scharrbilder in der Wüstenebene geschaffen? Stellten sie frühzeitliche astronautische Landebahnen dar? Oder hatten sie eher astronomische Bedeutung?

1 Wie mit dem Lineal angelegt wirken die rechteckigen Scharrbilder in der Nazca-Wüste.

2/3 In das verwirrende Netz kilometerlanger geometrischer Linien und Plätze sind immer wieder überdimensionale stilisierte Tierfiguren – hier eine Spinne und ein Kolibri – eingewoben.

4

5

6

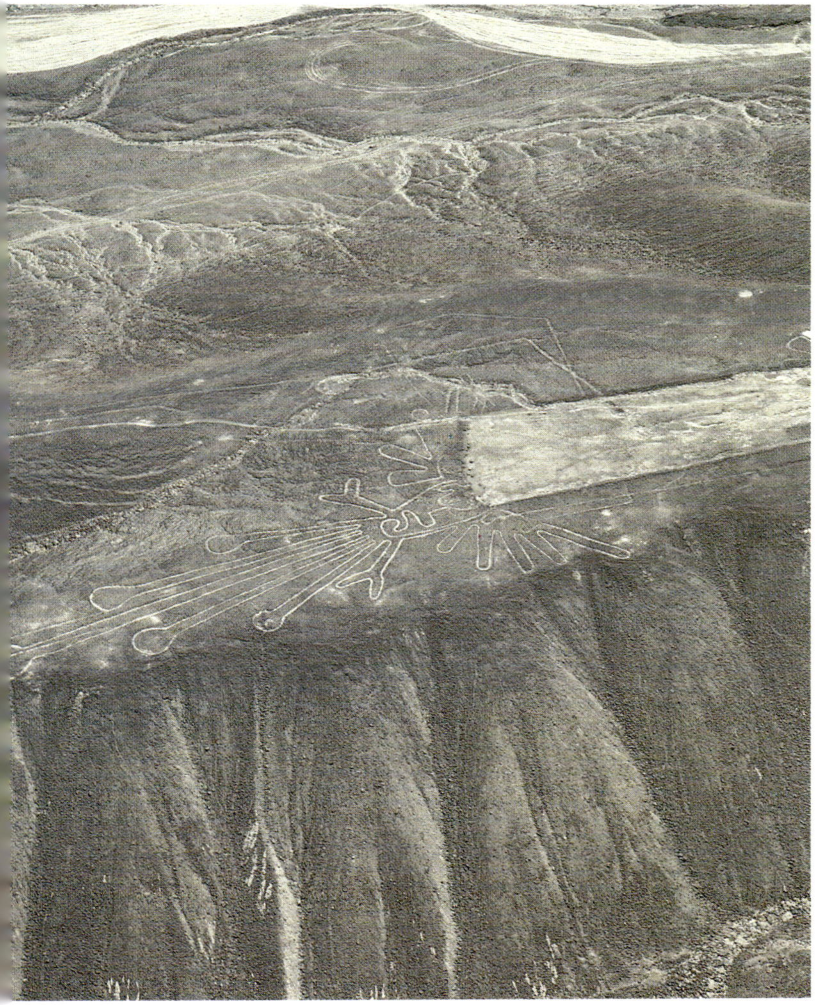

Zwischen dem mächtigen Gebirgszug der Anden und dem Gestade des Pazifischen Ozeans erstrecken sich weit ausgedehnte, vielfach topfebene Hochflächen: uraltes Schwemmland, das nur hier und dort von tief eingeschnittenen Flußtälern gegliedert oder zu Plateaus von breiten Tafelbergen erodiert ist. Im Laufe der Erdgeschichte hob und senkte sich dieses Gebiet vermutlich mehrmals, dazu kam ein Absinken und Ansteigen des Meeresspiegels während heißer und kalter Klimaperioden. Die flachen Vorandenbalkons gerieten dabei unter den Meeresspiegel. Salzwasser imprägnierte den Boden und verfestigte ihn. Vor langen Zeiten modellierte fließendes Wasser das Gesicht dieses Landes. Aber auch die Bäche und Flüsse sind seit über tausend Jahren nur noch trockene Täler und Schluchten. Kurze und meist unergiebige Regenfälle gehen nur alle zwei bis drei Jahre nieder. Die Landschaft ist regelrecht erstarrt. Daran kann auch der Wind nicht viel ändern, der hier oft zum Sturm wird. Nur hier und da weht er große Sanddünen zusammen. Über die Pampas, wie die knüppelharten Ebenen heißen, fegt er hinweg, ohne Spuren zu hinterlassen. Jeden Eindruck eines Pferdehufs, jeden Trampelpfad, in unserem Jahrhundert natürlich auch jede Spur eines Autoreifens konserviert dieser Boden für Jahrhunderte.

Zwischen dem 14. und 15. südlichen Breitengrad, etwa 50 Kilometer von der peruanischen Pazifikküste landeinwärts, liegen die kleinen Orte Palpa und Nazca auf den wüstenartigen Hochflächen. Als Anfang unseres Jahrhunderts erste Flugzeuge dieses Gebiet überquerten, entdeck-

4 Dieser fliegende Riesenvogel mit 122 Meter Spannweite stellt vermutlich einen Kondor dar.

5/6 Das geheimnisvolle Linienwerk von Nazca, dessen gewaltiges Ausmaß sich nur vom Flugzeug aus erkennen läßt, zieht sich über ein Wüstengebiet von etwa 500 Quadratkilometern hin.

7

7 Für die grandiosen Erdbilder von Nazca gibt es bisher keine eindeutige Erklärung. Darstellungen von Menschen mit merkwürdig großen, eulenartigen Augen entdeckt man nur an Steilhängen; in der Ebene breiten sich dagegen überdimensionale geometrische Muster und Tierzeichnungen aus.

ten ihre Piloten zahlreiche schnurgerade, zum Teil auch im Zickzack oder in vielfältigen Mäandern verlaufende helle Linien auf dem sonst warmen Braun des sonnenverbrannten Wüstenbodens. Sie glaubten, es wären alte Bewässerungskanäle für die Felder eines Indiostammes, der hier früher gelebt hatte, und ließen die Entdeckung auf sich beruhen. Später allerdings weckten sie das Interesse des US-amerikanischen Kulturhistorikers Dr. Paul Kosok, der sich speziell mit frühgeschichtlichen Bewässerungssystemen befaßte. 1939 reiste er in das Gebiet nördlich von Nazca, um die »Inka-Kanäle« näher zu untersuchen. Was er allerdings vorfand, hatte weder mit Wassergräben noch mit der Inka-Kultur das geringste zu tun.

Kosok entdeckte eigenartige Bodenzeichnungen von gigantischen Dimensionen, so groß, daß sie sich als Ganzes nicht überblicken ließen. Er vermaß die Linien einer der Figuren gewissenhaft und übertrug sie stark verkleinert auf Papier. Auf seinem Zeichenbrett entstand das stilisierte Bild eines Vogels. Am Abend des 21. Dezember – auf der Südhalbkugel ist das der Mittsommertag – machte er noch eine aufregende Entdeckung: Als die Sonne unterging, tauchte sie fast genau am Ende einer langen geraden Scharrlinie hinter den Horizont. Astronomen berechneten später, daß die geringfügige Abweichung mit der Zeit zu tun hatte. Als die Linien von Nazca in den Boden gegraben wurden, gab es diese kleine Unstimmigkeit noch nicht. Damals muß die Sonne bei der Sommersonnenwende genau am Ende der Linie untergegangen sein. Kosok äußerte die Vermutung, einen gewaltigen frühzeitlichen Kalender entdeckt zu haben. In verwirrender Fülle ziehen sich gerade Linien über das Plateau von Nazca. Vielleicht weisen sie allesamt auf die Auf- und Untergangspunkte von verschiedenen auffälligen Gestirnen und in andere astronomisch bedeutsame Richtungen. Einerseits fand Kosok rasch heraus, daß zumindest das erste Stück jeder der drei Linienzüge, die er entdeckte, in Sonnenwendrichtung verläuft. Andererseits sind vor- und frühgeschichtliche astronomische Großanlagen in aller Welt keine Seltenheit. Kosok nannte das Plateau von Nazca »das größte Astronomiebuch der Welt«.

Frühgeschichtliche Bewässerungssysteme?

Die astronomische Theorie wurde mit Skepsis aufgenommen, aber der von Kosok entdeckte Riesenvogel weckte zumindest in Peru Interesse. Zuerst machten sich einige Forscher die Mühe, die Pampas zu Fuß nach weiteren Figuren abzusuchen, was natürlich sorgfältige Vermessungs- und Zeichenarbeiten erforderlich machte. Der Aufwand lohnte sich. Eine riesige Spinne ließ sich erkennen, dann zahlreiche andere Figuren: Fische und Echsen, ein hundeähnliches Tier, ein Affe und Vögel, immer wieder Vögel. Die Regierung stellte bald auch Flugzeuge zur Verfügung, um die Figuren in Luftaufnahmen weitaus rationeller zu dokumentieren. Neben den stilisierten Tieren zeigten die Bilder eine geradezu überwältigende Menge geometrischer Scharrfiguren: Dreiecke und Rechtecke, Zickzacklinien und rechtwinklige Linienzüge, Trapeze und Spiralen.

Durch die ursprünglichen Arbeiten von Dr. Kosok wurde auch eine deutsche Wissenschaftlerin auf die geheimnisvollen Bodenbilder auf den Pampas aufmerksam. Sie besuchte das Gebiet zwischen Nazca und Palpa als junge Frau erstmals 1946. Die rätselhaften Figuren schlugen sie sofort in ihren Bann, und diese Faszination klang bis jetzt nicht ab. Maria Reiche fand in der Erforschung der Scharrbilder eine Lebensaufgabe. Über vier Jahrzehnte vermaß und katalogisierte die Forscherin bis jetzt Hunderte von Tierbildern und geometrischen Zeichen in der Ebene. An oft schwer zugänglichen Steilhängen entdeckte sie auch Darstellungen von Menschen mit merkwürdig großen, eulenartigen Augen und starrem Ausdruck. Im Vorwort zu ihrem Werk »Geheimnis der Wüste« sagt sie von sich selbst: »Als Mathematikerin und Geographin ausgebildet, habe ich mich mit diesem Studium auf ein Gebiet begeben, das als der Archäologie zugehörig angesehen wird. Doch haben sich bis jetzt Archäologen noch nicht eingehend damit beschäftigt. Man sollte das Gebiet eigentlich mehr in die Geschichte der exakten Naturwissenschaften einordnen. Als ein Kapitel dieser Wissenschaften ist es faszinierend und läßt den nicht los, der sich in dasselbe zu vertiefen angefangen hat.«

Faszination der rätselhaften Linien

Maria Reiche verstand es, ihre Faszination auf Sponsoren ihrer Arbeit zu übertragen. Die peruanische Luftwaffe stellte ihr wieder und wieder Flugzeuge, Luftbildausrüstung, Vermessungsinstrumente und Zeichentische zur Verfügung. Das peruanische Unterrichtsministerium unterstützte ihre Arbeit ebenso wie die Deutsche Forschungsgemeinschaft oder etwa die Deutsche Lufthansa.

Diese Mittel reichten zwar nur zu einem spartanischen Leben in den Pampas, aber wen Begeisterung für seine Arbeit trägt, der braucht keinen Wohlstand.

Maria Reiches engagierte, stets objektive und eher vorsichtig interpretierende wissenschaftliche Arbeit fand nicht immer nur Zustimmung. Als wissenschaftlich zu eng denkend kritisieren sie jene Phantasten und archäologischen Spekulanten, die in so gut wie jedem Relikt aus vor- und frühgeschichtlichen Zeiten einen Hinweis auf mysteriöse Astronauten-Götter sehen wollen und sich dabei großzügig über bewährte Methodik wissenschaftlicher Forschung hinwegsetzen. Ihre oft spektakulären Hypothesen sind reine Fiktion, überschatteten die ernsthafte Arbeit von Maria Reiche aber nicht selten durch größere Popularität. Leider gerieten mit ihnen zugleich aber auch Erkenntnisse der unermüdlichen Forscherin in Mißkredit bei jenen klassischen Archäologen, die mit naturwissenschaftlichen Arbeitsmethoden nicht vertraut sind. Ihre Skepsis fand eine scheinbar starke Bestätigung in einer Publikation ausgerechnet jenes Mathematikers G. H. Hawkins, der 1965 durch sein Buch »Stonehenge decoded« (Stonehenge entschlüsselt) den endgültigen Beweis dafür erbrachte, daß die berühmte englische Steinsetzung eine komplexe astronomische Anlage war. Er gab die Richtungen aller ihm zugänglichen Nazca-Linien in einen Computer ein und ließ die Maschine berechnen, wie viele dieser oft mehrere Kilometer langen Geraden zur Zeit ihrer Herstellung auf astronomisch wichtige Punkte wiesen. Sein Ergebnis: Die Trefferquote liegt im Zufallsbereich. Aber Hawkins machte entscheidende Fehler. Er ging in seinem Computerprogramm davon aus, daß die Pampas eine ideale Ebene darstellen und daß Sonne, Mond und Sterne bei ihren Auf- und Untergängen genau auf der Höhe dieser Ebene den Horizont schneiden. Das trifft aber keineswegs zu, denn die Hochflächen sind von Hügelketten gesäumt, hinter denen die Gestirne natürlich später auf- und eher untergehen. Dazu kamen noch verschiedene andere logische Fehler im Rechenprogramm. Hawkins' Kritik entbehrt also jeder exakten Grundlage. Sein Negativschluß ist wissenschaftlich unzulässig.

Landebahnen für Astronauten-Götter?

Andererseits beweist das natürlich noch nicht eindeutig, daß die Erdzeichen von Nazca wirklich astronomische Peillinien sind. Aber es gibt sehr starke Indizien dafür. Ausgehend von Kosoks Vermutung vermaß Maria Reiche Hunderte der Figuren und Linien. Sie entdeckte, die jeweilige Geländestruktur berücksichtigend, in den meisten von ihr untersuchten Geraden astronomisch wichtige Linien.

Was besonders für die Funktion als astronomische Großanlage spricht, sind zahlreiche Mondortungslinien. Durch das Pendeln der Erdachse im Jahreslauf wandern bekanntlich die Auf- und Untergangspunkte der Sonne innerhalb der beiden Sonnenwenden zwischen jeweils zwei Extrem-

8

9

8/9 Ist das Plateau von Nazca »das größte Astronomiebuch der Welt«? Stellen die faszinierenden Landschaftsgraphiken eine astronomische Anlage dar? Dafür spricht eine Vielzahl scheinbar wirrer, aber exakt berechneter Linien, die sich auf den jeweiligen Mondstand beziehen.

punkten hin und her. Auch die Mondauf- und -untergangspunkte beschreiben solche Pendelbewegungen, die sich allerdings weitaus schwieriger erkennen und darstellen lassen. Zum einen pendeln die Punkte jährlich zwölfmal mit unterschiedlichen Ausschlagweiten, zum anderen variieren die Weiten von Jahr zu Jahr. Innerhalb eines Zyklus von 18 Jahren nehmen sie zu und ab. Um die komplizierten Mondbewegungen in Relation zur Erdoberfläche vollständig zu beschreiben, bedarf es dementsprechend einer Vielzahl zwar wirr erscheinender, aber exakt berechneter Linien. Genau solche Peilstriche mit Bezug auf den jeweiligen Mondstand fand die Mathematikerin Maria Reiche in Nazca.

Die Wissenschaftlerin befaßte sich in ihrem Lebenswerk keineswegs nur mit astronomischen Fragen. Was sie besonders interessiert, sind die Datierung der Figuren und die Techniken, mit denen ihre Zeichner zu Werke gingen.

Astronomische Mondortungslinien

Eine genaue Altersbestimmung war bisher nicht möglich, zumal für die Entstehung einer großen Zahl von Linien und Figuren vermutlich mehrere Jahrhunderte nötig waren. Wenn es astronomische Markierungen sind, mußten sie ja nicht nur hergestellt, sondern zunächst durch langwierige Himmelsbeobachtungen festgelegt werden.

Mehrere Indizien deuten darauf hin, daß die Scharrbilder schon vor der Zeit der Inkas geschaffen wurden, und zwar irgendwann während der bei Archäologen als Nazca- und Paracas-Kultur bekannten Epoche zwischen 300 v. Chr. und 900 n. Chr. Einen hölzernen Peilpfosten, von dem sich ein Rest am Ende eines Vierecks fand, konnte der US-amerikanische Wissenschaftler Duncan Strong mit der Radiokarbonmethode auf das Jahr 525 n. Chr. ± 80 datieren.

Nach Maria Reiches Erkenntnissen fertigten die Figurenzeichner zunächst in kleinem Maßstab Pläne für ihre Riesenarbeiten an, die sie dann maßstäblich vergrößert ins Gelände übertrugen. »Nur wer mit der Praxis eines Landvermessers vertraut ist«, schreibt Frau Reiche, »kann in vollem Ausmaß ermessen, was für eine Vorbildung für die Menschen nötig ist, die fähig sind, den Entwurf einer Zeichnung in kleinem Maßstab unter vollkommener Wahrung der Proportionen in riesige Ausmaße zu übertragen. Die früheren Peruaner müssen Instrumente und Hilfsmittel besessen haben, von denen wir nichts wissen, und die sie zusammen mit anderen Kenntnissen vor den Augen der Eroberer verbargen als den einen Reichtum, an den diese nicht Hand anlegen konnten.«

Eines der Hilfsmittel war mit Sicherheit ein Einheitsmaß. Maria Reiche konnte es rekonstruieren. Die Menschen von Nazca maßen mit einer Längeneinheit, die 33 Zentimetern entspricht. Häufig kommen aber auch durch 66 und durch 110 Zentimeter teilbare Längen vor. Möglicherweise waren 110 Zentimeter das Standardmaß, das man dezimal unterteilte, denn das Dezimalsystem war nachweislich bekannt. 33 und 66 wären dann drei beziehungsweise sechs Zehntel der Längeneinheit. Kurven setzte man aus einer Folge von Kreisbögen zusammen, in deren Zentren Maria Reiche Mittelpunktssteine fand, die genau so behauen waren, daß ihre Dimensionen – maßstäblich verkleinert – dem jeweiligen Kreisradius entsprechen.

Damit die Linien und Figuren als kontrastreiche Bilder in der Ebene erscheinen, brauchten ihre Erzeuger »nur« die oberste Schicht des Sedimentbodens fortzuscharren. War der sonnenverbrannt braune – wissenschaftlich betrachtet oxidierte, eisenhaltige – Kieselbelag entfernt, dann kam der viel hellere Untergrund zum Vorschein. »Nur« steht

Schriftzeichen mit astronomischer Bedeutung

hier in Anführung, denn um all die durchweg etwa 5 bis 30 Zentimeter tiefen, aber oft viele Kilometer ausgedehnten, in den Boden gearbeiteten Scharrbilder zu erzeugen, mußten insgesamt Zehntausende Tonnen von Stein bewegt werden. So etwas macht niemand allein zum Zeitvertreib. Immer wiederholte abstrakte Symbole lassen auf so etwas wie frühe Schriftzeichen schließen. Ihr Zusammenhang mit astronomischer Bedeutung weist auf eine hohe kulturelle Leistung hin, deren tieferer Sinn uns noch weitgehend verschlossen ist.

Maria Reiche faßt zusammen: »Markierung von Richtungen im Dienste der Kalenderwissenschaft ist immer noch die wahrscheinlichste Erklärung für die intensive Zeichentätigkeit der vorgeschichtlichen Peruaner.« Und: »Das Geheimnis der Bodenzeichnungen kann nur gelöst werden durch ein ganz konkretes und mathematisch genaues Zahlen- und Formenstudium. Die Grundelemente müssen auf Größe, Himmelsrichtung und die unendliche Mannigfaltigkeit ihrer Kombinationen genau untersucht werden. Ein langer Weg liegt vor uns. Unbegrenzte Zeit und Geduld sind nötig für diese Arbeit, deren Resultate Wissen und Denken vorgeschichtlicher Menschen in ein ganz neues Licht zu stellen bestimmt sind.«

Rätsel der Osterinsel

Von der Osterinsel weiß man viel und nichts: Ihre rätselhaften Steinriesen sind stumme Zeugen einer kulturreichen wie tragischen Vergangenheit.
Wer hat die Monumentalfiguren gemeißelt? Man nimmt an, daß es Polynesier waren, die die Vulkaninsel zwischen dem 4. und 12. Jahrhundert besiedelten. Als der englische Seefahrer James Cook 1774 hierherkam, lagen die meisten Statuen umgestürzt. Ein erbitterter Bürgerkrieg hatte die Bevölkerung stark reduziert und eine alte Kultur zerstört. Die einmalige, hieroglyphenähnliche Osterinselschrift könnte vielleicht am ehesten Auskunft geben über die archaischen Inselkulte und die Bedeutung der Steinkolosse. Bisher ist sie jedoch nur teilweise zu entziffern.

1 Rarität auf der Osterinsel: Bisher ist unbekannt, warum diese Steinfigur einen Bart trägt.

2 Die Steinriesen der am Meer gelegenen Tempelanlage von Ahu Tahai blicken landeinwärts.

3 In den Steinbrüchen am Rano-Raraku-Vulkan stellte man die schwarzen Tuffbüsten her.

4

5

6

Irgendwo südlich des Äquators vermuteten die Geographen des Altertums und des Mittelalters einen großen, rätselhaften »Südkontinent«. Dort sollten viele Millionen Menschen leben, die beachtliche kulturelle Leistungen hervorgebracht hatten und in prächtigen Städten wohnten. Der Glaube an dieses Wunderland im Süden hielt sich hartnäckig bis in die Neuzeit. Als der holländische Admiral Jakob Roggeween im Frühjahr 1722 mit drei Kriegsschiffen der Holländisch-Westindischen Kompanie von Ost nach West das Kap Hoorn umsegelte, geschah das in der erklärten Absicht, die großen Landmassen des Südkontinents zu suchen. Seine Auftraggeberin, eine der finanzstärksten Handelsgesellschaften der Welt, suchte neue Einkaufsquellen und neue Märkte. Auf offener See, westlich der chilenischen Küste, segelte Roggeweens kleine Flotte nach Norden, als seine Leute am 6. April plötzlich mitten in den Weiten des Pazifiks Land sichteten. Sie hofften schon, den gesuchten Kontinent endlich entdeckt zu haben. Doch sie freuten sich zu früh. Beim Näherkommen entpuppte sich das Land als einsame Insel. Ihre Entdeckung fiel auf Ostern, und so gab ihr Roggeween den Namen »Paasch-Eyland« – »Osterinsel«.

Drei Tage lang dümpelten die holländischen Schiffe vor der Nordküste des entlegenen grünen Eilands, weil die starke Brandung eine Landung verhinderte. Erst am 10. April gelang es dem Admiral, mit 134 Mann auszubooten und die Insel zu erforschen. Unter seinen Begleitern befand sich der mecklenburgische Milizsergeant Karl Friedrich Behrens, ein guter Beobachter und ausgezeich-

4 Selbst im Kraterinneren wurden die gigantischen Statuen aus dem Gestein herausgemeißelt.

5 In der weiten Insellandschaft liegen verstreut Figuren, die einst beim Transport zerbrachen.

6 Die Skulpturen haben kantige Köpfe, lange Ohren, tiefe Augenhöhlen und schmale Lippen.

neter Berichterstatter. Er hielt die Erlebnisse des Landgangs auf der Osterinsel später in einem Buch mit dem eigenartigen Titel »Der wohlversuchte Südländer, das ist ausführliche Reisebeschreibung um die Welt« fest, das 1738 in Leipzig erschien. Behrens konnte nicht wissen, daß er darin Träger einer uralten Kultur beschrieb, die schon vier Jahrzehnte später praktisch ausgerottet sein würden. Ihr Untergang muß sich zwischen den Jahren 1771 und 1773 abgespielt haben. Doch davon später.

Die Ankunft Roggeweens und seiner Mannen war skandalös. »Wir gingen im Namen Gottes mit ungefähr 150 Mann an Land«, berichtete Behrens später. »Die Einwohner kamen hierauf so häufig zu uns, daß wir fast keinen Durchgang tun kunnten, so daß wir mit Gewalt durchbre-

Gemetzel im Namen Gottes

chen mußten: und weilen einige sich unterstanden, unser Gewehr anzugreifen, so ward Feuer unter sie gegeben, worüber sie heftig erschraken und auseinanderliefen; sie setzten sich aber wieder haufenweis nieder, wiewohl sie nicht über zehn Schritt von uns hinweggingen: weilen sie gedacht, sie wären alsdann schon aus der Gefahr vor unserem Gewehr. Und wurden hier viele erschossen ... Die Toten abzuholen kamen sie haufenweise und brachten von allen Früchten und Gewächsen Geschenke mit, damit wir sie desto eher sollten gewähren lassen.«

In seinen weiteren Notizen gab Behrens ein Bild von der üppigen Landwirtschaft der Osterinsel, von reichen Ernten und der großen Vielfalt von Obst und Gemüse. Die Eingeborenen beschrieb er als »durchgehend munter, wohlgestalt, stark an Gliedern, nicht ganz mager, und doch hurtig auf den Füßen, freundlich und anmutig von Gebärden, demütig, aber dabei auch sehr furchtsam: denn die mehresten derselben, wann sie etwas brachten, es mögen nun Hühner oder auch Früchte gewesen sein, so warfen sie alles nieder und liefen in möglichster Geschwindigkeit ihres Weges wieder davon. Der Farbe nach waren sie bräunlich, wie ungefähr ein Spanier, doch findet man derselben einige schwärzer, auch teils ganz weiß; wie nicht minder derselben auch einige rot, gleich als wären sie von der Sonne etwas stark verbrannt. Ihre Ohren waren so lang, daß sie ihnen bis auf die Schultern hingen; einige hatten weiße Klötze drinnen liegen, zur Bedeutung einer besonderen Zierat. Auf dem Leib waren sie gemalet (tätowiert) mit allerhand Vögeln und wunderlichen Tieren, doch immer einer schöner als der andere. Die Weiber waren mehrenteils im Gesicht mit roter Farbe bestrichen ... und waren alle mit roten und weißen Decken

7 Wie strenge, grimmige Wächter starren die berühmten Kolossalstatuen der Osterinsel in die Weite. Die sieben wieder aufgerichteten Steinfiguren auf der Begräbnisplattform der alten Tempelanlage von Ahu Akivi werden heute von den Bewohnern respektlos »die sieben Affen«

7

genannt. Bei den »Langohren« – einem vermutlich aus Polynesien eingewanderten Volk – besaßen sie noch kultische Bedeutung. Stellten die von ihnen geschaffenen Steinriesen bedeutende Ahnen, Könige, Häuptlinge oder sogar Götter dar? Darüber herrscht bislang keine einhellige Meinung.

8

9

8/9 Einst dienten die Tempelanlagen auch als Begräbnisstätten. Die Skelette der Verstorbenen wurden in kleinen Steinkammern im Inneren der Plattformen, der sogenannten Ahus, beigesetzt. Über den Toten hielten geheimnisvolle Steingiganten Tag und Nacht die Ehrenwacht.

bekleidet, und jede hatte einen kleinen Hut, von Stroh oder Rohr gemacht, auf; sie setzten sich vor uns nieder und lachten und waren sehr freundlich, andere riefen von ferne aus ihren Häusern und winkten mit den Händen.«

Die von Behrens gegebene Beschreibung weist die damaligen Bewohner der Osterinsel als Polynesier aus, durchsetzt mit Einwanderern aus anderen Gebieten Ozeaniens und Asiens.

Was den Mecklenburger Milizsergeanten besonders beeindruckte, waren die riesigen Götter- oder Götzenbilder, »welche allda in einer großen Menge am Strande aufgerichtet stunden; vor welchen sie (die Insulaner) niederfielen und sie anbeteten. Diese Götzenbilder waren alle aus Stein gehauen und der Form nach wie ein Mensch, mit langen Ohren, oben auf dem Haupt mit einer Krone gezieret, doch alles nach der Kunst gemacht, worüber wir uns nicht wenig verwunderten. Bei und um diese Abgötter

Ausgerottet in 50 Jahren

waren bei 20 bis 30 Schritt lauter weiße Steine gelegt. Ein Teil dieser Leute sahe ich für Priester an, weil sie die Götzen mehr verehrten, als die anderen, auch im Anbeten sich gegen selbige viel devoter zeigten. So konnte man sie von denen anderen auch gar wohl unterscheiden, denn in ihren Ohren hatten sie nicht nur allein große, weiße Klötze, sondern ihr Haupt war ganz kahl und ohne Haare; ... sie trugen eine Mütze von weißen und schwarzen Federn, welche denen Storchfedern natürlich gleich kamen ...«

Das war 1722. Als rund ein halbes Jahrhundert später der englische Forschungsreisende James Cook und der Franzose La Pérouse die Osterinsel besuchten, hatte sich das Bild grundlegend geändert. Viele Felder lagen brach. Die einst wohlgenährte Bevölkerung lebte in dürftigen Verhältnissen. Die meisten der großen Statuen lagen umgeworfen am Boden. Der alte Kult wurde nicht mehr gepflegt. Und von den typischen »Langohren« gab es nur noch einige wenige. Eine kurzohrige Rasse hatte sie ganz offenbar vernichtend geschlagen und ihre Kultur zerstört. Auf der Osterinsel war eine viele Jahrhunderte, vielleicht Jahrtausende alte Ära zu Ende gegangen. Den Besuchern aus der westlichen Welt blieb sie ein Rätsel. Roggeween und seine Crew hatten kaum etwas über diese Kultur in Erfahrung gebracht. Captain Cook, La Pérouse und die Spanier, die Ende des 18. Jahrhunderts kamen, interessierten sich nicht wesentlich mehr für die Bedeutung der Spuren der Vergangenheit auf dieser Insel. Ihre Absicht war das Erobern und mögliche Unterwerfen kolonial nutzbarer neuer Territorien. Später, als sich europäische Ethnologen für die Lebensweise fremder Völker zu interessieren begannen, gab es nur noch stumme Zeugen aus der reichen Kulturgeschichte der Osterinsel: umgestürzte steinerne Riesen, eine Kultsiedlung hoch oben am Rande eines Vulkankraters und ein paar rätselhafte hölzerne Schrifttafeln.

Nicht nur der Bruderkrieg auf der Osterinsel selbst dezimierte deren Bevölkerung. 1862 überfielen peruanische Sklavenjäger das Eiland und entführten 900 Menschen, unter ihnen den letzten »Ariki« (König). Die Gefangenen mußten in der Atacama-Wüste Guano abbauen. Später wurden noch einmal 300 Insulaner als Plantagenarbeiter nach Tahiti gebracht. Als schließlich ein gewisser Dutrou-Bornier im Auftrag einer französischen Werbefirma Terroraktionen auf der Insel inszenierte, flohen zahlreiche hier inzwischen tätige Missionare, zusammen mit Eingeborenen, zu den Gambier-Inseln im Westen. So verringerte sich die Zahl der Insulaner allein zwischen 1862 und 1877 von etwa 2500 auf 111! Die wenigen Übriggebliebenen wußten nichts mehr über die Tradition ihrer Vorfahren zu berichten.

In mühsamer Kleinarbeit haben seither Archäologen und Ethnologen versucht, die alte Kultur der Osterinsel zu rekonstruieren. Das Ergebnis blieb Flickwerk, und vieles wird wohl für alle Zeiten rätselhaft bleiben. Herausgefun-

Schnelles, gewaltsames Ende

den haben die Wissenschaftler, daß die nur 118 Quadratkilometer große Insel zwei kulturelle Zentren besaß: den Bildhauerberg Rano-Raraku und die Ritualstätte Orongo am Kraterrand des Vulkans Rano-Kao. Den Südrand des Rano-Raraku-Kraters säumen innen und außen große Steinbrüche. Hier wurden die gigantischen Kultstatuen aus dem porösen Eruptivgestein herausgearbeitet.

Noch heute läßt der ganze Berg deutlich erkennen, wie schnell und gewaltsam der Bruderkrieg auf der Insel dem religiös begründeten Steinmetzhandwerk ein Ende setzte. Überall stehen Steinriesen in unterschiedlichstem Fertigungszustand. Einige der Figuren verraten gerade erst rohe Konturen, andere sind bis auf wenige Meißelhiebe fertiggestellt oder mußten nur noch von dem gewachsenen Felsgrund getrennt werden. Wieder andere stehen oder liegen schon zum Abtransport bereit. Die längste fertige Statue am Rano-Raraku mißt 22 Meter! Unmittelbar am Fuß des Vulkans breitet sich eine gewaltige Terrasse aus Basaltquadern aus, eine zweite derartige Plattform liegt unweit davon am Strand. Sie ist 50 Meter lang. Auf dieser

10

11

12

zweiten Terrasse standen einst 15 Monumentalfiguren. Bis auf eine sind sie heute alle umgestürzt. Die »Kurzohren«, die die kulttragenden »Langohren« einst bekämpften, haben einfach einzelne Steine aus dem Fundament herausgebrochen, um die Kolosse umzulegen.

Die Terrassen, auf der ganzen Insel 260 an der Zahl, heißen Ahu-Plätze und dienten als Bestattungsorte. Die Bewohner von Rapa-nui – wie die Einheimischen ihre Insel nennen – legten ihre Toten in Sichtweite der steinernen Riesengötter so lange frei auf die Erde, bis sie durch Wind und Wetter und durch Tierfraß zu bloßen Skeletten wurden. Die Gebeine bestatteten sie anschließend in Gewölben unter den Steinterrassen.

Die gewaltigsten Götterstatuen sind bis zu 50 Tonnen schwer. Skulptiert wurden sie mit nichts anderem als Steinhämmern, Steinbeilen und Steinmeißeln, denn die Bewohner des alten Rapa-nui kannten noch keine Metallgeräte. Bewundernswert ist der Transport der riesigen Figuren vom Kraterrand zu den Ahu-Plätzen am Bergfuß und manchmal weiter durch die Ebene. Die Osterinsel ist nicht Ägypten. Hier gab es zu keiner Zeit große Menschenmassen, die Zwangsarbeit leisten konnten. Relativ kleine Gruppen müssen die Kolosse an starken Seilen aus Bast und anderen Pflanzenfasern über Rollsteine und Rollhölzer gezogen und sie dann über vorübergehend angelegte Hilfsrampen am Bestimmungsort aufgerichtet haben. Nicht genug damit.

Die flache Stirn der Figuren krönte stets noch ein schwerer zylinderförmiger Aufsatz aus rötlichem Gestein, der

10 Ein schwerer roter Tuffsteinzylinder krönte als Kopfschmuck ursprünglich die Monumentalstatuen.

11 Der erloschene Vulkankegel Rano-Raraku war der Bildhauerberg der Osterinselkultur.

12 Die größte unvollendete Steinfigur der alten Meister mißt 21 Meter und ist 80 Tonnen schwer.

13

13 Überall in der baumlosen Insellandschaft sind sie zugegen, die Steinkolosse: unfertig, vollendet, umgestürzt, stehend oder liegend zum Abtransport bereit. Ein erbarmungsloser Bürgerkrieg im späten 18. Jahrhundert hatte dem religiösen Steinmetzhandwerk ein jähes Ende gesetzt.

vom Westen der Insel, vom sieben Kilometer fernen Punapau-Vulkan stammte. Die Zahl der Statuen ging in die Hunderte. 150 liegen allein noch, transportbereit, am Rano-Raraku.

Natürlich hatten die Figuren eine andere Bedeutung als bloß jene von Grabstelen für einen Bestattungsplatz. Ein Hinweis auf den kultischen Zusammenhang ist das Felsennest Orongo am Rano-Kao im äußersten Südwesten der dreieckigen Osterinsel. Am Kraterrand dieses Vulkans drängen sich fensterlose, aus Steinquadern errichtete Häuser. Rundum sind rätselhafte Bilder in die Felsen gemeißelt. Über die Funktion der Anlage berichten Überlieferungen. Einmal im Jahr befragten die Priester die Götter und wählten nach deren Ratschluß einen »Vogelmann«. Dessen Aufgabe war es zunächst, eine Gruppe von Jüngern um sich zu scharen und mit ihnen zusammen die Steinhäuser und Felshöhlen am Rano-Kao zu beziehen. Dort warteten sie monatelang darauf, daß auf einer kleinen Felsenklippe draußen im Meer die Seeschwalben brüten würden.

Der Vogelmann und seine Jünger

Sobald dieses Ereignis eintrat, schwammen die jungen Männer nach Moto-nui – so heißt das Kliff – hinüber. Wer als erster ankam, nahm ein Ei aus einem der Nester, wusch es und schwamm damit zur Hauptinsel zurück. Stolz präsentierte er es seinem Herrn, der erst durch diese Geste wirklich zum amtierenden »Vogelmann« wurde. Das Ei in der Hand haltend, zog er tanzend längs der ganzen Südküste der Insel bis zum Rano-Raraku, wo er sich ein Jahr lang unter den Steinriesen des größten Ahu-Platzes von Rapa-nui aufhalten mußte.

An dieser geweihten Stätte lebte er in völliger Einsamkeit nur in Gebeten und Meditation, ein Tabu für alle Inselbewohner, von allen aber geachtet als höchster Würdenträger des Vogelkults.

Hauptgott dieser merkwürdigen Naturreligion war der Vogelgott Make-Make, der gewiß nicht die Rolle eines liebevollen Schöpfers oder eines gütigen Allvaters innehatte, denn er sowie der Gott der Seeschwalben und drei Eiergottheiten forderten auch Menschenopfer. Vermutlich gab es kultischen Kannibalismus auf der Osterinsel. Das mag erklären, warum die Eingeborenen Admiral Roggeween trotz seines mörderischen Auftritts gastfreundlich aufnahmen.

Daß der Vogelkult und die steinernen Kolossalstatuen eng miteinander verknüpft waren, geht aus Bildreliefs hervor, die die Rücken der Riesenfiguren zieren. Es sind Darstellungen von Skeletten und Gespenstern, von Halbgöttern und – immer wieder – vom Vogelgott Make-Make. 1722 waren der Vogelkult und die Steinfigurenverehrung noch in vollem Gange. Irgendwann danach landeten die »Kurzohren« auf Rapa-nui. Eine Überlieferung spricht von zwei Booten mit 300 Männern und wohl ebensovielen Frauen. Man glaubt, sie verließen ihre Heimat auf der Insel Rapa-iti oder Mangareva im Gambier-Archipel nach einer kriegerischen Auseinandersetzung, bei der sie unterlagen, oder nach einer großen Trockenheit, die ihr Leben bedrohte.

Die »Kurzohren« kamen zusammen mit ihrem König Hotu-Matua. Sie lebten zunächst friedlich mit den »Langohren« zusammen und übernahmen zum Teil auch deren Tradition. Als Hotu-Matua im hohen Alter starb, ging die Herrschaft auf seinen Sohn Tuma-Heke über. Ihm zur Seite stand die Königin Widi-i-Widi. Unter ihrer Regentschaft kam es zu einem regelrechten Bilderstreit. Sie ließ die Kultstatuen der »Langohren« schleifen, und das führte zwischen 1771 und 1773 zum offenen Krieg, bei dem die »Langohren« verheerend geschlagen wurden.

Mit ihnen ging ihre Kultur allerdings noch nicht völlig unter. Neben dem Vogelkult und den Steinskulpturen besaßen die »Langohren« nämlich noch eine weitere kulturelle Errungenschaft: eine eigene Schrift. Die »Kurzohren« übernahmen sie. Noch im frühen 19. Jahrhundert herrschte auf Rapa-nui ein letzter schriftgelehrter Ariki, der

Königin Widi-i-Widi besiegt die Langohren

kleine weißhäutige Ngaara. Er besaß eine Bibliothek mit Hunderten von Schrifttafeln und unterhielt eine Schule für Rongo-Rongo, die kultische Schrift. Mit ihr durften nur auserwählte Schüler in Kontakt kommen. Für alle anderen Inselbewohner war die Schrift tabu. Sie durften nicht einmal die hölzernen Schrifttafeln berühren. Bevor sich die Rongo-Rongo-Studenten den Schriftzeichen, von denen es Aberhunderte gab, widmen durften, mußten sie als Vorstufe für jedes Symbol eine bestimmte Schnurfigur erlernen. Von solchen Figuren wird im Kapitel »Hexenknoten und Geisterglaube« berichtet.

Zu jeder Osterinsel-Schnurfigur gehörte ein Lied, das die Schüler auswendig lernten und das wiederum mit je einem Bildsymbol verknüpft war. Diese Symbole stellten denn auch keine Buchstaben oder Silben dar, sondern Begriffe oder Ideen. Sie wurden mit Schnitzwerkzeugen aus dem vulkanischen Glas Obsidian oder mit Haifischzähnen in die Schreibtafeln geschnitten, Zeile für Zeile, von unten nach oben. Dabei verlief die unterste Zeile von links nach rechts, die nächste von rechts nach links, die übernächste

14 wieder von links nach rechts. In jeder geradzahligen Zeile standen die Zeichen darüber hinaus auf dem Kopf. Diese ungewöhnliche Art, eine Schrift zu schreiben und zu lesen, nennen die Fachleute Boustrophedon (was griechisch soviel wie »das Wenden von Rindern« bedeutet). Sie ist extrem selten unter den Schriften der Welt.

Weil diese Ideen-Schrift streng geheim war, erfuhren europäische Besucher der Insel lange überhaupt nichts von ihr. Erst um 1817 wurde sie bekannt, als der Bischof Tepano Jaussen sich mit ihr befaßte. Erstaunt mußte er feststellen, daß sie auch von den wenigen schriftkundigen Insulanern nicht eigentlich gelesen wurde, sondern daß die einzelnen Symbole nur wie Stichworte verrieten, worum es bei den Aufzeichnungen ging. Den genauen zugehörigen Text kannten die Schriftgelehrten auswendig. Er war nicht Wort für Wort festgehalten.

Verständlicherweise gelang es den Schriftforschern bis heute nicht, diese äußerst schwierige und zugleich lücken-
15 hafte Art der schriftlichen Dokumentation zu entziffern,

Schriftsymbole als Stichworte

zumal die Texte religiöser Natur und die zugehörigen Kulte ebenso rätselhaft wie die Schrift selbst und nicht mehr bekannt sind. Nur 20 Schrifttafeln sind bis heute erhalten geblieben. Sie gehören zu den musealen Schätzen von Berlin, Braine-Le-Comte (Belgien), Concepción (Chile), Honolulu, Leningrad, London, Santiago de Chile, Washington und Wien.

Außer den Aufzeichnungen Jaussens, aus denen die Bedeutung von etwa 500 Ideogrammen hervorgeht, blieb die Bedeutung der Rongo-Rongo-Schrift bis heute ein Mysterium. Nur eines verraten die alten Zeichen: die Herkunft der Ureinwohner der Osterinsel. Die Schriftsymbole ähneln nämlich in vielem einer uralten Schrift der nordwestindischen Indus-Kultur, die im 4. Jahrtausend v. Chr. erblühte und später unterging. Teile ihres Kulturguts, vor allem ihre Schrift, so mutmaßen Prähistoriker, müssen schon sehr früh nach Polynesien gelangt sein, vielleicht im 2. Jahrtausend v. Chr. Die polynesischen »Langohren«, die »Hanau Eepe«, brachten sie schließlich auf den östlichsten Vorposten im Pazifik, auf die Insel Rapa-nui, wo sie Jahrhunderte, vielleicht sogar Jahrtausende überdauerte, bis sie Anfang des 19. Jahrhunderts mit dem Untergang ihrer Priester für immer zum unlösbaren Geheimnis wurde.

14 Das Felsennest Orongo im Südwesten der Osterinsel war einst heilige Stätte eines merkwürdigen Vogelkults. Davon zeugen heute noch rätselhafte Felsbilder am Kraterrand des Vulkans Rano-Kao.

15 Über 600 Steinriesen bevölkern die Osterinsel, einen der einsamsten Flecken der Erde.

Korsikas steinerne Krieger

1

2

3

Unheimliche Steinkolosse mit zahnlosem Mund, massigem Kinn und hohlen, ausdruckslosen Augen findet man zu Dutzenden auf der gebirgigen Mittelmeerinsel Korsika.
Aus bis heute nicht geklärten Gründen nahmen dort die Menhire, die steinernen Zeugen aus der Megalithzeit, vor etwa 3200 Jahren die Form von schwer bewaffneten Kriegern an. Was war damals geschehen? Waren die bislang friedlichen vorgeschichtlichen Inselbewohner angegriffen worden? Stellten sie mit den dämonenhaften Figuren ihre Feinde dar? Wer waren die rätselhaften Eindringlinge – räuberische Seefahrer, vielleicht sogar die Bewohner des sagenhaften versunkenen Kontinents Atlantis?

1 Eine geheimnisvolle Aura umgibt die menschenähnlichen Steine der Mittelmeerinsel Korsika.

2 Sind im dichten Buschwald des korsischen Berglandes noch unentdeckte Steinfiguren verborgen?

3 Korsikas Vorzeitstatuen trugen ab etwa 1200 v. Chr. Helme, Dolche, Degen oder Schwerter.

4

5

6

Kurvig und eng windet sich die schlecht asphaltierte Straße durch das zerklüftete Bergland Nordkorsikas. Hin und wieder fährt das Auto durch kurze Alleen blühender Eukalyptusbäume mit ihrem herben Duft. In leuchtendes Gelb getauchte Mimosensträucher, die echten Akazien, huschen vorbei und kontrastieren mit dem klaren blauen Frühjahrshimmel. Die höheren Berge sind noch winterlich weiß.

Unmittelbar hinter einer Rechtskurve südlich des Bergdorfes San Lorenzo steht die kleine romanische Kirche Santa Maria. Ein schmaler Schleichpfad frißt sich in den Maquis, jenes wuchernde undurchdringliche Dickicht aus baumhohen Erikastauden, Stechginster, Steineichen und mehr als einem Dutzend anderer stachliger und dorniger Gewächse, alle durch meterlange Brombeerranken eng miteinander verkettet. Es geht bergauf. Spuren eines alten Verbindungsweges. Dann wieder Maquis. Die romanische Kirche sieht man erst, wenn man unmittelbar vor ihr steht. Hier soll eine Menhirstatue stehen, eine über zwei Meter hohe vorgeschichtliche Steinfigur. Auch sie entdeckt man erst, wenn man direkt vor ihr steht. Es ist schwer, sie in der wirren Umgebung auszumachen. Im Zwielicht des hier etwas höheren Waldes wirkt sie unheimlich, dämonisch. Tiefe Schatten modellieren die über mannshohe rohe Steinsäule und betonen das stilisierte Gesicht an ihrem oberen Ende. Über einem massigen Kinn öffnet sich hohl der Mund; ohne Lippen, ohne Zähne. Die Nase ist nur angedeutet. Darüber als Augen zwei ausdruckslose leere Löcher.

4 Die Menhirstatuen von Filitosa im Süden der Insel wurden erst 1956 entdeckt und ausgegraben.

5 Stellten die einheimischen Menhirbauer mit den steinernen Kriegern einst ihre Feinde dar?

6 Der Reichtum Korsikas an steinernen Monumenten aus der Megalithzeit ist kaum bekannt.

Dieser Menhir ist nicht der einzige auf Korsika. Die Archäologen haben Dutzende solcher Figuren gefunden. Und der Maquis verbirgt mit Sicherheit noch viele mehr. – Wie alt sind sie? Wer hat sie aus dem Stein gehauen und warum? Was bedeuten diese Figuren, diese rätselhaften Spuren aus grauer Vorzeit?

Märchenhaft-gruselig klingen die uralten Erzählungen über die steinernen korsischen Statuen. Noch heute leben die Sagen im Volk, und wer Glück hat, gehört zu den Zuhörern, wenn ein vom Wind und Wetter seiner Heimat runzelig gewordener Alter an einem langen Winterabend mit dem gebührenden Ernst – aber nicht ganz ohne Augenzwinkern – eine dieser Legenden zum besten gibt:

»Die Begebenheit, von der ich erzählen will, ist sehr alt, und heute lebt niemand mehr, der dabeigewesen ist, als sich die merkwürdige Geschichte ereignet hat. Aber sie ist wahr, denn mein Vater hat sie mir erzählt, als ich noch ein kleiner Junge war.

Wie jeder weiß, gab es früher einmal Vampire auf unserer Insel, Tote, die nachts aus ihren Gräbern aufstanden und jungen Mädchen auflauerten oder sie gar in ihren Kammern überfielen. Immer, wenn sie so ein junges Opfer gefunden hatten, gruben sie ihm ihre langen spitzen Eckzähne tief in den Hals oder in die Brüste und tranken begierig das hervorquellende Blut. Einmal hauste ein Vampir auch in der Nähe unseres Dorfes, und natürlich versuchten damals alle in der Gemeinde, den Unhold so rasch wie möglich unschädlich zu machen. Das war aber gar nicht so einfach. Denn tagsüber lag der gräßliche Blutsauger ja friedlich in seinem Grab, und in den finsteren Nächten, in denen er seine jungen Opfer suchte, konnte er nur gar zu leicht entkommen. Die klugen Bewohner unseres Dorfes beschlossen deshalb, ihn in eine Falle zu locken.

Heute lebt niemand mehr ...

Sie wußten, daß er sein Unwesen besonders gern in den dämmerlichtigen Wäldern in der Nähe des alten steinernen Kirchleins, weit draußen vor dem Ort, trieb. Dorthin wollten sie ein besonders hübsches und anziehendes jungen Mädchen schicken, das trotz seines zärtlichen Wesens und seines mannbaren Alters noch rein und jungfräulich war. Denn jedermann weiß ja, daß Vampire solche Wesen ganz besonders gerne zum Opfer ihrer blutrünstigen Begierde machen. Hatte das schöne Kind den auferstandenen Toten dann erst in seinen Bann gezogen, mußte es ein leichtes sein, ihn zu überwältigen und zu pfählen. Denn nur so kann man bekanntlich einem Vampir für alle Zeiten den Garaus machen.

7

8

7/8 Wie fast überall in Europa fing die Megalithkultur auf Korsika mit Dolmen und Menhiren an. Aus den Steinsäulen entwickelten die korsischen Menhirbildhauer allmählich stilisierte menschenförmige Figuren. Schufen sie damit die ersten westeuropäischen Monumentalstatuen?

9

9 Was bedeuten die Waffen tragenden Riesenstatuen, deren rätselhafte Spuren in die graue Vorzeit weisen? Wurden die friedliebenden vorgeschichtlichen Ackerbauern der Insel Korsika vor etwa 3200 Jahren von räuberischen Volksstämmen bisher noch ungeklärter Herkunft, den »Seevölkern«, angegriffen?

10

10 Wild und romantisch erscheint die gebirgige Landschaft Korsikas. Der Maquis, ein Buschwald voller Wacholder, Lorbeer, Myrten, Farn und Rosmarin, erfüllt die Insel mit seinem wohlriechenden Duft. Noch heute leben hier die Sagen im Volk. Abenteuerlich und märchenhaft klingen die ur-

alten Erzählungen über die korsischen Statuen. So soll der Legende nach vor der alten Kirche Santa Maria bei San Lorenzo ein junges Mädchen auf der Jagd nach einem Vampir vor Schreck zu Stein erstarrt sein.

Aber es kam alles ganz anders, als es die wackeren Leute geplant hatten. Zwar ging das junge Mädchen nachts an den einsamen Ort, und die mit Knüppeln und Pfählen bewaffneten Dorfbewohner folgten ihm in einigem Abstand, doch als die schlanke Gestalt vor der Kirchentür anlangte, gab es von dem Vampir keine Spur. Im Inneren der Kirche aber hörte ein junger Bursche die tastenden Schritte des Mädchens. Er hatte am Tag zuvor die Predigt besucht, und der Meßdiener hatte ihn versehentlich nach dem Gottesdienst in dem steinernen Kirchlein eingeschlossen. Schon dachte er, die ganze kommende Woche in seinem Gefängnis ausharren und dort vielleicht gar erbärmlich verhungern und verdursten zu müssen, als er vernahm, daß sich draußen jemand bewegte. Gerade in diesem Moment rief die Jungfrau mit zaghafter Stimme

... erstarrte auf der Stelle zu Stein

nach dem Vampir, und der Bursche, dem die Rettung nahe schien, antwortete von drinnen mit einem lauten Schrei, den die kahlen Wände des steinernen Gebäudes hohl und gespenstisch zurückwarfen. Da packte lähmendes Grauen das junge Mädchen, vor lauter Entsetzen blieb sein Herz stehen, und das kleine Fräulein erstarrte auf der Stelle zu Stein.

Das alles war vor undenklich langer Zeit. Aber der Stein mit der menschlichen Gestalt steht noch heute neben der kleinen alten Kirche Santa Maria, deren Türen und Fenster jetzt mit Brettern vernagelt sind, und erinnert an die schreckensvolle Nacht, in der die Bewohner unseres Dorfes einen Vampir in eine Falle locken wollten.«

Den menschenähnlichen Stein neben der kleinen alten Kirche Santa Maria gibt es wirklich. Aber die Sage, die sich an ihn knüpft, ist reichlich phantasievoll. Ihr fehlt sogar der wahre Kern, den solche mündlichen Überlieferungen manchmal haben. Die merkwürdige Statue ist auch viel älter als das Kirchlein aus romanischer Zeit. Fast zwei Jahrtausende liegen zwischen den beiden. Nur eines verrät die Sage wirklich: das Rätselraten, das sich in historischer Zeit um die unerklärliche steinerne Figur rankte. Die kleine Legende ist übrigens nur eine von drei ganz verschiedenen märchenhaften Erzählungen um denselben Stein, die der französische Archäologe Roger Grosjean und seine Mitarbeiter aufgespürt haben.

Was es wirklich mit dieser und etlichen Dutzenden ähnlicher Steinsäulen auf der gebirgig-wilden Mittelmeerinsel auf sich hat, war lange rätselhaft und geheimnisvoll. Vor rund drei Jahrzehnten, mit der Entdeckung der menschenförmigen Menhire von Filitosa im Süden der Insel,

begann das erste Licht unter den Schleier zu fallen, der bis dahin über der korsischen Vorzeit gelegen hatte. Inzwischen brachten weitere Funde neue Erkenntnisse, aber jedes gelöste Rätsel scheint auf dieser sagenreichen Insel neue, noch größere Rätsel aus dem Dunkel der Vergangenheit erstehen zu lassen. Das war schon vor der Entdeckung Filitosas im Jahre 1956 nicht anders. »Seit 150 Jahren«, schreibt Roger Grosjean, »scheint ein böser Zauber auf den prähistorischen Forschungsarbeiten in Korsika zu liegen. In den Werken der 160 Titel umfassenden Bibliographie findet sich keine Stelle, die zu einer anderen passen würde, im Gegenteil, man entdeckt der Wahrheit geradezu widersprechende Aussagen wie: ›Es gibt sehr wenige Megalithen auf Korsika.‹«

In Wirklichkeit ist gerade Korsika besonders reich an steinernen Zeugen aus der Megalithzeit. Angefangen hat das wie fast überall an den Küsten Europas und Nordafrikas mit Dolmen und ganz gewöhnlichen Menhiren um das Jahr 3000 v. Chr. Dann aber, rund tausend Jahre später, sahen die korsischen Menhire allmählich anders aus. Aus den üblichen Steinsäulen wurden behauene Gebilde, unten schmaler und oben breiter, vorne flach und hinten rund gewölbt, als seien sie stark stilisierte menschliche Körper ohne Kopf und Gliedmaßen, mit breiten, eckigen Schultern, einer flachen Brust und einem flachen Bauch und mit einem gewölbten Rücken. Die weitere Entwicklung bestätigt diese Vermutung. Um 1500 v. Chr. bildeten sich, getragen von den steinernen Schultern, Köpfe heraus, zunächst noch als unbehauene Kugeln, Eier oder Zylinder.

11 Aus menschenförmigen Menhiren ohne Kopf wurden Steinfiguren mit stilisierten Gesichtern.

12 Wegen der Festungstürme auf Korsika werden die Eindringlinge von einst Torrier genannt.

13 Von den merkwürdigen Vorzeitstatuen auf Korsika hat man bisher nur einige Dutzend gefunden.

Wenig später lassen sich schwache Vertiefungen im Gesicht erkennen: die Augen und der Mund. Deutlich zeichnet sich das Kinn ab. Schließlich tritt noch eine ausgeprägte, oft fast knollige Nase hinzu. Die korsischen Megalithbildhauer hatten die ersten westeuropäischen Monumentalstatuen geschaffen, viele Jahrhunderte vor den rohen Standbildern der archaischen Epoche im alten Griechenland.

Doch dann ereignete sich etwas Merkwürdiges: Ab etwa 1200 v. Chr. tragen die Menhirstatuen Waffen! Quer über ihrer steinernen Brust hängen Dolche, Degen und lange Schwerter. Gliederpanzer schützen ihre Brust und ihren Rücken. Rundhelme mit aufgebogenem Rand und mit ausgeprägtem Nackenschild bedecken ihre Köpfe, Helme, die offenbar einmal zwei Stierhörner getragen haben müssen. Deutlich lassen sich die Vertiefungen erkennen, in die der eigenartige kriegerische Kopfschmuck eingesetzt war.

Erste Monumentalstatuen

Das alles ist sehr ungewöhnlich, denn Jahrtausende hindurch waren die Menhirbauer ein ausgesprochen friedliebendes Volk gewesen, hatten Ackerbau betrieben und Kleintiere gezüchtet. Wenn sie jetzt plötzlich begannen, Krieger darzustellen, dann konnte das nur bedeuten, daß sie angegriffen wurden. Weil Korsika eine Insel ist, mußte der Feind von der See her gekommen sein. Und in der Tat finden sich im Süden der Insel, ausgehend von der Bucht von Porto-Vecchio, noch andere Zeugnisse eines kriegerischen Überfalls: Die Eindringlinge stürzten die alten Menhirstatuen um und zerschlugen oder begruben die Steinfiguren. Sie zerstörten die Siedlungen der einheimischen Megalithleute und errichteten befestigte turmartige Stützpunkte auf den Ruinen. Bei Filitosa im Südwesten der Insel und bei Cucuruzzu, hoch im südlichen Bergland, legten sie regelrechte Kastelle an.

Wer waren diese Krieger, die vom Meer kamen? Die Vorzeitforscher nennen sie Torrier, wegen der auffälligen steinernen Türme, die sie bauten. Aber das sagt nichts darüber aus, wer sie wirklich waren und woher sie kamen. Hier helfen die bewaffneten Menhirstatuen weiter. Die alteingesessene Bevölkerung Korsikas lebte zur Zeit des Angriffs noch in der Steinzeit. Sie kannte weder Bronze noch Eisen. Ihre Waffen waren Speere mit steinernen Spitzen. Wenn die Bildhauer jener Zeit aber auf einmal Statuen von Kriegern mit metallenen Dolchen, Degen und Schwertern schufen, dann konnten das keine Abbildungen der eigenen Mannen sein. Sie stellten ihre Feinde dar. Warum sie das machten, ist umstritten; vielleicht, um die Heldentaten ihrer Verstorbenen zu rühmen, indem sie die Statuen der überwundenen Feinde um die Gräber der eigenen Krieger aufstellten, so, wie es früher auch in Südsibirien der Brauch war.

Die rätselhaften Angreifer mußten jedenfalls die gleichen Waffen geführt haben wie die Menhire jener Zeit, sie mußten wie diese metallene Panzer mit fünf tiefen Furchen auf Brust und Rücken getragen und einen runden Helm mit Nackenschild und Stierhörnern als Kopfschutz verwendet haben. Krieger, die ganz genauso aussahen, zeigt ein großes Flachrelief an einer Wand des Tempels von Medinet-Habu im 3000 Kilometer fernen Ägypten. Die Szene stellt eine Seeschlacht zwischen jenen rätselhaften Angreifern und der ägyptischen Flotte dar, die sich 1190 v. Chr. abgespielt hatte. Kriegerische Horden derselben Volksstämme suchten zur gleichen Zeit weite Teile des ganzen Mittelmeeres heim. Nur sie konnten es gewesen sein, die damals als Torrier auch Korsika überfielen. Die Altertumsforscher haben den räuberischen Seefahrern, die vor rund 3200 Jahren das Mittelmeer unsicher machten, einen Namen gegeben: »Seevölker«. Sie unterscheiden sogar zwischen verschiedenen Gruppen, den Schardanen zum Beispiel oder den Philistern. Aber das sagt noch immer nichts darüber aus, wer diese Völker wirklich waren und woher sie kamen. Aus dem Mittelmeerraum konnten sie nicht stammen, denn kein Volk, so kriegerisch es auch sein mag, verwüstet seine eigene Heimat. Deshalb sind die Vermutungen mancher Geschichtswissenschaftler, die Seevölker würden aus Palästina, von den Ägäischen Inseln, aus Kreta, Griechenland, Thessalien oder Makedonien stammen, sicherlich falsch. Denn all diese Gebiete haben sie um 1200 v. Chr. angegriffen und zerstört. Wo aber lag die wirkliche Heimat dieser rätselhaften Völkerscharen?

Seevölker aus Atlantis?

Vielleicht waren sie die Bewohner des sagenhaften versunkenen Kontinents Atlantis?

Götterpferde und Erdwälle

1

2

3

Spukgeschichten über Gespensterschimmel gehören in Großbritannien zum Alltag. Rätsel gibt auch das Weiße Pferd von Uffington auf: Es ist 112 Meter lang und eines von mehreren riesigen Felsbildern in der englischen Hügellandschaft, die mächtige Rosse oder hünenhafte Gestalten darstellen. Die geheimnisvollen Kreidefiguren entstanden vermutlich in der Eisenzeit. In ihrer Nähe finden sich auch vorzeitliche Wallanlagen, über deren Zweck wir bis heute nur rätseln können. Waren die weißen Pferde und Riesen Symbole für Fruchtbarkeitsgottheiten? Dienten die gewaltigen Erdbauwerke als Festungen oder eher als Kultplätze für Fruchtbarkeitsfeste? Unerklärlich bleibt vor allem die gigantische Größe der Hügelfiguren, die man am besten aus der Luft erkennen kann.

1/2 Heidnische Bräuche haben sich bis heute in vielen Teilen Europas erhalten. Hell lodernde Sonnenwendfeuer und vergnügte Tänze um den Maibaum sind die Überreste uralter Fruchtbarkeitsriten.

3 Waren auch die riesenhaften britischen Hügelfiguren aus der Vorzeit Fruchtbarkeitssymbole?

4

5

6

Wo sich die britische Autostraße A 338, die »Tidworth Road«, der Ortschaft Hungerford nähert, soll eine ungewöhnliche Erscheinung hin und wieder erschreckte Autofahrer am hellichten Tage dazu veranlassen, hart auf die Bremse zu treten. Wenn man örtlichen Erzählungen Glauben schenken darf, galoppiert gelegentlich eine Lady auf einem weißen Pferd quer über die Straße, ohne sich um das Verkehrsaufkommen zu kümmern. Kurbelt der betroffene Automobilist sein Fenster herab, um die Dame ob ihres leichtsinnigen Verhaltens zu schelten, dann lösen sie und der Schimmel sich in Nichts auf. Es handelte sich um eine Spukgestalt. Schließlich ist man auf den Britischen Inseln, wo dergleichen bekanntlich zum Alltag gehört.

Die gespenstische Dame reitet auch nicht das einzige weiße Geisterpferd der Eilande zwischen Nordsee und Atlantik. In der Grafschaft Berkshire, in Finchampstead, und an anderen romantischen Orten des spukverseuchten Inselstaates erscheinen gutgläubigen Geistersehern und erschrockenen Normalbürgern angeblich des öfteren in dunklen Nächten weiße Phantompferde. Ruhelos traben sie durch die Finsternis und verschwinden ebenso mysteriös, wie sie aufgetaucht sind. Sogar ein alter britischer Kinderreim hat einen solchen Gespensterschimmel nebst seiner Reiterin verewigt:

»Ride a cock horse to Banbury Cross,
See a fine lady upon a white horse.
Rings on her fingers and bells on her toes,
She shall have music wherever she goes.«

4 Das anmutige Weiße Pferd von Westbury stammt in seiner heutigen Form aus dem Jahre 1778.

5 Das größte Menschenbildnis der Welt: Der Lange Mann von Wilmington mißt 77 Meter.

6 Die wohl größte eisenzeitliche Erdwallanlage Englands ist Maiden Castle bei Dorchester.

(Reite rittlings zum Banbury Kreuze hier,
Eine Lady auf weißem Rosse begegnet dir.
Mit Ringen am Finger und Glöckchen am Zeh,
Musik soll sie haben, wohin sie auch geh'.)

Wer diese Verse hört, ist versucht, an die alte Legende von Lady Godiva aus Coventry zu denken, die, mit nichts als ihrem hüftlangen Haar bekleidet, einst auf einem Schimmel durch die Stadt geritten sein soll. Die Geschichte von Banbury Cross hat sich aus heidnischen Zeiten herübergerettet, und die liegen Jahrtausende zurück. Inzwischen dürften die Geistertiere ebenso müde geworden sein wie die alten Volksbräuche, die sich in England bis ins vergangene Jahrhundert hinein um die verehrten weißen Vierbeiner rankten.

Wer nichts vom Spuk hält und dennoch eines jener mysteriösen Rosse sehen möchte, der folge der Bahnstrecke von London nach Bristol. Was er sucht, findet er 17 Kilometer vor dem Städtchen Swindon bei Uffington im Tal des weißen Pferdes an der oberen Kante eines ausgedehnten tafelförmigen Hügels: einen Schimmel von gewaltigen Dimensionen. Weiß leuchtend hebt sich das Tier vom Grün des englischen Rasens ab. Es mißt vom Kopf bis zur Schwanzspitze genau 112 Meter. Seine Gestalt ist regelrecht aus dem Boden herausgeschnitten. Die dünne Grasdecke ist entfernt, und das kreidige Gestein des Untergrundes gibt die Konturen des ungewöhnlichen Tieres wieder.

Ein Schimmel von gewaltiger Dimension

Niemand weiß genau, wie alt das Pferd von Uffington ist. Auf jeden Fall wäre es längst von der Vegetation wieder überwuchert, wenn nicht ein alter Brauch es über viele Jahrhunderte vor diesem Schicksal bewahrt hätte. Jedes siebente Jahr zur Zeit der Sommersonnenwende »restaurierte« es die Landbevölkerung. Sie feierte ein Mittsommerfest auf dem Hügel oberhalb des Pferdes und entfernte bei diesem Anlaß sorgsam das nachgewachsene Gras und Unkraut von der weißen Figur.

Mit dem ländlichen Fest war zugleich ein alter Brauch verbunden, der zwar ungewöhnlich erscheint, aber in England auch an anderen Orten gepflegt wird: Über die Böschung unterhalb des Pferdes rollten die Bauern große runde Käse hinab. Vielleicht ist diese Tradition ein Überbleibsel eines Fruchtbarkeitszeremoniells, vielleicht eine späte Abwandlung der heidnischen Feuerräder, die Sonnenverehrer in vorchristlicher Zeit in der Mittsommernacht in vielen Teilen Europas als hell lodernde Symbole für den lebensspendenden Himmelskörper zu Tal schickten.

7 Eine der bekanntesten südenglischen Wallanlagen aus der Vorzeit ist das gewaltige Erdbauwerk Maiden Castle bei Dorchester. Es mißt rund 500 mal 1000 Meter und weist an beiden Stirnseiten merkwürdige labyrinthartige Eingänge auf. Viele Archäologen deuten solche Anlagen als Festun-

7

gen. Doch hätte sich das kilometergroße und unübersichtliche Maiden Castle überhaupt sinnvoll verteidigen lassen? Waren diese alten Wallsysteme, die meist in unmittelbarer Nähe von riesigen Hügelfiguren liegen, nicht eher Schauplätze vielbesuchter vorchristlicher Fruchtbarkeitsfeste?

8

8 Mit einer Keule in der erhobenen Rechten thront der Riese von Cerne Abbas auf dem Gigantenhügel der Grafschaft Dorset. Stellte die hünenhafte Kreidefigur einst eine Fruchtbarkeitsgottheit dar? Lange Zeit glaubten kinderlose Frauen an die wunderbare Kraft des alten Riesen.

Noch heute haben sich ja aus dieser Zeit in manchen Ländern des Kontinents die Sonnenwendfeuer erhalten, die in der kürzesten Nacht des Jahres (in der Schweiz allerdings erst zum Nationalfeiertag am 1. August) von Bergeshöhen grüßen.

Seit 1857 gibt es das sommerliche Fest zu Ehren des Weißen Pferdes von Uffington nicht mehr. Das wuchernde Gras drohte der legendären Figur für alle Zeiten den Garaus zu machen, als sich das staatliche britische Department of the Environment ihrer annahm. Heute ist sie immer einwandfrei gepflegt.

Ohne Zweifel ist das riesenhafte weiße Pferd sehr alt. Doch wie alt es wirklich ist, vermag niemand mit Sicherheit zu sagen. Angesehene Felsbildexperten glauben, daß es aus der Zeit zwischen 500 v. Chr. und Christi Geburt stammen könnte, denn stilistisch ähnelt es sehr den jüngeren eisenzeitlichen Figuren aus der sogenannten Latène-

Das Pferd, ein heiliges Tier der Germanen

Kultur, die von den Kelten ausging und damals in Europa weit verbreitet war. Auf den recht abgelegenen Britischen Inseln konnte sie sich allerdings noch bis in die ersten nachchristlichen Jahrhunderte hinein halten. Deshalb könnte das weiße Pferd eventuell auch aus dieser Zeit stammen.

Noch ein weiterer Grund spricht für Ursprünge in der Eisenzeit: Ganz ähnliche Pferdefiguren fanden sich nämlich auf alten Münzen aus dieser Ära. Nun wissen Numismatiker, daß Münz- und Banknotenmotive ihrerseits nicht unbedingt aus der Zeit der Münzprägung oder des Notendrucks stammen müssen, sondern oftmals weit älter sind als die Zahlungsmittel, die sie symbolhaft zieren. Deshalb glauben manche Experten, daß die Wurzeln der mysteriösen Pferdedarstellungen noch viel weiter zurückreichen.

Interessant ist, daß altgermanische Felsbilder in Vittlycke bei Tanum im Südwesten Schwedens sehr ähnliche, wenn auch weitaus kleinere Pferdedarstellungen zeigen. Das Pferd galt bei den Germanen als heiliges Tier. Auch heute scheuen die meisten Nachfahren der Germanen davor zurück, das Fleisch des einst kultisch verehrten Pferdes, des Symboltieres des Gottes Wotan, zu essen. Noch heute findet sich das alte germanische Pferd im Wappen der Stadt Hannover. Auch so manches andere Städtewappen zeigt noch das alte Weltenrad des Germanengottes Thor. So schlecht bestellt ist es um das Gedächtnis der Völker also keineswegs, daß sie sich nicht über Jahrhunderte und Jahrtausende hinweg an Dinge erinnern könnten, die ihnen einst heilig gewesen sind. So geht zum Beispiel unser Donnerstag, der englische Thursday, auf Donar oder Thor zurück. Und der Dienstag beziehungsweise Tuesday erinnert an Tiu, Ziu oder Tyr, alles Namen für Wotan.

1963 suchte der britische Prähistoriker S. G. Wildman eine riesige Pferdedarstellung in der Nähe von Banbury, dem Ort, auf den der Kinderreim anspielt. Alte Aufzeichnungen sprachen nämlich von einem sogenannten Roten Pferd von Tysoe, das 1461 renoviert, danach aber von der Vegetation überwuchert wurde. Weil hier unter dem Gras kein Kreideboden zu finden ist, zeigte die alte Darstellung keinen Schimmel, sondern einen Fuchs.

Wildman fand gleich eine ganze Figurengruppe: eine menschliche Riesengestalt von über 50 Meter Höhe mit geschwungener Peitsche, einen Wasservogel – vermutlich eine Gans – mit erhobenem Kopf und dahinter eines jener mystischen Pferde, deren Gestalt von manchen Vorzeitforschern auch als Drache gedeutet wird.

Unter all diesen Figuren befand sich ein weiteres gigantisches Tierbild von 100 Meter Länge. Der überlieferte Name Tysoe läßt aufhorchen. Wildman interpretierte ihn

Pferd oder Drache?

als »Tiws Hügel«. Tiw wiederum war eine alte angelsächsische Gottheit, der schon erwähnte teutonische Tiu oder germanische Tyr. Das englische Wort Tuesday spricht sich schließlich kaum anders aus als »Tiu's day«.

Nun geht von dem angelsächsischen Tiw die Sage, er habe eine üble Bestie gefesselt, also die Kräfte der Dunkelheit besiegt, wie der Frühling den Winter. Genau hier springt wieder das Volksgedächtnis ein: In unmittelbarer Nähe der Tysoe-Figuren liegen der Spring Hill (Frühlingshügel) und der Sunrise Hill (Sonnenaufgangshügel). Diese verblüffende Feststellung könnte dazu beitragen, mehrere archäologische Geheimnisse mit einem Streich aufzuklären. Dazu ist aber erst eine Inventaraufnahme der britischen Hill Figures, der rätselhaften »Hügelfiguren«, erforderlich. Denn in dem riesigen Weißen Pferd von Uffington und der Figurengruppe von Tysoe erschöpfen sie sich keineswegs.

Wo die Hochebene von Salisbury zum Tal von Pewey abfällt, liegt Westbury in der Grafschaft Wiltshire. Unweit davon, am Berghang von Bratton Down, gibt es das Weiße Pferd von Westbury. In seiner heutigen Form stammt es nachweislich aus dem Jahre 1778, aber zuvor war an derselben Stelle ein anderes, älteres weißes Pferd, das nicht die klassische Pferdefigur zeigte, wie man sie jetzt dort sieht. Das alte Pferd glich in seiner Form ganz dem merkwürdigen Tier von Uffington und stammte sehr wahrscheinlich aus derselben Zeit wie dieses. Auf sein hohes Alter weist außerdem eine eigentümliche Wallanlage hin, die auf dem flachen Hügel oberhalb des Pferdes liegt. Sie stammt aus der Eisenzeit. Viele Archäologen deuten sie als alte Festungsanlage. Doch wie sie sich verteidigen ließ, darüber schweigen die Gelehrten geflissentlich. Die »Eisenzeitfestung« scheint eine Beziehung zu dem Pferd gehabt zu haben, denn auf dem Hügel von Uffington gibt es ein ähnliches Wallsystem. Und auch in unmittelbarer Nähe anderer überdimensionaler Kreidefiguren finden sich derartige Anlagen.

Eine der bekanntesten ist Maiden Castle bei Dorchester, unweit der englischen Südküste. Das gewaltige Erdbauwerk ist rund 500 Meter breit und einen Kilometer lang und geht in seinem Ursprung vielleicht sogar auf die Jungsteinzeit zurück. Auf jeden Fall haben die Eisenzeitleute es noch bis zur Eroberung durch die Römer genutzt.

Strategen haben berechnet, daß zur wirkungsvollen Verteidigung dieser Wallanlage ein Heer von 250000 Mann erforderlich gewesen wäre. Deshalb ist es mehr als fraglich, ob Maiden Castle und die anderen ähnlichen Anlagen überhaupt Festungen gewesen sind oder ob sie nicht viel eher Kultplätze für heidnische Festlichkeiten waren.

Wallsysteme aus der Vorzeit

Maiden Castle ist wohl das größte britische Wallsystem aus der Vorzeit. In seiner Nähe fand sich bis jetzt keine der weißen Figuren, was aber nicht besagt, daß es dort keine gab. Wer weiß schon, worüber der dichte Rasen wuchert?

Wenige Kilometer weiter nördlich, bei Cerne Abbas, liegt der Giant Hill (Gigantenhügel), der wieder eine Wallanlage und ein Kreidebild vereint. Hier ist es kein Pferd, sondern eine riesige Götterfigur mit einer Keule in der erhobenen Rechten. Wieder einmal ist es altes, überliefertes Brauchtum, das die Bedeutung sowohl der »Festung« auf der Kuppe des Hügels wie der hünenhaften menschlichen Gestalt zu enträtseln und zugleich den geistigen Zusammenhang zwischen beiden zu bestätigen scheint: Jahrhundertelang feierte das Volk auf dem Berg innerhalb der Erdwälle am 1. Mai ein Frühlingsfest. Die jungen Leute errichteten dort oben einen Maibaum und tanzten um ihn herum die uralten Tänze aus längst vergangenen Zeiten.

Die heidnischen Maifeiern aber waren Fruchtbarkeitszeremonien, und Fruchtbarkeit spendete auch der Weiße Riese von Cerne Abbas, den manche Vorzeitforscher für Herkules, Helith oder Gog halten, eine bedeutende Figur aus der vorchristlichen Mythologie. Die Bibel machte ihn später im Kampf gegen heidnisches Kulturgut zum Verbündeten Satans gegen Christus. Allerdings störte das abergläubische Engländerinnen bis ins vergangene Jahrhundert nicht. Sie glaubten nach wie vor an die wunderbare Kraft des alten Riesen. Blieben ihre Ehen kinderlos, dann schliefen sie nachts auf dem Körper des Giganten und hofften auf seine fruchtbringende Ausstrahlung. So wie er heute erhalten ist, repräsentiert der Gigant von Cerne Abbas übrigens nur einen Teil einer ehemals größeren Figurengruppe. Über seinem ausgestreckten Arm hing ein Umhang, und rechts von ihm stand ein weiterer Riese, was schräg aufgenommene Luftbilder erkennen lassen.

Ein anderer Hüne inmitten der lieblichen südenglischen Landschaft ist der Lange Mann von Wilmington, der den Windover Hill unweit des Ortes Wilmington in Sussex ziert. Mit seiner stattlichen Höhe von 77 Metern dürfte er die größte menschliche Gestalt der Welt sein. Auch in seiner Nähe finden sich Spuren alter Wallanlagen. Der britische Archäologe T. C. Lethbridge deutete ihn als Kultfigur vorgeschichtlicher Sonnenverehrer. Der Lange Mann sieht anders aus als der Riese von Cerne Abbas. Als schlanke Gestalt erhebt er sich an der Flanke des Hügels. In jeder Hand hält er eine riesige senkrechte Stange. Spekulanten unter den Archäologen fragen sich, ob er symbolisch das Tor zur Sonne geöffnet hat. Vielleicht aber krönte früher auch jede der beiden Stangen eine Sonnenscheibe. Ähnliche Darstellungen sind nämlich – weit kleiner – wiederum aus der skandinavischen Vorzeit bekannt.

Kultfigur vorgeschichtlicher Sonnenverehrer

Natürlich blieben bei weitem nicht alle alten Kreideriesen und weißen Pferde der Britischen Inseln bis in unsere Zeit erhalten. Die meisten dürfte im Laufe der Jahrhunderte für immer eine grüne Tarnkappe aus Gras unsichtbar gemacht haben. Wenn trotzdem ab und zu ein Archäologe mit geschultem Auge neue Riesenfiguren entdeckt, dann gehört das zu den seltenen Glücksfällen in seinem Beruf. In den fünfziger Jahren unseres Jahrhunderts machte sich Lethbridge auf die Suche nach einem Riesen, der nach alten Sagen irgendwo auf den Gogmagog-Hügeln in der Nähe eines Eisenzeit-Camps bei Wandlebury (unweit von Cambridge) schlummern sollte.

Der Forscher war nicht wenig überrascht, als er ihn wirklich fand; und nicht nur ihn, sondern zugleich auch zwei andere menschliche Figuren und außerdem ein Pferd, das dem von Uffington ähnelte, sowie einen Triumphwagen. Einer der Götter schwang ein Schwert; Lethbridge hält ihn für den mythologischen Wandil. Ein anderer Riese könnte Gog oder der Sonnengott gewesen

9

10

11

sein. Und die dritte, eine weibliche Figur, deutete ihr Entdecker als Magog oder Epona, die alte gallische Pferdegöttin. Sie ist 40 Meter groß. Lethbridge legte sie teilweise frei und wagte sich an eine Altersabschätzung. Er glaubte, die Göttin stamme aus der Zeit um 200 v. Chr., ebenso wie das Pferd und der Wagen, während die beiden männlichen Götter seiner Meinung nach rund 150 Jahre jünger sind. Leider ist der Fundort heute wieder verwildert.

Es gilt, die Bestandsaufnahme auszuwerten. Als ziemlich sicher ist anzunehmen, daß die riesigen Figuren immer mit einer Ringwallanlage aus der Vorzeit in Zusammenhang standen. Die klassische archäologische Auffassung, daß diese Anlagen als Festungen dienten, scheint unhaltbar, denn sie ließen sich nicht sinnvoll verteidigen. Zudem eignet sich ihr Grundriß kaum für ein Fort. Das kilometergroße Maiden Castle beispielsweise weist an beiden Stirnseiten merkwürdige labyrinthartige Eingänge auf, die militärisch völlig sinnlos wären, wohl aber kultischen Charakter besitzen könnten, denn das Labyrinth hatte in der Prähistorie generell große mythologische Bedeutung.

Vieles spricht auch dafür, daß die »Eisenzeitfestungen« tatsächlich als Kultplätze benutzt wurden. Zum einen haben die Römer, die Maiden Castle bei dessen Eroberung noch in seiner eigentlichen Funktion kennenlernten, die Anlage offenbar als geweihten Ort betrachtet, denn sie errichteten innerhalb der Walleinfassung einen Tempel. Zum anderen fanden sich in alten Texten und ebenso im praktizierten Brauchtum zahlreiche Hinweise darauf, daß die Erdwallanlagen in der Tat Schauplätze vorchristlicher

9/10 Einen alten Erdwall und eine gigantische Kreidefigur vereint der Hügel von Uffington. Das berühmte Weiße Pferd ist mit seinen 112 Meter Länge eines der größten Felsbilder der Welt.

11 In der spukträchtigen Landschaft Englands gehören weiße Phantompferde zum Alltag.

12

13

14

Feste waren. Es handelte sich dabei um ausgelassene Feierlichkeiten, die religiöses Empfinden und bäuerliches Leben miteinander in Einklang brachten. Diese Feiern fanden offenbar an wichtigen jahreszeitlichen Zeitmarken statt, vor allem im Frühjahr (später am 1. Mai), wenn der düstere Winter wie auf dem Spring Hill dem neuen Leben weichen mußte, oder zu Mittsommer, wenn die Haupterntezeit begann. Insofern waren es Fruchtbarkeitsfeste. Bei diesen Gelegenheiten traf sich die ländliche Bevölkerung – wie die Größe der Anlagen vermuten läßt – aus weitem Umkreis und hielt zugleich Jahrmärkte ab.

Solche Maifeiern und Maimärkte haben sich nicht nur auf den Britischen Inseln, sondern auch in weiten Teilen Mitteleuropas bis heute erhalten. Und schließlich zeichneten sich diese Feste stark durch symbolische Kulthandlungen aus. Es sei an das schon erwähnte Käserollen – vielleicht eine Art Erntedank – erinnert. Noch bis ins vergangene Jahrhundert spielte die britische Jugend innerhalb der alten Wallanlage auf dem Clay Hill in Wiltshire am Palmsonntag Ballspiele, ohne sich allerdings des uralten kultischen Hintergrundes ihres Tuns bewußt zu sein. In der Tat gehörten zeremonielle Ballspiele in früheren Zeiten zum rituellen Repertoire zahlreicher Naturreligionen. Und noch in unserem Jahrhundert stellte man in den sogenannten »Eisenzeitfestungen« zur Maifeier den Maibaum auf, behängte ihn mit langen Bändern und tanzte um ihn herum.

In seiner Wessex-Novelle »Far from the Madding Crowd« berichtete Thomas Hardy 1874: »Die Versammlung dieses Jahres fand auf dem Gipfel eines Hügels statt,

12/13/14 Das Pferd galt bei den Germanen als heiliges Tier. In Vittlycke in Schweden zeigen altgermanische Felsbilder ähnliche, wenn auch viel kleinere Pferdedarstellungen wie die des Weißen Pferdes von Uffington. Man vermutet daher, daß das Riesenroß aus der Eisenzeit stammt.

auf dem sich die gut erhaltenen Überbleibsel einer uralten Erdanlage befanden, bestehend aus einem hohen Wall und einem Graben, die in ovaler Form die Kuppe des Hügels säumten. Nur hier und da waren sie etwas beschädigt. Zu jedem der Haupteingänge auf beiden Seiten führte ein gewundener Weg hinauf, und die ebene grüne Fläche von zehn oder fünfzehn Morgen, die dieser Wall einschloß, war der Platz für den Jahrmarkt.« Hardy berichtete von dem herbstlichen Schafmarkt im »Steinzeitfort« auf dem Woodbury Hill in Dorset, der dort schon seit Jahrhunderten jeweils am 18. September abgehalten wurde.

Was aber hat das alles mit den riesigen Pferden zu tun? Hier gibt es keine Gewißheit, aber eine Reihe merkwürdiger Indizien. Die Figur der sagenhaften Lady Godiva, der nackten, aber züchtig in ihr langes Haar gehüllten Schimmelreiterin, wird von manchen britischen Mythenforschern, unter ihnen Harold Bayley, auf die archaische Göttin Hipha, die »Große Mutter«, zurückgeführt, deren Name zugleich »Stute« bedeutet. Das Pferd erscheint hier

Alte Fruchtbarkeitsriten – oder frivoles Spiel?

als Fruchtbarkeitsgottheit. Damit gesellt es sich zu dem Riesen von Cerne Abbas, der – man sieht es an seinen überdimensionierten Genitalien, und auch die alten Gewohnheiten kinderloser Ehefrauen weisen darauf hin – mit Sicherheit ein Fruchtbarkeitsbringer war.

Überraschenderweise taucht das Pferd aber nicht nur als Hügelfigur auf, sondern überaus lebhaft in britischen Maifeiern selbst und dort in einer mindestens ebenso eigenwilligen Form wie in der drachenartigen Gestalt des Weißen Pferdes von Uffington. Am Maifeiertag trabt durch die Straßen der Stadt Padstow in Cornwall ein riesiges Steckenpferd, das aber nicht aussieht wie ein Gaul, sondern eher wie ein altes Boot. Nur der Pferdekopf auf seinem hölzernen, mit schwarzem Ölzeug überspannten Rahmen sagt eindeutig, was die bizarre Gestalt verkörpern soll. Dieses Pferd nun benimmt sich sexuell durchaus aktiv. Wo immer es kann, rempelt es junge Frauen und Mädchen an und grapscht nach ihnen.

Sind das letzte Überbleibsel alter Fruchtbarkeitsriten? Daß es nicht allein der Freude am frivolen Spiel entspringt, wird klar, wenn man das ausgelassene Maipferd mit anderen Pferdefiguren aus britischen Volksbräuchen vergleicht. In Minehead, Abbots Bromley und Folkestone erscheinen Steckenpferde ebenfalls zur Maifeier und verhalten sich ähnlich ausgelassen. Immer aber sind es Pferde. Doch treten Pferde auch in ernsthafterer Variante auf: zur Weihnachtszeit nämlich, deren Vorgängerin die heidnische Mittwinterfeier war. Noch heute wird Weihnachten auf den Britischen Inseln gelegentlich mit dem alten Namen Yuletide bezeichnet. Die Schweden etwa sprechen generell vom Julfest. Zur englischen Yuletide jedenfalls wurde hier und da noch vor gar nicht langer Zeit ein skelettierter Pferdeschädel oder ein hölzerner Pferdekopf, dekoriert mit farbigen Bändern, von einem tuchverhüllten Mann auf einem Stock von Haus zu Haus getragen. Der Träger war als Old Hob bekannt.

Und da ist noch ein Indiz, das die weißen Pferde mit heidnischen jahreszeitlichen Festen, vor allem mit dem Frühjahrsfest, in Verbindung bringt, wenngleich es auf den ersten Blick reichlich weit hergeholt erscheinen mag. Der Tanz um den Maibaum ist bekanntlich keine rein britische Angelegenheit. Dieses bänderbehangene Frühjahrssymbol ist besonders auch im altbayerischen Raum bekannt und

Tanz um den Maibaum

gehört dort noch heute zur jährlichen Tradition. Nur umwinden den Mast in Bayern weiß-blaue Spiralen, während die britischen Maibäume weiß-rot umringelt sind. In Bayern gibt es auch noch die alte Sitte, daß die jungen Burschen eines Dorfes versuchen, den Maibaum einer Nachbargemeinde vor dem eigentlichen Fest zu stehlen, früher vielleicht, um dieses Fruchtbarkeitssymbol für das eigene Dorf zu gewinnen und so für die anbrechende Wachstumsperiode die besseren Ernten zu sichern.

Ist es ein Zufall, daß es im Herzen Bayerns, in der Holledau, auch einen anderen alten Maibrauch gab: das Schimmelstehlen aus der Nachbargemeinde?

Wo hört wissenschaftliche Mutmaßung auf, wo fangen Phantasie und reine Spekulation an? – Sicher ist, daß die riesenhaften britischen Hügelfiguren kultischer Natur waren, daß sie eng mit dem bäuerlichen Alltag, mit dem Wechsel der Jahreszeiten, mit Fruchtbarkeit, Geburt und Leben verknüpft waren. Und doch stecken sie voller Rätsel. Vor allem ihre gigantische Größe läßt sich nicht erklären. Die Tatsache, daß sie fast alle am besten aus der Luft zu erkennen sind, ihre Schöpfer aber mit Sicherheit keine Gelegenheit hatten, sie von dort zu betrachten, regte phantastische Gemüter zu wilden Spekulationen an. Wen diese Tier-, Menschen- oder Götterfiguren wirklich darstellen sollen, dafür gibt es zwar Hinweise, aber keine wirklichen Beweise.

Es scheint so, als ob nicht erst die heutigen Briten, sondern schon die Inselbewohner der Vorzeit den typisch angelsächsischen Sinn für das Außergewöhnliche und Skurrile gehabt hätten.

Die alten geraden Wege

1

2

3

Laß deinen Fuß gerade vor sich gehen, so gehst du sicher. Wanke weder zur Rechten noch zur Linken; wende deinen Fuß vom Bösen«: Im Alten Testament wird des öfteren gemahnt, den geraden Weg zu gehen. Ist das nur als moralische Aufforderung zu verstehen oder gleichzeitig auch als topographischer Hinweis?
Noch in jüngerer Zeit war es bei Indianerstämmen und bei Eingeborenen in Uganda Brauch, Wege ausschließlich gerade anzulegen. Spuren uralter gerader Wege findet man in Wales und Südengland; hier sind prähistorische Monumente meist exakt auf geraden Linien angeordnet. Waren die alten geraden Wege eine vorgeschichtliche kultische Einrichtung? Wann entstanden sie? Jahrhunderte, vielleicht Jahrtausende vor Christus?

1/2/3 Die gotische Kathedrale von Salisbury und einige vorgeschichtliche Kultbauten der südenglischen Grafschaft Wiltshire liegen exakt auf einer geraden Linie. Auch im verträumten walisischen Hügelland lassen sich heute noch Spuren uralter gerader Wege – Leys genannt – rekonstruieren.

4

5

6

Richte dir Male auf, setze dir Zeichen, und richte dein Herz auf die gerade Straße, auf der du gewandelt bist; kehre wieder, Jungfrau Israel, kehre dich wieder zu diesen deinen Städten.« So steht es im Alten Testament, bei Jeremia 31/21.

Und bei Jesaja 40/3,4 heißt es: »Bereitet dem Herrn den Weg, macht auf dem Gefilde eine ebene Bahn unserem Gott! Alle Täler sollen erhöht werden, und alle Berge und Hügel sollen erniedrigt werden, und was ungleich ist, soll eben werden, und was höckerig ist, soll schlicht werden.«

Die Sprüche Salomos (4/25–27) schließlich sagen: »Laß deine Augen geradeaus vor sich sehen und deine Augenlider richtig vor dich hin blicken. Laß deinen Fuß gerade vor sich gehen, so gehst du sicher. Wanke weder zur Rechten noch zur Linken; wende deinen Fuß vom Bösen.«

Die offenen Hinweise darauf, ohne Umschweife den geraden Weg zu gehen, sind zahlreich im Alten Testament. Und sie sind wohl nicht nur bildlich zu verstehen. »Richte dir Male auf, setze dir Zeichen, kehre dich wieder zu diesen deinen Städten«, das klingt eher wie topographische Hinweise.

Hat es damit zu tun, daß die Israelis um 980 v. Chr. ihr religiöses Zentrum vom Berg Gerizim nach Jerusalem verlegten? Gerizim war, das betonen manche Prähistoriker, ein wichtiger Punkt in der vorgeschichtlichen Landvermessung, ebenso wie etwa die Kaaba in Mekka, der heilige schwarze Stein, bei dem Abraham das erste Gotteshaus errichtete. Von solchen heiligen Orten aus wurden Pei-

4/5/6 Zahlreiche prähistorische Monumente sind in England auf geraden Linien angeordnet. Dies ist erstaunlicherweise auch bei vielen mittelalterlichen Burgen und Kirchen der Fall. Vermutlich waren die späteren Bauwerke genau über heiligen Orten der Vorzeit errichtet worden.

lungen vorgenommen, Distanzen gemessen. Ein ähnliches religiöses und zugleich geographisches Zentrum war auch die Cheops-Pyramide, die an einem Punkt von herausragender geodätischer Bedeutung für das ägyptische Reich errichtet wurde.

Die Überlieferungen aus biblischer Zeit sind Ermahnungen; sie weisen darauf hin, daß die »Jungfrau Israel« zu den alten geraden Straßen, zu den alten Städten zurückkehren soll. Sie sprechen also von einer kulturellen Einrichtung, die schon damals offenbar im Untergang begriffen war. Sie muß in einer Zeit entstanden sein, aus der es keine schriftlichen Überlieferungen gibt, in der Bronzezeit, in der Jungsteinzeit oder vielleicht noch früher. Oft haben sich aber weit verbreitete steinzeitliche Kulturelemente bei Naturvölkern bis in historische Epochen hinein erhalten. Geben die Gepflogenheiten noch heute lebender Stammesvölker Anhaltspunkte für den alten Brauch der geraden Wege? Ein Artikel in der Februarausgabe des Jahres 1923

Unsere Wege sind immer gerade …

des britischen »Blackwood's Magazine« über den Stamm der Chin im Bergland zwischen Indien und Birma gibt einen Hinweis: »Wie alle Chin-Straßen folgt er (der Weg) ohne Rücksicht auf Steigungen und Gefälle der direkten Linie zwischen den Dörfern. Ein Chin zieht einen steilen Aufstieg einem ebenen (aber in Schleifen gelegten) Weg vor.«

Ein gutes halbes Jahr früher, am 6. Juli 1922, berichtete der kanadische »Toronto Star« darüber, wie die Indianer im westlichen Texas Peillinien im Gelände abstecken und mit Steinhaufen markieren, die über meilenweite Distanzen zu Wasserstellen führen. Der Engländer Alfred Watkins, von dessen Arbeiten noch ausführlich die Rede sein wird, erfuhr von dem Missionsgeistlichen Somers-Cocks, der lange bei den nordamerikanischen Cree-Indianern gelebt hatte, daß ihm diese Eingeborenen des öfteren gesagt hatten: »Wir erkennen stets den Weg des weißen Mannes, denn er ist gewunden; unsere Wege sind immer gerade.« Und Sir Harry Johnston schreibt in seinem Buch »Uganda« von »den breiten Eingeborenenwegen, die so gerade wie irgend möglich angelegt sind, denn ihre Trassen – wie die der römischen Wege – scheinen bevorzugt die höchsten und steilsten Hügel auszuwählen, auf die sie ohne Kompromiß in der Fallinie hinaufziehen«.

Alfred Watkins hat 1920 die Spuren solcher uralter gerader Wege in seiner Heimat, im walisischen Hügelland um Bredwardine, erkannt und ist seinen ersten bloßen Vermutungen in jahrelanger akribischer Arbeit in großen

7

8

7/8 Beobachteten die Menschen der Vorzeit bereits Sonne und Mond? Waren ausgewählte Landmarken und Steinsetzungen Kreuzungspunkte astronomischer Peillinien? Durch die Steinheiligtümer ließen sich Leys exakt in Richtung des Sonnenaufgangs am Mittsommertag verfolgen.

9

9 Schnurgerade Wege, von Marksteinen gesäumt, schufen die Stein- und Bronzezeitmenschen ohne Rücksicht auf die Geländebeschaffenheit; selbst hohe Steigungen scheuten sie nicht. Ihre alten Trassen sind stellenweise heute noch als Schotterbänder, Furten oder Hohlwege erkennbar.

Teilen von Wales und in Südengland nachgegangen. Seine Ergebnisse sind faszinierend. Watkins bemerkte, daß weit mehr prähistorische Monumente, in erster Linie Hügelgräber, exakt auf geraden Linien angeordnet sind, als das statistisch wahrscheinlich wäre. Bald fand er heraus, daß auch zahlreiche spätere Bauwerke, mittelalterliche Burgen und Kirchen, präzise auf den Strichen liegen, die er auf detaillierten Karten der britischen Landesvermessungsanstalt einzeichnete.

Was auf den ersten Blick unverständlich erscheinen mag, klärte sich in sorgfältiger Feldarbeit rasch auf. Immer handelte es sich um spätere Anlagen, die genau über heiligen Orten aus der Vorzeit errichtet worden waren. In vielen Fällen fanden sich prähistorische Grabhügel im Friedhof der betreffenden Kirche oder der Name des Gotteshauses oder der Burg ließ auf einen Platz uralter kultischer Bedeutung schließen. Lokale Sagen und überliefertes Brauchtum unterstützten oft diese Erkenntnisse.

Daß die frühen christlichen Autoritäten versuchten, alte heidnische Heiligtümer nicht zu vernichten, sondern »umzufunktionieren«, ist in der Archäologie allgemein bekannt. So schreibt Johnson in seinem »Byways in British Archaeology«: »Es ist aktenkundig, daß Patrick, Bischof der Hebriden, wünschte, daß Orlygus überall dort, wo er

Kirchen neben prähistorischen Marksteinen

stehende Steine oder Menhire fand, eine Kirche bauen sollte.« In der Tat finden sich in, unter oder unmittelbar neben zahlreichen alten britischen Kirchen prähistorische Marksteine. Wohl der berühmteste ist der »Coronation Stone« in der Londoner Westminster Abbey, über dem heute der »Coronation Chair« steht, auf dem außer Queen Mary jeder englische Monarch gekrönt wurde, nachdem Edward I. den Stein 1296 aus der Scone Abbey nach London gebracht hatte. Zuvor diente er – ab 503 – in Iona den schottischen Königen in gleicher Weise. Und lange vorher war er ein Markstein aus prähistorischer Zeit.

Diese alten Marksteine waren, so fand Watkins heraus, ebenfalls Etappenelemente der alten geraden Wege, und das offenbar schon, bevor die Menhire der sogenannten Megalithzeit aus rein kultischen Gründen errichtet wurden. Das Vorzeitheiligtum Stonehenge zum Beispiel und die prähistorischen »Kastelle« Großbritanniens entstanden erst nach den geraden Wegen, wurden aber offensichtlich an ihren Kreuzungspunkten angelegt. Dafür gibt es zahlreiche schlüssige Indizien.

Die geraden Wege sind älter. Aber wie alt sie wirklich sind, läßt sich schwer sagen. Wenn sie zu alttestamentarischen Zeiten bereits außer Gebrauch kamen, müßte ihre hohe Zeit – zumindest in Palästina – viele Jahrhunderte vor Christus liegen. In Europa müssen sie angelegt worden sein, bevor hier die Schriftkultur einsetzte, denn schriftliche Überlieferungen dazu gibt es nicht. Die Tatsache, daß sie, archäologisch gesehen, unter Anlagen wie Stonehenge und auch unter manchen frühen Tumuli (Hügelgräbern) liegen, weist darauf hin, daß es sie schon in der frühen Bronzezeit gab. Die Tatsache, daß sie in manchen Fällen mit dem Feuersteinhandel in Verbindung standen, läßt auf ein weit höheres Alter – vor 2000 v. Chr. – schließen. Vielleicht aber reichen ihre Anfänge noch viele Jahrtausende weiter zurück. Fest steht wohl auch, daß ihre Tradition sich auf den Britischen Inseln bis in die frühe Römerzeit hinein fortsetzte.

In mühseliger Kleinarbeit am Schreibtisch, in Archiven und im Gelände gelang es Watkins, viele Dutzende dieser alten geraden Wege, die er »Leys« nennt, in England nachzuweisen. Einige wenige Beispiele sollen das belegen: Im Grenzgebiet zwischen South Radnorshire und West Herefordshire erhebt sich ein Vorzeitgrabhügel, in dem sich zwei Leys im spitzen Winkel schneiden. Die

Straßen für den Feuersteinhandel

erste Linie beginnt im Osten auf dem Gipfel des Wylfre-Hügels, verläuft dann durch die Kirche von Cregrina, über den markanten Berg Black Hill, durch drei einzeln stehende Häuser auf historischem Boden und erreicht danach den bedeutenden, rund acht Meter hohen und flachen Grabhügel »Turret Tump«. In gerader Fortsetzung verläuft die Linie nach Osten über einen Bergrücken und weiter genau durch das »Camp«, einen ringförmigen prähistorischen Graben. Hier kreuzen sich die zwei Leys. Interessanterweise liegt in unmittelbarer Nähe dieses Schnittpunkts ein Bauernhof mit dem überlieferten Gehöftsnamen »Cross Farm«. Im weiteren Verlauf zieht sich das Ley durch einen kegelförmigen Grabhügel, der als Batch Twt (gesprochen »Tuut«) bekannt ist, und wendet sich schließlich zum »Hell Moat«, einer vorgeschichtlichen Wassergrabenanlage.

Das zweite Ley beginnt im Osten bei zwei bronzezeitlichen Grabhügeln im Bergland von Radnorshire bei Hundred House. Es durchquert den Edw-Bach, passiert den rund acht Meter hohen Grabhügel »The Mound« und 155 Meter weiter eine zerstörte prähistorische Steinsäule, die vermutlich eine Ley-Kreuzung markierte. Die gerade Linie zieht sich dann über den Gipfel des etwa 500 Meter hohen »Little Hill«, durch eine prähistorische Erdwall-

10

11

12

anlage oberhalb von Glascwm Village, durch die alleinstehende Bergkirche von Colva und weiter zum »Camp«, wo sie das zuerst beschriebene Ley schneidet. Nach dieser Kreuzung fällt die Linie rasch ab, berührt eine ringförmige Grabenanlage (»Moat«) mit zentralem Hügelgrab bei Lemore, danach eine weitere, ähnliche vorzeitliche Konstruktion neben der Kirche von Almeley. Vollkommen geradlinig erstreckt sich das Ley weiter über das Land und endet schließlich nach bisherigen Kenntnissen bei der Kirche von Sarnesfield. Dieser Ortsname ist bemerkenswert, denn »sarn« ist ein altes keltisches und walisisches Wort und bedeutet »befestigte, gerade Straße«.

Bereits der englische Prähistoriker und Autor Sir Norman Lockyer bemerkte in seinem Buch »Stonehenge«, daß diese prähistorische Großsteinanlage Peilungen nicht nur innerhalb ihrer eigenen Steine zuließ, sondern daß sie auf einem Kreuzungspunkt weitgreifender Peillinien steht. Er betonte, daß Stonehenge, der Grabhügel Sarum, die Kathedrale von Salisbury und der prähistorische Steinkreis von Clearbury exakt auf einer geraden Linie liegen. Später entdeckte Watkins diese Tatsache unabhängig von Lockyer erneut. Darüber hinaus fand er, daß dieses Ley im Norden weiter bis zum St.-Anne-Hügel verläuft, einem Berggipfel, auf dem die Bevölkerung uralten Traditionen folgend noch heute am 6. August ein Feuer entfacht. Überlieferungen sagen, daß der Hügel früher »Tan Hill« hieß, und »tan« bedeutet im Keltischen und Altwalisischen »Signalfeuer«. Der Gipfel ließ sich also in gerader Linie vom meilenweit entfernten Stonehenge anpeilen.

10/11/12 Zunächst orientierten die Vorzeitmenschen ihre geraden Wege an natürlichen Landmarken: Hügel, markante Felsen, Furten in Bächen und Flüssen oder auch Seen. – Dann folgte die Fernmarkierung durch große Steine oder Signalfeuer.

Watkins entdeckte noch drei weitere Leys, die exakt durch Stonehenge verlaufen und innerhalb dieser Anlage selbst zum Teil bereits als astronomische Ortungslinien bekannt waren. Die wohl berühmteste Peillinie von Stonehenge verläuft genau längs durch die »Avenue«, die zum Zentrum von Stonehenge führt, und berührt dabei zwei prominente, einzeln stehende Steine. Verlängert man sie über Stonehenge hinaus, dann überquert sie nach einer Viertelmeile einen Tumulus und nach insgesamt einer Dreiviertelmeile einen weiteren Tumulus. Sie passiert später die Stapleford-Kirche, die prähistorische Wallanlage »Grovelly Castle«, die im Kapitel über »Scharrbilder« beschriebene Hügelfigur von Cerne Abbas und endet am »Puncknowle Beacon«, einem 135 Meter hohen Hügel mit einstiger Signalfeuerfunktion.

Das Besondere dieses Leys: Es verläuft exakt in Richtung des Sonnenaufgangs am Mittsommertag. Es beginnt übrigens nicht in Stonehenge, sondern passiert schon zuvor die Erdwallanlage von Winterbourne, Tumuli auf dem »Inkpen

Argumente der Sprachforschung

Beacon« (der Name »Beacon« bedeutet Signalfeuer) und die »Bacon Farm« (die früher »Beacon Farm« hieß). Ein weiteres Stonehenge-Ley weist auf einen Sonnenaufgangspunkt Anfang Mai.

Die Beispiele ließen sich zu Dutzenden fortführen. Nicht nur Watkins suchte gezielt nach derartigen geraden Linien. Seit langem hat sich in Großbritannien ein Verein von »Ley hunters« (Ley-Jägern) etabliert.

Manche Archäologen haben eingewendet, wenn man in einem Land, das von prähistorischen Monumenten geradezu übersät ist, sorgfältig genug sucht, wird man zwangsläufig zahlreiche alte Anlagen finden, die auf geraden Linien liegen. Gegen diesen Einwand spricht zunächst, daß es weit weniger Tumuli und einzeln stehende alte Marksteine gibt, die nicht auf einem Ley liegen.

Ein wesentlich wichtigeres Argument liefert aber die Sprachforschung. Viele der alten Plätze, durch die Leys verlaufen, haben überlieferte Namen, die eindeutig auf die vorgeschichtlichen geraden Linien hinweisen: Ein häufig wiederkehrender Wortteil ist »Cole-«, manchmal auch »Col-« oder »Cold-«. So gibt es auf den Britischen Inseln Hunderte von Ortsnamen wie Cole Abbey, Colehill, Colehouse, Cole Church, Colemere, Colewood, Colway, Colwall, Coldham oder Coldhill. Vieles spricht dafür, daß der »Coleman« ein alter, sehr angesehener Berufsstand war, dessen Aufgabe darin bestand, den Verlauf der Leys durch Peilungen festzulegen.

13

14

13/14 Bisher verfolgte man nur in England, das geradezu übersät ist von prähistorischen Monumenten, sorgfältig die Spuren der uralten geraden Wege. Lohnte nicht auch die Suche im hiesigen Raum, der ja seit der Vorgeschichte kulturell mit den Britischen Inseln verbunden war?

Noch heute ist Coleman ein häufiger britischer Familienname. Die Gehilfen des Coleman bei seiner praktischen Arbeit waren die »Dodmen«. Sprachforscher haben herausgefunden, daß »Dodman« die Bezeichnung für einen Mann mit zwei langen Stäben gewesen sein muß, Peilstäben für die Landvermessung, wie Watkins überzeugend glaubhaft macht. War der »Long Man of Wilmington« ein solcher Dodman? Die Vorsilbe »Dod-«, auch »Did-«, »Tot-« oder »Toot-« erscheint ebenfalls häufig in Ortsnamen, und immer zeigt sich, daß solche Plätze auf alten Leys liegen. Doditree gehört dazu, oder Dodestone, Dodmarston, Dodelay, Dodesley, Dodeley und Didley.

Die Vor- oder Endsilbe »ley«, »lay«, »lôh«, »legh«, »leye«, »lai«, »lez« oder »leaz« wiederum weist direkt auf den von Watkins für die geraden Linien gewählten Begriff »Ley« hin. In der alten angelsächsischen Sprache bedeutet sie »Schneise«, »gerade freie Linie im Gelände«. Häufig sind denn auf den Britischen Inseln auch »Ley Hills«, »Leys Hills«, »Ley Rocks« und so weiter. Weil Hügel oder Felsen natürlich keine »Schneisen« sind, liegt es nahe, daß es markante Punkte im Verlauf solcher geraden Linien waren.

Ohne Rücksicht auf Geländestruktur

Selbstverständlich ist es nicht möglich, daß Hügel, markante Felsen oder andere natürliche Landmarken von Vorzeitmenschen zur Markierung von Leys errichtet wurden. Das Umgekehrte trifft zu. Die Stein- und Bronzezeitmenschen wählten zwei deutliche natürliche Landmarken in größerer Entfernung voneinander oder eine Landmarke und ein Gestirn (zum Beispiel die Sonne zur Zeit ihres Aufgangs an bestimmten Tagen des Jahres) und legten so eine gerade Überlandlinie fest. Auf der gewählten Trasse bauten sie ihre schnurgeraden Wege ohne Rücksicht auf die Geländestruktur aus. Diese alten Wege lassen sich stellenweise noch heute wenige Dezimeter unter dem Erdboden als Schotterbänder, in Flüssen und Teichen als alte befestigte Furten oder, tief ins Gelände eingeschnitten, als ehemalige Hohlwege erkennen. Manchmal folgen auch Römerstraßen oder gelegentlich sogar moderne Landstraßen diesen uralten Trassen.

Der Fernmarkierung dienten neben weithin sichtbaren Erdhügeln, Marksteinen (Menhiren) und künstlich angelegten Wasser-Ringgräben, kleinen Teichen und Stauseen auf Berggipfeln des Nachts Signalfeuer (»beacons«). Niemals liegen mehr als zwei bedeutende natürliche Landmarken auf einem Ley, die anderen prominenten Punkte sind stets künstlich angelegt. Die natürlichen Landmarken fallen nicht selten noch heute auf topographischen Karten auf. Oft tragen sie Namen, die mit »beacon« verknüpft sind, oder den Wortteil »black« oder »blake« enthalten. »Black« bedeutete im Keltischen nämlich nicht wie heute im Englischen »schwarz«, sondern »leuchtend«, »feurig« und weist wiederum auf Signalfeuerplätze hin.

In der Tat fanden sich auf den so bezeichneten Bergkuppen in geringer Tiefe Überreste alter Feuerstellen. Das deutsche Wort »blaken« für »flackernd brennen« erinnert noch an die alte Bedeutung, ebenso wie die englische Berufsbezeichnung »Blacksmith« für den am offenen Schmiedefeuer arbeitenden Schmied. Es ist durchaus möglich, daß die späteren englischen Vokabeln »Coal« (deutsch »Kohle«) und »black« (»schwarz«) insofern auf die Vorzeitbegriffe zurückgehen, als der Mann, der die Signalfeuer anlegte, der »Colman« (»Coal man«), mit Brennmaterial zu tun hatte und die Überreste der Feuer, der »Blacks«, eben schwarz waren.

In mühsamer Arbeit haben auf den Britischen Inseln Watkins und die ihm nachfolgenden »Ley hunters« eine überwältigende Materialfülle zusammengetragen, die hier nur angedeutet werden konnte. So gelang zum Beispiel der Nachweis des Zusammenhangs mancher Leys mit alten Salzstraßen und Feuersteinhandelswegen und mit Verbindungsrouten zwischen zentralen Marktplätzen und Versammlungsorten. Aber all diese Arbeiten blieben im großen und ganzen auf die Britischen Inseln beschränkt. Wäre es nicht überaus interessant, ähnliche Untersuchungen auch im deutschsprachigen Raum anzustellen, der schließlich seit prähistorischen Zeiten kulturell mit den Britischen Inseln verbunden war?

Alte gerade Wege – auch in Deutschland?

Erste Blicke auf die Landkarte lassen Interessantes erwarten. Gibt es nicht auch in Deutschland eine Vielzahl von Ortsnamen wie Kolborn, Kolenfeld, Kollbach, Kollmar, Kollmoor, Kollweiler, Kohlberg, Kohlgrund, Kohlscheid, Kohlstädt; Ditscheid, Dittwar, Dittweiler, Dittelbrunn, Dietfurt, Diethardt, Dietkirchen, Dietmanns, Dietmannsried; Todendorf, Todenfeld, Todenmann, Todtenberg, Todtmoos, Todtnau; Loham, Lohberg, Lohbruck, Lohe, Lohheide, Lohhof, Lohkirchen, Lohmar; Leiberg, Leibolz, Leibi, Leidenborn, Leideneck, Leienfels, Leiferde, Leinburg, Leinstetten . . . Und weisen nicht gerade die zusätzlichen Bestandteile dieser Ortsnamen oft genug auf Landmarken wie Born (Brunnen), Scheid, Furt, Kirche, Berg, Bruck (Brücke), Fels, Burg hin, die durchaus Wegpositionen auf alten geraden Trassen auch in unserem Land sein könnten?

Heilige Berge, heilige Quellen

1

2

3

Alle Kulturkreise kennen heilige Stätten, kennen Orte der Kraft. Oft sind es erhabene Berggipfel oder tiefe Cañons, heilkräftige Quellen, bizarre Felsgruppen oder dunkle Wälder. Manchmal sind es aber auch völlig unauffällige Plätze. An diesen Stätten ereignen sich Wunderheilungen, spüren sensible Menschen übernatürliche Kräfte, errichteten unsere Vorfahren Steinmale, Altäre und Tempel. Das Rätselraten um solche Orte findet kein Ende: Die einen erkennen sie mit der Wünschelrute. Andere haben unter gewissen Stätten der Kraft radioaktiv strahlende Uranlager entdeckt. Wieder andere sehen in solchen Äußerlichkeiten bloße Zufälle.

1 Zu den bekanntesten Orten der Kraft zählt der Ayers Rock in Australien.

2 Die Externsteine im Teutoburger Wald werden besonders zur Sommersonnenwende besucht.

3 Auch in der Neuen Welt gibt es zahlreiche heilige Berge, zum Beispiel den Denali in Alaska.

4

5

6

Als Anno 1387 sechs geistliche Herren den Pilatus, den Hausberg von Luzern am Westufer des Vierwaldstätter Sees, besteigen wollten, verwies der Stadtrat sie des Landes, denn »dis gebirg sei uff der höhe, da es ruch und wild ist, mit bösem tüflischem gespenst und geisterwerk wohl besetzet und erfüllet«. Selbst die mächtige Kirche hatte im 14. Jahrhundert noch Furcht vor Bergesgipfeln. Ein halbes Jahrhundert zuvor, am 26. April 1335, hatte der italienische Dichter Petrarca zusammen mit seinem jüngeren Bruder den Mont Ventoux, den »Windberg«, in den südlichen französischen Alpen bestiegen. Der nur 1912 Meter hohe, sanft gerundete Höhenrücken wirkt gewaltiger als er in Wirklichkeit ist, denn sein Massiv steht recht isoliert in der weiten Landschaft. Dementsprechend großartig ist die Aussicht von seinem Gipfel. Petrarca gilt als der erste europäische Bergsteiger überhaupt, der einen Berg wegen der landschaftlichen Schönheit bestiegen hat. Ausdrücklich schwärmte er von der Gipfelfernsicht. Aber auch er rechnete mit dämonischen Mächten und hatte sich entsprechend gewappnet. Schon am Fuß des Berges versuchte ein alter Hirte wohlmeinend, die beiden unternehmungslustigen Bergwanderer zurückzuhalten. Doch diese vertrauten auf die Kraft der Bekenntnisse des heiligen Augustinus, die sie im Gepäck mitführten. Petrarca empfand den Aufstieg, der heute als leichte Bergwanderung gilt, als anstrengend und fühlte große Ehrfurcht vor dem Gipfel. Er verglich ihn mit den bedeutenden heiligen Bergen des Altertums, dem Athos und dem Olympus.

4 Viele christliche Klöster stehen auf markanten Berggipfeln: der Mont-Saint-Michel.

5 Stätten, an denen Menschen Kraft schöpfen, sind auch Wallfahrtsorte: Fatima in Portugal.

6 In Mekka gilt der Betonkubus der Ka'aba als Mal für die Gebetsstätte Abrahams.

Petrarca und sein Bruder waren ihrer Zeit als Alpintouristen weit voraus. Ihr Beispiel fand kaum irgendwelche Nachahmer. Die Furcht vor den einsamen Bergeshöhen blieb. Auf die Dauer empfand das die Kirche als Herausforderung. 1489 beschloß die französische Geistlichkeit, sich den gespenstischen Mächten der Gipfel zu stellen. Sie wählte dafür einen besonders spektakulären Berg. Er erhebt sich südlich von Grenoble als östlicher Vorposten der Bergwelt des Vercors und heißt Mont Aiguille, »Nadelberg«. Wie eine einsame Bastion ragt er, rundum von senkrechten Felswänden gesäumt, in den Himmel. Seinem Namen wird er nicht ganz gerecht, denn in 2097 Metern Höhe schließt ihn ein weiträumiges, grasiges und sanft geneigtes Gipfelplateau ab. Im Volksmund hieß der Berg seinerzeit auch »Mont Inaccessible«, also »unzugänglicher Berg«. Andere nannten ihn bedeutungsschwanger den »Olymp des Dauphinés«. Ein Götterberg also? Hirten glaubten über den Felswänden die Tunikas von Engeln flattern zu sehen. Und es gab immer wieder Berichte von Visionen in der unmittelbaren Nähe dieses Bollwerks aus massivem Kalk.

Kein Geringerer als Charles VIII., Frankreichs König von Gottes Gnaden, gab den Anstoß, den Gipfel im Namen der Kirche zu erstürmen. Er versicherte sich eines Bischofs und mehrerer anderer geistlicher Würdenträger. Als Praktiker leitete Kapitän Dompjulien die »gefährliche« Expedition. Mit den Gefahren hielt es sich allerdings in Grenzen, denn des Kletterns samt und sonders nicht mächtig, bezwangen die geistlichen Herren den Felsgipfel mit einer über 70 Meter hohen, eigens für dieses Vorhaben angefertigten Leiterflucht und zahlreichen Seilen. Oben angekommen, fanden sie weder olympverdächtige Götter noch irgendwelche Engel oder Geister. Sicherheitshalber verbrachten sie drei Tage auf dem Gipfel und hielten Messen ab. Der mutige Vorstoß in höhere Regionen gilt heute als Geburtsstunde des Alpinismus in Frankreich.

Gipfel im Namen der Kirche erstürmen

Was hat es mit der Furcht vor den Berggipfeln auf sich? Ließe sie sich nur im Alpenraum und dort nur im Mittelalter nachweisen, dann wäre das ein Phänomen von lokaler Bedeutung. Diese Furcht ist aber weltweit verbreitet. Nicht immer hat sie den Charakter von Angst vor Gespenstischem, vor Dämonischem. Oft ist es Ehrfurcht, und die entsprechenden Berge gelten als heilig. Tabu sind sie meist dennoch. Nur wenige von ihnen werden als Wallfahrtsberge regelmäßig besucht. Andere sind Plätze für Klöster oder Einsiedeleien geworden.

7 Inmitten der menschenfeindlichen Wildnis des Northern Territory in Australien leben die Ureinwohner, die Aborigines. Für sie sind die alten Sagen und Mythen auch heute noch Kraftquelle. Weisheit und Erfahrung bestimmen den Wert und Rang eines Menschen. Wichtigstes Naturheiligtum der Urbe-

7

völkerung ist der Ayers Rock (siehe Seite 122), in dessen Nähe sie Kraft, seelische Stabilität, Gelassenheit und Glücksgefühle erfahren. Viele andere grandiose Berge dieser Region werden ebenfalls in den Mythen und Legenden heute noch verehrt.

8

8 Die erhabene Ruhe, die der Kreuzgang des Klosters Maulbronn ausstrahlt, teilt sich noch heute dem Beschauer mit. Im 12. Jahrhundert im einsamen Salzachtal gegründet, gilt die weitgehend unverändert gebliebene Anlage als Inbegriff eines mittelalterlichen Klosters.

Um zahlreiche Gipfel der Welt ranken sich Spukgeschichten und Legenden. Der Pic Canigou, ein mit 2785 Metern Höhe mittlerer Pyrenäengipfel, galt im Mittelalter als unheimlich, von Dämonen bewohnt. König Peter III. von Aragonien soll ihn irgendwann im 13. Jahrhundert bestiegen haben. Am Gipfel fand er einen See, in den er einen Stein warf, worauf ein riesiger Drache über dem Gewässer aufflog und die Sonne verdunkelte. Gleiches erzählte man sich vom Pilatussee. Im vorgeschichtlichen Kleinasien und auf Kreta waren die Ida-Berge der großen Göttermutter, der Idaia oder Kybele, geweiht. Im alten Griechenland setzte sich eine jüngere Vorstellung durch. Sie brachte – wohl aus dem indogermanischen Kulturkreis kommend – eine männliche Deutung der heiligen Berge, die jetzt von Apollon, Zeus und anderen Olympiern bewohnt wurden.

Der Erdmutterglaube ist überall der primäre. So auch im alten China. Chinas heiligster Berg, der Sun-Schan, hieß einst Tu-Schan, »Erdmutterberg«. Auch im alten Kanaan waren viele Höhen einer Muttergöttin geweiht, die als

Heilige Gipfel – Opferplätze

Fruchtbarkeitsgöttin Ašerah bekannt war. Im Psalm heißt es: »Ich hebe meine Augen auf zu den Bergen – woher wird mir Hilfe kommen?« Dieses Gebet geht auf die vorprophetische Religion Kanaans zurück, deren heilige Berge die jahveverkündende Prophetenreligion mit einbezog, weil sie sich im Volksglauben nicht übergehen ließen. Die alten heiligen Gipfel waren hier in erster Linie Opferplätze. Auf ihnen fühlte man sich den Göttern nahe. Später erst wurde das Brandopfer von König David per Dekret auf den Tempelberg Moriah in Jerusalem zentralisiert. »Dies ist die für den Tempel gültige Ordnung: Auf dem Gipfel des Berges soll er sein und sein ganzer Bezirk ringsum hochheilig sein.« Der zentralistische Jahve-Klerus versuchte wieder und wieder, die alten Brand- und Weihrauch- sowie Trankopfer auf heiligen Höhen entweder auszurotten oder sich selbst dienstbar zu machen. So war der Ölberg zur Zeit Davids eine Kultstätte, auf der man Gott verehrte. Der Prophet Amos wandte sich entschieden gegen die Kulthandlungen auf den heiligen Höhen von Bethel, Gilgal und Berseba. Erst Giskia, dem König des Südreichs, und Josija gelang es, die Höhendienste auszurotten; als Naturkulte waren sie den Anhängern Jahves suspekt. Dieselbe Auffassung übernahmen später im Prinzip sowohl das Christentum wie der Islam. Beide Religionen konnten sie aber nicht generell durchsetzen.

Wie viele christliche Klöster und Eremitagen gibt es doch in wilden Gipfelregionen der Berge! Man denke nur an die Anlagen auf dem heiligen Bergstock des Montserrat in Katalonien, an das Heiligtum auf dem Mont-Saint-Michel vor Frankreichs Kanalküste, an die Bergklöster des Sinai oder die griechischen Meteora-Klöster oder an die Einsiedelei des Père Foucault auf der höchsten Höhe des vulkanischen Hoggar-Gebirges tief in der algerischen Sahara. Und hat nicht der Prophet Mohammed selbst seine Offenbarungen in einer Felsennische auf dem Djebel Arafat, einem kleinen Berg weit außerhalb Mekkas, gehabt? Zwar gefiel dem alttestamentarischen Propheten Hosea der noch von Salomo praktizierte Gotteskult auf dem heiligen Berg Tabor, dessen Name als »Nabel«, als Weltnabel oder Weltmitte, gedeutet wird, nicht. Doch in christlichen Zeiten bauten fromme Mönche auf ihm eine Klosteranlage und eine Kirche, weil sie ihn als Berg der Verklärung Christi betrachteten. Der Tabor galt als besonderes Symbol göttlicher Macht. Im zweiten Petrusbrief heißt er einfach »der heilige Berg«. Als Stätten göttlicher Macht, als gottesnahe Plätze, als Orte der Offenbarung werden Berggipfel oft angesehen. Hat nicht schon Moses Gottes Gebote auf dem Berg Sinai oder Horeb empfangen?

Auch im alten Iran verehrte man heilige Weltenberge, so den mystischen Berg Alburz, der sich heute gleich zweimal

... um den die Gestirne kreisen

lokalisieren läßt: einmal in Nordpersien, einmal im Kaukasus. In der Mythologie des Islam lebt er als Berg Kaf weiter. Er hat einen Hauptgipfel, den Terak, um den die Gestirne kreisen; durch seine 360 Fenster gehen sie ein und aus. Auf dem Terak erbauten der Legende nach in vorislamischer Zeit die Ameša Spentas, die sieben höchsten Geistwesen, dem Gotte Mithra einen Palast. In spätjüdischer Zeit verwandelten sich diese hohen Geister dann in die sieben Erzengel.

Die zahlreichen heiligen Berge der Antike knüpfen kultisch wahrscheinlich ausnahmslos an ältere mediterrane Glaubensinhalte an. Viele von ihnen heißen Olympos, etwa der große, der elische, der arkadische, der lakonische, der mittlere Pranon, ein Gipfel des Taygetos, der lesbische, der kyprische, der mysische oder der bithynische. Die meisten von ihnen krönten antike Tempelanlagen. Manche davon wurden später durch christliche Bergkirchen ersetzt.

Im alten China gab es zahlreiche Gruppierungen heiliger Berge, die meist zu Fünfergruppen zusammengefaßt waren. Sie standen symbolisch – nicht geographisch – jeweils für die Weltmitte und die vier Himmelsrichtungen. Taoisten, Konfuzianer und Buddhisten hatten und haben ihre eigenen heiligen Berge, die sich freilich häufig miteinander überschneiden. Die klassischen heiligen Berge des Konfuzianismus sind der T'ai-Schan in Schantung (sein Name bedeutet »Großer Berg«, und er gilt als »Berg der Mitte«), der Lung-Hu-Schan oder »Drachentigerberg« in Hunan, der Hua-Schan oder »Blumenberg« in Schensi, der Heng-Schan oder »Dauernder Berg« in Schansi und der Sung-Schan oder »Erhabener Berg« in Honan. Die chinesischen Buddhisten verehren den O-Mei-Schan, der als Wohnsitz des »Allerbarmers« gilt, und den Wu-Tai-Schan, von dem der Legende nach die Bekehrung Chinas zum Buddhismus ausging. Die Silbe »Wu« ist das altchinesische Wort für »Schamanin«, was auf eine bereits vorbuddhistische Verehrung dieses Berges schließen läßt.

Die größte Bedeutung aller heiligen Berge Chinas hat der T'ai-Schan. Trotz seiner geringen Höhe von nur 1450 Metern ist er eine eindrucksvolle Erscheinung, weil er isoliert aus einer Schwemmlandebene herausragt. Auf den Gipfel führt ein alter Pilgerweg, gesäumt von zahlreichen Tempeln, die dem Schutzgeist des Berges geweiht sind. Sie alle gelten als Eingänge in die Unterwelt. Den Steinen vom

Schutz vor den dunklen Mächten

T'ai-Schan wird Zauberkraft zugesprochen. Sie sollen vor dunklen Mächten schützen. Inmitten einer Felsgruppe auf dem Berggipfel steht ein Tempel des Herrn des Himmels.

Im Grenzgebirge zwischen Korea und der Mandschurei erhebt sich der 2744 Meter hohe, düstere Pai-To-Schan, ein erloschener Vulkan, der in beiden Ländern als heilig gilt. Sein Kratersee heißt Lung-Wan-Tan, was soviel wie »See des Drachenfürsten« bedeutet. Parallelen zu den Drachenfabeln vom Pilatus und dem Pic Canigou und ihren Bergseen fallen auf.

Ausgesprochen reich an heiligen Bergen ist die Himalaya-Kette, besonders in Tibet. Wichtigste Gipfel sind der Kailas, der in Indien mit dem Weltenberg Meru gleichgesetzt wird, und der Gaurisankar, der Sitz der Weißen Himmelskönigin gNam-lha-dkar-mo. An der Grenze zwischen Tibet und Bhutan ragen die heiligen Berge Tschomo-Lhari und Kang-Tschen-Dzönga auf, beide Ziele von Wallfahrten und Prozessionen. Pilgerfahrten besonderer Art führen zum bedeutendsten Bergheiligtum des Himalayas, dem Kailas, der den Indern als Wohnsitz Shivas und seiner göttlichen Gemahlin gilt und für die Tibeter einen Thron ganzer Göttergeschlechter darstellt. Fromme Pilger umrunden den prächtigen Gipfel innerhalb einer vierzigtägigen Wallfahrt, indem sie den langen Weg in zigtausendfachen Niederwerfungen mit ihrem Körper ausmessen. Die Verehrung dieses majestätischen Siebentausenders ist sehr alt. Von ihm, dem Nabel und der Achse der Welt, ging auch die Urreligion Tibets, der Bön-Schamanismus, aus.

Auch in Japan geht die Verehrung heiliger Berge in die frühesten Zeiten zurück. Die Ureinwohner der Inseln, die Ainu, sahen in manchen Gipfeln den Sitz eines Herrn der Tiere, den sie meist in Bärengestalt verehrten. In der späteren, aber noch immer prähistorischen Zeit der Yayoi-Kultur verehrten die Ackerbauern in den heiligen Bergen Orte der Ahnengeister und zugleich Zugänge zur Unterwelt und zum Himmel. Den Berggöttern, die außer als Bären auch als mythische Hirsche, Wölfe, Affen oder etwa als Wildschweine in Erscheinung treten konnten, brachte man Opfer dar. Als dann der Buddhismus nach Japan kam, übernahm er die alten heiligen Berge der Ureinwohner und institutionalisierte zahlreiche Bergwallfahrten, zum Beispiel zu den Gipfeln des Omine und des Ontake in Mitteljapan. Diese Wallfahrten hatten bis in die jüngste Vergangenheit noch ausgeprägt schamanistischen Charakter. So praktizierten die Pilger unter anderem noch bis vor kurzem die Zeremonie des Feuergehens.

Zahlreiche Klöster und Einsiedeleien von Asketen entstanden in den höheren Regionen von Japans heiligen Bergen. So mancher Büßer hofft, in der Gipfeleinsamkeit

Der Seele den Spiegel vorhalten

Buddhanatur zu erlangen. Es fehlt aber auch nicht an völligen religiösen Abirrungen. So hoffen manche Asketen, selbst zu Bergdämonen zu werden und deren Kräfte zu erlangen. Viele uralte schamanische Elemente spielen hier ebenfalls eine Rolle. So gelten den Japanern die heiligen Berge Tata-yama und Shide-yama als Eingänge zur Unterwelt. Durch sie gelangen die Seelen der Verstorbenen zum Unterweltfluß Sanzu, wo sie von einer alten Frau von ihrer irdischen Hülle befreit werden. Dann hält der Totengott Emma, der indische Yama, jeder Seele einen Spiegel vor, der Selbsterkenntnis und Selbstgericht bewirkt. Der berühmteste japanische Pilgerberg ist zweifellos der perfekte Konus des Vulkans Fuji-Yama. Auch wenn die Wallfahrt zu seinem Gipfel heute weitgehend säkularisiert ist, gilt er noch immer als Sitz des Lichtkönigs Fudo. In den warmen Sommermonaten, in denen die Anstiegswege des Fuji schneefrei sind, pilgern zuweilen täglich bis zu 50000 Japaner hinauf zum Kraterrand.

Die Buddhisten und Hindus in Indien verehren wie die Tibeter ebenfalls etliche Himalaya-Gipfel, sie kennen aber

9

9 »Ich hebe meine Augen auf zu den Bergen, woher wird mir Hilfe kommen«, heißt es in einem Psalm. Zahlreiche christliche Klöster und Eremitagen liegen in wilden Bergregionen. Nahezu unzugänglich auf dem Gipfel einer Felsnadel erscheint dieses Meteora-Kloster im griechischen Thessalien.

10

11

12

darüber hinaus auch zahllose heilige Tempelberge im ganzen Lande, selbst in ausgedehnten Ebenen. Dort ersetzen die von Menschen errichteten Gopurams, gewaltige, sich nach oben verjüngende Tempeltürme, die Göttersitze. Einer der eigenwilligsten heiligen Berge Indiens ist der Srávana Bélgola im südindischen Staat Karnataka, den besonders die Anhänger des Jainismus verehren. Auf dem Gipfel der eindrucksvollen schwarzen Basaltkuppe steht eine 18 Meter hohe Statue des Gomatéshvara. Sie ist als Ganzes aus dem Fels herausmodelliert und mit ihren Füßen fest mit dem Berg verbunden. Die Gestalt gilt als eine der 24 sogenannten Tirthankaras, der mystischen Vorläufer des Religionsstifters Mahavira. Die Statue des Gomatéshvara steht auf dem Gipfel des Weltenberges, wo sie nach der Auffassung der Jainas direkt mit der kosmischen Energie verbunden ist.

Auch unsere mittel- und nordeuropäischen Vorfahren, die Kelten und die Germanen, kannten heilige Berge. Der Ortsname Godesberg zum Beispiel erinnert an einen früheren Göttersitz des Odin oder Wotan, wie auch zahlreiche andere Odenberge Norddeutschlands oder der Odenwald. Heilig waren unseren Ahnen aber etwa auch der sagenumwobene Brocken im Harz, der Kyffhäuser, der Staffelstein im Grabfeldgau oder die alte Vulkankuppe des Hohentwiel bei Singen, um nur einige wenige zu nennen.

Zahlreiche heilige Berge gibt es auch in der Neuen Welt, darunter mehrere Gipfel in den San Francisco Peaks in Arizona, die Black Hills in South Dakota, der Mount Shasta

10/11 Heilig waren unseren Ahnen auch so sagenumwobene Plätze wie der Blautopf bei Blaubeuren auf der Schwäbischen Alb und der Kyffhäuser in Thüringen.

12 Einen festen Platz in der Mythologie haben die Steingräber in der norddeutschen Tiefebene.

in Kalifornien, Mount Rainier in Washington, der Denali (früher Mount McKinley) in Alaska und der Mount Katahdin in Maine. Sie und andere werden von der amerikanischen eingeborenen Bevölkerung als Orte großer spiritueller Kraft verehrt. Auf Hawaii gilt der Mount Pelé als Heiligtum der gleichnamigen Vulkangöttin. In Venezuela ist der Sorte Mountain ein Ort besonderer Weihe.

In Afrika gelten von alters her neben anderen heiligen Bergen der Kilimandscharo und der Mount Kenia als Göttersitze, in Australien der rote Riesenmonolith des Ayers Rock.

Wenn auch mystische Berge zu den bedeutendsten Brennpunkten des Numinosen auf der Erde zählen, die einzigen »Orte der Kraft« sind sie nicht. Die verschiedenen Religionen kennen daneben zahlreiche andere Plätze großer kultischer Bedeutung: Quellen und Seen, einzelne Felsen oder Felsgruppen, Grotten, Klippen, Inseln, heilige Wälder oder etwa uralte heilige Bäume. Manchmal zeichnen sich solche Orte der Kraft auch durch keinerlei äußerlich erkennbare geologische oder biologische Besonderheit aus. Verehrt werden sie von spirituell sensiblen Menschen dennoch. Es würde zu weit führen, hier eine auch nur grobe Übersicht derartiger Weihestätten vorzustellen. Ihre Zahl ist gigantisch. Einige wenige Beispiele sollen ihre vielfältige Natur charakterisieren. Nicht selten handelt es sich um uralte Kultplätze, von deren Rang auch entsprechende Monumente zeugen. Die Steinzeitanlagen von Stonehenge in England und andere englische, schottische und irische Steinkreise gehören ebenso hierher wie der berühmte Ort der Kraft, auf dem die französische Kathedrale von Chartres errichtet wurde. Der Haram-Bereich um die Kaaba von Mekka, ein Platz, an dem der alttestamentarische Stammvater Abraham einen ersten Altar für »den einen Gott« errichtet haben soll, ist ebenfalls ein solcher heiliger Ort.

Der Altar für »den einen Gott«

Als Platz übernatürlicher Kraft gilt auch die Fontaine de Vaucluse, einer der bedeutendsten natürlichen Quelltöpfe der Welt, in Südfrankreich. Delphi, die Stätte des klassischen griechischen Orakels, ist ein Ort der Kraft, genau wie etwa die Ansammlung bizarr erodierter Felsen in der »Ciudad encantada«, der »verzauberten Stadt« nahe dem spanischen Cuenca. Lourdes mit seiner Erscheinungsgrotte gehört hierher und der heilige Bezirk unweit des portugiesischen Städtchens Fátima, aber auch die Indian Hot Springs in West-Texas oder die kleine staubige Wüste des »Kaldidalur« (»kalten Tales«) im Westen Islands. In Deutschland wären allen voran die Felsgruppen der Externsteine im Teutoburger Wald zu nennen, die neuerdings wieder als Kultstätte von »New-Age«-Anhängern verschiedenster Richtung genutzt werden, vor allem zur Zeit der Sommersonnenwende. Als Kraftorte gelten hierzulande aber auch der Blautopf in Blaubeuren, der Alatsee bei Füssen im Allgäu, der kleine Mummelsee an der Schwarzwald-Hochstraße, verschiedene Felsformationen in der Sächsischen Schweiz, das Quellenheiligtum Heidenfels bei Landstuhl, das norddeutsche Teufelsmoor, die Standorte der Hünengräber in der Lüneburger Heide und viele andere.

Was macht die heiligen Berge und all die anderen verehrten Plätze zu »Orten der Kraft«? Die Frage ist äußerst vielschichtig. Am sinnvollsten scheint es, zunächst einmal die Symptome aufzuspüren, die Menschen veranlassen, diese Plätze zu verehren. Systematisch beschäftigt haben sich in neuerer Zeit US-amerikanische Wissenschaftler der Fachrichtung »Transpersonale Psychologie«, aber auch der Geologie, der Physik und der Ingenieurwissenschaften mit derartigen Phänomenen. Diese Berichte enthalten viele merkwürdige Passagen. So zitiert der Psychologe Dr. Jim Swan von der Universität Michigan eine Texanerin: »Als ich nach Alpine, Texas, zog, fühlte ich einen inneren Zwang, hinauszugehen und diese wundervolle kleine Schlucht, den Ranger Canyon, zu erforschen. Nicht viel später hatte ich einen sehr lebhaften Traum von einem silbernen Wolf, der vor meiner Türe stand. Später, in der Bücherei, stieß ich auf einige alte Sagen über das Gebiet. Ranger Canyon, so scheint es, wird für den Platz gehalten, an dem ein mystischer Silberwolf lebt.«

Ein mystischer Silberwolf

Swan berichtet noch von anderen, ähnlichen Vorfällen, und er schreibt: »Wären das nur einige wenige, isolierte Vorkommnisse, dann könnte man sie übersehen, aber im Verlauf mehrerer Jahre habe ich mit weit über hundert Menschen gesprochen, die spezielle Erlebnisse an Orten hatten, von denen sie erst später erfuhren, daß sie als heilig oder ›besonders‹ gelten. Im Bereich einer Gruppe von 22 heißen Quellen in Texas – sie heißen Indian Hot Springs – verzeichnete der Volkstumsforscher Pat Taylor zahlreiche sehr lebhafte Träume, die Menschen hatten, während sie sich dort aufhielten. Besonders interessant ist, daß in mehreren Träumen große dunkelhäutige, fast nackte Menschen und Herden wilder Pferde vorkamen. Im allgemeinen bestätigen Menschen, die von solchen Träumen berichten, daß sie zuvor nicht erwarteten, Träume mit derartigen Motiven zu haben.«

Dr. Stanislav Grof vom kalifornischen Esalen Institute schreibt: »Ich selbst zweifle nicht an der Realität von ›Kraftorten‹ (er nennt sie ›power spots‹) . . . Einer davon ist mit Sicherheit der Platz, wo der Hot Springs Creek bei Esalen einen Wasserfall bildet und in den Pazifischen Ozean mündet. Mehrere mexikanische und nordamerikanische Schamanen, die wir zu unseren Seminaren einluden, erkannten ihn unabhängig voneinander als solchen.«

Manche Menschen haben an Orten der Kraft besondere Träume. Andere, spirituell erfahrene Personen, erkennen die Kraft intuitiv. Der Musiker Steven Halpern – und mit ihm zahlreiche andere Menschen – »hören« in ihrem Inneren besondere Musik an derartigen Plätzen. Manchmal erfahren sie dort regelrechte Kraftlieder – Melodien wie Texte –, die sich in ihrem späteren Leben als überaus hilfreich erweisen. Sie beruhigen beim Singen, sie wirken heilend, sie verhelfen zu Visionen und zu Kontakten mit Schutz- und Kraftgeistern. Wieder andere Menschen fallen an Orten der Kraft unmittelbar in Trance, haben Visionen, spüren gewaltige Energien in ihrem Inneren, fühlen sich geistig oder sexuell erregt. Ein Leser meines Buches »Die großen Rätsel unserer Welt«, ein deutscher Diplomingenieur, schrieb mir, daß er zusammen mit seiner Frau auf Anraten eines Einheimischen an einem stillen – das heißt touristenarmen – Abend durch die prähistorischen Menhirreihen von Carnac in der Bretagne ging, die Handflächen nach unten gerichtet. Der französische Informant hatte ihm das angeraten, ihm aber nicht gesagt, was er erwarten könne. An einer bestimmten Stelle der Steinreihen verspürten beide Ehepartner gleichzeitig ein Kribbeln in ihren Händen, das sie als »elektrisch« empfanden. Andere Besucher von Orten der Kraft berichten von einem Sausen in den Ohren oder einem Summen im Kopf, das sie als spürbaren Energiefluß interpretieren. Meistens vermitteln die Kraftplätze innere Ruhe, seelische Stabilität, Gelassenheit und Glücksgefühle. Doch es gibt auch Orte negativer Kräfte, die instinktiv als unangenehm empfunden werden. Gänsehaut macht sich breit, und viele Besucher reagieren beinahe automatisch mit einem Fluchtreflex. Sie beginnen, schneller zu gehen, zu laufen.

Seelische Stabilität, Gelassenheit, Ruhe

Die Naturwissenschaftler lehnten es lange ab, sich mit Orten der Kraft zu befassen. Sie stehen ihnen skeptisch oder negativ gegenüber, zuweilen auch verunsichert. Meist ignorieren sie derartige Phänomene einfach. Wie sollen sie schließlich damit umgehen? Wie kann sich ein Naturwissenschaftler – gleich welcher Fachrichtung – mit den Mitteln seines Handwerks einem Meisterwerk von Rembrandt nähern? Er kann die Farben chemisch analysieren, den Pinselstrich unter dem Mikroskop betrachten, die Leinwand auf ihre physikalischen Eigenschaften untersuchen, die Lichtreflexions- und Absorptionseigenschaften aller Bildpunkte ermitteln oder das Bild unter dem Mikroskop betrachten. Erfassen wird er seine eigentliche Bedeutung, seine geistige Substanz, damit nicht. Die Quintessenz ist einfach: Ein Rembrandt ist kein Forschungsgegenstand für einen Naturwissenschaftler.

Kann ein Ort der Kraft es sein? Die Naturwissenschaftler haben diese Frage lange verneint. Genötigt, sich mit diesem Thema auseinanderzusetzen, sahen sie sich erst von den Esoterikern, mitunter auf eine ausgesprochen peinliche Weise. Die Esoteriker selbst begannen nämlich, pseudonaturwissenschaftliche Methoden zu erfinden und selbst anzuwenden, um die Existenz von Kraftorten zu »beweisen«. Dabei bedienen sie sich einer Terminologie, die bei den etablierten Naturwissenschaftlern blankes Entsetzen auslösen muß. Sie sprechen etwa von magnetischen Strahlen, was physikalisch gesehen purer Nonsens ist. Magnetismus äußert sich in Feldern, er strahlt nicht. Sie versuchen zuweilen sogar, Radiästhesie, die Mutung von Wasseradern oder Bodenschätzen mit der Wünschelrute oder dem Pendel, als exakte Meßtechnik auszugeben und deren Ergebnisse in Skalen numerisch zu erfassen. In Wirklichkeit zeigen weder Rute noch Pendel irgendwelche physikalischen Größen an, sondern den Muskeltonus sensibler Menschen, die ihrerseits durchaus irgendeine Art instinktiven Gespürs für Dinge im Erdboden haben können. Radiästhesie als naturwissenschaftliche Meßtechnik zu betrachten ist nichts anderes, als wollte man die körperliche Erregung eines Kunstliebhabers angesichts eines bedeutenden Bildes als Körperzittern erfassen und aus dessen Stärke einen Wertmaßstab für das Kunstwerk ableiten.

Die Existenz der Kraftorte »beweisen«

Die Zunft der esoterischen Erdforscher gibt sich selbst den pseudowissenschaftlichen Namen Geomanten. Sie spricht von Erdstrahlen als Gegebenheit, ohne in der Lage zu sein, dieses Phänomen überhaupt physikalisch zu definieren. Da ist von kosmischen oder erdgebundenen Energien oder gar Energieströmen die Rede. Unter Energie versteht die Naturwissenschaft die potentielle Fähigkeit, meßbare Arbeit zu leisten. Aber welche Arbeit im physikalischen Sinne hätte die von den Geomanten erwähnte »Energie« jemals geleistet? Die spirituellen Erdforscher haben sich

13

14

15

durch den Anstrich der Naturwissenschaftlichkeit selbst erheblichen Schaden zugefügt. Sie haben sich ohne Not unglaubwürdig gemacht.

Welcher Kunstfreund käme auf die Idee, die geistige Kraft, die einem Bild innewohnt, etwa als geheimnisvolle Strahlenenergie auszugeben und diese sogar messen zu wollen? Selbst wenn ihm das gelänge, würde er dadurch nichts gewinnen, sondern viel verlieren. Messen bedeutet zerstückeln. Eine Gesamtwirkung läßt sich niemals messen, auch nicht in den exakten Naturwissenschaften. Messen lassen sich immer nur einzelne konkrete physikalische Größen, und die sind stets nur ein kleiner Teil des Ganzen.

Ein Analogiebeispiel soll die ganze Absurdität des pseudowissenschaftlichen Anspruchs mancher Geomanten belegen. Stellen Sie sich vor, ein gläubiger Christ wolle die Wissenschaft von der faktischen Existenz der göttlichen Offenbarung überzeugen und bediene sich dazu der Bibel. Er fordert die Physiker und Chemiker auf, das heilige Buch genauestens zu untersuchen. Das Ergebnis ist eine möglicherweise umfangreiche Datensammlung. Erfaßt werden Dimensionen, Masse, struktureller Aufbau aus Einband und abzählbaren Papierblättern, Schwärzungsgrad der einzelnen Seiten durch Druckerfarbe, Alter und chemische Zusammensetzung des Materials und so weiter. Von »heilig« bleibt da keine Spur. Der Christ hat sich in den Augen der Naturwissenschaftler lächerlich gemacht, vor allem, wenn er sich selbst zuvor bei der Beschreibung des Buches eines Vokabulars bedient hat, das zahlreiche physikalische

13 Maria-Magdalena-Kirche in Jerusalem, die Grabkapelle einer russischen Fürstin.

14 Bei den steinzeitlichen Dolmen handelt es sich um kultische Bestattungsplätze an heiligen Orten.

15 Vor etwa 4000 Jahren wurden die Steinkreise von Stonehenge errichtet.

Fachausdrücke sachlich falsch und in falschem Zusammenhang benutzt. Dennoch sind der Christ und sein heiliges Buch ernst zu nehmen.

Die Geomanten verärgerten die Naturwissenschaftler derart, daß einige unter ihnen auszogen, um die Störenfriede mit ihren »Orten der Kraft« meßtechnisch zu widerlegen. Die Ergebnisse waren jedoch verblüffend: An vielen dieser alten heiligen Plätze konnten tatsächlich deutliche Abweichungen der durchschnittlichen natürlichen geophysikalischen Größen gemessen werden. Unter den »Black Hills« von South Dakota, die den Lakota Sioux und anderen Indianerstämmen der großen Ebenen als Stätten der inneren Läuterung und der Vision gelten, lagern bedeutende Uranvorkommen. Die radioaktive Strahlung des Bodens ist hier erheblich höher als anderenorts. Auch der Ayers Rock, das bedeutendste Naturheiligtum der australischen Aborigines, erhebt sich über einem größeren Uranlager. In Großbritannien fand Paul Devereux erhöhte Radioaktivität im Bereich einiger steinzeitlicher Menhirkreise. Zahlreiche radioaktive Quellen in aller Welt gelten seit alters her als Heilquellen.

Radioaktive Strahlung als Ursache?

Das Vorkommen strahlender Nuklide ist nur ein Merkmal mancher Orte der Kraft. Die Physiker fanden noch zahlreiche andere. Das erdmagnetische Feld induziert dort, wo es im Boden geeignetes elektrisch leitendes Material findet, elektrische Ströme. Unangenehm trat das beim Bau der Alaska-Pipeline in Erscheinung. Man hatte nicht damit gerechnet und das lange Stahlrohr über weite Strecken ohne Zwischenisolatoren verlegt. Die Folge waren bei erdmagnetischen Turbulenzen, wie sie auch die Polarlichter auslösen, Ströme von lokal über 100 Ampere, die zur raschen Korrosion des Edelstahlrohrs führten. Die technische Abhilfe verschlang Millionen Dollar. Derartige Induktionsströme können an geeigneten Stellen auch in unterirdischen Wasserläufen – die ja ebenfalls elektrisch leitend sind –, in feuchten Sedimenten oder Erzgängen auftreten. Die Geologie spricht von »tellurischen Strömen«.

Im Bulletin of the Geological Society of America berichtet James Towle von einem starken regionalen Strom dieser Art im Bereich der San Francisco Peaks, einer Bergkette, die den Hopi und Navahos heilig ist. Welchen Einfluß diese Erscheinung auf biologische Organismen hat, wisse er nicht, schreibt Towle; aber er erwähnt, daß die erhöhte geoelektrische Aktivität in diesem Gebiet zu besonders heftigen Gewittern Anlaß gibt und daß bei trockenem Wetter die Bergspitzen manchmal aufgrund elektrischer Entladungen in der Dämmerung regelrecht glühen. Der Effekt läßt sich mit dem Sankt-Elms-Feuer an den Mastspitzen von Schiffen vergleichen, einer elektrischen Lichterscheinung, die früher so mancher Seemann mit Aktivitäten des »Klabautermannes« verband.

In den Anden sind derartige Entladungen als »Andenlichter« bekannt und können meilenweit vor der Westküste Südamerikas von Schiffen aus auf Berggipfeln gesehen werden. Solches Leuchten erscheint bei geeignetem Wetter und geeigneter erdmagnetischer Konstellation an den Gipfeln zahlreicher heiliger Berge in aller Welt. Der Omei in China und der Sorte in Venezuela, beide von der lokalen Bevölkerung als heilig betrachtet, erstrahlen regelmäßig in »mysteriösem« Glimmlicht. Wer sich zu dieser Zeit auf ihrem Gipfel aufhält, empfindet innere Energie, Erregung und Inspiration. Manche Menschen berichten dabei auch von Geräuscherlebnissen. Sie hören ein Knistern oder Summen.

Joan Price, Direktorin des geophysikalischen Colorado Plateau Forschungsprojekts, berichtet von Meßdaten, die ungewöhnlich starke elektromagnetische Felder an manchen heiligen Orten der Hopi-Indianer ausweisen. Gleichzeitig erwähnt die Wissenschaftlerin einen beachtlichen Überschuß negativer Ionen in der Luft, die sich auf Geist und Körper beruhigend auswirken.

Sonderbare Lichter in der Wüste

Stark negativ ionisierte Luft findet sich auch in der Nähe zahlreicher Heilquellen in aller Welt. Das Wasser der als Ort der Kraft und der Heilung bekannten Indian Hot Springs in West-Texas zeichnet sich durch einen ungewöhnlich hohen Anteil gelöster Substanzen aus. Besonders wichtig erscheint die beachtliche Menge von Lithium, das in der Medizin zur Stabilisierung bei geistiger Labilität Verwendung findet. Weil sich diese Quellen längs einer tektonisch unruhigen Grabenzone erstrecken, lassen sich hier zugleich elektrische Entladungserscheinungen erwarten. Sogar die US-Army berichtete von »sonderbaren Lichtern« in dieser Wüstenregion.

Bei Stonehenge und anderen der überaus zahlreichen britischen Steinkreise aus prähistorischen Zeiten wollen Physiker zu manchen Jahreszeiten ein eigenartiges akustisches Phänomen beobachtet und vermessen haben: Im nahen Umfeld der Kreise lassen sich angeblich starke Ultraschallwellen registrieren, während diese im Inneren der Kreise völlig fehlen.

16

16 In China gibt es viele heilige Berge, oft zu Fünfergruppen zusammengefaßt. Sie stehen symbolisch für die Weltmitte und die vier Himmelsrichtungen. Die verschiedenen Religionen hatten eigene Berge. Die Huangshan-Berge werden von den Konfuzianern verehrt.

17

17 Sehr einsam liegen die Ruinen des Puntsoling-Klosters am Tsanpo-Fluß in Tibet.

18 In den tibetanischen Bergen des Himalaya gibt es viele Kultstätten, heilige Berge und Klöster.

19 Der berühmteste japanische Götterberg ist der Fuji-Yama. Er gilt als Sitz des Lichtgottes Fudo. Im

18

19

20

Alles in allem scheinen die verschiedenen Meßdaten die Theorie jener zu unterstützen, die daran glauben, daß sich Orte der Kraft tatsächlich durch geophysikalische Anomalitäten auszeichnen. Dennoch ist Vorsicht geboten. Zum einen werden zu viele verschiedene physikalische Größen bemüht, neben radioaktiver Strahlung, elektrischen Strömen und magnetischen Feldern auch die Präsenz unterirdischer Wasseradern, von Gold oder Edelsteinvorkommen oder etwa von vulkanischem Gestein. Zum anderen gibt es Tausende, vielleicht sogar Hunderttausende derartige Orte der Kraft auf der Erde. Wer nur lange genug sucht, wird immer relativ rasch einige Dutzend derartiger Stätten finden, an denen die geomagnetischen Kennwerte deutlich von der Umgebung abweichen. Die Frage ist, ob das nicht auch für zahllose Plätze zutrifft, die niemand als »heilig« oder »besonders« empfindet. Und selbst wenn der Nachweis erbracht wäre, daß dem nicht so ist, bedeutet das noch keineswegs mit letzter Sicherheit, daß die physikalischen Anomalitäten direkt auf den Menschen einwirken.

Jedes geologische Geschehen hat seine Ursachen. Erhöhte elektrische Induktionsströme sind ebenso an besondere Bodenarten und Gesteine gebunden wie etwa Uranlager. Solche Bindungen prägen aber ihrerseits in charakteristischer Weise das Landschaftsbild. Sind es wirklich die elektrischen und magnetischen Phänomene, die den sensiblen Menschen veranlassen, einen Platz als Ort der Kraft zu empfinden, oder ist es der besondere Zauber einer bizarren Vulkanlandschaft, eines wilden Canyons, einer ver-

Sommer pilgern bis zu 50 000 Menschen täglich an den Kraterrand.

20 Zu den heiligen Bergen Nepals zählt der fast 7000 Meter hohe Machapuchare.

21

22

23

wunschen wirkenden Höhle oder eines geheimnisvollen, scheinbar grundlosen Quelltopfs? Gegen die physikalische Meßbarkeit heiliger Orte spricht schließlich, daß es weit mehr Stätten der Kraft gibt, an denen sich keinerlei geophysikalische Anomalitäten feststellen lassen, als solche, für die das zutrifft.

In den USA gibt es derzeit ein Projekt, alte Stammesheiligtümer unter Landschaftsschutz zu stellen. Das bisher zugrundegelegte Kriterium, dort Ausgrabungsfunde zu erwarten, trifft für viele heilige Orte nicht zu, denn sie galten oft als tabu und man ließ dort nichts herumliegen. Neuerdings verlangen Kultplatzschützer, das Gesetz solle heilige Orte mit meßbaren geophysikalischen Abweichungen einschließen. Dr. Emmett Alui, Leiter des Kaho'olawe Ohana Projekts zum Schutz heiliger Orte auf Hawaii, wendet sich entschieden gegen dieses Verfahren: »Was passiert, wenn Sie sich an einen heiligen Ort begeben und keine besonderen Luftionen oder chemischen Substanzen finden? Vielleicht ist der Geist des Ortes etwas, das sich nicht mit einem Meßgerät erfassen läßt.«

»Der Geist des Ortes«, das allein scheint eine angemessene Charakterisierung einer Stätte der Kraft zu sein; genauso, wie man vom Geist eines Buches, etwa vom Geist der Bibel, sprechen kann. Alejandro Zaffaroni, Gründer und Inhaber der ALZA-Gesellschaft in Kalifornien, die sich mit außergewöhnlichen pharmazeutischen Applikationsmethoden befaßt, gab mir einmal eine wundervolle Beschreibung seines persönlichen »Ortes der Kraft«, ohne damit im

21/22/23 In allen Religionen haben die Gläubigen ihren Göttern Tempel gebaut und dabei weder Kosten noch Mühen gescheut. Sie streben dem Himmel entgegen, Symbol für das Aufsteigen zu einer höheren Daseinsform und für die Verehrung der Gottheit.

entferntesten so etwas wie ein schamanisches Heiligtum zu meinen. Er erklärte, daß er seine wirklich phänomenale Schaffenskraft und zugleich Lebensfreude ganz einfach dadurch regeneriere, daß er in einem seiner Belegschaft unbekannten Gebäude unweit seiner Firma einen Raum unterhalte, der ihm lediglich der Entspannung diene, wenn er sich müde, verärgert oder einfach ideenlos und leer fühle. Sein Büro sei nicht der geeignete Ort zum Entspannen; denn wenn er zufällig auf dasselbe Bild blicke, das er vielleicht geistesabwesend betrachtet hatte, als er über ein geschäftliches Problem nachdachte, wenn er vor demselben Schreibtisch sitze, an dem er unliebsame Korrespondenz erledigte, dann assoziiere er damit ganz automatisch zu viele negative Gedanken. Seinen Entspannungsraum hält er davon frei. Ihn füllt er ganz bewußt nur mit positivem Denken. Er sagt, daß die psychische Wirksamkeit dieses Raumes auf ihn im Laufe der Zeit immer stärker wird.

Liegt hier eines der wichtigsten Geheimnisse aller Orte der Kraft? Sind es einfach harmonische Plätze, die noch nicht durch Negatives entweiht sind? Leben hier vielleicht sogar die positiven Gefühle und Gedanken einer Vielzahl von Menschen fort, die einen solchen Platz als heilig empfunden haben, und verstärken sie seine Kraft? Wo ich bete, sagte Mohammed einmal, dort ist eine Moschee. Von manchen alten Häusern heißt es, in ihnen wohne ein guter Geist. Braucht es dazu »Erdstrahlen« oder magnetische Felder, wenn liebevolle Bewohner den Platz im Laufe der Zeit ganz behutsam durch zahllose kleine Details zu dem gemacht haben, was er ist?

Wo ich bete, ist eine Moschee

Die Erkenntnis, daß im Grunde keine physikalische Messung objektiv sein kann, stammt von Werner Heisenberg und wird heute von der Naturwissenschaft allgemein anerkannt. Immer wirkt die Messung selbst auf das Meßobjekt zurück. Immer entsteht eine Wechselwirkung zwischen Meßgegenstand und messender Person. Dieses Phänomen zeichnet sich bei der vorgeblichen physikalischen Erfassung der Eigenheiten von Orten der Kraft besonders ausgeprägt ab. Der Schweizer Ethnologe, Religionswissenschaftler und Psychologe Marco Bischof bemerkte in einem Referat zum Thema »Orte der Kraft« sehr zutreffend: »Warum finden Radiästheten (also Rutengänger, Pendler) nur im deutschen Sprachraum – wo ein gewisser Hang zum ordentlichen rechtwinkeligen Denken nicht zu leugnen ist – Gitternetze (gemeint ist die angebliche Verteilung von »Erdenergien«), im angelsächsischen aber nicht? Dort werden ganz andere Strukturen festgestellt, die man wiederum bei uns nicht findet. Meine Erfahrung hat mich gelehrt, daß Erdenergien keine rein objektive, vom Menschen unabhängige Existenz besitzen und damit auch nicht in dieselbe Kategorie wie physikalisch meßbare elektromagnetische Felder fallen . . . Wahrnehmung ist ein Auswahlprozeß, bei dem der Bewußtseinszustand des Wahrnehmenden über Resonanzphänomene bestimmt, welche Strukturen aus der Totalität der Wahrnehmungsmöglichkeiten ausgewählt und in die bewußte Wahrnehmung gerückt werden . . . Bedenken wir einmal die Situation eines Pendlers oder Rutengängers, der zur Mutung schreitet. Er sucht mit einer ›anderen‹ Wirklichkeit in Kontakt zu kommen, auf die er sich gar nicht wirklich vollständig einlassen will, weil er deren Rückwirkung auf ihn nicht in Kauf zu nehmen bereit ist. So geht er wie ein messender Physiker an die Aufgabe heran, der sich selbst als fühlenden Menschen mit Ahnungen und Intuitionen aus dem Wahrnehmungsprozeß ausschließt.«

Dr. Jörg Purner, Diplomingenieur für Architektur und Lehrbeauftragter an der Universität Innsbruck für »Randgebiete der Baukunst«, faßte einen ähnlichen Gedanken bei einem Vortrag noch konkreter: »Ich bin selbst viele Jahre hindurch der Versuchung erlegen, die Wirksamkeit von sogenannten Reaktionszonen, wie sie auch an Orten der Kraft auftreten können, ausschließlich auf Kräfte im Sinne physikalisch interpretierbarer Strahlungsfelder zurückzuführen. Deshalb habe ich, wie viele andere auch, von einer ›elektronischen Wünschelrute‹ geträumt . . . Im Laufe der Jahre systematischer Erforschung von radiästhetischen Phänomenen sowohl in Form ›krankmachender‹ als auch ›heilsamer‹ Zonen mußte ich allerdings erkennen, daß sich ein Ort der Kraft keineswegs durch besondere Strahlung oder besondere Kräfte im physikalischen Sinne von seiner Umgebung abheben muß, um wirksam zu sein. Vielmehr sehen ›heilige Orte‹ geophysikalisch meist wie ganz ›normale Orte‹ aus, und es ist ihnen meßtechnisch nicht anzusehen, warum sie heilsam auf Menschen zu wirken vermögen . . . Vielleicht entdecken Sie eines Tages, daß Ihnen Ihre Mutungsverfahren und Meßmethoden zwar sehr hilfreich sein können, einen Ort der Kraft zu entdecken. Aber ein heiliger Ort wird sein wahres Geheimnis nur dann offenbaren, wenn Sie all Ihre forschende Neugier zum Schweigen gebracht haben. Dann werden Sie aus eigener Erfahrung erkennen, daß es vermessen wäre, Kräfte messen zu wollen, weil es nichts mehr zu vermessen gilt!«

Heilige Orte – physikalisch nicht meßbar

Die Magie eines Urbildes

1 

2 

3 

Seit urewigen Zeiten legten Menschen Labyrinthe an: In einer schier unendlichen Fülle von geometrischen Variationen wurde das eigenwillige Muster in Felsen geritzt, in Mosaiken verarbeitet, in Fußböden eingelassen, aus Steinen gelegt oder als Grundriß gemauert. Verstand man unter einem Labyrinth schon von Anfang an einen steinernen Irrgarten, ein verwirrendes und deshalb beeindruckendes Bauwerk, wie es der griechischen Sage nach der kretische Palast von Knossos war? Oder stellte das Labyrinth ursprünglich keine architektonische Anlage, sondern einen tänzerischen Bewegungsablauf dar? Besaß das uralte faszinierende Motiv gar eine magisch-symbolische Bedeutung und worin lag diese?

1 Ist das Labyrinth in der christlichen Welt ein altes Symbol für den Tod und die Auferstehung?

2 Bei römischen Fußbodenmosaiken fand man häufig die geometrische Figur des Labyrinths.

3 Hatten die Rasen-Labyrinthe in Klosteranlagen früher eine sinnbildliche Schutzfunktion?

4

5

6

Luzzanas auf der Insel Sardinien, 3. Jahrtausend v. Chr. – Valcamonica in den norditalienischen Alpen, um 700 v. Chr. – Pontevedra in Galicien, Spanien, um 900 v. Chr. – Tintagel in Cornwall, England, zwischen 1800 und 1400 v. Chr. – Hollywood in der Grafschaft Wicklow, Irland, irgendwann in der Bronzezeit – Machĉesk im Kaukasus in der sowjetischen Republik Ossetien, um 1100 v. Chr. – Tell Rifaàt in Syrien, Ende des 2. Jahrtausends v. Chr. – Pylos in Griechenland, vor 1200 v. Chr. – Pompeji in Süditalien, wahrscheinlich 79 n. Chr. – Conimbriga, Portugal, um 200 n. Chr. – Kloster Toussaints in Châlons-sur-Marne, Frankreich, 14. Jahrhundert – Zürich, Schweiz, 16. Jahrhundert – Ytterholmen auf der Insel Gotland, Schweden, nach 600 n. Chr. – Kirche von Sibbo bei Helsinki, Finnland, 15. Jahrhundert – Connemara, Irland, 1971 – Tikla bei Gwalior, Zentralindien, um 250 v. Chr. – Padugula in den Nilgiri-Bergen, Indien, 1. Jahrtausend v. Chr. – nördliches Mitteljava, 9. bis 15. Jahrhundert n. Chr. – Königshaus von Permatang Purba, Sumatra, 19. Jahrhundert – Old Oraibi in Arizona, USA, vielleicht um 800 n. Chr. – Phoenix, Südarizona, USA, um 1100 bis 1200 n. Chr.

Die Aufzählung wirkt geographisch und zeitlich sehr willkürlich. Sie ist es aber nicht. Allenfalls ist sie irritierend. Es handelt sich um Orte, an denen zur angegebenen Zeit Menschen – aus welchem Grunde auch immer – Labyrinthe anlegten: in Felsen ritzten, als Mosaiken arbeiteten, in Kirchenfußböden einlegten, in den Rasen schnitten, aus Steinen legten oder als Grundrisse mauerten. Die

4/6 In der antiken Stadt Conimbriga in Portugal schufen die Römer prachtvolle Labyrinthmosaiken. Diese Darstellungen hatten die Aufgabe, böse Geister fernzuhalten.

5 In den italienischen Alpen entdeckte man Felsbilder mit Labyrinthmotiven aus der Eisenzeit.

Liste ist keineswegs vollständig. Sie ließe sich spielend verzehnfachen, verhundertfachen... Und dabei wäre sogar immer nur ein und derselbe Labyrinth-Typ, sozusagen das »Ur-Labyrinth«, berücksichtigt. Nimmt man die schier endlose Fülle von geometrischen Variationen dazu, dann lassen sich die Labyrinthe der Welt kaum noch überblicken.

Wie das »Ur-Labyrinth« aussieht, zeigen zum Beispiel die Abbildungen auf Seite 144 und 145. Auf den ersten Blick wirkt es etwas konfus. Es läßt sich aber sehr einfach aus einer vollkommen symmetrischen Grundfigur konstruieren. Wer es auf diese Weise zeichnet, dem wird schnell das an sich einfache und zugleich strenge Grundprinzip dieser Figur klar. Die Abbildung auf Seite 144 zeigt die Konstruktionsmethode: Am Anfang steht ein rechtwinkliges Kreuz, in dessen vier Quadranten Viertelkreise und in diese wiederum einzelne Punkte gezeichnet werden. Man verbindet nun mit einem Kreisbogen das obere Ende des

Konstruktionsmethode des Urlabyrinths

linken oberen Viertelkreises mit dem oberen Ende des senkrechten Kreuzarmes. In genau gegenläufiger Bewegung zeichnet man sodann einen Kreisbogen vom oberen Ende des rechten oberen Viertelkreises zum linken oberen Punkt. Wiederum die Richtung umkehrend, verbindet man mit einem weiteren Bogen das linke Ende des linken oberen Viertelkreises mit dem rechten oberen Punkt. Auf diese Weise hin- und herpendelnd fährt man mit den jeweils nächsten freien Enden von Viertelkreisen und Kreuzbalken sowie den Punkten fort, bis man schließlich am unteren Ende des senkrechten Kreuzarmes ankommt.

Die fertige Figur lohnt es, genauer betrachtet zu werden, denn sie hat einige interessante Eigenschaften. Erst einmal ist sie nach außen bis auf einen kleinen Eingang unten rechts völlig geschlossen. Zum zweiten führt von diesem Eingang ein eindeutiger, aber sehr umwegiger Pfad zum Zentrum der Figur zwischen dem linken und dem oberen Arm des Kreuzes. Dieser Pfad pendelt fortwährend von links nach rechts hin und her und berührt in seinem Verlauf die gesamte Fläche der Figur. Er leitet nicht kontinuierlich von außen immer weiter nach innen, sondern entfernt sich zunächst in den Umläufen 1 bis 3 vom Zentrum, kommt diesem dann in zwei Sprüngen in den Umläufen 4 und 5 sehr nahe, entfernt sich in den Umläufen 6 und 7 wieder etwas, um dann unvermittelt zum Ziel zu gelangen.

Auch der unbefangene Betrachter unserer Tage wird das merkwürdige Gebilde wohl auf Anhieb als Labyrinth

7 Um oder unter dem geheimnisumwobenen Königspalast von Knossos auf der Insel Kreta soll der griechischen Sage nach das erste Labyrinth gewesen sein. Die großartigen Ruinen von Knossos wurden ab 1899 von Sir Arthur Evans ausgegraben und teilweise wiederaufgebaut. Der weitläufige

7

Palast mit seinen Treppen, Höfen, Säulenhallen, Gängen und Vorratskammern, seinen vielen Stockwerken und einst über 1000 Räumen ist für den Besucher heute noch verwirrend. Gab die komplizierte Anlage in der Antike den Anlaß zur Sage vom »Labyrinth des Minotauros«?

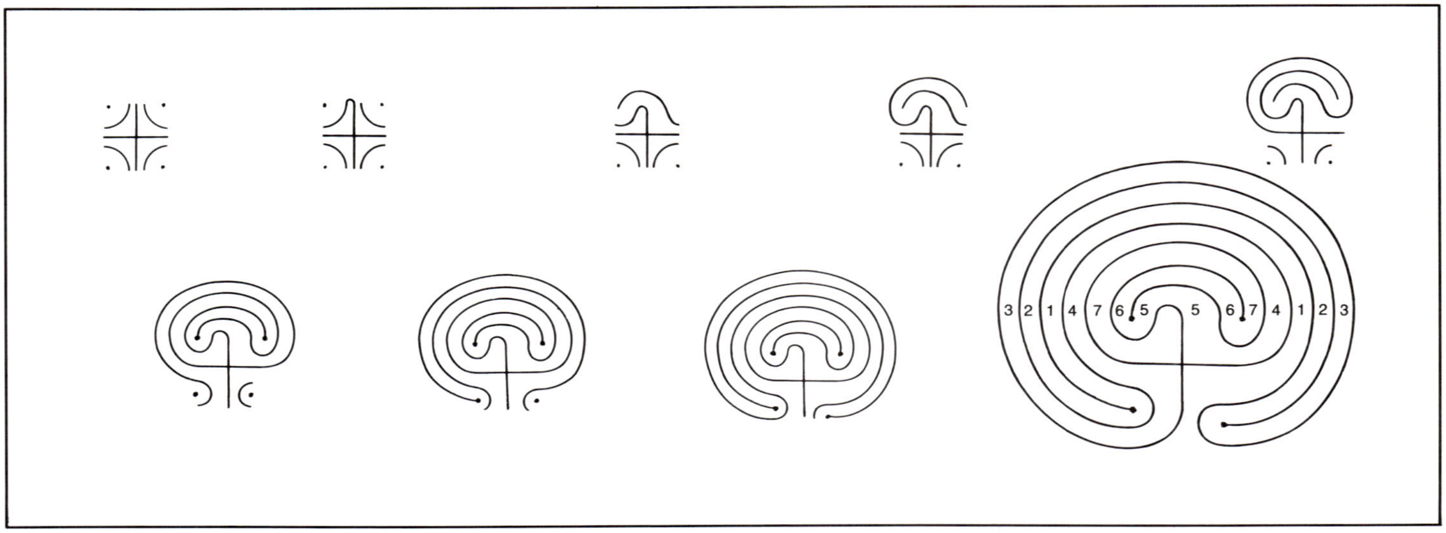

bezeichnen. Fragt man ihn jedoch, was ein Labyrinth ist, dann antwortet er sehr wahrscheinlich: ein Irrgarten. Gerade das ist aber die Figur keineswegs. Man kann sich in ihr nicht verirren. Es gibt keine Wegkreuzungen, keine Gabelungen. Der Pfad führt eindeutig vom Eingang zum Zentrum. Handelt es sich also nicht um ein Labyrinth? Um diese Frage zu beantworten, gilt es herauszufinden, was das Wort Labyrinth wirklich bezeichnet. Und schon wird es wiederum verworren. Die Sprachforscher können sich über die Bedeutung nicht einigen. »Labrys« soll nach einem Bericht des griechischen Historikers Plutarch die Bezeichnung für die kleine asiatische Doppelaxt gewesen sein. Das erste »Labyrinth« befand sich der griechischen Sage nach auf Kreta, genauer gesagt, um oder unter dem Palast von Knossos. Weil nun die Wände der Palastruinen unter anderem Zeichnungen von Doppeläxten zieren, vermutete der deutsche Archäologe Maximilian Mayer 1892, daß der Palast früher »Haus der Doppelaxt«, also »Labyrinth« geheißen haben könnte. Das allerdings ist weit hergeholt, denn erstens fanden sich Abbildungen dieses Werkzeugs in vielen Häusern und Palästen Kretas, zum zweiten war dort die Bezeichnung »Labrys« nicht bekannt. Die Doppelaxt hieß auf Kreta »wao« und in Griechenland »pelekys«. Mit der Doppelaxt hat das Wort Labyrinth wohl nichts zu tun. Ein anderer Erklärungsversuch greift auf das altägyptische Wort »Lape-ro-hunt« (»Tempel der Kanalmündung«) zurück, mit dem Ägyptologen eine mächtige Tempelanlage bezeichnen, gebaut um 1830 v. Chr. unter Pharao Amenemhet III. in der Oasenlandschaft El Faijum. In ihrem Zentrum befand sich der stierköpfige Götze Minotaurus. Problematisch an diesem Erklärungsversuch ist, daß sich in keiner ägyptischen Quelle das Wort »Lape-ro-hunt« findet. Die alten Ägypter nannten den Bau sinngemäß »Amenemhet lebt«. Von einem »Labyrinth« sprach im Zusammenhang mit diesem Tempel erstmals der griechische Historiker Herodot, der 429 v. Chr. starb. Ägyptologen haben von diesem Begriff offenbar rückgeschlossen und das altägyptische Kunstwort »Lape-ro-hunt« geschaffen. Das sprachliche Dilemma ist komplett.

Als kaum weniger irritierend erweist sich der Versuch, der Bedeutung des Begriffes »Labyrinth« auf die Spur zu kommen. Herodot verwandte den Ausdruck wie selbstverständlich für eine den Besucher verwirrende, imponierende architektonische Anlage, in der man sich verirren konnte. Aber auch das ist bereits nicht mehr eindeutig.

Weder Irrgarten noch Bauwerk

Stand das Verwirrende im Vordergrund oder das architektonisch Imponierende? Fatalerweise gebrauchten verschiedene altgriechische Autoren das Wort abwechselnd in beiden Bedeutungen. Die Endung »inthos« scheint auf eine Ortsbezeichnung hinzuweisen und aus einer unbekannten Sprache zu stammen, die die Griechen bei ihrer Einwanderung um 2000 v. Chr. auf dem Peloponnes vorfanden.

Der Anfang des Wortes könnte – vorsichtig gemutmaßt – irgend etwas mit Stein zu tun haben. Diese Erkenntnis sagt zwar nichts darüber aus, ob mit »Labyrinth« ein steinerner Irrgarten oder ganz allgemein ein beeindruckendes Bauwerk gemeint war, doch weist sie darauf hin, daß der Begriff schon seit mehr als anderthalb Jahrtausenden existiert haben könnte, bevor die späten Hellenisten ihn in ihrem Sinn gebrauchten. Weil diese Autoren aber nicht nur komplexe Gebäude damit belegten, sondern auch das eingangs beschriebene Symbol, das damals seinerseits schon seit Jahrtausenden existierte, liegt nahe, daß sich irgendwann während der griechischen Geschichte ein Begriffswandel eingeschlichen hat. Das uralte Labyrinth war sicher weder ein Irrgarten noch ein Bauwerk.

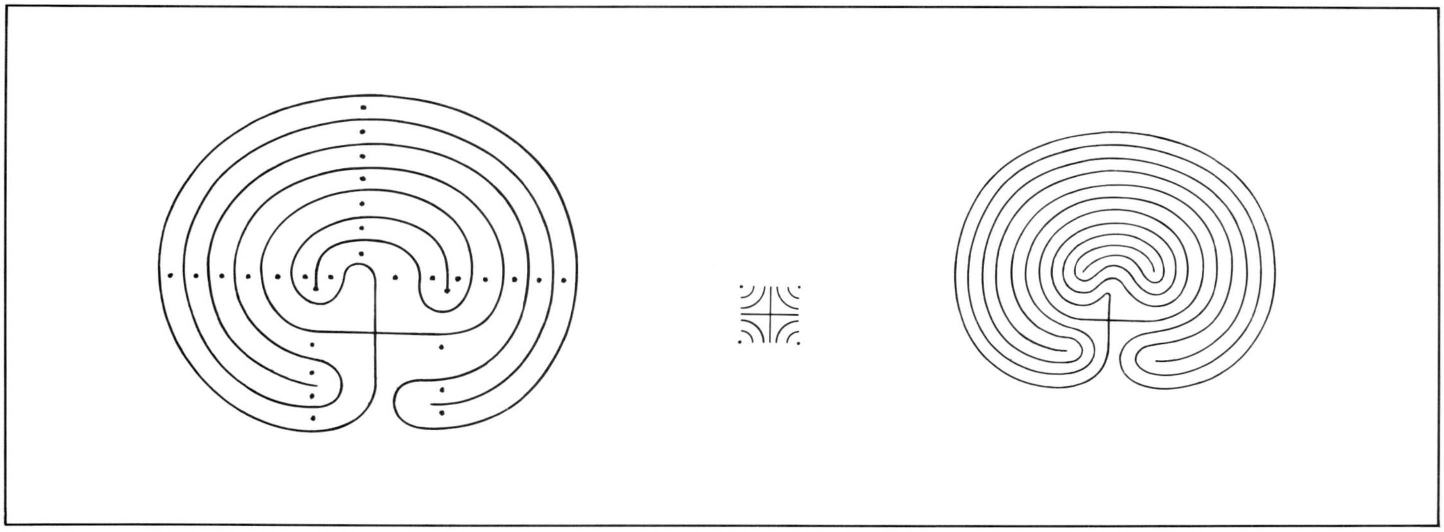

Der Begriffswandel läßt sich sogar ungefähr datieren. Der erste Autor, der »Labyrinth« im Sinne von »Irrgarten« verwandte, war der Grieche Kallimachos im 3. Jahrhundert v. Chr. Er sprach auch erstmals von einem Labyrinth-Gebäude. Das Labyrinth selbst aber ist Jahrtausende älter. Die Frage drängt sich auf, wo es zum ersten Mal auftauchte. Das älteste bekannte Felsbild eines Labyrinths fand sich in der »Tomba del Labirinto«, einem vorzeitlichen Felskammergrab bei Luzzanas auf Sardinien. Die rund 30 Zentimeter große Ritzzeichnung stammt wohl aus der zweiten Hälfte des dritten vorchristlichen Jahrhunderts. Doch es gibt Hinweise darauf, daß diese grundrißartige Figur schon damals lange bekannt war.

Der griechische Philosoph und Biograph Plutarch sammelte gegen Ende des ersten nachchristlichen Jahrhunderts frühe Berichte im Zusammenhang mit dem mythischen Helden Theseus, der das minoische Inselreich Kreta von einem grausamen Fabelwesen mit Stierkopf und Menschenleib, dem Minotaurus, befreite. Dieser Minotaurus hatte irgend etwas mit einem Labyrinth zu tun. Manche Quellen geben an, daß er darin lebte, andere sagen nichts dergleichen aus. Zwei Dinge sind allen Quellen Plutarchs gemeinsam: Alle sind sie wenigstens 1000 Jahre jünger als das minoische Reich, und keiner der Autoren hat das erwähnte Labyrinth oder Überbleibsel davon gesehen. Keine der alten Quellen sprach überhaupt von einem Bauwerk. Derartige Berichte tauchten erstmals in hellenistischer Zeit auf, und zwar zugleich mit der Umdeutung des Begriffs Labyrinth in einen Irrgarten. Bis heute konnte denn auch kein Archäologe ein Labyrinth als architektonisches Gebilde im alten Kreta nachweisen.

Eines aber gibt zu denken: Die ältesten Berichte beschreiben das Labyrinth als »Choros«, was soviel bedeutet wie »Form«. Aber dieser Begriff ist doppeldeutig. »Choros« muß nicht als Bauform, es kann auch als Bewegungsform, für einen tänzerischen Bewegungsablauf etwa, stehen. Es ist überliefert, daß Daidalos, der mythische Erfinder der menschlichen Kunst des Fliegens, in Knossos auf dem alten Kreta für Ariadne, die Tochter des Königs Minos, das Labyrinth schuf. Nun berichtet Homer in seiner »Ilias« vom Schmiedegott Hephaistos:

»Ferner schuf er darauf einen Reigen, der rühmliche Künstler, / Jenem ähnlich, den einstens in Knossos, der weiten Feste, / Daidalos hatte gefügt für die lockige Maid Ariadne. / Blühende Jünglinge dort und reich begüterte Mädchen / Tanzten den Reigen und hielten einander gefaßt bei den Händen . . . / Kreisend liefen sie bald mit wohl bemessenen Tritten / Leicht umher, so wie wenn ein Töpfer die passende Scheibe / Sitzend mit prüfenden Händen erprobt, wie schnell sie sich drehe; / Bald auch tanzten sie wieder in Reihen einander entgegen . . .«

Der Bewegungsablauf, den Homer beschreibt, gemahnt an das kreisbogenförmige Pendeln beim Durchschreiten des beschriebenen Labyrinths.

Hatte Daidalos also nichts anderes als einen Tanzplatz für Ariadne geschaffen, in dessen Boden das vorgegebene Bewegungsmuster eingelegt war? Vieles spricht dafür. Alte Quellen weisen darauf hin, daß Theseus, der der Sage nach mit Hilfe des Ariadnefadens aus dem Labyrinth geleitet wurde, später auf der Insel Delos den »Geranos«, den »Kranichtanz«, gestiftet habe, der wiederum einem kretischen Labyrinth-Tanz entsprochen haben soll. Plutarch berichtete über den Geranos: »Theseus legte auf seiner Fahrt von Kreta in Delos an. Hier opferte er dem Gott und tanzte mit den Knaben einen Chorreigen, den, wie man sagt, die Delier noch jetzt aufführen; in Nachahmung der Umgänge und Durchgänge des Labyrinths vollzog sich der Reigen in einem Rhythmus mit Abwechselungen und Evolutionen . . .« Experten sehen in den »Abwechselungen« die Richtungswechsel, in den »Evolutionen« das Größer- und Kleinerwerden des Tanzradius. Mehr noch, der Geranos war ein Seilreigen, bei dem die Tänzer durch einen Faden – den Ariadnefaden? – miteinander verbunden waren. Am Ende *und* am Anfang der Tänzerkette befand

8

8 Labyrinth heißt in der griechischen Mythologie das berühmte Bauwerk mit den vielen Irrgängen, das der hervorragende Architekt und Erfinder Daidalos für König Minos auf Kreta schuf. Es war dazu bestimmt, den Minotauros, ein blutrünstiges Doppelwesen aus Stier und Mensch, zu beherber-

sich je ein Führer, was darauf hinweisen kann, daß der eine die Gruppe bis zum Zentrum der Labyrinth-Figur und der andere sie auf demselben Weg rückwärts wieder hinausgeleitete.

Sehr wahrscheinlich stammt das erste Labyrinth in der Tat aus dem minoischen Kreta, und zwar aus der Zeit um das Ende des dritten vorchristlichen Jahrtausends. Allerdings könnte auch die Labyrinth-Felszeichnung aus dem Felsengrab von Luzzanas auf Sardinien schon aus dieser Zeit stammen oder gar noch älter sein. Der wirkliche Ursprung des Symbols bleibt also vorerst noch ungeklärt. Sicher scheint, daß das eigenwillige Muster primär die Bewegungsbahnen für einen kultischen Formationstanz

Erste magische Symbole

darstellt. Sicher ist auch, daß es in den Jahrtausenden nach seinem ersten Auftreten große Teile der Welt eroberte: ganz Europa, Indien, Java, Sumatra und den Südwesten der heutigen USA. Das konnte es aber nur, wenn es in weiten Gebieten der frühen Menschheit als Symbol akzeptiert wurde. Niemand macht sich eine bloße äußere Form zu eigen und bildet sie wieder und wieder ab, zumeist an geweihten Orten.

Wenn das Labyrinth und der labyrinthartige Bewegungsablauf eines Gruppentanzes aber tiefe symbolische Bedeutung besaßen, worin lag diese? Wir wissen nichts Genaues. Aber es fehlt nicht an ethnologisch und psychologisch fundierten Spekulationen. Die ersten Labyrinthe tauchten vielerorts in der Jungsteinzeit auf, in einer Zeit also, die erstmals in der Menschheitsgeschichte überhaupt magische Symbole kannte. In dieser Ära wurde der Mensch vom Jäger und Sammler zum seßhaften Ackerbauern und Viehzüchter. Er entwickelte Fruchtbarkeitskulte und entsprechende Fruchtbarkeitsreligionen, und er befaßte sich mit der Beobachtung der Gestirne, denn ein Kalender war für die Landwirtschaft wichtig. Es gibt Ansätze, im Labyrinth ein Fruchtbarkeitssymbol zu sehen, zumal man bei Pontevedra in Galicien eine prähistorische labyrinthartige Felsritzung fand, bei der sich in die Öffnung ein zweites, phallusartiges Symbol hineinschiebt. In der Tat stellte man sich noch bis nach dem Mittelalter den Uterus als labyrinthartig siebenfach verzweigte Körperhöhle vor, wie sogar noch Zeichnungen von Leonardo da Vinci beweisen. Aber die Figur von Pontevedra ist ein Einzelfall, und das dortige Gebilde ähnelt nur entfernt einem Labyrinth.

Der Deutsche Hermann Kern, der der Labyrinth-Forschung ein fast 500 Seiten starkes großformatiges Werk

gen. Kein Uneingeweihter konnte in diesem Gängegewirr die Orientierung beibehalten. Deswegen gab die Königstochter Ariadne dem athenischen Helden Theseus ein Wolleknäuel, mit dessen Hilfe er nach der Tötung des Ungeheuers den Rückweg aus dem Irrgarten fand.

widmete, ist fest von einer astronomischen Bedeutung des Labyrinths überzeugt, muß aber zugleich zugeben: »Wenn diese intuitive Gewißheit (derzeit?) nicht verifizierbar ist, dann mag das mit der Begrenztheit des analytischen Instrumentariums zusammenhängen oder mit der wesentlichen Eigenschaft jedes lebendigen Symbols, sich allzu eindeutigen Festlegungen und Reduktionen zu entziehen.«

Versuche, das Symbol mit den Bahnen der Planeten oder der Sonne in Zusammenhang zu bringen, schlugen regelmäßig fehl. In einer persönlichen Mitteilung machte mir gegenüber der deutsche Ingenieur Walter Langmaack den Vorschlag, das Labyrinth-Symbol könne ein Mondkalender gewesen sein, eingeteilt in vier Wochen à sieben Tage. Es würde damit einen vollen Mondmonat von 28 Tagen repräsentieren, wie die Abb. auf Seite 111 (links) zeigt. Zufall oder nicht, die alte heilige Zahl Sieben ist auf jeden Fall im Labyrinth und auch im Labyrinth-Tanz zu finden, denn die Figur zeichnet sich durch sieben gegenläufige Pendelbewegungen aus.

Eine andere – meines Erachtens die interessanteste – Theorie sieht im Labyrinth, wie im zugehörigen Tanz, ein

Tod und Wiedergeburt

magisches Initiationssymbol. Es verkörpert das Eindringen in eine zunächst verworren erscheinende, dem alltäglichen Leben fremdartige, geistige Welt bis zu einem Zentralpunkt, der für spirituelle Erkenntnis, eben für eine mystische Initiation, stehen könnte. Danach kehrt der »Eingeweihte« auf demselben Wege wieder in die Realität des Alltags zurück. Das mag weit hergeholt scheinen, steht aber im Einklang mit Initiationsritualen vieler Naturvölker und späterer Geheimbünde. In diesem Zusammenhang würde das Labyrinth zugleich Tod und Wiedergeburt oder endzeitliche Auferstehung verkörpern. Genau so verstehen es noch heute die Hopi-Indianer, die darin ein magisches Zeichen für eine geistige Wiedergeburt – also die mystische Initiation – sehen. Wenn diese Vorstellungen zutreffen, dann ist das Labyrinth zugleich ein magisches Erlösungssymbol. Das würde verständlich machen, warum es im gesamten mosaischen und im muslimischen Kulturkreis nicht vorkommt. Als Gesetzesreligionen kennen weder das Judentum noch der Islam den Erlösungsgedanken. Anders ist es in der christlichen Welt, für die die Erlösung ein zentrales Glaubensmotiv ist. In zahlreichen christlichen Kirchen Europas finden sich Labyrinthe des klassischen, sogenannten minoischen Typs und zahlreiche Spielarten davon bis ins 15. Jahrhundert als Fußbodenmosaiken, und bis um 1750 kommen sie, in vielfachen Varianten, als

9

10

9 Stellt auch dies modern gestaltete Kirchen-Labyrinth aus Köln das menschliche Leben mit all seinen Prüfungen, Verzögerungen und Komplikationen dar, während am Ziel das ewige Heil wartet?

10 War mit dem kretischen Labyrinth ein labyrinthartiger Tanzplatz gemeint?

11 War das Labyrinthmotiv ursprünglich die graphische Darstellung eines kultischen Tanzes?

12 Als kunstvoll geometrisches Spiel wurden labyrinthische Formen bis in die Neuzeit verwendet: In den Gartenanlagen des 17. und 18. Jahrhunderts schuf man raffiniert geführte Hecken-Labyrinthe.

11 geistige Irrgärten und Rasenlabyrinthe in Klosteranlagen vor. Oft finden sie sich in unmittelbarer Nähe des Eingangs, übernehmen also fraglos eine Schutzfunktion gegen böse Geister und andere unerwünschte Eindringlinge. Genau die gleiche Aufgabe hatten Labyrinthe im Römischen Reich.

Eine interessante Form des minoischen Labyrinths findet sich in ganz Skandinavien: die »Trojaburg«. Es gab sie zu Hunderten. Für Schweden ließen sich bis jetzt rund 300, für Norwegen 20 bis 22, für Finnland 141 und für Dänemark 31 nachweisen. Noch erinnern zahlreiche Ortsnamen wie Trælleborg, Trøjborg, Tröborg, Trollaborg, Trellburre an die alten Anlagen. Sie waren aus faust- bis kopfgroßen Feldsteinen auf dem flachen Boden ausgelegt und hatten etwa 10 bis 20 Meter Durchmesser. Besonders viele finden sich an den Gestaden und auf den Inseln der nördlichen Ostsee. Oft hatten sie mehr als sieben Umgänge, was sich konstruktiv leicht erreichen läßt, wenn man als Grundlage des in Abb. auf Seite 111 gezeigten Konstruktionsprinzips in jeden Quadranten des zentralen Kreuzes zwei oder mehr Viertelkreise einbezieht. Archäologen schätzen die skandinavischen »Trojaburgen« als eisenzeitliche oder spätere Anlagen ein. Manche mögen im letzten Jahrtausend v. Chr. entstanden sein, etwa zwei Drittel stammen aber mit Sicherheit erst aus dem frühen Mittelalter. Zahlreiche »Trojaburgen« trugen alttestamentarische Namen wie »Ninive«, »Babylon«, »Jericho«, »Jerusalem«. Auch die skandinavischen Steinlabyrinthe sind historisch mit Tanztraditionen verknüpft. So nannte
12 man sie früher nicht selten »Jungfrudans«, also »Jungferntanz«. Und der schlesische Archäologe Ernst Krause sah 1893 in dem Wort »Trojaburg« ein Synonym für »Kreisburg« oder »Tanzburg«.

Vielleicht war das französische Baskenland die letzte Bastion des Labyrinth-Tanzes auf der Welt. Hier war in der Gegend von Haute-Soule noch um 1920 bei ländlichen Festlichkeiten der sogenannte »Schneckentanz« gebräuchlich, bei dem eine Tänzerkette unter der Leitung eines Vortänzers eine ganz ähnliche, kreisförmig hin- und herpendelnde Figur abschritt. Das eher spielerische Ziel dieses Unterhaltungstanzes war es, den Führer durch bewußtes Deformieren der Tanzfigur so zu irritieren, daß er »den Faden verlor« und – in die Enge getrieben – endlich von der Tänzerkette eingeschlossen war. Doch kannte zu Beginn unseres Jahrhunderts keiner der Beteiligten mehr die tiefere Bedeutung oder die Herkunft dieser alten Tradition. Genausowenig wie der deutsche Baumeister Arnold Wolff, der 1977 auf dem Treppenabsatz eines neu angelegten Zugangs zur Krypta des Kölner Doms ein modern gestaltetes, achteckiges Labyrinth in den Fußboden einließ. Es knüpft allerdings weder in Größe noch in Lokalisierung oder Orientierung an die überaus reiche Tradition alter europäischer Kirchenlabyrinthe an. Offenbar übte aber auch auf Wolff das uralte Symbol noch eine gewisse magische Faszination aus.

Mit den Geistern kamen die Symbole

1

2

3

Einst in grauer Vorzeit hielten die Geister in Europa Einzug: Kobolde, Gnomen, Trolle, Nixen, Feen, Nymphen. Zu Tausenden und Abertausenden ritzten die Menschen ab etwa 3000 v. Chr. sie in die Felsen ihrer Heimat. Eine bislang naturalistische und stilisierte Felsmalerei wich nun seltsamen, abstrakten Zeichen. Hatte der einsetzende Geisterglaube das Weltbild, das Denken und die Ausdrucksformen revolutioniert? Neben den mystischen Gestalten stellte der Mensch erstmals auch Lebewesen und Dinge des Alltags, ja sogar abstrakte Begriffe symbolhaft dar. Manche geometrischen Formelzeichen sind heute schwer verständlich und geben uns Rätsel auf. Was bedeuten alte Universalsymbole wie etwa konzentrische Kreise oder das Diagramm eines Mühlespiels?

1/2/3 Eine eigentümliche Faszination strahlen die vorgeschichtlichen Felsbilder aus. Mit der Jungsteinzeit begann eine revolutionäre Ära in der prähistorischen Kunst: Naturalistische und stilisierte Darstellungsformen wurden nun nach und nach in abstrakte Zeichen umgestaltet.

4

5

6

Irgendwann, etwa 5000 Jahre vor unserer Zeit, kamen die Geister nach Europa, und seither haben sie den klassischen Altweltkontinent nie mehr völlig verlassen. In abgeschiedenen, ländlichen Gegenden soll es zuweilen heute noch spuken.

Es ist schwer zu sagen, wo besonders die Naturgeister, die Kobolde, Gnomen, Trolle und anderen Erdgeister, die Nixen, Nymphen, Najaden und Wassernöcks, die Feen, Elfen und Irrwische in der menschlichen Psyche angesiedelt sind. Wahrscheinlich sind es Gestalten, die durch Überlieferungen in Märchentradition erst im Laufe der Zeit zu konkreten Figuren wurden. Ihre Urformen waren wohl weitaus mystischer als die Trolle in norwegischen Souvenirläden, der auf dem Mastbaum sitzende Klabautermann der Seeleute, die gute Fee aus dem Bilderbuch oder Kopenhagens Kleine Meerjungfrau, zu denen die alten Naturgeister im Laufe der Jahrtausende in unserer Phantasie verkümmert sind. Studien bei heute noch lebenden Naturvölkern lassen zweierlei erahnen. Zum einen verkörpern Naturgeister oft nichts anderes als Naturkräfte verschiedenster Art: die Gewalt des Sturmes, die lebensspendende Wärme und das Licht der Sonne, das alles einhüllende Dunkel der Nacht, die Fruchtbarkeit bringende Macht des Regens ... Zum anderen können Geister ganz konkrete Begleiter des einzelnen Menschen sein, die in einer anderen als der mit den fünf Sinnen erkennbaren Realitätsebene angesiedelt sind, mit denen der Mensch aber in Kontakt treten kann. Diese Geister erscheinen ihm als Führer und Berater, als Krafttiere, als Verbündete und

4/5/6 Unzählige Felsbilder der späten Vorzeit bergen die Hochtäler am Fuß des Götterberges Mont Bego in den französischen Seealpen. Eine Rarität sind hier jedoch die Darstellungen mystischer Gestalten. Die guten Naturgeister bat der Urmensch einst um Schutz, die bösen bannte er.

können die Gestalt von Menschen, Tieren oder Fabelwesen annehmen. Im Gegensatz zu Gottheiten greifen sie weder schöpferisch noch schicksalhaft in das Leben des Menschen ein. Sie haben nur ordnende und interpretierende Wirkung, wie etwa die physikalischen Gesetze auf rein materieller Ebene.

Geister dieser Art waren es, die vor rund fünf Jahrtausenden in Europa auftauchten. Religiöses Denken war den Menschen schon lange zuvor vertraut. Wahrscheinlich besaß bereits der Neandertaler vor 100000 Jahren so etwas wie einen Urmonotheismus. Der Cro-Magnon-Mensch, der um 40000 vor unserer Zeit als erster Homo sapiens erschien, war ziemlich sicher Monotheist. Zugleich aber war er Zauberer. In magischen Riten beschwor er die Tiere, die er jagen wollte. Er malte ihre Bilder jahrtausendelang naturalistisch und später auch stilisiert an Höhlenwände und Felsüberhänge, fing sie symbolisch in gezeichneten Fallgruben oder tötete sie ebenso symbolisch mit dem Pfeil oder dem Speer. In der späten Mittelsteinzeit, etwa um 3000 v. Chr., deuteten die Magier in ihrer Felskunst sogar die Lage der inneren Organe der Beutetiere an, aber auch diese dadurch abstrakt wirkenden Zeichnungen und Gravierungen entsprangen im Grunde genommen einer durchaus naturalistischen Vorstellungswelt.

5000 v. Chr.: erste Geister in Europa

Dann aber setzte ein grundlegender Wandel ein. Die Stilisierung der Darstellung wich wirklicher Abstraktion. Und hinter den abstrakten Äußerungsformen verbargen sich zunehmend abstrakte Sinngehalte. All die Zwerge und Elfen, Kobolde, Gnomen, Luftgeister und Waldschrate, Unterirdischen und Überirdischen, die noch heute unsere Märchen bevölkern, stammen aus dieser Zeit. Damals gehörten sie zum Alltag. Der Mensch lebte mit ihnen, bat die guten Geister um ihren Schutz und bannte die bösen, und dabei malte und gravierte er sie zu Tausenden und Abertausenden an die Felsen seiner Heimat, nicht nur in ganz Europa, sondern in aller Welt. Allein auf unserem Kontinent begegnen uns die alten Geisterbilder von der Westküste Portugals bis zum Schwarzen Meer, vom sturmumtosten Norden Schottlands und den Fjorden Norwegens bis zu den Inseln im Mittelmeer noch heute, oft halb verwittert, auf Steinplatten und Gletscherschliffen, Felsblöcken und an senkrechten Kluftwänden. Die Geister hausen an romantischen Bergquellen, in wilden Schluchten, im hochalpinen Fels der Murmeltierregionen. Sie besiedeln vom Wind und Meer gepeitschte Felsenklippen und düstere Höhlen.

Weit über 300 Fundstellen mit Geisterbildern und anderen abstrakten Figuren sind bis heute in Europa bekannt geworden, manche mit nur einem einzigen Bild, viele mit Dutzenden und einige mit Zehntausenden. Zugleich mit den Geistern stellte sich oft auch eine polytheistische Vielfalt im Götterhimmel ein. Und auch die Fülle der neuen Gottheiten bevölkert hier und da die Felsen, etwa im Südwesten Schwedens. Die meisten Vorzeitforscher glauben heute, daß die Gespenster in Europa regelrecht eingewandert sind. Sie kamen aus dem Osten, aus Kleinasien, aus Mesopotamien. Dort war der Geisterglaube wohl am ältesten, und von dort aus verbreitete er sich mit dem in dieser Zeit einsetzenden Handel im ganzen Mittelmeerraum. Er eroberte Troja, Zypern, die griechischen Inseln einschließlich Kreta, dann Sizilien und Nordafrika und schließlich auch Südspanien.

Dort fand er offenbar besonders fruchtbaren Boden, denn gerade diese Gegend ist sehr reich an Felsbildern mit mystischen Gestalten. Von Spanien her strahlte der Geisterglaube langsam immer weiter aus und erfaßte schließlich ganz Europa. Das geschah nicht von heute auf morgen. Es dauerte Jahrhunderte. Und es geschah nachhaltig: Aus der ganzen späten Vorzeitkunst, von der Jungsteinzeit (Neolithikum) über die Bronze- bis zur Eisenzeit, ist das Gespenst nicht mehr wegzudenken. Im Volksglauben hält es sich weit hinein in historische Zeiten.

Revolutioniertes Weltbild

Mit der aufkommenden Geisterdarstellung an Europas Felswänden allein ist es aber keineswegs getan. Es scheint, daß der einsetzende Geisterglaube das ganze Weltbild des Vorzeitmenschen revolutionierte und damit zugleich natürlich die Art seines Denkens und seiner Ausdrucksformen. Geister lassen sich weder naturalistisch noch stilisiert darstellen; erstmals erfindet der Mensch dafür also Symbole.

Und symbolhaft bildet er jetzt erstmals auch die ihm seit Jahrzehntausenden geläufigen Lebewesen und Dinge seines Alltags ab: Menschen, verschiedenartige Tiere, Pflanzen, Boote, Häuser, Kriegswaffen, Wasser. Wie von selbst gelingt auf einmal auch die bildliche Darstellung abstrakter Begriffe, etwa der Fruchtbarkeit (zum Beispiel durch Regenwolken), des Reichtums (durch das Aneinanderreihen zahlreicher Felder), von Schutz und Geborgenheit (durch Haussymbole oder durch Symbole für die »Große Mutter«) oder von Macht (durch Waffen oder durch das Sonnensymbol). Das Akzeptieren mystischer Gestalten öffnete den Weg zum abstrakten Denken.

7

7 Wiedergaben von Szenen der späten Vorzeit aus der Erfahrungswelt der Jäger und Fischer findet man in Schweden häufig. Menschen, Tiere und Gebrauchsgegenstände wie etwa Schiffe und Waffen sind in den Darstellungen der Vorzeitkunst auf einfachste Formen reduziert.

Das läßt sich konkret an verschiedenen Felsbildfundorten in aller Welt, am eindringlichsten vielleicht am Mont Bego, dem Berg der Götter, in den französischen Seealpen nachweisen. Die Präsenz des Mystischen in den Hochtälern um den klotzigen Fastdreitausender verrät schon die Landkarte. Sie zeigt den »Lac du Diable« (Teufelssee), das »Valmasque« (Tal der Zauberin), das »Vallée de l'Inferno« (Höllental) oder die »Cime du Trem« (Gipfel des Zitterns). Der indoeuropäische Wortstamm »Beg« bezeichnet den göttlichen Herrn und Herrscher, der dem Mont Bego selbst seinen Namen gab.

Zwei Hochtäler am Fuß des Götterberges lohnen den Besuch ganz besonders: das Vallée des Merveilles und das Fontanalba. Dort findet der Bergwanderer mitten im orangefarbenen und grünen Fels der öden Kare und Bergschultern die Erklärung für die scheinbar aus einem Zaubermärchen stammenden Namen der Seen, Berge und Täler: 40000 Bilder, von Menschenhand sorgfältig in die glatten Flächen der Steine gemeißelt. Wer sich erst einmal »eingesehen« hat, der will aus diesen kargen Höhen nicht mehr fort. Überall entdeckt er neue Bilder, Symbole von Waffen und Menschen, rätselhafte Rechtecke mit Punkten und Unterteilungslinien in ihrem Inneren und immer wieder gehörnte Quadrate, Ovale oder Dreiecke. Das sind die Zeichen für das Rind, Symbole für die Fruchtbarkeit für den Viehzüchter, der sie hier vor Jahrtausenden mit Steinwerkzeugen und Metallsticheln eingeschlagen hat.

Bekannt waren die Bilder in 2000 bis 3000 Meter Höhe, die fast neun Monate im Jahr unter Schnee und Eis be-

8 Rätselhaft ist bis heute das Symbol der konzentrischen Kreise – hier als Bestandteil einer Figur.

9 Stellen die Spiralen des irischen Ganggrabes von New Grange die Labyrinth-Reise ins Totenreich dar?

10 War die Spirale des Fajad-Felsens im US-Staat New Mexico ein indianischer Sonnenkalender?

11/12 Überall auf der Welt begegnen uns die alten Geisterbilder und auch das mystische Zeichen der Spirale. Diese Felsgravierungen schufen einst Indianer im Chaco Canyon in New Mexico.

11 graben liegen, schon lange. Es gibt Aufzeichnungen darüber aus dem Jahre 1650. Aber erst mehr als 200 Jahre später erkannte der Franzose Emile Rivière ihr vorgeschichtliches Alter. Nach ihm hat eine Reihe von Forschern die Bilder systematisch gesucht und in Katalogen zusammengestellt. Wohl die bedeutendsten dieser Männer waren der englische Botaniker Clarence Bicknell, der ab 1879 in 39 Jahren 12000 einzelne Bilder gefunden und abgezeichnet hatte, der Italiener Bernardini und neuerdings Robert Hirigoyen. Die Gravierungen, die unsere Vorfahren vom Stamm der Ligurer rund um den Göttersitz der Südalpen in den Stein punzten, sind motivlich nicht sehr abwechslungsreich. Das versteht sich, denn Symbole lassen keine großen Abwandlungen zu. Die Straßenverkehrszeichen unserer Zeit, die ja ebenfalls nichts anderes

Symbole mit Wiedererkennungswert

als Symbole sind, lassen sich auch nicht beliebig verändern. Sie sind überall gleich. Gerade darin liegt ihr symbolischer Sinn.

12 Die Zeichen am Mont Bego gliedern sich im großen und ganzen in sieben verschiedene Gruppen: in Rindersymbole, in Waffensymbole, in Menschensymbole, in landwirtschaftliche Symbole, die das Pflügen mit Rindern darstellen, in Symbole für Felder und Viehkoppeln, in schwer verständliche geometrische Zeichen und in Geistersymbole. Die Häufigkeit der verschiedenen Zeichen ist sehr unterschiedlich. Die Rinder- und Waffenbilder stehen weit vor allen anderen an erster Stelle. Menschendarstellungen machen nur 0,5 Prozent aus, wovon wiederum die Hälfte in Zusammenhang mit den relativ häufigen Pflugzeichnungen steht. Geister, allen voran die drei als »Zauberer«, als »christusgesichtiger Magier« und als »Stammeshäuptling« bekannt gewordenen Darstellungen, sind sehr rar.

Die tausendfache Wiederholung immer der gleichen und im Laufe der Zeit immer mehr vereinfachten Symbole führte zu regelrechten Formelzeichen. Das ist besonders im Zusammenhang mit der Entwicklung des Alphabets interessant. Unser A beispielsweise geht ebenso wie der erste Buchstabe des arabischen Alphabets, das Alif, und das große griechische Alpha (A) auf das altphönizische Schriftzeichen *aleph* zurück. Dieses aber ist dem Rindersymbol vom Mont Bego sehr ähnlich, und tatsächlich heißt *aleph* im Altphönizischen und im Hebräischen zugleich *Stier*. Die Stierzeichen des heiligen Berges in den Seealpen waren also nichts anderes als frühe Vorläufer einer Bilderschrift. Eine Verbindung der Ligurer vom Mont Bego zu den alten Kulturen des Ostens gilt heute als gesichert.

Ähnlich wie mit dem *aleph* verhält es sich mit dem Buchstaben B. Auch er läßt sich bis auf den Mont Bego zurückverfolgen. Dort findet sich als Zeichen für das Haus ein Rechteck mit einer eingezeichneten Trennlinie, die zwei Zimmer voneinander abteilt. Ganz ähnlich sehen noch heute unser B und das große griechische Beta (B) aus. *Beth* aber bedeutet im Altphönizischen und Hebräischen das geöffnete Nomadenzelt, das Haus, und *Beit* heißt das Haus im Arabischen noch heute.

Es kommt nicht von ungefähr, daß die Buchstaben A und B ausgerechnet die ersten unseres Alphabets sind, das ja sogar nach diesen benannt ist, denn in den alten Zeiten, in

Lebensunterhalt und Geborgenheit

denen es seine Wurzeln hat, waren das A, das Rind, und das B, das Haus, eben die beiden Dinge, um die sich alles drehte. Sie waren die Symbole für Lebensunterhalt und geborgene Wohnstatt.

Der Bergwanderer, der heute die Hochtäler um den Mont Bego durchstreift, steigt deshalb nicht nur in ein Reich der Geister hinauf, sondern zugleich zu den Quellen unserer Buchstabenschrift, dem Fundament der abendländischen Kultur.

Nicht immer mündete der symbolische Formalismus der jungstein- bis eisenzeitlichen Felskunst in Schriftzeichen. Viele der alten Symbole besitzen in sich selbst die Ausdruckskraft ganzer mystischer Welten und erlauben keine vordergründige Zuordnung zu einzelnen Objekten wie Stieren oder Häusern. Solche alte Universalsymbole erlebten in den folgenden Jahrtausenden sehr unterschiedliche Geschichten.

Manche blieben auch in »aufgeklärteren« Zeiten lebendig. Ihr Sinn wurde von mystischen Orden und Geheimbünden bewahrt. Andere, wie die Fruchtbarkeit bringende Regenwolke oder die Wellen- und Zickzacklinien als Symbole für das ebenfalls Fruchtbarkeit spendende Wasser, erklären sich über Zeit und Raum hinweg selbst. Wieder andere sind uns heute vollkommen rätselhaft. Zu ihnen gehören so einprägsame und deshalb bekannte Symbole wie konzentrische Kreismuster oder das Diagramm des Mühlespiels, das sich in vielen Felsbildern immer wieder findet. Häufig sind auf den alten Steinen auch eigentümliche Gruppierungen kleiner eingepunzter oder eingeschliffener Näpfchen.

Während sich für die Näpfchen, die sich in Europa vor allem im Alpenraum und auf den Britischen Inseln häufen, noch plausible Erklärungen anbieten, etwa als Schalen für Milchopfer, wie sie in abgelegenen Gebieten auch bis in

13

14

13/14 Auch mit Szenen des Alltags wollten sich die Künstler der späten Vorzeit magische Kräfte verschaffen. Die Darstellungen sollten glückliche Fahrt herbeibeschwören. Zeichnungen, die den Menschen beim Pflügen mit Rindern zeigen, galten als Sinnbilder der Fruchtbarkeit der Felder.

unser Jahrhundert von Bauern praktiziert wurden, tappen die Vorzeitforscher besonders bei den Mühlesymbolen und konzentrischen Kreisen im dunkeln.

Allein in den südschottischen Grafschaften verzeichnen die Register der Vorzeitforscher rund 50 Fundorte mit Kreisen. Oft sind es mehrere konzentrische Ringe, und fast immer kennzeichnet ein ausgeprägtes Näpfchen den Mittelpunkt. Meistens kommen die Kreise in kleineren oder größeren Gruppen vor, nicht selten auch zusammen mit einfachen Näpfchen. Manchmal laufen von den Schalen im Zentrum der Kreise Rillen nach außen. Gelegentlich führen sie noch weit über den größten der konzentrischen Kreise hinaus und verbinden sogar eine Kreisgruppe mit einer anderen. Zuweilen sind die äußersten Kreise nicht ganz geschlossen. Dann wirkt die ganze Gruppe bei flüchtigem Hinsehen wie eine Spirale. Hin und wieder kommen aber auch richtige Spiralen vor.

Die merkwürdigen Kreise gibt es natürlich nicht nur in Schottland. Auch weiter südlich, in England, finden sie sich, und eine wahre Hochburg der Näpfchen mit Ringen ist Irland.

An Deutungsversuchen für die rätselhaften Symbole fehlt es ganz und gar nicht. Doch wirklich befriedigend ist bis jetzt keine Theorie. Alles ist reine Spekulation, und die Enträtselungsskala reicht von der seriösen wissenschaftlichen Arbeitshypothese bis zur wuchernden Phantasie.

Charles Graves, einer der ersten Entdecker der Kreise in Irland, deutete sie gegen Mitte des vergangenen Jahrhunderts als Grundrisse oder Karten benachbarter eisenzeitli-

15 Über 300 Fundstellen mit Geisterbildern und anderen abstrakten Figuren sind in Europa bekannt.

16 Geister können auf Felsbildern die Gestalt von Menschen, Tieren oder Fabelwesen annehmen.

17 Die Felskunst Südspaniens ist besonders reich an Darstellungen mystischer Gestalten.

cher Fort-Anlagen. Er konnte nicht wissen, daß die Gravierungen im Fels zwei Jahrtausende älter waren als die nahe gelegenen Festungen.

Ebenfalls um 1850 sah der Engländer William Greenwell in den Kreisen, die er in der Grafschaft Northumberland gefunden hatte, Karten von benachbarten Hügelgräbern.

Daß die Sache nicht ganz so einfach ist, erkannte bereits 1865 George Tate, ebenfalls Engländer. »Ich kann sie (die Ringe) nicht als Vergnügen müßiger Soldaten ansehen und auch nicht als Lagepläne von Camps oder Übungen angehender Ingenieure: Denn ihre weite Verteilung und – trotz Unterschieden im Detail – ihre Verwandtschaftsähnlichkeit beweisen, daß sie einen gemeinsamen Ursprung hatten, und weisen auf eine symbolische Bedeutung hin, die irgendeinen volkstümlichen Gedanken ausdrückte.«

Tates Worte treffen den Kern der Problematik: Wie läßt es sich erklären, daß so außerordentlich ähnliche Symbole Felsen in so weit voneinander entfernten Gebieten zieren,

Symbole mit gemeinsamer Wurzel

und was ist ihre gemeinsame geistige Wurzel? Was bedeuten diese Zeichen wirklich? Antworten auf diese Fragen fand Tate nicht.

Rätsel haben schon immer Rater auf den Plan gerufen, und Rätsel um die Vorgeschichte des Menschen oft besonders viele. So wirken denn die meisten »Erklärungen« der Kreise eher wie findig ausgetüftelte Lösungsversuche eines originellen Puzzles als wie begründete wissenschaftliche Theorien. Die wildesten Phantasten sahen in den merkwürdigen Kreisen immer wieder benutzte Lagerstätten von Nattern, Schmelztiegel für Metalle, Spuren von Messerschärfern, Reibmühlen, frühe Schriftzeichen oder Steinmetzsymbole, Öllampen, Amboßsteine oder schrieben sie einfach den Druiden zu, jenen keltischen Priestern der heidnischen Zeit, die auf den Britischen Inseln für so manches Unerklärliche herhalten müssen. Ihnen traute man alles zu.

Ernsthaftere Deutungsversuche sprechen von Altar- oder Orakelsteinen für Blut- und andere Flüssigkeitsopfer. In den sechziger Jahren wollten Professor Stuart Piggot und seine Mitarbeiter eine mögliche Beziehung zwischen vielen Fundstellen mit Kreisen und Erzlagerstätten von Kupfer und Gold feststellen. Der Professor sah in den Kreisen deshalb magische Zeichen vorzeitlicher Metallsucher.

Möglich wäre auch eine andere Interpretation: Weit verbreitet in prähistorischen Kultbildern waren auf der ganzen Welt verschiedene Zeichen für Wasser: Wellen- und Zickzacklinien, stilisierte Regenwolken, symbolische

18

19

18/19 Prähistorische Darstellungen finden sich – wie hier in Skandinavien – meist an landschaftlich besonders eindrucksvollen Orten, an Fjorden, Fluß- und Seeufern oder an Wasserfällen. Fühlte der naturverbundene Vorzeitmensch hier magische Kräfte?

Wasservögel und so weiter. Wasser war lebensnotwendig, Wasser brachte Fruchtbarkeit, um Wasser baten die Zauberer und Stammesältesten die Götter. – Wie zeichnet man Wasser? Wie sieht Wasser aus? Die uns heute so vertraute Wellenlinie ist schon eine starke Abstraktion. In genau der gleichen Form kommt sie in der Natur nicht vor. Sie ist gleichsam ein Schnittbild durch eine bewegte Wasseroberfläche. Gruppen von konzentrischen Kreisen aber lassen sich im Wasser unmittelbar erkennen, etwa, wenn die ersten Regentropfen in einen Teich fallen oder wenn man einen Stein hineinwirft. Es läge also nahe, konzentrische Kreise

Bitte um Wasser und Leben

als Wassersymbole zu zeichnen. Das zentrale Näpfchen wird dann das auslösende Ereignis, den eintauchenden Stein, darstellen. Für diese Theorie spricht, daß konzentrische Kreise unabhängig voneinander bei vielen prähistorischen Kulturen auf der ganzen Welt vorkommen. Das Vorbild in der Natur könnte die trotz der räumlichen Entfernung gegebene gemeinsame Wurzel sein.

Auch der große französische Vorzeitforscher Abbé Breuil hat sich am Rätselraten um den Sinn der prähistorischen Kreise auf Felsen beteiligt. Er hatte seinen Vorgängern gegenüber einen erheblichen Vorsprung: Als er 1920 dem prominenten Archäologen Professor R. A. S. Macalister in Dublin Fotos jungsteinzeitlicher Wandmalereien aus Spanien zeigte, dachte dieser spontan an vorgeschichtliche Gravierungen aus seiner Heimat. Später schrieb er darüber: »Ich erinnerte mich plötzlich an den ausgezeichneten Druck des Steines von Clonfinlough … Ich nahm den Band aus meinem Bücherregal und legte ihn neben die Fotografien. Mein Besucher bestätigte sofort, daß der irische Stein und die spanischen Malereien in Stil und Absicht einander glichen und daß die zwei zweifellos miteinander verwandt waren.« Die beiden Vorzeitforscher schlossen daraus, daß spanische Einwanderer die irischen Kreise ins Land gebracht haben müssen, und Breuil sah sogar in den abstraktesten irischen Figuren sogleich symbolische Umsetzungen der spanischen Muttergottheit, womit er allerdings in subjektiver Begeisterung für die Sache entschieden zu weit ging.

Trotzdem, eine Verbindung zwischen der spanischen und besonders der portugiesischen Felskunst und den Näpfchen und Ringen der Britischen Inseln läßt sich nicht bestreiten. Die Figuren vom Lombo da Costa bei Pontevedra in Portugal und die Bilder auf den Felsen von Fentans in Spanien ähneln den britischen zum Verwechseln. Doch heißt das wirklich, daß Händler und Siedler von der Iberischen Halbinsel diese Symbole zu den Inseln zwischen Atlantik und Nordsee gebracht haben? Eoin MacWhite, der sich um 1946 als einer der ersten intensiv mit den nordportugiesischen Felsbildern beschäftigte, war fest davon überzeugt, und die internationale Fachwelt kam zum gleichen Urteil.

Erst die modernen physikalischen Altersbestimmungsmethoden führten zu einer Wiederaufnahme des Falls. Viele irische Näpfchen und Ringe stammen sehr wahrscheinlich aus der Bronzezeit, doch einige gehen mit ziemlicher Sicherheit auf das frühe 3. Jahrtausend v. Chr. zurück. Sie sind also vermutlich wesentlich älter als die vergleichbaren spanischen und portugiesischen Gravierungen, die alle aus der Bronzezeit zu stammen scheinen. Wenn die Datierungen stimmen, dann dürften die Kreise eher von den Britischen Inseln zur Iberischen Halbinsel

Überraschende Felskunst in Graubünden

gelangt sein als umgekehrt. Sie sind also nicht das Vermächtnis spanischer Einwanderer in Irland, sondern Zeugnisse eines Seehandels von Irland mit den Stämmen an der spanischen Atlantikküste. Für die Richtigkeit dieser Vermutung sprechen auch einige Ausgrabungsfunde.

Das Weltbild der Vorzeitforscher war wieder im reinen, bis 1965 der Schweizer Forstingenieur Peter Brosi auf der Alm Carschenna unweit der Gemeinde Sils mitten im Kanton Graubünden unter Moos und Humus nach einem geeigneten Vermessungspunkt suchte und dabei auf zehn großen Felsplatten an einer nach Norden abfallenden Bergschulter durch Zufall viele prähistorische Gravierungen entdeckte: lauter Näpfchen und Ringe. Die frappierende Ähnlichkeit mit den britischen Felsbildern kann kein Zufall sein: Von den bei Derrynablaha in Irland festgestellten 16 verschiedenen Grundmotiven kommen nicht weniger als 13 auch auf Carschenna vor!

Das Dreieck Nord- und Westspanien, Britische Inseln, Zentralschweiz gibt zwar wegen der großen Übereinstimmung der Figuren die meisten Rätsel auf, doch Näpfchen und Kreise finden sich auch anderswo in Europa und außerhalb unseres Kontinents. – Welche Darstellungen sind die ältesten? Wir wissen es nicht. – Wie sind die Motive von den Britischen Inseln in die Alpen gelangt? Erreichten sie die Berge auf dem Umweg über Spanien? Oder liegt gar in Carschenna die eigentliche Wurzel dieser Felskunst? Wir wissen es nicht. – Zwar bemühen sich allerorts Wissenschaftler, Antworten auf diese Fragen zu finden, aber heute noch scheint es, als ob sich die vielen Geheimnisse um die Kreise niemals werden lösen lassen.

Fànis und das Reich der Einarmigen

1

2

3

Die Legendenwelt der Dolomiten erzählt von Spina de Mùl, einem gefährlichen Zauberer, der gern die Schreckensgestalt eines halbverwesten Maultieres annahm und einen wunderwirkenden Strahlenstein besaß. Sie berichtet weiter von einem König, der das mächtige Sagenreich in Fànis hoch oben in der Felswildnis des Gebirges regierte und Kriege gegen Nachbarstämme führte. Die Fànes hatten Verbündete – das Volk der Einarmigen, das ihnen in Adlermänteln fliegend zu Hilfe eilte. Enthalten jene Sagen nur märchenhafte oder auch historische Elemente? Was war das für eine Zeit, von der die alten Überlieferungen erzählen? Gab es sie wirklich? Prähistorische Felszeichnungen im Südalpental Valcamonica deuten darauf hin, daß das legendäre Fànes-Reich existiert haben könnte.

1–6 Ein ungewöhnliches Freilichtmuseum ist die Valcamonica in Oberitalien: An den Berghängen des engen und landschaftlich bezaubernden Südalpentales nördlich von Brescia sind über eine Drittelmillion Felszeichnungen aus der Bronze- und Eisenzeit in den Stein geritzt. Die meisten befin-

4

5

6

»Das war ein Hexenmeister vom Lastoièresstamm;
und fuhr er seine Straße, man wich ihm gern vom Damm.
Auf seinen Zauberfahrten, da ging er nicht als Mann.
Da nahm er eine Schreckgestalt von halbverwestem
Maultier an.«

Der vom Südtiroler Volkstumsforscher und Heimatdichter Karl Staudacher in seinem »Fanneslied« so Besungene ist »Spina de Mùl« (das Maultiergerippe), der in grauer Vorzeit in den Ostdolomiten, im Gebiet westlich von Cortina d'Ampezzo, nachts sein Unwesen trieb. Karl Felix Wolff beschrieb ihn in seinen berühmten »Dolomitensagen« so: »Spina war ein mächtiger und gefährlicher Zauberer. Wenn er wanderte, nahm er gern die Gestalt eines halbverwesten Maultieres an: Kopf, Hals und Vorderbeine waren noch mit Haut bedeckt, die hinteren Teile aber bildeten nur ein Skelett. Spina trabte auf den Vorderbeinen und schleifte das Skelett hinter sich her. Von Zeit zu Zeit stieß er dann ein wildes Geschrei aus. Wenn er so bei Nacht durch Wald und Wildnis lief, da mochte wohl niemand mit ihm zusammentreffen, zumal jede blanke Waffe gegen ihn versagte. Denn berührte man ihn mit einer Spitze oder Schneide, so schlug er einem durch Zauber die Waffe aus der Hand und biß mit seinen großen Maultierzähnen um sich, bis der Gegner die Flucht ergriff.«

Dieser Spina de Mùl besaß die wunderwirkende Rayéta, den Strahlenstein, der weitum im ganzen Land als der größte Schatz galt. Später gelangte der Stein in den Besitz

den sich in der näheren Umgebung von Capo di Ponte. Kann diese reichhaltige vorgeschichtliche Felskunstsammlung Aufschluß geben über die geheimnisvolle Sagenwelt der Dolomiten, die von einem alten Fànes-Reich im Gebirge berichtet?

des Königs der Fànis, eines mächtigen Sagenreiches hoch droben im Gebirge, dort wo sich heute noch die unwirtliche Felsenwildnis der Fànesalpe erstreckt. Wie der Fànes-König die Rayéta erlangte, weiß man heute nicht mehr genau. Die alten Sagen berichten verschieden darüber. Auf jeden Fall schenkte der König das Kleinod seiner bezaubernden Tochter, und sie trug es bis zu ihrem Lebensende als Diadem auf ihrem Haupt. Nach ihrem Tode aber gelang es dem zauberkundigen Maultiergerippe, den wertvollen Stein durch einen Raben stehlen zu lassen. Er versenkte ihn in einem tiefen Bergsee, wo ihn tagaus, tagein ein feuriger Drache bewachen mußte. Nun arbeiteten sich aber schätzesammelnde Zwerge, die in den Bergen hausten, immer wieder durch die Erde von unten her an das Kleinod heran; doch jedesmal, wenn sie ihm besonders nahe gekommen waren, packte der Drache die Rayéta mit seinen Krallen und flog damit zu einem anderen Bergsee. Wie ein feuriger Streif zog er dabei durch den Nachthimmel.

Diesen Gespenstervogel kennt nicht nur die Sagenwelt der Dolomiten, auch im Vintschgau gibt es die Mär vom »furigen Alber«, der nachts mit dem kostbaren »Karfunkelstein« in den Krallen durch die Lüfte zieht.

Was war das für eine Zeit, von der die alten Überlieferungen erzählen? Gab es sie wirklich? – Es scheint so, denn als Wolff in Südtirol umherzog und seine Dolomitensagen sammelte, versicherte ihm ein alter Ladiner aus Enneberg,

Was war das für eine Zeit?

daß die Geschichten von Fànis »sehr viel älter seien«. Und ein Mann aus dem Gadertal erklärte ihm, daß oben in Fànis einst ein Schloß gegenüber der Berglücke von St. Kassian gestanden habe, daß dort ein König Krieg geführt hätte und alles zugrunde gegangen sei.

1953, viele Jahre nach Wolffs Aufzeichnungen, fand der Bozener Archäologe und Ingenieur Dr. Georg Innerebner hoch droben in den Steinwüsten der Fànesalpe wirklich die Überreste einer alten Kultur. Über die vorgeschichtliche Wallburg in 2600 Meter Höhe schreibt er:

»Gleich dem Geleise einer Grottenbahn hebt sich aus dem infernalisch wirkenden Steintrümmerfeld ein kreisbogenförmiger Steinwall von rund 50 Metern Länge, einigen Metern Höhe und im Mittel vier Metern Kronenbreite heraus. Unschwer läßt er sich in seinem unter den Steintrümmern verborgenen Teil zu einem Kreiszug von rund 60 Metern Durchmesser beziehungsweise 200 Metern Umfang ergänzen, der insgesamt eine Fläche von 3000 Quadratmetern einschließt und in seiner Mitte, wie

7

8

7 Die Felszeichnungen der Valcamonica zeigen Alltagsszenen wie das Pflügen der Ackerbauern.

8 Die zwei Sandstein-Felsblöcke nahe des Ortes Cemmo, die man 1931 fand, sind über und über mit Darstellungen von Rindern, Hirschen, Ziegen und anderen Tieren sowie von Dolchen bedeckt.

9

9 Die Dolomitensagen erzählen, daß das Volk der Einarmigen – ein kampferprobter, fliegender Menschenstamm – in grauer Vorzeit dem mächtigen Fànes-Reich zu Hilfe kam, als dieses in den Steinwüsten des Gebirges in kriegerische Bedrängnis geraten war.

10

11

12

es scheint, einen heute zu einer Kuppe zusammengestürzten Zentralbau getragen hat. Oberflächliche Schürfungen auf der Wallkrone, im Sattel und auf der Kuppenhöhe des Burgstalls ergaben typische Branderde und Scherbenstücke grober Ausführung, deren Zeitbestimmung mangels charakteristischer Merkmale nicht möglich ist, aber späte Bronze- oder frühe Hallstattzeit vermuten läßt« (also etwa 1000 bis 800 v. Chr.).

Noch heute heißt der Berggipfel neben dieser verfallenen Wallburg »Burgstall«. Das ist die alte Bezeichnung für Burgstelle.

Das sagenhafte Fànes-Reich hat es also wirklich gegeben. Legendäre Überlieferungen nennen das Gebiet des Stammes Fànis, seine Einwohner Fànes. Erst wenn man weiß, daß die Fànis-Erzählungen also einen wahren Kern besitzen, gewinnen die Aussagen des alten Sagenzyklus eine besondere Dimension, nämlich die der möglichen Wirklichkeit.

Es ist reizvoll zu versuchen, Schritt für Schritt märchenhafte und historische Elemente auseinanderzuflechten. Aber gelingt dies auch? Sicher gab es einen Fànes-König und sicher führte er Kriege gegen die Nachbarstämme. Den Zauberer Spina de Mùl gab es in der beschriebenen Gestalt gewiß nicht. Aber das umfangreiche Sagenmaterial berichtet noch von weit mehr. Es nennt die Namen der durch den Fànes-König bedrängten Völker, die sich schließlich als Verbündete gegen ihn zusammenschlossen: die Cayùtes, die Peleghétes, die Cadubrènes, die Lastoy-

10/11/12 Während vieler Jahrhunderte meißelten und ritzten die Ureinwohner der Valcamonica das, was sie erlebten, in die harten, von Eiszeitgletschern glattgeschliffenen Felsen ihrer Heimat ein: Menschen auf der Jagd, Motive aus dem Wirtschaftsleben und kultische Szenen.

13 Die Felszeichnung »Der Priester und die Rosa camuna« in der Valcamonica stellt einen rituellen Tanz dar. Die stilisierte, blumenförmige »Rosa camuna«, die sich oft nach den Himmelsrichtungen orientiert, ist ein Symbol der Bewegung, der Jahreszeiten und des Werdens.

14

14 Die Vorzeitmenschen der Valcamonica waren bestrebt, die Dinge ihrer Umgebung in stilisierten Formen abzubilden, oft mit einem Symbolgehalt, der heute nur noch schwer zu deuten ist. Diese hier abgebildete Felszeichnung stellt einen Kultort dar.

15 Die Felsbilder in der Valcamonica geben so manches Geheimnis über die Anfänge vorgeschichtlicher Siedlungstätigkeit preis. Aus Holz, Stroh und Lehm errichtete Häuser wurden in runden, quadratischen oder rechteckigen Formen abgebildet.

16

16 »Bei Sonnenuntergang erschienen dann plötzlich die Einarmigen; in Adlerkleidern kamen sie aus den Lüften herab – jeder ein Schwert in der Hand – und stürzten sich auf die Feinde der Fànes.«

Besitzen die phantasievollen Sagen der Dolomiten einen wahren, historischen Kern? 1953 entdeckte man

éres, die Duránni, die Siliwéna und Splanèdis. Das klingt wie Namen, die der Phantasie eines Märchendichters entsprungen sind. Aber sehr wahrscheinlich haben alle diese Stämme wirklich gelebt.

Bevor die Römer den Alpenraum okkupierten, müssen dort 200 Stämme oder mehr existiert haben, deren Namen die jahrhundertelange Einbindung in das römische Weltreich vergessen ließ, sofern sie sich nicht in mündlich überlieferten Sagen erhielten. Nur ein römisches Denkmal, errichtet im Jahre 6 v. Chr. hoch über dem heutigen Monaco, dort wo die Alpen in weitem Bogen zum Mittelmeer auslaufen, zählte 45 von Kaiser Augustus unterworfene Bergstämme namentlich auf: Triumpilini, Camuni, Vennotes, Vennonetes, Hisarci, Breuni, Naunes, Focunates, Vindelicorum Gentes IV, Consuanetes, Virucinates, Licates, Cattenates, Abisontes, Rugusci, Suànetes, Collucones, Brixentes, Lepontii, Viberi, Nantuates, Seduni, Vagagri, Salassi, Acitavones, Medulli, Ucenni, Caturiges,

200 Stämme oder mehr

Brigiani, Sontiontii, Ebroduntii, Nemaloni, Edennates, Esubiani, Veamini, Gallicae, Triulatti, Ectini, Vergunni, Eguituri, Nementuri, Oratelli, Verusi, Velnani, Suetri. Heute steht nur noch eine bescheidene Rekonstruktion an der Stelle des alten Monuments, das nur einen kleinen Teil der vorrömischen Alpenstämme nennt, nämlich jene, die durch Kaiser Augustus unterjocht wurden.

Doch zurück zur Fànis-Sage. Auch die Fànes hatten Verbündete: das Volk der Einarmigen. Wo sie genau wohnten, verschweigen die Legenden. Sie kamen auch nicht auf dem Landwege zu Hilfe, sondern durch die Luft. Die Einarmigen konnten nämlich fliegen und benutzten dazu »Adlermäntel«. Am Hofe des Fànes selbst wuchs sogar ein solcher einarmiger Adlerprinz auf. Der Fànes-König hatte ihn vom »Feurigen Adler« in einer Kindstausch-Aktion als Unterpfand des Bündnisses bekommen und an Kindes Statt aufgenommen. Dieser »Feurige Adler«, dem der König auf der Jagd begegnet war, erzählte ihm: »Ich bin eigentlich kein Adler, sondern der König der einarmigen Menschen, die auf einer fernen Insel wohnen; weil mir das Leben bei den Einarmigen zu eintönig war, so tauschte ich mit einem Adler die Gestalt, und nun kann ich aus meinem Adlerkleid nicht mehr heraus und muß mit den Adlern leben.«

Später, als der Adlerprinz herangewachsen war und die Fànes in kriegerische Bedrängnis gerieten, munterte der junge Streiter sie in einer feurigen Rede auf. »Unter preisendem Jubel der Krieger und der jungen Mädchen

in den Steinwüsten der Fànesalpe die Überreste einer alten Kultur. Jene vorgeschichtliche Wallburg könnte der Sitz des legendären Fànes-Reiches gewesen sein. Doch wer die fliegenden Einarmigen waren und woher sie kamen, wird wohl immer ein Geheimnis bleiben.

erzählte er von seinen Verbündeten, den Einarmigen, die in Adlerkleidern aus den Lüften herabstürzen würden – jeder ein Schwert in der Hand –, um den Fànes zu helfen und ihre Feinde zu zerschmettern.« Als der nicht mehr vermeidbare Kampf dann rund um die Bergspitze »Fúrtya dai Fèrs« ausgetragen wurde und die Fànes sich schon verloren geben wollten, kamen die Verbündeten wirklich zu Hilfe.

Wolff berichtet, wie es dazu kam: »Bei Sonnenuntergang erschienen dann plötzlich die Einarmigen; in Adlerkleidern kamen sie aus den Lüften herab – jeder ein Schwert in der Hand – und stürzten sich auf die Feinde der Fànes.«

Hier scheinen die überlieferten Erzählungen völlig ins Märchenhafte abzugleiten. Und doch fand sich, lange nach den Aufzeichnungen durch Staudacher und Wolff, überraschend eine Brücke zur Realität, von der ich hier erstmals berichten möchte. In der Liste der von den Römern besiegten Alpenstämme stehen die Camuni.

Vorgeschichtliche Steinzeichnungen

Archäologen gelang es, ihren alten Lebensraum wiederzufinden, die Valcamonica, ein sonniges, landschaftlich bezauberndes Südalpental nördlich des Iseo-Sees. Dort entdeckte 1931 der Italiener Paolo Graziosi in der Nähe des Örtchens Cemmo bei Capo di Ponte zwei Sandstein-Felsblöcke mit vorgeschichtlichen Gravierungen. 275 Figuren von Rindern, Hirschen, Ziegen und anderen Tieren und von Dolchen waren in die Steine eingepunzt. In den folgenden Jahren und Jahrzehnten fanden Felsbildforscher viele andere Stellen mit prähistorischen Steinzeichnungen in der Umgebung von Capo di Ponte. 1970 waren rund 600 Plätze mit über 25000 einzelnen Darstellungen bekannt.

1975 berichtete Prof. Emmanuel Anati, der zu dieser Zeit bereits seit etwa 14 Jahren systematisch und intensiv zusammen mit Studenten und einheimischen Hilfskräften über der Valcamonica, dem Tal des Flüßchens Oglio, die dicht bewaldeten Berghänge bis hinauf in über 1000 Meter Höhe durchsuchte: »Bei weitem die bedeutendste und reichhaltigste heute in Europa bekannte Felskunstsammlung ist die der Valcamonica, wo längs 70 Kilometer in einem engen Alpental mehr als 130000 prähistorische Figuren entdeckt worden sind und wo mit Sicherheit noch unzählige Bilder darauf warten, ans Licht gebracht zu werden.« – Heute hat die Zahl der entdeckten Bilder die Drittelmillion weit überschritten. Die Darstellungen zeigen Tiere, Jagdszenen, Pfahlbauten, Felder, Menschen, Symbole und frühe Schriftzeichen.

17

18

17 Einige Felsbilder in der Valcamonica stellen einarmige Menschen dar. Sind diese Figuren identisch mit dem siegreichen Volk der Einarmigen, von dem die Dolomitensagen berichten?

18 Galten Ritualäxte – hier in einer monumentalen Komposition – als Symbole heiliger Macht?

19

19 Bizarre Felstürme und markante Zinnen, dazwischen anmutige Täler und reizvolle, kleine Beckenlandschaften, kennzeichnen die Gebirgswelt der Dolomiten in Südtirol. Im Zentrum der Dolomiten leben noch rund 20000 Ladiner, die einen rätoromanischen Dialekt sprechen.

20

21

22

Kopfzerbrechen bereiten den Vorzeitforschern einige große Felsplatten mit Kampfdarstellungen. Reiter und Fußvolk sind in die kriegerischen Auseinandersetzungen verwickelt. Sie wirken wie stilisierte Strichmännchen. Wer sich etwas in die verwirrende Vielfalt der kleinen Figuren hineinsieht, erkennt Symbolhaftes: Die tödlich Verwundeten sind oft nur als beinlose Körper dargestellt, und neben ihnen befindet sich eine Art Palette oder Spatel, eine rechteckige Tafel mit einem stielförmigen Griff, der von der Mitte der Unterkante ausgeht. Das Fehlen der Beine und des Unterkörpers wurde so gedeutet, daß hier vielleicht nur noch die Seele des Toten dargestellt wurde, bereit, ins Jenseits zu entweichen. Die Bedeutung der Palette ist unklar. Daß Sterbende oder Tote nicht ebenso gezeichnet wurden wie lebende Menschen, war in einer Zeit, die häufig sogar Geister symbolhaft darstellte, nicht weiter verwunderlich. Was aber verblüfft ist, daß die siegreichen Krieger in einer bestimmten zeitlichen Periode der Felsbilder als Einarmige abgebildet wurden.

Die Valcamonica liegt ziemlich genau 150 Kilometer südwestlich des alten Fànes-Reiches. Die Fànes-Sage aber berichtet, daß die kampferprobten Einarmigen aus Südwesten kamen. Sie spricht allerdings nicht von einem Bergtal, sondern von einer Insel. Nun bedeuten die Felsdarstellungen in der Valcamonica allerdings auch nicht, daß die einheimischen Camuni die siegreichen Streiter waren. Viele vor- und frühgeschichtliche Stämme haben in ihrer Felskunst siegreiche Eroberer verewigt, etwa die Korsen und die alten Ägypter.

20/21 Schematisierte Menschenformen, die in den Felsbildern der Valcamonica zu eigenen Kompositionen verbunden sind, stellen kultische Szenen der Paarung, des Tanzes oder des Gebets dar.

22 Achtförmige Schalen als Bestandteil geometrischer Figuren fand man nur in der Valcamonica.

Gab es also die Einarmigen wirklich? Auszuschließen ist es nicht. Fanden doch Ethnologen heraus, daß einzelne frühe Naturvölker Selbstverstümmelung als religiöses Ritual pflegten. So gab es außerhalb Europas auch Kulte der Amputation eines Beines oder des weiblichen Busens. Was aber in der ladinischen Sage – denn Ladiner waren die Fànes wie ihre verbündeten Gegner gleichermaßen – zusätzlich überrascht, ist die Aussage, die Einarmigen könnten fliegen. Sagen von einem fliegenden Menschenstamm haben sich erstaunlicherweise fast im ganzen Alpenraum erhalten, oft in voneinander weit entfernten und relativ abgeschiedenen Gegenden. Verbreitet waren sie vor allem auch in der Schweiz, bis in das Gebiet um Bern und Basel.

Nun wäre das weiter nicht aufregend, hätte nicht während des Zweiten Weltkrieges der deutsche Arzt Prof. Dr. Fuchs aus China – völlig unabhängig von irgendwelchen Alpensagen oder prähistorischen Felsbildern – folgendes

Besuch mit fliegendem Wagen

Material mitgebracht: »Aus altchinesischen Werken erfährt man, daß vor etwa 3700 Jahren in China Windwagen fuhren. Vom Tschi-kung-Volk, dem Volk der Einarmigen, scheint diese Erfindung zu kommen. Wie die Wagen aussehen, hört man allerdings nicht. Ein Schriftsteller aus dem ersten Jahrhundert nach der Zeitwende erwähnt in einer Bemerkung über den ersten Kaiser der Schang-Dynastie: ›Unter den Beherrschern der achtzehnhundert Völker, die sich mit ihren Dolmetschern versammelten, um die Thronfolge T'angs des Vervollständigers zu ehren, kam das Tschi-kung-Volk in fliegenden Wagen.‹ Das war im Jahre 1766 v. Chr.

Ein chinesisches Werk aus dem 3. Jahrhundert n. Chr. bestätigt auch, daß das Tschi-kung-Volk fliegende Wagen herstellen konnte, die bei gutem Winde große Entfernungen zurücklegten: ›Zur Zeit T'angs brachte Westwind einen solchen Wagen bis Jütschau, worauf ihn T'ang zerbrach, weil er nicht wünschte, daß sein Volk ihn sähe. Zehn Jahre später war Ostwind, dann ließ T'ang einen anderen Wagen anfertigen und sandte seine Besucher in ihr eigenes Land zurück, das 40000 Li (das sind 20921 Kilometer) vom Jü-men-Paß entfernt war.‹

In verschiedenen anderen altchinesischen Werken finden sich auch Stellen über ›fliegende Wagen‹ oder ›Wagen aus Federn, die vom Winde getrieben werden‹.«

Soweit der Arzt Dr. Fuchs. Als die Einarmigen mit ihren fliegenden Wagen nach China zur Versammlung der achtzehnhundert Völker kamen, herrschte Westwind. Ihr eigenes Land lag also 40000 Li weit im Westen. Das kann natürlich keine konkrete Entfernungsangabe gewesen sein, denn es entspräche mehr als dem halben Erdumfang. Die große Zahl stand nur für eine mit den Mitteln jener Zeit schwer meßbare unbeschreiblich große Entfernung, die weit über die Landesgrenzen des Reiches der Mitte hinausging. Und sehr fern im Westen muß das Land der Einarmigen wirklich gewesen sein, denn wenn es sich auch ohne Segelwagen leicht hätte erreichen lassen, dann wären seine Abgesandten nicht zehn Jahre in China geblieben, um auf Ostwind zu warten. Lag dieses Land wirklich in Europa?

Neuere Recherchen bestätigen die Aufzeichnungen von Dr. Fuchs. Das im 3. Jahrhundert n. Chr. verfaßte Werk »Po-wü-tschi« erwähnt, daß ein Volk im Lande Tschi-kung bereits vor 2000 Jahren Segelwagen kannte, die bei gutem Wind große Strecken zurücklegten: »Zur Zeit von T'ang (1760 v. Chr.) brachte Westwind einen solchen Wagen bis Jütschou (Honan), worauf T'ang ihn zerbrach, da er nicht wünschte, daß sein Volk ihn sähe.« – Der chinesische Dichter Kuo-Po (270 bis 324 n. Chr.) befaßte sich ebenfalls

»By air« 1700 v. Chr.?

mit diesen Segelwagen: »Bewundernswert sind die geschickten Arbeiten des Tschi-kung-Volkes. In Verbindung mit dem Winde strengten sie ihr Hirn an und erfanden einen fliegenden Wagen, der steigend und sinkend, je nach dem Wege, sie als Gäste zum Kaiser T'ang brachte.« – Ein weiterer Hinweis findet sich schließlich im 1341 veröffentlichten chinesischen Werk »Ku-yü-t'u«: »Vor alter Zeit unter Kaiser Tscheng (von der Tschou-Dynastie, 1115 bis 1077 v. Chr.) schickte das Land der Einarmigen Gesandte mit Tributgeschenken. Sie saßen auf einem Wagen aus Federn, der vom Winde getrieben wurde. So kamen sie zum Hofe der Tschou herangeflogen. Der Herzog von Tschou fürchtete, daß das seltsame Kunstwerk seine Bevölkerung aufregen könne und ließ daher die Wagen zerstören.«

Wer die fliegenden Einarmigen wirklich waren, wird wohl für immer ein Geheimnis bleiben. Und ob die alpenländischen und die chinesischen Einarmigen, die beide fliegen konnten, dieselben waren – beide lebten ja irgendwann um das Jahr 1000 v. Chr. oder etwas früher –, läßt sich ebenfalls nicht sagen. Der Name Tschi-kung, den die altchinesischen Autoren diesem Volke gaben, klingt nicht europäisch. Aber ist es nicht bemerkenswert, daß die zauberkundige Schwester des Magiers Spina de Mùl, der das Juwel Rayéta nach dem Untergang des Fànes-Reiches durch die Lüfte entführen ließ, ausgerechnet Tsikúta hieß?

Mysterien um eine königliche Frau

1

2

3

1/2/3 Äthiopien kennt mehrere Legenden zu seiner Frühzeit: Eine besagt, daß aus der Begegnung der Königin von Saba mit dem weisen Salomo der Sohn Menelik stammt, der erste König Äthiopiens. Das Land kürte sich zum »Neuen Israel«, indem es die mosaische Gesetzeslade raubte.

Aberhunderte Legenden in Afrika, Asien und Europa berichten über die geheimnisvolle Königin von Saba. Die einen schildern sie als schöne, kluge und reiche Frau, die anderen sehen in ihr eine Wüstendämonin. Das Alte Testament beschreibt den Besuch der Königin beim weisen Salomo, im Neuen Testament erscheint die Herrscherin am Jüngsten Gericht als apokalyptische Richterin. Das äthiopische Kaiserhaus leitete bis 1976 seinen Stammbaum von der legendären Königin von Saba ab, den Schwarzen wurde sie sogar zur Symbolfigur für Befreiung und Emanzipation. Wer war diese rätselhafte königliche Frau, die auf so ungewöhnliche Weise Weltgeschichte machte? Eine mythische Gestalt oder eine historische Persönlichkeit?

4

5

6

Adam und Eva wollten sein wie Gott. Sie aßen deshalb die verbotenen Früchte vom Baum der Erkenntnis, erkannten einander und legten sich gemeinsam nieder. In derselben Nacht kroch ein riesiger Schlangendrachen zum nahe gelegenen Fluß und trübte das Wasser mit seinem Samen. Als sich Eva des Morgens im Flusse wusch, wurde sie vom Schlangensamen schwanger. Später gebar sie davon eine Tochter und einen kleinen Drachen. Die Nachbarn wünschten ihr Glück, wunderten sich aber über die merkwürdigen Zwillinge. Der Drachensohn wuchs heran und wurde zum Diktator im Lande. Vier Jahrhunderte lang forderte er Tribut. Dann aber kam aus dem Land der Sabäer ein Befreier namens Agabos. Zusammen mit seiner Frau bereitete er aus den Früchten des Marenzholzbaumes (Strychnos abyssinica) ein tödliches schwarzes Pfeilgift und verrührte es in ein Fladenbrot. Dabei schaute die Tochter des Hauses, Makeda, die spätere ›Königin des Südens‹, zu. Agabos fütterte eine Ziege mit dem giftigen Fladenbrot und machte sich dann, die vergiftete Ziege auf seinen Schultern, auf den Weg zur Höhle des despotischen Schlangendrachens. Der fraß das Ziegenfleisch und ging elend zugrunde. Agabos wurde vom befreiten Volk gefeiert und zum König von Äthiopien gemacht. In hohem Alter bestimmte er seine Tochter Makeda zur Thronerbin. Aber die Fürsten widersetzten sich. Nach vierzigtägiger Feier wanderte sie nachts zum Grab ihres Vaters und bat ihn, die Chaos-Schlange zurückzusenden. Das Ungeheuer brach tatsächlich wieder aus seiner Höhle hervor und richtete gewaltigen Schaden an

4/5 Die Königin von Saba besucht Salomo, den König von Israel: Dieses alttestamentarische Thema übte auf Künstler des Mittelalters wie der Renaissance magische Anziehungskraft aus.

6 Im gebirgigen Äthiopien wird die Herrscherin von Saba als Makeda, Königin des Südens, verehrt.

7

7 »Und sie kam gen Jerusalem mit sehr vielem Volk, mit Kamelen, die Spezereien trugen und viel Gold und Edelsteine«, schildert die Bibel den Besuch der schönen Königin von Saba bei Salomo. Hatte die Herrscherin die lange Reise nur unternommen, um Weisheit und Reichtum des Königs von

Mensch und Tier an. Auf Bitten des Volkes verurteilte Makeda es zum Tode und zerschmetterte ihm eigenhändig den Kopf mit einem Stein. Das dankbare Volk krönte sie zur Königin von Äthiopien.«

Die ungewöhnliche Legende stammt aus Eritrea, und es ist keineswegs die einzige ihrer Art. Viele ähnliche Erzählungen geistern durch den Schwarzen Kontinent. Es fehlt ihnen jede historische Realität, und doch sind sie weit mehr als nur Märchen. Da wird zum einen eine Brücke geschlagen vom Schwarzen Kontinent zur Bibel, zum Alten Testament. Die Bibel ist für die dunkelhäutigen Christen sehr wichtig. Zugleich dokumentieren derartige Erzählungen aber auch uralte afrikanische Stammespraktiken. Wann immer nämlich ein Stamm oder ein Volk seinen Herrscher verlor, trat sein designierter Nachfolger

Uralte afrikanische Stammespraktiken

nicht unmittelbar die Regentschaft an. Traditionell legte man eine mehrtägige oder gar mehrwöchige Zeit des Chaos ein. Dem neuen Herrscher wurde so der Ruhm zuteil, das Volk aus diesem Chaos zu führen.

In vielen schwarzafrikanischen Legenden nun tritt Makeda, die rätselhafte »Königin des Südens«, als Überwinderin unerfreulicher politischer Zustände auf, meist als mythische Gestalt, zumindest in einem Fall aber als Persönlichkeit, der man historische Realität zuspricht. Sie galt sogar bis 1974 als Stammutter der langlebigsten Königsdynastie aller Zeiten. Ihre Geschichte erzählt die aksumitische Königslegende Kebra Nagast (»Herrlichkeit der Könige«). Aksum war vom ersten bis zum fünften Jahrhundert n. Chr. Hauptstadt des äthiopischen Reiches, und das im 14. Jahrhundert verfaßte äthiopische Nationalepos Kebra Nagast, wohl das erstaunlichste Werk der gesamten schwarzafrikanischen Literatur, stammt aus der Region dieser alten Metropole.

Kernstück des Epos ist der Besuch der Königin von Saba beim biblischen König Salomo. Ihr Name: Makeda. Bildschön ist sie, hochintelligent, und ihr brennendster Wunsch ist es, Weisheit zu erwerben. Allein deshalb unternimmt sie die sehr lange und anstrengende Reise nach Jerusalem zu Salomo, der im Rufe großer Weisheit steht. Doch als sie endlich an seinem Hof eintrifft, will sie der greise König verführen. Sie verweigert sich ihm. Salomo schwört auch, ihr keine Gewalt anzutun, fordert aber dafür von ihr den Eid, ihrerseits »keinem Gegenstand in seinem Hause Gewalt anzutun«. Er läßt ihr dursterregende Speisen reichen. Als sie nachts Wasser aus einem neben ihrem Bett stehenden Krug trinkt, legt das Salomo

Israel zu bewundern? Oder diente das Treffen einem Wirtschaftsabkommen? Gab es die rätselhafte Herrscherin überhaupt? Im versunkenen Reich der Sabäer, das im heutigen Jemen liegt, fand man bisher keinen Hinweis auf die historische Existenz der mythischen Königin.

als Diebstahl und damit als Eidbruch aus, fühlt sich seinerseits nicht mehr an den Schwur gebunden und vergewaltigt Makeda. Daraufhin plagt ihn ein Alptraum: »Ihm erschien eine leuchtende Sonne; die stieg herab vom Himmel und leuchtete stark über Israel; nachdem sie dort verweilt hatte, wurde sie plötzlich entfernt, flog nach dem Lande Äthiopien und leuchtete dort stark bis in Ewigkeit, denn sie blieb gerne dort.«

Mit diesem legendären Alptraum gelang dem Kebra Nagast ein politischer Schachzug von historischen Dimensionen. Es überträgt den Gedanken vom auserwählten Volk Gottes von Israel auf Äthiopien. Die symbolische Sonne ist nichts anderes als Makedas Sohn, Menelik, der aus der Vergewaltigung der Königin von Saba durch Salomo hervorging und den die nach Äthiopien emigrierte Mutter allein aufzog. Dieser Sohn wird zum ersten äthiopischen König. Zuvor kannte das Land nur weibliche Herrscher. Mit dem Geschlechterwechsel schafft das Kebra Nagast zugleich den unwidersprochenen Übergang vom

Der Alptraum Salomos

matriarchalischen Naturrecht der afrikanischen Stammesvölker zum Patriarchat des ersten souveränen Staates in Schwarzafrika. Mehr noch: Menelik ist zwar der erste männliche König, aber er kann sich bereits auf einen langen und ungemein ansehnlichen Stammbaum berufen. Sein Vater Salomo entsprang schließlich dem Geschlecht Abrahams und Davids und war damit blutsverwandt mit Jesus. Stolz nannten sich denn auch alle äthiopischen Könige Salomoniden. Ihre Herrschaftsfolge währte ununterbrochen bis zum Jahre 1974, als ihr letzter Stammhalter, der Kaiser oder »Negus« Haile Selassie, abgesetzt wurde. Er galt als 225. Nachkomme der Königin von Saba. Noch aus der revidierten äthiopischen Verfassung von 1955 ging dieser Anspruch deutlich hervor: »Die imperiale Würde wird fortwährend angeheftet bleiben der Linie von Haile Selassie I., Nachfolger König Sahle Selassies, dessen Linie abstammt ohne Unterbrechung aus der Dynastie Meneliks I., Sohn der Königin von Äthiopien, der Königin von Saba, und des Königs Salomo von Jerusalem.«

Kritischen Historikern erscheint dieser Anspruch recht dubios. Aber das äthiopische Volk erkannte ihn nachweislich seit dem 13. Jahrhundert an. Seit dieser Zeit läßt sich die leibliche Folge im »salomonisch-sabäischen« Kaiserhaus in der Tat lückenlos belegen. Auch ohne den Rückgriff auf die legendäre Königin von Saba war die äthiopische Dynastie damit die langlebigste der Welt. Das ist insofern ganz außergewöhnlich, als ausgerechnet in diesem Land von alters her eine bunte Vielfalt verschiedenster Stämme und Völker lebt: Semiten und Kuschiten, Amharen, Galla-Völker, Somalis, Danakil und Feldscha. Sie unterscheiden sich ethnisch und sprachlich, in ihren Gewohnheiten und in der Art ihres Lebensraumes oft grundlegend voneinander. Durch Jahrhunderte einen konnte sie nur das magische Band einer mysteriösen Königin, die vielleicht niemals gelebt hat.

Die Verknüpfung der Königin von Saba mit der äthiopischen Nation beschränkt sich aber nicht nur auf ihre Funktion als Stammutter eines salomonischen Sprößlings. Die Übertragung der Herrschaft und des göttlichen Erwähltseins von Israel auf Äthiopien vollzog sich nämlich nicht allein durch den legendären Traum Salomos. Das Kebra Nagast berichtet weiter, daß Salomo selbst seinen Sohn später zum König krönte und den erstgeborenen Söhnen seiner hohen Beamten und Priester die Weisung gab, seinem Sohn nach Äthiopien zu folgen. Diese neue Herrengeneration in fremdem Lande wollte aber nicht abgeschnitten bleiben von der göttlichen Gegenwart, die Israel in der auf Moses zurückgehenden Bundeslade verehrte. Sie entführten kurzerhand dieses altisraelitische Heiligtum und brachten es nach Aksum, der alten äthiopischen Residenzstadt. Kein geringerer als ein Engel Gottes gab dem Priestersohn Azaja den ausdrücklichen Befehl für diesen Raub: »Israel hat den Herrn erzürnt, und deshalb wird er die Gesetzeslade ... von ihnen fortnehmen.« Äthiopien wird damit zum »Neuen Israel«.

Äthiopien wird zum neuen Israel

Bis heute wird die mosaische Bundeslade in Aksum verwahrt, und kein Fremder bekommt sie zu Gesicht. Eine Ausnahme machte allein der armenische Pater Timotheus. Er beschrieb das Heiligtum so: »Dieser Kasten war eine in Indien hergestellte Truhe. Als er geöffnet wurde, sahen wir vor uns die Tafeln mit den Zehn Geboten. Wir nahmen sie heraus, um sie genau zu betrachten. Der Stein war von rötlichem Marmor, von einer Art, wie man ihn gewöhnlich in Ägypten findet; er war viereckig, 24 Zentimeter lang, 22 Zentimeter breit und über 3 Zentimeter dick. Am Rande waren Blumen eingraviert; in der Mitte sah man eine zweite Quadratlinie in Gestalt einer dünnen Kette, und zwischen diesen zwei Quadraten waren die Zehn Gebote aufgezeichnet, und zwar fünf auf einer, fünf auf der anderen Seite. Auf dem unteren Teil der Tafel standen drei Buchstaben, deren Bedeutung uns niemand erklären konnte. Der Stein schien nicht alt zu sein; er stammte höchstens aus dem 13. oder 14. Jahrhundert.«

Ob allerdings Timotheus wirklich das Original zu Gesicht bekam, ist ungewiß. Schließlich gibt es in jeder äthiopischen christlichen Kirche eine Kopie der Bundeslade.

Mit dem Sturz Haile Selassies ist die Beziehung der Königin von Saba zu Äthiopien keineswegs beendet. Die Kreise haben sich längst ausgeweitet. Um 1775 machte in Boston ein siebenundzwanzigjähriger Farbiger namens Prince Hall als Prediger von sich reden. Sein Vater war Brite, seine Mutter eine freie Schwarzafrikanerin. Er selbst stammte von Barbados. Er begründete einen ersten schwarzen Freimaurerorden und wurde 1784 »Meister vom Stuhl« der umstrittenen »Afrikanischen Loge«. Im Juni 1797 schließlich hielt er in Menotomy/Massachusetts eine flammende Rede, die ihn endgültig zum bedeutenden Führer in der schwarzen Befreiungsbewegung Amerikas machte. Eine wichtige Rolle in dieser Rede spielten Äthiopien und die Königin von Saba: »Jethro, ein Äthiopier, gab seinem Schwiegersohn Moses gute Ratschläge bei der Errichtung einer Regierung ... Also, Moses scheute sich nicht, von einem schwarzen Menschen belehrt zu werden ... Der Großmeister Salomon scheute sich nicht, ein Gespräch mit der Königin von Saba zu führen ...« Diese Königin galt und gilt den Farbigen trotz ihrer Herkunft vom Süden der Arabischen Halbinsel als Schwarze.

Der Schwarze ist Jude ... ... ist kein Jude

Als Ende des 19. Jahrhunderts die ersten unabhängigen schwarzen Kirchen entstanden, nannten sie sich sowohl in Amerika wie in Südafrika Äthiopische Kirche. Allenthalben formierten sich äthiopische Bewegungen, und beinahe die gesamte unterdrückte schwarze Rasse setzte ihre Hoffnung auf ihre internationale Befreiung durch den König von Äthiopien, durch den legitimen Nachfolger der schwarzen Königin, die das Heil auf den afrikanischen Kontinent gebracht hatte.

Marcus Garvey, der 1914 auf Jamaika die UNIA, die Universal Improvement Association zur Befreiung der Schwarzen gründete, brachte vor: »Der neue Neger gibt nicht zwei Cent für die Abstammung von Salomo. Salomo war ein Jude. Der Neger ist kein Jude. Der Neger hat seinen rassischen Ursprung in der Königin von Saba bis zur Gegenwart, worauf er stolz ist. Er ist stolz auf Saba, aber er ist nicht stolz auf Salomo.«

Anders sehen es die schwarzen Juden, vielleicht Nachkommen der in die USA ausgewanderten äthiopischen Feladschen. Ihr Führer in Harlem, Rabbi Matthew, faßte es so zusammen: »Der Schwarze ist ein Jude, weil er ein direkter Nachkomme Abrahams ist. Isaak, der Sohn Abrahams, war der Vater von Esau ..., und Jakob, dessen Haut glatt war wie die eines Schwarzen. Jakob, bekannt auch als Israel, war der Vater der zwölf Stämme, und König Salomo, der Sohn Davids, war Urenkel des Stammes Juda. König Salomo war verheiratet mit der Königin von Saba, die nach Afrika zurückkehrte, wo sie einen Sohn gebar, der in der biblischen Geschichte als Menelik I. bekannt ist ...« So wurde die rätselhafte Königin zur Symbolfigur für die Emanzipation der schwarzen Rasse, und sie blieb es bis zum heutigen Tage.

Wer war diese Frau, die auf so ungewöhnliche Art und Weise Weltgeschichte machte? Aberhunderte Legenden in Afrika, Asien und Europa erzählen von ihr. Erfunden sind sie allesamt, aber alle haben sie einen gemeinsamen Kern, in dem vielleicht Wahrheit liegt. Und dieser Kern, diese Urquelle, findet sich im Buch der Bücher, in der Bibel, genaugenommen im Buch der Könige. Er ist zugleich der einzige wirklich alte Bericht über die Königin. Er spielt natürlich zur Zeit Salomos, also etwa in der zweiten Hälfte des 10. Jahrhunderts v. Chr. Aus ihrer Heimat, dem Reich der Sabäer, zieht die Königin mit großem Aufgebot auf einer langen Reise – es ist sowohl von einer Kamelkarawane wie von Schiffen die Rede – zur Residenz des Königs von Israel. Sie hatte von Salomos Weisheit und Reichtum erfahren und will sich von der Richtigkeit dieser Gerüchte überzeugen. Sie bringt wertvolle Geschenke mit – Gold, Balsame, kostbare Steine und Edelhölzer –, prüft Salomos Weisheit durch Fragen, erhält zufriedenstellende Antworten und ihrerseits wertvolle materielle Geschenke und zieht sodann mit ihren Untergebenen in ihr Land zurück. Mehr sagt der biblische Bericht im Grunde nicht. Von einer Vergewaltigung weiß er ebensowenig wie von einem gemeinsamen Kind der beiden Monarchen. Selbst die Art der Fragen, die die Königin Salomo gestellt haben soll, bleibt unerwähnt.

Mythos mit biblischem Ursprung

Ein Problem bietet auch die Datierung des Besuches, denn während Salomo von etwa 965 bis 926 v. Chr. lebte, lassen sich erste Spuren einer Monarchie der Sabäer erst rund 150 Jahre später nachweisen. Aber das will nicht viel besagen. Das Reich der Sabäer lag im Süden der Arabischen Halbinsel, etwa im heutigen Nordjemen, und dort setzte archäologische Arbeit erst 1969 ein. Vieles ist gewiß noch im Wüstensand begraben, und manche Archäologen vermuten, daß der Palast der mythischen Königin in der alten Hauptstadt Marib noch unter tiefem Schutt verborgen liegen könnte. Vielleicht aber herrschte sie auch gar nicht über ein seßhaftes Volk mit einer festen Residenz, sondern war Nomadenfürstin. Dafür sprechen Legenden, die in ihr eine heidnische Anbeterin der Gestirne, besonders des Mondes, der Sonne und der Venus sehen, die erst bei ihrem Besuch Salomos mit der mosaischen Hochreligion in Kontakt kam und diese dann übernahm. Die alte sabäische Mondgottheit hieß Almaqa. Almaqa wurde später auch zum Beinamen der Königin von Saba. In der islamischen Welt allerdings ist sie als Bilqis bekannt und – merkwürdig genug – die Ruinen des Almaqa-Tempels in Marib heißen seit Menschengedenken Tempel der Bilqis. Vielleicht gab es die Königin Makeda/Almaqa/Bilqis – oder wie sie sonst noch geheißen haben mag – also wirklich. Doch das bleibt bis auf weiteres ein Geheimnis des arabischen Wüstensandes. Viel deutlicher sind ihre vielfältigen Auswirkungen in den verschiedensten Kulturkreisen. Sie hinterließ nämlich keineswegs nur im äthiopischen und schwarzafrikanischen Raum eine auffällige Spur.

Geheimnisse im arabischen Wüstensand

Nach allen Berichten kann es nicht weiter verwundern, daß die Juden weniger gut auf die Königin von Saba zu sprechen sind. Der Talmud, der ebenso auf dem Alten Testament fußt wie die Bibel, drückt sich geflissentlich um die für die Kinder Israel unliebsame Gestalt. Ganz anders die israelische Legendenwelt. Sie knüpft dort an, wo auch die äthiopische Schlangenlegende angesiedelt ist: im Paradies, bei Adam und Eva. Sie sieht in der Königin von Saba meist Adams dämonische erste Frau Lilith, eine Art radikaler Emanze, die dem Mann keine Gefährtin, sondern eher eine gleichberechtigte Widersacherin war und Gott dazu veranlaßte, Eva als fügsameres Wesen aus Adams Seite zu erschaffen. Lilith, die im jüdischen Sagenschatz fast immer mit der Königin von Saba gleichgesetzt wird, geistert als Hexe durch die Welt.

Salomo, der vom unermeßlichen Reichtum der Königin des Südens erfuhr, ließ diese durch seinen Botenvogel, den Wiedehopf, an seinen Hof bestellen. Nach dreijähriger Reise gelangt sie dorthin, doch der Judenkönig ist enttäuscht: »Deine Schönheit ist die einer Frau; deine Haare sind die eines Mannes. Die Haare sind des Mannes Schönheit, aber eine Schande für die Frau!« Besonders eine ungewöhnlich starke Beinbehaarung wird in jüdischen Legenden immer wieder betont und als dämonisch interpretiert. Die Königin ihrerseits verführt in den jüdischen Fassungen Salomo, allerdings nicht, bevor dieser ihr durch eine Zaubersalbe die Beinhaare entfernen ließ. Das Kind,

8

9

8/9 Vor allem im schluchtenreichen Äthiopien hinterließ die Königin von Saba eine auffällige Spur: Nur das dortige Nationalepos Kebra Nagast berichtet von einer Vergewaltigung der geheimnisvollen Herrscherin durch Salomo wie von einem gemeinsamen Kind der beiden Monarchen.

das die Dämonin Salomo schenkt, ist niemand anderer als Nebukadnezar, der Tyrann, der den Tempel Salomos zerstört und für das babylonische Exil der Kinder Israel verantwortlich gemacht wird.

Die Israelis dichten der Königin von Saba aber noch mehr Bosheiten an. Sie soll Salomo jene 30 Silberlinge geschenkt haben, die Judas, der Verräter, später als Lohn für seine Verleumdung erhielt. Sie gilt als Wüstendämonin, als Sexualvampir, der den Männern die Kraft raubt, als Verführerin zur Onanie, die aus verschwendetem Samen dämonische Schattenwesen schafft, die leibliche Nachkommen bekämpfen. Sie plagt Neugeborene mit Diphterie oder gilt gar als entsetzliche Kinderwürgerin, gegen die nur Amulette oder »Wachnachten« an den Kinderbetten schützen. Wie ein böser Geist läßt sie sich heraufbeschwören.

Ein Ausbund an Weisheit? Inbegriff der Macht?

So sagt zum Beispiel eine kabbalistische jüdische Formel aus dem 14. Jahrhundert: »Will man die Königin von Saba sehen, so besorge man ein halb lot Gold in der apothek; ferner ein wenig Weinessig und ein wenig Rotwein und knete alles zusammen. Als dann smir es im un sag: ›Du, Königin von Saba, komm in... eine halb Stunde, ohne Schaden oder irgendeinen Verlust zuzufügen. Ich beschwore euch, dich und Malkiiel, im Namen Taftefil. Amen. Selah.‹«

Auch im Christentum hatten die Alchimisten des Spätmittelalters viel mit der mythischen Königin im Sinn. Bei ihnen allerdings nahm sie eine weitaus positivere Rolle ein. Als Stammutter verkörperte sie die Urmaterie, die materia prima. Sie setzte dem Chaos den Stein der Weisen entgegen, war selbst ein Ausbund an Weisheit, ein Inbegriff für Macht, Ehre, Kraft und Herrschaft und trug eine strahlende Krone. Wie die Alchimisten die Materialisierung des Geistigen anstrebten, so galt auch sie symbolisch als menschgewordener Geist und rückt damit verdächtig in die Nähe eines weiblichen Gegenstücks zu Jesus selbst. In seinem »Speculum de Mysteriis« (Spiegel der Geheimnisse) schrieb Honorius von Augsburg: »Als nämlich die Königin des Südens ihren Körper und ihr Blut ihren Jüngern übergab, da lag Johannes an Jesu Brust und trank da von der Quelle der Weisheit...«

Nicht immer allerdings steht die Königin von Saba im Christentum ganz so vorteilhaft da. Verwandt mit der dämonischen Beinbehaarung, die ihr die Juden andichteten, erscheint sie vor allem in Frankreich mit einem Gänsefuß als »Reine Pédauque« (von ital. »piede d'occa« = Krähenfuß). Als solche zierte sie verschiedene französische Kirchenportale des 12. Jahrhunderts. Galt sie als Abwehrdämon? Ausschließen läßt sich das nicht, aber etwas anderes ist wahrscheinlicher. Weit verbreitet ist nämlich in Europa die Legende, die gänsefüßige Königin von Saba habe in einem hölzernen Brückensteg im Garten Salomos das spätere Kreuzesholz Christi erkannt und sich geweigert, dieses heilige Holz zu betreten, worauf Gott ihren verunstalteten Fuß heilte. Aus dieser Erzählung leiteten sich später zahllose Kreuzesauffindungslegenden ab. Wie eine heilige Seherin erkannte die Königin jenes Holz, das symbolhaft Tod und Leben, Untergang und Erlösung miteinander verknüpft, und wird dadurch selbst zur »Übergangsfigur«. Das verträgt sich gut mit der äthiopischen Fassung, nach der sie als Verehrerin heidnischer Gottheiten am Hofe Salomos zur Monotheistin wurde. Als Übergangsfigur steht ihr ein legitimer Platz an Kirchenportalen zu, und den nimmt sie – ohne Gänsefuß – denn auch häufig ein, in besonders gediegener Form etwa an den Kathedralen von Amiens und Chartres.

Wichtig in der christlichen Überlieferung ist der Platz, den das Neue Testament der Königin von Saba einräumt. Bei Matthäus 12/42 und Lukas 11/31 heißt es übereinstimmend: »Die Königin von Mittag wird auftreten am Jüngsten Gericht gegen dieses Geschlecht und wird es verdammen; denn sie kam vom Ende der Erde, Salomos Weisheit zu hören. Und siehe, hier ist mehr als Salomo.« Jesus selbst kündigte die Königin von Saba als apokalyptische Richterin an.

Neben dem Christentum und dem Judentum fußt auch der Islam auf dem Alten Testament, und auch er kennt die Königin von Saba. Der Koran selbst würdigt in seiner 27. Sure ihren Besuch bei Salomo einer längeren Textpassage. Wieder ist es der Botenvogel Wiedehopf, der die Königin von Saba an Salomos Hof holt. Und wieder wird sie dort von der Heidin zur Monotheistin, also zur Muslima. Erst spätere islamische Erzählungen gehen auf die Gerüchte von der Beinbehaarung oder dem mißgestalteten Fuß – diesmal ist es ein Ziegen- oder Eselsfuß – der Königin ein, die in der arabischen Tradition den Namen Bilqis bekommt. Aber sie sehen darin nichts Dämonisches, sondern das genaue Gegenteil: Böse Geister dichteten der Königin den körperlichen Fehler nur an, um sie Salomo abspenstig zu machen. Der König selbst überzeugt sich von der großen Schönheit und vollkommenen Makellosigkeit Bilqis', mit der er schließlich seinen Thron – und in manchen Versionen sein Bett – teilt. So wird sie in der islamischen Welt zur mythischen Symbolfigur einer königlichen Frau und einer königlichen Geliebten gleichermaßen, zur emanzipierten, mit Weisheit gepaarten Liebe sozusagen.

Bilqis, Lilith, Almaqa, Makeda, Königin des Südens, Königin von Saba oder wie sie sonst noch genannt werden mag – eine schillerndere Frauenfigur kennen die Legenden der Völker nicht.

Schauplätze der Edda

1

2

3

Den Ger warf Odin / ins Gegnerheer: / der erste Krieg / kam in die Welt; / es brach der Bordwall / der Burg der Asen, / es stampften Wanen / streitkühn die Flur. « – Wild, unheimlich, tragisch und komisch ist die mythische Welt der Germanen. Die Edda, das bedeutendste Denkmal der altnordischen Literatur, weiß viel zu berichten: vom Geschick der Götter, von Begegnungen mit Riesen und Zwergen, von Kämpfen mit Ungeheuern und Drachen, von der Schöpfung und dem Untergang der Erde. Versteckt weisen die Mythentexte auch auf Naturphänomene hin. Die klassischen Schauplätze der Edda, gab es sie vielleicht wirklich: die Götterburg Asgard, die Flammenburg der Riesentochter Gerda, die Reiche der Riesen und Zwerge, die Unterwelt oder den Ort der Götterdämmerung?

1/2/3 »Die Sonne verlischt, / das Land sinkt ins Meer; / vom Himmel stürzen / die heitern Sterne. / Lohe umtost / den Lebensnährer; / hohe Hitze / steigt himmelan.« So verkündet die Seherin Wölwa in der altnordischen Dichtung Edda ihre düstere Vision vom Weltuntergang.

4

5

6

Die Edda, die große mythische Dichtung unserer germanischen Vorfahren, erzählt von Göttern und Dämonen, von Riesen und Zwergen. Sie handelt von tragischen und komischen Abenteuern und berichtet über die Schöpfung und den Untergang der Welt. Ihre Gestalten sind nicht vergessen: Göttervater Odin, Göttermutter Frigga – verewigt im Freitag –, der Gewittergott Thor oder Donar – an den noch der Donnerstag erinnert –, der Friedensgott Freyr, der Sonnengott Baldur, Loki – der listige Gott des Feuers –, die Liebes- und Fruchtbarkeitsgöttin Freyja oder die Totengöttin Hel, nach der die Hölle benannt ist. Da gab es mächtige Dämonen, Erd- und Eisriesen, Zwerge oder Schwarzalfen – an die noch der Alptraum erinnert – und gute Luftgeister, die Lichtalfen, die in den Feen und Elfen weiterleben.

Es gibt zwei Aufzeichnungen der Edda, die sogenannte Prosa- oder Snorri-Edda und die Lieder-Edda. Die eine verfaßte 1230 der isländische Dichter, Staatsmann, Richter und Historiker Snorri Sturluson, indem er alte, mündlich überlieferte Göttersagen zusammentrug und auch aus der Lieder-Edda zitierte. Die andere ist eine Sammlung unterschiedlich alter Götterlieder, die nach 874 – dem Beginn der Besiedlung Islands – entstand und wohl kurz nach der Wende zum 2. Jahrtausend abgeschlossen war. Beide Werke decken sich inhaltlich weitgehend, weichen aber in manchen Details voneinander ab. Beide spielen sie an den gleichen mythischen Orten. Von diesen beklagte 1894 der deutsche Edda-Forscher Wilhelm Wägner, daß sie im Gegensatz zu den Schauplätzen der griechischen und

4/5/6 Sattgrüne Täler, vielfarbige Berge, glitzernde Flüsse, schwarze Lavastrände, gigantische Gletscher und Vulkane lassen Island heute noch als gewaltige Urlandschaft erscheinen. Auf der Insel aus Feuer und Eis war und ist der Mensch ständig von Naturkatastrophen großen Ausmaßes bedroht.

römischen sowie aller anderen Sagenzyklen noch nicht entdeckt worden seien. Er hoffte aber, daß das eines Tages gelingen würde. Asgard, die Stammburg der Götter, die Flammenburg der Riesentochter Gerda, die Welten der Riesen und der Zwerge, der Weg zur Unterwelt mit der mythischen Gjöll-Brücke, die Unterwelt selbst oder die Schauplätze der Götterdämmerung – gab es sie wirklich? Und wenn ja, wo waren sie? Wo sind sie?

Dem deutschen Mythenforscher Walter Hansen gelang es in umfangreichen Literaturrecherchen und abenteuerlichen Island-Expeditionen um 1980, die Schauplätze der Edda zu identifizieren. Er ging davon aus, daß Sagenforscher üblicherweise Philologen sind und nichts über Geologie wissen, und daß sich Geologen andererseits kaum für Mythen interessieren. Als erster verglich er sorgfältig die oft ungemein geheimnisvoll verklausulierten Mythentexte und all ihre versteckten Anspielungen auf Naturphänomene mit der umfangreichen naturwissenschaftlichen Literatur über

Karte der mythischen Orte

die Geologie und Landschaft Islands. Das Ergebnis war faszinierend: Schon am Schreibtisch entstand eine Karte der mythischen Orte, und auf mehreren Reisen nach Island fand Hansen seine Vermutungen mehr als bestätigt.

Da war zunächst die Götterburg Asgard. Die Edda erwähnt, daß ein zauberkundiger Riese sie mit Hilfe des Pferdes Swadilfari errichtet hatte. Sie umfaßte verschiedene Hallen beziehungsweise Götterpaläste in mehreren Stockwerken. Die oberste Etage bildete Walaskjalf, die Wohnung Odins, gedeckt mit einem silbernen Dach. Darauf erhob sich noch Odins Hochsitz Hlidskjalf. Die Götterpaläste hießen Breidablik, Glitnir und Bilskirmir. Sie waren wie eine uneinnehmbare Festung zusammengefügt, uneinnehmbar und nur durch ein Tor im Westen zugänglich. Vor Asgard lag das »tun«, die immergrüne Hofwiese der Asen, also der Götter.

Hansen stellte Fakten zusammen: Swadilfari, das Pferd des Riesenbaumeisters, läßt sich in »svadil« (Kälte, Frost, Eis) und »fari« (Führer, Bote, Herbeibringer) zerlegen; das Pferd war also ein »Frostbringer«. Solche Namen stehen im Einklang mit alter Mythentradition, die Naturgewalten – hier den Nordwind – auch als Dämonen oder mythische Tiere personifiziert. Zum Bau der Götterburg Asgard war also Kälte und/oder Eis erforderlich. Das stimmt mit ihrem silbernen Dach überein. Asgard ist schnee- oder eisbedeckt. Walaskjalf, Odins Saal, läßt sich ebenfalls sprachlich enträtseln: »vala« heißt kreisrund und scheibenförmig, »skjalf« steht für Berghöhe oder Berggipfel. Odins oberstes

7 Die unheimlichen Kräfte der Natur erlebt man auf Island noch in ihrer Ursprünglichkeit. Allenthalben brodelt und kocht es: Heiße Quellen entspringen der ruhelosen Erde, Schwefeldämpfe steigen empor. Wer erinnert sich da nicht an die poetische Kraft und urtümliche Sprachgewalt der

7

Edda? In der wilden, rauhen Landschaft Islands war die altnordische Götterwelt zu Hause. Hier legte sich die Midgardschlange als Weltenmeer um das Menschenreich; hier tötete der Fenriswolf den Göttervater Odin; hier erschlug Thor, der Gewittergott, viele Riesen.

8

8 Nur äußerst selten zeigt sich der flache Vulkan Hekla, der sich majestätisch inmitten weiter Lavafelder erhebt, völlig frei ohne Nebel oder Wolken. In seinem Gipfelkrater sahen die Mythen den Eingang zur Unterwelt, ein Bild, das später auch die christlichen Kirchen übernahmen.

Stockwerk muß also rund und scheibenförmig flach sein. Asgard muß demnach ein runder, oben flacher, schneebedeckter Berg sein. Den Geologen ist diese Form wohlbekannt: ein Tafelvulkan. Das erklärt auch zugleich die Palastnamen. Alle drei enthalten sie Silben wie »blik«, »glit« oder »skirr«, und die bedeuten »glänzend«, »glitzernd«, »leuchtend«. Die Tafelvulkane entstanden unter der Eisdecke während der Eiszeit. Ihre steilen Flanken bildeten sich, als glutflüssige Lava plötzlich mit Eis in Kontakt kam und sofort zu glasigem Gestein erstarrte, das bei bestimmtem Sonneneinfall in der Tat leuchtet und glitzert. Die Geologen nennen das Gestein Hyaloklasit. Asgard ist also ein schneebedeckter Tafelvulkan. Einen weiteren Hinweis fand Hansen in Odins Hochsitz. Manche Tafelvulkane waren noch nach der Eiszeit aktiv. Neue Ausbrüche bauten um den zentralen Krater auf dem flachen Gipfel des Berges einen zusätzlichen kleinen Kegel auf. Nur bei einem einzigen isländischen Tafelvulkan läßt sich dieser Kegel vom Fuße des Berges aus sehen. Er heißt Herdubreid und befindet sich nördlich des gewaltigen Gletscherfeldes Vatnajökull. Mit seiner ideal runden Form und seiner strahlenden Schneekappe gilt er als der schönste Berg Islands: eine würdige Götterburg. Als Hansen ihn besuchte, entdeckte er auch das westliche Tor, von dem die Edda sprach. Es ist eine von einem Lavastrom in die steile Bergflanke gefressene, schräg zum Gipfelplateau verlaufende Schlucht mit zum Teil senkrechten Seitenwänden, der einzige für Bergsteiger relativ einfache Zugang zum Gipfel. Ringsum ist Herdubreid von arktischer Lavawüste umgeben, von Odadahraun, der Missetäterwüste. Nur an seinem Nordfuß liegt überraschenderweise eine kleine grüne Oase: Herdubreidalindir, die Hofwiese der Asen.

Die glitzernde Götterburg Asgard

Und noch ein Merkmal schafft Sicherheit bei der Identifikation von Asgard mit Herdubreid. Der Sage nach verläuft zwischen Asgard und dem Reich der Riesen der Grenzfluß Ifing, von dem die Lieder-Edda berichtet: »Durch alle Zeiten zieht er offen, nie wird Eis ihn engen.« Ein Fluß, der auch im eisigen Winter Islands nicht gefriert, kann kein gewöhnlicher Fluß sein, folgerte Hansen. Aber westlich und südwestlich von Herdubreid erstreckt sich einer der größten Lavaströme der Welt, und zwar einer jener extrem seltenen Lavaströme, die aus sehr dünnflüssigen Eruptionsmassen entstanden und den selbst nüchterne Geologen mit einem erstarrten Wellenschlag vergleichen.

Jenseits dieses Grenzflusses Ifing liegt die Welt der Steinriesen. Hansen konnte sie mit dem weiträumigen Felsental Dyngjufjalladalur identifizieren, einer unglaublich bizarren Landschaft, in der es auch den aufgeklärten Menschen unserer Zeit nicht schwer fällt, die Gestalten und Gesichter unzähliger steinerner Riesen zu entdecken. Die Legende freilich beschreibt Details, unter anderem den auf den Boden geworfenen Schild des Steinriesen Hrungnir, auf dem noch die Überreste des vom Gewittergott getroffenen Riesen selbst stehen. Unweit davon Griottunagard, die schwarze Felsenburg des Riesen, und in der Nachbarschaft schließlich die Überreste von Mökkurkalfi, einem Lehmriesen, der der Sage nach Hrungnir zur Seite stand. Begeistert berichtete Hansen, wie er den Götterschild unmittelbar südlich des Dyngjufjalladalur in Form eines sogenannten Schildvulkans fand, den die Isländer noch heute Trölladyngja (Schild des Riesen) nennen. Solche Vulkane sind recht selten. Sie entstehen, wenn sehr dünnflüssige Lava aus einer zentralen Spalte ausströmt und weit auseinanderfließt. Daß sich aber auf einem Schildvulkan ein mächtiges bizarres Felsgebilde – die Überreste des erschlagenen Riesen – erhebt, ist wahrscheinlich einmalig. Auf dem Trölladyngja ist es zu sehen.

In unmittelbarer Nachbarschaft dieses Berges erhebt sich aus topfebener Lavawüste dunkel und bedrohlich auch die legendäre Felsenburg Griottunagard wie eine Trutzburg am Zugang zum Reiche der Riesen. Das sicherste Indiz für die Identität mit den Schauplätzen des Mythos ist schließlich der gefallene Lehmriese, der den Sagenforschern bis dahin viel Kopfzerbrechen bereitete. Neben Hrungnirs Schild erstreckt sich ein Bergrücken aus unkristallisierter Lava, die in Farbe und Struktur durchgeknetetem Lehm täuschend ähnlich sieht. Vulkanologisch ist das ein wohl einmaliges Phänomen.

...soll man immerdar nur vom Hörensagen erfahren

Am Nordrand des Steinriesenreiches befand sich der Sage nach die Flammenburg der schönen Gerda. Ihr Vater, der Erdriese Gymir, hatte sie hier in einem Ring aus »Waberlohe« (vafrlogi) eingeschlossen, um sie so zu beschützen. Um Gerda warb aufdringlich der Friedensgott Freyr. Als Liebesboten schickte er Skirmir zu Gerda. Dessen Ritt von Asgard nach Norden führte über feuchte Berge in ein Gebiet, in dem es Viehhirten gab. Dort lag die Flammenburg Gerdas, von der der Mythos allerdings sagt: »Von dem seligen Hause soll man immerdar nur vom Hörensagen erfahren.« Die Anwesenheit von Viehhirten gemahnte Hansen an Weideland. Weideland war extrem selten im alten Island, besonders im Zentrum oder im Norden der Insel. Nördlich des Herdubreid gibt es bis auf

9

10

9 Der Schildvulkan Herdubreid galt den Dichtern der Edda als Götterburg Asgard.

10 Hermodhrs Weg in die Unterwelt führte durch die Eruptionsspalte Eldgja.

den heutigen Tag nur ein großes Weidegebiet, die Region um den Myvatn (Mückensee). Hierher führt aber in der Tat ein alter Reitweg über »feuchte Berge«, nämlich durch das hügelige Namafjall mit ständig schwefeldampfdurchtränktem Boden, in dem es allenthalben vulkanisch kocht und brodelt und aus dessen unsicherem Untergrund weiße Dampfwolken aufsteigen. Wo aber war Gerdas Flammenring, und warum sollte er nur nach dem Hörensagen bekannt bleiben?

Der Begriff Flammenring läßt geologisch auf einen sogenannten Ringvulkan schließen, und tatsächlich erhebt sich inmitten des grünen Landes um den Myvatn Islands schönster Ringvulkan, der Hverfjall. Heute sieht er aus wie ein Ringwall aus lockerem Tuffgestein. Zur Zeit seiner Eruption muß er aber einem Ring aus Feuer geglichen haben. Doch Ringvulkane sind meist nur wenige Tage lang tätig. Danach kennt man den Flammenring wirklich nur noch vom Hörensagen.

Auf ähnliche Weise wie die Welt der Stein- oder Erdriesen – nämlich durch naturmythische Deutung der Edda-Texte – konnte Hansen auch das Reich Hymirs und seiner Eisriesen finden. Es lag im Gletscherkessel Thorsmörk (Thors Gemarkung), einem mit mächtigen Felsbrocken übersäten Flußtal, das aussieht wie ein Riesenkampfplatz, in dem aber auch schon in alten Zeiten Birkengehölz grünte. Thorsmörk erstreckt sich zu Füßen der 1600 Meter hohen Gletscherkuppe Eyjafjallajökull im Süden der Insel.

Dann war da noch die Welt der Zwerge, der Schwarzalfen. Hansen sagt bescheiden, daß nur eine Kette von Indizien dafür spreche, daß sie identisch mit dem Dyngjufjöll-Gebirge sei, Islands größtem Vulkanmassiv, das sich inmitten der Missetäterwüste erhebt. Letzte Sicherheit gäbe es schon deshalb nicht, weil 1875 eine gewaltige Eruption das Massiv von 25 Kilometer Durchmesser gegenüber der alten Edda-Szenerie stark veränderte. Aber es bleiben noch genügend Hinweise, die auf das alte Zwergenreich schließen lassen. Im Zentrum dieses Vulkanmassivs liegt die Askja, ein mächtiger schachtelförmiger (»Askja« heißt »Schachtel«) Einsturzkrater von acht Kilometer Seitenlänge. Sein Boden ist mit goldfarbigem Bims übersät, und dieses Gestein gab es hier mit ziemlicher Sicherheit auch schon vor 1875. Am wichtigsten aber: Unter der Askja ertönen unheimliche vulkanische Geräusche. Es faucht und zischt, dröhnt, hämmert und klopft tief im Bergesinneren, wie in einer unterirdischen Schmiedewerkstatt. Auch das kann nicht erst seit 1875 so sein. Hätten nicht schon zuvor vulkanische Aushauchungen unter Zischen und Lärmen den Untergrund hohlgeblasen, dann wäre der mächtige Krater nie eingestürzt. Als unterirdische Handwerker aber beschreibt die Edda die unheimlichen Schwarzalfen. Zudem wird der Goldglanz (aurrwangr) ihres Reiches erwähnt. Und schließlich hausen die düsteren Zwerge, lichtscheu wie sie sind, in Höhlen und Grotten, und an solchen fehlt es im ganzen Askjamassiv ebenfalls nirgends. Vielleicht der wichtigste Hinweis ist aber der auf einen Berg aus Halbedelsteinen im Reich der Zwerge, den ein Drache bewacht. Hansen fand ihn nach jahrelanger Suche in einem ungewöhnlichen Berg aus dem schwarzen vulkanischen Glas Obsidian, der auf keiner Karte verzeichnet war. Es heißt, ein Drachen habe diesen Zwergenschatz gehütet. Als bedrohlich wirkende Erosionsgestalt fand Hansen auch ihn.

Naturmythische Deutung der Sage

Eine der zentralen Erzählungen der Edda ist die Geschichte vom Mord am Sonnengott Baldur, ein göttlicher Sündenfall, das Vorzeichen von Weltuntergang und Apokalypse, das Vorzeichen von Ragnarök, der »Götterdämmerung«. Der blinde Gott Hödur erschoß nach Lokis Anweisung Baldur mit der einzigen Waffe, die diesen töten konnte, einem Mistelzweig. Dieser Untat gingen ahnungs-

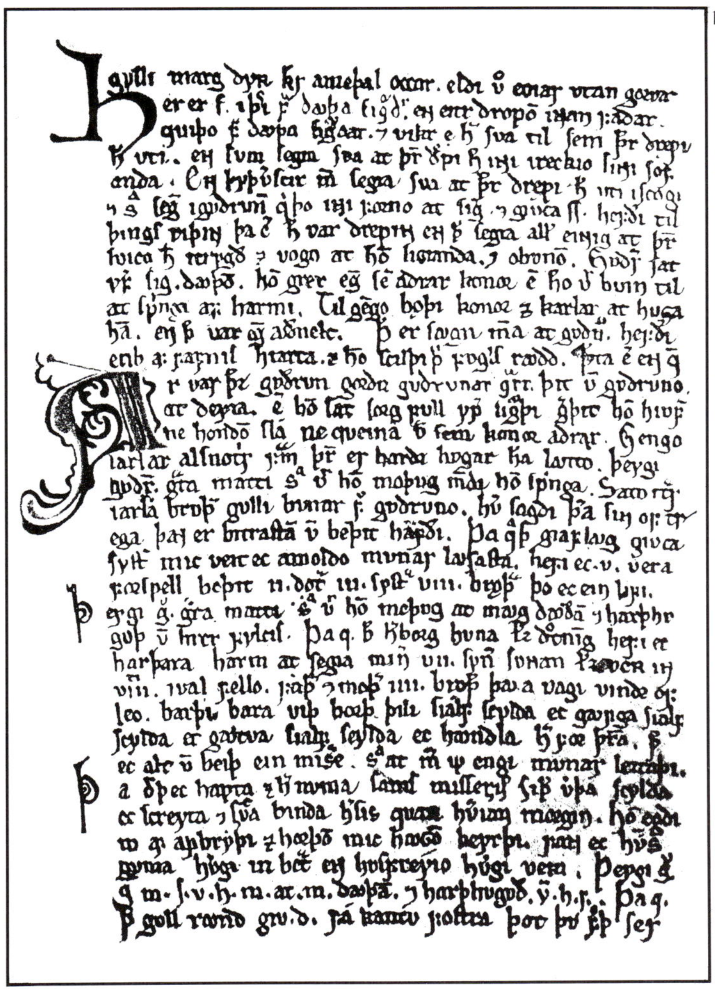

11 Die Ältere Edda, das große Werk der altnordischen Literatur, entstand zwischen dem 9. und 12. Jahrhundert, wurde jedoch erstmals um 1270 schriftlich festgehalten. Die in ihr überlieferten Götter- und Heldensagen können heute noch immer viele Isländer in der Originalsprache lesen.

12

13

14

volle Träume Baldurs voraus, die der besorgte Göttervater Odin zum Anlaß nahm, nach Niflhel, ins Reich der Totengöttin Hel, zu reisen, an dessen östlichem Rand das Hügelgrab der verstorbenen Seherin Wala lag. Odin rief die Seele der weisen Frau und befragte sie. Aber er erfuhr nur, daß Baldur ermordet würde und seine Seele ins Totenreich Hel wandern müsse. Hansen geht davon aus, daß Baldur bei göttlichen Kampfspielen auf dem Ida-Feld vor Asgard, also in der Oase am Fuße des Herdubreid, gemeuchelt wurde. Von dort nahm seine Seele den Weg durch dunkle Täler bis zum Gjöll-Fluß, dann über die Gjöll-Brücke und schließlich weiter in die Unterwelt. Odin schickte seinen schnellen Sohn Hermodhr der Seele seines Bruders Baldur nach, um ihn zurückzuholen. Hermodhrs Reise gibt deutliche Anhaltspunkte für die Geographie des Weges zur Unterwelt, die es Hansen verhältnismäßig leicht machten, die Schlucht des Gjöll-Flusses in der längsten Eruptionsspalte der Welt, der 30 Kilometer langen und bis zu 150 Meter tiefen Eldgja im Süden Islands zu erkennen. Sie entstand 940. In dieser Schlucht findet sich – als äußerst markantes Naturdenkmal – auch die mythische Gjöll-Brücke, ein weiter Felsbogen, der sich über eine doppelte Kaskade spannt.

Entschlüsselt man die zahlreichen bewußt in die Edda eingebauten Hinweise, zum Teil ausgesprochene Worträtsel, dann präsentiert sich die Unterwelt selbst als nebelbedeckter Berg mit einem ausgeprägten Gipfelkrater, der »Gnipahöhle«, umgeben von einer »dichten, verfilzten Masse, ähnlich wie Tang, die aus Öffnungen herausge-

12/13 Stand in der sumpfigen Hügelregion um den Mückensee einst die Flammenburg der Riesentochter Gerda? War ihre Festung ein heute erkalteter, aber damals feuerlodernder Ringvulkan?

14 Aus dem Schmelzwasser des Gletschereises entstand der sechsköpfige Urriese Aurgelmir.

15 Eine »dichte, verfilzte Masse, ähnlich wie Tang«, so die Edda, umgibt die Unterwelt.

16 Aufquellende vulkanische Aushauchungen galten als Zeichen unterirdischer Zwergenreiche.

15 quollen ist oder sich auf Hügeln und Halden abgelagert hat«. Der Geologe erkennt in dieser Masse unschwer Schlackenlava, die in Island in der Tat tangartig wirkt, weil sie von grünem Moos und bläulichen Flechten bewachsen ist. Inmitten des größten dieser Schlackenlavafelder erhebt sich der Vulkan Hekla mit seinem ausgeprägten Gipfelkrater. Der alte Name »Hekla« aber bedeutet »Haube«, »Kapuze«, im Sinne einer Wolken- oder Nebelkappe, denn der Berg hüllt seinen Gipfel ungewöhnlich häufig in Wolken. Der Heklakrater mußte der Eingang zur Unterwelt gewesen sein. Und so sahen ihn überraschenderweise vom 12. bis zum 17. Jahrhundert ausdrücklich auch christliche Mythologen. Noch 1616 schrieb der Astronom David Fabricius: »Der Glaube ist im Schwange, daß im Hekla-Berg die Hölle sich befindet, der Ort, an dem die Seelen der Verdammten gequält, geschmort und gebraten werden...«

Galt die Hekla als Unterwelt der Edda, dann mußte sich der Grabhügel der Seherin Wala unmittelbar östlich davon befunden haben, und genau dort läßt er sich noch heute besichtigen: Landmannahellir, eine markante Lavakuppe, in deren Basis eine dunkle Höhle klafft.

Hansen hatte beinahe alle klassischen Schauplätze der Edda identifiziert, aber noch blieb eine wesentliche Frage offen, jene nach dem Ereignis der Götterdämmerung. Die Antwort fand sich schneller als erwartet. Mitten in den
16 Zwiespalt alter Götterverehrung und christlicher Mission, der um das Jahr 1000 Island in eine schwere Glaubenskrise führte, brach wie das Jüngste Gericht eine Kette von vulkanischen Katastrophen erschreckendster Ausmaße herein. Beide Fronten, die Anhänger der germanischen Götter wie die jungen isländischen Christen, erblickten in dem Unheil zunächst himmlische Empörung über den Fehlglauben der jeweils anderen Partei, sahen in ihm bald aber die »Götterdämmerung«, den Untergang einer mythischen Ära. Im Detail gelang es Hansen, die Beschreibungen der Götterdämmerung in der Edda mit historischen Vulkanausbrüchen ausgerechnet im dichtest besiedelten Gebiet Islands, im Südwesten der Insel, um das Jahr 1000 zu identifizieren: des eisgepanzerten Vulkans Katla, nach Hansen dem Standort der mythischen Weltesche Yggdrasil, die er aufgrund von klaren Indizien im weit ausgreifenden Rauchpilz dieses Berges sah; der Hekla, deren Eruptionsbeben die Fesseln des in der Nähe – bei Tröllkonuhlaup – gebundenen Loki sprengte; der Hellisheidi, in deren Lavastrom, dem Nastrand oder Totenstrand der Edda, die Meuchelmörder, Meineidigen und Ehebrecher ums Leben kamen; und eines Meeresvulkans, der bei den Westmännerinseln vorübergehend ein neues Eiland aufwarf, die Insel des Feuerriesen Surtur, nach dem später auch die 1963 entstandene Vulkaninsel Surtsey benannt wurde. Ragnarök war hereingebrochen, der Untergang der germanischen Götterwelt, deren letzte menschliche Anhänger sich wohl Ende des 13. Jahrhunderts für immer verloren.

Anatomie eines Mythos

1

2

3

Wen hat sie nicht schon verzaubert, die Fabelwelt um König Artus und die Ritter seiner Tafelrunde, die stets von seltsamen Abenteuern zu berichten wissen? Eigentlicher Begründer der Artusdichtung war der englische Historiker Geoffrey von Monmouth, der mit seiner »Geschichte der Könige von Britannien« aus dem Jahre 1136 die Phantasie vieler Autoren anregte. In seinem Werk – einer Mischung aus Pseudohistorie und sagenhaften wie erfundenen Erzählungen – behandelt er ausführlich die Zeit des glanzvollen Herrschers Arthur. Lebte König Arthur wirklich? Oder gab es für die literarische Figur ein historisches Vorbild, etwa einen keltischen Lokalhelden? Oder war Arthur mit dem geschichtlich verbrieften britischen König Riothamus identisch?

1/2 Wo war der legendäre Britenkönig Arthur, wenn er denn wirklich lebte, zu Hause? Wuchs er in Cornwall heran, auf der Burg Tintagel, von der die Ruinen heute noch zu sehen sind?

3 Auf seinem Siegeszug soll König Arthur auch die Länder um die Nordsee unterworfen haben.

4

5

6

Eine griechische Heldensage, die unter anderem Homer seinem Epos »Ilias« zugrunde legte, beschreibt die listige Einnahme der befestigten Stadt Troja in grauer Vorzeit. Epeios baute für die Troja belagernden Griechen jenes hölzerne Pferd, das später als »Trojanisches Pferd« zu Weltruhm gelangte. Als Weihegabe für die Göttin Athene in ihrer Stadt nahmen es die Trojaner als Geschenk an. In seinem hohlen Bauch aber waren griechische Helden versteckt, die nachts aus dem Pferd stiegen und den Angreifern die Tore der Stadt öffneten. Durch diese List fiel Troja. Die meisten der berühmten trojanischen Krieger fanden den Tod. Äneas konnte mit einigen Bundesgenossen fliehen. Romulus, der Gründer Roms, soll der Legende nach von dem Anführer der Geflohenen abstammen.

Ob der Trojanische Krieg jemals stattgefunden hat, darüber gehen die Meinungen der Historiker auseinander. Beweise dafür gibt es jedenfalls nicht. Die Berichte über ihn gehören ins Reich der Mythologie.

Ausgerechnet Äneas macht eine andere weltberühmte Legende zum Stammvater der Briten: die Artus-Sage. Was sie als wahr berichtet, wirkt alles andere als glaubwürdig. Von Äneas selbst behaupteten schon ältere Märchenerzähler, er habe nach langen Irrfahrten von Troja über Karthago schließlich das Latium in Mittelitalien erreicht. Vorbild für diese wohl rein literarische Reise mag Homers Beschreibung der Abenteuer des Odysseus gewesen sein. Die Artus-Sage behauptet nun, daß auch Äneas' Urenkel, Brutus, noch mit einer Gruppe von getreuen Trojanern durch

4 Eroberte Arthur sogar Island? Das berichtet jedenfalls das alte Geschichtswerk Geoffreys.

5 Merlin, Zauberer und weiser Prophet der alten Britenkönige, stammt der Sage nach aus Wales.

6 In der keltischen Burg Tintagel soll Arthur auf wundersame Weise gezeugt worden sein.

die Welt irrte. Er landete schließlich im Nordmeer auf der Insel Albion, die seinerzeit von einem Riesengeschlecht bewohnt war. Die mutigen Trojaner rotteten diese Giganten kurzerhand aus und begründeten die Stadt Neu-Troja, das spätere London. Brutus ließ sich zum ersten König des Inselreiches Albion krönen, das nach ihm später Britannia genannt wurde. Ihm folgten zunächst 75 weitere Könige, darunter Bladud und – im 8. Jahrhundert v. Chr. – dessen Sohn Leir oder Lear, der Shakespeare später zu seinem berühmten Drama inspirierte.

Im Gegensatz zu vielen anderen Sagen unbekannten Ursprungs ist der erste Verfasser des Arthur-Stoffes wohl bekannt. Er hieß Geoffrey von Monmouth und lebte im 12. Jahrhundert. Seine Familie stammte aus Wales, vielleicht auch aus der Bretagne. Von 1129 bis 1151 war Geoffrey als Geistlicher und sehr wahrscheinlich auch als Lehrer in Oxford tätig. Danach zog er nach London und wurde schließlich zum Bischof von St. Asaph in Wales ernannt. Wegen politischer Unruhen konnte er dieses Amt allerdings nicht antreten. Im oder um das Jahr 1155 starb er.

Geschichte der Könige Britanniens

Sein Hauptwerk ist eine in lateinischer Sprache verfaßte »Geschichte der Könige Britanniens«, die er in Oxford schrieb und ungefähr 1136 abschloß. Das Werk beansprucht zwar, als Zusammenstellung historischer Fakten zu gelten, ist aber eine der bizarrsten Sammlungen geschichtlicher und legendärer Versatzstücke der gesamten abendländischen Literatur, zusammengekittet durch lange Passagen aus dem Reich blühender Phantasie, beflügelt durch das Wunschdenken eines unbeschwerten Patriotismus. Es behandelt neben einer Fülle anderer Themen als Kernstück Leben und Taten des großen Königs Arthur oder Artus, der seit dieser Veröffentlichung die Phantasie zahlreicher Autoren angeregt hat und noch in unserer Zeit in Romanen und sogar Filmen ungebrochen präsent ist. Auf den ersten Blick mag das merkwürdig erscheinen. Welche Faszination geht von einer mittelalterlichen Ritter- und Heldenerzählung aus, die weder korrekte Geschichtsschreibung ist, noch reiner Roman? Was hebt sie aus der Fülle der anderen, längst in Vergessenheit geratenen Rittergeschichten jener Zeit heraus? Historiker fragen sich außerdem: Was von allem ist wahr und was ist erfunden? Denn im Gegensatz zu anderen Legenden handeln in Geoffreys »Geschichte der Könige Britanniens« sowohl Phantasiegestalten wie historisch belegte Personen, wobei der Autor letztere in ihren Taten und in ihrem Charakter oft bis zur Unkenntlichkeit entstellte.

7 Wo die Küste Cornwalls im Nordwesten steil ins Meer abfällt, gewahrt man die Ruinen der einst stattlichen Burg Tintagel. Hier soll nach der legendenhaften Chronik des Geoffrey von Monmouth die ruhmreiche Geschichte Arthurs begonnen haben: Da der britische König Uther in Ygerna, die Gattin des

7

Herzogs Gorlois von Cornwall, verliebt war, brachte der besorgte Gemahl seine Frau auf der Festung Tintagel in Sicherheit. Doch mit Merlins zauberischer Hilfe gelangte Uther in der Gestalt des Herzogs zu Ygerna in das Schloß und zeugte mit ihr Arthur.

8

9

10

Zunächst die Handlung der eigenwilligen britischen Pseudohistorie:

Irgendwann während der Zeit der auf Brutus folgenden 75 Könige, lange nach Lear, kamen die Römer auf die Insel, machten Britannien – im Gegensatz zur tatsächlichen Historie – nicht zu einem rein römischen Territorium, sondern beließen ihm den Status eines selbständigen, tributpflichtigen Königreiches. Ende des 4. Jahrhunderts n. Chr. gründeten britische Soldaten in der Armee des römischen Kaisers Maximus, der selbst Brite war, im Norden Galliens das Königreich der Bretagne. Im 5. Jahrhundert griffen Barbaren und die im heutigen Schottland lebenden Pikten die Briten an. Weil die Römer keinen wirkungsvollen Beistand leisteten, bat der Erzbischof von London den bretonischen König Aldraenus um Hilfe, der sich indes durch seinen Sohn Constantin im Kampf gegen die Angreifer Britanniens vertreten ließ. Zum Dank machten die Briten Constantin zu ihrem König. Er hatte drei Söhne: den Mönch Constans sowie seine wesentlich jüngeren Brüder Aurelius Ambrosius und Uther. Constantin regierte zehn Jahre, dann ermordete ihn ein piktischer Attentäter. Den Streit um die Erbfolge schlichtete ein ehrgeiziger Adliger namens Vortigern, der Constans aus dem Kloster holte und ihm auf den Thron verhalf. Vortigern allerdings bereitete mit Hilfe der piktischen Feinde einen Staatsstreich vor, ließ Constans ebenfalls ermorden und riß den Thron an sich.

Während seiner Regierungszeit landeten zwei Sachsenhäuptlinge, die Brüder Hengist und Horsa, nebst Gefolge in Kent. Sie gaben sich als aus ihrer germanischen Heimat

8/9 Gab es die legendäre Festung Snowdonia in Wales? Der Zauberjunge Merlin rettete das absinkende Schloß des Königs Vortigern, indem er unter dem Gemäuer einen Dracheneich ausheben ließ.

10 Der romantische Zauber keltischer Legenden umgibt die Geschichte der alten Könige Britanniens.

11

11 Als Herrscher von welthistorischer Größe erscheint Arthur in Geoffreys eigenwilliger Geschichtsschreibung: Danach trieb der Britenkönig die eingefallenen Sachsen außer Landes, unterwarf er die umliegenden Inseln und machte sich schließlich auf, ganz Europa zu erobern.

Verbannte aus. Vortigern gewährte ihnen Asyl und erhoffte 12 sich durch sie Unterstützung in seinem Kampf gegen die Pikten, die er nach geglückter Machtergreifung nicht mehr als Verbündete benötigte. Er heiratete in zweiter Ehe Hengists attraktive Tochter Renwein, was ihm die Briten als eine unliebsame Verschwägerung mit den Sachsen übelnahmen. Seine Untertanen entthronten ihn. Nachfolger wurde sein Sohn Vortimer aus erster Ehe. Diesen wiederum ließ die Schwiegermutter Renwein vergiften, wodurch sie Vortigern erneut zur Königskrone verhalf. Doch wandte sich jetzt Schwiegervater Hengist mit sächsischen Truppen gegen Vortigern und vertrieb ihn. Hengist gelang es jedoch nicht, seinerseits die Königswürde zu übernehmen. Das Volk wählte Aurelius Ambrosius, den inzwischen erwachsen gewordenen zweiten Sohn Constantins. Dieser jedoch fiel wenig später einem durch einen Sohn Vortigerns inszenierten Attentat zum Opfer. Auf dem Thron folgte ihm sein jüngerer Bruder Uther, auch als Uther »Pendragon« (»Drachenhaupt« oder »Hauptdrache«) bekannt.

An dieser Stelle der Geschichte teilte Geoffrey die Handlung. Er ließ Vortigern in die legendäre Festung Snowdonia fliehen, die fatalerweise langsam im Erdboden zu versinken drohte. Orakelkundige Berater sahen eine Gegenmaß- 13 nahme allein in einem Menschenopfer. Getötet werden müsse ein vaterloser Junge. In Carmarthen in Südwales fand sich der kleine Merlin, dessen Mutter behauptete, sie hätte ihn von einem wandernden Geistergesellen empfan-

Der Eber von Cornwall

gen. Merlin aber brauchte nicht geopfert zu werden. Er verfügte über Zauberkräfte und konnte die Ursache für das Absinken des Schlosses herausfinden. Unter dem Gemäuer befand sich ein Teich, in dem zwei Drachen, ein roter und ein weißer, hausten. Als man den Teich entwässerte, kämpften die Ungetüme miteinander. Zunächst geriet das rote in Bedrängnis, siegte aber schließlich. Merlin lieferte die Deutung dieses Omens: Er sah im weißen Drachen symbolhaft die Sachsen, im roten die Briten. Zugleich prophezeite er das Auftreten eines »Ebers von Cornwall«, der die Fremden niederschlagen würde. Die Weissagung betraf das Erscheinen Arthurs.

Wie dieser angekündigte Held dann wirklich ins Leben kam, hat mythologischen Reiz. König Uther verliebte sich in die schöne Ygerna, treue Gemahlin von Gorlois, dem Herzog von Cornwall, der am Hofe Uthers lebte. Unheil ahnend zog sich Gorlois in sein Stammland zurück, seine Frau brachte er auf der Festung Tintagel in Sicherheit.

12/13 Heroisch, spannungsreich und mit üppiger Phantasie schilderte der englische Historiker Geoffrey von Monmouth in seinem faszinierenden Geschichtswerk aus dem frühen 12. Jahrhundert Gründung und Nöte, Aufstieg und Blüte, Niedergang und Fall des Keltisch-Britischen Reiches.

Uther verfolgte Gorlois, wurde aber von diesem zunächst zurückgeschlagen. Da kam Merlin dem König zur Hilfe. Er braute ihm einen Zaubertrank, der ihm das Aussehen des Herzogs gab. In dieser Gestalt besuchte Uther Ygerna in Tintagel, die keinen Verdacht schöpfte und ihm Gattenrechte gewährte. Statt dessen fiel ihr wirklicher Gemahl in der Schlacht. Aus der unrechtmäßigen Liebesbeziehung ging Arthur hervor, den Uther später dadurch legitimierte, daß er die Witwe Gorlois' – jetzt wieder in seiner wirklichen Gestalt als britischer König – heiratete. Er herrschte noch 15 Jahre, dann vergifteten ihn rebellische Sachsen.

Trotz seiner Jugend folgte Arthur seinem Vater auf dem Thron und trieb die in Britannien übermächtig gewordenen Sachsen außer Landes. Als sie auf offener See jedoch umkehrten und das Inselreich erneut attackierten, bediente sich der junge Herrscher magischer Hilfsmittel, um sie zu schlagen: des christlichen Kreuzes und des Zauberschwer-

Excalibur, geschmiedet auf Avalon

tes Excalibur, das für ihn auf der mystischen Insel Avalon geschmiedet wurde. Nach dem Sieg über die Sachsen drängte Arthur auch deren Verbündete, die Pikten, die Schotten und die Iren zurück und unterwarf sie in ihren Heimatländern. Von Irland aus eroberte er Island. Geoffrey schien nicht zu wissen, daß die Insel zwischen Eis und Feuer damals noch unbewohnt war.

Ehelich verband sich Arthur mit Guinevere, einer Dame römischer Abstammung. Als es ihn nach zwölf Jahren friedlicher Regentschaft, in der er ein ausgeprägtes höfisches Leben kultivierte, wieder zu Taten drängte, setzte er auf den Kontinent über, um Europa zu erobern. Er begann mit Norwegen und Dänemark, zog dann gegen Gallien, wo er den römischen Prokurator der Republik, Lucius, besiegte und war im Begriff, in Burgund einzumarschieren, als er von einem Verrat im eigenen Land erfuhr. Sein Cousin Modred hatte sich sowohl des Thrones wie der ehebrecherischen Königin Guinevere bemächtigt. Arthur kehrte sofort nach Britannien zurück, besiegte Modred und die mit ihm verschworenen Sachsen unter Cheldric und tötete schließlich Modred. Selbst lebensgefährlich verwundet, zog er sich zur Zauberinsel Avalon, der »Apfelinsel«, zurück, wo ihn die Magierin Morgan pflegte.

Nach diesem dunklen Abgang berichtet Geoffreys britische Geschichte nichts mehr über Arthur. Sie wendet sich anderen Königen zu. Der fünfte von ihnen stiftete Uneinigkeit im eigenen Lande und machte Britannien damit wiederum empfindlich gegenüber Angriffen. Das nutzten erneut die Sachsen, diesmal mit Hilfe Gormunds, des Königs von Afrika, und dessen Armee. Die vereinigten Heere drängten die Briten nach Wales und Cornwall zurück und eroberten den größten Teil des Inselreiches, das sie fortan England nannten.

Soweit die eigenwillige Geschichtsschreibung Geoffreys. Anhand historischer Studien ließ sich herausfinden, daß König Vortigern wirklich existierte, wenn auch nicht als die von Geoffrey beschriebene Gestalt. Auch war Vortigern nicht der Name des Monarchen. Es war die walisische Bezeichnung für »Hochkönig«. Doch als Vortigern ging er in die Geschichtsschreibung ein. Seine Regentschaft begann ungefähr um 425, und er war vermutlich der erste britische Hochkönig überhaupt. Vor ihm herrschten regionale Stammesfürsten über das Land. Um der Piktengefahr Herr zu werden, mag er sich wirklich mit Sachsen verbündet haben, die wahrscheinlich 428 ins Land kamen. Immer mehr seiner Bundesgenossen zogen als Einwanderer ihre Familien nach. 440 kam es zu ersten inneren Reibereien, 446 zu Kämpfen zwischen den Immigranten und den Briten. Dabei spielte in der Tat auch ein berüchtigter

Der erste britische Hochkönig

Sachse, Hengist, eine Rolle. Kurz nach 455 muß Vortigern gestorben sein. Über die Art seines Todes ist nichts bekannt. Keiner seiner Söhne folgte ihm auf dem Thron. Die militärische Macht übernahm um 460 ein adliger Grundbesitzer und Truppenführer namens Ambrosius Aurelianus, offenbar das Vorbild für Geoffreys König Aurelius Ambrosius, der wiederholt in kriegerische Auseinandersetzungen mit Hengist geriet. Den Thron bestieg er nicht.

Vortigerns Nachfolger als Hochkönig, so ergaben komplizierte historische Recherchen, war Riothamus, dem Ambrosius als regionaler Fürst untergeben war. Die Existenz des Königs Riothamus läßt sich in der ansonsten überaus schlecht dokumentierten britischen Geschichte dieser Zeit eindeutig nachweisen. Sogar ein an ihn gerichteter Brief eines römischen Stadtpräfekten und späteren Bischofs von Clermont namens Sidonius ist uns erhalten. Das Schreiben stammt aus dem Jahre 469 oder 470.

Ganz offensichtlich weicht Geoffreys Geschichte britischer Könige erheblich von den Fakten ab. Das gilt nicht nur für die merkwürdige graue Vorzeit mit ihrer Brutus-Erzählung, das gilt auch für die historisch überprüfbare Ära. Fatalerweise fällt diese Überprüfung aber keineswegs leicht, denn außer Geoffreys »historischem Roman« gibt es kaum überhaupt zusammenhängende Quellen über Britanniens Frühgeschichte. Geoffrey selbst beruft sich auf

14

14 Als heldenhafter Streiter soll der große König Arthur von Irland aus Island erobert haben, berichtete Geoffrey in seiner zum Teil frei erfundenen Herrscherchronik. Der Geschichtsschreiber schien nicht zu wissen, daß die Insel aus Feuer und Eis damals noch unbewohnt war.

15 drei ältere Autoren, denen er seine Informationen verdanken will: zwei Bücher von Gildas und Bede und »ein gewisses Buch, das sehr alt und in der britischen Sprache geschrieben war. Dieses Buch, das entsprechend zusammengestellt war und eine durchgehende und geordnete Erzählung bildete, stellt die Taten dieser Männer dar...«, schreibt er. Auf Wunsch des Erzdiakons Walter von Oxford habe er dieses Buch ins Lateinische übersetzt. Es stamme aus der Bretagne.

Die Werke der beiden namentlich erwähnten Autoren sind bekannt. Gildas war ein britischer Mönch und lebte im 6. Jahrhundert. Er verfaßte ein pessimistisches Traktat über die Eroberung und den Untergang Britanniens. Aber dieses Werk enthält in erster Linie Moralpredigten und kaum historische Fakten. Die meisten Briten seien es nicht wert, daß man ihrer gedenkt, erklärte er diesen Mangel selbst. Wo er sachliche Informationen liefert, sind diese zudem meist widersprüchlich oder falsch.

Bede, der im 8. Jahrhundert in Nordengland lebte, schrieb zwar eine wesentlich glaubwürdigere Geschichte, beschränkte sich aber ebenfalls auf Berichte über wenige historische Personen. Immerhin erwähnte er einen Thronanwärter Constantin und dessen Sohn Constans sowie
16 Vortigern und die Sachsen Hengist und Horsa.

Eindeutig hat Geoffrey, wenn auch zum Teil äußerst entstellend, von Gildas und Bede abgeschrieben, aber bei beiden taucht kein König Arthur auf. Die meisten

König Arthur – Retter von Kultur und Ordnung

Geschichtsforscher hielten den heldenhaften Ritterkönig denn auch seit eh und je für eine reine Erfindung Geoffreys, eine archetypische Figur, wie sie sich das alte Britannien als Retter und Wiederhersteller von Kultur und Ordnung aus der Zeit der römischen Besatzung gewünscht haben mag. Dieser Funktion eines »Restitutors«, eines politischen Messias, verdankt Arthur ganz sicher auch seinen literarischen Erfolg bis auf den heutigen Tag. – Konnte es aber nicht doch sein, daß es für ihn ein historisches Vorbild gab, wenn auch vielleicht nur in einem lokalen Kommandanten?

Zahlreiche Historiker ließ dieser Gedanke nicht ruhen. Sie suchten weiter in alten Quellen, stießen aber immer von neuem auf Widersprüche. Zunächst fand sich ein merkwürdiges Buch mit dem Titel »Historia Brittonum«, das ein Mönch aus Nordwales namens Nennius zwischen 800 und 820 vollendet hatte. Hier finden sich erstmals Hinweise auf Arthur. Doch das Werk ist ein Schrecken für jeden Geschichtsforscher. Sein Aufbau läßt sich nur als

15/16 Haben der sagenhafte König und seine mutigen Ritter staunend vor dem Gullfoss-Wasserfall gestanden? Oder war ihnen wichtiger zu erfahren, ob hinter den eisbedeckten Bergen Menschen leben, die das Land verteidigen werden?

17

18

19

chaotisch bezeichnen. Schlechte Berichte stehen neben Aufzählungen und Gedichten. Immerhin enthält es die alte Brutus-Legende, die Geoffrey wohl von hier übernommen hat, und eine Fülle reichlich verfälschter Details aus dem 5. Jahrhundert, die Geoffrey offenbar ebenfalls als Vorbild gedient haben. Arthur selbst bewährte sich nach Nennius innerhalb kurzer Zeit in nicht weniger als zwölf Schlachten an räumlich oft weit auseinander liegenden Orten. Bei der letzten tötete er allein 960 Männer. Aber Nennius bezeichnete den Helden nicht als König, sondern nur als »dux bellorum«, als Feldherrn. Immerhin gelang es anhand Nennius' äußerst verworrener Chronologie, die Taten des mysteriösen Arthur in die 450er oder 460er Jahre zu datieren. Damit war ein Schlüssel gegeben, die Suche nach einem historischen Arthur zeitlich stark einzuengen.

Als nächstes fand sich eine Chronik aus dem 10. Jahrhundert, die »Annales Cambriae«, eine ebenfalls sehr verworrene Tabelle von Jahreszahlen, die das Jahr 447 n. Chr. als Jahr 1 setzt. Ihr Jahr 72 entspricht also dem Jahr 518, in dem sie von einer Schlacht Arthurs bei Badon berichtet. Für das Jahr 93 beziehungsweise 539 findet sich dann der Eintrag: »Der Streit von Camlann, in dem Arthur und Modred fielen.« – Wenn Arthur wirklich lebte, und wenn er bereits unmittelbar nach der Regierungszeit Vortigerns, also um 460, auf den Schlachtfeldern aktiv war, dann müßte er 539 mindestens 90 Jahre alt, aber noch immer ein gefürchteter Recke und eifersüchtiger Ehemann gewesen sein. Das schien ihn endgültig ins Reich der Sage zu verbannen.

17/18 Land aus Feuer und Eis. War es dieses Traumland, das König Arthur erobern wollte?

19/20 Bizarre Felsgruppen aus Lavagestein und steil aufragende Felswände lassen die Urgewalten der Natur lebendiger erscheinen als sonst irgendwo auf unserem Planeten.

20

Die unwahrscheinlich lange Lebensdauer muß schon früheren Autoren aufgefallen sein, die sich mit Arthur beschäftigten. Sie nutzten sie dazu, in die Jahre seiner Regentschaft neben seinen rühmlichen Schlachten ausführliche Berichte über das gesellschaftliche Leben an König Arthurs Hof einzubauen. Allen voran ging dabei ein gewisser Wace, der auf der Kanalinsel Jersey lebte und 1155 in französischer Sprache ein gereimtes Werk mit dem Titel »Roman de Brut« oder Brutus-Roman veröffentlichte. Er nutzte die friedlichen Perioden in Arthurs Karriere, um das berühmte Motiv der Tafelrunde einzuführen, das später von so vielen Ritterromanschreibern übernommen und im Laufe der Zeit mehr und mehr ausgeschmückt wurde.

Der Suche nach einem historischen Arthur freilich waren diese Phantasiegeschichten ebenso abträglich wie sein hohes Alter. Dennoch ließen von dem Thema faszinierte Historiker nicht locker. Inzwischen konnten auch die Archäologen einen Beitrag leisten. Ein alter Streitpunkt unter Arthur-Forschern war die Frage, wo der historische Arthur – wenn es ihn denn gab – zu Hause gewesen sei.

Gefürchteter Recke – 90 Jahre alt?

21

21 War schon König Arthur verzaubert von der Myvatn-Seenlandschaft? In den wenigen Sommermonaten breitet sich hier ein bunter Blumenteppich aus.

Lange galt der Norden Englands als seine Heimat. Gründliche Forschungen in den wenigen alten Quellen, die sich mit ihm befassen, ließen dann aber den Westen des Landes wahrscheinlicher erscheinen, und zwar die Gegend zwischen Land's End und Bath. Geoffrey selbst sprach ja von Tintagel in Cornwall. In unmittelbarer Nähe, in einem Schloß Killibury, siedelten auch alte walisische Legenden Arthurs Elternhaus an. In den dreißiger Jahren unseres Jahrhunderts machte der Brite C. H. Ralegh Radford Ausgrabungen in Tintagel und fand zu seiner eigenen Überraschung Überreste alter Töpferwaren, die er Tintagel-Keramik nannte. Es waren Scherben von Luxusgefäßen, die auf einen Import aus dem östlichen Mittelmeer schließen ließen und auch darauf, daß während des 5. Jahrhunderts auf Tintagel wirklich ein sozial sehr hochstehender Haushalt angesiedelt war. Die Familie Arthurs?

Dazu kam eine andere Entdeckung der Ausgräber. Am Südrand der Snowdon-Berge liegt der Ort Dinas Emrys. In der legendären Festung Snowdonia hatte Vortigern bei einem Brand sein Ende gefunden. Es war der Bau, der langsam zu versinken drohte und von dem Zauberjungen Merlin gerettet wurde. Emrys ist die altwalisische Form von Ambrosius, und der galt Geoffrey als Vortigerns Nachfolger. Nach Nennius soll er Vortigerns Festung übernommen haben. Dinas Emrys aber war eine typische Hügelfestung aus der Eisenzeit, datierte also wesentlich früher als die

22

23

24

Artus-Sage. Der Archäologe H. N. Savory fand dort bald Spuren einer herrschaftlichen Siedlung aus dem 5. Jahrhundert, zu der auch ein – künstlich angelegter – Teich gehörte. War es der gemauerte Drachensee Merlins? Bei näherer Betrachtung von Geoffreys Werk findet sich eine Stelle, wo der Autor erwähnt, Merlin sei »auch Ambrosius« genannt worden.

Nicht genug damit. Im Jahre 1542 hatte ein Autor namens John Leland geschrieben: »Ganz am südlichen Ende der Kirchengemeinde von South Cadbury steht Camallate, einst eine berühmte Stadt oder Festung ... Die Leute können nichts darüber erzählen, außer daß sich laut Hörensagen Arthur häufig in Camalat aufhielt.« Camelot war der Legende nach der Sitz von Arthurs Hof. Der Wandel von Camelot zu Camelat entspricht dem in Cadbury noch heute üblichen breiten Akzent. Auch dieser Platz, bekannt als Cadbury Castle, ist eine eisenzeitliche Wallanlage auf einem Hügel. Hier arbeitete Mitte der fünfziger Jahre die Archäologin Mary Hartfield. Und auch hier fanden sich überraschenderweise im 5. Jahrhundert importierte hochwertige Töpferwaren.

Ein »Camelot-Forschungskomitee« etablierte sich, das die Ausgrabungen von 1966 bis 1970 unter Leslie Alcock fortsetzte. Zuerst förderten die Archäologen das Skelett eines jungen Mannes zu Tage, das auf ein Menschenopfer schließen ließ, wie es laut Geoffrey zu Arthurs Zeiten üblich gewesen sein soll. Auf der Bergkuppe kamen dann unter anderem die Fundamente einer größeren Halle aus der zweiten Hälfte des 5. Jahrhunderts zum Vorschein.

22–24 Riesige Gletscher bedecken mehr als ein Zehntel der Insel. Ist es möglich, daß König Arthur dieses unwirtliche Land im hohen Norden erobern wollte? Wir wissen heute, daß Island damals noch unbewohnt war. Die ersten Wikinger kamen im 9. Jahrhundert auf der Flucht vor Harold I. aus Norwegen.

Entdeckt wurde auch ein alter Torbau, von dem aus sich Reste eines breiten Weges über den Hang des Hügels zogen. Seit Menschengedenken hieß dieser Weg im Volksmund »Arthurs Pfad«. Um ihn ranken sich lokale Legenden. Cadbury mußte also Camelot gewesen sein!

Geoffrey Ashe, Sekretär des »Camelot-Forschungskomitees«, begann mit intensiven privaten Literaturforschungen. Als erster kam er auf den Gedanken, nicht nur alte walisische Quellen zu durchforsten, sondern auf dem Kontinent nach Spuren eines historischen Arthur zu suchen, denn dort, im Lande der Gallier, hatte er schließlich seine größten Siege errungen. Durch eine Fülle systematischer Kleinarbeit gelang es Ashe, sein Ziel hartnäckig einzukreisen. Bei vergleichenden Studien mehrerer zerstreuter Quellen fand er heraus, daß Arthurs letzte Schlacht, während der Modred Verrat geübt hatte, zu einer Zeit stattgefunden haben muß, als der oströmische Kaiser Leo I. in Konstantinopel herrschte, als Simplicius Papst war und als im Westen des Römischen Reiches ein »Lucerius« als Kaiser auftrat. Die Amtszeiten aller drei überlappten sich in dem engen Bereich von 469 bis 470. Im Jahr 470 sieht Ashe sinngemäß Arthurs Todesjahr. Es zeigte sich, daß zu dieser Zeit der fränkische König Childeric einen Bund mit den Sachsen schloß. Geoffrey erwähnte verfälschend einen Sachsen-Herrscher Cheldric, der mit dem verräterischen Modred paktierte.

Zeitverschiebung um 28 Jahre

Warum aber nannte Geoffrey 542 als Arthurs Todesjahr? Ashe fand auch hierfür eine plausible Erklärung. Viele alte Quellen zeigen einen Zeitversatz von genau 28 Jahren, was auf einer frühen konkurrierenden Zeitrechnung beruht und schon öfter zu historischen Irrtümern geführt hatte. Ihr zufolge nannten erste Chronisten das Jahr 470 minus 28 = 442 als Todesjahr Arthurs. Das paßte aber chronologisch in keiner Weise mit seinen kriegerischen Aktivitäten in den 460er Jahren zusammen. Geoffrey irritierte das, und er korrigierte wohl den vermeintlichen Schreibfehler. Aus 442 machte er kurzerhand 542. Solche Schreibfehler waren in früheren Zeiten schließlich keineswegs selten. So machte zum Beispiel der spätere Arthur-Bearbeiter Wace aus 542 fälschlich sogar 642 und ließ den legendären König damit noch hundert Jahre länger leben.

Letzte Gewißheit für seine Theorie gaben Ashe mittelalterliche Hinweise auf ein verschollenes Buch mit dem Titel »Ystoria Britannica«, in dem er das »alte Buch« sieht, auf das sich Geoffrey als Quelle berief. Andere frühe Autoren hatten – unabhängig von Geoffrey – ebenfalls aus dieser Quelle geschöpft und in bezug auf Arthur sehr ähnliche Details berichtet. Sie aber führten zu dem Schluß, Arthur sei nach seiner letzten Schlacht in Burgund nicht nach Britannien zurückgekehrt. Das Jahr 470 läßt sich auch hier als sein Todesjahr rekonstruieren. Aber er starb auf dem Kontinent, genauer gesagt, in Burgund, während er sich in Richtung des dort noch heute existierenden Ortes Avallon zurückzog. Seine genauen Todesumstände und der Verbleib seines Leichnams sind nicht geklärt. Daß sich hinter der legendären »Apfelinsel« Avalon die burgundische Stadt Avallon verbirgt, das scheint aber gewiß.

Nachdem Ashe in mühsamer Kleinarbeit ein in sich schlüssiges Mosaik von historischen Fakten erarbeitet hatte, suchte er nach einem geschichtlich verbrieften britischen Hochkönig, der in der fraglichen Zeit lebte und auf den die Forschungsergebnisse zutreffen konnten. Er fand ihn überraschend schnell in jenem König, den die kontinentale Geschichtsschreibung als Riothamus kennt und der Vortigern auf dem britischen Thron unmittelbar folgte.

Mosaik der Fakten

Er, und nur er, führte in der Tat eine britische Armee nach Gallien und stieß bis Burgund vor. Er wurde auch zum Opfer des Verrats durch einen seiner Anführer, der mit seinen Feinden paktierte. Der verbriefte Rückzug während seiner letzten Schlacht um 469 oder 470 verlief tatsächlich in Richtung Avallon. Er und kein anderer war der historische Arthur, wenngleich seine Persönlichkeit und viele seiner Taten nicht mit den Beschreibungen des phantasiebegabten Geoffrey übereinstimmen. Geoffrey und seine literarischen Nachfolger haben Arthur zum Archetypus des politischen Messias gemacht, und der war er sicher nicht. Vielleicht setzten aber schon zu seinen Lebzeiten die Briten entsprechende Hoffnungen auf ihn.

Bleibt die Erklärung des Namens. Ashe fand heraus, daß die bisher für den Königsnamen gehaltene Bezeichnung Riothamus in Wirklichkeit wohl ein altwalisischer Titel war und ursprünglich Rigotamos lautete, was soviel wie oberster König bedeuten könnte. Arthur oder Artus hält er dagegen für den eigentlichen Namen, möglicherweise in der lateinischen Version zunächst Artorius geschrieben. Viele britische Adlige der Zeit hatten außerdem zwei Namen, einen britischen und einen römischen, von denen manchmal einer später in Vergessenheit geriet.

Die Arthur-Forschung ist längst nicht abgeschlossen, aber sie wird in Zukunft von neuen Voraussetzungen ausgehen müssen, davon, daß Arthur wirklich lebte und daß er sich als König Riothamus identifizieren ließ.

Göttersöhne lernen die Seefahrt

1

2

3

Die Ursprünge des antiken Europa führen in die Frühgeschichte Griechenlands. Was ist jedoch in den alten griechischen Überlieferungen Mythos, was ist Realität? Die Argonautensage, deren Handlung in die mykenische Epoche zurückreicht, gleicht einem historischen Roman mit märchenhaften Ausschmückungen: Unter ihrem Führer Jason fahren die Argonauten, die bedeutendsten Helden Griechenlands, mit dem Schiff »Argo« vom thessalischen Jolkos nach Kolchis am Schwarzen Meer, um das Goldene Vlies zu holen. Unterwegs erleben sie viele phantastische Abenteuer, bevor Jason mit Hilfe der zauberkundigen Medea das Fell des goldenen Widders erringen kann. Ist die Argonautensage eine glorifizierende Darstellung der Anfänge der europäischen Seeschiffahrt?

1/2 Die kretisch-mykenische Kultur markiert den Anfang der alten griechischen Geschichte: Von ihr zeugen heute noch der minoische Palast von Knossos und die Ruinenstätte von Mykenä.

3 Die Heroen der Argonautensage sind die Väter jener Helden, die später um Troja kämpften.

4

5

6

Eine der dunkelsten Epochen in der abendländischen Kultur ist die mykenische. Als Heinrich Schliemann ab 1874 am Rande der griechischen Landschaft Argolis, 15 Kilometer vom Meer entfernt, die Burg von Mykenä ausgrub, mußten die Altertumsforscher ihr Weltbild gründlich ändern. Hatten sie die Wurzeln der antiken Geschichte Europas bisher um 800 v. Chr. vermutet, so mußten sie diese jetzt ein ganzes Jahrtausend früher suchen. Schon um 1800 v. Chr. bauten indogermanische Frühgriechen Herrensitze, im 16. vorchristlichen Jahrhundert auch bereits erste Paläste. Schon um 1550 v. Chr. gab es offenbar im östlichen Peloponnes ein mächtiges Königreich, das dann zwischen 1500 und 1350 seine Blütezeit erreichte. In der alten Stadt Orchomenos wölbte sich 14,5 Meter weit eine gewaltige, mörtellos gefügte Steinkuppel, bis zum Bau des berühmten römischen Pantheons (120 n. Chr.) die größte Kuppel der Welt. In diesem Reich herrschten mächtige Könige, von denen wir bis heute nichts Genaues wissen, und deren Namen wir nur aus Sagen kennen: Perseus, Pelops, Atreus und Agamemnon. Die Überlieferung sieht in ihnen strahlende Helden mit göttlichen Vorfahren.

Eben diese göttliche Komponente ist es, die unser Verständnis für die alte griechische Geschichtsschreibung außerordentlich erschwert. Was ist Mythos, was ist Realität? Für die Griechen schien es diesen Unterschied nicht zu geben. Und deshalb sind die alten Überlieferungen auch nicht als reine Fiktion zu verstehen. Sie sind eher eine Art historische Romane. Für die frühen Griechen galten sie als

4/5/6 Das berühmte Löwentor mit der Zyklopenmauer gilt als Symbol von Mykenä. Die Stadt in der griechischen Landschaft Argolis nahe dem Meer erlebte im 16. Jahrhundert v. Chr. eine große Blütezeit. Der Sage nach war sie eine Gründung von Perseus und die Residenz Agamemnons.

7

7 In den einzigartigen Gegenden des Peloponnes sind Vergangenheit und Gegenwart, Mythos und Geschichte unauflösbar miteinander verwoben. Das Gebirgsland mit seinen fruchtbaren Tälern und Küsten war jahrhundertelang das Zentrum der glanzvollen mykenischen Kultur.

8

8 Nauplia am Argolischen Golf verdankt seinen Namen dem mythischen Stadtgründer Nauplius, der ein Sohn Poseidons war und sich in der Kunst der Seefahrt ausgezeichnet hatte. Die Stadt entwickelte sich zur bedeutenden Seemacht und nahm der Sage nach am Argonautenzug teil.

Geschichtsschreibung. Deshalb lassen sich die legendär wirkenden Handlungen auch zeitlich und geographisch einordnen, vorausgesetzt, die Mythenforscher besitzen ausreichende Anhaltspunkte dafür. Diese liefern zum Beispiel die Archäologie, die Kunsthistorie, Stilvergleiche, überkommene genealogische Verzeichnisse.

Die im allgemeinen glorifizierende Legendenbildung ist durchaus nicht nur ein Kind der frühen europäischen Kulturen. In unserer Zeit kursieren zum Beispiel zahllose Wildwestlegenden, die die mehr oder weniger ruhmreichen Taten von Eroberern, Helden und bisweilen auch höchst zwielichtigen Figuren aus der US-amerikanischen Gründerzeit verherrlichen. Sie alle sind natürlich historisch dubios, und doch beruhen viele von ihnen auf realen Ereignissen. Figuren wie Calamity Jane, David Crockett, Buffalo Bill, Daniel Boone, Wild Bill Hickok gab es wirklich. Ihre Roman- und Filmabenteuer sind Legenden, und doch vermitteln sie einen guten Einblick in ihre Welt und in ihre Zeit. Nicht anders ist das mit den griechischen Mythen.

Das besagte Körnchen Wahrheit

Der früheste der großen griechischen Erzählungszyklen ist jener von den Argonauten. Seine Handlung reicht zurück in die mykenische Epoche, in die Zeit um etwa 1300 v. Chr. Seine Helden sind die Väter jener legendären Gestalten, die um Troja kämpften. Ihr Anführer war Jason, ihr Steuermann Tiphys, der scharfblickende Lynkeus ihr Lotse. An den Rudern ihres Schiffes saßen Göttersöhne und andere große Helden: Herakles, Kastor und Pollux, die Söhne des Zeus; Peleus, der Vater des Achilles, und Telamon, der Vater des Ajax; Neleus, Admetos, Meleager; der Sänger Orpheus, Sohn des Apollon; Menotios, Peirithoos und Hylas; Theseus, der spätere König von Athen; Poseidons Sohn Euphemos und Oileus. Keine Geringeren als die Götter Zeus, Poseidon, Hera und Aphrodite standen den Argonauten in ihren verschiedenen Abenteuern bei.

Als frühe Verfasser von schriftlichen Versionen der Argonautensage gelten der Korinther Eumenos, dann, um 700 v. Chr., der Erzähler Hesiod aus Böotien, der erste Grieche, der mit der Nennung seines Namens bewußt als Dichterpersönlichkeit auftrat, und nach ihm, im 6. Jahrhundert v. Chr., der Kreter Epimenides. Die »Argo« war ein Schiff, mit dem die »Argo«-Nauten, also die »Argo«-Seefahrer, von Griechenland bis ins Land Kolchis an der Ostküste des Schwarzen Meeres fuhren. Das allein wäre schon der Berichterstattung wert, denn mit der Fahrt der »Argo« begann die europäische Seeschiffahrt, die die frü-

9

10

9 In der Ruinenstadt Mykenä, einst Zentrum der mykenischen Kultur, fand man Schachtgräber, die mit Goldmasken, Schmuck, kostbaren Gefäßen und Schwertern ausgestattet waren.

10 Die idyllischen Küsten des Peloponnes waren im Altertum Schauplätze einer bewegten Geschichte.

11

11 Bevor der deutsche Archäologe Heinrich Schliemann 1876 Mykenä entdeckte und die Königsgräber freilegte, betrachtete man die mythischen Ependichtungen Homers als reine Märchen. Die reichen Grabbeigaben belegten jedoch die Macht Mykenäs und seinen ausgedehnten Handel.

12

12 In frühgeschichtlicher Zeit siedelten sich die Archäer, die die Schöpfer der mykenischen Kultur waren, im Südosten, Westen und Nordosten des Peloponnes an und unterwarfen dort die Urbevölkerung. Bald wandten sie sich dem Meer zu und wurden erfahrene und kühne Seefahrer.

13

14

15

hen Griechen von den Phöniziern lernten. Die ersten Griechen, die ins Schwarze Meer reisten, betrieben – so vermuten manche Historiker – Piraterie oder suchten nach neuen Handelspartnern. Den Sagendichtern erschienen diese Motive nicht erhaben genug, sie unterlegten romanhafte Handlungen, wie sie für Heldentaten angemessener wirken. So wird aus zahlreichen Seefahrtsversuchen eine einzige, unverwechselbare Großtat.

Als Anlaß dient in der Argonautensage der Zwist um den Thron des Königreiches Jolkos. Dieses Zentrum des mykenischen Thessalien war historische Realität. Die Stadt Jolkos lag in unmittelbarer Nähe der heutigen Stadt Volos. Archäologen entdeckten dort zwischen 1956 und 1961 Reste eines Palastes genau aus jener Zeit, in der die Argonautengeschichte spielt. Gegründet hatte Jolkos der Sage nach Kretheus, dessen Sohn Aison zwei männliche Kinder hatte: Jason und Pelias. Jason war legitimer Thronerbe, aber während er in der Fremde von dem Kentauren Chiron zum Helden erzogen wurde, starb sein Vater, und sein jüngerer Bruder riß die Herrschaft an sich. Als Jason nach Jolkos zurückkehrte, forderte er sein Recht. Pelias stimmte scheinheilig der Thronübergabe zu, bat aber Jason, zuvor aus dem Land der Kolcher die Gebeine eines gewissen Phrixos und das Fell eines goldenen Widders – das berühmte Goldene Vlies – zurückzuholen, das Phrixos seinem Schwiegervater, dem König Aietes von Kolchis, geschenkt hatte. Der verstorbene Phrixos sei Pelias angeblich im Traum erschienen und hätte ihn um diesen Gefallen gebeten, damit seine Seele Ruhe fände. Den Ruhm der

13 »Argo« hieß das legendäre Schiff mit 50 Rudern, auf dem die Argonauten nach Kolchis fuhren.

14 Mit Medeas Hilfe konnte Jason das Fell des goldenen Widders erringen.

15 Nach Abenteuern in vielen Ländern gelang den Argonauten über Kreta die Heimreise.

Tat wollte Pelias seinem Bruder Jason überlassen. In Wirklichkeit war er davon überzeugt, Jason würde von der gefährlichen Reise nach Kolchis niemals zurückkehren. Doch dieser bereitete die abenteuerliche Fahrt bestens vor. Argos, der geschickteste Baumeister Griechenlands, fertigte für ihn unter Anleitung von Göttin Athene ein sicheres Schiff mit 50 Rudern an, die nach ihm benannte »Argo«. Sie wurde am Fuße des Berges Pelion gebaut. Auch dieser legendäre Ort existierte wirklich. Er konnte von Archäologen mit dem antiken Neleia identifiziert werden, das gegenüber der Stadt Volos auf der Halbinsel Tarsanas oder Peukakia liegt. Hier fanden sich unter anderem Scherben einer mehrfarbig bemalten Amphore mit der Darstellung von Schiffen mit vielen Rudern.

Sturmwind trug die Argonauten zunächst auf die Insel Lemnos, wo sie zu einem Volk von Frauen gerieten, die aus Eifersucht das gesamte männliche Geschlecht ausgerottet hatten. Hypsipile, die Königstochter, bot Jason ihre Hand und den Thron von Lemnos an. Doch er lehnte ab. Die Winde brachten die »Argo« sodann zur Insel Kyzikos, auf der zwei Stämme lebten: die friedlichen Dolionen und wilde, erdgeborene, sechsarmige Riesen. Die Dolionen bewirteten großmütig die Argonauten. Doch nach der Weiterreise der »Argo« trieb ein widriger Wind das Schiff nachts nach Kyzikos zurück. Die Dolionen erkannten ihre Gäste nicht wieder, und diese glaubten sich an der phrygischen Küste.

So kam es unter den Freunden zu einem erbitterten nächtlichen Kampf, in dem der König von Kyzikos erschla-

16/17/18 Farbenfrohe Fresken mit Menschen- und Pflanzenmotiven schmücken den Palast des sagenumwobenen Königs Minos in Knossos. Die minoische Hochkultur auf Kreta endete gegen 1200 v. Chr. Bereits 200 Jahre zuvor hatten die mykenischen Archäer des Festlandes die Insel besetzt.

19

gen wurde. Erst der Morgen enthüllte dann das geschehene Unheil, und gemeinsam beklagten die Gastfreunde ihren schrecklichen Irrtum.

Die stürmische Weiterfahrt brachte die »Argo« zur Stadt Kios in Bithynien, in der die Mysier wohnten. Dort blieben – nach einem Abenteuer im Landesinneren – die Helden Herakles und Polyphemos zurück.

Als weit weniger gutmütig als die Mysier erwiesen sich die Bebyrken, deren Land die »Argo« als nächstes anlief. Ihr König, ein gefürchteter Faustkämpfer, wollte mit den Argonauten seine Kräfte messen, bevor er sie weiterziehen ließ. Der Held Pollux stellte sich ihm und streckte ihn nach hartem Zweikampf nieder. Ein blutiges Treffen zwischen Bebyrken und Argonauten war die Folge, aus dem die mutigen Seefahrer schließlich siegreich hervorgingen.

Gegenüber dem bithynischen Lande lief die »Argo« darauf das Reich von König Phineus an, der seine Wahrsagergabe mißbraucht hatte und den deshalb die Götter auf doppelte Weise straften. Sie hatten ihn mit Blindheit geschlagen, und wann immer er etwas essen wollte, stürzten aus der Luft die Harpien herab, raubten seine Speise oder verdarben sie mit unerträglichem Geruch. Diese Harpien waren gräßliche Wundervögel und galten als himmlische Jagdhunde des Zeus. Ein Orakel hatte den bis zum Skelett abgemagerten König Phineus wissen lassen, daß nur die Boreassöhne ihn erretten könnten. Sie, Zetes und Kalais, die zu den Argonauten gehörten, vertrieben die gräßlichen Harpien in der Tat. Zum Dank sagte Phineus den Seefahrern den weiteren Verlauf ihrer Reise voraus: Sie würden den Symplegaden begegnen, zwei im Wasser schwimmenden Felseninseln, die rhythmisch gegeneinander schlugen und jedes Schiff zwischen sich zerschmetterten. Gelänge es den Argonauten, sie dennoch heil zu passieren, dann kämen sie am Gestade der Mariandyner an den Eingang der Unterwelt, darauf zum Land der kriegerischen Amazonen und zum Lande Chalyber, dessen Bewohner Eisenbergbau betrieben. Vor ihrer Ankunft in Kolchis müßten sie schließlich dann auch noch den breiten Strudel Phasis umschiffen.

Durch Zauber sicher geleitet

20

Zwischen den Symplegaden half den Helden die Göttin Athene hindurch. Danach erlag der Steuermann Tiphys einer tödlichen Krankheit, und Ankaios übernahm seinen Platz. Am Gestade der vom Kriegsgott Ares abstammenden Amazonen trieb das Schiff ein günstiger Wind vorbei.

Nachdem die Argonauten noch zahlreiche Länder sahen, gerieten sie vor eine Insel, auf der die gefährlichen

19/20 Die Minoer waren nicht nur vollendete Meister im Palastbau, sondern auch im Kunstgewerbe. Sie schufen raffinierteste Keramiken von großem Formenreichtum. Die oft übermannshohen und schön verzierten Vorratsgefäße dienten der Aufbewahrung von Öl, Wein und Getreide.

21

21 Gournia, das seine Blütezeit um 1600 v. Chr. erlebte, ist die besterhaltene minoische Stadt Kretas. Planmäßig angelegte gepflasterte Gassen durchzogen einst netzartig die Siedlung, die aus kleinen Wohnhäusern, einem an erhöhter Stelle gelegenen Palast und einem Heiligtum bestand.

Stymphaliden hausten, große Vögel, die aus der Luft schwere spitze Federn herabfallen ließen und damit zur tödlichen Gefahr wurden. Es gelang den Helden, den Schwarm dieser Stachelfederwesen derart zu erschrecken, daß sie in stürmischer Flucht das Weite suchten. Auf ihrer Insel begegneten die Argonauten zwei Schiffbrüchigen, Söhnen des Phrixos, der das Goldene Vlies zu König Aietes gebracht hatte. Zugleich konnte Jason sie als Vettern begrüßen. Sie waren auf dem Weg zur Stadt Orchomenes gestrandet, wo sie die Schätze ihres vor kurzem verstorbenen Vaters abholen wollten.

Auch das alte Orchomenes konnten die Archäologen identifizieren. Die Ruinenstadt liegt in Böotien, etwa 20 Kilometer landeinwärts, und ihre Bewohner waren Minyer. Ihr Palast weist sie als ein beherrschendes Zentrum in mykenischer Zeit aus. Die Ausgrabungen sind noch in vollem Gange.

Die Söhne des Phrixos begleiteten die Argonauten nach Kolchis. Dort bewachte ein Drache das auf einer mächtigen Eiche hängende Goldene Vlies. Jason bat zunächst Aietes, ihm das Widderfell freiwillig zu überlassen. Das brachte den König in Rage, und er beschloß, Jason auf

Mit Amors Hilfe Auftrag bewältigt

grausame Weise zu vernichten: Wenn es diesem gelänge, mit zwei feuerspeienden Stieren mit ehernen Hufen einen Acker zu pflügen, dort Drachenzähne zu säen und die daraus sofort sprießenden bewaffneten Riesen allesamt zu schlagen, könne er das Vlies in seine Heimat mitnehmen. Aietes wußte, daß diese Aufgabe für Jason unlösbar sein würde. Doch dieser willigte ein.

Argos, einer der Söhne des Phrixos, schlug Jason daraufhin ein Komplott mit seiner zauberkundigen Tante Medea, einer Tochter des Aietes, vor. Medea, die sich durch Amors Eingreifen blind in Jason verliebte, half diesem denn auch mit Zaubertränken, seine unmöglich erscheinende Aufgabe zu bewältigen, und beging damit Verrat am eigenen Vater. Aietes durchschaute diese Machenschaften, und Medea mußte seine Rache an sich und Jason befürchten. Mit magischer Kraft schläferte sie den Drachen ein, der das Goldene Vlies bewachte, so daß Jason und sie mit dem begehrten Widderfell auf der »Argo« noch in derselben Nacht fliehen konnten. Doch Aietes trieb die Kolcher dazu, die Argonauten zu verfolgen. Ihr Anführer war Absyrtos, Medeas Bruder. Mit List lockte sie ihn in einen Hinterhalt, wo ihn Jason umbrachte. Von der Last des Bruder- und Meuchelmordes konnte nur die Zaubergöttin Kirke Medea und Jason befreien, weswegen die Argonauten auf ihrer weiteren Heimreise Kirkes Insel aufsuchten. In der Tat wusch die Göttin Kirke – eine Tante Medeas – die beiden reuigen Mörder von ihrer Tat rein, ohne jedoch ihr Vergehen in irgendeiner Weise zu billigen.

Einer erneuten Verfolgung durch die Kolcher entgingen die Argonauten dadurch, daß Jason Medea im Lande der Phäaken in aller Eile heiratete, worauf der gastgebende König Alkinoos sich weigerte, die Neuvermählte an ihren Vater auszuliefern.

Nach weiteren Abenteuern, die sie unter anderem in die Libysche Wüste und in das Reich der lebensgefährlichen Unterwelthunde, der fliegenden Parzen, führten, gelang den Argonauten schließlich über Kreta die Heimreise. In Jolkos allerdings überließ Pelias seinem Bruder Jason keineswegs wie versprochen den Thron. Jason und Medea mußten nach Korinth fliehen. Dort lebten sie zehn Jahre lang harmonisch zusammen, und Medea schenkte ihrem Gatten drei Söhne. Doch das eheliche Glück blieb nicht von Dauer. Jason verliebte sich in Glauke, die junge und

Medeas grausame Rache

attraktive Tochter des Korintherkönigs Kreon, und forderte von Medea die Scheidung. Zum Schein gab sie Verständnis für diesen Wunsch vor, doch im Inneren schwor sie grausame Rache. Mit vergifteten Kleidern, die sie ihrer Nebenbuhlerin schenkte, brachte sie diese und ihren Vater um. Danach wollte sie erst Jason und dann sich selbst töten. In ihrer Verzweiflung geistig verwirrt, ermordete sie statt dessen ihre drei Kinder und floh sodann in einem durch magische Künste herbeigerufenen drachenbespannten Wagen durch die Lüfte. Angesichts seiner grausam dahingeschlachteten Söhne nahm Jason sich selbst das Leben.

Wie die sich im Lauf der Argonautensage zunehmend verdichtende tragische Handlung zu verstehen ist, läßt sich wohl nur sagen, wenn man die historischen Vorbilder der handelnden Personen kennt. Nur sie können Aufschluß darüber geben, wo die Phantasie der Erzähler tatsächliche Ereignisse durch ausschmückende Zusätze zur Legende werden ließ. Daß Jason und Medea, daß die Argonauten und anderen Akteure der Sage wirklich lebten, ist nicht unwahrscheinlich, aber ihr Leben wird uns wohl für alle Zeiten im Dunkel der Geschichte verborgen bleiben. Allenfalls die Schauplätze ihrer tatsächlichen oder angedichteten Handlungen lassen sich in oft mühevoller archäologischer Kleinarbeit ausgraben und zum Teil auch rekonstruieren. Die Sage aber vermag nur mythisches Geschehen an diese Orte zu zaubern.

Emanzipation eines Helden

1

2

3

Odysseus ist eine der prominentesten und schillerndsten Gestalten der antiken Sagenwelt. Besonders berühmt wurde seine zehn Jahre währende Heimreise aus dem Trojanischen Krieg nach Ithaka. Auf seiner langen Irrfahrt, wo er viele gefährliche Abenteuer zu bestehen hatte, zeichnete sich der siegreiche Held nicht nur durch Tapferkeit, sondern vor allem durch Klugheit und List, mitunter auch durch Skrupellosigkeit und Tücke aus. Schilderte Homer in seinem Epos »Ilias« noch strahlende, heroische Kämpfer, die sich vom Götterwillen lenken lassen, so nimmt sein Titelheld der »Odyssee« als schlauer Opportunist das Leben selbst in die Hand. Kann der große griechische Dichter denn wirklich zwei derart grundverschiedene Monumentalwerke verfaßt haben?

1/2 Odysseus, den bekanntesten Abenteurer der griechischen Mythologie, stellt das Relief aus dem 5. Jahrhundert v. Chr. dar. Er war der Sohn des Laertes und König der Insel Ithaka.

3 Nach Sage und Märchen klingen die phantastischen homerischen Gesänge der Ilias und Odyssee.

4

5

6

Meinen Namen willst du wissen, Kyklop? Ich habe einen seltsamen Namen. Ich heiße der Niemand, alle Welt nennt mich Niemand, Mutter, Vater hießen mich so, und bei allen Freunden bin ich so geheißen.« – Dieser Niemand ist ein bedeutender griechischer König auf dem abenteuerlichen Weg von einem Schlachtfeld in seine Heimat. Dort angekommen, paktiert er mit Sau- und Rinderhirten und schleicht sich als zerlumpter Bettler in seinen eigenen Palast, in dem nicht weniger als 108 Freier seine Frau bedrängen und seine Güter verprassen. – Ein fragwürdiger Held?

Der so Gezeichnete ist allerdings kein Geringerer als der ruhmreiche Odysseus, Sohn des großen Königs Laertes, Herrscher über Ithaka, mächtiger Eroberer im Kampf um Troja, stärker und mutiger als alle anderen griechischen Helden seiner Zeit. Was ist mit ihm geschehen, daß er seine Zuflucht zu heuchlerischer Selbstverleugnung als Niemand und als Bettler nimmt und sich auf eine Stufe mit den geringsten seiner Untertanen stellt? – Erinnern wir uns an seine abenteuerliche Geschichte:

Nach der siegreichen Einnahme Trojas kehrten die griechischen Helden, die mit Odysseus zusammen gekämpft hatten, in ihre Heimat zurück. Ihn selbst verschlug ein Sturm auf die Insel Ogygia, wo ihn die Nymphe Kalypso gefangenhielt, die ihn zum Gatten begehrte. Odysseus aber sehnte sich nach seiner Gemahlin Penelope. Auf Fürbitte der Göttin Athene ließ Kalypso ihn schließlich frei. Doch der Meeresgott Poseidon zürnte ihm und ließ seine Heimreise zum Abenteuer mit vielen Irrwegen werden.

4/5/6 Pallas Athene, in der griechischen Sagenwelt die Lieblingstochter des Zeus, symbolisiert die Überlegenheit des Geistes über die rohe Kraft. Die weise Kriegs- und Friedensgöttin stand ihrem Schützling, dem listenreichen Odysseus, jederzeit mit Rat und Tat zur Seite.

7

7 Auf Ithaka gibt es heute noch Winkel, wo die Zeit stillzustehen scheint. Vor etwa 3000 Jahren soll auf der landschaftlich reizvollen Insel der Palast des griechischen Königs Odysseus gestanden haben. Hier wartete der Sage nach die schöne und treue Gattin Penelope 20 Jahre auf ihren könig-

Seine treue Königin und sein zum jungen Mann herangereifter Sohn Telemachos rechneten schon seit Jahren kaum noch mit seiner Rückkehr. Scharen von Freiern von der ganzen Insel Ithaka und der weiteren Nachbarschaft schmarotzten in seinem Palast und bewarben sich um die Gunst der vermeintlichen Witwe – war sie doch ebenso schön wie reich. Angesichts der Demütigung seiner Mutter und der Verschwendung seines Erbteils durch die 108 ungebetenen Gäste sowie des zum Teil aufmüpfig gewordenen eigenen Gesindes zog Telemachos aus, seinen Vater zu suchen. Vielleicht war er doch noch am Leben. Er reiste nach Pylos zu Odysseus' greisem Freund Nestor, erfuhr dort aber nichts über das Geschick seines Vaters, und wandte sich dann nach Sparta zum Helden Menelaos, der mit Odysseus zusammen gekämpft hatte, und zu dessen Frau Helena. Den Freiern kam die Abreise des jungen Hausherrn und Erben entgegen. Seine Wiederkehr fürchtend, verschworen sie sich, ihn umzubringen. Telemachos indes blieb zunächst als Gast bei Menelaos.

Odysseus, der die Insel der Kalypso auf einem selbstgezimmerten Floß verließ, geriet in einen furchtbaren Sturm und gelangte mit dem Beistand der Göttin Leukothea nur mit Mühe und Not an das Gestade der Insel Scheria, wo die gastfreundlichen Phäaken lebten. Durch die Hilfe der Göttin Athene fand Nausikaa, die schöne Tochter des

Odysseus berichtet über seine Abenteuer

weisen Königs Alkinoos und seiner Gemahlin Arete, den erschöpften Helden am Strande, verliebte sich spontan in ihn und brachte ihn in den väterlichen Palast. Dort erzählte er den Phäaken seine bisherigen Abenteuer:

Mit mehreren Schiffen hatte er das eroberte Troja verlassen und war zunächst zur Kikonenstadt Ismaros gelangt. Hier wüteten er und die Seinen nicht viel besser als gemeine Seeräuber. Sie töteten die Männer und teilten die Beute und die Frauen unter sich auf. Doch einige Kikonen konnten entfliehen. Sie holten sich Verstärkung aus dem Landesinneren und schlugen nun ihrerseits die meisten Gefährten des Odysseus in die Flucht. Nur sechs Mann von jedem seiner Schiffe blieben an seiner Seite. Schleunigst verließen sie Ismaros, besuchten kurz das Land der Lotophagen, Lotusfrüchte essender Menschen, und kamen dann in das Reich der Kyklopen, grausamer einäugiger Riesen.

Der schreckliche Kyklop Polyphem nahm sie in seiner Höhle gefangen, und zwar gleichsam als lebendigen Mundvorrat, denn er fraß Menschen. Zwei Gefährten des Odysseus verschlang er noch am gleichen Abend, zwei

lichen Gemahl. Als dieser nach Trojanischem Krieg und langer Irrfahrt endlich in seine Heimat zurückkehrte, erkannte ihn niemand mehr. Als zerlumpter Bettler schlich sich Odysseus in seinen Palast, wo zahlreiche Freier seine Frau Penelope bedrängten und sein Gut verpraßten.

8

9

10

weitere zum Frühstück. Odysseus plante die Flucht. Zuerst wollte er den schlafenden Riesen mit seinem Schwert töten, doch das hätte ihn und die Seinen in eine ausweglose Situation gebracht. Der Kyklop hatte die Höhle nämlich mit einem mächtigen Felsbrocken verschlossen, und ein Entweichen war unmöglich. So ersann der Held eine List. Er reichte dem Einäugigen als Gastgeschenk drei Kannen voll Wein. Als Polyphem betrunken umsank, rammten er und vier seiner Gefährten dem Riesen einen ausgeglühten Pfahl aus Olivenholz ins Auge und blendeten ihn. Schmerzgeschüttelt schrie der blinde Riese um Hilfe. Seine Stammesgenossen rannten herbei und fragten vor der Höhle, was ihrem Bruder geschehen sei. »Niemand bringt mich um, ihr Freunde«, brüllte er, »Niemand tut es mit Arglist!« Denn als »Niemand« hatte sich der listige Odysseus ihm vorgestellt. »Nun, wenn niemand dir etwas zuleide tut, wenn dich keine Seele angreift, was schreist du dann so? Du bist wohl krank, aber gegen diese Krankheit haben wir kein Mittel«, entgegneten die anderen Kyklopen und wandten sich von der Höhle ab.

»Ich aber sann inzwischen an tausenderlei Plänen herum«, berichtete Odysseus später den Phäaken. Das Ergebnis seiner Überlegungen: Er und seine noch lebenden Gefährten banden sich unter die Bäuche der Widder des Riesen, die morgens die Höhle verließen und auf die Weide gingen. Polyphem tastete zwar deren Rücken ab, ob nicht einer seiner Gefangenen darauf sitze, aber unter den Bäuchen suchte er nicht. So entkamen die Ithaker. Polyphem aber klagte: »Einst hat mir der Wahrsager Tele-

8/9/10 Der zornige Meeresgott Poseidon, der nicht gut auf Odysseus zu sprechen war, ließ das Floß des Irrfahrers in einem tosenden Sturm zerbrechen. Da eilte die Meeresgöttin Leukothea dem Helden zu Hilfe. Sie warf ihm ihren Schleier zu, mit dem er schwimmend das Ufer erreichen konnte.

11

11 Auf seiner zehnjährigen abenteuerlichen Irrfahrt wurde Odysseus über große Teile des Mittelmeers verschlagen. Der homerische Held verkörpert den Prototyp des ionischen Seefahrers der beginnenden Kolonialzeit, der mit unersättlicher Neugier in unbekannte Bereiche vorstieß.

12

13

14

mos gewahrsagt, daß ich durch Odysseus das Gesicht verlieren sollte. Da meinte ich denn immer, es sollte ein stattlicher Kerl daherkommen, so groß und stark, wie ich selber einer bin, und sollte sich mit mir im Kampfe messen. Und nun ist dieser Wicht gekommen, dieser Weichling, hat mich mit Wein berückt und mir im Rausch das Auge geblendet!« Dem Riesen blieb nichts, als dem Schiff der Flüchtenden zwei Felsbrocken nachzuschleudern, die ihr Ziel, das er nicht sehen konnte, aber verfehlten.

Die Helden gelangten zur Insel des Windgottes Äolos, bei dem sie einen Monat zu Gast blieben. Odysseus selbst erhielt einen Sack voll verschiedener Winde als Abschiedsgeschenk, als er und die Seinen schließlich weiterzogen. Schon hatten sie ihre Heimatinsel vor Augen, als neidische Mitglieder seiner Mannschaft den Sack öffneten, in dem sie Gold wähnten. Heraus schossen die Winde und trieben die Schiffe neuen Abenteuern zu. Sie flogen zurück zur Insel des Äolos, dann an die Küste des Landes der Lästrygonen, eines Geschlechtes menschenfressender Riesen. Im Kampf mit diesen verlor Odysseus seine Schiffe bis auf sein eigenes, mit dem er sich auf die Insel Aia flüchten konnte. Dort lebte die schöne Halbgöttin Kirke, deren Eigenart es war, menschliche Besucher ihres Reiches in Tiere zu verwandeln. Die Gefährten des Odysseus verzauberte sie in borstige Schweine. Mit List und Hilfe des Zauberkrautes Moly schützte sich der Held davor, selbst ein Opfer der Magierin zu werden. Verwundert fragte Kirke: »Bist du vielleicht der erfindungsreiche Odysseus selbst, dessen Ankunft mir Hermes schon lange geweissagt

12 Auf der Insel Aia verzauberte die schöne Kirke die Gefährten des Odysseus in Schweine.

13/14 In das alte Menschenbild der Antike, wie es Homer in der Ilias gezeichnet hatte, paßt Odysseus nicht mehr. Er ist kein strahlender Heroe, sondern ein Held mit menschlichen Schwächen.

15 hatte?« Sie befreundete sich mit dem ihr in seinen Tricks Ebenbürtigen und gab seinen Gefährten ihre Menschengestalt zurück. Ein Jahr lang lebten sie glücklich auf ihrer Insel.

Die Weiterreise brachte Odysseus und die Seinen am Hain der Persephone vorbei, wo sich der Eingang zur Unterwelt befand. Dort, am Rande des Schattenreiches, beschwor der Held auf Weisung von Kirke die Seelen mehrerer verstorbener Kämpfer wie auch die seiner eigenen Mutter herauf. Es gelang ihm, auch den Schatten des Sehers Teiresias zu rufen, der ihm den Weitergang seiner Heimfahrt vorhersagte: »Zuerst landet ihr auf der Insel Thrinakia, wo ihr den Rindern und Schafen des Sonnengottes Helios nichts zuleide tun dürft. Verletzt ihr sie aber, dann weissage ich deinem Schiff und deinen Freunden Verderben. Wenn du selbst auch entrinnst, so kommst du spät, elend und einsam in die Heimat, auf einem fremden

Ein Jahr lang
lebten sie glücklich...

Schiff. Auch dort findest du nur Jammer: übermütige Män-
16 ner, die dein Gut verprassen und um dein Weib Penelope freien.« Nach weiteren Unbilden sagte ihm Teiresias jedoch einen »friedlichen Greisentod fern vom Meere« voraus.

Bevor das Schiff der Heimkehrenden allerdings die Insel Thrinakia erreichte, mußte es die Küste der Sirenen passieren, die Vorbeifahrende mit süßem Sang ans Ufer lockten und sie dann umbrachten. Odysseus entging dieser Gefahr bekanntlich dadurch, daß er seiner Mannschaft die Ohren mit Wachs versiegeln und sich selbst an den Mast seines Schiffes binden ließ. Mit Hilfe der Göttin Athene passierte sein Schiff dann den gefährlichen Meeresstrudel Charybdis und das diesem gegenüber lauernde krakenartige sechsköpfige Meeresungeheuer Skylla, das allerdings sechs seiner Männer verschlang. Auf Thrinakia angekommen, vergriffen sich seine ausgehungerten Begleiter trotz der Warnung des Sehers an den göttlichen Rindern und Schafen, was Göttervater Zeus selbst so erzürnte, daß er auf der Weiterfahrt ihr Schiff mit Blitz und Donner zerschmetterte. Nur Odysseus überlebte und wurde neun Tage später auf der Kalypsos-Insel Ogygia angetrieben.

Von dort war er später zu den Phäaken gelangt, denen er von seinen Abenteuern berichtete. Mit einem ihrer Schiffe brachten sie den Helden nach insgesamt zwanzigjähriger Abwesenheit in seine Heimat, nach Ithaka. Doch hier zog er keineswegs als der berühmte Held von Troja und als lang zurückersehnter König, Gemahl und Vater ein. Er mußte sich in acht nehmen, von den Freiern nicht gemeu-

15/16 Waren alle Helden vor Odysseus als bloße Spielbälle von Götterlaunen hilflos einem überirdischen Geschick ausgeliefert, so trifft Odysseus eigene Entscheidungen. Nicht übernatürliche oder rohe Kraft, sondern Klugheit und Phantasie machen sein Heldentum aus.

17

17 »Mein Herz verlanget zur Heimat und der übrigen Freunde, die rings mit Weinen und Klagen meine Seele bestürmen«: Obwohl Odysseus auf seiner Irrfahrt spannende Abenteuer erlebte und interessante fremde Länder sah, drängte es ihn immer, das alte Griechenland wiederzusehen.

18

19

20

chelt oder offen erschlagen zu werden. Die hilfreiche Göttin Athene verwandelte ihn in einen alten, zerlumpten Bettler, der sich mit seinem eigenen Sauhirten und einem Rinderhirten verbündete. Zu den dreien gesellte sich noch sein soeben auf göttliches Geheiß aus Sparta zurückgekehrter Sohn Telemachos, dem sich Odysseus zunächst als einzigem zu erkennen gab. Trickreich schlich sich der Bettler in seinen eigenen Palast ein und mußte noch zahlreiche Demütigungen durch die Schar der Freier über sich ergehen lassen, bevor er sie – nicht ohne List und Tücke – überwand und mit Hilfe seines Sohnes und der beiden Hirten tötete. Die aufgebrachten Angehörigen der Freier besiegte er danach zum Teil ebenfalls, den Frieden im Lande sicherten schließlich die Götter selbst. – »Wahrhaftig«, lobte ihn die Göttin Athene, »das müßte ein Ausbund an Schlauheit sein, der dich in Listen besiegte, und wenn es auch eine Gottheit wäre!«

Anders als in allen früheren Mythen oder Legenden ist der Titelheld der Odyssee kein strahlender, kompromißloser Kämpfer, der entweder unbesiegbar alle Feinde niedermacht oder, in die Enge getrieben, sich in heroischem Glanze todesmutig in die Schlacht wirft, der Ausweglosigkeit seiner Situation wohl bewußt. Odysseus hat nichts Übernatürliches an sich, er zeigt menschliche Schwächen und Angst um sein Leben. Nur wenn er sich dem Gegner kräftemäßig überlegen weiß, verteidigt er sich mit Waffengewalt, sonst verläßt er sich auf List und Intrigen. Die gab es freilich schon vor ihm in der griechischen Mythologie, nicht aber als Eigenschaften eines strahlenden Helden,

18 Odysseus und seine Gefährten widerstanden dem süßen Gesang der gefährlichen Sirenen.

19/20 War es Homer selbst oder ein jüngerer Dichter aus seiner Schule, der im Heldenepos der Odyssee aus Abenteuergeschichten nach Art des Seemannsgarns eine kunstvolle Komposition schuf?

21

21 »Singe mir, Muse, die Taten des weitgereisten Mannes,/ Welcher auf langer Irrfahrt, nach Trojas, der hehren, Zerstörung,/ Vieler Menschen Städte gesehen und Sinn erfahren/ Und auf dem Meere soviel unnennbare Leiden erduldet«, lautet der Anfang der homerischen Odyssee.

22

22 Berühmtheit erlangte das idyllische Ithaka als Heimat des sagenhaften Helden Odysseus. Ob es sich bei Homers Schilderungen allerdings tatsächlich um das zu den Ionischen Inseln gehörende Felseiland vor der Küste Westgriechenlands handelt, ist noch immer umstritten.

23

24

25

sondern als unlautere Machenschaften von üblen Höflingen oder boshaften alten Hexen. Solche »Untergrundmethoden« galten vor Odysseus als verwerflich. Ihn aber lobte sogar die Göttin Athene wegen seiner Listen und nannte ihn einen »Ausbund an Schlauheit«. Welcher auf Ehre und Ruhm bedachte Held vor Odysseus hätte einem verachtenswerten, einäugigen Riesen vorgeschwindelt, er heiße »Niemand«?

Noch eines fällt auf. Dem hehren Charakter der Helden vor Odysseus entsprechen »ehrliche« und geradlinige Schilderungen ihrer Ruhmestaten. Makellos chronologisch geordnet, begleiten die alten Sagen und Mythen Schritt für Schritt Leben und Werke der großen Könige und Streiter. Bei Odysseus ist auch dies anders. Zunächst trifft ihn der Leser bei Kalypso auf der Insel Ogygia, um ihn sofort wieder aus den Augen zu verlieren und um genauestens über die Ereignisse in seiner Heimat, im Palast seiner Frau Penelope, unterrichtet zu werden. Er erfährt vom Aufbruch des Sohnes Telemachos nach Pylos und Sparta und hört dann von diesem bis gegen Ende der Erzählung gar nichts mehr. Jetzt erst begleitet der Leser Odysseus selbst für ein kurzes Stück auf seiner abenteuerlichen Fahrt, allerdings in deren wohl uninteressantestem Abschnitt. Den zeitlich kürzesten Teil der ganzen Geschichte, den Aufenthalt bei den Phäaken, stopft der Erzähler voll mit einer Rückblende in die Vergangenheit, wie sie Krimiautoren des 20. Jahrhunderts schätzen. Er läßt Odysseus selbst von seinen berühmten Irrfahrten berichten, ein Stilmittel, das es bisher in dieser Form nicht gab. Es folgt die kurze und relativ

23/24/25 Da Penelope ihre zudringlichen Freier nicht länger abweisen konnte, versprach sie demjenigen die Hand, der den Bogen des Odysseus zu spannen vermöge. Im Bettlerkleid ergriff der heimgekehrte König seine alte Waffe und tötete die Rivalen, bevor er sich seiner Frau zu erkennen gab.

harmlose Fahrt mit dem Phäakenschiff nach Ithaka, und jetzt erst geht die von Anfang an unterbrochene eigentliche Handlung weiter. Aber sie trägt viel eher die Züge einer Verkleidungs- und Gaunerkomödie als die eines Heldenepos. Dazu kommen – ebenfalls vollkommen neu – soziale Aspekte. Erstmals zerfällt die tradierte Klassengesellschaft von Königen, Höflingen, Kaufleuten und sonstigen Bürgern, Priestern, Bediensteten verschiedener Chargen und gemeinen Bettlern. Die Rangordnung verkehrt sich geradezu. Der edle König selbst wird zum niedrigsten aller Bettler, seine getreuen Verbündeten sind der Sauhirt Eumaios und der Kuhhirt Philoitios. Die 108 Edelmänner aus den vornehmsten Häusern, die Penelope bedrängen, werden als Nichtstuer, Schmarotzer und mordlustige Intriganten gezeichnet.

Mit der Odyssee zerbricht ein jahrhundertealtes Weltbild vollständig. Ein neuer, freier Menschentyp ist geboren. Standesdünkel hält ihn ebensowenig gefangen wie ein heroischer Ehrenkodex, der den offenkundigen Gang in das eigene Verderben nicht ausschließt. Aber die neue Freiheit geht noch viel weiter: Während alle Helden vor Odysseus als bloße Spielbälle von Göttergunst und Götterzorn hilflos einem überirdischen Geschick ausgeliefert waren, nimmt Odysseus sein Leben selbst in die Hand. Er plant und verwirft, trickst und überlistet. Er trifft fortwährend eigene Entscheidungen. In das alte Menschenbild der Antike, wie es etwa Homer so großartig in seiner Ilias gezeichnet hatte, paßt er keineswegs.

Soziale Aspekte im Heldenepos

Und hier nun wird es historisch interessant. Kann Homer wirklich zwei so grundverschiedene Monumentalwerke wie die Ilias, die im alten Stil die Taten der griechischen Helden vor Troja glorifiziert, und die wesentlich moderner wirkende Odyssee geschrieben haben? Die Vermutung liegt nahe, es könnte sich ähnlich verhalten wie bei Goethes zwei Teilen des Faust, die sich ja ebenfalls stilistisch wie inhaltlich erheblich voneinander unterscheiden. Aber bei näherem Hinsehen trägt diese scheinbare Parallele nicht. Bei Goethe läßt sich eine geistige und psychische Weiterentwicklung erkennen, bei Homer – wenn er denn beide Epen geschrieben haben sollte – nicht. Schon die Ilias wirkt wie das vollendete Werk einer ausgereiften Dichterpersönlichkeit. Wie alt müßte Homer geworden sein, um wesentlich später die Odyssee zu verfassen? Und von einer Weiterentwicklung kann auch deshalb nicht die Rede sein, weil sich der Geist, den beide Werke atmen, kaum irgendwie ineinander überführen läßt. Vieles ist geradezu konträr. Hehre Ideale weichen listigem Opportunismus. Krasses hierarchisches Denken steht menschlichem Idealismus auf sozialer Grundlage gegenüber.

Die Archäologen waren es, die unvermittelt Licht in die homerische Frage warfen. Sie schafften es mit verblüffenden Methoden, vor allem mit der Untersuchung altgriechischer Vasen. Auf der Insel Ischia fand sich ein griechischer Tonbecher aus der Zeit um 725 v. Chr. mit Mustern im sogenannten spätgeometrischen Stil. Ihn ziert die witzige Aufschrift: »Nestors Becher ist schön zum Trinken. Sei es! Doch wer aus diesem Napf hier trinkt, den ergreifet die Sehnsucht nach Aphrodite, der herrlich bekränzten.« Das Versmaß ist exakt jenem der Ilias angepaßt, und die Anspielung auf Nestors Becher wird nur dem verständlich, der dieses Werk Homers kennt. Die Ilias muß also spätestens mehrere Jahre vor 725 v. Chr. entstanden sein, denn sie war zu dieser Zeit offenbar schon allgemein bekannt. Zum anderen taucht um 675 v. Chr. plötzlich eine Vielfalt von Vasen im alten Griechenland auf, die bildliche Darstellungen aus dem Odysseus-Mythos zieren. Ihr relativ plötzliches Erscheinen in den verschiedensten Landesteilen spricht dafür, daß die Odyssee um diese Zeit noch frisch im Schwunge ist. Sie wird kaum früher als zwischen 690 und 680 entstanden sein. Zwischen der Ilias und der Odyssee liegt deshalb rund ein halbes Jahrhundert.

Bekräftigt wird diese Vermutung durch sorgfältige stilistische Studien der alten griechischen Tongefäße generell. Wie die Dichtkunst spiegeln sie den Zeitgeist wider. Und wie zwischen den alten griechischen Epen und der Odyssee liegen auch zwischen den altgriechischen Krügen, Bechern und Amphoren und den Gefäßen um und nach 675 geistige Welten. Waren die Muster der ersten streng geometrisch konstruiert und folgerichtig vom Fuß bis zum Rand des Gefäßes übereinander gesetzt wie die Handlung und der chronologische Aufbau der Ilias, so machte sich bei den neuen Vasen ein deutlicher orientalischer Einfluß bemerkbar. Eine Kunst des Fabulierens in Ton mit spielerischen Girlanden und Umschweifen im Muster, ein Über- und Nebeneinander, ein Ineinanderverschlungensein drückte sich aus. Die gestalterischen Parallelen zur märchenhaften Anlage der Odyssee, zu den Irrfahrten des Titelhelden, lassen sich nicht übersehen. Auch für Odysseus war nicht immer der geradlinige Weg der einfachste und schnellste.

Dicke Bücher füllen die Arbeiten moderner Archäologen, Kunst- und Stilforscher zu diesem Thema seit einigen Jahren. Und immer mehr wächst die Gewißheit: Die Ilias *und* die Odyssee hat Homer sicher nicht geschrieben. Der berühmte griechische Dichter lebte im 8. Jahrhundert v. Chr. Als die Odyssee entstand, war er sehr wahrscheinlich schon längst tot. Aber es fehlt auch nicht an Stimmen, die sogar seine alleinige Autorschaft der Ilias zumindest stark anzweifeln und als deren geistige Väter eine ganze Anzahl von »Homeriden« sehen.

Uruks fast unsterblicher König

Niemand auf der ganzen, großen Scheibe, die im Meer des Alls schwimmt und den Namen Erde trägt, kam Gilgamesch gleich«: So rühmt das Gilgamesch-Epos seinen Helden, den legendären König von Uruk. Die großartige sumerische Dichtung berichtet davon, wie Gilgamesch, halb Mensch, halb Gott, die mächtige Stadt Uruk regierte, wie er gegen wilde Tiere und Ungeheuer kämpfte und wie er sich nach seinen heroischen Taten bemühte, die Unsterblichkeit zu gewinnen. Existierte der sagenhafte Herrscher von Uruk wirklich? Jahrhundertelang sangen viele Völker sein Lob, dann geriet er in völlige Vergessenheit. Erst im 19. und 20. Jahrhundert entdeckten Archäologen sein Reich in Mesopotamien wieder, fanden sie das uralte Epos, das seinen Namen preist.

1 Das altbabylonische Relief stellt die Liebesgöttin Ischtar als Herrin des Krieges dar.

2 Für ihre ruhmreiche Götterwelt ließen die assyrischen Herrscher imposante Tempel errichten.

3 Die Kultur des alten Mesopotamien ist uns durch die Keilschrifttafeln aus jener Zeit bekannt.

4

5

6

Sieh dir, mein Freund, die große Stadt Uruk am Ufer des heiligen Euphrat an! Gehe durch ihre breiten Straßen und über ihre Plätze, schau dir ihre großartigen Tempel an! Bleib vor Eanna, dem Heiligtum der Liebesgöttin Ischtar, stehen und berühre seine Schwelle! Dies alles stammt aus alten Zeiten, kein König und kein Mensch hat anderenorts Ähnliches geschaffen.

Sieh dir, mein Freund, die mächtige Festungsmauer um Uruk am Ufer des Euphrat an! Sie ist aus gebrannten Ziegeln, sie ist hoch und fest, sie ist wie aus Erz! Gehe zwischen ihren Zinnen hindurch, steige zu ihren Grundfesten hinab und berühre sie mit deiner Hand! Sie stammt aus jüngster Zeit, kein König und kein Mensch hat anderenorts etwas Ähnliches geschaffen.

Es war Gilgamesch, der Held, der dank seines Willens und dank der Arbeit seines Volkes diese riesige Mauer errichtete, damit Uruk sicher sei vor dem Krieger aus fremder Stadt und vor dem Räuber aus der Wüste. Es war König Gilgamesch, der mit diesem Werk seinem Namen Unsterblichkeit verlieh. Dem Willen und der Gnade der Götter verdankte Gilgamesch, daß er als König über Uruk herrschte, daß er der fünfte Herrscher war seit jener Zeit, als die Erde das Wasser der Sintflut aufgesaugt hatte. Vor ihm hatte dort der Fischer Dumuzi, vor Dumuzi der Schäfer Lugalbanda, vor Lugalbanda der Krieger Enmerkar geherrscht; der erste König von Uruk war Meschkiagascher, der Sohn der Sonne. Gilgamesch wollte alle seine Vorgänger an Macht und an großen Taten übertreffen, er wollte mit dem Beinamen Held in die Geschichte eingehen.

4/5 Ausgrabungen in Uruk brachten bedeutende Zeugnisse sumerischer Kunst zutage. Die alte Stadt am Euphrat soll einst Mittelpunkt des Reichs von König Gilgamesch gewesen sein.

6 Das monumentale Ischtartor zeugt noch von der einstigen Pracht und dem Reichtum Babylons.

»Niemand auf der ganzen, großen Scheibe, die im Meer des Alls schwimmt und die den Namen Erde trägt, kam Gilgamesch gleich. Die Götter selbst fanden an ihm Gefallen, als seine göttliche Mutter Ninsun ihn als Sohn des sterblichen Mannes Lugalbanda gebar.«

Mit dieser Lobrede auf die Stadt Uruk und ihren Herrscher Gilgamesch beginnt eine der ältesten Erzählungen der Menschheit, das Gilgamesch-Epos. Sein Inhalt ist in groben Zügen folgender:

König Gilgamesch, Sohn einer göttlichen Mutter und eines irdischen Vaters, galt als zwei Drittel göttlich und ein Drittel menschlich. Er war über alle Maßen schön, intelligent, mutig und stark und maß an seinen eigenen Qualitäten die Forderungen, die er an andere, an seine Untertanen stellte.

»Mit harter und schwerer Hand herrschte Gilgamesch über das Volk von Uruk«, sagt das Epos. »So konnte nur der herrschen, der zu zwei Teilen kein Mensch war.«

Niemand kam Gilgamesch gleich

Ausführlich wird über die drückende Fron berichtet, die besonders mit dem Bau einer gewaltigen Mauer um die Stadt verbunden war. Alle Männer, später auch Kinder, mußten Tag und Nacht Ziegel formen, brennen und aufschichten. Widerrede gab es nicht. Für die Sorgen um die eigene Familie blieb niemandem eine freie Minute.

Die Bewohner des Stadtstaates riefen in ihrer Not den Gott Anu, den himmlischen Schutzherren Uruks, an: »Gilgamesch ist unser Hirt, er ist stark und weise, trotzdem unterdrückt er uns!« Anu besprach sich daraufhin mit der Schöpfergöttin Aruru, und diese schuf aus einem Lehmklumpen den Steppenmenschen Enkidu, der es an Kraft und Mut mit Gilgamesch aufnehmen und diesen in einem Zweikampf in seine Schranken weisen sollte.

Enkidu wuchs fern den Menschen unter Tieren in der Wildnis auf. Als er erwachsen war, entdeckte ihn ein Jäger, der Gilgamesch von ihm berichtete. Der ließ eine Tempeldienerin der Göttin Ischtar zu dem wilden Mann in der Steppe schicken, die Enkidu durch ihre Schönheit und Klugheit becircte und ihn zum »kultivierten« Menschen machte. Sie brachte ihn nach Uruk, wo er miterlebte, wie Gilgamesch gerade in ein Hochzeitshaus eindringen wollte, um von seinem königlichen Recht auf die erste Nacht mit der Braut Gebrauch zu machen. Enkidu entsetzte diese Mißachtung der bürgerlichen Intimsphäre durch Herrscherwillkür. Er stellte sich Gilgamesch in den Weg. Es kam zum Zweikampf Mann gegen Mann. Keiner konnte den anderen überwinden, und schließlich drückten die beiden Achtung voreinander aus. Sie wurden zu Freunden und – durch göttlichen Ratschluß – zu Brüdern.

Zu zweit, meinte Gilgamesch, könnten sie Taten vollbringen, die ihm allein aberwitzig erschienen. Er gewann Enkidu für den lebensgefährlichen Plan, Chumbaba zu überwältigen. Dieser Chumbaba war ein mächtiges Ungeheuer, das in einem riesigen Zedernwald – in der Gegend des heutigen Libanon – hauste und von dem alles Übel und alles Böse in der Welt ausging. Wald und Chumbaba standen unter der Obhut des Gottes Adad, des Herrn über Regen und Gewitter. Trotz schlechter Orakel machten sich die beiden Helden auf den Weg in den Zedernwald. Adad wollte dies verhindern, doch der Sonnengott Schamasch half ihnen. Als sie eine von Chumbabas Zedern fällten, griff sie das Ungeheuer an. Mit Schamaschs Unterstützung gelang es ihnen, den Erzbösewicht zu enthaupten. Uruk feierte die heimkehrenden Heroen begeistert.

Das rief die als nymphoman bekannte Liebesgöttin Ischtar auf den Plan. Sie wollte den strahlenden Helden Gilgamesch heiraten. Der jedoch schlug ihren göttlichen Antrag entschieden aus und hielt Ischtar schändliches Verhalten

Göttlicher Richtspruch: Qualvoller Tod

gegenüber all ihren bisherigen Ehemännern und Liebespartnern vor. Ischtar schwor Rache. Von ihrem Vater, dem Gott Anu, erbat sie den Verwüstung bringenden himmlischen Stier. Sie ließ ihn in Uruk frei, wo er Hunderte von Einwohnern umbrachte, Enkidu zunächst kampfunfähig machte und ein Werk der Zerstörung begann. Schließlich besiegten Gilgamesch und der wieder auf die Beine gekommene Enkidu ihn gemeinsam und rissen ihm das Herz aus dem Leib. Ischtar schwankte zwischen Bestürzung und Wut und berief den Götterrat ein, vor dem sie gegen die beiden Helden Anklage vorbrachte. Hier schildert das Epos die Himmlischen als überaus selbstherrlich, ungerecht und machtbewußt. Ihr Richtspruch ging schließlich nur davon aus, daß Gilgamesch der Sohn einer göttlichen Mutter, Enkidu aber ein reiner Irdischer war. Sie verurteilten Enkidu zum langsamen, aber sicheren Tod durch eine schreckliche Krankheit. Obwohl sich Gilgamesch gegen dieses Urteil, das er im Traum erfuhr, auflehnte, starb der mit ihm verbrüderte Freund unter Alpträumen und Qualen schon zwölf Tage später. Gilgamesch versuchte, ihn aus der Unterwelt zurückzuholen, konnte seine Seele aber – als Gunst der Götter – nur einmal an deren Pforte treffen.

Bei dieser Gelegenheit schilderte Enkidu Bilder des Schrekkens aus den höllischen Gefilden. Was Gilgamesch beson-

7

7 Diese frühsumerische Stierfigur aus Kalkstein und Silber stammt aus Uruk, der heutigen Ruinenstätte Warka im Irak. Im Gilgamesch-Epos kämpft der legendäre König von Uruk gegen den Himmelsstier, den die Göttin Ischtar auf ihn hetzte, weil er ihre Liebe verschmäht hatte.

8

8 In Ugarit an der syrischen Mittelmeerküste fand man bei Ausgrabungen auch diesen Goldanhänger, auf dem eine Göttin mit jeder Hand eine Blütenstandarte hält. Die zahlreichen Funde stammen vor allem aus der Blütezeit der antiken Stadt im 15. bis 13. Jahrhundert v. Chr.

ders beeindruckte, war der Bericht von Kronen und Königsthronen, die in der Unterwelt – dort bedeutungslos geworden – herumlagen. Er hatte seinen eigenen unvermeidlichen Untergang vor Augen.

Einen zweiten grausamen Kontakt mit dem Tod erlebte er wenig später während einer Pestepidemie, die in Uruk wütete. Gilgamesch beschloß, sich auf die Suche nach dem ewigen Leben zu begeben.

Eine Legende wußte von dem alten König Utanapischtim, dem die Götter zusammen mit seiner Frau das ewige Leben schenkten, was allerdings unter den Himmlischen zu erheblichen Meinungsverschiedenheiten geführt hatte. Diesen unsterblich gewordenen Irdischen wollte Gilgamesch aufsuchen, um ihn um Rat zu bitten. Ihm war bekannt, daß Utanapischtim im Lande Dilmun am Ende der Welt lebte. Gilgamesch unternahm nun eine gefahrvolle und abenteuerliche Reise in dieses Land. Am Rande der Menschenwelt bezwang er wilde Löwen und überquerte einen Paß am zweigipfeligen Berg Maschu, den zwei Skorpionmenschen bewachten. Danach mußte er einen langen dunklen Tunnel passieren, an dessen Ausgang er in einen paradiesischen Garten gelangte. Dort begegnete er der Wirtin Siduri in der von ihr geführten Götterschenke. Energisch riet sie ihm vom weiteren Weg ab, erklärte ihm aber schließlich doch, daß er das vor ihm liegende Meer und den anschließenden Strom des Todes nur mit Hilfe des Fährmanns Ur-Schanabi überwinden könne. Unter Schwierigkeiten gelang ihm auch dieses letzte Abenteuer auf dem Weg zu Utanapischtim.

Der Schlaf, der Bruder des Todes

An dieser Stelle bringt das Gilgamesch-Epos in voller Breite einen Bericht über die Sintflut, sehr ähnlich der alttestamentarischen Erzählung Mose. Utanapischtim steht dabei an der Stelle des biblischen Noah.

Utanapischtim erläuterte Gilgamesch die grundsätzliche Unmöglichkeit, als Mensch dem Tod zu entgehen. Um den hartnäckigen Helden zu überzeugen, erklärte er: »Der Schlaf ist der Bruder des Todes. Schlafende und Tote ähneln einander. Gelingt es dir, den Bruder des Todes zu überwinden, so wird es dir vielleicht gelingen, auch den Tod zu überwinden, doch der Bruder des Todes ist unvergleichlich schwächer. Also versuche es: Sechs Tage und sieben Nächte lang lege dich nicht schlafen!« – Gilgamesch mißglückte der Versuch. Ermüdet von der langen Reise zum Ende der Welt, verschlief er die gesamte Zeit. Enttäuscht wollte er nach Uruk zurückkehren, doch mitleidsvoll gab Utanapischtims Frau ihm eine letzte Chance, die Unsterblichkeit zu erlangen: Er solle die Pflanze der ewigen Jugend suchen. Diese wachse im Wasser, habe Wurzeln wie eine Distel und Dornen wie eine Rose. Der Held tauchte bis auf den Meeresgrund und fand in der Tat das wundersame, von den Göttern geheimgehaltene Gewächs. Mit ihm kehrte er zurück nach Uruk, um allen Bürgern seiner Stadt das ewige Leben zu schenken. Doch vor den Stadtmauern nahm er in einem Brunnen ein kühles Bad und ließ die Pflanze währenddessen unbewacht. Eine Schlange fraß sie und häutete sich. Der Erfolg aller Anstrengungen Gilgameschs war zunichte gemacht.

Das Epos schließt mit einem Dialog zwischen Gilgamesch und dem Fährmann Ur-Schanabi, der ihn bis nach Uruk begleitet hatte. »Das Leben, das ich suchte, habe ich nicht gefunden«, klagte Gilgamesch. »Ich habe mehr als andere Menschen vollbracht, doch vergebens; ich habe auch mehr gelitten, doch vergebens. Der, der aus dem Menschengeschlecht stammt, kann das ewige Leben nicht finden.« – »Der Mensch findet das ewige Leben nicht«, stimmte Ur-Schanabi zu, »doch er kann sich einen unsterblichen Namen machen. Durch dein Werk hast du dich unsterblich gemacht, Gilgamesch, du Held.«

Durch deine Werke unsterblich ...

Einen unsterblichen Namen machte sich Gilgamesch wirklich, und doch ist nicht einmal sicher, ob er überhaupt lebte. Jahrhundertelang sangen viele Völker sein Lob, dann geriet der legendäre Herrscher von Uruk in völlige Vergessenheit. Bereits die alten Griechen wußten nichts mehr von ihm. Erst im 19. und 20. Jahrhundert entdeckten Archäologen sein Reich wieder, fanden sie das Epos, das seinen Ruhm preist. Das alte Uruk war eine der faszinierendsten Stätten der menschlichen Geschichte, und seine Entdeckung ist eines der aufregendsten Abenteuer der Altertumsforschung. Uruk lag in Mesopotamien, am Unterlauf des Euphrat, an der Grenze zwischen Steppe und Wüste. Lange vor Rom und Athen, lange vor Babylon schon, war es eine blühende Stadt. Wer sie gründete, wissen wir nicht. Als die Sumerer, das älteste nachgewiesene Volk der Erde, nach Uruk kamen, war die Stadt schon fast so alt wie Bagdad heute. Fünf Dynastien sumerischer Könige herrschten hier, dann lösten Akkader das alte Volk ab, danach eroberten die Babylonier und die Assyrer Uruk, nach ihnen die Perser, später die Griechen und die Römer, dann die Parther und schließlich die Araber. Als der Euphrat seinen Lauf verschob, bedrohte Wüste die alte Stadt. Im fünften Jahrhundert unserer Zeit war das letzte Mal von ihr die Rede.

9

9 Die Ausgrabungen von Uruk, die 1902 begannen, waren ein Markstein in der archäologischen Arbeit zur Erforschung des alten Mesopotamien. Die Ruinenstadt, die unter einer bis zu 15 Meter mächtigen Sanddecke verschüttet lag, entsprach genau den Beschreibungen des Gilgamesch-Epos.

10

11

12

Erst 1902 begann der deutsche Archäologe Walter Andrae, ein Assistent des berühmten Altertumsforschers Robert Koldewey, mit den Ausgrabungen von Uruk. Er setzte damit einen Markstein in der schon rund ein Jahrhundert alten archäologischen Arbeit zur Erforschung des alten Mesopotamien. Zwischen 1811, als der Brite J. C. Rich in das Zweistromland kam, und der Wende zum 20. Jahrhundert wurden die Ruinenstädte Babylon, Dur-Scharrukin, Kalchu, Ninive und die sumerischen Städte Lagasch und Nippur wiederentdeckt und ausgegraben. 1922 entdeckte dann der Engländer Ch. L. Woolley die Stadt Ur, und 1933 fand der Franzose A. Parrot am Oberlauf des Euphrat Mari.

Uruk, ausgegraben unter einer stellenweise 15 Meter mächtigen Sanddecke, entsprach genau den Beschreibungen des Gilgamesch-Epos. Zwei mächtige Tempeltürme oder Zikkurats fanden sich, die der Ischtar und dem Anu geweiht waren, das »Haus des Himmels« Eanna, ein weiteres Heiligtum des Anu und vier andere Tempel, von denen im Epos die Rede ist. Man fand den Königspalast und Hunderte komfortabler Wohnhäuser mit Heizungen, Badezimmern und Kanalisation. Die breiten Straßen der Stadt waren befestigt. Auch Gilgameschs mächtige Mauer fand sich. Sie ist neun Kilometer lang und stellenweise neun Meter hoch und neun Meter breit. Auf ihrer Krone könnten bequem drei Vierspänner nebeneinander fahren. Auch Überreste von Zedernholz fanden sich und erinnerten an den libanesischen Wald des Chumbaba, denn im unteren Euphrattal wuchsen keine Zedern.

10 Unzählige farbige Lehmziegel dienten dem Eannatempel in Uruk als Mauerschmuck.

11 Der Tempelturm des Mondgottes Nanna in Ur ist das am besten erhaltene Bauwerk der Sumerer.

12 Das erste Kulturvolk Mesopotamiens, des Landes zwischen Euphrat und Tigris, waren die Sumerer.

13

13/14 Im alten Mesopotamien widmete man sich in reichem Maße der Plastik und dem Kunsthandwerk. Die Sumerer, das älteste nachgewiesene Volk der Erde, prägten mit ihrer Kunst die Kultur des gesamten orientalischen Altertums. Ihr Einfluß reichte in frühdynastischer Zeit bis in den syrischen

14

Raum: Bei Ausgrabungen in Mari entdeckte man aus jener Epoche hervorragende Kunstschätze wie den »Löwenköpfigen Adler« aus Lapislazuli und Gold; von der antiken Ruinenstätte Ebla stammt ein mit Goldfolie bedecktes Fabelwesen, das als »Menschenköpfiger Wisent« bezeichnet wird.

15

16

17

Am beeindruckendsten ist das Alter der technisch so modern anmutenden sumerischen Städte. In Ur entdeckte Woolley eine sumerische Harfe aus dem 28. bis 27. Jahrhundert v. Chr. Auf ihrem Resonanzkasten ist Gilgamesch mit zwei Stieren abgebildet! Wenn der heldische König wirklich existierte, dann mußte er vor rund fünf Jahrtausenden gelebt haben, in einer Zeit, in der durch die meisten Teile der Welt noch Steinzeitjäger streiften. Die ihm zugeschriebene Mauer ließ sich auf die Zeit vom 30. bis 28. Jahrhundert v. Chr. datieren.

Die Harfe aus Ur blieb nicht der einzige Hinweis auf Gilgamesch. Aus derselben Zeit fand man ein sumerisches Rollsiegel, das den Helden gleich zweimal zeigt, einmal mit Enkidu und dem Himmelsstier, einmal mit einem Löwen. Ein anderes Rollsiegel aus dem 25. Jahrhundert bildet Gilgamesch mit dem Himmelsstier und auf dem Boot Ur-Schanabis ab.

Daß das Epos jahrhundertelang lebendig blieb, beweisen spätere Werke der bildenden Kunst. Im 22. Jahrhundert v. Chr. zeigte ein akkadisches Rollsiegel den Sonnengott Schamasch und den Berg Maschu mit seinen zwei Gipfeln. Eine altbabylonische Plastik bildete den Kopf Chumbabas ab, und später gab es auch Statuetten des ganzen Ungeheuers. Aus neubabylonischer und neuassyrischer Zeit sind zahlreiche Gilgamesch-Illustrationen erhalten. Eine der bedeutendsten ist ein fast fünf Meter breites Alabasterrelief, das sich in Dur-Scharrukin fand und heute im Louvre in Paris zu bewundern ist. Es zeigt Gilgamesch mit einem jungen Löwen.

15/16 Ischtar, die Tochter des Himmelgottes Anu, genoß im alten Mesopotamien als Göttin der Liebe und Fruchtbarkeit große Verehrung. Sie wurde des öfteren auf ihrem Löwen stehend dargestellt.

17 Dieser Ziegel stammt vom Tempel des Wassergottes Enki aus der altsumerischen Stadt Eridu.

Fast unglaublich muß auf den archäologischen Laien die Entdeckung des Gilgamesch-Epos selbst wirken. Die zwölf Tontafeln, auf denen das Gesamtwerk in Keilschrift niedergeschrieben ist und von denen sich die meisten in der Palastbibliothek des assyrischen Königs Assurbanipal (668 bis 631 v. Chr.) in Ninive fanden, stellen die wohl letzte Fassung des Werkes dar. Es gab wenigstens fünf ältere, schriftlich fixierte Versionen, und lange vor ihnen wurde das Epos mit ziemlicher Sicherheit seit Jahrhunderten mündlich überliefert. Die ältesten uns bekannten Aufzeichnungen stammen aus dem 18. bis 16. Jahrhundert v. Chr.

Mit dem Wandel der Herrschaftsverhältnisse in Mesopotamien änderten sich bei den verschiedenen Fassungen auch die Sprachen, in denen sie niedergelegt waren. Der

Tote Sprachen in Keilschrift

Laie wird freilich all diese uralten Dokumente unbekümmert für Keilschrifttexte halten. Aber Keilschrift ist nicht gleich Keilschrift. Auch wer unser heutiges lateinisches Alphabet zu lesen vermag, kann deshalb noch lange nicht Texte in jeder westlichen Sprache verstehen.

Die Archäologen, denen die alten Schrifttäfelchen in die Hände fielen, hatten aber nicht nur mit unterschiedlichen Schriftarten und verschiedenen Sprachen zu kämpfen. Es handelte sich nicht um tote Sprachen, wie etwa das Lateinische, es handelte sich um vollkommen in Vergessenheit geratene Sprachen. Und von den Buchstaben ließ sich weder die Bedeutung noch der Lautwert durch Vergleich mit anderen Sprachen ermitteln, wie es etwa Champollion bei der Entzifferung der ägyptischen Hieroglyphen durch den zweisprachigen – ägyptisch-griechischen – »Stein von Rosette« gelungen war.

Die Keilschrift entwickelte sich um die Wende vom vierten zum dritten vorchristlichen Jahrtausend aus einer Bilderschrift, einer Symbolschrift. Von Anfang an wurde sie mit einem zugespitzten Rohr in feuchte Lehmtafeln eingeritzt. Durch diese Technik ergaben sich die keilförmigen Linien, nach denen im 17. Jahrhundert der Engländer Thomas Hyde diese Schriftenfamilie benannte.

Erstmals brachte 1626 der Italiener Pietro della Valle Keilschrifttafeln aus Persepolis mit nach Europa. Aber vor 1802 unternahm niemand den Versuch, sie zu entschlüsseln. Erst der deutsche Lehrer Georg Grotefeld machte sich Gedanken: Die Tafeln sind, so vermutete er, wahrscheinlich in persischer Sprache verfaßt, und sie enthalten sicher Namen persischer Könige. Die persische Form dieser Namen kannte er zwar nicht, er nahm aber an, daß sie den überlieferten griechischen Namen für die Perserkönige ähnlich sein müßten. Es gelang ihm wirklich, die Namen der Könige Dareios und Xerxes zu entziffern, die im Persischen allerdings Darajawáusch und Chschajarascha hießen. Insgesamt identifizierte er eindeutig zehn Keilschriftzeichen. Ein Anfang war gemacht.

Dänische, französische, englische und deutsche Forscher nahmen sich jetzt der verzwickten Aufgabe an und griffen dabei zum Teil auf militärische Dechiffriertechniken zurück. Schließlich gelang es dann dem Engländer H. C. Rawlinson, nicht nur eine Liste von 50 persischen Keilschriftzeichen aufzustellen, sondern in der Ruinenstadt Behistun eine dreisprachige Inschrift zu entdecken. Sie war in Persisch, Elamitisch und Babylonisch verfaßt. Jetzt wagten Rawlinson, sein Landsmann W. H. Fox Talbot, der Ire E. Hincks und der Franzose Jules Oppert sich auch an die Enträtselung dieser Sprachen. Als dies gelang, nahm vor allem Oppert auch das Sumerische in Angriff. Um 1865

Das Leben vor 5000 Jahren

gab es rund ein Dutzend Wissenschaftler in aller Welt, die in der Lage waren, jede beliebige Inschrift in irgendeiner der alten mesopotamischen Sprachen zu verstehen und zu übersetzen.

In der Zwischenzeit hatten die Archäologen Zehntausende von Keilschrifttafeln ausgegraben. Aber erst 1872 fanden sich Fragmente des Gilgamesch-Epos. Der fast komplette, auf zwölf Tafeln abgefaßte Text aus der Bibliothek des Königs Assurbanipal kam allerdings erst gegen Ende des 19. Jahrhunderts ans Tageslicht. Von einigen Tafeln fehlten große Teile, andere Tafeln waren stellenweise unlesbar. Mit der abenteuerlichen Geschichte, wie sich zwischen 1902 und 1970 Lücke um Lücke schloß, wie schließlich aus Hunderten von Fragmenten in verschiedenen altmesopotamischen Sprachen wieder ein Ganzes wurde, ließe sich ein Buch füllen. Die ältesten Quellen gehen in der Tat auf alte sumerische Texte zurück. Und so kommt es, daß wir heute weit mehr über Städtebau und Alltagsleben, Religion und Kulte, Handel und Gewerbe, Kriege und Herrschaftsverhältnisse in der ältesten Großkultur der Welt wissen als etwa die alten Griechen, die dem untergegangenen Sumer zeitlich rund zweieinhalb Jahrtausende näher standen als wir. So kommt es auch, daß wir um das Denken und Fühlen der Menschen vor fast fünf Jahrtausenden wissen, von ihrer Furcht vor dem Tode und ihrer Suche nach der Unsterblichkeit ihrer Taten. Und unsterblich hat das Gilgamesch-Epos den Namen seines Helden wirklich gemacht.

Und kam ein Regen auf Erden

1

2

3

Aber Noah fand Gnade vor dem Herrn«: Wem ist sie nicht bekannt – die Sintflutlegende aus dem Alten Testament! Wer hätte aber gedacht, daß sie weltweit verbreitet und in über 250 lokalen Berichten überliefert ist?
Ungeklärt ist die Herkunft des Mythos der Arche Noah. Hier reihen sich Fragen an Fragen. War das Gilgamesch-Epos aus dem Land der Sumerer, das rund tausend Jahre früher als das Alte Testament aufgezeichnet wurde und schon die Erdüberschwemmung als Gottesstrafe für die Sünden der Menschheit schildert, die Urform aller Sintflutberichte? Ist dieser Bericht auch ein Mythos oder wurde Mesopotamien tatsächlich von der Sintflut heimgesucht? War die Sintflut auf eine Region beschränkt oder eine weltumfassende Katastrophe?

1 Gott bekümmerte der Menschen Bosheit. »Alles, was auf Erden ist, soll untergehen.«

2 »Und taten sich auf die Fenster des Himmels, und kam ein Regen auf Erden 40 Tage und 40 Nächte.«

3 »Also nahm das Gewässer überhand und wuchs sehr auf Erden«, heißt es im Alten Testament.

4

5

6

Im Tal von Mexiko lebte ein gottesfürchtiger Mann namens Tapi, dem eines Tages der Schöpfer der Welt erschien. ›Bau dir ein Schiff‹, sagte ihm Gott, ›und mach es zu deiner Wohnung. Bringe deine Frau und je ein Paar von allen Tieren, die es gibt, darauf. Aber beeile dich, denn der Augenblick ist nah!‹ – Tapi gehorchte, ohne der Schmähungen und des Spotts der Nachbarn zu achten, die ihn für verrückt hielten. Kaum hatte er sein Werk beendet, als es zu regnen begann. Es regnete lange Zeit ohne Unterlaß, das Tal verschwand unter dem Wasser, die Menschen und Tiere suchten Zuflucht auf den Bergen, aber auch diese wurden überflutet. Nur Tapis Schiff beherbergte noch Lebewesen aus dieser Welt, die sich in einen endlosen Ozean verwandelt hatte. Als es aufhörte zu regnen, die Sonne wieder schien und die Wasser zu fallen begannen, schickte der Mann eine Taube aus der Arche. Sie kehrte nicht zurück, und Tapis Herz wurde von Freude erfüllt, denn das bedeutete, daß das Tierchen ein Fleckchen Erde gefunden hatte, auf dem es sich niederlassen konnte. . .«

Wer in diesem Bericht Tapi durch Noah ersetzt, hat eine Kurzfassung der Kapitel sechs bis acht des 1. Buches Mose vor sich, einmal abgesehen davon, daß sich das Ereignis nach den Worten des Chronisten im »Tal von Mexiko« abgespielt haben soll. Aber das kann nicht überraschen, denn es handelt sich ja nicht um eine Passage aus dem Alten Testament, sondern um eine religiöse Überlieferung der Mayas, jenes mexikanischen Volkes, das rund 1200 Jahre vor der Entdeckung der Neuen Welt durch Kolumbus

4 Die Welt hüllte sich in schreckliche Finsternis, und die Menschheit ertrank in den Regenfluten.

5 Urzeitliche Schiffe wie damals die rettende Arche Noah werden heute noch am Tigris gebaut.

6 Das zerstörte Land wieder urbar zu machen, war die Aufgabe Noahs und seiner Familie.

im alten Amerika begann, eine Hochkultur zu entwickeln, die über ein Jahrtausend Bestand hatte. In ihren heiligen Schriften, deren wichtigste das Po Vuh (»Buch der Matte«, das heißt der Herrschaft) mit einem ausführlichen Schöpfungsbericht ist, findet sich auch der oben zitierte Sintflutbericht.

Erstaunlicherweise kennt das Po Vuh auch neutestamentarische Elemente, etwa das Kreuzsymbol oder den Glauben an einen göttlichen, messianischen Erlöser, der hier Kukulkan heißt. Wie dieses Gedankengut ins alte Amerika gelangte, darüber streiten die Gelehrten. Hier ist der geraffte biblische Bericht (1. Mose 6–8):

»Da aber der Herr sah, daß der Menschen Bosheit groß war auf Erden und alles Dichten und Trachten ihres Herzens nur böse war immerdar, da reute es ihn, daß er

Aber Noah fand Gnade vor dem Herrn

die Menschen gemacht hatte auf Erden, und es bekümmerte ihn in seinem Herzen. Und er sprach: Ich will das Fleisch, das ich geschaffen habe, vertilgen von der Erde, vom Menschen an bis auf das Vieh und bis auf das Gewürm und bis auf die Vögel unter dem Himmel; denn es reut mich, daß ich sie geschaffen habe. Aber Noah fand Gnade vor dem Herrn ... Da sprach Gott zu Noah: ... ›Mach dir eine Arche von Tannenholz ... Denn siehe, ich will eine Sintflut mit Wasser kommen lassen auf Erden, zu verderben alles Fleisch, darin ein lebendiger Odem ist, unter dem Himmel. Alles, was auf Erden ist, soll untergehen. Aber mit dir will ich einen Bund aufrichten, und du sollst in die Arche gehen mit deinen Söhnen, deinem Weib und mit deiner Söhne Weibern. Und du sollst in die Arche tun allerlei Tiere von allem Fleisch, je ein Paar ... Und du sollst allerlei Speise zu dir nehmen, die man ißt, und sollst sie bei dir sammeln, daß sie dir und ihnen zur Nahrung da sei.‹ Und Noah tat alles, was ihm Gott gebot ... In dem sechshundertsten Jahr des Alters Noahs, am siebzehnten Tage des zweiten Monats, das ist der Tag, da aufbrachen alle Brunnen der großen Tiefe, und taten sich auf die Fenster des Himmels, und kam ein Regen auf Erden vierzig Tage und vierzig Nächte ... Also nahm das Gewässer überhand und wuchs sehr auf Erden, daß die Arche auf dem Gewässer fuhr ... Fünfzehn Ellen hoch ging das Gewässer über die Berge, die bedeckt wurden. Da ging alles Fleisch unter, das auf Erden kriecht, an Vögeln, an Vieh und an allem, was sich regt auf Erden, und alle Menschen ... Allein Noah blieb übrig und was mit ihm in der Arche war. Und das Gewässer stand auf Erden hundert und fünfzig Tage. Da gedachte Gott an Noah und an alle Tiere und alles Vieh ... und die Wasser fielen ... Am siebzehnten Tag des siebenten Monats ließ sich die Arche nieder auf dem Gebirge Ararat ... Nach vierzig Tagen tat Noah das Fenster auf in der Arche, das er gemacht hatte, und ließ einen Raben ausfliegen; der flog immer hin und her, bis das Gewässer vertrocknete auf Erden. Danach ließ er eine Taube von sich ausfliegen, auf daß er erfahre, ob das Gewässer gefallen wäre auf Erden. Da aber die Taube nichts fand, da ihr Fuß ruhen konnte, kam sie wieder zu ihm in die Arche ... Da harrte er noch weitere sieben Tage und ließ abermals eine Taube fliegen aus der Arche. Sie kam zu ihm zur Abendzeit, und siehe, ein Ölblatt hatte sie abgebrochen und trug es in ihrem Munde ... Da merkte Noah, daß das Gewässer gefallen wäre auf Erden. Aber er harrte noch weitere sieben Tage und ließ eine Taube ausfliegen; die kam nicht wieder zu ihm ... Da tat Noah das Dach von der Arche und sah, daß der Erdboden trocken war ...«

Der alttestamentarische Bericht entstand zwischen dem zehnten und dem fünften vorchristlichen Jahrhundert im mosaischen Israel. Über den Atlantik kann er Amerika wohl kaum erreicht haben, vielleicht aber über Asien, über

Ein Stern in schrecklichem Glanz

Sibirien und Alaska? Wenn dem so wäre, müßte die Sintflutüberlieferung auf ihrem Weg auch anderenorts Erinnerungen zurückgelassen haben. Und daran fehlt es in der Tat nicht.

Wahrscheinlich gegen Ende des neunten nachchristlichen Jahrhunderts entstand das persische Bundahischn, ein Buch, dessen Titel sich als »Grundlegung«, also als Schöpfungsgeschichte, übersetzen läßt und damit dem 1. Buch Mose durchaus vergleichbar ist. Es fußt großenteils auf dem Awesta, dem heiligen »Grundtext« des Parsismus, den die Sassaniden (226 bis 642) schriftlich fixierten.

Über die Sintflut berichtet das Bundahischn: »Während des Krieges zwischen Ahura Mazda (Schöpfergott und Endzeitrichter) und Angra Manju (mittelpersisch auch ›Ahriman‹; der böse Geist beziehungsweise Teufel) erschien der Stern Tistar in schrecklichem Glanz über der Erde; er verwandelte sich in einen Mann, einen Stier, ein Roß und schickte sich an, die Erde in Regenfluten zu ertränken, weil sie damals mit schädlichen Geschöpfen bevölkert war. Mit jedem seiner Körper regnete Tistar zehn Tage lang ...«

Interessant ist in diesem mehr als anderthalb Jahrtausende nach dem 1. Buch Mose aufgezeichneten Text der

Zusammenhang der Sintflut mit einem hell leuchtenden Stern. Diese Verknüpfung muß erst später in die Überlieferung eingeflossen sein.

Weiter im Osten, in Indien, erzählt der Rigveda von der Sintflut. Dieser heilige Text der Hindus wurde – wie die drei anderen Veden – jahrhundertelang mündlich überliefert und geht auf die Zeit vor dem 1. Jahrtausend v. Chr. zurück. Er erzählt: »O Heiliger, du hast mir immer deinen besonderen Schutz gewährt, nun höre von mir, was du tun mußt, wenn die Zeit gekommen ist. Der Tag ist nicht weit, o heiliger Mann, an dem alle lebenden und toten Dinge dieser Welt zugrunde gehen werden. Die verhängnisvolle Zeit steht bevor, in der das Menschengeschlecht im Wasser versinken wird, und deshalb will ich dir eine Möglichkeit zeigen, dich zu retten. Bau dir eine feste Arche, die durch dicke Taue verstärkt ist, dann besteige sie mit den sieben Risbi (den sieben Gerechten oder Weisen). In dieser Arche wirst du alle Sämereien mitnehmen und sie gut voneinander getrennt aufbewahren. Eines Tages wirst du von deiner Arche aus mich erblicken; ich werde ein Horn auf dem Haupte tragen: Das wird das Zeichen sein. Denke daran, daß du die riesige Wasserfläche ohne meine Hilfe nicht befahren kannst.«

Hier tritt wiederum das Noah-Motiv hervor, wobei mit dem heiligen Mann weitere sieben »Gerechte« die Arche besteigen sollen. Im gleichen Zusammenhang erscheint

7 Die Arche Noah aus dem Alten Testament war schon immer ein beliebtes Thema in der christlichen Kunst: Die Arche ist hier Symbol der Kirche, in der der gläubige Christ endlich jenes Heil findet, das er im stürmischen und verderblichen Treiben der sündigen Welt stets nur vergeblich suchte.

8

9

10

8 Schon vor der Bibel berichtete das Gilgamesch-Epos der alten Sumerer von der Sintflut.

9 Die Taube mit dem Ölzweig, die Botin des neuen Lebens auf der Erde, kehrt zur Arche zurück.

10 Die Arche ist Sinnbild der beschützenden Liebe Gottes, die zum Glauben und Gehorchen ruft.

die magische Zahl Sieben übrigens auch im Alten Testament. Im siebenten Kapitel des 1. Buches Mose heißt es: »Aus allerlei reinem Vieh nimm zu dir je sieben und sieben, das Männlein und sein Weiblein; von dem unreinen Vieh aber je ein Paar... denn von nun an über sieben Tage will ich es regnen lassen...«

Sieben ist hier sicher nicht als konkrete Anzahl zu verstehen, die Zahl hat Symbolcharakter. In manchen Systemen der Zahlenmystik steht sie für das Mystische und Religiöse schlechthin, für das Streben nach Erfahrung und intuitiver Weisheit. Sieben Tage hat die Schöpfungswoche. Sieben steht symbolisch für das Universum.

Die magische Zahl Sieben

Doch weiter nach Osten: Auch das alte China kennt den Sintflutmythos. Er läßt erstmals eine Datierung des katastrophalen Ereignisses zu, denn die Sintflut steht am Anfang der Sammlung der Chinesen zu einem großen Reich an den Ufern der Ströme Hwang-Ho und Jangtsekiang. Und diese Reichsgründung geschah im dritten vorchristlichen Jahrtausend.

Legendenmittler zwischen Asien und dem Norden Amerikas könnten die Eskimos gewesen sein, denn sie nomadisieren im Nordosten Sibiriens ebenso wie im nahen Alaska. Ihre alten Überlieferungen berichten von einer Arche mit sieben Brücken, die Angehörige des Stammes der Tlingits vor dem Tode des Ertrinkens rettete.

Geht man davon aus, daß sich in der Tat ein legendärer Bericht aus vormosaischen Zeiten – denn die Bücher Mose berichten ja ihrerseits über ein weit älteres Ereignis – über Asien ausbreitete und schließlich Amerika erreichte, dann überrascht es nicht, daß hier und dort im Laufe von vielen Jahrhunderten andere Motive mit dem Text verwoben wurden, etwa das persönliche Erscheinen des Hindu-Gottes mit einem Horn auf seinem Haupte oder die sieben Brükken der Eskimo-Arche. Es verblüfft dann auch wenig, wenn man erfährt, daß die Noah-Figur in einem Sintflutmythos der Haida-Indianer, der Ureinwohner der kanadischen Königin-Charlotte-Inseln vor der Westküste Britisch-Kolumbiens, zu einem Mann mit stählernem Kopf wird, den die Götter in einen Lachs verwandeln, damit er die große Flut überleben kann. An den Genesis-Bericht erinnert hier außer der alles Menschenleben vernichtenden Flut die von Gott gestellte Aufgabe, ein neues Geschlecht zu begründen, was auch die altchinesische Überlieferung erwähnte. Das neunte Kapitel des 1. Buches Mose beginnt ähnlich: »Und Gott segnete Noah und seine Söhne und sprach: Seid fruchtbar und mehret euch und erfüllet die Erde.«

Dann aber begegnet uns in der unter nordamerikanischen Indianern weitverbreiteten Algonquin-Sprache ein Bericht, der dem biblischen wieder viel näher steht: »Manitou (Gott) liebte die Menschen sehr. Aber diese luden zuviel Schuld auf sich, und da schickte der Große Geist einen Mann, der die Menschen warnen sollte: Ein großes Strafgericht würde über sie hereinbrechen, wenn sie sich nicht besserten. Das Volk beharrte jedoch in Sünde. Da geschah im Herbst etwas Außergewöhnliches: Bei Tag ging die Sonne nicht mehr auf, und bei Nacht blieben Mond und Sterne verborgen. Die Welt stürzte in schreckliche Finsternis. Es wurde eisig kalt, und die Tiere verließen ihre Wälder, um Licht und Wärme bei den Feuern zu suchen, die die Menschen entzündeten. Die Stimmen verloren ihren Klang. Alles war ruhig und kalt, bis ein fürchterlicher Donnerschlag die Erde erschütterte. Da bekamen die Stimmen wieder Klang, und es erhob sich überall ein großes Schreckensgeschrei, während Regengüsse die Welt überschwemmten. Vom ganzen Menschengeschlecht rettete sich nur einer, und das war der Prophet. Der Stimme des Großen Geistes gehorchend, hatte er ein riesiges Floß aus Baumstämmen gebaut.«

Die Welt stürzte in schreckliche Finsternis

Ähnliche Berichte finden sich bei zahlreichen anderen nordamerikanischen Indianerstämmen bis hinunter in die großen Prärien des Mittelwestens, Arizonas und New Mexicos.

Daß Sintflutlegenden auch aus Mexiko bekannt sind, davon war schon die Rede. Erstaunlicherweise wissen aber auch die Nachfahren der peruanischen Inkas von einer großen Flut zu berichten, die einer fünftägigen Finsternis und einem schrecklichen Erdbeben folgte. Erstaunlich ist es deshalb, weil diese Indios mehrere tausend Meter hoch in den Anden leben, wo mit derart verheerenden Flutkatastrophen eigentlich gar nicht zu rechnen wäre.

Die im Grenzgebiet zwischen Venezuela und Brasilien lebenden Ugha Mongulala kennen die Überlieferung vom plötzlichen Erscheinen eines »gewaltigen Sterns, dessen rote Spur den ganzen Himmel überzog«.

Dieser kosmischen Erscheinung sei ein dreizehnmonatiger großer Regen gefolgt, der die Welt überflutet und die gesamte Menschheit vernichtet habe. Nur ein Mann, Madus, konnte sich auf einem von ihm gebauten Floß retten, auf dem auch von zahlreichen Tierarten je ein Pärchen überlebte.

Der angesichts der frappanten Übereinstimmung zwischen Altem Testament und der eingangs zitierten Maya-

Überlieferung im Po Vuh zunächst naheliegende Gedanke, die Sintflutlegende habe sich über Asien bis an Amerikas Westküste »herumgesprochen«, wird noch immer von zahlreichen Ethnologen vertreten. Mehr als fraglich ist hingegen, ob er global zutrifft, denn auf der ganzen Welt ließen sich bisher nicht weniger als 250 lokale Sintflutlegenden aufzeichnen! Unmittelbar auf den alttestamentarischen Bericht gehen mit einiger Sicherheit wohl nur altgriechische und römische Sintfluterzählungen zurück.

Das ist die griechische Version: »Zeus kehrte in den Olymp zurück, hielt mit den Göttern Rat und beschloß, das ruchlose Menschengeschlecht zu vertilgen. Schon wollte er auf alle Länder die Blitze verstreuen; aber die Furcht, der Äther möchte in Flammen geraten und die Achse des Weltalls auflodern, hielt ihn ab. Er legte die

Zeus hielt mit den Göttern Rat

Donnerkeile, welche ihm die Zyklopen geschmiedet, wieder beiseite und beschloß, über die ganze Erde Platzregen vom Himmel zu senden und so unter Wolkengüssen die Sterblichen zu vernichten... Der Südwind griff an den Himmel, faßte mit der Hand die Wolken und fing an, sie auszupressen. Der Donner rollte, gedrängte Regenflut stürzte vom Himmel... Auch Poseidon, Zeus' Bruder, kam ihm bei dem Zerstörungswerk zu Hilfe, rief alle Flüsse zusammen und sprach: ›Laßt euren Wogen alle Zügel schießen, fallt in die Häuser und durchbrecht die Dämme!‹ Sie vollführten seinen Befehl, und Poseidon selbst durchbrach mit seinem Dreizack das Erdreich und schaffte durch Erschütterungen den Fluten freie Bahn... Meer und Erde waren bald nicht mehr zu unterscheiden; alles war See, ein uferloser See... Ganze Völker wurden vom Wasser hinweggerafft, und was die Wellen verschonten, starb den schrecklichen Hungertod auf den unbebauten Heidegipfeln. Ein hoher Berg ragte noch mit zwei Spitzen im Lande Phokis aus der alles bedeckenden Meeresflut heraus. Es war der Parnassos. An ihn schwamm Deukalion, des Prometheus Sohn, dem er eine Warnung gegeben und der ein Schiff gebaut hatte, mit seiner Gattin Pyrrha. Keinen Mann, kein Weib gab es je, die an Rechtschaffenheit und Gottesfurcht diese beiden übertroffen hätten.«

Und hier der römische Bericht: »Vor Zeiten wurde die Schlechtigkeit auf Erden so groß, daß Justitia sich in den Himmel flüchtete und der König der Götter den Beschluß faßte, die menschliche Rasse auszurotten... Der Zorn Jupiters erstreckte sich über sein himmlisches Reich hinaus. Sein Bruder Neptun, der Beherrscher des blauen

11 »Und du sollst in die Arche tun allerlei Tiere von allem Fleisch, je ein Paar«: Als paradiesischen Zustand, als Wiedergeburt der Welt stellt der naive Maler Daniel Ferrara die Landung der Arche Noah dar. Ähnliche Sagen wie die Sintfluterzählung aus dem Alten Testament finden sich auch in den My-

thologien verschiedener Völker Afrikas, Asiens, Australiens und Amerikas. Über die Herkunft und die weltweite Überlieferung des Sintflutberichts breitet sich jedoch bis heute ein Geheimnis aus.

12

12 Eine bizarre, zerklüftete Landschaft wie eine Illustration zum Alten Testament: Einer mächtigen Arche Noah gleichen die urzeitlichen Sandsteindome des Watarka-Kings Canyons in Australien.

Meeres, sandte ihm seine Wogen zu Hilfe. Neptun stieß den Dreizack auf die Erde, und die Erde begann zu zittern und zu beben... Bald war es nicht mehr möglich, Land und Meer zu unterscheiden... Fast alle Menschen ertranken. Die wenigen, die sich vor dem Wasser retten konnten, fanden keine Nahrung und verhungerten.«

Fragwürdig ist jedoch, ob die altgermanische Überlieferung direkt an alttestamentarische, griechische oder römische Vorbilder anknüpft. In der nordischen Sintfluterinnerung erschlug der Gott Odin an einsamem Ort den Urriesen Ymir mit wuchtigen Hieben. Aus seinen weit klaffenden Wunden flossen ungeheure Blutströme, einer Sintflut gleich, in der alle Riesen ertranken. Allein der weise Thurse Begelmir und sein Eheweib überlebten die Katastrophe auf einem selbstgebauten Boot.

Bis zur Mitte des 19. Jahrhunderts glaubten die Historiker, der alttestamentarische Sintflutbericht sei der älteste und damit die Quelle aller anderen Sintflutlegenden. 1845 hatte ein orientbegeisterter frankobritischer Jurist, der acht-

Baue ein Schiff und rette dein Leben!

undzwanzigjährige Austen Henry Layard, mit Ausgrabungen am Hügel von Nimrud im unteren Tigristal begonnen. Er suchte nach der »Wiege des Menschengeschlechts«, wie die Bibel sie beschrieben hatte. Schon bald stieß er auf die Mauern zweier assyrischer Paläste. Überall fand er dort Ziegel mit stempelartigen Inschriften.

1864 und im Folgejahr entdeckte dann sein früherer Gehilfe, der in Mossul geborene chaldäische Christ Hormuzd Rassam, nur 14 Kilometer nördlich des Hügels von Nimrud in Keilschrift auf zahlreichen Tontafeln große Teile des Gilgamesch-Epos, von dem in diesem Buche schon die Rede war. Dieses Werk faszinierte einen jungen Londoner Stempelschneider und Assistenten am Britischen Museum namens George Smith derart, daß er nicht nur die Keilschrift zu entziffern lernte, sondern selbst nach Mesopotamien reiste und auf eigene Faust die aberwitzig erscheinende Suche nach den fehlenden Teilen des Epos aufnahm.

Erstaunlicherweise hatte er Erfolg. Er fand 384 Tontafelfragmente, darunter den ganzen noch unbekannten Teil der Geschichte von Utanapischtim, die im Gilgamesch-Epos erzählt wird. Und diese Geschichte war nichts anderes als die Geschichte der Sintflut. Utanapischtim war der biblische Noah. In der Legende berichtet er dem Sumererkönig Gilgamesch, wie der »Herr mit den strahlenden Augen, der Gott Ea«, ihn vor dem Beschluß des Götterrates, eine Sintflut zu senden, gewarnt habe: »Mann aus der Stadt Schuruppak, Sohn Ubar-Tututs, ziehe aus deiner Woh-

nung, baue ein Schiff, laß fahren all deine Reichtümer und rette dein Leben! Laß den Samen allen Lebens in dein Schiff steigen. Bringe hinein dein Korn, deine Frau, deine Familie, deine Verwandten, Handwerker, Vieh, wilde Tiere und grünes Futter in Fülle . . .«

Dann erzählt Utanapischtim vom Bau des Schiffes und schließlich von der Flut: »Ich bestieg das Fahrzeug und verschloß die Tür . . . Als der junge Tag strahlend heraufzog, ballte fern sich am Horizont eine schwarze Wolke . . . Tageshelle wird plötzlich Nacht, der Bruder sieht den Bruder nicht mehr, das Volk des Himmels kann sich nicht mehr erkennen. Die Götter waren voll Furcht vor der Flut, sie flohen und flüchteten zum Himmel des Anu, die Götter kauerten, Hunden gleich, an der Wand und lagen still . . . Sechs Tage und sechs Nächte lang schwollen Sturm und Flut, herrschte Orkan über das Land . . . Als der siebente Tag anbrach, da legte sich der Sturm, es glättete sich die Flut, die wie ein Kriegsheer gewütet; sanft wurden die Wogen, der Sturmwind ließ nach, und die Flut stieg nicht mehr. Ich hielt Ausschau nach dem Wasser, verstummt war sein Tosen, zu Lehm alle Menschen geworden! Bis zu Daches Höhe reichte der Sumpf! . . . Ich schaute nach Land, nach dem Horizonte des Meeres, fern, ganz fern, tauchte ein Eiland auf. Bis zum Berge Nissir gelangte das Fahrzeug, am Berge Nissir fuhr es auf und stand wie verankert . . . Als der siebente Tag anbrach, entsandte ich eine Taube, ich schickte sie aus, sie flog davon und kehrte wieder, meine Taube. Weil sie kein Ruheplätzchen fand, kam sie zurück. Ich sandte eine Schwalbe aus, ich ließ sie

13 Auf dem Berge Ararat in Ostanatolien soll nach dem Alten Testament die Arche Noah gelandet sein.

14 War Mesopotamien, das Land zwischen Euphrat und Tigris, der historische Ort der Flutsagen?

15 Faszinierende Monumente aus der Erdgeschichte: Am Anfang waren Meere und Vulkane.

fliegen, sie flog davon und kehrte wieder, meine Schwalbe. Weil sie kein Ruheplätzchen fand, kam sie zurück. Ich sandte einen Raben aus, ich ließ ihn fliegen, er flog davon, der Rabe, sah, daß der Spiegel des Wassers sich senkte, er frißt, er fliegt umher, er krächzt und kehrt nicht mehr zurück.«

War das die Urform aller Sintflutberichte? Die Aufzeichnung des 1. Buches Mose fand in der ersten Hälfte des ersten vorchristlichen Jahrtausends statt, die des Gilgamesch-Epenzyklus rund tausend Jahre früher! Aber vielleicht war auch dieser Bericht ein Mythos? Niemand konnte sagen, wann König Gilgamesch gelebt und ob er überhaupt existiert hatte. Gewiß, es gab um 2100 v. Chr. im alten Babylon verfaßte Königslisten, nach denen die Geschichte der Sumerer bis zur Erschaffung der ersten Menschen zurückreichte. Zehn »Urkönige« erwähnen diese Listen seit dem Urvater der Menschheit. Dann brach die Sintflut aus und vernichtete alle Menschen. Für diesen Zeitraum erwähnt die Bibel zehn »Urväter«. Nach der Sintflut, so berichten die alten Königslisten, wuchs ein neues Menschengeschlecht heran, diesmal aus dem Stamme Utanapischtims.

Das Gilgamesch-Epos – Urform aller Sintflutberichte?

Die Historiker sprachen diesen Königslisten bis weit ins 20. Jahrhundert hinein jegliche Realität ab. Die große Überraschung kam in den zwanziger Jahren unseres Jahrhunderts, als der britische Archäologe Charles Leonard Woolley im altsumerischen Ur, dem biblischen Ur in Chaldäa, der Heimat Abrahams, zu graben begann. Systematisch arbeitete er sich in immer tiefere Erdschichten vor, entdeckte uralte Bestattungsplätze und zahlreiche Tonscherben. Dann, zwölf Meter unter der Erdoberfläche, stieß er auf eine Tonschicht, die keinerlei Artefakte enthielt. Dennoch ließ Woolley weitergraben. Einen Meter, zwei Meter tief. Nichts. Schon wollte er seine Arbeit abbrechen, als er nach 2,5 Metern erneut auf Kulturschichten traf. Die Frau des Archäologen äußerte als erste die Vermutung, bei der unberührten Schicht könnte es sich um Schwemmland der Sintflut handeln. Geologen bestätigten später, daß es in der Tat angespülter Ton war. Es hatte also wirklich am historischen Ort eine katastrophale Überschwemmung gegeben. Datieren ließ sie sich auf etwa 4000 v. Chr. Beinahe alles spricht dafür, daß es die im Gilgamesch-Epos und im Alten Testament beschriebene Sintflut war.

Aber mit dieser Erklärung gaben und geben sich die Mystiker unter den Bibelforschern nicht zufrieden; denn die Katastrophe im alten Sumer hatte natürlich nicht die ganze Welt erfaßt, und dicke, angeschwemmte Tonschichten fanden sich schließlich bei Grabungen auch in Mexiko. Dort waren sie sogar noch wesentlich älter.

Und dann war da noch der helle Stern, von dem manche Sintflutlegenden in aller Welt berichteten. Spekulanten, denen die Entdeckung Woolleys nicht phantastisch genug erschien, unter ihnen der verstorbene Deutsche Otto H. Muck, glaubten und glauben weiterhin an eine weltumspannende Katastrophe. Nach ihnen soll am 5. Juni 8496 v. Chr. ein Riesenmeteor von zehn Kilometer Durchmesser und rund einer Billion Tonnen Masse mit der Erde kollidiert sein, unseren Planeten ins Taumeln gebracht und neben anderen verwüstenden Effekten auch die Sintflut ausgelöst haben.

Doch zurück zur Realität. Hatte die historische Sintflut Sumer, also Mesopotamien, heimgesucht, wie verhielt es sich dann mit der biblischen Aussage, die Arche Noah sei schließlich im Gebirge Ararat gelandet? Der Berg Ararat liegt in Anatolien, im äußersten Osten der heutigen Türkei, exakt tausend Kilometer vom alten Ur entfernt. Eine Schiffsreise dieser Entfernung ließe sich nicht ausschließen. Angespornt von den Funden alter Holzbalken durch einen türkischen Bauern, zogen 1949 die ersten drei Expeditionen zu diesem 5165 Meter hohen erloschenen Vulkan aus, um Überreste der Arche zu suchen. Mehrere weitere Unternehmungen dieser Art folgten. Doch alles Suchen blieb ohne Erfolg. Der Grund dafür könnte in einer Namensverwechslung liegen. Zur Zeit der Entstehung des Alten Testaments nannte man nämlich das gesamte Hochland südlich des Vansees Ararat. Das Ararat der Sintflut war ein Land und kein bestimmter Berg.

Sintflut – 4000 Jahre v. Chr.

Hier hilft der Koran weiter, der ja wie das Alte Testament ebenfalls über Ereignisse aus vormosaischer Zeit berichtet. Zwar erst im 7. Jahrhundert n. Chr. zu Papier gebracht, fußt er doch auf zahlreichen alten Überlieferungen. Und für den gläubigen Muslim gilt er als göttliche Offenbarung. Im Sintflutbericht des Korans (Sure 11, Verse 36 bis 48) landete Noahs Arche auf dem Berg Dschudi, und der liegt im Hochland von Ararat, knapp 40 Kilometer nordöstlich der syrischen Stadt Jazirat Ibn Umar im heutigen Distrikt Al Jazirah. Dieser Landeplatz ist schon insofern realistischer, als er nur einige hundert Meter hoch ist und an die stets von Überflutungen bedrohte mesopotamische Tiefebene angrenzt.

Vielleicht sollten zukünftige Sintflutforscher hier nach der Arche Noah suchen.

Reich jenseits der Säulen des Herakles

1

2

3

Auf dieser Insel Atlantis bestand eine große und bewundernswürdige Königsmacht, welcher nicht nur die ganze Insel, sondern viele andere Inseln sowie Teile des Festlandes untertan waren«: Seit der griechische Philosoph Platon in seinen Schriften über das sagenhafte Atlantis berichtet hatte, ließ das uralte verschollene Inselreich die Menschheit nicht mehr ruhen. War Atlantis eine phantastische Erzählung oder eine historische Tatsache? Wo lag einst das märchenhaft reiche und mächtige Imperium mit der hohen Kultur, das an einem Tag und in einer Nacht in den Tiefen des Meeres verschwunden sein soll? Über 2300 Jahre lang hat man die versunkene Welt von Atlantis an fast allen Orten der Erde gesucht, aber bis heute nicht gefunden.

1/2/3 Santorin – das versunkene Atlantis? Ein Vulkanausbruch zerriß einst die griechische Insel und begrub die minoische Stadt Akrotiri unter einer mächtigen Aschenschicht. Danach war Santorin lange unbewohnt, bis sich dann schließlich um 900 v. Chr. Dorer hier niederließen.

4

5

6

Ach Solon, Solon! Ihr Hellenen seid doch nichts als Kinder – einen Griechen, der alt ist, gibt es nicht ...« Mit diesen Worten beklagte »einer der Priester, ein uralter Mann«, um 600 v. Chr. in Ägypten die kindliche Naivität seines griechischen Gastes, wie dieser später selbst berichtete. Solon war in das alte Kulturland am Nil gereist, um dort zu lernen. Aber wie es scheint, verstand er den tieferen Sinn der Erläuterungen seiner durchaus auskunftswilligen ägyptischen Gesprächspartner, vorwiegend wohl lebenserfahrene Tempelpriester, nicht immer so, wie er gemeint war. Vieles nahm Solon wörtlich, was zweifellos nur bildhafte Anspielung auf mystische Erfahrungen war. Und das veranlaßte wohl auch den alten Priester zu seiner etwas mitleidig klingenden Bemerkung, die Griechen seien nichts als Kinder.

Nun sind Mißverständnisse zwischen dem Besucher aus Hellas und seinen Gastgebern durchaus verständlich. Der Grieche dachte ganz offensichtlich gegenständlich und logisch, der ägyptische Klerus lebte geistig in einem recht komplexen System mystischer Welten. Das alte Ägypten war ein mächtiges Reich, und das mußte sich auch auf rein rationaler und materieller Ebene bewähren. Dazu gehörten Kontakte zu fremden Ländern. Die Ägypter waren ausgezeichnete Bootsbauer und unternahmen weite Reisen im Mittelmeer und im Roten Meer bis über das heutige Aden hinaus an die Ostküste Afrikas. Sie trieben Handel, gerieten aber auch in kriegerische Auseinandersetzungen.

Die Berichte, die an Solon in Ägypten mündlich und auch in schriftlichen Aufzeichnungen herangetragen wur-

4 Gehörte die portugiesische Inselwelt der Azoren einst zum sagenhaften Reich von Atlantis?

5 Waren die alten Atlanter kriegerische Nordvölker, die per Schiff das Mittelmeer eroberten?

6 Die Azoren mit ihren massiven und steilwandigen Vulkanen waren schon in der Antike bekannt.

den, waren zweifellos zum Teil mystischer, zum Teil realer Natur. Er, der das eine nicht vom anderen zu trennen wußte, mußte entweder alles als mythologisches Märchen oder alles als irdische Tatsachen verstehen. Er nahm es eben auf wie ein unreifes Kind.

Heimgekehrt nach Griechenland, erzählte Solon seinem Freund Dropides, was er in Ägypten erfahren hatte. Der gab die Informationen später an seinen Sohn weiter. Als dieser Sohn das hohe Alter von 90 Jahren erreicht hatte, erzählte er die Geschichten aus dem alten Ägypten seinem gerade neunjährigen Enkel Kritias. Dessen Neffe war der bekannte griechische Philosoph und Schriftsteller Platon, der – von der Natur mit umfassender Neugier gesegnet – von seinem Onkel begierig alles wissen wollte, woran sich dieser aus den mittlerweile schon dreimal mündlich weitergegebenen Berichten aus dem merkwürdigen Land am Nil noch erinnerte.

Selbst wenn Solon den mystischen Gehalt der Informationen als solchen erkannt oder geahnt haben sollte, wenn es in der inzwischen fast 300 Jahre langen Überlieferungskette auch nur ein Glied gab, dem mystische Erfahrungen fremd waren, dann ließ sich am Ende Symbolhaftes von Realem gewiß nicht mehr trennen. Derart verwaschen, schrieb Platon kurz vor seinem Tode im Jahre 347 v. Chr. auf rund 20 Seiten in seinem Dialog »Kritias« und einer weiteren, »Timaios« genannten Abhandlung die alten Erzählungen nieder. Seine Aufzeichnungen blieben unvollständig. Sie waren als Trilogie geplant und sollten als dritten Dialog »Hermokrates« umfassen, vor dessen Niederschrift der Philosoph aber leider starb.

Geschichten aus dem alten Ägypten

Platon selbst war Mystiker, und vielleicht sprach ihn die Überlieferung aus Altägypten besonders an, weil er ihren Symbolgehalt ahnte oder gar erkannte. Strabon erwähnte, Platon habe einmal gesagt, er halte es durchaus für möglich, daß in der Erzählung aus Ägypten nicht bloße Erfindung zu sehen sei. Er schien also selbst eine realistische Grundlage nicht auszuschließen, in erster Linie aber an einen Mythos zu glauben.

In dem von Platon aufgezeichneten Material geht es inhaltlich um nichts anderes als um das Atlantis-Thema, das noch heute, über zwei Jahrtausende später, viele Gemüter heftig bewegt. Vielleicht gerade deshalb, weil so manches in diesem Stoff symbolhaft zeitlose, mystische Erfahrungen des Menschen ausdrückt und Archetypisches auch in unserer Zeit wachruft. Die inhaltliche Substanz läßt sich gerafft so zusammenfassen:

7

8

7/8 Ein Relief am ägyptischen Totentempel des Pharao Ramses III in Medinet Habu aus der Zeit zwischen 1198 und 1166 v. Chr. zeigt das Eindringen der »Seevölker« in das östliche Mittelmeer. Waren diese Krieger Überlebende der Atlantiskatastrophe?

9

9 Die Azoren steigen vom Mittelatlantischen Rücken aus etwa 1500 Metern Meerestiefe empor. Ist hier ein altes Sagenreich untergegangen? Man nimmt heute eher an, daß die Vulkaninseln innerhalb von Millionen Jahren langsam vom Meeresboden aus gewachsen sind, statt abzusinken.

Jenseits der Säulen des Herakles, als die zu Platons Zeiten die Meerenge von Gibraltar galt – was aber nicht schon drei Jahrhunderte zuvor so gewesen sein muß –, hatte ein mächtiges Imperium gelegen. Es war ein Völkerbund von zehn Königreichen, dessen Zentrum eine kleine Insel, Basileia, im »Atlantischen Meer« gewesen sei. Außerdem beherrschten die Mächtigen dieses Reiches viele andere Inseln, Teile des Festlandes und auch Gebiete im Mittelmeer, in Nordafrika bis Ägypten, in Europa bis Italien.

»Diese zusammengeballte Gesamtmacht«, berichteten die ägyptischen Priester in der Atlantis-Sage dem Griechen Solon, »unternahm nun einmal den Versuch, euer und unser Land und das gesamte Mittelmeergebiet in einem einzigen Kriegszug zu unterwerfen. In dieser Situation

Erste schriftliche Überlieferung

nun, o Solon, zeichnete sich das Kriegsheer eurer Vaterstadt Athen durch Tapferkeit und Tüchtigkeit vor allen Menschen aus. Denn indem Athen in Mut und Kriegskunst alle übertraf, geriet es – zunächst an der Spitze der Griechen, dann notgedrungen auf sich allein gestellt – zwar in äußerste Bedrängnis, siegte aber schließlich über die Angreifer, hinderte sie so, die noch nicht Unterjochten zu unterwerfen, und verhalf uns übrigen zur Freiheit. Als aber in späterer Zeit gewaltige Erdbeben und Überschwemmungen eintraten, versank im Verlauf nur eines schrecklichen Tages und einer Nacht eure griechische Streitmacht unter der Erde, und ebenso wurde auch die Insel Atlantis durch Versinken ins Meer den Augen entzogen. Durch den in geringer Tiefe befindlichen Schlamm, den die untergehende Insel zurückließ, ist auch das dortige Meer bis auf den heutigen Tag unzugänglich und unerforschbar.«

Weiter berichtet die Sage über Opferriten und Stierkampfbräuche, über Königstreffen und Rechtsprechung im alten Atlantis, und sie rühmt die Gewandtheit der Atlanter beim Sport, in der Schlacht und in der Seefahrt. Im Detail beschreibt sie den Aufbau der atlantischen Hauptstadt, einer Anlage aus drei konzentrischen Wasser- und zwei Erdringen und einem zentralen Hügel, auf dem sich neben dem Königspalast Heiligtümer des Poseidon und der Kleito befanden. Von unterirdischen Hafenanlagen ist die Rede, von überdachten Kanälen, golden glänzenden Mauern, prächtigen Gärten und bedeutenden Kunstwerken, etwa Statuen aus Gold. Auf dem Zentralhügel entsprangen zwei heilige Quellen, eine heiße und eine kalte. Die Truppen der Atlanter seien schwer bewaffnet gewesen; neben Bogenschützen umfaßte das Heer zahllose Ritter, 10000 Streitwagen und eine Flotte von 1200 Schiffen. Als die ägyptischen Priester Solon von Atlantis erzählten, sei das Reich aber schon vor 8000 bis 9000 Jahren versunken gewesen.

Nun, was immer an der Sage wahr sein mag, diese Zeitangabe kann nicht gestimmt haben. Die Atlanter verfügten nämlich über Waffen und Geräte aus Eisen, und dieses Metall war erst seit dem zweiten vorchristlichen Jahrtausend in Gebrauch. Dieser Anachronismus fiel schon um 1700 dem Rektor der Universität Uppsala, Olaf Rudbeck, auf. Er erklärte ihn damit, daß die von Platon erwähnten 8000 Jahre in Wirklichkeit Monate gewesen sein müssen, denn die Ägypter rechneten zu Solons Zeiten mit einem Monats- und keinem Jahreskalender. Die Atlantis-Erzählung hätte dann gegen Mitte des 13. vorchristlichen Jahrhunderts gespielt. Damit findet sie plötzlich Anhaltspunkte für eine Erklärung.

Lange versuchten immer aufs neue Atlantis-Forscher, das alte Sagenreich wiederzufinden oder zumindest zu lokalisieren. Es gibt keine Inselgruppe im Atlantik oder im Mittelmeer, die nicht schon als Überreste des alten Atlantis untersucht wurde. Die Fülle der wissenschaftlich unhaltbaren und zum Teil sogar ausgesprochen wirren Hypothesen führte dazu, daß sich seit Jahrzehnten kein seriöser Wissenschaftler mehr an dieses Thema herantraut. Im Gegenteil, wo immer sich ein neuer erklärender Ansatz fand, stürzte sich ein Heer von Gelehrten darauf und

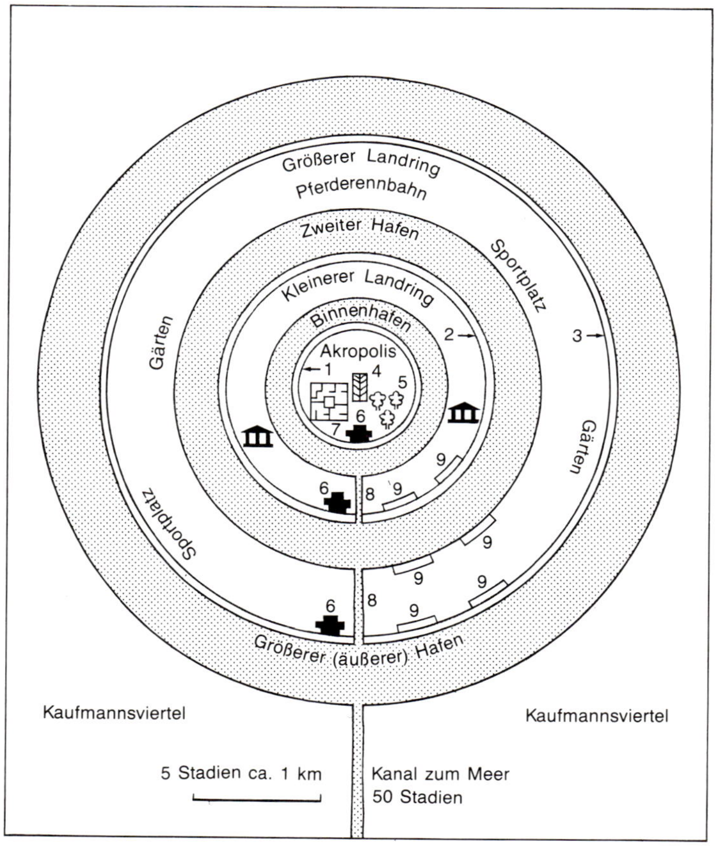

10

10 Seine dramatische Landschaft und bizarre Form verdankt Santorin einer außergewöhnlichen Naturkatastrophe, die sich um 1500 v. Chr. ereignete. Ein schrecklicher Vulkanausbruch zerbrach die Insel in Stücke und erstickte ihre Reste unter einer meterhohen Bimssteinschicht.

11

12

11/12 Überwältigend ist der Anblick der halbkreisförmigen Insel Santorin, die mit den Nebeninseln Therasia und Aspronisi den Rest eines Kraterrandes bildet. Bei dem verheerenden Vulkanausbruch versank das Inselinnere in große Tiefe, und das Meer brach in die entstandene Leere ein.

bekämpfte ihn erbittert. In letzter Zeit ist auch das nicht mehr der Fall, denn die neueren Atlantis-Hypothesen stammen nicht mehr von Hobby- oder Berufsarchäologen, nicht von Seefahrern und Tauchern oder von Piloten, sondern von Hellsehern, Wahrsagern, Traumdeutern, Visionären und theoretisierenden Phantasten. Zu den prominentesten unter ihnen gehörte der 1945 verstorbene US-Amerikaner Edward Cayce, der als der »Schlafende Prophet« bekannt wurde und von dem im Kapitel über Bimini die Rede ist.

Und doch gibt es in der Flut von Atlantis-Spekulationen eine ernstzunehmende Ausnahme, die möglicherweise eine Erklärung liefert. Wenn das legendäre Reich wirklich gegen Mitte des 13. Jahrhunderts v. Chr. unterging, wie Olaf Rudbeck plausibel vermutete, und wenn Atlantertruppen wirklich als kriegerische Horden die Länder des Mittelmeeres überfielen, dann kann es sich eigentlich nur um jene Seevölker gehandelt haben, die unter anderem auch Korsika angriffen. Ihre Heimat wurde von verschiedenen Historikern in Palästina, auf den Ägäischen Inseln, auf Kreta, in Griechenland, Thessalien oder Makedonien gesucht. Aber das kann nicht zutreffen, denn niemand attackiert schließlich seine eigene Heimat. Alle diese Gebiete wurden um 1200 v. Chr. angegriffen. Woher aber kamen die Angreifer wirklich?

13 War die Katastrophe von Santorin identisch mit dem legendären Untergang von Atlantis? Der hohe Stand der minoischen Kultur vor Zerstörung der Insel entspricht zwar Platons Atlantis-Bericht; danach soll das mythische Inselreich aber im Atlantischen Ozean gelegen haben.

Das große Flachrelief einer Seeschlacht im ägyptischen Tempel von Medinet-Habu zeigt deutlich die gewiß nicht alltägliche Ausrüstung der kriegerischen Seevölker: ihre langen Schwerter mit dem charakteristischen Griff, ihre gehörnten oder federkronenartigen Helme, ihre typischen Rundschilde und ihre Schiffe, deren Bug- und Achtersteven in einem langen Schwanenhals mit einem stilisierten Vogelkopf ausliefen und die so sehr an die Schiffe auf den südskandinavischen Felsbildern erinnern. – Ist die Ähnlichkeit Zufall?

Im Nationalmuseum von Kopenhagen liegen Schwerter aus der nordischen Bronzezeit, die in ihrer Form den Stichwaffen der Seevölker ganz erstaunlich gleichen. Dort befindet sich auch ein bronzener Kamm, der als Kopf mit einer Feder- oder Strahlenkrone gearbeitet ist. Scheinbare Zufälle verdichten sich zur möglichen Beziehung zwi-

Kriegerische Seevölker

schen Nord und Süd. Auf der Nachbarinsel Korsikas, auf Sardinien, fanden sich in den Nuraghen, den für die Insel
13 typischen turmartigen Anlagen, kleine Bronzestatuetten, die bewaffnete Krieger darstellen. Ihre Rundschilde, die charakteristischen Schwertgriffe und gehörnten Helme weisen sie eindeutig als Mannen der Seevölker aus. Die hornförmigen Gebilde auf ihrer Kopfbedeckung sind besonders lang und enden in kugelrunden Knöpfen. Einen ganz gleichartigen Hörnerhelm fanden Archäologen auf der dänischen Insel Seeland!

Waren die Bewohner Südskandinaviens und Dänemarks also gegen 1200 v. Chr. in großen Scharen ausgezogen, um das Mittelmeergebiet zu erobern? Die Inschrift im Tempel von Medinet-Habu sagt:

»Kein Land konnte ihnen standhalten, Hatti (das Hethiterreich), Kode (ein Gebiet in Kleinasien), Karkemisch (am Euphrat), Yereth (Kreta?) und Yeres (Zypern) wurden in einem Zug zerstört. Sie schlugen ihr Lager im Amoriterland (eine ägyptische Provinz) auf und richteten Land und Leute zugrunde, als hätten sie nie existiert. Bei ihrer Ankunft war eine Flamme vor ihnen bereitet ... Sie legten ihre Hände bis an den Erdrand, ihre Herzen waren voller Zuversicht und sie sprachen: ›Unsere Pläne werden gelingen!‹«

Es können ihrer also nicht wenige gewesen sein. Das heißt, wenn es wirklich die nordeuropäischen Völker waren, die damals in den Mittelmeerraum zogen, dann konnten sie keine einzelnen Eroberungstruppen ausgesandt haben, dann mußten sie in großen Scharen aus ihrer uralten Heimat ausgewandert sein. Und wirklich: Aus der Zeit nach der Mitte des 13. vorchristlichen Jahrhunderts

gibt es auf den dänischen Inseln und auf dem skandinavischen Festland fast kaum noch irgendwelche archäologischen Funde. Die alten Einwohner hatten diese Länder verlassen. Doch was hat sie zu der plötzlichen Flucht bewogen? 1911 berichtete der Klimaforscher D. Wildvang in einem Buch über »eine prähistorische Katastrophe an der deutschen Nordseeküste«:

»Mit der ihr eigenen ungestümen Gewalt ergoß sich die Nordsee zum ersten Mal . . . bis an den Rand der Geest und führte durch den großen Salzreichtum ihrer Fluten die Vernichtung aller Vegetation herbei. Schon beim ersten Anprall scheinen die üppigen Baumbestände erlegen zu sein . . . Durchweg sind die Kronen der gestürzten Bäume nach Osten gerichtet, wodurch die Annahme, die Katastrophe sei durch einen aus westlicher Richtung hervorbrechenden Sturm verursacht worden, ihre Bestätigung finden mag.« Wildvang belegt seine Ausführungen durch die Ergebnisse unzähliger Bohrversuche beim Torfgraben und bei der Anlage von Kanälen und Schleusen in Norddeutschland. Die große Katastrophe muß sich im letzten Drittel des zweiten vorchristlichen Jahrtausends abgespielt haben, in einer Zeit, als viele der mächtigen europäischen Vulkane gleichzeitig ausbrachen. Der Santorin warf mehr als 130 Kubikkilometer glühendes Gestein und heiße Asche aus, der Ätna wurde aktiv, und sehr wahrscheinlich ergossen sich auch aus den Vulkanen auf Sinai und auf Island gewaltige Lavaströme ins Meer. Seebeben trieben die Fluten der Meere in haushohen Brandungsmauern auf das Festland und verwüsteten weite Landstriche. Die

14 Wollte Platon mit seinem Atlantis-Bericht nur das Modell eines idealen Staates entwerfen?

15/16 Nach dem verheerenden Vulkanausbruch blieb Santorin Jahrhunderte menschenleer. Dann gründeten eingewanderte Dorer die Stadt Thera, die bis in nachchristliche Zeit bewohnt war.

unvorstellbaren Mengen feiner und feinster Asche, von den feuerspeienden Bergen hoch in die Atmosphäre geschleudert, verdunkelten die Sonne. Die Folge war ein drastischer Temperatursturz.

Ähnliche Auswirkungen schwerer Vulkanausbrüche auf das Klima gab es auch in historischer Zeit. Nach der gewaltigen Eruption des Krakatau im Jahre 1883 sank beispielsweise die mittlere Jahrestemperatur auf der ganzen Welt um 0,5 Grad Celsius, und es kam in vielen Ländern zu Mißernten. Auch den kühlen Sommern und den extrem kalten Wintern der Jahre 1784 bis 1786 ging ein bedeutender Vulkanausbruch voraus: Der isländische Skaptarjökull war am 11. Juni 1783 aktiv geworden.

Die vernichtende Katastrophe, die ganz besonders die Länder um die Nordsee traf, scheint diesem Meer seinen alten keltischen Namen *Marimarusa* und seine griechischen Bezeichnungen *thalassa nekron* und *nekros pontos* eingetragen zu haben. Alle bedeuten sie *Meer der Toten,* und genauso nannten auch die Römer die Nordsee: *mare mortuum.* Auf jeden Fall waren die entfesselten Naturgewalten, die folgende einschneidende Klimaverschlechterung und die bleibende Überflutung weiter Landesteile westlich des heutigen Jütlands und Schleswig-Holsteins für die alten nordischen Völker Grund genug, ihre verwüstete Heimat zu verlassen und sich eine neue Bleibe zu suchen. Das erklärt das plötzliche Auftreten der Seevölkerscharen gegen 1220 v. Chr. im Mittelmeer und die verblüffende Ähnlichkeit ihrer Waffen, ihres Kopfschmucks und ihrer Schiffe mit denen der Nordvölker.

Meer der Toten

Erhellt dieser Zusammenhang auch den wahren Hintergrund der Atlantis-Sage? – Der norddeutsche Pastor, Frühgeschichtler und Archäologe Jürgen Spanuth ging dieser Frage jahrelang mit wissenschaftlicher Akribie nach und veröffentlichte 1953 in seinem Buch »Das enträtselte Atlantis« eine aufsehenerregende und bis heute heißumstrittene These. Er identifizierte die Seevölker mit den Atlantern der platonischen Sage und suchte Basileia, die Königsinsel ihres versunkenen Reiches, östlich von Helgoland, wo Tauchexpeditionen im Flachwasser des Steingrundes inzwischen tatsächlich die Ruinen von Menschenhand geschaffener Mauern fanden.

Spanuth belegt seine Atlantis-Theorie mit einer erdrükkenden Fülle von Beweismaterial, von der Identität der kriegerischen Seevölker mit den alten Bewohnern der nordischen Gestade, der großen Übereinstimmung zwischen Platons Bericht und den bronzezeitlichen südskandinavischen und dänischen Kulturspuren bis zu der verblüffenden Parallele zwischen der in der Sage erwähnten gewaltigen Naturkatastrophe und den schrecklichen Verwüstungen, die sich tatsächlich um 1220 v. Chr. in Nordeuropa ereignet haben.

Spanuths Arbeit fand in der Fachwelt spontane Anerkennung: »Nach eingehender Kenntnisnahme der wissenschaftlichen Arbeiten von Herrn Pastor J. Spanuth und nach Prüfung des Manuskripts für ein Buch über das Thema ›Enträtseltes Atlantis‹ erkläre ich hiermit, daß es sich dabei um sehr bedeutsame und wissenschaftlich wertvolle Forschungen handelt, die in jeder Hinsicht unterstützt werden sollten«, schrieb Professor Dr. P. Paulsen in einem Gutachten vom 1. Juni 1949. Und auf das 1953 erschienene Buch reagierte Professor Dr. Otto Huth sofort mit einem Brief an den Autor: »Ich las Ihr Werk in einer Nacht durch und beglückwünsche Sie zu dieser ausgezeichneten Darstellung Ihrer Auffassung und zu Ihrer Entdeckung.«

Bald darauf aber rebellierte die Fachwelt und beschimpfte den Pastor in ausfälligster Weise als Lügner und Verbreiter von »ausgemachtem Blödsinn«, ohne ihn indes widerlegen zu können. Die Öffentlichkeit schloß sich der lautstarken und erdrückenden Übermacht der Spanuth angreifenden Professoren an. Schließlich verklagte der in die Enge getriebene Pastor seine Widersacher. Am 2. Dezember 1960 kommentierte die »Frankfurter Rundschau« das erlassene Gerichtsurteil: »Wegen Unhaltbarkeit ihrer Gegenthesen zogen nach einer Verhandlung vor dem Landgericht Flensburg die zehn Professoren ihre Schrift selbst zurück, ein wahrhaft nicht alltägliches Ereignis im Bereich der deutschen Wissenschaft!« Doch Spanuth hat keineswegs nur Gegner gefunden. Schon sechs Jahre vor dem Urteil von Flensburg äußerte sich der bekannte Professor für Vorgeschichte, Dr. Stokar, in einem Brief an seinen Fachkollegen Jacob-Friesen über eine von den zehn später vor Gericht stehenden Professoren verfaßte Anti-Spanuth-Broschüre: »Diese Broschüre ist keine sachlich begründete Überlegung, sondern eine Blamage! Das sind alles keine wissenschaftlichen, gut fundierten Entgegnungen, sondern Palaver aufgeschreckter Hühner mit erschütternd tiefem Niveau! ... Ich bin entsetzt. Die Broschüre ›Atlantis enträtselt?‹ von Weyl leugnet einfach alles, was in den letzten 20 Jahren erforscht worden ist!« Andere Wissenschaftler argumentierten ähnlich wie Professor Stokar. Trotz allem dauert der Gelehrtenstreit um Spanuths Erkenntnisse auch heute noch fort.

Atlantis vor Helgoland?

Versunkenes Glücksland vor den Bahamas

1

2

3

Es war wie ein Traum – vor mir lag sie wie eine der weißen Prozessionsstraßen der Mayas«, erzählte Dr. Manson Valentine, der 1959 im Gebiet der Bahamas die sogenannte »Straße von Bimini« auf dem Meeresgrund entdeckt hatte. Neun Jahre später fand man im kristallklaren Flachwasser des Archipels weitere submarine Felsstrukturen, die so aussahen, als stammten sie von Menschenhand. Sind diese riesigen Steine natürliche Formationen, oder sind sie Reste eines Bauwerks aus vorgeschichtlicher Zeit? Handelt es sich hier um das alte sagenhafte Atlantis? Oder um das legendäre, glückselige Inselreich Bimini, von dem die Lucayos – ein im 16. Jahrhundert ausgerotteter Indianerstamm auf den Bahamas – schon zu Kolumbus' Zeiten berichtet hatten?

1–6 Liegt vor dem Inselparadies der Bahamas eine alte Stadt auf dem Meeresgrund? Als Kolumbus 1492 auf den Tropeninseln landete, wußten die eingeborenen Indios schon von einem Inselreich Bimini zu berichten, auf dem ein Jungbrunnen sprudeln und ein schönes Frauenvolk wohnen sollte.

4

5

6

Bimini, eine von den Lucayischen Inseln, in Nord-America, der Insel Bahama gegen Mittag, und nicht weit von der Küste Florida unterm 298. Gr. Long. und 25 Gr. Latit. gelegen. Es ist sehr beschwerlich selbige anzulanden, weil sich viele Klippen daselbst befinden, und das Meer gemeiniglich daselbst sehr stürmet. Sie ist sehr lustig und fruchtbar, und war ehemals wegen eines gewissen Brunnens sehr berühmt, welcher alte Leute wieder solle verjüngert haben. Auch haben sich von den benachbarten Orten viel Manns-Personen zum Wohnen dahin begeben, weil schönes Frauen-Volck sich daselbst haben befinden sollen.«

Bimini ist nach diesem Kommentar aus Zedlers »Großem Vollständigem Universal-Lexicon aller Wissenschaften und Künste« aus den Jahren 1732–1754 eine glückliche Insel. Nun weiß man ja im allgemeinen von derartigen Wunderorten nicht genau, wo sie liegen. Es verblüfft daher, im Lexikon Angaben hinsichtlich der geographischen Länge und Breite von Bimini zu lesen. In der Tat findet sich Bimini denn auch auf modernen Atlanten. Es handelt sich um zwei winzige Inselchen, umgeben von Riffen, die bei exakt 25° 42′ nördlicher Breite und 79° 25′ westlicher Länge liegen. Allerdings: von einem Jungbrunnen oder schönem »Frauenvolk« kann hier nicht die Rede sein. Offenbar hat der Lexikon-Autor einiges mißverstanden oder durcheinandergebracht.

Um herauszufinden, wo der Irrtum seine Wurzeln hat, muß man bis in die Zeiten von Christoph Kolumbus zurückgehen, genau genommen bis ins Jahr 1492, als die

Die spanischen Eroberer fanden das legendäre Glücksland nicht. War es bereits in den Meerestiefen versunken? Fast 50 Jahre später hatte europäische Machtgier den Indianerstamm der Lucayos vernichtet. Mit ihm ging das Wissen um das rätselhafte Inselreich Bimini verloren.

kleine Flotte des großen Entdeckers erstmals die Neue Welt erreichte. Kolumbus landete auf einer Inselgruppe zwischen Florida und Kuba. Salvador de Madariaga beschrieb das weltbewegende Ereignis: »Die Karavellen näherten sich der Küste. Wellenbrecher, Schaum, seltsame Baumstämme, der Flügelschlag von erschreckten Vögeln... Halb noch zwischen Schlaf und Traum, so gab die Insel sich allmählich den Eindringlingen preis. Ein Papagei schrie; und nun eilte eine Handvoll nackter Menschen leichtfüßig zum Strand hinab. Bei dem unfaßbaren Anblick der Segel blieben sie erschrocken stehen. Der Traum der Insel hatte sich verflüchtigt. Ein Zeitalter war zu Ende gegangen.«

Kolumbus nannte die Eingeborenen Lucayos, und die Inselgruppe, auf der er ihnen begegnete, belegte er mit demselben Namen. Heute heißt der Archipel Bahamas, und die Lucayos, einen Stamm der Arawak-Indianer, gibt es nicht mehr. Die spanischen Konquistadoren haben sie auf heimtückische Weise ausgerottet.

An der zweiten Reise des Kolumbus beteiligte sich Juan Ponce, bekannt als Ponce de León, der später Puerto Rico eroberte. Von dort aus reiste er wiederum zu den Bahamas, die Kolumbus selbst nicht mehr besuchte. Von den

Ein Zeitalter war zu Ende gegangen

Lucayos erfuhr Ponce von einem Inselreich Bimini, eben jenem sagenhaften Gebiet, auf dem der Jungbrunnen sprudelte. Er zog auf Suchexpedition aus, fand das legendäre Reich aber nicht, sondern entdeckte statt dessen einen Küstenstrich des amerikanischen Festlandes, das er – es war am Ostersonntag des Jahres 1512 – »Blumige Ostern« (Pascua Florida) nannte. Der Name Florida ist geblieben. Die Kartographen der Konquistadoren freilich nahmen Bimini als Realität und verzeichneten diese Insel in ihren Seekarten. Erst später übertrug man den Namen auf zwei tatsächlich existierende, nur rund 20 Kilometer lange, flache Eilande, die aber mit dem legendären Reich nichts zu tun hatten. In Zedlers Lexikon verschmelzen Realität und Legende zu einer Einheit.

Immerhin machte die spanische Regierung Ponce de León zum »Adelantado (Gouverneur) von Bimini und Florida«. Dieser wohlklingende Titel bedeutete indes nicht mehr als der Claim eines Goldgräbers: Bimini in der erwarteten Gestalt gab es nicht, und auf Florida lebten die Indianerstämme der Calusa und Timucua, die ihr Land tapfer gegen Eindringlinge verteidigten und 1520 Ponce bei einem Eroberungsversuch tödlich verwundeten. Ein großes Gemetzel folgte, in dessen Verlauf beide Stämme bis auf den letzten Mann ausgerottet wurden. Den äußerst gutmütigen und friedfertigen Lucayos war ein mindestens ebenso grausames Los bestimmt. Spanische Eroberer gaben sich ihnen gegenüber als die seit langem erwarteten Götter aus und sagten, sie seien gekommen, um die Lucayos mit ihren Karavellen in himmlische Regionen zu bringen.

30000 bis 40000 gutgläubige Indianer drängten sich an Bord der Karavellen unter Kapitän Ovando zusammen. Sie sollten den Weg in die Sklaverei antreten. Die meisten starben an Bord. Sie besaßen keine Abwehrkräfte gegen die aus Europa eingeschleppten Krankheitserreger. Es heißt, die Schiffe im Gefolge Ovandos brauchten nicht mehr zu navigieren, sie fanden ihren Kurs, indem sie einfach den Hunderten ins Wasser geworfener toter Indios

Verlorenes Traumland

folgten. Wer von den Lucayos überlebte, mußte an den Küsten Kubas oder Haitis, das damals Hispanola hieß, als Sklave der gefährlichen Arbeit eines Perlentauchers nachgehen oder in Goldbergwerken arbeiten. Lange überstand das niemand. Neue Sklaven mußten her, und nach wenigen weiteren Expeditionen waren die Bahamas entvölkert. Schon um 1540 existierte der Stamm der Lucayos nicht mehr. Mit ihm ging das Wissen um das rätselhafte Inselreich Bimini verloren. Es spukte nur noch als vage Legende in den Köpfen der spanischen Eindringlinge und europäischer Geographen.

Ändern sollte sich das erst 1923. In den USA machte damals schon seit Jahren ein Visionär von sich reden, Edward Cayce, der später als »Schlafender Prophet« Weltruhm erlangte. Sein Hauptgebiet war es, in Trance verblüffend zutreffende Krankheitsdiagnosen zu stellen und treffsicher wirksame Medikamente zu verordnen. Seine Heilerfolge lassen sich nicht bestreiten.

Zuweilen ging Cayce in seinem Sehen weit über den medizinischen Bereich hinaus und sagte zukünftige Ereignisse voraus. Seine Prognosen reichen bis in das Jahr 1998. Ab 1923 wies der »Schlafende Prophet« auch wiederholt auf ein Ereignis hin, das sich nach seinen Angaben 45 Jahre später abspielen sollte: »Und Poseidia wird unter den ersten Teilen von Atlantis sein, die wieder aufsteigen. Erwarten Sie es achtundsechzig und neunundsechzig (1968 und 1969). Gar nicht lange hin.«

Während einer anderen Trance-Sitzung gab Cayce Hinweise darauf, wo »Poseidia« auftauchen würde: »Es gibt einige emporragende Teile, die einmal Bestandteile des großen Atlantischen Kontinents gewesen sein müssen. Britisch-Westindien oder die Bahamainseln und ein Teil, der heute gesehen werden könnte, wenn eine geologische Aufnahme gemacht würde; vor allem im Bereich des Golfstroms lassen sich diese (Teile) bestimmen.«

Nach Cayce war das alte sagenhafte Atlantis, von dem in einem anderen Kapitel dieses Buches ausführlich die Rede ist, in fünf große Inseln zerborsten, bevor es unterging. Poseidia, Aryan und Og waren die drei größten. Sie lagen nach seinen Visionen verstreut zwischen den Azoren und der Westküste der USA.

Männer wie der »Schlafende Prophet« scharen gewöhnlich große Zahlen gläubiger Anhänger um sich. Ihre Schriften finden weite Verbreitung. So konnte es nicht ausbleiben, daß in den Jahren 1968/69 zahlreiche Bootseigner, Sporttaucher, Hobby- und Berufspiloten eifrig im bezeichneten Seegebiet danach Ausschau hielten, ob sie nicht vielleicht Poseidia aus den Fluten des Atlantik auftauchen sähen. Unter ihnen waren auch Robert Brush und Trigg Adams, zwei US-Piloten, die routinemäßig über die Bahamas flogen. Sie sahen zwar keine neuen Inseln erscheinen, entdeckten 1968 aber dennoch etwas Eigenartiges. In der Nähe der Insel Andros, bei Pine Key, sahen sie im flachen Wasser, wie sich vom hellen sandigen Meeresboden deutlich regelmäßige dunkle Strukturen abhoben, die aussahen wie Steinmauern. Sie bildeten die Form eines rechteckigen Gebäudes von 30 mal 18 Meter Seitenlänge. Etwa ein Drittel des Gevierts war durch eine Innenmauer abgetrennt.

... in fünf Inseln zerbrochen

Eine fieberhafte Suche setzte ein, und schon bald fanden sich im kristallklaren Flachwasser um die Bahamas weitere submarine Felsstrukturen, die so aussahen, als stammten sie von Menschenhand. Die »Vereinigung für Forschung und Erleuchtung« (Association for Research and Enlightenment) mit Sitz in Virginia City, die sich als Institution zur Erforschung der Cayce-Prognosen versteht, hielt natürlich mit. Zwei ihrer Mitglieder fanden weitere Spuren alter menschlicher Bautätigkeit auf dem Meeresboden.

Selten steht jemand Visionen völlig unbeteiligt gegenüber. Das Heer der Beobachter teilt sich in gläubige – oft allzu leichtgläubige – Anhänger einerseits, in Skeptiker und krasse Gegner zum anderen. Die Jünger des »Schlafenden Propheten« sahen in den Entdeckungen natürlich sofort eine grandiose Bestätigung ihres Meisters. Hatte er nicht gesagt, 1968/69 würde Poseidia zum Vorschein kommen? Das brauchte in ihren Augen natürlich nicht das Auftauchen über die Meeresoberfläche zu bedeuten, die Wiederentdeckung der alten Gemäuer genügte vollauf. Und vielleicht hatte sich ja der Meeresboden tatsächlich gehoben und so die unterirdischen Strukturen seit Jahrtausenden erstmals wieder sichtbar werden lassen.

Tatsächlich stellten Ozeanographen tektonische Hebungen im Flachmeergebiet um die Bahamas während der vergangenen Jahrzehnte fest, und mit einem weiteren Emporsteigen des Meeresbodens ist zu rechnen.

Andererseits betonen Cayce-Gegner, daß die Strukturen wahrscheinlich schon lange sichtbar waren, nur hatte vor 1968/69, den Jahren der Prophezeiung, niemand danach gesucht. Daher stamme die scheinbare Übereinstimmung mit den Jahreszahlen. In der Tat hatte nämlich schon in den Jahren 1959 und 1960 Dr. J. Manson Valentine bei Flügen zwischen Bimini und Orange Cay steinerne Strukturen auf dem untiefen Meeresgrund entdeckt, die aussahen wie Straßen mit parallelen Begrenzungen, winkelige geometrische Anordnungen und steinerne Kreise. In nur drei Faden (5,5 Meter) Tiefe sah er an der Nordwestküste der nördlichen Bimini-Insel etwas, das wie ein Pflaster aus großen, an ihren Kanten und Ecken abgerundeten Steinblöcken wirkt. Die meisten dieser Quader sind rechteckig, manche fast quadratisch. Die größten Blöcke haben drei bis sechs Meter und mehr Kantenlänge. Dieses Pflaster konnte auch die Krone einer Mauer sein, die in einer langen geraden Linie einfach oder in doppelter Reihe über mehr als 300 Meter verlief. Etwa 30 Meilen südlich der südlichen Bimini-Insel fand Valentine in einem Flachmeergebiet ebenfalls lange geradlinige Steinreihen, daneben aber auch dunkle, algenbewachsene Rechtecke. Und weitere 20 Meilen südlich, etwas nördlich von Orange Cay, liegen in nur zwei Faden Wassertiefe zahlreiche schwach sichtbare Rechtecke auf dem ebenen Meeresboden.

Eine Stadt auf dem Meeresgrund

Nicht unbedingt mußten diese Funde etwas mit den Prophezeiungen des »Schlafenden Propheten« zu tun haben. Sie fanden ja schließlich vor 1968 statt. Allerdings bestätigte Dr. Valentine später, daß sich der Meeresboden in dem beobachteten Gebiet seit 1958 merklich hob. Doch wie stand es mit den Überlieferungen der Lucayos? Wenn sie von einem legendären versunkenen Reich sprachen, dann mußten die Indios dieses Land um Bimini auch schon gekannt haben. Das ist nicht unwahrscheinlich, denn sie waren gute Schwimmer, und in den extrem klaren Gewässern der Nordkaribik sieht man weit in die Tiefe. Leider hat europäische Machtgier die vertrauensseligen Indios vernichtet. Vielleicht wußten sie mehr.

7 Das opalleuchtende, kristallklare Gewässer der Bahamainseln birgt geheimnisvolle Funde. Sind die Riesensteinblöcke, die stellenweise aus der Tiefe des Meeresgrundes schimmern und wie Straßen und Mauern anmuten, natürlichen Ursprungs oder Spuren alter menschlicher Bautätigkeit?

Was findet sich noch in den Gewässern um Bimini? Wiederholt berichteten die in Miami erscheinende Zeitschrift »Museum of Science« sowie Fachorgane für Unterwasser-Archäologie über neue Funde. Autoren der Beiträge waren neben Dr. Valentine besonders die Taucher Dimitri Rebikoff und Graf Pino Turolla, die seit Jahrzehnten unter anderem mit einem kleinen Unterseeboot Meeresarchäologie betreiben. Die Forscher entdeckten »offensichtlich bearbeitete Steinplatten von sechseckiger Form, etwa acht Zoll Durchmesser, am Strand aufgehäuft oder an Ort und Stelle in geraden und parallelen Linien verlegt«. Manche Strukturen am Meeresboden haben auch die Form von großen Halbmonden oder sehen aus wie Begrenzungen von Höfen und größeren Bezirken.

Zwischen den berühmt gewordenen Steinblockreihen von »North Bimini«, die sich in sechs bis 20 Meter Tiefe über den Meeresgrund ziehen, entdeckten Taucher spuren- oder gleisähnliche Marken, wie sie von den prähistorischen Kulturen Maltas bekannt sind. Im Osten Biminis hob sich während fünf Jahren der Meeresboden so merklich, daß sich ein 1968 dort entdeckter Mauerrücken 1973 wesentlich besser untersuchen ließ. Er entpuppte sich als eine Wallanlage in Form eines sehr großen Dreiecks, das mit seiner längsten Seite an ein Rechteck von der Größe eines Fußballplatzes grenzt. Im Westen ist dieser Platz wiederum von einer Art Steindamm aus großen unbehauenen Blöcken eingefaßt, durch den sich ein gewundener Kanal schlängelt. Valentine erscheint die Anlage wie ein gewaltiger Wassertank mit einer Zuleitung. Im Norden dieser Struktur erkannte er drei konzentrische Kreise, die wie ein großes Auge wirken. Ganz ähnliche Strukturen sind als Bodenzeichnungen aus anderen prähistorischen Kulturen in verschiedenen Teilen der Welt bekannt.

Archäologen im Unterseeboot

Viel Gigantisches hat man in den Flachwassergebieten um Bimini auf dem Meeresgrund gefunden, nur keine Kleinartefakte: keine Keramik, keinen Schmuck, keine Handwerkzeuge. Und deshalb schließen sich die bisherigen Erkenntnisse nicht zu einem Beweis; sie verdichten sich allenfalls zu einem Indiziengebäude, das den strengen Maßstäben exakter wissenschaftlicher Forschung – noch – nicht gerecht wird. Geologen sagen, alle ihnen aus Fotos bisher bekannten unterseeischen Strukturen um Bimini könnten ebensogut natürlichen Ursprungs sein. Dr. Valentine selbst schließt diese Möglichkeit keineswegs aus. Sind doch auch anderenorts auf der Welt verblüffend regelmäßige Steinstrukturen bekannt, die nicht durch menschliche Bearbeitung entstanden sind, aber gelegentlich lange für Artefakte gehalten wurden, wie etwa die Basaltsäulenlandschaft des Giant's Causeway bei Bushmills an der Nordküste Irlands. Manches allerdings spricht gegen natürliche Bildungen, etwa ein rund 60 Zentimeter breiter und ebenso tiefer Graben, der schnurgerade über eine weite Strecke des Meeresbodens bei Bimini verläuft. Auch die Tatsache, daß in die Großstein-Blockpflaster hin und wieder vertikale Steine eingelassen sind, paßt nicht in das Bild einer rein natürlichen Entstehung. Und immer wieder überrascht die Linienführung der vom Menschen oder von geologischen Kräften geschaffenen Zyklopenmauern in geometrisch strengen Rechtecken.

Eines der Probleme, befriedigendere Untersuchungen anzustellen, liegt darin, daß die Gemäuer weitgehend in weichen Sedimentboden eingebettet sind. Weißer Korallensand und dunkle Algenrasen umgeben sie, so daß oft nur die Mauerkronen herausragen. Das Eindrucksvollste, weil Besterhaltene an Ruinenstätten sind aber oft gerade die untersten Steinreihen ihrer Gemäuer oder gar deren Übergang zu den Fundamenten. Diese jedoch sind in Bimini – wenn es sie überhaupt gibt – unter wenigstens halbmeter- bis meterstarken Ablagerungen verborgen.

Sagenumwoben – alterslos

Nichts weist auf das Alter der zyklopischen Steinwerke hin. Es ist zwar bekannt, daß während der letzten Eiszeit, also vor mehr als 8000 Jahren, das Flachmeer um die Bahamas Festland war, das dann beim Abschmelzen der großen Gletscher unter dem steigenden Meeresspiegel verschwand. Daraus allein aber schließen zu wollen, die möglichen Ruinen seien während der Altsteinzeit oder gar noch früher entstanden, wäre archäologischer Leichtsinn. Zu oft hat sich in dem tektonisch instabilen Gebiet der Meeresboden regional gehoben und gesenkt, um auch nur annähernd sagen zu können, welche Landstriche wann unter und wann über dem Meeresspiegel lagen. Bevor das sagenumwobene Gebiet mit seinen von der Wissenschaft heftig umstrittenen Funden wieder auftauchen und archäologischen Ausgrabungen zugänglich wird, läßt sich das Rätsel um Bimini wohl kaum lösen. Aber vielleicht hat Cayce mit seiner Vision recht, und das alte Land kommt wirklich in absehbarer Zeit wieder an die Meeresoberfläche, wenn auch nicht 1968/69. Geologisch spricht manches dafür.

Unerklärliches im Bermuda-Dreieck

1

2

3

Die Meere unserer Erde bergen zahlreiche Geheimnisse. Doch keines ist rätselhafter als das des berüchtigten Bermuda-Dreiecks, wo im Laufe der Zeit viele Schiffe und Flugzeuge spurlos verschwanden. Um das mysteriöse Seegebiet im westlichen Atlantik ranken sich seit mehr als einem Jahrzehnt exotische Legenden: Besucher aus dem Weltall, vorsintflutliche Seeungeheuer, merkwürdige Gase und Dämpfe aus dem Erdinneren, unbekannte Phänomene wie Zeit-Raum-Sprung oder Schwarze Löcher sowie obskure amerikanische Militärexperimente wurden für die Verluste im Bermuda-Dreieck verantwortlich gemacht. Solche Theorien mögen leicht zu entkräften sein. Dennoch entziehen sich die schleierhaften Vorfälle in dem Gebiet bisher einer vernünftigen Erklärung.

1 Am 5. Dezember 1945 verschwanden fünf US-Torpedobomber spurlos vor der Küste Floridas.

2 Der britische Hochseesegler »Marques« versank bei einer Regatta 1984 nördlich von Bermuda.

3 Zwischen 1945 und 1975 wurden im Bermuda-Dreieck 37 Flugzeuge und 38 Schiffe vermißt.

4

5

6

Als der US-Amerikaner Charles Berlitz 1974 sein Buch »The Bermuda Triangle« (»Das Bermuda-Dreieck«) veröffentlichte, mauserte sich das Werk innerhalb weniger Monate zum Weltbestseller. Es liest sich spannend wie ein Science-fiction-Roman. Etwas anderes ist es im Kern auch nicht, bis auf einen, für den Erfolg entscheidenden Unterschied: Zum Anlaß für ausufernde Phantasien nimmt das Buch das tragische Schicksal Aberhunderter von Menschen, die in dem Meeresgebiet ums Leben kamen. Das gibt dem Werk einen makaberen Hauch von Realität. Dennoch: Eine skurrile Theorie löst die andere ab. Zugeständnisse, die oft mysteriösen Vorfälle im Dreieck nicht oder noch nicht aufklären zu können, erklärt Berlitz als Vertuschungsmanöver seitens einer Lobby von Politikern, Flug- und Schiffahrtsgesellschaften, der Küstenwacht und von Fremdenverkehrsorganisationen.

Ermuntert durch den sensationellen Bucherfolg, ließ der Autor schon drei Jahre später ein zweites Werk zum selben Thema folgen: »Without a Trace« (deutsch: »Spurlos«), das im wesentlichen den Inhalt des »Bermuda-Dreiecks« wiederholt, weitere Katastrophen beschreibt und in mancher Hinsicht noch phantastischer erscheint als dieses. Rasch griffen nun auch zahlreiche andere Autoren den erfolgversprechenden Stoff auf und wirkten mit an dem großen Legendenzyklus, der sich seit mehr als einem Jahrzehnt um das Bermuda-Dreieck entwickelte. Auch Berlitz selbst war keineswegs der erste, der diese Thematik behandelte. Er war lediglich der erste, der sie in so abenteuerlicher Form präsentierte.

4 Das berüchtigte Bermuda-Dreieck erstreckt sich zwischen den Bermudas, Florida und Puerto Rico.

5 »Friedhof des Atlantik« nennt man das Bermuda-Dreieck, wo Hunderte von Menschen umkamen.

6 Eine Raumstation erforscht mögliche Magnetfeldstörungen im gefährlichen Bermuda-Dreieck.

Bevor von Fakten die Rede ist, sei hier kurz das Spektrum der phantastischen »Erklärungsversuche« umrissen. Dies ist wichtig, weil die weltweite Verbreitung dieser Spekulationen verständlich macht, warum sich ernsthafte Wissenschaftler heute scheuen, mit realistischen Hypothesen Stellung zu beziehen, und warum amtliche Stellen in den USA und anderen Staaten sich weitgehend jeden Kommentars enthalten.

Realistische Grundlage der Spekulationen ist das im Vergleich zu anderen Meeresgebieten ungewöhnlich häufige Verschwinden von Wasser- und Luftfahrzeugen im Bereich zwischen Florida, den Bermudas, Puerto Rico und den Bahamas. Voraus geht den Schiffbrüchen, die sich meist sehr rasch abspielen, und Flugzeugabstürzen oft der völlige Ausfall der elektrischen und elektronischen Bordinstrumente, insbesondere auch aller Navigationssysteme (vom Magnet- und Kreiselkompaß, vom künstlichen Horizont bis zum Radar), der automatischen Steuerungsanlagen und schließlich der Funkeinrichtungen. Erklärt werden diese und andere Erscheinungen von den Autoren, die dem Bermuda-Dreieck zu weltweitem »Ruhm« verhalfen, unter anderem so:

Außerirdische in Aktion

1. Außerirdische Besucher, die mit UFOs anreisen, holen sich Menschen, Schiffe und Flugzeuge als Studienobjekte und verschwinden mit diesen im All.

2. Außerirdische kommen vom Mars und anderen trokkenen Planeten und holen sich im Bermuda-Dreieck aus dem Pazifik Wasser. Dabei lösen die starken Magnetfelder oder der Kernfusionsantrieb ihrer Raumschiffe Flugzeuge und Schiffe auf, die sich in ihren Einflugschneisen befinden.

3. Die Unfälle werden von menschenähnlichen Wesen einer hohen Zivilisationsstufe verursacht, die in Unterwasserkuppeln seit Jahrtausenden in der Tiefsee leben.

4. Die Venusbewohner wollen die Erde kolonisieren und haben sich in unterseeischen Höhlen im Bermuda-Dreieck einen Stützpunkt geschaffen, da der Druck in 910 Meter Meerestiefe dem atmosphärischen Druck auf ihrem Heimatplaneten entspricht. Bei ihren Shuttle-Flügen und Tauchmissionen kommt es zu Unfällen mit irdischen Verkehrsmitteln.

5. Für die rätselhaften Unfälle sind Bewohner des Erdinneren verantwortlich, die unter dem Meeresboden große Kraftanlagen mit starken Magnetfeldern betreiben.

6. Vor der Sintflut, die durch eine von Menschen ausgelöste globale Atomkatastrophe verursacht wurde, lebte im

7 Was geschah und geschieht im Bermuda-Dreieck wirklich? Die Beschreibungen zahlreicher Piloten und Kapitäne, die ihre Flugzeuge und Schiffe retten konnten, weisen erstaunliche Übereinstimmungen auf. Die meisten berichten von merkwürdig leuchtenden Nebelzonen, innerhalb derer die ge-

7

samte Bordelektronik ausfiel. Einige erzählen von eigenartigen Lichterscheinungen wie großen strahlenden Kugeln, die sich unter der Wasseroberfläche oder in der Luft bewegten. Lassen sich diese erwähnten Phänomene mit starken magnetischen Turbulenzen erklären?

fraglichen Gebiet die uns nur aus Sagen bekannte Bevölkerung von Atlantis, die dort einen mächtigen Kristall als Energiequelle für die gesamte Welt (Laser?) aktivierte. Dieser Kristall oder ein ähnliches Energiezentrum ist mit Atlantis untergegangen, wird aber noch heute von Zeit zu Zeit von selbst aktiv und strahlt vernichtungbringende Energiefelder ab.

7. Im fraglichen Gebiet haben vorsintflutliche Ungeheuer überlebt, die Schiffe in die Tiefe ziehen.

8. Aus Spalten im Meeresboden schießen mit hoher Energie merkwürdige Gase und Dämpfe aus dem Erdinneren, die physikalisch und chemisch unbekannte Eigenschaften besitzen, Magnetfelder aufbauen und Schiffe sowie Flugzeuge zersetzen. Wenn sie weniger kräftig sind, greifen sie zwar kein Material an, verursachen aber bei Schiffsmannschaften Sinnestäuschungen und Wahnvorstellungen, so daß diese über Bord springen und ertrinken.

9. Elfen, Feen, Nixen, Zwerge, Kobolde, Gnome und sogar der Teufel selbst sind keine bloßen Märchengestalten, sondern – wie die UFO-Insassen – reale Wesen, die

Der Himmel hat ein Loch

zu allen Zeiten von Augenzeugen beobachtet wurden. Im Bermuda-Dreieck und einigen anderen Gebieten der Erde treten sie besonders zahlreich auf und treiben ihr Unwesen.

10. Im Bermuda-Dreieck führen unbekannte physikalische Phänomene zu einem Zeit-Raum-Sprung, und die verschollenen Schiffe und Flugzeuge sind in die vierte Dimension, in die Vergangenheit oder in die Zukunft verschwunden oder von Mächten, die sich dieser physikalischen Prinzipien bedienen, entführt worden. Ebenso tauchen in diesem Meeresgebiet – gelegentlich auch anderenorts – Objekte aus anderen Sphären auf: UFOs, Schiffe aus vergangenen Zeiten, früher abgestürzte Flugzeuge. Sogar der »Fliegende Holländer« wird bemüht.

11. Über dem Bermuda-Dreieck hat der »Himmel ein Loch«. Hier führt über die kosmische Raumkrümmung ein unmittelbarer Weg in unbekannte Welten, in denen die Verschollenen fortleben.

12. Im Jahre 1943 soll die US-Navy einen geheimnisvollen Versuch, das sogenannte Philadelphia-Experiment, durchgeführt haben. Es zielte darauf ab, mit starken, pulsierenden Magnetfeldern ein Schiff samt Mannschaft unsichtbar zu machen. Dies soll durch die praktische Anwendung von Einsteins »einheitlicher Feldtheorie« (die allerdings niemals vollendet wurde) so gut gelungen sein, daß Zeit-Raum-Sprünge auftraten und im Oktober 1943 ein kompletter Zerstörer innerhalb weniger Minuten von Philadelphia nach Norfolk und zurück gelangte. Noch Jahre später seien das Schiff und einzelne Mannschaftsmitglieder aufgrund von »Nachwirkungen« wiederholt vorübergehend verschwunden gewesen und an anderen Orten wieder aufgetaucht. Ähnliches spiele sich seit 1945 immer wieder im Bermuda-Dreieck ab, wo unter größter Geheimhaltung das US-amerikanische Office of Naval Research weiter experimentiere.

Erstaunlich ist die Tatsache, daß die Bermuda-Dreieck-Autoren jedem einzelnen dieser eigenwilligen »Erklärungsversuche« weitaus mehr Glauben schenken als der nüchternen Erklärung, daß es sich hier um noch nicht aufgeklärte natürliche Phänomene handelt.

Was geschah und geschieht im Bermuda-Dreieck wirklich? Zunächst verschwanden in diesem Seegebiet in der Tat ungewöhnlich viele Wasser- und Luftfahrzeuge, die meisten von ihnen spurlos; das heißt, es wurden weder Wrackteile noch Tote, ja nicht einmal Ölflecken im Wasser gefunden, selbst bei sofortigen Suchaktionen nicht.

Nachdem am 5. Dezember 1945 fünf Torpedobomber vom Typ TBM3 Avenger verschwanden und auch ein Rettungs- und Suchflugzeug, das ihnen nachgeschickt

Spurlos verschwunden

wurde, nicht mehr auftauchte, begann man, die Vorkommnisse in diesem Seegebiet statistisch zu erfassen und auch die jeweiligen Begleitumstände aufzuzeichnen. In den drei Jahrzehnten von 1945 bis 1975 stehen 37 Flugzeuge, ein Freiballon und 38 Schiffe der verschiedensten Arten und Größen bis hin zum Atom-U-Boot auf den Verlustlisten im Dreieck. Dazu kommen zehn Schiffe, vom Motorboot über die Segelyacht bis zum Fischkutter und Schoner, die – völlig intakt – von ihrer gesamten Mannschaft verlassen im Meer treibend aufgefunden wurden. Solche besonders rätselhaften Fälle hat es auch schon vor 1945 gegeben. Zu den merkwürdigsten Verlusten gehört das Verschwinden geschleppter Boote wie der »Wild Goose« im April 1948 oder des 20000-Tonnen-Marineboots »Sao Paulo« am 4. November 1952. Auch unter den verschollenen Flugzeugen fanden sich Maschinen der verschiedensten Typen: vom einmotorigen Sportflugzeug über Bombenflieger und Frachtmaschinen bis zum Phantom-Düsenjäger, zum vierstrahligen Stratotanker und zur Passagiermaschine. Inoffizielle Statistiken sprechen von einem Mehrfachen der genannten Verluste.

Kaum ein Schiff oder ein Flugzeug funkte vor dem stets plötzlichen Verschwinden »SOS« oder »Mayday«. Aber es sind zahlreiche Fälle bekannt, in denen sich kurz vor der Katastrophe der Bordfunker mit »alles o.k.«, »ideales Wetter«, »wir werden bald ankommen« meldete. Sehr oft allerdings brach jeglicher Funkkontakt ab. In einzelnen Fällen aber empfingen Bodenstationen sehr verwirrende Meldungen: So sang ein indianischer Marinepilot in seiner Muttersprache ein Todeslied. Ein P-2-Pilot der US-Marine kommentierte: »Es sieht aus, als kämen wir in weißes Wasser... Wir haben uns völlig verirrt... Wir können keine Richtung feststellen.«

Es gab und gibt übrigens nicht nur Verluste im Bermuda-Dreieck. Zahlreiche Piloten und Kapitäne konnten ihre Maschinen und Schiffe retten. Ihre Berichte weisen erstaunlich viele Übereinstimmungen auf. Die meisten sprechen von weißen bis hellgrünen Nebelzonen oder Turmwolken, in die sie hineingerieten und die merkwürdig leuchteten. Innerhalb dieser Wolken fielen die gesamte Bordelektronik und manchmal auch die Antriebsaggregate aus. Die Menschen verloren jegliche Orientierung und klagten oft über Schwindelgefühle, ein Pilot fühlte sich vorübergehend schwerelos. Nach Verlassen des leuchtenden Nebels arbeiteten alle Geräte meist wieder normal. Gelegentlich brachte das Durchfliegen einer derartigen Wolke erhebliche Verschiebungen der Flugzeit mit sich, die sich meist in einem unerklärlich hohen Streckengewinn äußerte. Man hat berechnet, daß kleine Sportmaschinen – in einem Fall eine »Bonanza« – mit einer Geschwindigkeit von etwa 1500 Kilometern pro Stunde geflogen sein müßten, wenn sie ihre Gesamtstrecke in den später ermittelten Zeiten zurückgelegt hätten.

»Wir haben uns völlig verirrt!«

Zuweilen wurde auch das Gegenteil beobachtet. Mysteriös erscheint ein Fall, in dem ein Passagierflugzeug der »National Airlines« beim Landeanflug auf Miami zehn Minuten lang von der Bodenstation aus weder durch Funk erreicht, noch durch Radar angepeilt werden konnte, während die Crew nach der Landung versicherte, keine Unterbrechung im Funkkontakt bemerkt zu haben. Allerdings gingen alle privaten und Borduhren in der Maschine nach der Landung genau zehn Minuten nach.

Manche der fast Verunglückten berichteten später über merkwürdige Lichterscheinungen, etwa große leuchtende Kugeln, die sich unter der Wasseroberfläche oder in der Luft bewegten und manchmal direkt auf ihr Schiff oder Flugzeug zurasten. Ein Pilot beobachtete, daß seine Maschine von den Flügelspitzen her zu leuchten begann, bis schließlich das ganze Flugzeug und er selbst hell strahlten. Immer wieder ist auch von weißem oder leuchtendem Wasser die Rede, auf dem der Pilot eines Wasserflugzeugs sogar einmal landete, um Proben zu nehmen. Sie ergaben einen sehr hohen Schwefelgehalt. Fast immer wird von diffusem Licht und von einem totalen Verschwinden des Horizonts berichtet. Und meist ist von ruhigem Wetter und unbewegtem Meer die Rede. Ausnahmen sind die seltenen Beobachtungen von mächtigen aus der See aufsteigenden Wasserdomen von über zwei Kilometer Durchmesser und mehreren hundert Meter Höhe oder von plötzlich hochschießenden, 10 oder 20 Meter hohen Wasserfontänen nach einer auffälligen Hellgrünfärbung des Wassers.

Fest steht, daß alle wiederholt erwähnten und deshalb sicher typischen Erscheinungen gut in das Bild sehr starker magnetischer Turbulenzen passen, von den Störungen der Bordinstrumente angefangen bis hin zu Lichterscheinungen wie leuchtenden Nebeln (Gasentladungen), kugelblitzartigen Phänomenen (angeblichen UFOs) oder lang andauernden Linienblitzen. Und die Gefahr möglicher Magnetfeldstörungen geben in dem betroffenen Gebiet auch die Luftkarten an.

Unklar ist, wie es zu diesem Phänomen kommt, das übrigens auf der Welt keineswegs einmalig ist. Eine Zone, in der sich ähnliche Erscheinungen häufen, ist die sogenannte »Teufelssee« zwischen Japan und den Bonin-Inseln, die im Jahre 1955 von der japanischen Regierung zur Gefahrenzone erklärt wurde. Erstaunlicherweise liegt dieses Gebiet auf demselben Breitengrad wie das Bermuda-Dreieck.

Der Autor Ivan Sanderson entwickelte die Theorie, daß insgesamt zwölf derartige Anomaliengebiete gleichmäßig auf der Welt verteilt seien. Zehn davon liegen, so meint er, mit ihren Zentren auf dem 30. Grad nördlicher bzw. südlicher Breite und haben gegenseitige Abstände von jeweils 73 Längengraden. Die zwei verbleibenden Zonen sind die Polargebiete. Interessanterweise fällt eine der zehn Zonen in die zentrale Sahara, ins Tuareg-Gebiet. Und genau dort kennen die Nomaden seit Menschengedenken Legenden über ein Dünenland ohne Wiederkehr, das viele suchten und von dem niemand – es sei denn geistig verwirrt – zurückkam. Was der nüchternen Nachforschung standhält: Auch im Herzen der Sahara gibt es Kompaßmißweisungen, also erdmagnetische Störungen. Vielleicht also hat Sandersons Theorie etwas für sich. Natürlich ist auch sie nur eine durch nichts bewiesene Hypothese, und selbst wenn sie zutrifft, wäre das nicht mehr als eine Feststellung, aber keine Erklärung von rätselhaften Phänomenen, wie jenen im Bermuda-Dreieck.

Apropos »rätselhaft«: Der prominente Science-fiction-Autor und Naturwissenschaftler Isaac Asimov meint zu den Bermuda-Unglücksfällen lakonisch, grundsätzlich sei jeder Unfall »rätselhaft«, solange sein Hergang und seine Ursache noch nicht aufgeklärt sind.

Weise Männer in der Einsamkeit

1

2

3

In der Wüste haben Propheten einen neuen Weg zu Gott gefunden, Heilige haben nach Erkenntnis und Priester um Läuterung gerungen«, betonte der deutsche Pionier der Wüsten Asiens, Max Reisch. Die drei monotheistischen Weltreligionen, das Judentum, das Christentum und der Islam, haben ihren Ursprung in der Wüste. Hier erhielt Mose Gottes Gebote, hier wurde Christus von Johannes getauft, und hier offenbarte ein Engel Mohammed den Heiligen Koran. Religionsstifter wie Buddha, Zarathustra oder Laotse gewannen ihre Weisheit, ihre mystischen Erfahrungen und ihre Berufung in der Einsamkeit. Heute ranken sich Legenden um diese geistigen Führer der Menschheit.

Hatten sie in der Öde wirklich unmittelbar Zugang zu Gott? Was war das Besondere an den Offenbarungen, die sie empfingen? Und was unterscheidet diese Propheten von den unzähligen »normalen« Mystikern?

1/4 Die Apostel Matthäus und Paulus, von Rembrandt dargestellt. Als Apostel in der urchristlichen Gemeinde gelten die Zeugen der Auferstehung Christi, die von ihm in alle Welt gesandt wurden.

2/5 Die bedeutenden Religionsstifter bereiteten sich in der Wüste auf ihre Aufgabe vor und erhielten

4

5

6

Max Reisch, ein deutscher Abenteurer, fuhr schon 1933 mit einem Motorrad nach Indien. Später, in den Jahren 1935/36 reiste er von Palästina nach China und durchquerte Hinterindien und Südchina mit einem Auto. Anfang der siebziger Jahre bereiste er erneut die alte Seidenstraße durch Asiens Steppen und Wüsten. Max Reisch schreibt über die Wüste:

»Es scheint, daß keine andere Umwelt eine so tief gegründete Frömmigkeit erzeugt. ›Ich bin ganz allein durch die Dünen gewandert, und nur Gott war mein Begleiter.‹ So hört man oft die Menschen von ihrem größten Erlebnis erzählen. Und es hat etwas Ergreifendes, wenn man tief in der Wüste auf uralte Klosterruinen, Einsiedeleien oder Felsen-Mönchszellen stößt, die noch ein beredsames Zeugnis ablegen, wie stark der Hang des Menschen nach Beschaulichkeit und innerem Frieden ist. In der Wüste haben Propheten einen neuen Weg zu Gott gefunden, Heilige haben nach Erkenntnissen und Büßer um Läuterung gerungen. Keine andere Landschaft vermag wie die Wüste dem Menschen das Gefühl zu vermitteln, daß er ein flüchtiger Gast auf Erden ist.«

In allen großen Wüsten der Erde lebt das Mystische. Marco Polo notierte in seinem Tagebuch:

»Wenn Reisende in der Nacht auf dem Marsch sind und einer von ihnen zurückbleibt oder einschläft und dann versucht, seine Reisegesellschaft wieder einzuholen, hört er Geister sprechen und er glaubt, diese Geister seien seine Gefährten. Auch am Tage hört man die Geister sprechen,

dort ihre Berufung. In dieser lebensfeindlichen Welt läßt sich ein Dasein ohne Gott nicht denken.

3/6 Ein immer wiederkehrendes Legendenmotiv ist die »unbefleckte Empfängnis« der Religionsstifter. Nicht nur Jesus wurde von einer Jungfrau geboren. Buddha ging aus der Hüfte der Mutter hervor.

bisweilen soll man die Töne einer Menge verschiedener Musikinstrumente vernehmen und noch öfter den Klang von Trommeln.«

Das alttestamentarische Buch Jesaja verheißt die Begegnung des Stammes Israel mit Gott: »Die Stimme eines Rufenden: In der Wüste bereitet den Weg des Herrn, macht gerade in der Steppe den Pfad für unseren Gott.« Rund fünf Jahrhunderte später zog Johannes der Täufer, Sohn einer Jerusalemer Priesterfamilie, schon im Kindesalter aus der Stadt hinaus in die Wüste, wo ihn als Erwachsenen dann seine prophetische Berufung traf und er unter anderem Jesus taufte. Von Christus wiederum sagt der Evangelist Lukas: »Jesus aber, voll des Heiligen Geistes, ging weg vom Jordan und ward vom Geiste in die Wüste geführt.« Dort soll er 40 Tage lang gefastet und sich der Versuchungen des Teufels erwehrt haben, bevor er messianisch an die Öffentlichkeit trat.

Auch andere bedeutende Religionsstifter bereiteten sich in der Wüste auf ihre große Aufgabe vor und erhielten dort ihre Berufung und ihre Offenbarungen. Was hat es auf sich mit dem Gotteserlebnis in der Öde? Zunächst läßt sich diese

Hier ist Gott zu Hause

Frage psychisch fassen. Die Monotonie bis hin zur Leere, verbunden mit den oft unbarmherzigen klimatischen Bedingungen und zugleich der als extrem empfundenen persönlichen Einsamkeit reißen den Menschen aus den ihm sonst gewohnten irdischen Bindungen.

Wer allein ist in der Wüste, für den gibt es keine sozialen Kontakte, aber auch die vertrauten Begriffe von Raum und Zeit verschwimmen. Es ist einerlei, *wo* man sich in der Wüste befindet, und ebenso gleichgültig ist das *Wann*. Die Wüste ist zeitlos, und in der flimmernden Mittagshitze lösen sich auch ihre Strukturen auf. Ein und dieselbe Distanz scheint morgens weiter als abends, vielleicht aber auch genau umgekehrt.

Die Denkstrukturen des Menschen ändern sich in der Wüste, die Gedankengänge finden keinen festen Halt mehr für sprachliche Formulierungen. Empfindungen und Gefühle beginnen zu dominieren, und dann – urplötzlich – ist da nur noch die numinose Erfahrung, die zur unveränderbaren Tatsache wird: Hier ist Gott zu Hause. In dieser lebensfeindlichen Welt läßt sich ein Dasein ohne Gott nicht denken. Es gibt keine Kompromisse: entweder absolute Verlassenheit und schließlich Selbstaufgabe in grenzloser Öde oder völliges Aufgehen und Geborgensein in der majestätischen Größe der Schöpfung.

7 Befreit man die großen Religionsstifter von der Legende, dann findet man ganz normale Menschen, die irgendwann in ihrem Leben Gott begegnet sind und von ihm den Auftrag erhielten, sein Wort zu verkünden. Bezeichnend für die historischen Propheten ist auch, daß sie ihre Mission keineswegs freudig

7

begrüßten, sondern erschrocken zurückwiesen. Als Moses beim Schafehüten in einem brennenden Dornbusch Gott begegnete, da verhüllte er sein Gesicht, weil er sich fürchtete. »Wer bin ich, daß ich zum Pharao gehen und daß ich die Israeliten aus Ägypten wegführen könnte?«

»Gott ist dir näher als die eigene Halsschlagader«, sagt der Koran. Nur dieses gläubige Wissen gibt dort noch Sicherheit und Vertrauen, wo der Verstand sie nicht mehr findet.

Es ist wohl kein Zufall, daß die großen, auf Religionsstifter zurückzuführenden monotheistischen Religionen aus der Wüste kamen: die mosaische, die christliche und der Islam. Wer die Wüste kennt, hat sie seit eh und je als Boden Gottes empfunden. So zogen die Israeliten bereits zur Zeit ihrer ägyptischen Gefangenschaft, also im 13. Jahrhundert vor Christus, drei Tagereisen weit hinaus in die Wüste, um ihrem Gott Jahve, einem Berg- und Wüstengott, Opfer zu bringen und seine Feste zu feiern; denn nur die Wüste war dafür geeigneter heiliger Boden.

Die Wirkung der Wüstenlandschaft und des Wüstenklimas auf die menschliche Psyche vermag vielleicht die Hinwendung zum Numinosen erklären und damit die Bereitschaft zum Gotteserlebnis; die Art der religiösen Erfahrung

Die Weisheit des Universums

erklärt sie aber nicht. Die Bereitschaft zum Sehen und Hören erklärt nicht das Gesehene und das Gehörte selbst. Die Wüste ist gleichsam nur das geeignete Sprechzimmer. Die Offenbarung selbst kommt aus anderen Ebenen. Es ist müßig, darüber nachzudenken, wo ihre eigentliche Quelle zu suchen ist. Die einen sprechen von gottgesandten Engeln oder anderen Boten, die anderen vom Heiligen Geist, wieder andere vom großen Geist oder vom großen Mysterium. Manche sehen sich Mittlern zwischen den Welten in Gestalt von Ahnen, Heiligen, mystischen Tieren gegenüber, manche erfahren intuitiv die Weisheit des Universums, andere sind davon überzeugt, mit Gott selbst zu kommunizieren.

All dem haftet etwas vom jeweils kulturgebundenen Zeitgeschmack und auch von persönlicher Interpretation an. Läßt man aber die »allegorische Rahmenhandlung« außer acht, dann bleibt der eigentliche Kern unangetastet im Raum stehen: die Offenbarung. Sie allein ist – obwohl in jeder Hinsicht unfaßbar – Realität. Kann es eine realere Kraft geben als eine, die das Weltbild eines Menschen von Grund auf umkrempelt und sein gesamtes Leben nachhaltig verändert? Hier läßt sich auch nicht mit Wunschdenken und autosuggestiven Kräften argumentieren, denn viele Propheten wehrten sich zunächst gegen die Offenbarung selbst und dann speziell gegen die ihnen als Berufung übertragene Aufgabe.

Der biblische Stammvater Jakob begegnete nachts allein in der Wüste einem Mann, mit dem er rang, bis die Morgenröte aufstieg. Dabei renkte ihm der Fremde das Hüftgelenk aus. Als sie voneinander ließen, segnete der Mann Jakob und sagte zu ihm: »Nicht mehr Jakob wird man dich nennen, sondern Israel (Gottesstreiter); denn mit Gott und Menschen hast du gestritten und hast gewonnen.« Ein lebensbedrohlicher Ringkampf mit Gott selbst entspringt schwerlich autosuggestivem Wunschdenken. Weitere Beispiele in diesem Kapitel werden ähnliches belegen.

Um Phänomenen wie Offenbarung und Prophetentum näherzukommen, muß man sich zunächst grundsätzlich von Vorurteilen loslösen. Das ist nicht leicht, besonders dann nicht, wenn die Vorurteile tief im eigenen kulturellen Umfeld verwurzelt sind und sogar von nüchternen Wissenschaftlern geteilt werden. Die Vorurteile der christlichen Kirchen wurzeln im Glauben, die eigene Religion sei die beste, wenn nicht sogar die allein zu Gott führende. Mithin werten die Kirchen die Propheten anderer Religionen zumindest als unbedeutend, wenn nicht gar als Irrlehrer ab.

Weit über solche klerikalen Vorurteile erhaben wähnt sich die moderne vergleichende Religionswissenschaft. Sie räumt den Stiftern von Weltreligionen oder bedeutenden Volksreligionen wie Moses, Jesus, Mohammed, Buddha

Persönlicher Zugang zu Gott

oder Laotse gleichen Rang ein. Doch zugleich baut sie neue Vorurteile auf, denn sie unterscheidet zwischen »hochstehenden religiösen Lehrgebäuden« und den »primitiven religiösen Vorstellungen« der »Wilden«.

Als ob es einen Unterschied mache, wem sich Gott offenbart: einem nomadisierenden Juden oder Araber, der, durch politische Gegebenheiten begünstigt, zahlreiche Anhänger um sich schart und dessen Lehre nach seinem Tode – oft weitgehend verfälscht – eine große Ausbreitung erfährt, oder einem indianischen oder sibirischen Schamanen, dessen Wirken auf die enge Gruppe seiner Großfamilie oder seines Stammes begrenzt bleibt.

Ist ein tief empfundener Gottesglaube deshalb primitiv, weil er eines in Jahrhunderten von einer Priesterschaft konstruierten exegetischen Schrifttums entbehrt? Wenn dem so ist, dann müßte spontanen Gotteserlebnissen generell das Fluidum des Primitiven anhaften. Vielleicht ist es aber eher umgekehrt: Den im Dogma erstarrten Theologen, im eigenen Kulturkreis gefangenen Religionswissenschaftlern, die selbst der tiefen Begegnung mit dem Numinosen nicht mehr fähig sind, ist der persönliche Zugang zu Gott suspekt geworden. Sie halten ihn für unwissenschaftlich, für nicht rational, für Aberglauben, eben für primitiv. Daß die von ihnen hoch geschätzten namhaften Religionsstifter zu

8

9

10

deren Lebzeiten nahezu alle exakt mit den gleichen Vorurteilen seitens des seinerzeit etablierten Klerus zu kämpfen hatten, wird dabei nur allzu bereitwillig übersehen.

Wer sich also den Phänomenen Offenbarung und Prophetentum nähern möchte, sollte sich von den genannten Vorurteilen frei zu machen versuchen. Das allerdings könnte sein eigenes religiöses Weltbild bedrohen. Aber wenn das der Fall sein sollte, dann wäre dieses Weltbild ohnehin überprüfenswert.

Um dem Archetyp des Propheten näherzukommen, bietet sich ein weit gefaßter Vergleich an. Hierbei ist es oft schwierig, bei den bedeutenden Religionsstiftern zwischen Leben und Legende zu unterscheiden. Aber auch ein Vergleich der legendären Umfelder kann erhellend sein; besonders dann, wenn es dadurch gelingt, die historischen Persönlichkeiten von mythologischen Verbrämungen zu befreien.

Ein sehr typisches Legendenmotiv ist das der »unbefleckten Empfängnis«, wie es im christlichen Raum heißt. Nicht nur Jesus wurde von einer Jungfrau geboren. Der »Keim der menschlichen Körpergestalt« Zarathustras, des iranischen Propheten und Begründers des Mazdaismus, gelangte nach der Legende auf merkwürdige Weise in den Leib seiner Mutter Dughdhowa: Durch Regen, das uralte Fruchtbarkeitssymbol, ging die menschliche Gestaltungskraft in die Pflanzen ein, von den Pflanzen in die Kühe, die Zarathustras Vater Porushaspa auf die Weide getrieben hatte. Zwei dieser Kühe gaben geheimnisvollerweise besonders reich-

8–10 »Das einsame Ringen mit den Naturgewalten, ihnen auf Gedeih und Verderb ausgeliefert zu sein, ist die Voraussetzung des schamanischen Lehrwegs; denn angesichts der Erkenntnis seiner Kleinheit und Hilflosigkeit . . . verschmilzt der Schüler mit diesen ungeheuren Mächten . . .« (Holger Kalweit)

lich Milch, obwohl sie noch nicht gekalbt hatten. Ihre Milch sammelte Porushaspa in einem Gefäß und vermischte sie mit dem Saft des heiligen Haoma-Zweiges. Diese bis heute nicht eindeutig identifizierte Zauberpflanze wurde im alten Persien kultisch verehrt und unter anderem dazu benutzt, sich in Visionen den Göttern zu nähern.

Beide Eltern des Propheten tranken die Haoma-Milch, wodurch der körperliche Wirkungskeim aus der Milch und das geistige Urwesen aus dem Haoma-Saft in ihre Körper gelangten. Zwar vereinten sich die beiden körperlich, doch fügten sie damit nur zusammen, was ihnen aus dem numinosen Bereich zugeströmt war.

Die Mutter Siddharta Gotamas, des historischen Buddha, empfing ihren Sohn als Bodhisattva (zukünftigen Buddha) auf übernatürliche Weise in Trance in der Gestalt eines weißen Elefanten.

Der chinesische Religionsstifter Laotse ist der Legende nach »eigentlich älter als Himmel und Erde. Er ist der gelbe Alte, der mit den anderen Vier die Welt geschaffen hat. Zu verschiedenen Zeiten aber hat er sich auf der Erde unter verschiedenen Namen gezeigt. Seine berühmteste Menschwerdung ist jedoch die als ›altes Kind‹, Laotse, mit dem Namen Li, ›Pflaume‹. Das ging so zu: Seine Mutter

Merkwürdige Zeichen und Wunder

empfing ihn auf übernatürliche Weise und trug ihn 72 Jahre lang. Als er geboren wurde, kam er aus der linken Augenhöhle seiner Mutter hervor. Er hatte gleich von Anfang an weißes Haar, darum nannte man ihn ›altes Kind‹. Auch konnte er schon sprechen. Da er keinen menschlichen Vater hatte, deutete er auf den Pflaumenbaum, unter dem er zur Welt gekommen war, und sprach: ›Dies soll mein Name sein!‹«

Noch weiter verbreitet als die Legenden um eine übernatürliche Zeugung sind jene, die sich mit Prophezeiungen weiser Männer und himmlischer Geister bezüglich der bevorstehenden Prophetengeburt befassen. Und immer geschehen bei der Geburt selbst merkwürdige Zeichen und Wunder. Bei Jesus waren das der Stern von Bethlehem, die Engelsvisionen der Hirten und der Besuch der drei Weisen.

Amina, die Mutter Mohammeds, hatte während ihrer Schwangerschaft den Besuch eines Engels, der ihr verkündete, sie sei »mit dem Besten der Welt schwanger«. Und bei der Geburt des Propheten waren Engel, paradiesische Jungfrauen, schwebende Männergestalten und himmlische Vögel anwesend. Die Legende legt der Mutter in den Mund: »So gebar ich Mohammed, und ich wandte mich um, ihn zu betrachten, und siehe, da lag er anbetend, seine Hände gen Himmel hebend, wie einer, der demütig fleht. Dann sah ich eine Wolke, die vom Himmel her ihn bedeckte, so daß er mir unsichtbar wurde. Und ich hörte jemanden, der da rief: ›Führt ihn um die Erde herum im Osten und im Westen und führt ihn zu den Meeren, daß sie ihn erkennen mit seinem Namen und seiner Gestalt und seinen Eigenschaften und damit sie wissen, daß er in den Meeren al-Mahi heißen wird, denn allen sirk (Schmutz) wird er wegwischen ...‹« Indes verkündeten Gabriel und andere Engel laut und leise die Freudenbotschaft, »und der Thron erbebte«.

Das Geburtshaus Zarathustras umstrahlte ein heller Lichtglanz, der alle bösen Anschläge der feindlichen Devs (die von den alten Volksreligionen verehrten Götter, die Zarathustra später zu bösen Mächten »degradierte«) zunichte machte. Nach einem Bericht soll Zarathustra lachend zur Welt gekommen sein.

Wie das Jesuskind bald nach seiner Geburt von dem Seher Simeon begrüßt und wegen seiner künftigen Größe gepriesen wurde, so empfing der Weise Asita das Buddha-Knäblein und sagte ihm höchste Erleuchtung voraus.

Gottes schützende Hand

Die Vergleiche legendärer Verbrämungen der großen Religionsstifter ließen sich weiterführen. Von vielen wird eine tödliche Gefährdung bereits im Säuglings- oder Kleinkindalter berichtet, zum Beispiel in Form der Kindermorde durch Pharao und König Herodes, die Moses und Jesus bedrohten. Immer stellte sich eine wundersame Errettung ein, die bewies, daß Gott seine schützende Hand schon im Babyalter über seine Propheten hält.

Sehr ähnliches erzählt man sich auch von großen Königen. So wurde der spätere babylonische König Sargon als Baby wie Moses in einem Kästchen aus Rohrgeflecht den Fluten eines Stromes anvertraut: des Euphrats, nicht des Nils. Ein Gärtner fand den Säugling und zog ihn auf.

Von mehreren Religionsstiftern berichten darüber hinaus Legenden von vielfältigen Wundertaten im Kindesalter, etwa von Krankenheilungen oder Totenerweckungen, manchmal allerdings auch von weniger erfreulichen Zauberhandlungen. So soll der kleine Jesus allein durch sein Wort Vögel und Spielgefährten getötet haben.

Legenden von Wundertaten begleiten auch das weitere Leben der Propheten, obwohl sie sich als historische Persönlichkeiten meist dagegen verwahrten, ihre göttliche Legitimation als Lehrer des Volkes durch Magie unter Beweis zu stellen. Jesus widerstand sogar den Versuchungen des Teufels, der ihn veranlassen wollte, Wunder zu tun, und Mohammed wurde niemals müde zu betonen, das einzige Wunder, das er den Menschen präsentiere, sei der von Gott geoffenbarte Koran. Buddha wies Wundertaten mit der Begründung zurück, daß ein Ungläubiger Wunder auf ein geheimes Zauberwissen zurückführen und keineswegs durch sie zum Glauben an die rechte Lehre veranlaßt werden würde.

Befreit man die Religionsstifter von den sie umgebenden Legenden, dann bleiben menschliche Gestalten vor uns stehen: Handwerker, Fischer, Kaufleute, kleine Beamte, die irgendwann in ihrem Leben in eindringlichen Erlebnissen Gott begegneten und von ihm den Auftrag bekamen, sein Wort zu verkünden. Das unterscheidet Propheten von anderen Mystikern, die ihr Gotteserlebnis für sich behalten.

Typisch für die historischen Persönlichkeiten ist, daß sie ihre göttliche Mission keinesfalls etwa freudig begrüßten, sondern sie zunächst zurückwiesen. Als Moses auf dem Wüstenboden des heiligen Bergs Horeb beim Schafehüten in einem brennenden Dornbusch Gott begegnete, da verhüllte er sein Gesicht, weil er sich fürchtete, hinzublicken. Und als Gott ihm auftrug, sein Volk von der Versklavung durch Ägypten zu befreien, da entgegnete Moses: »Wer bin

Ich fürchte mich

ich, daß ich zum Pharao gehen und daß ich die Israeliten aus Ägypten wegführen könnte?«

Noch heftiger widersetzte sich Mohammed seiner Mission. Zwar suchte er Gott ab seinem 40. Lebensjahr in der Einsamkeit der Wüste in langen Andachtsübungen auf dem Berge Hira oder dem Hügel Arafat. Als aber ein Gottesengel in der »Nacht der Macht« begann, ihm den Koran zu offenbaren, da wehrte er sich zunächst dagegen.

»Da kam in einer Nacht«, so erzählte Mohammed später, »Gabriel zu mir, als ich schlief, mit einem Tuch und sagte: Lies! Ich antwortete: Ich kann nicht lesen (was nicht bedeutet, daß Mohammed Analphabet war). Da drückte er mich damit, daß ich glaubte, ich müßte sterben. Darauf ließ er mich los und sagte: Lies!« Mohammed weigerte sich erneut, und noch einmal wiederholte der Engel seinen körperlichen Angriff. In Todesfurcht fragte Mohammed endlich: »Was soll ich lesen?« Nach Hause zurückgekehrt, teilte der Prophet seiner Frau Chadygá sein Offenbarungserlebnis mit. Aber zuvor rief er: »Wickelt mich ein, wickelt mich ein!« Und man wickelte ihn ein, bis ihn seine erste große Angst verlassen hatte. Dann begann er seinen Bericht: »Ich fürchtete mich für mein Leben.«

Zarathustra begegnete Gott, den er Ahura Mazda nennt, zunächst in Gestalt seiner Personifikation Vohu mano, der »guten Gesinnung«, ebenfalls in der Einsamkeit der Wüste. Er zeigte keine große Furcht, aber vollkommene Demut, und willigte in seine Mission ein. Dann aber wurde er in entsetzlichen Versuchungen von den Mächten des Bösen gequält, die ihn mit dem Tode bedrohten.

Buddha stellte sich die Frage selbst, ob er lehren solle oder nicht. Er, der Erleuchtete, tat es nicht auf göttliches Geheiß, sondern aus persönlichem Mitleid mit seinen Mitmenschen. Und Laotse schließlich lehrte im eigentlichen Sinne überhaupt nicht: »Ich tue nichts, und das Volk wandelt sich von selbst.«

Eine erstaunliche Parallele unter den bedeutenden Religionsstiftern ist, daß sich kein einziger von ihnen selbst als Religionsstifter verstand. Nicht einer wollte eine *neue* Religion begründen. Moses suchte bewußt Kontakte mit dem tradierten Volksgott Israels, mit Jahve, und fungierte als Mittler zwischen ihm und den Israeliten. Ausdrücklich

Mittler, nicht Religionsstifter

erneuerte er den Bund und gab ihm dabei eine neue Gesetzesgrundlage. Er verkündete keine neue Religion, er rief sein Volk zum treuen Gehorsam gegenüber dem alten Gott zurück.

Jesus sagte von sich, er sei gesandt, um das Gesetz der Väterreligion zu erfüllen, nicht um es aufzulösen.

Auch der Prophet Mohammed sah im Koran, der durch ihn offenbart wurde, keine neue Religion. Er verstand sich zwar als der Übermittler eines seit eh und je im Himmel präsenten göttlichen Buches, aber er betonte immer wieder, daß derselbe einzige und alleinige Gott schon vor ihm zahllose Propheten als Mahner zu den verschiedenen Völkern geschickt hatte. Die durch ihn verkündete Lehre sei gleichsam eine Zusammenfassung, ein Schlußstrich und kein neuer Anfang.

Buddha sprach ausdrücklich von »dem alten Weg zu einer vergessenen Stadt«, den er wiederentdeckt habe.

Und Laotse versuchte, den Wesenskontakt mit dem Tao (gesprochen »Dau«), dem »Namenlosen«, das der »Anfang von Himmel und Erde« ist, wiederzugewinnen, nicht neu zu erobern.

Zwar sammelten die »Religionsstifter« zu Lebzeiten Schüler oder Jünger um sich, denen sie ihre Lehre vortrugen, aber Volks- oder Weltreligionen entstanden aus ihren Lehren durchweg erst nach ihrem Tode. Und das gilt nicht nur für die Propheten unter ihnen. Das gilt zum Beispiel auch für

11

12

13

Konfuzius, dessen Lehre von keinerlei Offenbarung oder überhaupt von mystischem Erleben getragen war. Er hatte lediglich versucht, die aus den Fugen geratene Gesellschaft seiner chinesischen Heimat wieder zum Befolgen alter Traditionen – sakraler Rituale wie auch Gehorsam gegenüber der Staatsgewalt – zu bewegen. Erst posthum entwickelten seine Anhänger aus Konfuzius' Lehre eine eigenständige Religion und verbrämten auch ihren Meister mit den charakteristischen Legenden.

Von wundersamen Umständen bei der Geburt von Konfuzius war die Rede. 57 nach Christus, über ein halbes Jahrtausend nach seinem Tod, erhob man ihn zu einem der Götter des chinesischen Staates und errichtete Tempel. Und 906 stellte ihn ein kaiserliches Edikt den beiden höchsten Naturgottheiten, Himmel und Erde, gleich.

Generell weichen die Religionen, die sich später aus den Lehren ihrer sogenannten Stifter entwickelten, in Einzelheiten deutlich vom religiösen Anliegen der Urheber ab. So erstarrte das Christentum zeitweilig in genau jenem Dogmatismus, Ritualismus und Traditionalismus, gegen den Christus bei seiner Erneuerung der alten jüdischen Religion ankämpfte.

So ergeht sich zumindest der schiitische Islam in Heiligen- und Reliquienverehrung, die der Koran untersagt; und die islamische Welt kennt seit langem eine Hierarchie der Geistlichkeit, die es nach der moslemischen Lehre gar nicht geben dürfte.

Im Buddhismus wurde in seinen Hauptzügen aus dem ursprünglich abstrakten holistischen Weltbild ein kultüber-

11 »Moses zerbricht die Gesetzestafeln«, Bibelillustration aus dem 19. Jh.

12/13 »Szenen aus dem Leben der Eremiten in der Thebais« vor den Zellen der Mönche. Zugegen sind Fabeltiere (12) und Engel (13). Toscana-Schule, entstanden um 1440/1450.

frachteter Polytheismus, in dem zahlreiche Buddhas von Erleuchteten zu göttlichen Wesen aufstiegen.

Und ähnlich falsch interpretierten die späteren Taoisten Laotses Tao-Begriff.

Ist der Prophetenbegriff sowohl vom Legendären wie von der Rolle des vorsätzlichen Religionsstifters befreit, dann bleibt ein »normaler« Mystiker zurück, ein Gottessucher und Gottesfinder, der seine eigenen Erfahrungen lebte und zugleich lehrte. Solche Gestalten sind aber wesentlich zahlreicher als die sogenannten Religionsstifter. Was verleiht den letzteren ihren besonderen Status?

Die Antwort überrascht und ist dazu geeignet, bei den Anhängern der einzelnen Religionen Empörung auszulösen: Die »Religionsstifter« wurden vom jeweiligen Zeitgeist getragen.

Moses hätte als rein spiritueller Mittler zwischen Jahve und den Stämmen Israels kaum Erfolge verbuchen können, wäre er nicht als politischer Führer in Erscheinung getreten, der seine Landsleute aus der ägyptischen Gefangenschaft

Richter und Lehrer

befreite, immer wieder Stammeszwistigkeiten schlichtete und damit zum eigentlichen Gründer des israelischen Volks wurde.

Jesus erschien genau zu einer Zeit, als mehrere untereinander zerstrittene jüdische Gruppen, vor allem die Pharisäer und die Essener, auf eine einende Führerfigur, den Messias, warteten, der das Reich Gottes auf der Erde etablieren sollte. Die meisten unter ihnen nahmen es ihm dann auch übel, als er sie durch seinen widerspruchslos hingenommenen Kreuzestod enttäuschte, anstatt mit Pauken und Trompeten die weltliche Gewalt in Jerusalem an sich zu ziehen.

Zarathustra gewann seinen Einfluß zunächst auf rein politischer Ebene. Er besaß die Gunst eines Stammesfürsten im Grenzgebiet von Persien und Afghanistan, der ein vermutlich noch halbnomadisch lebendes Volk regierte und dieses zum Ausbau seiner Herrschaft seßhaft machen wollte. Genau in diesem Punkt trafen sich seine Vorstellungen mit der religiösen Lehre Zarathustras, der für ortsfesten Ackerbau und Viehzucht eintrat.

Auf ähnliche Weise gelangte Konfuzius zu Ruhm und Ansehen, nur daß er nacheinander für verschiedene Fürsten und deren Machtansprüche eintrat.

Allein bei Buddha verhält es sich anders. Aber seine Lehre erfuhr ihre große Ausbreitung ohnehin erst nach weitgehender Entstellung, in der er selbst zu einer Heilandgottheit (im Mahayana-Buddhismus) umfunktioniert wurde.

Über Laotses Leben schließlich ist kaum etwas bekannt.

Ließ in erster Linie die Gunst der Stunde die bekannten Prophetengestalten zu Religionsstiftern werden, dann muß man davon ausgehen, daß zahllose andere lehrende Mystiker unbedeutend oder – die Vielzahl – sogar unbekannt blieben, weil sie zu politisch und religiös stabileren Zeiten auftraten oder in weltgeschichtlich unwesentlichen kleinen Völkern aktiv wurden.

So ist es auch. Das große Heer der Offenbarungsträger ist entweder eingebettet in bereits bestehende große Religionen (etwa die Führergestalten der jüdischen Chassidim, die islamischen Sufi-Meister und -Scheichs oder die christlichen Mystiker und Heiligen), oder es steht in Konkurrenz oder gar Widerspruch zur etablierten Geistlichkeit und wird von dieser als Ketzer verfolgt. Die dritte Möglichkeit ist ein Wirken in den Stammesverbänden von Naturvölkern. Doch dort kommt den Offenbarungsträgern nur selten überragende Bedeutung zu, denn ihrer sind zu viele. Man nennt sie weder Propheten noch Religionsstifter, sie heißen je nach Volk Ojun, Bügä, Kam, Udagan, Márá'akáme oder – aus dem Tungusischen stammend – Schamane.

Es bleibt zu beweisen, daß die weltbekannten Propheten, deren Lehre religionsbegründend wirkte, im Grunde

Gott nahe sein

wesenseins mit den nur im kleinen Kreise bekannten oder anonym gebliebenen Mystikern sind. Lokale Legendenbildung liefert einen rein äußerlichen Hinweis: Auch von vielen Medizinmännern erzählt man, sie seien gestorben oder gar getötet worden und wieder auferstanden, um zu ihrem Volk zurückzukehren und ihm weiterhin den Willen des Großen Geistes zu erklären.

Um die Geburt dieser Gestalten ranken sich ähnliche Mysteriengeschichten wie um jene der weltbekannten religiösen Meister. Etwas anderes aber ist wichtiger: der innere, der persönliche Werdegang. Und hier zeigen sich weitgehende Übereinstimmungen. Offenbarungserlebnisse kommen immer aus der Einsamkeit; manchmal aus der inneren Einsamkeit bei schwerem körperlichen Leiden, manchmal aus der psychischen Isolation von den Zeitgenossen wie bei Laotse; bei den kraftvollsten prophetischen Gestalten aus der Einsamkeit in der Natur. Oft ist das die Wüste. Aber das ist nicht zwingend. Auch die winterliche Polareinöde kann es sein, die Abgeschiedenheit in einer dunklen Höhle, ein isolierter Berggipfel, eine skurrile Vulkanlandschaft . . .

Moses begegnete Gott bei tagelangem Fasten auf den Wüstenbergen Horeb und Sinai. Auch Johannes der Täufer zog hinaus in die Wüste, um sich dort Gott zu nähern, und in der Wüste traf ihn auch seine prophetische Berufung. Jesus erhielt den Heiligen Geist in derselben Wüste am Ufer des Jordans, und er zog anschließend vom Fluß weiter weg in die Vollwüste hinein, um dort 40 Tage lang zu fasten. Mohammed empfing seine ersten Offenbarungen in einer Höhle in der Felswüste weit vor den Toren Mekkas, Zarathustra im Zwiegespräch mit Gott in den weiten Bergwüsten Persiens. Der im Reichtum und Glanz eines orientalischen Fürstenhauses aufgewachsene Prinz Siddharta zog in die Heimatlosigkeit, um seine mystische Sehnsucht zu stillen, und fand die Erleuchtung unter einem einsamen Baum.

Wie Mohammed suchen die Arunta-Schamanen Australiens in einer abgeschiedenen Höhle den Kontakt mit übermenschlichen Kräften. Haben sie ihn gefunden, dann ereignet sich etwas, was sowohl Ethnologen wie Religionswissenschaftler meist als »animistisch« oder »primitiv« bezeichnen: In einem Todeserlebnis operieren Geistwesen dem angehenden Schamanen die Organe aus dem Körper, reinigen dessen Inneres und ersetzen die Organe durch neue. Das ist eine mystische Erfahrung, die sich übrigens in gleicher oder sehr ähnlicher Weise bei vielen Stammesvölkern der Welt wiederfindet.

Kontakt mit Geistwesen

Und in den Hochreligionen? Mohammed berichtete: ». . .Während ich mit meinem (Pflege-)Bruder hinter den Zelten war und Vieh weidete, kamen zwei Männer in weißem Kleide mit einem goldenen Becken, das mit Schnee gefüllt war. Einer von ihnen ergriff mich und riß mir den Leib auf, nahm das Herz heraus und spaltete es und nahm einen schwarzen Klumpen heraus. Sie warfen ihn weg, wuschen mein Inneres und mein Herz mit jenem Schnee; dann sagte einer zum anderen: Wiege ihn gegen hundert von seinem Volke . . .«

Der exzellente Schamanismus-Kenner Holger Kalweit schreibt: »Das einsame Ringen mit den Naturgewalten, ihnen auf Gedeih und Verderb ausgeliefert zu sein, ist die Voraussetzung des schamanischen Lehrweges; denn angesichts der Erkenntnis seiner Kleinheit und Hilflosigkeit, die ihn bescheiden und demütig werden läßt, verschmilzt der Schüler mit diesen ungeheuren Mächten. Die Erfahrung einer alles zusammenwebenden mystischen Natureinheit ist ein Grunderlebnis der Einweihungszeit . . .«

Richtet der mystische Sucher in dieser Einweihungszeit sein Denken unablässig auf das Gebet, auf Geister, Gott oder das Numinose schlechthin, dann führt das früher oder

14 »Johannes der Vorläufer«, dargestellt auf einer bulgarischen Ikone (Nationale Kunstgalerie, Sofia). Johannes der Täufer, Sohn einer Jerusalemer Priesterfamilie, zog schon als Kind aus der Stadt in die Wüste. Als Erwachsener traf ihn dort seine prophetische Berufung.

später zu einem sein ganzes Leben verändernden Offenbarungserlebnis; dann wird er selbst zur Brücke zwischen der Welt der Menschen und der Welt an sich, also der Welt der göttlichen Schöpfung. Dann wird er zum Propheten. Berichte über derartige Erlebnisse zählen in der ethnologischen Literatur nach Hunderten. Ich will hier nur zwei zitieren, weil sie besonders charakteristisch erscheinen.

Da ist einmal die Berufungsgeschichte des Sioux-Schamanen Leonard Crow Dog, geboren 1942. Die heiligen Männer seines Stammes erkannten sehr zeitig, daß er mit besonderen Kräften begabt war, und schickten ihn bereits als Kind in die Einsamkeit, genauer gesagt, auf einen heiligen Visionshügel, wo er im Gebet den Großen Geist um ein Gesicht bitten sollte. Nur in eine Wolldecke gehüllt verbrachte er ohne Essen und Trinken zwei Tage und Nächte in einer ausgehobenen Erdhöhle auf dem Gipfel. Später berichtete er: »Die ersten Stunden waren die schwersten. Es war stockdunkel und totenstill. Ich saß da, ohne mich zu rühren. Meine Arme und Beine schliefen ein. Ich konnte weder sehen noch hören noch fühlen. Ich wurde fast körperlos, ein Ding mit einem Herzen und wilden Gedanken,

Übertreibe nicht,
heuchle nie!

aber ohne Fleisch und Knochen ... Alles Zeitgefühl hatte ich längst verloren. Ich wußte nicht, ob es Tag oder Nacht war, hatte nicht einmal die Möglichkeit, es herauszufinden. Ich betete und betete, Tränen liefen mir in Strömen über die Wangen. Ich wollte Wasser haben, aber fuhr fort zu beten.«

Crow Dog schätzt, daß so etwa anderthalb Tage vergingen. Dann sah er nach ersten Visionen einen Mann auf sich zukommen: »Er schien keine Füße zu haben, er schwebte einfach aus einem Nebelschleier auf mich zu ... Er sagte: ›Junge, was immer du deinem Volk erzählst, übertreibe nicht. Handle stets nach dem, was deine Gesichte dir zeigen. Heuchle nie.‹ ... Plötzlich wuchs vor mir eine kohlschwarze Wolke, aus der Blitze herauszuckten. Die Wolke wuchs und wuchs; sie bekam Flügel; sie wurde ein Adler. Der Adler sprach zu mir: ›Ich gebe dir eine Kraft, nicht daß du sie für dich gebrauchst, sondern für dein Volk. Sie gehört dir nicht. Sie gehört den Ikehe Wichasha, den Menschen schlechthin.‹ ...«.

Da ist der schwebende Mann ohne Füße, eine Gestalt, die auch Mohammeds Mutter beschrieb, da offenbart sich der Bote des Großen Geistes aus einer dunklen Wolke und Blitzen, was an die Visionen Moses' erinnert, und da ist der Auftrag an Crow Dog, mit seinem Volk zu sprechen und ihm zu dienen, wie bei allen Propheten.

Das zweite Beispiel beschreibt das Offenbarungserlebnis einer erwachsenen Indianerin, deren Eltern den Stämmen der Nez Percé und der Sioux angehörten. Sie selbst, Brooke Medicine Eagle, studierte an der Universität von Denver, wo sie Diplome in Psychologie und Mathematik sowie den Magistergrad in Sozialpsychologie erwarb. Sie arbeitete dann an verschiedenen Universitäten, fühlte später aber eine innere Berufung, westliche Gelehrsamkeit und Bildung aufzugeben und in die Einsamkeit zu ziehen. An einem abgelegenen Ort in der Prärie South Dakotas suchte sie »nach dem Gesicht«. Vier Tage und Nächte lang verbrachte sie unter Fasten, nur mit einem Lendenschurz bekleidet und mit einer Büffeldecke im Gebet auf der Spitze eines Berges. Sie fand das Gesicht:

»Ganz friedvoll liege ich einfach da. Und neben mir taucht eine Frau auf, älter als ich, aber eigentlich keine alte Frau ... Wie sie so zu mir spricht, vernehme ich ihre Worte, jedoch

Es kam
einfach so

nicht mit meinen Ohren; eigentlich höre ich sie überhaupt nichts sagen. Mir ist, als flöße sie mir etwas durch den Nabel ein, und es strömt durch mich hindurch, und manches davon kann ich mir zu Worten deuten, aber nicht alles, als gäbe sie mir etwas durch meinen Magen ein und ließe es dann aufsteigen. So müssen die Worte, die ich dem beilege, meine eigenen sein, und im Laufe der Zeit habe ich mehr und mehr von dem entdeckt, was sie mir erzählte.«

Medicine Eagle hat noch weitere Visionen: »Ich habe es mir nicht von außen her ausgesucht. Es kam einfach so ... Ich sehe meine Aufgabe darin, in jeder mir möglichen Weise dazu beizutragen, daß die Erde geheilt werde. Ich fühle, daß wir in einer Zeit leben, in der die Erde verzweifelt nach Heilung verlangt ... Und ich fühle, daß in jeder Weise, in der ich helfen kann, meine Berufung liegt ...«

Ich glaube, daß Berufungserlebnisse dieser Art nicht grundsätzlich anderer Natur sind als jene der weltbekannten Religionsstifter. Und es fehlt auch keineswegs an zahlreichen Übergängen hinsichtlich der Wirkungsbreite der Berufenen. Man denke nur etwa an Mirsa Ali Mohammed, bekannt als Bab (»Tor«), der im 19. Jahrhundert mit seiner Offenbarungsschrift Bayan (»Erklärung«) das Fundament der Baha'i-Religion legte, oder an den US-amerikanischen Propheten Joseph Smith, der von sich sagte, ein Engel namens Moroni habe ihm in einer umfangreichen Offenbarung die Vorlage des Buches Mormon geliefert, das heute die Basis einer bedeutenden christlichen Kirche mit Zentrum im US-Staat Utah darstellt.

Dem Unbekannten auf der Spur

1

2

3

Seit Urzeiten drängt es den Menschen, sein Schicksal zu erkunden.
Um den Willen der Götter zu erfahren, bediente man sich in der griechischen Antike des Orakels. Im berühmten Heiligtum Delphi beantwortete die Seherin Pythia in rätselhaften Formulierungen die Fragen von Königen und anderen einflußreichen Klienten.
Kristallkugeln, Geistreisen, Visionen und Traumbilder, mit deren Hilfe Wahrsager und Hellseher im übersinnlichen Bereich nach vorausdeutenden Zeichen suchen – das alles klingt für den Skeptiker unglaubhaft. Doch auch der Mensch im 20. Jahrhundert ist an Prophezeiungen interessiert: Trendanalysen und Zukunftsforschung nennt man heute die Orakel der Wissenschaft.

1 Der altägyptische Götterkönig Amun gab vornehmlich durch Orakel seinen Willen kund.

2/3 Eine der bedeutendsten Kultstätten der Antike war das griechische Heiligtum Delphi. Jahrhundertelang suchten Menschen beim berühmtesten Orakel der Alten Welt den Rat der Götter.

4

5

6

Krösus, der Lyder und der anderen Völker König, hat in dem Glauben, daß dies die einzigen wirklichen Orakel auf der Welt sind, euch Geschenke gegeben, die dessen, was er herausgefunden hat, würdig sind, und er fragt euch jetzt, ob er gegen die Perser zu Felde ziehen und sich ein Heer von Männern zum Bundesgenossen nehmen soll.«

Diese Nachricht brachten Abgesandte aus Sardes, der Hauptstadt des lydischen Königreichs in Kleinasien, vor rund 2500 Jahren nach Delphi, dem berühmten griechischen Orakelheiligtum.

Der für seinen unermeßlichen Reichtum bekannte lydische Monarch setzte sein Vertrauen in Delphi, er hatte nämlich zuvor mit beachtlichem Aufwand an Zeit und Geld Delegationen nach Didyma und Delphi, nach Abai im Lande der Phoker, Dodona in Epirus, zum Amphiareion in Attika, nach Lebadeia in Böotien und in die Libysche Wüste zur Orakel-Oase Siwa entsandt. Sie alle sollten genau hundert Tage nach ihrer Abreise an den jeweiligen Zielorten die Frage stellen, was Krösus, Sohn des Alyattes, im Augenblick mache und sich die Antworten schriftlich geben lassen. Er selbst saß zur fraglichen Stunde vor einem großen Eisenkessel mit dem Fleisch eines Lammes und einer Schildkröte, die er beide persönlich geschlachtet hatte, und garte das Mahl. Was sechs der berühmtesten Orakelstätten seiner Zeit herausfanden, ist nicht überliefert. Was indes die weissagekundige Pythia in Delphi zu Protokoll gab, hat später Herodot in seinen »Historien« aufgezeichnet:

4 Der Riesenskarabäus in der Anlage des Amun-Tempels war dem Sonnengott Re geweiht.

5 Sogar Alexander der Große besuchte die bekannte Orakel-Oase Siwa in der Libyschen Wüste.

6 Im Apollon-Tempel von Delphi weissagte die Seherin Pythia die Zukunft auf geheimnisvolle Weise.

»Weiß ich doch der Sandkörner Zahl und die Masse des Meeres,
Selbst den Stummen vernehm' ich, und den Nichtsprechenden hör' ich,
Duft von Schildkröte ward mir bewußt, dem gepanzerten Tier,
Die in ehernem Kessel gekocht wird, und Stücke von Lammfleisch.
Erz ist darunter gelegt, und Erz wird ruh'n auf dem Kessel.«

Mit Erz ist natürlich Eisen gemeint, und in der Tat hatte der Kessel des Krösus auch einen eisernen Deckel.

Krösus beeindruckte die hellseherische Fähigkeit der Pythia im fernen Delphi außerordentlich. Doch ihre Antwort auf seine Perserfrage sollte ihm zur Falle werden. »Wenn du den Halys (den heutigen osttürkischen Fluß Kizilirmak) überschreitest, wirst du ein großes Reich zerstören«, weissagte das Orakel. Krösus interpretierte den Spruch als Ankündigung eines großen Sieges, verbündete sich mit den Spartanern und rüstete zum Kampf gegen den Perserkönig Kyros. Doch zuvor ließ er in Delphi noch anfragen, wie lange seine Alleinherrschaft dauern würde. Die Pythia antwortete in der ihr zu dieser Zeit eigenen blumigen Weise:

... wirst du ein großes Reich zerstören

»Erst wenn ein Maultier den Medern als König gebietet,
Dann, zartfüßiger Lyder, entfliehe zum steinigen Hermos.
Flieh' und zögere nicht! Fürcht' nicht als Feigling zu gelten!«

Es war nicht gerade damit zu rechnen, daß eine Kreuzung aus Pferdestute und Eselshengst jemals zum Monarchen der Meder avancieren würde. Zum steinigen Fluß Hermos im Westen seines eigenen Landes würde er wohl nie flüchten müssen.

Noch eine dritte, eher private Frage ließ Krösus der Pythia stellen. Er hatte einen verkrüppelten, taubstummen Sohn und wollte vom Orakel wissen, ob er etwas tun könne, damit sein Sohn wenigstens die Sprache fände. Die Antwort klang unerfreulich und zugleich rätselhaft:

»Lyder von Art, fast König der Welt und doch töricht, o Krösus,
Wünsche nur nicht, den ersehnten Ruf im Hause zu hören
Deines sprechenden Sohnes! Das würde viel besser dir frommen.
Sprechen wird er zuerst an einem gar traurigen Tage.«

7 Ein prunkvolles Bauwerk im Dienst der Götter war der Tempel des Amun in Karnak. Die Reliefs der Anlage berichten von kultischen Handlungen und verherrlichen die ägyptische Götterwelt: Hier bringt der Pharao vor dem Reichsgott Amun und dem Fruchtbarkeitsgott Min ein Opfer dar.

8 Die Eingeweideschau galt bei Babyloniern, Etruskern und Römern als Wahrsagekunst. Man fertigte Modelle der Lebern von Opfertieren an, aus deren Beschaffenheit man die Zukunft ablas.

9 Der Hahn als Symbol der Wachsamkeit und des Sonnenaufgangs war bei den Griechen Opfertier.

8 Das Folgende ist schnell berichtet: Krösus überschritt den Halys und zerstörte in der Tat ein großes Reich . . . sein eigenes! Kyros gewann die entscheidende Schlacht durch einen militärischen Trick. Krösus selbst wurde gefangengenommen, und ein persischer Soldat wollte ihn erschlagen. Der plötzliche Schreck über diese bedrohliche Situation wirkte auf den anwesenden Sohn des Krösus wie eine Schocktherapie. »Mensch, töte Krösus nicht«, schrie er. Und damit hatte die Pythia zum zweiten Mal recht behalten. Das dritte Orakel – jenes mit dem Maultier – enträtselte sie selbst. Sie hatte, so erklärte sie, niemand anderen als den Perserkönig Kyros gemeint:

»Der stammte von Eltern, die verschiedenen Völkern angehörten,
Von einer besseren Mutter und einem geringeren Vater;
Sie war eine Mederin, die Tochter des Mederkönigs Astyages (eines Schwagers von Krösus),
Er Perser, von jenem beherrscht, er heiratete seine Herrin,
Obgleich er in allen Stücken unter ihr stand.«

Woher wurde der Pythia ihr Wissen um das Unbekannte zuteil, und wer war sie überhaupt? Es heißt, Apollon, der Gott der Weissagung, informierte Pythia persönlich, wenn
9 sich diese in Trance befand. Nachweislich wurde schon 548 v. Chr., nach einem großen Brand, das Heiligtum von Delphi an den Hängen des 2457 Meter hohen griechischen Gebirges Parnaß zum dritten Mal wieder aufgebaut. Mit Sicherheit wurde hier bereits lange zuvor orakelt. Den letzten Spruch erteilte die Pythia im Jahre 362 n. Chr. dem Arzt Oribasisus, der im Auftrage des Kaisers Julianus nach

Seine Quellen schweigen für immer

Griechenland reiste, um zu erfahren, ob die in einer sich dem Christentum zuwendenden Welt vom Untergang bedrohte Orakelstätte gerettet werden könne.

Das Urteil:

»Künde dem König, das schöngefügte Haus ist gefallen.
Phoibos Apollon besitzt keine Zuflucht mehr, der heilige Lorbeer verwelkt,
Seine Quellen schweigen für immer, verstummt ist das Murmeln des Wassers.«

Sechs Jahre später ließ Kaiser Theodosius' Sohn Arkadios die Orakelstätte abreißen.

Pythia hatte also wenigstens neun Jahrhunderte lang, wahrscheinlich aber noch wesentlich länger, ihres Amtes gewaltet. Schon daraus geht hervor, daß der Begriff Pythia nicht eine bestimmte Frau, sondern eine Institution bezeichnete. Und während der jahrhundertelangen Blüte-

10

10 Wohl eines der bedeutendsten Bauwerke der ägyptischen Kunst stellt das Haupttheiligtum des Reichsgottes Amun in Karnak dar. Eine lange Allee von Sphinx-Gestalten mit Widderköpfen säumt den Prozessionsweg vom Ufer des Nils bis zum Tempeleingang, der die irdische Welt von der

zeit des Orakels weissagten zwei bis drei Pythien gleichzeitig in Wechselschichten, denn ihre Aufgabe war äußerst anstrengend, und der Andrang der Klientel war gewaltig. Dazu kam, daß das Orakel nur am siebenten Tage jedes Monats sprach und außerdem während der drei Wintermonate eine Pause einlegte.

In den ersten Jahrhunderten waren die Pythien junge, etwa fünfzehnjährige Mädchen aus dem einfachen Volke. Eine wichtige Voraussetzung war allein ihre Jungfräulichkeit. Irgendwelche speziellen Anforderungen wurden offenbar nicht gestellt, wie Plutarch versicherte, der jahrzehntelang als Oberpriester in Delphi tätig war. In späteren Zeiten, angeblich nachdem eine der blutjungen Pythien entführt und vergewaltigt worden war, wählten die Priester Orakeldamen in reiferen Jahren. Sie mußten die 50 überschritten haben.

Um zu weissagen, bedurfte es verschiedener ritueller Vorbereitungen. Geleitet von zwei Priestern begab sich die Pythia zunächst zur heiligen Quelle Kastalia, wo sie nackt ein reinigendes Bad nahm. Von einer zweiten Quelle, jener von Kassotis, trank die Seherin sodann einige Schlucke heiligen Wassers. In Begleitung von zwei Oberpriestern und den Hosioi, den Mitgliedern des »Fünfmännerrates« des Orakels, ging die Pythia anschließend in den Apollon-Tempel.

Um die Zustimmung des Gottes zum Orakel zu erfahren, bedurfte es jetzt noch eines Omens. Ein Oberpriester besprengte ein Zicklein mit eisigem Wasser. Blieb es ruhig, fiel das Orakel an diesem Tag aus, und die Klientel mußte

Mit Zustimmung des Gottes Apollon

sich einen weiteren Monat gedulden. Zuckte es zusammen, dann wurde es als Opfertier geschlachtet und auf dem Altar verbrannt. Der Weissagung stand nichts mehr im Wege. Die Pythia wurde jetzt vor den Altar der Hestia geführt, auf dem aus einem Fichtenholzfeuer berauschender Qualm aufstieg. Hier wurden Weihrauch, Laudanum, Bilsenkraut und anderes halluzinogenes Räucherwerk verschwelt. Die Pythia inhalierte den Qualm und versank in Trance. Zwei Priester faßten sie an den Oberarmen, brachten sie ins Adyton, die etwas vertiefte eigentliche Orakelzelle mit nacktem Erdboden, und setzten sie auf den berühmten dreibeinigen hohen Hocker, von dem sie – sogar halb betäubt – nicht herunterfallen konnte, da er eine tiefe Sitzmulde und zwei große Halteringe besaß.

Oft ist die Rede davon, daß die Pythia mit ihrem Hocker über einer Erdspalte saß, der berauschende Dämpfe entströmten. Das war sicher nicht der Fall, denn weder fanden

überirdischen schied. Den allerheiligsten Bezirk im Innern durften einst nur der Pharao und die weissagenden Amun-Priester betreten, die als Hüter des Glaubens auch großen politischen Einfluß besaßen.

11

11 Persephone und Hades, die Götter der Unterwelt, empfangen Dionysos, Sohn des Zeus: Persephone, Tochter des Zeus und der Demeter, wurde von Hades als Gemahlin in sein Totenreich entführt. Zeus befahl die Rückgabe der Geraubten, doch der Liebeszauber eines Granatapfels schlug

die Archäologen eine derartige Spalte, noch halten die Geologen in dem Erdboden von Delphi eine Spaltenbildung überhaupt für möglich. Die »Spalte« mag nichts anderes als eine kleine künstliche Grube gewesen sein, die den Kontakt zur alten Erdgöttin Ge symbolisierte.

In Trance beantwortete die Pythia Orakelfragen. War sie erschöpft, wurde sie abgelöst. Die Orakel dauerten bis spät in die Nacht hinein. Dennoch hätte Pythia niemals alle Fragenden individuell beraten können, denn Tranceorakel brauchen viel Zeit. Deshalb blieben sie nur der sehr begüterten Klientel vorbehalten. Ärmere Kunden mußten sich mit einem Binärorakel begnügen. Sie mußten ihre Frage so stellen, daß sich die Antwort eindeutig mit Ja oder Nein geben ließ. Die Pythia langte dann lediglich blind in einen Behälter mit weißen und schwarzen Bohnen und griff eine davon heraus: Weiß bedeutete Ja, Schwarz Nein. Der Orakelsuchende hätte genausogut eine Münze werfen können.

Normalerweise lassen sich Weissagungen in feste Kategorien einteilen. In Delphi kamen gleich mehrere Prinzipien zum Tragen: die Omendeutung, das Binärorakel, das Visionsorakel und in besonders wichtigen Einzelfällen vielleicht sogar ein Geistreisenorakel.

Was hat es mit diesen Kategorien auf sich? Die Frage läßt sich am besten im Rahmen einer Übersicht über alle üblichen Orakelarten beantworten.

Wohl am weitesten verbreitet sind die sogenannten Volksorakel, die darauf beruhen, schicksalhafte Vorzeichen zu provozieren, und die in der einen oder anderen Form überall auf der Welt zu Hause sind. Da befragen junge Mädchen zum Beispiel das Brotkugelorakel, wenn sie wissen wollen, wer ihr Zukünftiger wird. Sie schreiben die Namen verschiedener Verehrer auf kleine Zettel und kneten diese in Brotkügelchen ein. Die werfen sie dann in ein Gefäß mit Wasser, wo sie sich langsam auflösen. Der Zettel, der als erster aufschwimmt, nennt den richtigen Namen. Auf ähnliche Weise ermittelte man früher in ländlichen Gegenden vielfach sogar Diebe.

Um das Geschlecht eines ungeborenen Kindes zu bestimmen, gießt man mancherorts eine kleine Menge Öl in ein mit Wasser gefülltes Glas. Fließt es nach wenigen Minuten zusammen, so soll das auf einen Jungen deuten, bilden sich aber viele kleine Fettaugen, dann rechnet man mit einem Mädchen.

Oft lassen solche Methoden, von denen es unzählige gibt, nur zwei Antworten (Ja/Nein) zu und fallen damit zugleich in die Kategorie der Binärorakel. Klassische Binärorakel sind etwa das Münzenwerfen, das Würfeln oder auch das bekannte Abzählen von Blumenblättern nach dem Schema »Er liebt mich – er liebt mich nicht – er liebt mich . . .«. Oft werden auch Pendel und Wünschelrute als Binärorakelgeräte benutzt. Die Trefferquote der Binärorakel liegt im allgemeinen bei 50 Prozent – und das entspricht natürlich genau der statistischen Erwar-

sie in den Bann. Seitdem gebietet sie mit Hades ein Drittel des Jahres über die Schatten der Toten, die übrige Zeit weilt sie bei der Erdgöttin Demeter. – Ähnlich wie in der griechischen Mythologie begibt sich heute manch einer freiwillig auf meditative Geistreisen in die »Unterwelt«.

tung –, sofern nicht ausnahmsweise außersinnliche Wahrnehmungen des Orakelstellers dazu führen, daß er das Omen unbewußt selbst beeinflußt.

Ein ausgeprägtes Binärorakel in der Oase Siwa in der Libyschen Wüste wurde im 4. Jahrhundert v. Chr. in der ganzen antiken Welt berühmt. Der heilige Ort war um diese Zeit dem ägyptischen Gott Amun gewidmet und existierte vielleicht schon seit Jahrhunderten. Dieses Orakel gab hochstehenden Persönlichkeiten individuelle Auskünfte auf ihre Fragen. So wurde eine Gesandtschaft des Kimon, eines der bedeutendsten Staatsmänner und Feldherren Athens, ohne Antwort auf eine spezielle Frage mit der Bemerkung heimgeschickt, der Auftraggeber sei bereits »zu Amun gegangen«. In der Tat war Kimon inzwischen bei der Belagerung der Stadt Kition gefallen. Diese Weissagung begründete den Ruhm des Wüstenorakels.

Die »normalen« Besucher erhielten aber im großen und ganzen nur Antworten auf Binärfragen, ebenso wie jene des Amun-Orakels in Theben, von wo eine Reihe auf Tonscherben notierter Orakelfragen überliefert ist: »Mein guter Herr, wird man uns die Getreidezuteilung geben?« – »Ist das Rind gut, das ich erhalten habe?« – »Ist er es, der die Matte gestohlen hat?« – »Wird er es ihr wirklich bezahlen?« – »Sind die Reden wahr?« – »Soll ich mit dieser Frau zusammenleben?« – Fragen, wie sie Menschen zu allen Zeiten bewegten. Immerhin: Einer der prominentesten Kunden des Orakels von Siwa war Alexander der Große.

Auf Omen vertrauen

Auch manche Omendeutungen lassen sich zu den Binärorakeln zählen, etwa der Delphische Versuch, durch das Zittern des wasserbegossenen Zickleins herauszufinden, ob Apollon der Orakelbefragung zustimmte. Omen können aber auch völlig anders interpretiert werden, nämlich mehr allgemein. Und so halten es viele abergläubische Menschen auch heute. Wer glaubt, die schwarze Katze, die seinen Weg von links nach rechts kreuzt, bringe Unglück, ein vierblättriges Kleeblatt bringe Glück, Regen am Hochzeitstag verspräche Reichtum oder Kindersegen, der orakelt mit Omen.

Zur regelrechten Wissenschaft erhoben die Etrusker das Omenorakel, und die Römer folgten ihnen darin. Sie pflegten in erster Linie die Eingeweideschau und die Ausdeutung von Blitzen. Als besonders informativ galt diesen Orakler zunächst die Leber von Opfertieren, später auch die Gallenblase, das Herz und die Lunge. Schon die Babylonier hatten in der Leber den Sitz der Seele vermutet, die Etrusker sahen in ihr ein getreues Abbild des Kosmos. In alten Orakelschulen fanden Archäologen Lebermodelle aus Bronze, Alabaster und Terrakotta, manchmal mit kartographisch genauen Einteilungen, welche Zonen worüber Auskunft geben sollten. Die Etrusker und Römer glaubten, die Götter würden den Menschen durch bestimmte Veränderungen innerhalb dieser festliegenden Zonen Zeichen und Informationen geben.

Ein Eingeweideschauer, der Haruspex Spurinna Vestricius, hatte um den 10. März des Jahres 44 v. Chr. herum den römischen Staatsmann Gaius Julius Cäsar zu größter Vorsicht gemahnt. »Rat und Leben« könnten ihm abhanden kommen, denn nicht nur fehlte der Leber eines fetten Opferstieres der sogenannte Pyramidenfortsatz, das Herz des Tieres ließ sich überhaupt nicht finden. Cäsar glaubte dem Orakeldeuter nicht, begab sich am 15. März kaum geschützt in die Kurie und fiel dort einem Attentat zum Opfer, an dem auch Brutus beteiligt war. Der Vorfall stimmte sogar den erklärten Orakelskeptiker Cicero äußerst nachdenklich.

Die Götter geben Zeichen

Nicht in die Kategorie der Omenorakel zählt das besonders im 19. Jahrhundert, aber auch heute wieder so beliebte Lesen des Kaffeesatzes oder etwa das Bleigießen, sofern man es nicht vollkommen laienhaft mit Deutungskatalogen betreibt. So absonderlich es klingen mag, das Kaffeesatzlesen, das Teeblätterlesen, Baumrindenlesen, Bleigießen sagen zwar nicht gerade die Zukunft voraus, sie können aber wirklich ernst zu nehmende Verhaltensratschläge oder Entscheidungshilfen in wichtigen Fragen liefern. Diese Orakel zählen zu den sogenannten eidetischen Orakeln.

Eidetisch sehen bedeutet, Formen und Farben intuitiv zu erfassen und assoziativ zu verarbeiten. Das Gesehene wird also nicht logisch analysiert. Der ernsthafte Befrager eidetischer Orakel vermeint, objektiv Symbole aus wirren Formen herauszulesen, während er seine eigene Vorstellungswelt in diese hineininterpretiert, und er vermeint, die Symbole objektiv zu deuten, während er seinem Unterbewußtsein Gelegenheit dazu gibt, sich mit gutem – sonst nicht gehörtem – Rat zu Worte zu melden. Ähnlich arbeitet der in der Psychoanalyse von Psychologen und Psychotherapeuten angewandte Rorschach- oder Tintenkleckstest. Nicht von ungefähr stand im Apollon-Tempel in Delphi die klare Aufforderung »Erkenne dich selbst«.

Weit über die eidetischen Orakel hinaus gehen die Visionsorakel. Hierbei geht es darum, das Alltagsbewußt-

12

13

14

sein zugunsten des Unterbewußtseins rigoros auszuschalten. Die mittelalterlichen Magier und auch spätere Hellseher wie Doktor Eisenbarth, Doktor Faust, Professor Beireis, Cagliostro sowie die Wahrsager und Hellseher der Gegenwart machten und machen das gern, indem sie Kristallkugeln, schwarz hinterlegte »magische Spiegel«, Wasserflächen, gezeichnete Spiralen oder auch Wolken so lange unverwandt anstarren, bis sie in eine Art Halbtrance verfallen. Das ist ein Zustand der Selbsthypnose, bei dem das Alltagsbewußtsein als Kontrollinstanz nicht völlig ausgeschaltet, aber stark in den Hintergrund gedrängt ist. Neben der Ablenkung des Gesichtssinns können als Hilfen auch das Gehör – etwa durch Meditationsmusik oder beschwörende Rhythmusinstrumente – und der Geruchssinn – durch Räucherwerk – von der Alltagswahrnehmung losgelöst werden. Ein sehr harter und direkter Weg ist das unmittelbare Lahmlegen des logischen Denkens durch berauschende oder visionsfördernde Drogen.

Der Trancezustand ist aber nicht nur ein wertvoller Weg zur Selbsterkenntnis, zahlreiche gesicherte Indizien sprechen dafür, daß er sich auch als gangbarer Weg zu außersinnlichen Wahrnehmungen erweisen kann. In diesem Bereich dürften die meisten Prognosen der Pythien angesiedelt gewesen sein. Manches weist darauf hin, daß die altgriechischen Orakelfrauen noch weiter gingen, und hier zeigen sich unvermittelt Zusammenhänge mit magischen Techniken, wie sie aus allen Teilen der Welt und aus allen Zeiten bekannt sind, mit Geistreisen. Von ihnen ist auch im Kapitel über Schamanismus die Rede. Die Scha-

12/13 Dichtern galt sie als Musenquell, Malern war sie ein beliebtes Motiv: die heilige Quelle Kastalia, in der sich die Orakelpriesterin Pythia reinigte, bevor sie den Apollon-Tempel betrat.

14 Auf dem Riesenaltar in Syrakus ließ Tyrann Hieron II. den Göttern jährlich 450 Stiere opfern.

15

16

Des
Durch die gantze Welt
berüffenen
Ertz-Schwartz-Künstlers
und Zauberers
Doctor Johann
Fausts,
Mit dem Teufel auffgerichtetes
Bündnüß, Abentheurlicher Lebens-
Wandel und mit Schrecken genom-
menes Ende,
Auffs neue übersehen,
In eine beliebte Kürtze zusammen gezogen,
Und allen vorsetzlichen Sündern zu
einer hertzlichen Vermahnung und
Warnung
zum Druck befördert
von Einem
Christlich-Meynenden.
Franckfurt und Leipzig,
1725.

17

manen der Naturvölker, die »Hexen« und »Hexenmeister« des Mittelalters und auch die »Magier« der Hochreligionen beschreiben in erstaunlicher Übereinstimmung geistige Reisen in die »Unterwelt«, die »Mittelwelt« und die »Oberwelt« beziehungsweise in geistige oder »himmlische« Sphären.

Indische Mystiker kennen den Begriff der Tattwa-Reisen, die gegenwärtig in der westlichen Welt eine Renaissance erleben. Auch sie verstehen darunter geistiges Entrücken in nicht alltägliche Welten, wahlweise in die »Erdwelt«, die »Wasserwelt«, die »Luftwelt«, die »Feuerwelt« oder die »geistige Welt«, wobei die Begriffe zwar anders sind, die jeweiligen »Reiseberichte« aber sehr ähnlich ausfallen, wie jene von den schamanischen Geistreisen.

Im Unterschied zur Vision in Trance, die vor dem geistigen Auge – oder bildlos vor dem inneren Ohr – des Visionärs nur wie ein Film oder ein Tonband abläuft, nimmt der Geistreisende selbst aktiv am Geschehen in der nicht alltäglichen Welt teil. Durch ein »Tor« – bei den Tattwa-Reisen ist das eine längere Zeit angestarrte Farbtafel, bei den Schamanenreisen eine intensiv imaginierte Erdspalte oder ein Loch im Boden für Unterweltbesuche, aufsteigender Rauch oder ein zum Himmel führender Faden für Besuche in der Oberwelt – gelangt man meditativ in andere Sphären. Hier hat der Geistreisende verschiedene psychische, intellektuelle und physische Widerstände zu überwinden, etwa Mauern oder Wächter, bis er Gestalten begegnet, die ihm mit Rat und Tat zur Seite stehen oder auch – seltener – Weissagungen offenbaren.

15 Berühmt-berüchtigt waren die Werbemethoden des Wundarztes Doktor Eisenbarth.

16/17 War der historische Doktor Johannes Faust ein Magier im Bündnis mit dem Teufel oder ein Hellseher, der durch Selbsthypnose die verborgenen Fähigkeiten des menschlichen Geistes erkundete?

Außerordentlich interessant ist in diesem Zusammenhang die alte griechische Orakelstätte von Ephyra, dem heutigen Dörfchen Mesopotamon. Dort nämlich war die Unterwelt Realität. Wo der Kokkytos in den Totenfluß Acheron mündet, am heute völlig verlandeten Acherousia-See, hatten die Alten unterirdisch etwas nachgebildet, das erstaunlich an die Beschreibungen von Geistreisen in die Unterwelt erinnert. Es scheint, als wollten hier Geistreiseexperten ein Szenario einrichten, das es auch mystisch weniger begabten Orakelklienten gestattete, sich in Sphären abseits der Alltagswelt versetzt zu fühlen.

29 Tage lang – von Neumond bis Neumond – wurden die Orakelsuchenden zunächst einzeln in völliger Dunkelheit eingesperrt und währenddessen wiederholt mit Haschisch, Dampfbädern und kalten Abschreckungen, fest vorgeschriebener Diät sowie unverständlichen Ritualen und beschwörenden Erzählungen über die Seelen der Verstorbenen auf die bevorstehende Begegnung mit einem Ahnengeist vorbereitet. Danach mußten sie durch ein unterirdisches Labyrinth finden, ein Ereignis, das auch bei Geistreisen häufig beschrieben wird, bis sie zum eigentlichen Hades, der Unterwelt, gelangten. Das war eine ausgemauerte Felsenkammer, in der Archäologen später eine meterdicke schwarze Humusschicht fanden: das zersetzte Blut von Opfertieren. Der Orakelsuchende blieb an einem Loch unmittelbar über dem Hades stehen. Dort gaukelten ihm die Orakelpriester unheimliche Geräusche vor und ließen einen schweren Eisenkessel von der Decke herab, in dem der orakelverkündende Ahnengeist saß.

Kann man Visionen, kann man Geistreiseerlebnissen trauen? Stimmt es, daß es einigen besonders medial veranlagten Menschen sogar gelingt, mit veritablen Geistern telepathisch in Verbindung zu treten oder sie gar in sich selbst einzulassen, um für sie zu sprechen?

Das alles klingt für den Skeptiker zweifelhaft. Ein erster Ansatz führte deshalb vom Seher oder von der Seherin weg zum Versuch eigener außersinnlicher Wahrnehmungen. Leichter als Experimente in Trance fiel dabei seit je die Traumarbeit. Nur bedurfte es dazu gewisser Anleitungen. Altgriechische Priester leisteten auch hier Hilfestellung: In Oropos und Epidauros gab es ab dem 4. Jahrhundert v. Chr. Schlaftempel. Während jener von Epidauros dem Asklepios, dem späteren römischen Äskulap, dem Gott der Heilkunde, geweiht war und dort entsprechend der Heilschlaf unter priesterlicher Obhut gepflegt wurde, diente die große Schlafhalle, das Amphiareion, zu Oropos (50 Kilometer nordöstlich von Athen) Orakelzwecken. Hunderte von Schläfern – von Priestern durch Räucherwerk, magische Beschwörungsformeln, zuweilen auch mit der Hilfe von indischem Hanf, Opium und anderen halluzinatorisch wirkenden Mitteln ins Land der Träume geschickt – wollten hier geheime Erkenntnisse erlangen. Aufgebahrt lagen sie in oft tagelangem Schlummer, bis ein weißgekleideter Priester den einen oder den anderen weckte, ihn sofort nach seinem Traumerlebnis fragte und dieses tiefenpsychologisch deutete.

Andere Versuche, Orakel zu entmystifizieren, bestehen darin, sie zu »objektivieren« – Verfahren, die im allgemeinen schon deshalb fehlschlagen, weil hierbei versucht wird, auf rationalem Wege zu paranormalen Erkenntnissen zu gelangen. Nur die wichtigsten Techniken zu beschreiben, würde leicht mehrere Bücher füllen. Sie reichen vom Schriftstechen, also dem Auffinden bestimmter Textstellen in Büchern – seit dem Mittelalter meist in der Bibel – mit geeigneten statistischen Methoden, um aus den so ermittelten Passagen Antworten auf Orakelfragen herauszulesen, bis zu den hunderterlei Techniken des Kartenlegens; von der Zahlenmagie, bei der etwa die Buchstaben des eigenen Namens oder die Ziffern des Geburtsdatums in Glücks- und Unglückszahlen umgerechnet werden, bis zur Gematrie, der höchst komplexen kabbalistischen Zahlenakrobatik, die mit den numerischen Werten der Buchstaben des hebräischen Alphabets verknüpft ist. Hierher gehört auch das alte asiatische Orakelbuch des I-Ging, das sich im Laufe der Jahrtausende zu einem komplexen philosophischen System ausgeweitet hat.

Im Land der Träume

Die am weitesten reichenden Versuche, Orakelaussagen zu objektivieren, sind wahrscheinlich die Handlesekunst oder Chiromantie und die Astrologie. Beide betonen einen schicksalhaften Zusammenhang der Lebensereignisse mit feststehenden Fakten.

Daß nach objektiv reproduzierbaren Methoden statistische Daten gewonnen werden, etwa durch astrologische Berechnungen oder durch Kartenlegen nach einem bestimmten Schema, die der Orakelnde anschließend individuell deutet, kann nur unter zwei Voraussetzungen zu sinnvollen Aussagen führen: Einmal, wenn der Deuter ein Seher ist und unbewußt oder bewußt durch seine Art der Symbolkombinatorik eigene außersinnliche Erkenntnisse in sonst willkürliche Daten hineininterpretiert, oder – und das ist das krasse Gegenteil – wenn die statistisch gewonnenen Werte tatsächlich im kausalen Zusammenhang mit der zu erfragenden Zukunft stehen. Im zweiten Falle ist aber nicht mehr der Seher gefragt, sondern der mathematische Statistiker, der Demoskop, der Wirtschaftsanalytiker, der Meteorologe, denn hier beginnt die Orakelgläubigkeit der Wissenschaft. Und hier spricht man auch nicht mehr von Weissagung, sondern von Trendanalysen und Zukunftsforschung oder Futurologie. Der Mensch möchte eben zu gerne wissen, was die Zukunft für ihn bereithält.

Mehr als ein Weg zum Ich

1

2

3

Was können wir aus Träumen lernen? Gibt es Wahrträume? Eröffnen Träume Zugänge zu anderen, im Wachzustand unerreichbaren Realitätsebenen? Steht das Unbewußte des Menschen im sogenannten luziden Traum mit transpersonalen Wissensquellen in Verbindung? Für manche Stammesvölker sind Träume auch heute noch die Grundlage ihres gesamten Lebens. Jahrtausende alte Traumerfahrungen und Traumtechniken sind aus nahezu allen alten Kulturen überliefert. Heute sieht der Nestor der modernen Traumforschung, Nathaniel Kleitman, in den durchschnittlichen Träumen erwachsener US-Amerikaner den »Ausdruck einer niedrigstehenden Denkungsart«.

1/2 In einer Hängematte schlafend träumt diese junge Frau in die Zukunft, in eine Zukunft, die sie sich in ihren Wachträumen erhofft? » . . . Mein Gott, sende mir günstige Kunde.«

3 Therapiezentrum Asklepios in Pergamon. Heilung durch Traum gehörte zu den Therapien.

4

5

6

Touristen, die heute Griechenlands alte Hauptstadt Nauplia besuchen, unternehmen meist auch einen Abstecher in die nur etwas mehr als 30 Kilometer entfernte Stadt Epidauros, nicht zuletzt wegen ihres berühmten Theaters. Es liegt im Südwesten der Stadt an der Küste des Saronischen Golfes. Der Baumeister Polyklet hat es im vierten Jahrhundert vor Christus entworfen, und schon Pausanias rühmte es mit den Worten: »Welcher Architekt könnte hinsichtlich Ebenmaß und Schönheit mit Polyklet wirklich in Wettbewerb treten?« In der Anlage – heute das besterhaltene Theater des alten Griechenlands – konnten einst 15000 Besucher Sänger- und Dichter-Wettstreiten folgen. Noch heute fasziniert die Akustik, denn auch auf den hintersten Plätzen ist ein im Bühnenrund geflüstertes Wort noch gut zu verstehen. Unweit des Theaters liegt ein – heute nicht mehr gut erhaltenes – Stadion, in dem Reiterspiele und athletische Wettkämpfe ausgetragen wurden.

Aber weder die Stätte der Kunst noch die des Sports zogen einst die großen Besucherscharen nach Epidauros. Sie dienten nur ihrer Unterhaltung. In erster Linie war Epidauros ein Ort der Heilung. Das gewaltige Theater unterstreicht allenfalls die einstige Popularität des Kurortes. Epidauros besaß eine große Anziehungskraft. Die Besucher kamen von weit her, auf staubigen Straßen, in mühsamen, langwierigen und nicht immer ungefährlichen Reisen. Zum Ruhm verhalf der Stätte kein Geringerer als Asklepios, der Gott der Heilkunst, den die Römer Äskulap nannten. Ihm war an Ort und Stelle ein Tempel geweiht. Unweit davon

4 Asklepios, der heilkundige Gott, den die Römer Äskulap nannten. Um 380 v. Chr.

5 Das »Heilige Schiff« des griechischen Heilgottes Asklepios an der Spitze der Tiberinsel in Rom.

6 »In diesem Zeichen wirst Du siegen«, Traum des Kaisers Konstantin vor der Schlacht.

7

7 Oft sind Träume so klar und eindeutig, daß der Träumende die Aussage unmittelbar erkennt. Andere Träume überfallen uns wie Gewitter mit Sturm, Regen, Blitz und Donner. Die Deutung erfordert dann Erfahrung und Einfühlungsvermögen.

befand sich ein mysteriöser Rundbau, die Tholos, von der heute nur noch das Fundament erhalten ist. Um ihre Bedeutung ranken sich Spekulationen. Der Grundriß weist labyrinthartige Kreise und Windungen des Gemäuers auf. Es gilt als sicher, daß Priester-Ärzte in diesem Gebäude große hellbraune Schlangen hielten, die heiligen Tiere des Asklepios. Auch wird berichtet, daß Patienten, die in Epidauros Heilung suchten, in den von Schlangen bevölkerten Gängen und Räumen geschlafen haben. Anderen Überlieferungen zufolge wandelten sie durch diese Anlage, um sich hier der Selbstverstrickung in das ewige Kreisen der eigenen Gedanken bewußt zu werden.

Das eigentliche Heilzentrum von Epidauros aber war eine 70 Meter lange, zweigeschossige Schlaf- und Traumhalle, Abaton genannt. Hunderte von Patienten konnten hier gleichzeitig schlafen, im Traum Asklepios begegnen und von ihm geheilt werden. Trotz seiner Größe war der Bau dem Ansturm nicht gewachsen. Die Priester-Ärzte entschieden sorgfältig in jedem einzelnen Fall, wer Zugang zum Abaton erhielt und wer nicht. Ein entscheidendes Kriterium soll darin bestanden haben, daß dem Bewerber der Gott schon zuvor im Traum erschienen sei und ihn dabei zur Heilung in den Abaton eingeladen hatte. Auch ein Opfer gehörte zu den Einlaßbedingungen. Wurde die Erlaubnis erteilt, dann mußte der Bewerber noch eine Reihe bestimmter Vorschriften erfüllen. Er mußte Fastengebote einhalten

Krankengeschichte in Stein gemeißelt

und sich einer rituellen Reinigung unterziehen, und er erhielt von den Priestern eine gründliche Einweisung in den ihm bevorstehenden Heilungsablauf. Dann erst wurde er in den Abaton zu seinem Schlafplatz geführt. Im Traum hatten die Genesungsuchenden heilsame Visionen. Vielen erschien Asklepios selbst.

Fand ein Kranker Hilfe in seinem Leid, dann zeigte er seine Dankbarkeit je nach seinen Vermögensverhältnissen mit einer Votivgabe, die im Park des Asklepios-Heiligtums aufgestellt wurde. Manche Gesundeten ließen ihre Krankengeschichte sogar in Stein meißeln. In Epidauros blieben 43 solche Berichte bis heute erhalten. Doch auch anderorts fanden sich derartige Stelen. Insgesamt sind rund 70 bekannt.

Da ist zum Beispiel die Geschichte einer Messenerin, die sich seit langem ein Kind wünschte, aber unfruchtbar blieb. Als sie im Abaton schlief, erschien ihr Asklepios mit einer Schlange, die er in ihr Bett gleiten ließ. Die Frau empfand keinerlei Furcht vor dem Reptil, im Gegenteil, sie träumte von einer körperlichen Vereinigung mit der Schlange. Im Spätherbst desselben Jahres gebar sie Zwillinge.

Nun ließe sich der erfüllte Kinderwunsch wohl auch anders erklären als durch eine Traumheilung. Vielleicht war ja gar nicht die Messenerin selbst für das bisherige Ausbleiben des Nachwuchses verantwortlich, sondern ihr Gemahl. Vielleicht war auch in Epidauros mehr als nur die Traumschlange im Spiel. Schließlich kannten die alten Griechen so etwas wie eine heilige Prostitution in manchen Tempeln.

Aufregender ist dagegen die Krankengeschichte des Thessaliers Pandaros. Er war durch große braunschwarze Pigmentflecken auf seiner Stirn entstellt, und das belastete ihn psychisch. Ihm erschien ebenfalls Asklepios im Traum. Der Gott-Arzt wickelte Pandaros eine Binde um die Stirne und forderte ihn auf, sie nach dem Erwachen wieder abzunehmen und als Votivgabe im benachbarten Tempel zu hinterlassen. Am nächsten Tag hatte der Patient tatsächlich einen Kopfverband. Als er ihn löste, waren die Pigmentflecken verschwunden.

Eine andere Stele berichtet von Hermodikos aus Lampsakos. Seine Verwandten trugen ihn auf einer Bahre, denn Hermodikos war gelähmt. Im Traum verlangte Asklepios

Parallelen zu moderner Psychoanalyse

von ihm, er solle aufstehen, den Abaton verlassen und den schwersten Stein, den er finden konnte, zum Tempel schleppen. Genau das tat Hermodikos denn auch. Müßig zu erwähnen, daß er wieder laufen konnte. Der Stein liegt noch heute vor der Schlafhalle.

Die Priester-Ärzte ließen die Heilschläfer mit ihren Träumen nicht allein. Natürlich fand nicht jeder sofort Genesung. Aber alle Patienten, denen nicht auf Anhieb während der Nacht geholfen wurde, mußten – oder durften – sich sofort nach dem Erwachen eingehend mit einem Priester über ihre Traumvisionen aussprechen. Sie erhielten dabei aufschlußreiche Kommentare, die es durchaus mit den Aussagen moderner Psychoanalyse aufnehmen können. Auch auf diese Weise erfuhr mancher Kranke wertvolle Hilfe.

Im Laufe der Zeit entwickelte die priesterliche Beraterfunktion ganz offenbar Eigendynamik. Die Zahl der sofortigen Wunderheilungen während des Träumens litt darunter allerdings. Sie ging deutlich zurück. Hatte noch in der Frühzeit der Abaton-Benutzung ein von Läusen geplagter Pilger geträumt, Asklepios selbst habe ihn entkleidet und mit einem Besen gereinigt, und am folgenden Morgen war er frei von seinen kleinen Plagegeistern, so träumten spätere Tempelschläfer mehr und mehr von Heilmethoden und

Kuranweisungen. Ein Patient mit Rippenfellentzündung beispielsweise erhielt von Asklepios den Rat, Asche vom Altar mit Wein zu vermischen und sie auf den schmerzenden Brustbereich aufzutragen. Die Kur hatte Erfolg. In der Spätzeit der Abaton-Benutzung wandelten sich die Träume weiter: Sie glichen jetzt eher einer medizinischen Beratung. Spontanheilungen kamen kaum noch vor. Dafür häuften sich die Anweisungen für besondere Kuren oder besondere ärztliche Maßnahmen zu einem späteren Zeitpunkt. Bezeichnenderweise ging dieser Wandel des Traumgeschehens mit der immer stärkeren Einflußnahme der Priester-Ärzte auf die Patienten einerseits und mit einem generell abnehmenden Glauben an Wunder andererseits einher. Die institutionalisierte Psychotherapie verdrängte die spontane göttliche Hilfe.

Epidauros war zwar die bedeutendste, aber nicht die einzige Asklepios geweihte Traumheilungs-Tempelanlage im alten Griechenland. Archäologen vermuten, daß zwischen dem Ende des sechsten vorchristlichen und dem Ende des fünften nachchristlichen Jahrhunderts 300 bis 420 derartige Heilstätten in Betrieb waren. Wie so manches andere griechische Kulturelement haben die Römer dieses Traumheilverfahren als Äskulapkult übernommen, und zwar genau im Jahre 293 vor Christus auf dringendes Anraten der berühmten Seherin Sibylle.

Auch Krösus befragt das Orakel

Neben dem Heilschlaf kannten die alten Griechen noch einen anderen Traumkult. Er war wahrscheinlich sogar noch etwas älter. Er stand im Dienste der Weissagung, des Orakels, und hatte sein Zentrum in Oropos. Dort, etwa 50 Kilometer nördlich von Athen, stand das Amphiaraion, dessen Ruinen bis auf den heutigen Tag überdauerten. In der Antike strahlte der Ort Gediegenheit und Reichtum aus. Und unter der Orakel-Klientel figurierten vornehme Namen: der eigens aus Ägypten angereiste Pharao Ptolemäus IV. nebst Gemahlin Arsinoë, der römische Feldherr Sulla mit Gattin Metella, Staatsmänner, berühmte Künstler, vermögende Kaufleute. Schon der legendäre, als reichster Mann der Antike apostrophierte König Krösus gehörte zu den Orakelsuchern des Amphiaraions.

Geweiht war die Tempelanlage Amphiaraios, einem zum Gott avancierten böotischen Helden und Seher, der zu seinen frühen Vorfahren angeblich Apollon zählen durfte. Zum Gott erhoben ihn, den Sohn von Oikles und Hypermestra, seine Zeitgenossen, nachdem er in verblüffender Weise seinen eigenen Tod vorausgesagt hatte; eine Prophezeiung, die sich dann auch erfüllte: Beim Zug der Sieben gegen Theben fuhr ein Blitz vom Himmel herab, so mächtig, daß er einen weiten Spalt in die Erde riß. Amphiaraios stürzte mitsamt seinem Streitwagen hinein.

Das Amphiaraion entstand Anfang des sechsten Jahrhunderts vor Christus. Wie die Asklepios-Anlage von Epidauros verfügte es neben dem eigentlichen Schlafgebäude über verschiedene Tempel, über ein Theater, ein Wettkampf-Stadion und eine gut ausgebaute Hotellerie. Die Schlafhalle selbst hatte riesige Dimensionen: Sie war 110 Meter lang und so solide gebaut, daß sie sich anhand ihrer Überreste noch heute genau rekonstruieren ließe. Dagegen ist der benachbarte Tempel inzwischen fast völlig verfallen.

Im Gegensatz zu den psychotherapeutisch sorgfältig arbeitenden Priester-Ärzten von Epidauros zogen die Traum-Priester von Oropos drastischere Register der Traum-Technik. Schließlich ging es hier nicht um Heilung, sondern um Orakel. Und das hatte beim hohen Rang der Besucher oft genug brisante politische Bedeutung. Nicht wenige Hinweise lassen vermuten, daß die Helfer des Amphiaraos ganz gezielt versuchten, bei manchen Kunden bestimmte Traumbilder zu induzieren. Ganz generell war das gesamte Procedere äußerst geschickt auf Erfolg programmiert, was durchaus für die große Erfahrung der Priester in bezug auf das Traumgeschehen spricht. Mehr noch als in Epidauros legte man Wert auf die Vorbereitung des Träumers. Rituelles sorgte für Respekt und geistige Unterordnung. So erhielt jeder Klient nach Entrichten einer Eintrittsgebühr einen Benutzerausweis für das Heiligtum. Das war eine Art Münze aus Blei oder Bronze mit den geprägten Köpfen des Amphiaraios und der Reinlichkeitsgöttin Hygieia. Vorgeschrieben waren sodann ein Widder- oder Hammelopfer auf dem Hauptaltar und eine mehrtägige Vorbereitungszeit auf den Orakelschlaf. Zu ihr gehörte das strenge Einhalten eines Diätplanes, der unter anderem Schweinefleisch, bestimmte Fische und alle blähenden Speisen – Zwiebeln, Knoblauch, Bohnen – untersagte. Als Getränk war nur Wasser zugelassen. Die körperliche Einstimmung auf die bevorstehenden Traumerlebnisse ging so weit, daß die Priester den Orakelklienten traumfördernde, also halluzinogene Mittel eingaben. Und ganz offenbar wußten sie genau darum, welche Pflanzendrogen was für eine Art von Träumen auslösen. Die Steuerung des Traumgeschehens erfolgte aber auch durch einführende Vorträge mit deutlich posthypnotischem Charakter. Daß die alten

Vorbereitung auf Traumerlebnisse

8

8 Dieses Gemälde »Die Versuchung des heiligen Antonius« von Hieronymus Bosch ist bevölkert von skurrilen, spukhaften Gestalten und Dämonen. Den Zeitgenossen im 15. Jahrhundert waren solche Symbole und Allegorien ohne weiteres verständlich, Traumgestalten einer anderen Zeit.

9

9 »Welcher Architekt könnte hinsichtlich Ebenmaß und Schönheit mit Polyklet wirklich in Wettbewerb treten?« So rühmte im 2. Jahrhundert nach Chr. der griechische Schriftsteller Pausanias das Theater in Epidauros. Heute strömen Touristen in die Stadt an der Küste des Saronischen Golfs. Seinerzeit war Epi-

dauros ein Ort der Heilung. Die Besucher kamen auf staubigen Wegen, in mühsamen, nicht immer ungefährlichen Reisen, um Heilung zu suchen und dem Gott der Heilkunst, Asklepios, zu huldigen. Das gewaltige Theater unterstreicht die Bedeutung des Kurortes.

Griechen solide Erfahrungen mit Trance-Techniken besaßen, ist nicht zuletzt vom Delphischen Orakel bekannt.

Nach der sorgfältigen physischen und psychischen Vorbereitung wurde der Orakelträumer in die Schlafhalle geleitet. Die gespenstische Atmosphäre in diesem Raum trägt ihren Teil zur Induktion von Orakelträumen, sogenannten Inkubationsträumen, bei. Es herrscht Totenstille. Einzelne Fackeln verbreiten ein nur gedämpftes Licht. Hunderte von steinernen Tischen stehen hier in Reih und Glied. Ihre Sokkel sind teilweise heute noch erhalten. Und auf diesen Tischen liegen die Schläfer, wie Leichen vollständig mit weißen Tüchern zugedeckt. Schwere Schwaden von Räucherwerk ziehen durch die Halle. Zwischen den steinernen Bahren schreiten weiß gekleidete Priester umher. Der tägliche Umgang mit den Schläfern hat ihren Blick dafür geschult, wer gerade träumen könnte. Oft bewegen sich diese Klienten auffälliger unter ihren Laken. Sofort greift der Priester ein. Er zieht das Tuch soweit zurück, daß der Kopf des Träumers frei wird. Dann weckt er ihn behutsam auf. »Was hast du gesehen?«, fragt er und notiert die Traumerfahrung sofort auf einer Tafel. Später wird er sie dann mit dem Träumer außerhalb der Halle diskutieren. Oft sind die

»Was hast du gesehen?«
fragte er

Traumbilder so klar, daß sie keines Kommentars bedürfen. Der Orakelträumer erkennt die Antwort auf seine Frage selbst. Vielfach aber sind die Bilder verworren, allegorisch, symbolhaft. Dann hilft der traumpsychologisch versierte Priester bei ihrer Interpretation. Manchmal übernimmt er auch eine vollständige Traumdeutung. Doch das ist – wie wir heute wissen – eine eher dubiose Methode: Nur allzuleicht kann er dem Orakelsucher eine ganz bestimmte Interpretation suggerieren.

Der Inhalt politisch relevanter Träume hochgestellter und einflußreicher Klienten wurde vom traumdeutenden Amphiaraos-Priester sicher mehr als einmal tendenziös ausgelegt. Aber generell darf den Tempelmännern wohl keine böse Absicht unterstellt werden. Die Verwendung halluzinogener Drogen war zwar unter griechischen Traumforschern – zu denen u. a. der berühmte Arzt Hippokrates gehörte – äußerst umstritten, wurde aber vielerorts und zu allen Zeiten auf der Welt durchaus als legitim angesehen. Und die Frage, wer denn geeigneter zur Interpretation eines Traumes ist, der Träumer selbst oder der Traumdeuter, wird noch von zahlreichen Psychotherapeuten des 20. Jahrhunderts zu ihren eigenen Gunsten beantwortet. Vielleicht geschieht das unbewußt, wie bei Sigmund Freud.

Was ist dran an den Heilträumen und an den Orakelträumen, die übrigens nicht zuerst im alten Griechenland aufkamen, sondern über die es schon Aufzeichnungen aus der Zeit um etwa 3000 vor Christus gibt? Die ersten Hochkulturen in Mesopotamien, Nordindien/Pakistan, China und Ägypten kannten alle bereits besondere Techniken zum Herbeiführen von Träumen und zu deren Deutung. Unter den Tontafeln der königlichen Bibliothek des Assyrer-Herrschers Assurbanipal, der von 668 bis 626 vor Christus in Ninive regierte, fand sich die Niederschrift des folgenden Gebetes: »Mein gnädiger Gott, steh' mir bei ... Mein freundlicher Gott wird mich erhören; Gott Mamu der Träume, mein Gott, sende mir günstige Kunde.«

Was bedeutet uns diese Kunde im Traum? Die alten Quellen sind uns zu fern, und wir mögen an ihren Aussagen zweifeln. Aber es fehlt nicht an integren Traumzeugen aus der Neuzeit. Der geniale Mathematiker Karl Friedrich Gauß fand ein fundamentales Gesetz der Zahlentheorie im Traum. Er schrieb dazu, es gelang »aber nicht in meinem mühsamen Suchen, sondern bloß durch die Gnade Gottes, möchte ich sagen. Wie der Blitz einschlägt, hat sich das Rätsel selbst gelöst; ich selber wäre nicht im Stande, den leitenden Faden zwischen dem, womit ich die letzten Versuche gemacht hatte, und dem, wodurch es gelang, nachzuweisen.«

... Wie der Blitz einschlägt ...

Der französische Mathematiker Henri Poincaré berichtet ähnliches. Er erzählt, wie er in einer zunächst schlaflosen Nacht schließlich in einer Art luzidem Traum mathematische Kombinationen in seinem Inneren herumwirbelnd aufeinanderprallen sah, bis sie »eine stabile Verbindung eingingen. Es kommt einem in solchen Fällen vor, als ob man bei seiner eigenen unbewußten Arbeit anwesend wäre. Die unbewußte Arbeit macht sich dem erregten Bewußtsein teilweise bemerkbar, ohne jedoch ihren Charakter zu verlieren. Bei solchen Gelegenheiten ahnt man den Unterschied in der Arbeitsweise der beiden Subjekte (des Ich und des Unbewußten).«

Die US-amerikanische Physikerin Maria Mayer, die zusammen mit D. Jensen 1963 mit dem Nobelpreis ausgezeichnet wurde, fand die Zahlenverhältnisse der Elementarteilchen im Atomkern in einer Traumvision, die später durch die Bemerkung eines ihrer Kollegen wachgerufen wurde. Mayers Vision besagt zutreffend, daß der Atomkern aus konzentrischen Schalen aufgebaut ist. Die innerste enthält zwei Protonen oder zwei Neutronen, die nächste acht usw. Die Physikerin selbst spricht von einer Reihe »magischer Zahlen«: 2, 8, 20, 28, 50, 82, 126.

Auch der berühmte deutsche Chemiker Kekulé hatte, wie er zugab, solche Traumoffenbarungen. Ihm erschien die von ihm entdeckte Struktur des Benzolmoleküls als Ring in Gestalt einer sich selbst in den Schwanz beißenden Schlange. Der französische Philosoph Descartes sah in einer ähnlichen Traumenthüllung blitzartig die »Ordnung aller Wissenschaften«. Und der englische Autor Robert Louis Stevenson suchte schon seit Jahren nach einem Romanstoff, der es ihm gestattete, der »starken Empfindung der zweiseitigen Natur des Menschen« Ausdruck zu verleihen, als er völlig unerwartet im Traum die komplette Handlung von »Dr. Jekyll and Mr. Hyde« sah.

Was sagt die moderne Wissenschaft zum Traum? Am leichtesten tut sich die Medizin, genauer gesagt die Gehirnforschung. 1953 untersuchte der US-Student Eugene Aserinsky am Chicagoer Universitätsinstitut des Schlafforschers Professor Dr. Nathaniel Kleitman die Schlafgewohnheiten und Schlafmuster neugeborener Kinder. Dabei fiel ihm auf, daß die Babys in mehr oder weniger regelmäßigen Abständen ruckartig ihre Augen bewegen. Aserinsky und Kleitman prägten für diese Erscheinung den Begriff REM-Periode. REM ist eine Abkürzung für »rapid eye movement«, also »schnelle Augenbewegung«.

Vier oder fünf REM-Phasen pro Nacht

Die beiden Wissenschaftler wollten nun herausfinden, ob solche Schlafphasen auch bei Erwachsenen vorkommen und machten Versuche mit einer Reihe Freiwilliger. Dazu zeichnete man mit einem Elektroenzephalographen die elektromagnetischen Hirnwellen der schlafenden Testpersonen auf. Andere elektronische Meßinstrumente registrierten zugleich die Muskelbewegungen und die Bewegungen der Augen. Zwar hatte man schon zuvor Enzephalogramme von Schläfern aufgenommen, bisher aber nur während sehr kurzer Schlafphasen. Aserinsky und Kleitman registrierten die sie interessierenden Daten nächtelang. Auch bei Erwachsenen stellten sie REM-Phasen fest, und zwar ausnahmslos bei allen Testpersonen. Beim durchschnittlichen Erwachsenen kommt es während des normalen Schlafs in einer Nacht zu vier oder fünf solcher Perioden. Die erste ist mit rund zehn Minuten relativ kurz. Später werden die REM-Perioden dann immer länger, und gegen Morgen halten sie dreißig bis vierzig Minuten an. Immer treten sie unmittelbar aus besonders tiefem Schlaf heraus auf. Um zu erfahren, was diese Perioden bedeuten, weckten die beiden

Chicagoer Schlafforscher die Testpersonen während einzelner REM-Phasen auf. Dabei zeigte sich, daß sie sie stets mitten aus intensiven Träumen herausrissen. Das war bei Weckversuchen zu anderen Zeiten des Schlafs niemals der Fall. Die schnellen Augenbewegungen zeigen also äußerlich an, daß ein Schläfer träumt. Erstmals ließ sich beweisen, daß alle Menschen träumen. Nur gibt es Unterschiede im Grad der Erinnerung nach dem normalen Aufwachen. Manche Menschen erinnern sich deutlich an viele ihrer Träume, andere an gar keine. Die altgriechischen Orakelpriester wußten das ganz offenbar, denn sie weckten die Träumer allem Anschein nach gezielt während der REM-Phasen. Dann nämlich erinnern sich auch solche Schläfer an Traumbilder, die normalerweise nicht dazu fähig sind.

Die Erkenntnisse von Aserinsky und Kleitman stießen in der Fachwelt rasch auf große Resonanz. Nur zwei Jahrzehnte später arbeiteten allein in den USA Forscher an fast 30 verschiedenen Traumlabors. Ähnliche Institute entstanden in vielen Ländern der Erde. Die Wissenschaftler fanden heraus, daß nicht nur die Augenbewegungen charakteristisch für die REM-Perioden sind. Auch andere Körperfunktionen ändern sich während des Träumens: Der Puls und die

Traumlabors in vielen Ländern

Atmung werden schneller und unregelmäßiger, der Blutdruck schwankt, die großen Muskeln entspannen sich, und die kleinen Muskeln des Gesichts und der Hände neigen zu plötzlichen Zuckungen. Männer kommen während der REM-Periode manchmal zur Erektion. Viele dieser für die REM-Phase charakteristischen Körperverhaltensweisen lassen sich auch bei Säugetieren und manchen (allen?) Vögeln beobachten. In den letzten Jahren gelangten die Traumforscher mehr und mehr zu der Überzeugung, daß während dieser Perioden auch die Tiere träumen. Ein äußerst interessantes Verhalten entdeckten die Wissenschaftler in allerjüngster Vergangenheit beim australischen Schnabeltier. Diese entwicklungsgeschichtlich sehr alte Art entstand zu einer Zeit, als sich die Säugetiere von den Reptilien ableiteten. Sie gehört eindeutig zu den Säugern, bringt aber keine lebenden Jungen zur Welt, sondern legt Eier wie etwa die Krokodile. Außerdem besitzt sie einen Schnabel und zeigt damit zugleich Vogelmerkmale. Beim Schnabeltier ließen sich als einzigem Säugetier keine REM-Phasen feststellen. Dafür haben aber Tierverhaltensforscher Grund zu der Annahme, daß die Schnabeltiere ständig träumen, auch wenn sie wach sind. Ihr Gehirn ist so aufgebaut, daß es Wacherlebnisse und Tagträume gleichzeitig verarbeiten kann.

10/11 Die Darstellung von Träumen ist den Menschen, so auch den Künstlern im 15. und 16. Jahrhundert, selbstverständlich. Die Motive schöpften sie damals aus der Bibel, aus Legenden und Überlieferungen. Hier: »Jakobs Traum von der Himmelsleiter«, dargestellt von Raffael (10) und Merian d. Ä. (11).

12

12 Neben dem Heilschlaf kannten die Griechen noch einen anderen Traumkult, die Weissagung. Diese Möglichkeit des Blicks in die Zukunft ist wohl noch älter als der Heilschlaf. Eines der Zentren war Delphi. Zu den Orakelsuchenden gehörte auch der legendäre antike König Krösus.

Die modernen Traumlabors liefern zwar eine Fülle von Material über die neurologischen und sonstigen physischen Prozesse, die sich während des Träumens im Körper abspielen, aber sie sagen kaum etwas über die psychischen Komponenten aus. Gewiß, Traumforscher haben herausgefunden, daß erfahrene Träumer bis zu einem bestimmten Grad das Traumgeschehen steuern können, aber wie das geschieht und was Träume überhaupt sind, dazu geben die Labors allenfalls indirekte Hinweise, aber keine Antworten. Hier fühlen sich die verschiedenen Psychowissenschaftler gefordert, und das nicht erst seit der Entdeckung der REM-Perioden, sondern – in der Neuzeit – im wesentlichen seit den Arbeiten von Sigmund Freud. Sein unbestreitbares Verdienst ist es, auf die Existenz und Funktion des Unbewußten hingewiesen zu haben. Er stieß für die Seelenforschung ein Tor auf. Was er selbst allerdings hinter diesem Tor suchte und wie er diese Suche anstellte, war einer objektiven Traumforschung in vielen Punkten eher hinderlich, als daß es sie befruchtet hätte. Der Traum wirkt, das erkannte Freud durchaus richtig, als Gegengewicht zum bewußten Alltagsleben. Träumen hilft der Seele, reale Probleme zu bewältigen, gleich ob sie als solche vom Wachbewußtsein erkannt

Träume helfen bei Alltagsproblemen

oder verdrängt werden. Zu kritisieren an Freuds Traumforschung ist, daß er in das Traumgeschehen zu viel hineininterpretierte, was ihm persönlich als Entschuldigung für eine Reihe psychischer Probleme diente und diese eher rechtfertigte als löste. Er selbst konnte denn auch seine eigenen psychischen Konflikte nicht durch die von ihm praktizierte Traumdeutung und die zum großen Teil aus dieser resultierenden Psychoanalyse ausräumen.

Freuds Schüler, langjähriger Freund und später erbitterter Widersacher, C. G. Jung, schreibt in seinem Werk »Zugang zum Unbewußten«: »Als ich mit Freud zusammenarbeitete, hatte ich selber einen Traum . . . Wäre Freud bei der Analyse dieses Traumes meiner Methode der spezifischen Assoziation und Kontextuntersuchung gefolgt, so hätte er eine weitreichende Geschichte erfahren. Aber ich fürchte, er hätte sie bloß als den Versuch gewertet, vor einem Problem zu fliehen, das in Wirklichkeit sein eigenes war. Tatsächlich war der Traum eine kurze Zusammenfassung meines Lebens, insbesondere meiner geistigen Entwicklung.« Einige Absätze später berichtet Jung: »Ich muß mich entschuldigen für diesen ziemlich weitschweifigen Bericht über eine Klemme, in die ich geriet, als ich Freud meinen Traum erzählte. Doch es ist ein gutes Beispiel für die unangenehme Lage, in die man im Laufe einer Traumanalyse kommen kann. Sehr viel hängt von den persönlichen Unterschieden zwischen Analytiker und Analysand ab. – Während ich versuchte, auf Freuds Fragen passende Antworten zu finden, verwirrte mich ganz plötzlich die Erkenntnis, welche große Rolle der subjektive Faktor in der psychologischen Verständigung spielt. Dieses Gefühl war so überwältigend, daß ich nur daran dachte, möglichst schnell aus dieser unmöglichen Situation herauszukommen; ich wählte deshalb den leichten Ausweg über die Lüge. Das war weder elegant noch moralisch vertretbar, aber ich wäre sonst in einen verhängnisvollen Streit mit Freud geraten, was ich vermeiden wollte. – Meine intuitive Erkenntnis bestand in der plötzlichen und unerwarteten Einsicht, daß meine Träume *mich* meinen, *mein* Leben und *meine* Welt, meine ganze Realität gegen eine theoretische Struktur, die von einem fremden Verstand aus dessen eigenen Gründen und für dessen eigene Zwecke errichtet war. Es war nicht Freuds

Auch der Analytiker macht Fehler

Traum, sondern mein eigener; und auf einmal verstand ich auch, was mein Traum bedeutet.«

Jung hat damit etwas ungemein Wichtiges erkannt: Träume lassen sich von einem Analytiker – bewußt oder unbewußt – fehlinterpretieren, und wenn dabei der Träumer dem Traumdeuter vertraut, dann ist dessen Beratung eher schädlich als nützlich. Ausgehend von dieser Erkenntnis entwickelte Jung ein neues, subtiles Instrumentarium der Traumanalyse. »Sie ist«, so schreibt er, »weniger eine erlernbare Technik als vielmehr ein dialektischer Austausch zwischen zwei Personen. Behandelt man sie als mechanische Technik, dann geht die individuelle psychische Persönlichkeit des Träumers verloren, und das therapeutische Problem wird auf die Frage reduziert: Wer von beiden – der Analytiker oder der Träumer – wird den anderen beherrschen? Aus eben diesem Grunde habe ich hypnotische Behandlungen aufgegeben. Ich wollte meinen Willen nicht anderen Menschen aufzwingen, sondern die Heilungsprozesse aus der eigenen Persönlichkeit des Patienten wachsen lassen, ohne die Würde und Freiheit des betreffenden Menschen einzuschränken.«

Jung spricht von einem »dialektischen Austausch« zwischen Träumer und Analytiker. In ihm erblickte er einen wichtigen Schlüssel zur Traum-Therapie. Aber er fand damit im Grunde nichts Neues. In den Regenwäldern im südöstlichen Mexiko lebt der kleine Indianerstamm der Lakandonen. Er zählt heute kaum mehr als 150 Seelen. Männer,

Frauen und Kinder dieses Volkes verbringen jeden Morgen lange Zeit damit, sich gegenseitig ihre Träume zu erzählen. Sie sprechen darüber, sie »tauschen sich dialektisch aus«, wie Jung sagen würde.

Diese sogenannten Naturvölker haben dabei ein psychologisches Instrumentarium entwickelt, auf das jeder westliche Psychotherapeut stolz sein könnte. Ein äußerst komplexes System beschreibt die unterschiedlichsten Traumsymbole und deren Bedeutung; ein System, das Mensch und Unbewußtes ebenso einschließt wie Geburt und Tod, Gesundheit und Krankheit, Wohlstand und Armut, Natur und natürliche Ressourcen, aber auch zahllose Details wie etwa Tabak, Knollenfrüchte, rote und grüne Papageien, Zahnausfall, Kürbiskerne, Quarzsteine, Gürteltiere oder die Krallen eines Jaguars. Da dieses System von Symbolen Allgemeingut ist, läßt es sich unter den Lakandonen auch universell anwenden. Das ist wichtig, denn ein Traumsymbol, dessen Bedeutung der individuelle Träumer nicht kennt, kann gar keine Symbolfunktion besitzen, ein Faktum, das selbst Jung nicht in seiner vollen Auswirkung erkannte.

Weitaus differenzierter als jeder westliche Psychologe oder Psychotherapeut können die Lakandonen ihre jeweilige Gemütsverfassung beschreiben. Ihnen stehen mehr als 30 Wörter zur Kennzeichnung ihres momentanen Bewußt-

. . . bis sich die Angst aufgelöst hat

seinszustandes zur Verfügung; und diese Vokabeln geben nicht etwa eine ungefähre Beschreibung von Gefühlen, es sind äußerst präzise, eindeutige Bestimmungen. Der Hamburger Völkerkundler Christian Rätsch hat sich eingehend mit diesen Begriffen der Lakandonen befaßt. In seinem Werk »Bilder aus der unsichtbaren Welt« schreibt er: »Ein grundlegendes Merkmal der Kommunikationsstruktur der Lakandonen ist das häufige Verbalisieren des eigenen Bewußtseinszustandes in alltäglichen Unterhaltungen . . . Schon das Gespräch über das eigene Befinden dient dem Wandel zum Positiven. Gefühle der Angst und Aggression werden als *ängstliches, herausgerissenes* oder *linkes* Bewußtsein beschrieben . . . Ein Lakandone, dessen Bewußtsein *herausgerissen* ist, entweder durch ein erschreckendes Erlebnis oder eine bedrohliche Gefahr, schildert die erlebte und noch nachwirkende Situation seinem Gesprächspartner, einem Freund, einem Verwandten oder dem Gemahl. Er erzählt alle Einzelheiten und wiederholt sie so oft, bis er und sein Gesprächspartner darüber herzlich lachen können. Bis sich die Angst aufgelöst hat und das Bewußtsein wieder *gut* ist.«

Rätsch gibt in seinem Buch weitere Beispiele dieser angewandten Psychotherapie im Alltag. Genau in derselben Weise gehen die Lakandonen mit ihren Traumerlebnissen um. Sie sind nicht der einzige Stamm von »Primitiven«, die das perfekt beherrschen, was die westlichen Psychotherapeuten zur Zeit mühevoll und über vielfältige Irrwege zu erarbeiten versuchen.

Jung selbst bewunderte die Naskapi-Indianer, Eingeborene der Labrador-Halbinsel: »Diese Waldjäger leben so einsam in kleinen Familiengruppen, daß sie keine Stammesbräuche und religiösen Anschauungen oder Riten entwikkeln konnten. Daher verlassen sich die Naskapi-Jäger nur auf ihre inneren unbewußten Eingebungen und Träume. Sie lehren, daß die Seele des Menschen nichts anderes sei als ein innerer Gefährte, den sie als ›mein Freund‹ oder als ›Mista peo‹ – ›Großer Mann‹ – bezeichnen. Er wohnt im Herzen des einzelnen und ist unsterblich. Diejenigen Naskapi, welche auf ihre Träume eingehen und ihren verborgenen Sinn zu deuten versuchen und dessen Wert ausprobieren, können in eine tiefere Verbindung mit dem ›Großen

Träume als Orientierungshilfe

Mann‹ treten. Er begünstigt solche Leute und schickt ihnen mehr und bessere Träume. Neben dieser Hauptverpflichtung des Individuums, den Anweisungen seiner Träume zu folgen, besteht eine weitere Pflicht: die Träume auch durch Kunstdarstellungen zu verewigen. Lüge und Betrug verscheuchen den ›Großen Mann‹ im Inneren, während Großzügigkeit, Nächstenliebe und Tierliebe ihn anziehen. Die Träume geben somit den Naskapi eine vollständige Orientierung, auch in Beziehung zur äußeren Natur, das heißt zu Jagdmöglichkeiten, Wetter und anderen Umständen, von denen sie abhängen.«

Noch wesentlich wichtiger als bei den Lakandonen und Naskapi ist die Bedeutung der Träume für die Senoi, einen Eingeborenenstamm in Malaysia. Die Senoi leben wie die Lakandonen Mexikos im Dschungel und umfassen heute noch rund 12 000 Seelen. Sie wohnen in Familienverbänden in großen Langhäusern und sind Halbnomaden, die alle fünf bis sechs Jahre weiterziehen. Sie ernähren sich von Früchten und Wurzeln: Yams, Maniok, Bananen, Kürbissen. Gegen die in ihrem Lebensraum verbreitete Malaria sind sie immun. Über ihre kulturellen Ambitionen sagt wohl kaum etwas mehr aus als die Feststellung, daß sie zahlreiche Musikinstrumente beherrschen, daß ihre Sprache aber nur die Zahlwörter »eins«, »zwei«, »drei« und »viele« kennt. Man könnte die Senoi als »primitiv« bezeichnen; aber ist ein Volk

13

wirklich »primitiv«, dessen Angehörige nachweislich keine Neurosen und Psychosen kennen, bei dem es keinen Selbstmord gibt, für das die Begriffe Kriminalität und Krieg Fremdwörter sind? Jede Art von Gewalt lehnen die Senoi ab, und das, obwohl ihre Nachbarn kriegerische Stämme sind. »Aber diese anderen Stämme fürchten sich«, berichtet die US-amerikanische Traumforscherin Patricia Garfield, die den Stamm besuchte. »Sie fürchten sich vor dem, was sie als die magische Macht der Senoi ansehen, und lassen sie in Ruhe.« Die Senoi verschwenden kaum Zeit auf den Erwerb von Besitz oder gar Macht. Den Ackerbau betreiben sie gemeinschaftlich, und die Nahrungsbeschaffung beansprucht den einzelnen nicht mehr als zwei bis drei Stunden pro Tag. Die gesamte Restzeit des Tages nutzen die Senoi dafür, Träume zu realisieren. Das beginnt des Morgens mit ausführlichem gegenseitigen Erzählen der Träume im Familienkreis. Kinder werden dabei regelrecht in der Kunst des Träumens unterwiesen. Sie werden angeleitet, wie sie das nächste Mal ihre Traumqualität verbessern können.

Dem im Umgang mit seinen Träumen unerfahrenen Europäer mag das merkwürdig erscheinen, aber aktive Traum-

14

Den Frieden im eigenen Ich herstellen

arbeit ist durchaus möglich. Der US-amerikanische Anthropologe und Psychoanalytiker Kilton Steward, der sich bei den Senoi aufhielt, um von ihnen zu lernen, betont, daß der Senoi bewußt »für den Frieden auf der Erde arbeitet, indem er zuerst den Frieden im Inneren der Erde herstellt, die sein Körper ist«. Systematisch erarbeiten sich die Senoi mit Hilfe von Ratschlägen erfahrener älterer Träumer von Kindheit an die Fähigkeit zur Traumkontrolle. Steward berichtet, daß sie im Traum zuerst bewußt mit Gegenständen umgehen lernen, dann mit Tieren, später mit ebenbürtigen Gefährten und schließlich mit einflußreichen Personen und göttergleichen Traumgestalten. Wichtig sind ihnen Träume, in denen sie Widersacher überwinden und von diesen anschließend ein Geschenk erhalten. Das wichtigste Element ihrer Entwicklung zum Träumer ist aber, im Traum von Mal zu Mal größere Beglückung zu erleben. Ein Junge gilt in dieser Gesellschaft erst dann als Erwachsener, wenn er gelernt hat, aktiv mit seinen Traumgestalten zusammenzuarbeiten.

Ein derartiger Traum-Lernprozeß ist in anderen Gesellschaften als jener der Senoi natürlich ebenfalls möglich, aber er bleibt die Ausnahme. Einer der REM-Entdecker, Nathaniel Kleitman, nennt die durchschnittlichen Träume erwachsener US-Amerikaner den »Ausdruck einer niedrigstehenden Denkensart« und vergleicht sie mit dem Denken

13/14 In nahezu allen Kulturen sind jahrtausendealte Traumerfahrungen überliefert. Zu allen Zeiten wurden sie auch dargestellt, so z. B. im 13. Jahrhundert von Giotto, »Der heilige Antonius befreit die Stadt Arezzo von Dämonen«, oder in unserem Jahrhundert von Odilon Redon, »Traumschatten«.

15

16

17

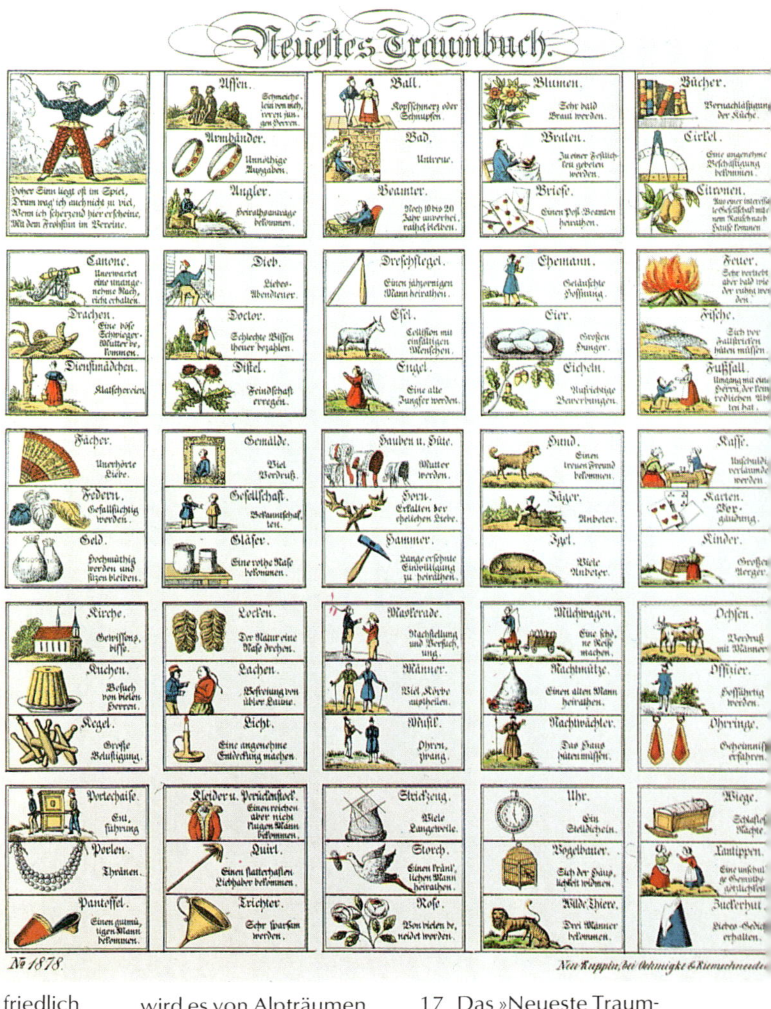

von Senilen, Kleinkindern, Betrunkenen oder Menschen mit einem kranken Zentralnervensystem. »Interessant ist«, bemerkt er, »daß es überhaupt keinen Unterschied zwischen Kindern und Erwachsenen gibt hinsichtlich ihrer Versuche, mit beängstigenden Situationen (in Träumen) fertig zu werden.« Bei den Senoi kennen nur die Kinder Alpträume. Die Erwachsenen haben gelernt, sie zu vermeiden.

Wohl einmalig auf der Welt ist der Umgang der Senoi mit ihren Träumen im Wachzustand. Den weitaus größten Teil des Tages verbringen sie damit, allein oder gemeinsam Traumprojekte in die Wirklichkeit umzusetzen. Sie singen im Traum neu gelernte Lieder, sie zeichnen ihre Traumbilder oder setzen sie in irgendeiner anderen kunsthandwerklichen Form um. Sie bauen Häuser, deren Plan sie erträumt haben, oder bestellen ihre Felder dort, wo es ein Traumgefährte ihnen bezeichnet hat. Würde ein Senoi einen anderen in einem seiner Träume bloßstellen, dann würde er am nächsten Tag zu ihm gehen und ihm Gelegenheit geben, sich zu rechtfertigen. Die Senoi-Träumer sind einzigartig auf der Welt, und es ist schwer zu sagen, wie sie ihre Einstellung gegenüber dem Träumen und ihre Techniken der Traumbeherrschung im Laufe der Geschichte ihres Volkes entwickelt haben. Was sie aber mit Träumern in aller Welt verbindet, sind eine große Anzahl von Traumgesichten, die universelle Gültigkeit haben, weil sie sich in den Träumen aller Völker wiederfinden: Träume vom Fliegen etwa oder Träume, in denen der Schläfer seinen eigenen Tod erlebt, Träume von hilfreichen Tieren, von Verstorbenen.

15/16 Dieses friedlich schlafende Kind weiß noch nichts von den Grausamkeiten der Welt. Trotzdem wird es von Alpträumen heimgesucht. Liebevolle Anwendung kann helfen.

17 Das »Neueste Traumbuch«, kolorierte Lithographie aus dem 19. Jahrhundert.

C. G. Jung nannte solche Traumbilder archetypisch und die entsprechenden Traumfiguren Archetypen. Er war überzeugt, daß sie nicht aus dem individuellen Unbewußten des Träumers aufsteigen, sondern aus einem kollektiven Unbewußten, das die gesamte Menschheit teilt. »Meine Ansichten über die ›archaischen Urreste‹, die ich ›Archetypen‹ oder ›Urbilder‹ nenne, sind immer wieder von Leuten kritisiert worden, die keine genügende Kenntnis der Traumpsychologie und der Mythologie haben. Der Ausdruck ›Archetyp‹ wird oft als bestimmtes mythologisches Bild oder Motiv mißverstanden. Aber solche Bilder sind nur bewußte Darstellungen; es wäre absurd, anzunehmen, solche variablen Bilder könnten vererbt werden. Der Archetyp ist vielmehr eine angeborene Tendenz, solche bewußten Motivbilder zu formen . . . diese ›inneren‹ Erscheinungen sind es, die ich als Archetyp bezeichne. Ihren Ursprung kennt man nicht;

Weltweit wiederkehrende Traumgestalten

sie tauchen jederzeit auf, überall in der Welt.« Eines hat Jung klar erkannt: die Existenz von transpersonalen Traumbildern, von immer wiederkehrenden charakteristischen Traumgestalten mit weltweiter Gültigkeit. Erklärt hat er dieses Phänomen aber nur scheinbar. Einer beobachteten Tatsache einen Namen – Archetyp – zu geben, heißt nicht, sie zu erklären. Jung selbst sagt ja: »Ihren Ursprung kennt man nicht.«

Das Verfahren der wissenschaftlichen Namensgebung ist übrigens weit verbreitet. So hat zum Beispiel auch Sir Isaac Newton die Schwerkraft im Gegensatz zur allgemeinen Auffassung nicht in ihrem Wesen erklärt, bloß weil er für sie den Begriff »Gravitation« geprägt hat und ihre Auswirkungen beschrieb. Auch daß Jung seine Archetypen als archaische Überbleibsel einer langen Menschheitsgeschichte auffaßt, erklärt sie nicht, denn es ist reine, durch nichts zu beweisende Spekulation. Eine Spekulation, die übrigens für Jung nahelag, hatten die Biologen doch kurz zuvor das Wesen der Ontogenese erkannt, der Entwicklung des menschlichen Fötus vom Ei über alle Stadien der erdgeschichtlichen Säugetierrevolution bis zum fertigen Homo sapiens. Bot sich da eine Parallele auf psychischem Gebiet nicht nachgerade an?

Vielleicht trifft Jungs Auffassung zu, vielleicht auch nicht. Was er bei der Formulierung des Begriffs Archetypus jedenfalls nicht berücksichtigte, sind Erfahrungen, über die auch die meisten modernen Traumforscher heute noch schweigen, die aber generell bekannt sind und sich teilweise sogar in Traumlabors beobachten ließen. Eines dieser merkwürdigen Phänomene ist ein regelrechtes Traum-Rendezvous, bei dem zwei oder mehr Träumer gleichzeitig den gleichen Traum haben, in dem sie sich treffen und gemeinsam etwas unternehmen. Jeder erlebt das Traumgeschehen dabei aus seiner eigenen Perspektive. Ein anderes Phänomen sind Wahrträume, in denen der Träumer Ereignisse sieht, die sich zur gleichen oder auch zu einer anderen Zeit (in Vergangenheit oder Zukunft) in der alltäglichen Realität abspielen. Die altgriechischen Orakelträume fallen zum Teil in diese Kategorie. Besonders beeindruckend sind schließlich luzide Träume, in denen der Träumer weiß, daß er träumt, zugleich aber auch über sein *vollkommenes* Wachbewußtsein verfügt und mit diesem in das Traumgeschehen eingreifen kann. Die Eingriffe verlaufen aber nicht etwa nur so, daß er sein eigenes »Traumprogramm« wie ein Regisseur bestimmt. Das ist nur sehr beschränkt möglich. Das Eingreifen kann darauf gerichtet sein, Erfahrungen zu sammeln, die in der Alltagsrealität gar nicht zugänglich sind. So gibt es zahlreiche Beispiele dafür, daß luzide Träumer in der Lage sind, während sie im Bett liegen, zugleich voll bewußt mit

Im Traum die Realität sehen

ihrem Traumkörper aufzustehen, in einen anderen, ihnen sonst unzugänglichen Raum oder etwa eine andere Stadt zu gehen (oder zu fliegen) und sich dort umzusehen. Sie beobachten dabei keine Phantasiebilder, sondern die Realität, was sich später leicht überprüfen läßt. Solche luziden Träume sind nahe verwandt mit schamanischen Geistreisen oder den Wachvisionen von Yoga-Meistern. Von beiden wird noch die Rede sein.

Jungs Archetypen-Hypothese versagt angesichts solchen Traumgeschehens. Erstaunlicherweise bietet die Physik heute erste Ansatzpunkte für Erklärungen. In Zusammenarbeit mit dem Einstein-Schüler David Bohm hat der in Kanada an der Queens University tätige Physikprofessor und Quantenmechaniker F. David Peat eine mathematisch fundierte Theorie erarbeitet, nach der es ähnlich elektrischen Feldern, magnetischen Feldern oder Gravitationsfeldern so etwas wie ein gesamtkosmisches Informationsfeld gibt. Hat der Träumer im Bereich seines Unbewußten auf dieses Feld Zugriff? Und kann er durch langjährige bewußte Traumarbeit lernen, auf dieses Feld gezielt zuzugreifen? Vieles spricht dafür. Wenn das so wäre, dann müßten die Psychologen, Psychotherapeuten und Traumanalytiker umlernen, denn das würde bedeuten, daß Träume weit mehr sind als lediglich Projektionen aus den im Wachzustand vom Bewußtsein unerreichbaren Regionen des Ichs.

Rhythmen und Gehirnwellen

1

2

3

Moderne Experimente im verdunkelten, schalltoten Akustiklabor beweisen es: Bestimmte Frequenzen beeinflussen das menschliche Gehirn so, daß das Alltagsbewußtsein in den Hintergrund gedrängt wird und tiefere psychische Schichten bewußt werden. Auf dieser Bewußtseinsebene wird es möglich, den eigenen Körper zu verlassen und Dinge zu sehen und zu erleben, die den normalen fünf Sinnen verborgen bleiben. Die gleichen Frequenzen nutzt die Schamanentrommel, seit eh und je ein beliebtes Instrument der »Zauberer« in Stammesvölkern. Aber auch Beat- und Marschmusik können psychische Veränderungen auslösen, denen ihre Hörer seelisch oft nicht gewachsen sind, weil sie nicht um die Zusammenhänge wissen.

1/2/3 Schamane wird man in der Einsamkeit. Aber die spätere schamanische Arbeit erfolgt meist in größerem Kreis, der eine starke geistige Atmosphäre schafft. Trommelrhythmen und Tanz intensivieren solche kollektiven spirituellen Erlebnisse.

4

5

6

Und wenn ich dann angeturnt von der Disco nach Hause komme und meine Alte ist noch auf und ich hör' wieder das übliche Lamento, dann rutscht das alles von mir ab. Das ist mir dann alles egal. Ich fühle mich gut, und das laß' ich mir doch nicht kaputtmachen. Ich bin high und happy, da kommt nichts an mich ran. Das ist wie ein Traum, aus dem man nicht erwachen will. Und wenn ich dann in der Schule bin, und der Lehrer ist wieder nicht zum Aushalten, dann denk ich mir, laß' den doch machen, vom wirklichen Leben weiß der ja doch nichts, die arme Sau. Und dann denk' ich an die Disco, und dann komm' ich so ein bißchen rein in die Stimmung. Dann ist mir die Schule auch ganz egal, und der Alte kann mich gar nicht haben.«

Das Zitat stammt aus einer Studie über Discotheken in Deutschland mit dem Titel »Jugend in Trance« von H. F. Neißer. So oder ähnlich äußern sich viele Jugendliche über ihre Disco-Erlebnisse, wenn auch nicht immer in solch primitiver Wortwahl. Ein anderer Disco-Besucher formulierte es so: »Wenn ich die Discothek verlassen hab', so ist mir nach einiger Zeit, als wenn ich aus einem Traum erwache, dann fühl' ich mich ganz anders, ich hör' nur noch die Musik, es ist wie ein Schweben, ja beinahe so wie angeturnt.«

Die Grundaussage beider Disco-Besucher ist dieselbe. Sie fühlen sich »angeturnt«, und doch ist da ein scheinbar gravierender Unterschied. Der erste bedauert seinen Lehrer, daß der ja doch nichts »vom wirklichen Leben weiß«, der zweite spricht davon, er glaube, »aus einem Traum« zu erwachen, wenn er die Disco verläßt. Was also ist die

4/5 Wie sich die Bilder gleichen: Während eines religiösen Festes auf Bali und bei einem Rock-Festival üben bestimmte Rhythmen eine gewaltige Macht auf das vegetative Nervensystem aus.

6 Die Bewohner spiritueller Welten zeichnen sich oft durch suggestiv übersteigerte Augen aus.

Discothek: das wirkliche Leben, von dem der Lehrer nichts versteht, oder eine Traumwelt? Die Frage erinnert an die lebhafte Diskussion darüber, ob halluzinogene Drogen das Bewußtsein erweitern können oder nur Phantasie- und Trugbilder heraufbeschwören. Nicht von ungefähr benutzen die Disco-Besucher Ausdrücke wie »angeturnt« oder »high« und »happy«, die ja aus der Drogenszene sattsam bekannt sind.

In der Anthologie »Neue Wege der Musiktherapie« schreibt H.-Leuner über die Bedeutung der Musik in imaginativen Techniken der Psychotherapie: »Die Farben werden leuchtender, die Inhalte plastischer, die Szenerie wird zu äußerst lebendigem Erlebnisfluß angeregt, und zwar nicht nur durch die Vertiefung der Gefühle, sondern der rhythmische Fluß der Musik fördert das sonst so viel stärker stagnierende Kontinuum der Szenen des Symboldramas. Das Panorama wandelt sich, das Wetter wechselt, die Jahreszeit ändert sich, Menschen und Tiere kommen und gehen, Märchenfiguren oder mythologische Gestalten treten auf und handeln. Durch die Musik können Tagträume derart ›überhöht‹ werden, wie wir es nur noch unter der Anwendung von halluzinogenen Substanzen wie LSD oder Psilocybin kennen.«

Wirkliches Leben in der Traumwelt

LSD, in Form des Mescalins im Drogenkaktus Peyote, und Psilocybin, als Wirkstoff »heiliger Pilze«, verwenden die mittel- und südamerikanischen Indianer seit Jahrtausenden in ihren Kulthandlungen, um Visionen zu erleben. Sie sprechen von der anderen, von der nichtalltäglichen Wirklichkeit. Wohl nur so läßt sich die Frage, ob die Disco »wirkliches Leben« oder eine Traumwelt vermittelt, beantworten. Das streng logisch arbeitende Denken kann angesichts der euphorischen Erlebnisse nur eine Traumwelt akzeptieren, wo das Unbewußte für Realität plädiert. Wahrscheinlich ist das entwicklungsgeschichtlich bedingt. Die ersten Reize, die der werdende Mensch wahrnimmt, sind akustische und rhythmische Reize. Schon das entscheidende vorgeburtliche Erlebnis »Mutter« ist für den Fötus ein akustisch-rhythmisches: Das Auf und Ab des mütterlichen Gangs, die rhythmische, geräuschvolle Atmung, der Schlag des Herzens. Das Unbewußte bezieht alle Informationen zunächst aus Akustik und Rhythmik.

Auch ist die Reaktionsstärke des menschlichen Organismus auf akustische Reize wesentlich größer als auf optische oder auf Berührungsreize. Die Hörnerven reagieren schon auf ein Zehnmillionstel jener Reizenergie, die erforderlich wäre, um einen taktilen Reiz, also ein Gefühl beim Berühren, auszulösen. Das Gefühl, »angeturnt« zu sein, rührt nicht zuletzt daher, daß akustische und rhythmische Reize wie keine anderen das vegetative Nervensystem des Menschen ansprechen und beeinflussen, also jenen Teil seines Organismus, den willentlich nur besonders geschulte Menschen – etwa Fakire, Yogis oder Medizinmänner – steuern können. So verändern sich beim Hören von lauter, rhythmischer Musik Blutdruck und Pulsfrequenz, Atmung und Muskeltonus, Hauttranspiration und der elektrische Hautwiderstand. Das alles ist mehr als ein Traumerlebnis. Das ist direktes, wirkliches Leben. Aber es wird als »andere Realitätsebene« empfunden, eben weil es sich dem willentlichen Eingriff entzieht. Dieses Realitätserlebnis gleicht deshalb einem inneren Urlaub von der Übermacht des kontrollierenden Geistes, von der Logik des Alltagswettbewerbs, von der Furcht des Versagens. Es füllt die inneren Löcher der Lieblosigkeit und suggeriert Geborgenheit, aber auch persönliche Kraft und Macht. Wer damit nicht umgehen kann, weil sein reales Bewußtsein diesem inneren Erleben nicht gewachsen ist oder weil ihm die Elterngeneration mangels eigener Erfahrung keine Führung für dieses innere Erleben geben kann, der entlädt die sich aufbauenden Energien nicht selten chaotisch: Er demoliert Wirtschaftseinrichtungen, zerschlägt Schaufenster und zerschlitzt Autoreifen, um mit jenem »Establishment« abzurechnen, das ihn in seinem inneren Erlebnis hilflos allein läßt.

Manko der westlichen Zivilisation

Disco-Besucher hören nicht nur überlaute, vom musikalischen Anspruch her denkbar primitive Musik. Sie suchen in der Rhythmik Zugänge zu anderen Realitätsebenen, die es sonst in der aufgeklärten westlichen Zivilisation nicht gibt. Bei ihren Versuchen mit diesen neuen Welten fehlt ihnen jegliche Führung. Ihre Situation ist die eines Urlaubers, der ohne Bergausrüstung, ohne Klettererfahrung und ohne Orientierungskenntnisse von einem Hubschrauber im weglosen Hochgebirge abgesetzt wird und im ersten Augenblick nur eines zur Kenntnis nimmt: Es ist wunderschön hier; es ist eine andere, eine zauberhafte Welt. Alle Naturvölker, alle frühen Hochkulturen gaben beziehungsweise geben ihren Kindern gezielt und intensiv Lebenshilfe im Umgang mit dieser nichtalltäglichen, inneren Wirklichkeit. Erst die westliche Zivilisation nach dem Zeitalter der Aufklärung lehnte das als irrational ab. Die Folge: Ihre Mitglieder brauchen Psychotherapeuten, Psychopharmaka, Selbsterfahrungsgruppen und eben auch Discotheken.

7

7 Kalebassen-Rasseln begleiten den Tiergeistertanz von Schamanen an der Elfenbeinküste. Stampfende Tänze unterstützen die trancefördernde Wirkung. Die Ausstattung der Tänzer mit Bastumhängen und Tanzmasken hilft bei der Loslösung des Geistes aus der alltäglichen Wirklichkeit.

8

8 Die »Lehm-Männer« der Asaro in Neu-Guinea lassen schon rein äußerlich erkennen, wohin ihre im Tanz gewonnene Trance sie führen soll: in die Jenseitswelt der Toten. In vielen Religionen ist der Glaube verbreitet, daß Gott den Menschen aus Lehm erschuf und daß der Mensch nach seinem Tod

wieder zu Staub und Asche wird. Die Asaro-Masken und die lehmgrauen Körper der Tänzer schlagen eine Brücke in die Sphären vor der Geburt und nach dem Tod und helfen damit den Weg zur »eigentlichen zeitlosen Realität« bahnen, von der das Erdendasein nichts weiter als ein kleiner Ausschnitt ist.

Wer im Umgang mit Ton, Musik und Rhythmus erfahrener ist, gelangt viel weiter als bis auf die Ebene vordergründiger Euphorie und Ekstase des Disco-Besuchers. In sehr ausgeprägter Weise erlebte das in den späten sechziger Jahren der US-amerikanische Toningenieur Robert Monroe. Ein Jahrzehnt zuvor war er Programmgestalter und später Chef eines Rundfunksenders, des Mutual Broadcasting System in New York. Eines Nachts hatte er ein eigentümliches Erlebnis, vergleichbar dem von Nahtodeskandidaten, aber zunächst vollkommen diesseitsbezogen. Er stellte überrascht fest, daß er seinen Körper verließ. Er sah sich selbst schlafend im Bett liegen, obwohl der Raum dunkel war, schwebte hinauf zur Zimmerdecke und verließ dann sogar sein Haus auf Long Island. Nur wenige Autos fuhren durch die Straßen, und hin und wieder sah Monroe eine streunende Katze.

Diese merkwürdigen Reisen wiederholten sich. Zuerst hatte Monroe sie für besonders plastische Träume gehalten; dann erkannte er, daß er nicht träumte. Er konnte herausfinden, daß das, was er im nächtlichen Long Island sah, während sein Körper im Bett lag, der Realität entsprach. So beobachtete er einen Polizeieinsatz, der zu dieser Zeit wirklich dort stattfand, wo er ihn auf seiner nächtlichen Reise bemerkt hatte. Erschrocken konsultierte Monroe einen ihm befreundeten Psychiater, Dr. Foster Bradshaw, der ihm lediglich empfahl, einmal irgendwo in der freien Natur ausgiebig Urlaub zu machen. Als der Seelenexperte ihm versicherte, er sei psychisch durchaus normal, begann Monroe, sein Heraustreten aus dem eigenen Körper systematisch zu untersuchen. Dabei stellte er fest, daß es immer dann eintrat, wenn er im Moment des Einschlafens in seinem Inneren ein bestimmtes Geräusch hörte. Bald lernte er, diese akustische Vorstellung willentlich auszulösen. Er konnte also gezielt »auf Reisen gehen«. Als nächstes beschäftigte sich Monroe analytisch mit der Art seiner »Reisen«. Dabei unterschied er zwischen solchen, während derer er sich im irdischen Raum-Zeit-Gefüge bewegte – Schamanen würden sagen, in denen er sich »in der mittleren Welt« aufhielt –, und solchen, die ihn in andere Welten führten. Er nannte den ersten Bereich »Lokalzone I«, den zweiten »Lokalzone II«.

Im Traum die Realität erleben

Die Arbeit auf diesem ausgefallenen Forschungsgebiet beschäftigte Monroe so intensiv, daß er seine Position als Rundfunkdirektor aufgab und in Nelson County, Virginia, ein Labor zur »out-of-body«-Forschung einrichtete. Er wollte

9

10

11

dem psychischen Phänomen mit technisch-wissenschaftlichen Mitteln systematisch auf den Grund gehen. Und er hatte Erfolg. In jahrelanger Arbeit entwickelte er eine Methode, auch anderen Menschen gezielt das Verlassen ihres Körpers zu ermöglichen. Der Versuchskandidat wird in einen lichtlosen und schalltoten Raum auf ein Wasserbett gelegt und damit von allen äußeren Reizen – bis auf jene der Gravitation und der elektromagnetischen Felder – abgekoppelt. Über Elektroden an Kopf und Händen der Testperson überwacht Monroe im Nebenraum ständig Gehirn- und Gefühlszustand. Zuerst spielt er den Kandidaten über Kopfhörer entspannende Geräusche ein, zum Beispiel von fließendem Wasser oder sanfter Meeresbrandung. Auf dem Monitor zeigt sich dann früher oder später, daß die Versuchsperson in den Dämmerzustand zwischen Wachen und Schlafen gelangt. Die Gehirnströme beweisen das. Sogenannte Alpha-Wellen signalisieren den einsetzenden leichten Schlaf. In diesem Moment schickt Monroe ein ganz bestimmtes Geräusch in die Kopfhörer, und zwar für das linke und das rechte Ohr etwas unterschiedliche Sinusschwingungen. Ihre Frequenz unterscheidet sich um vier Hertz. Ein ähnlicher Effekt ließe sich durch einen Trommelrhythmus von vier Schlägen pro Sekunde bewirken, doch würde dieser die Versuchsperson leicht wieder in den Wachzustand zurückrufen. Die beiden überlagerten Schwingungen nimmt der »Forschungsreisende«, wie Monroe seine Kandidaten nennt, als ein einziges beruhigendes Geräusch wahr. Dennoch spricht sein Gehirn auf die Vier-

9/10/11 Einschneidende Ereignisse im Familienleben begleiten schwarzafrikanische Stämme mit Ritualen, bei denen geheime Mächte angerufen werden. Für einige Stunden erfahren diese Wesen im Körper der Tänzer diesseitigen Ausdruck und lohnen das durch ihren Beistand.

Hertz-Frequenz an. Vier Hertz liegen genau im Bereich der sogenannten Delta-Wellen der Hirnströme, und diese sind für Tiefschlaf bezeichnend. Sobald der Kandidat im Halbschlaf dieses Tongemisch hört, geschieht etwas Merkwürdiges. Der Effekt tritt offenbar zu plötzlich und übergangslos ein, um Tiefschlaf auszulösen, aber er genügt, um die aktive Kontrolle durch das Wachbewußtsein in den Hintergrund zu drängen. Sich seiner Situation voll bewußt, bemerkt der Reisende, wie er seinen Körper verläßt. Das gelingt bei den meisten Versuchspersonen nicht auf Anhieb. Oft sind einige Übungssitzungen erforderlich. Auch die Zeit, die der jeweilige Kandidat in dem schalltoten Raum verbringt, bevor Monroe das Geräusch einspielen kann, ist unterschiedlich lang. Meistens liegt sie bei etwa einer halben Stunde.

Die Erlebnisse bei den Außerkörperreisen ähneln in vielfacher Hinsicht den Nahtodeserfahrungen, von denen schon die Rede war. Genau das rief die Ärztin und Psychotherapeutin Elisabeth Kübler-Ross auf den Plan, die zahllose Nahtodesberichte kannte, selbst aber bisher keine einschlägigen Erfahrungen gesammelt hatte. Sie unterwarf sich einem Experiment in Robert Monroes Kabine. In überraschend kurzer Zeit – nur zehn Minuten sind nach dem Betreten des schalltoten Raums vergangen – »hebt« Elisabeth Kübler-Ross »ab«. Monroe ist verwirrt. So schnell gelingt das kaum einem erfahrenen Reisenden. Er ruft die Kandidatin zurück. Sie reagiert verärgert und besteht auf einem erneuten Versuch. Bei der zweiten Reise verschwindet sie für rund 20 Minuten »auf der erdabgewandten Seite des Mondes«, wie Monroe später kommentiert. Als sie wieder zurückkehrt, ist etwas Aufregendes geschehen. Seit Monaten fühlte sich die zierliche Wissenschaftlerin psychisch erschöpft und physisch krank. Sie war ständig auf Medikamente angewiesen und konnte nicht mehr länger als eine Stunde zusammenhängend arbeiten. Von der zwanzigminütigen Reise kommt sie völlig gesund und leistungsfähig zurück. Aber sie erinnert sich an nichts außer an zwei Wörter, deren Sinn sie nicht kennt: Shanti nilaya. Erst später erfährt sie, daß diese Wörter aus dem Sanskrit stammen und »letztes Haus des Friedens« bedeuten. So nennt sie dann ihr Psychotherapie-Zentrum für Sterbenskranke im Süden von Kalifornien.

Letztes Haus des Friedens

Die Reise hat Nachwirkungen. Die folgende Nacht verbringt Elisabeth Kübler-Ross im Gästebungalow Monroes. Kurz vor dem Einschlafen verläßt sie erneut ihren Körper. Sie fühlt sich mit rasendem Tempo in die Dunkelheit hinaufkatapultiert. Und dann sieht sie alle Menschen wieder, denen sie bisher in der Sterbestunde beigestanden hat. Mehr noch: Sie ist jeder dieser Menschen. Sie erlebt den Todeskampf jedes und jeder einzelnen. Sie fühlt den Schmerz, den Eingeweidekrebs verursacht, sie durchleidet Starrkrämpfe, Wirbelsäulenbrüche und im fortgeschrittenen Stadium der Sklerose platzende Venen. Es sind Hunderte von Patienten, mit denen sie zugleich stirbt. Sie leidet und sie kämpft. Schließlich bricht jeder Widerstand in ihr, sie gibt sich auf. Genau in diesem Moment wandelt sich aller Schmerz in unbeschreibliche Freude und inneren Frieden. »Ich bin akzeptabel«, weiß sie und »ich bin Teil des Einen«. Später beschreibt sie ihr inneres Erleben, die Vereinigung mit einem weiß-goldenen, strahlenden Licht, als »zehntausendfachen Orgasmus«. Sie ist wie umgewandelt und fühlt sich körperlich, geistig und seelisch in Hochform. Von nun an macht sie wieder und wieder mystische Erfahrungen. Sie hört innere Stimmen, begegnet Lehrern und Informanten in anderen Realitätsebenen. Sie erfährt, daß das einzige, was der Mensch tun kann, um »der Welt zu helfen«, darin besteht, sich selbst von allem Negativen zu befreien, und daß die Agonie die letzte Chance darstellt, dieses Ziel zu erreichen. Sie gewinnt ein positivere Lebenseinstellung, und sie bricht mit der wissenschaftlichen Gemeinde, deren prominentes Mitglied sie bis dahin war. Ihre eigene wissenschaftliche Einstellung ändert sie deshalb nicht: »Ich bleibe völlig skeptisch gegenüber allem, was ich nicht selbst erlebt habe.«

. . . sich selbst von allem Negativen befreien

Was für die Forscherin aus dem westlichen Kulturkreis eine überwältigende Erfahrung war und was selbst die Menschen in ihrer Umgebung sprachlos werden ließ, ist für viele Naturvölker seit Jahrtausenden nichts Neues. Elisabeth Kübler-Ross ist zur Schamanin geworden, nicht mehr und nicht weniger. Daß ihr dabei technische Mittel geholfen haben, in erster Linie die tonfrequenten Geräusche in Monroes Kabine, ist nichts Außergewöhnliches. Die klassische Schamanentrommel hat mit zwei bis vier Hertz einen Schlagrhythmus, der der Frequenzdifferenz zwischen den beiden Tonschwingungen in den Ohrhörern entspricht. In dieser Größenordnung liegen auch andere auf das Unbewußte einwirkende Tonereignisse. Der Beat-Rhythmus liegt bei 140 Schlägen pro Minute; das entspricht $2\,^1/_3$ Hertz. Die Marschmusik, die Regimenter stimulieren soll, nicht vernünftig, sondern emotionell zu handeln, hat den gleichen Takt. Der gesamte Bereich der Delta-Wellen des Gehirns,

12

13

12 Feuer besitzt – neben Trommeln, Rasseln und Klangschalen – große Suggestivkraft. Ihm wird in vielen Kulturen göttliche Macht zugesprochen.

13 Die Kultmasken Afrikas, Asiens (hier Indonesien) und Amerikas stellen Geister dar.

die nicht nur Tiefschlaf, sondern auch tiefe Trance signalisieren, umfaßt etwa ein bis fünf Hertz.

Der moderne Schamanismusforscher Professor Michael Harner weist darauf hin, daß bei Trommelsitzungen selbst schamanisch unerfahrene Teilnehmer schon nach zehn Minuten eine Trancetiefe erreichten wie Zen-Meister erst nach mehrstündiger konzentrierter Meditation. Nicht von ungefähr bezeichnen sibirische Schamanen ihre Trommel auch als Reittier, als Mähre oder Boot, das sie auf ihren Reisen trägt.

Der Ethnologe Vilmos Diószegi notierte den Gesang eines sibirischen Tuva-Schamanen:

». . . Oh, wandlungsfähige Trommel dort vorn in der Ecke!
Sei mein Reittier, mein Hirsch und meine Hirschkuh.
Sei still, dröhnende Trommel,
Du fellbespannte Trommel,
Füge dich meinen Wünschen.
Wie jagende Wolken, trage mich
Durch die Lande der Dämmerung
Und unter dem bleiernen Himmel dahin,
Fliege wie der Wind
Über die Gipfel der Berge!«

In seiner Arbeit »A Physiological Explanation of Unusual Behaviour in Ceremonies Involving Drums« (»Eine physiologische Erklärung für ungewöhnliches Verhalten bei Trommelzeremonien«) berichtet der Neurologe Andrew Neher von Laborversuchen, die den Nachweis erbrachten, daß das Trommeln Veränderungen im zentralen Nervensystem hervorruft. Die rhythmische Erregung beeinflußt die elektrische Aktivität in »vielen Sinnes- und motorischen Zellen des Gehirns, die normalerweise nicht berührt werden, durch deren Vernetzung mit der erregten Sinneszone«. Neher führt das zum Teil auf die Tatsache zurück, daß der einzelne Trommelschlag viele verschiedene Tonfrequenzen enthält und entsprechende Impulse gleichzeitig entlang einer Reihe von Nervenbahnen im Gehirn überträgt. Zudem erlaubt die relativ niedrige Frequenz der Trommel die Übertragung größerer Schallenergien ins Gehirn als Tonträger höherer Frequenz, weil »die Rezeptoren niedriger Frequenz im Ohr gegen Schäden widerstandsfähiger als die empfindlichen hochfrequenten Rezeptoren sind und höheren Tonstärken widerstehen können, bevor Schmerz empfunden wird«. Andere Wissenschaftler, unter ihnen Wolfgang E. Jilek, fanden heraus, daß beim Trommelschlag in Einweihungsritualen der Salish-Indianer Frequenzen im Übergangsbereich von Alpha- zu Delta-Gehirnwellen, also sogenannte Theta-Wellen von vier bis sieben Hertz, vorherrschen. Das ist der Frequenzbereich, so führt Jilek aus, der »als der wirksamste für die Hervorrufung von Trancezuständen betrachtet wird«.

Veränderungen im zentralen Nervensystem

»Die Trommel«, schreibt der Schamanismusexperte Mircea Eliade, »spielt bei den schamanischen Zeremonien eine hervorragende Rolle. Ihre Symbolik ist komplex, ihre magische Funktion vielfältig. Sie ist zur Abwicklung der Sitzung unentbehrlich, ob sie nun den Schamanen zum ›Zentrum der Welt‹ bringt, ob sie ihm ermöglicht, in die Lüfte zu fliegen, ob sie Geister ruft und ›gefangensetzt‹ oder ob sie dem Schamanen zur Konzentration verhilft und zur Kontaktaufnahme mit der spirituellen Welt, in die zu reisen er sich bereitet.«

Oft sind die Schamanentrommeln mit symbolischen Zeichnungen oder stilisierten Bildern bemalt. Dazu Eliade: »Die Bebilderung der Trommel ist beherrscht von der Symbolik der ekstatischen Reise, der Reise, die das Durchbrechen einer Ebene und in sofern ein ›Zentrum der Welt‹ in sich schließt. Das Trommeln zu Anfang der Sitzung, das die Geister rufen und in der Trommel des Schamanen ›einschließen‹ soll, bildet die Einleitung zu der ekstatischen Reise. Das ist der Grund dafür, daß die Trommel das ›Pferd des Schamanen‹ heißt (Jakuten, Buriäten), oder dort, wo die Haut von einem Rehbock genommen ist, ›das Reh des Schamanen‹ (Karagassen, Sojoten). Die Legenden der Jakuten erzählen ausführlich, wie der Schamane mit seiner Trommel durch die sieben Himmel fliegt. ›Ich reise mit einem wilden Rehbock!‹ singen die Schamanen bei den Karagassen und Sojoten, und der Stock, mit dem man die Trommel schlägt, bekommt bei den Altaiern den Namen ›Peitsche‹.« Auf den Zaubertrommeln der Lappen finden sich häufig Abbildungen verschiedener mythischer Personen, denen der Reisende in anderen Welten begegnet.

Das Pferd der Schamanen

Zaubertrommeln sind heute bei den Naturvölkern in aller Welt verbreitet. Ihren Ursprung vermuten manche Ethnologen und Prähistoriker im südlichen Asien. In der dort heute noch gebräuchlichen Trommel der lamaistischen Rituale sehen sie so etwas wie eine Grundform der sibirischen, der Tschuktschentrommel und der Eskimotrommel. Von der letzteren wiederum scheinen sich die amerikanischen Indianertrommeln abzuleiten. Aber es gibt auch andere Rhythmusinstrumente als Vehikel schamanischer Reisen: Glokken, metallene Klangschalen (z. B. bei den Bon-Schamanen

14

15

16

Tibets), Klanghölzer, einsaitige Zupfinstrumente, Schwirrhölzer (in Ozeanien/Australien) oder etwa Didjeridous, alphornähnliche Holzblasinstrumente der australischen Ureinwohner. Eines haben sie alle gemeinsam: eine Grundfrequenz zwischen etwa zwei und fünf Hertz bei einem gleichzeitig hohen Anteil an Oberwellen.

Oft wird die akustische Wirkung der Rhythmusinstrumente noch durch monotone rhythmische Trancetänze unterstützt, und das keineswegs nur bei Naturvölkern. Auch mystische Sekten in den Kulturkreisen von Hochreligionen kennen derartige Trancetänze, die sie in Kontakt mit geistigen Welten führen. Man denke nur an die mystische Bruderschaft der tanzenden Derwische von Konja in der Türkei, einer islamischen Sufi-Sekte mit erheblicher Trance-Erfahrung.

Zweifellos zu den interessantesten Versuchen mit trommelinduzierten Trancezuständen gehören die Seminare des US-amerikanischen Ethnologieprofessors Michael Harner. Als junger Forscher führte ihn seine Feldarbeit 1956/57 zu den Jívaro-Indianern in den Wäldern der Ostabhänge der ecuadorianischen Anden. Damals war dieser Stamm noch für die Anfertigung von »Schrumpfköpfen« berüchtigt. Harner selbst sagt heute, daß er seinerzeit »nur äußerer Beobachter der Welt der Schamanen« war. 1960/61 besuchte Harner dann die Conibo-Indianer im Gebiet des Ucayali-Flusses im peruanischen Amazonasurwald. Niemand war dort zunächst bereit, mit dem Ethnologen über übernatürliche Dinge zu sprechen, bis man ihm schließlich bedeutete,

14 Zaubertrommeln kommen aus Asien. Unser Bild zeigt eine Standtrommel aus Keramik.

15/16 Wenn Rhythmusinstrumente und Kulttanz Menschen in Trance versetzen, erfaßt dieser Zustand den ganzen Körper. Arme und Hände führen ein Eigenleben wie vom Körper losgelöst.

wenn er wirklich lernen wolle, dann müsse er »den heiligen Schamanentrunk nehmen, hergestellt aus Ayahuasca, der ›Liane des Todes‹«. Harner willigte ein und erlebte unter dem Einfluß der halluzinogenen Droge beeindruckende Visionen: »Die zunächst schwachen Strahlen über meinem Kopf wurden leuchtender und verflochten sich immer mehr, bis sie einen Baldachin bildeten, der einem geometrischen Mosaik aus buntem Glas vergleichbar war. Die leuchtend violetten Farben bildeten ein sich immer weiter über mir ausdehnendes Dach. Innerhalb dieser himmlischen Höhle hörte ich das Rauschen von Wasser immer lauter werden, und ich konnte ganz schwach Gestalten erkennen, die sich schattenhaft bewegten. Als meine Augen sich an das Dunkel gewöhnt hatten, löste sich die bewegte Szene in etwas auf, was einem riesigen Amüsierbetrieb glich, einem übernatürlichen Karneval der Dämonen ...« Harners Bericht ist lang. Als er von seiner Ayahuasca-Reise zurückkam, versicherte ihm sein Conibo-Helfer, er könne bestimmt ein Meisterschamane werden. »So begann mein ernsthaftes Studium des Schamanismus«, schreibt Harner.

Mit der Gründlichkeit des Wissenschaftlers wollte er sich aber nicht auf die mystische Erfahrungswelt eines einzigen Stammes beschränken. Er erforschte schamanische Praktiken und Rituale in anderen Indio-Gesellschaften, und er verglich seine eigenen Erfahrungen mit Berichten anderer Ethnologen von Naturvölkern in aller Welt. Im Gegensatz zu anderen Völkerkundlern gab sich Harner aber nicht mit der bloßen Dokumentation und den üblichen Interpretationsversuchen zufrieden. Er prägte den Begriff »Core Shamanism« (also etwa Kernschamanismus), und er faßte darin alle diejenigen Elemente zusammen, die bei den verschiedensten Stämmen immer wiederkehren und als eigentliche Trancetechniken, schamanische Aufgaben und Charakteristika schamanischer Reisen anzusehen sind. Stammesindividuelle Überlieferungen, Begleitrituale, Dogmen und Mythologien klammerte er dabei aus. Harner befreite den in Jahrtausenden etablierten Schamanismus vom jeweiligen regionalen Ballast und lokalen Aberglauben. Und er »rationalisierte« ihn sogar mit den technischen Mitteln des 20. Jahrhunderts. Statt der Schamanentrommel verwendet er in bestimmten Situationen kleine Kassettenrecorder (Walkmen) mit Trommelaufzeichnungen.

Und noch etwas unterscheidet Harners Arbeitsweise grundlegend von der anderer Ethnologen. Er beobachtet nicht nur, er praktiziert den Schamanismus selbst und ... er lehrt ihn. Er lehrt ihn vom kulturellen Untergang bedrohten Stammesvölkern, aber er lehrt ihn auch westlich orientierten Menschen: Studenten der Naturwissenschaften, Ärzten, Psychotherapeuten, Ingenieuren, Hausfrauen, Büroangestellten, Seeleuten. Er begann seine Kurse nicht im Urwald und nicht in der Wüste, sondern ausgerechnet in der lärmenden Metropole New York. Harner verwendet dabei keine Drogen, keine jahrelange Meditation, keine Hypnotherapie und keine medialen Techniken. Er stützt sich auf das uralte schamanische Reisevehikel: die Trommel. Seine Erfolge sind überwältigend. Mehr als zwei Drittel seiner Workshop-Teilnehmer – es sind heute Zehntausende in den USA und vielen anderen Ländern Amerikas, Europas und Asiens – erleben fast auf Anhieb schamanische Reisen, nicht selten bereits bei der ersten Trommelsitzung. Von Harner ausgebildete Schamanismuslehrer arbeiten bereits für seine Schule.

Im Rahmen der Recherchen zum vorliegenden Buch habe ich selbst an solchen Seminaren teilgenommen, zugegebenermaßen zunächst mit der doppelten Skepsis des ausgebildeten Naturwissenschaftlers und des praktizierenden Wissenschaftspublizisten. Was die Schamanentrommel vermag, wenn man sich von ihr führen läßt, war für mich in der Tat äußerst beeindruckend und als technisch-mathematisch orientierten Menschen zunächst sehr verwirrend. Gewiß, einer der Nestoren der Tiefenpsychologie, C. G. Jung, hat mit seiner Lehre von den Archetypen den Forschungszweig der transpersonalen Psychologie eröffnet. Er hat Zugänge zu Sphären des Unbewußten geschaffen, die eindeutig über den Bereich der individuellen Erfahrungen hinausreichen. Aber er sah die Quellen für diese persönlichkeitsübergreifenden Erkenntnisse in den tieferen und tiefsten Schichten des Individuums selbst angelegt. Die Trommelseminare Harners und der von ihm ausgebildeten schamanischen »Counselors« (Berater) belehren ihre Besucher eines anderen: In rhythmusinduzierter Trance gelingt es den meisten Menschen, selbst naturfern lebenden Großstädtern, in kurzer Zeit Zugänge zu anderen Realitätsebenen zu finden, die zweifellos weit über die Sphäre des persönlichen Unbewußten hinausführen.

Ich will hier nur eines von zahllosen Beispielen anführen: Aufgrund der Erfahrung mit Harner-Seminaren veranstaltete ich im Bekanntenkreis selbst eine Trommelsitzung, verbunden mit einer Einführung in schamanisches Reisen. Drei Wochen später lag meine Frau in der Entbindungsstation des Frankfurter Universitätsklinikums, als eine Teilnehmerin meiner Wochenendsitzung sie anrief und ihr mitteilte, sie habe sie am Vorabend im Krankenzimmer auf einer schamanischen Reise »besucht«. Zum Beweis dafür beschrieb sie ihr haargenau einen alten verschlissenen Ledersessel, der neben ihrem Bett stand und der für die Raumausstattung einer modernen Klinik durchaus nicht üblich ist. Die »Reisende« ist weder zuvor schamanisch tätig gewesen noch besonders medial begabt. Beruflich ist sie als Pressereferentin in der Großindustrie tätig. Meinem bisherigen Weltbild gemäß hätte ich selbst diesen »Reisebericht« wohl gerne als zufällige Übereinstimmung der Wirklichkeit mit dem Inhalt eines Tagtraumes gedeutet, aber Dutzende ähnlicher Erfahrungen mit trommelinduzierten Trancereisen haben mich von der Realität dieser »anderen Wirklichkeitsebene« überzeugt.

Entdeckung anderer Welten

1

2

3

Geistreisen in nichtalltägliche Realitätsebenen sind so alt wie die Menschheit. Es gab sie zu allen Zeiten und in allen Kulturen. Nur die westlich orientierte Zivilisation nach dem Zeitalter der Aufklärung hat Geistreisen vorübergehend verdrängt. Heute entdecken Zehntausende moderner Menschen unter Nutzung uralter schamanischer Techniken diese aufregenden Erfahrungen neu. »Reiseziele« sind sogenannte untere und obere Welten, die manchmal sogar höllischen und himmlischen Sphären gleichen. Was hat es mit derartigen schamanischen Reisen auf sich? Welche Art von Erlebnissen lassen sich erwarten, und was ist ihr Nutzen? Führen diese Reisen tief ins eigene Unbewußte, wie manche Psychologen glauben, oder in wirkliche Jenseitswelten?

1/2 Eines der eindrucksvollsten »Tore in die Unterwelt« ist diese rund fünf Meter hohe Steinfratze im »Heiligen Wald« bei Viterbo. Besteht Ähnlichkeit mit dem geflügelten Tempelwächter aus Bali?

3 Viel Fantasie spricht aus dem Gemälde von Hieronymus Bosch: »Der Garten der Lüste«.

4

5

6

Irgendwann zwischen 1135 und 1154 – in England regierte gerade König Stephen – bekannte ein Ritter namens Owein seine zahlreichen und schweren Sünden dem Bischof der irischen Diözese Clogher. Auf sein Drängen hin erlaubte ihm der kirchliche Herr widerwillig, zur Buße das Fegefeuer des heiligen Patrick – St. Patrick's Purgatory – zu besuchen, das in seinem Amtsbereich lag. Dieses Fegefeuer war eine schmale Höhle, nur etwa einen Meter breit und drei Meter tief und so niedrig, daß man darin nur knien, aber nicht aufrecht stehen konnte. Sie befand sich auf einer kleinen Insel von nicht mehr als 8000 Quadratmetern Fläche inmitten eines einsamen Sees im Norden der heutigen Republik Irland. Lough Derg heißt dieser See, der in völliger Abgeschiedenheit in einer reichlich eintönigen, weiten, grünen Hügellandschaft liegt. Der Prior des unbedeutenden Inselklosters warnte den bußfertigen Ritter: Schon viele hätten die Höhle besucht, aber so mancher sei nicht lebend aus ihr zurückgekommen.

Sechzehn Tage lang bereitete sich Ritter Owein auf das Fegefeuer vor: mit Fasten, Gebeten und Bußritualen. Dann betrat er den Felsspalt. Was er dort erlebte, erzählte er wenig später einem Zisterzienser-Bruder aus dem Kloster Saltery im englischen Lincoln. Der Mönch protokollierte den Bericht in lateinischer Sprache. Zunächst gelangte der Ritter, als er durch die Höhle hindurchging, in verschiedene düstere Gebäude, dann durchstreifte er Täler und weite Ebenen. Dabei begegnete er gefährlichen Dämonen, die ihn zehn verschiedenen Martern unterzogen. Er sah Teufel,

4/5 »Selbstporträt in der Hölle«. Nackt sieht sich Edvard Munch in diesem Feuer, das Gesicht gerötet von Glut und Verbrennung, die Figur hilflos dem Inferno ausgesetzt.

6 In französischer Buchmalerei werden die »Höllenstrafen« sehr realistisch dargestellt.

die sündenbeladene Seelen mit weißglühenden Nadeln und in Kesseln voll von brodelndem geschmolzenem Metall quälten. Irgendwann aber überquerte er einen trügerischen Steg, der den Eingang zur Hölle überbrückte, und gelangte in ein Paradies voller Schönheit und Frieden. Auf demselben Weg, den er gegangen war, kehrte er später zurück. Und genau 24 Stunden nachdem er die Höhle betreten hatte, verließ er sie wieder, freudig vom Prior und seiner Gemeinde empfangen.

Die Beschreibung der visionären Erlebnisse des Ritters Owein machte rasch in Europa die Runde, und die kleine Insel in dem einsamen irischen See wurde zum berühmten Wallfahrtsort; so berühmt, daß zum Beispiel eine Weltkarte von 1492 »St. Patrick's Purgatory« als einzigen Ort in ganz Irland namentlich erwähnt. Es heißt, der Owein-Bericht habe unter anderem Dante zu seiner »Göttlichen Komödie« inspiriert.

Heute besuchen jährlich zwischen dem 1. Juni und dem 15. August rund 30 000 Pilger die kleine Insel im irischen Lough Derg. Der weitaus größte Teil sind junge Menschen zwischen 15 und 25 Jahren. Sie bereiten sich durch Fasten auf das Wallfahrtserlebnis im Fegefeuer des heiligen Patrick

Im Fegefeuer des Heiligen Patrick

vor. Allerdings enthalten sie sich nur noch drei Tage lang der Nahrungsaufnahme oder essen in dieser Zeit nichts als trockenes Brot. Die Pilger in alter Zeit fasteten während 16 Tagen. Überhaupt hat sich vieles verändert. Wo früher die Fegefeuerhöhle war, steht jetzt eine Basilika, in der eine Nachtwache dem früheren Besuch in der Felsengrotte entspricht. Ein gemeinsames Morgengebet und eine Messe schließen die durchwachte Nacht ab.

Bis ins 18. Jahrhundert freilich wurde noch ein Requiem gelesen, eine Totenmesse, bevor sich die Pilger zu der Höhle begaben. Es war die Totenmesse für die Wallfahrer selbst, so als müßten sie erst wirklich gestorben sein, um das Fegefeuer besuchen zu können. Und lange zuvor, im 14. Jahrhundert, bettete man jeden Pilger wie einen Leichnam auf, las die Totenmesse über seinem wie leblos daliegenden Körper und sang das Lied des Todes. Das glich einem Mysterienspiel. Aber war es nur ein Spiel? Oder bereitete sich der gläubige Pilger nicht eher ganz ernsthaft auf eine Reise in eine andere Welt vor, genau so, wie er es von Christi Höllenfahrt wußte? »Gekreuzigt, gestorben und begraben. Niedergefahren zur Hölle. Am dritten Tage wieder auferstanden von den Toten.« Hatten nicht Owein und nach ihm zahllose Pilger von eben dieser Höllenfahrt berichtet?

7 »Im Nebel ruhet noch die Welt,/ noch träumen Wald und Wiesen:/ bald siehst du, wenn der Schleier fällt,/ den blauen Himmel unverstellt,/ herbstkräftig die gedämpfte Welt/ in warmen Golde fließen.« (Eduard Mörike) So erlebt man den irdischen Frieden nach einem beschwerlichen Aufstieg.

8

9

10

Um die ganze Tragweite solcher Gedanken zu ermessen und zugleich den Rahmen des Spekulativen zu verlassen, ist es erforderlich, weit über rein christliche Quellen hinauszugehen. Nicht nur Christus und elfeinhalb Jahrhunderte nach ihm Owein und andere Lough-Derg-Pilger waren nämlich im Fegefeuer und in der Hölle zu Besuch. Im siebenten Jahrhundert machte den Überlieferungen gemäß auch der Prophet des Islam, Mohammed, geführt vom Engel Gabriel, eine Fahrt durch Fegefeuer, Hölle und Himmel, von der er selbst sagte, sie sei kein Traum gewesen, seine Seele war wirklich auf Reisen. Die 17. Sure des Korans, der durch Mohammed verkündeten islamischen Offenbarungsschrift, berichtet über diese Nachtfahrt. Weit ausführlicher noch wird sie von zeitgenössischen Autoren überliefert. Mitten im Sommer, in der 27. Nacht des 7. Monats des Jahres 621, schläft der Prophet in einem kleinen Raum in Mekka. Einsamkeit und Besorgnis erfüllen ihn. Plötzlich tritt der Erzengel Gabriel in das Gemach. Er öffnet die Brust Mohammeds und wäscht sein Herz mit Wasser aus der heiligen Quelle Zamzam, um es von allen Spuren des Irrens und Zweifelns zu reinigen. Aus einer goldenen Kanne gießt er »Hikma«, Weisheit und Glauben, in Mohammeds Körper. Nachdem der Engel die Brust des Propheten wieder geschlossen hat, nimmt er ihn bei der Hand und hilft ihm, Burak, ein pferdeähnliches mythisches Reittier, zu besteigen. Zunächst besucht das Tier mit Mohammed irdische Schauplätze: den Berg Sinai, wo Moses die Gesetzestafeln empfangen hatte, das Grab Abrahams in Hebron und die

8 Auch Mohammed machte eine Fahrt durch Hölle und Himmel. Sie sei »kein Traum gewesen«.

9/10 Im Matthäus-Evangelium heißt es: »Denn wie Jona drei Tage und drei Nächte im Bauch des Fisches war, so wird auch der Menschensohn drei Tage und drei Nächte im Innern der Erde sein.«

Geburtsstätte Jesu in Bethlehem. Letzte Station dieses irdischen Teils der Nachtreise, Isra' genannt, ist die heilige Stadt Jerusalem, wo Mohammed von mehreren Propheten empfangen wird, an ihrer Spitze Abraham, Moses und Jesus. An den Isra' schließt sich unmittelbar eine Weiterreise in den Himmel, den Miradsch, an. Über eine aus Licht bestehende Treppe, deren Fuß die Erde berührt, gelangt Mohammed an das Ufer des Paradiesstromes Kawthar, der in Wirklichkeit ein riesiges Meer ist. Auf seinem Reittier setzt der Prophet die Reise durch die erste himmlische Sphäre, die er hier erreicht hat, fort. Er sieht Auserwählte und Verdammte und begegnet einem Engel in Gestalt eines weißen Hahnes, dessen Aufgabe es ist, die Stunden der Nacht und des Tages zu zählen. Ausführlich beschreibt der weitere Bericht den fliegenden Ritt durch die anderen Himmelssphären – insgesamt sind es deren sieben – bis hin zum Paradies, durch das der Erzengel Gabriel führt. Auch Gott selbst begegnet der Prophet.

Nach der Rückkehr von dieser Reise durch die Welt der Himmel bricht Mohammed in die Hölle auf. Ihr Tor bewacht

Mohammeds Fahrt durch die Hölle

Malik, der grausige Fürst der Finsternis. In der Mitte der Hölle wächst Zakkum, ein mächtiger Baum, dessen Umfang einer Wegstrecke von 500 Jahren entspricht. Seine Nadeln gleichen Lanzen, und die Formen seiner Früchte erinnern an die Köpfe von Dämonen, Löwen, Skorpionen und anderen Untieren. Sphären der Finsternis wechseln in dieser Hölle mit weiten Flammenmeeren. Es ist eine apokalyptische Vision.

Ritter Owein, Jesus und Mohammed sind nicht die einzigen Reisenden durch Hölle und Himmel oder – besser gesagt – durch die untere und die obere Welt; denn nicht immer präsentieren sich die himmlischen und höllischen Sphären so von den Vorstellungen des Jüngsten Gerichts geprägt wie in den monotheistischen Religionen Christentum und Islam. Ähnliche Reiseberichte sind schon aus dem alten China überliefert; sie gehen zwei Jahrtausende vor Christus zurück. Ausführliche Erzählungen über Jenseitswelten im Nahtodesbereich, die die Seele des Visionärs aber unter besonderen Umständen schon zu Lebzeiten besuchen kann, liefert das Tibetische Totenbuch, das im buddhistisch-lamaistischen Glaubensbereich angesiedelt ist. Aber nicht genug damit: Die archäologische und besonders die ethnologische Forschung der letzten Jahrzehnte hat Tausende von Berichten derartiger Unterwelt- und Oberweltreisen zusammengetragen. Das beginnt bei der griechischen Orpheus-Legende und der Beschreibung altgriechischer Totenorakelstätten, und das weitet sich aus im Schamanismus bei praktisch allen Stammesvölkern der Welt.

Die weisen Medizinmänner und Glaubensbewahrer der Eskimos, der nord-, mittel- und südamerikanischen Indianer, der Urwald- und Savannenstämme ganz Afrikas, die Schamanen der Ureinwohner Süd- und Südostasiens oder bei den mongolischen und sibirischen Nomaden, den japanischen Ainus und den australischen Aborigines, die noch heute in abgeschiedenen Regionen Islands lebenden Anhänger altgermanischer Kulte und die Schamanen der nordskandinavischen Lappen oder die »zauberkundigen« Frauen und Männer in stillen Winkeln des Balkans und Weißrußlands, sie alle kennen diese Seelenreisen in die »nichtalltägliche Wirklichkeit«, wie das viele von ihnen nennen.

Die meisten Berichte über solche Schamanenreisen wurden unabhängig voneinander von Ethnologen und Naturreligionsforschern in aller Welt aufgezeichnet, und erstaunlicherweise stimmen praktisch alle in den wichtigsten Punkten miteinander überein. Die visionäre Reise in die untere Welt beginnt fast immer an einem wirklichen »Tor«: einer Höhle, einem Felsspalt, einem natürlichen Brunnen oder

Ein Tor für visionäre Reisen

etwa an einem Ort, an dem eine Quelle aus der Erde tritt. Auch ein Fuchsbau oder ein hohler Baum genügt. Um geistig durch dieses Tor treten zu können, wird oft eine seelische Vorbereitung getroffen, eine »Reinigung« durchgeführt. Meist geht sie einher mit Fasten oder rituellen Waschungen. Auch langes Wachen ist sehr förderlich für die Reise. Besonders empfehlen so gut wie alle Schamanen den Aufenthalt in möglichst unberührter Natur, vor allem in weiter, freier Landschaft. Die Reise findet meist nachts statt. Und was besonders bezeichnend ist: Das Erlebte wird nicht als Traum, als Phantasiebild oder Illusion aufgefaßt, sondern als Realität. Todeserlebnisse während derartiger Reisen werden als tatsächliches Ereignis mit anschließender Neugeburt verstanden.

Weitestgehende Übereinstimmung herrscht auch bei den Reisebeschreibungen: Nach der Passage eines dunklen Tunnels oder düsterer Gemäuer kommt der Geistreisende in eine freie Landschaft. Im Tunnel und vor allem danach begegnet er nicht selten zahlreichen Gestalten. Manchmal sind es Menschen, meistens aber Tiere, darunter auch ausgesprochene Fabelwesen. Bei weitem nicht immer führt die

Reise in die »untere Welt« in ausgeprägte Höllenregionen. Sie sind eher die Ausnahme. Wenn es aber der Fall ist, dann ist die Passage meist gefährlich – oft ist es ein unsicherer Steg über trügerische Flüssigkeiten wie kochendes Wasser, dampfende Säuren oder brodelndes Metall. Immer ist der Rückweg derselbe wie der Hinweg, wird aber gefahrlos erlebt. Die Beschreibungen von Fahrten in die »obere Welt« – auch sie führen nur manchmal in eine Art himmlischer Gefilde – entsprechen einander ebenfalls weitgehend.

»Ich legte mich auf den Boden und schloß meine Augen. Als die Trommel zu schlagen begann, ging ich zu meinem Platz auf der Waldwiese mit der Quelle, die durch lockeren Sand heraufsprudelnd einen Quelltopf von vielleicht einem Meter Durchmesser und 60 Zentimetern Tiefe füllt, aus dem dann das Wasser als kleines Bächlein durch die Wiese abfließt. Ich sprang ins Wasser und versank sofort im sandigen Untergrund. Es war angenehm kühl. Deutlich spürte ich den Sand, wie er körnig an meinen Beinen und Armen streifte, als ich tiefer glitt. Unter der Sandschicht gelangte ich dann in einen Tunnel, der erst schräg, bald aber immer steiler hinabführte. Nach vielleicht hundert Metern brach er jäh in einen senkrechten Schacht ab. Seine Wände bestanden aus rohem Fels, waren aber zugleich merkwürdig geringelt, etwa wie ein weites Wellrohr. Ich fiel hinunter. Es war jetzt sehr dunkel. Nach einer Strecke, die mir endlos schien, landete ich sanft auf dem Boden einer Art Quergangs, durch

. . . ich schwebe durch
ein Höhlensystem . . .

den ich weiterschwebte. Einmal hinderte mich eine massive Felswand am Vorankommen; aber ich entdeckte einen vielleicht handbreiten Spalt, und ich überlegte, ob das ein Durchgang war. Ich versuchte, mich hineinzuzwängen, und es gelang. Danach ging es noch ein Stück durch ein mehrfach verzweigtes Höhlensystem mit schönen Tropfsteinen weiter. Fledermäuse mit riesigen Köpfen torkelten um mich herum. Dann stand ich am Höhlenausgang. Vor mir lag eine offene Landschaft im abendlichen Dämmerlicht. Weil das Höhlenportal an einem Hang lag, konnte ich sehr weit sehen. Zu meinen Füßen dehnte sich eine grüne Ebene mit Savannenvegetation, durch die sich silbrig schimmernd ein breiter Fluß wand. Irgendwo in der Ferne mündete er in einen See. Die Landschaft war belebt von zahllosen Tieren. Die meisten waren mir vertraut: Zebras, Elefanten, Giraffen, Herden gnuähnlicher Weidetiere. Andere wirkten grotesk, zum Beispiel das Schaf mit dem Affenkopf oder eine Art stachelbewehrter Riesenfrosch, der ständig freundlich lächelte. Links neben mir saß auf einmal eine große Eule. Sie fragte mich, ob ich sie begleiten wolle. Eigentlich sprach sie gar nicht, aber ich wußte sehr genau, was sie sagte. Als ich zustimmte, flogen wir gemeinsam hinaus über das weite Land. Es war wunderschön. So friedvoll und ruhig. Deutlich spürte ich den kühlen, frischen Luftzug an meinem Körper. Eine Zeitlang folgten wir dem Fluß, dann kamen wir zu dem See, den wir erstaunlich rasch überflogen. Dort, wo er aufhörte, entsprang ihm ein breiter Strom. Das heißt, er entsprang dem See gar nicht. Ich weiß nicht mehr genau, wo er überhaupt herkam, er schien aus der Unendlichkeit zu kommen, und er floß in die Unendlichkeit. Die Eule sagte mir, er komme aus der Zukunft, und seine Wasser fließen in die Vergangenheit. Irgendwo in der Ferne verlor sich der Strom in der Landschaft. Neben ihm führte eine Straße entlang. Auch sie wirkte zeitlos auf mich. Die Eule sagte, ich solle mir beide gut einprägen, den Fluß und die Straße. Beide, so erklärte sie mir, als hätte sie meine Gedanken erraten, seien ewig, sowohl in der Zeit wie im Raum. ›Aber wenn du dich einmal entscheiden mußt‹, fuhr die Eule fort, ›dann wähle den Fluß, nicht die Straße; denn der Fluß lebt, und die Straße ist tot. Das war es, was ich dir sagen wollte.‹ – Wir machten kehrt, flogen zurück über den See und den

. . . denn der Fluß lebt
und die Straße ist tot . . .

ersten Fluß und erreichten rasch wieder den Höhleneingang. Ich verabschiedete mich von der Eule und ging zurück in die weite Grotte, die bald wieder enger wurde. Auf dem gleichen Weg durch das Tropfsteinhöhlensystem, den Felsspalt und den schrägen Gang, den langen senkrechten Schacht und den Tunnel wurde ich förmlich zurückgesaugt, spürte dann kurz wieder den feuchten, kühlen Sand an meinen Schultern und dann das Wasser des Quelltopfes. Ich war von der Reise zurück, genau in dem Moment, als die Trommel aufhörte zu schlagen.«

Dieser Reisebericht stammt weder aus einer heiligen Schrift noch aus altchinesischen oder frühgriechischen mythologischen Überlieferungen und auch nicht aus den Aufzeichnungen eines Ethnologen, der den Schamanen irgendeines Stammesvolkes interviewt hat. Er gibt die Erfahrungen eines Zeitgenossen wieder, eines Diplomingenieurs und Patentrechtlers, der in der Industrie eine leitende Stellung bekleidet.* Er beschreibt eine schamanische Reise im Herzen Europas im Jahre 1990. Dieser Mann ist keineswegs ein Exzentriker oder Adept irgendeiner esoterischen Schule. Mehr noch: Zwei Tage vor dieser ersten seiner Reisen in eine nichtalltägliche Welt wußte er nicht das Geringste davon, daß dergleichen überhaupt möglich ist. Schamanis-

* Der Berichtende ist dem Autor persönlich bekannt.

11

11 »Der Höllensturz«, Erzengel Michael im Kampf mit Luzifer, ein Gemälde der Zürcher Nelkenmeister aus dem 16. Jahrhundert. Die schamanischen Begriffe von unterer und oberer Welt sind nicht gleichbedeutend mit dem christlichen Denkschema von teuflischem Inferno und lichten Spähren.

12

12 Die Indianer im Südwesten der USA errichteten in ihren Dörfern kreisrunde Zeremonialkammern, die »kivas«. In der Nähe der Feuerstelle waren »sipapu« genannte Löcher eingegraben. Ethnologen deuten sie als Symbol, das »die mythische Öffnung in die untere Welt darstellt, durch wel-

che die Ahnen die Welt erreicht haben sollen«. Andere Forscher nehmen an, daß die Mitglieder der Medizinbünde die Löcher benutzten, um in Trance in die untere Welt hinabzusteigen. Bei den Puebloindianern sah man den Eingang in die untere Welt in einem kuppelförmigen Felsen im Grand Canyon.

mus war für ihn ein Fremdwort. Hätte ihm damals jemand ähnliches berichtet wie das, was er selbst erlebte, dann hätte er an dessen Verstand gezweifelt.

Viele Elemente dieses Reiseberichtes erinnern an Nahtodeserlebnisse. Charakteristisch sind vor allem der Weg durch einen Tunnel und das Erreichen einer »jenseitigen« Welt. Bezeichnend ist auch, daß der Reisende dort erwartet wird – in diesem Fall von der Eule – und daß er eine Führung erhält. Man ist selten allein auf solchen Reisen.

Versuche US-amerikanischer und europäischer Wissenschaftler aus den vergangenen zwei Jahrzehnten haben erwiesen, daß es keiner besonderen parapsychischen Veranlagung für die Fähigkeit zu derartigen schamanischen Reisen bedarf. Bei Experimenten mit »normalen« Bewohnern westlicher Industrienationen gelangen derartige Reisen auf Anhieb, das heißt innerhalb einer nur zweitägigen Unterweisung, über 75 Prozent der Probanden. Die Erlebnisse sind mehr oder weniger ausgeprägt und werden von unterschiedlichen Sinneswahrnehmungen getragen. Einige

Sehen, hören, fühlen, wissen

Geistreisende »sehen« besser, andere »hören« oder »fühlen« in erster Linie, und manche brauchen ihre »inneren« Sinne überhaupt nicht zu bemühen. Sie »wissen« einfach, was sie erleben. Wie solche Reisen ohne große Schulung und Vorbereitung für die meisten aller Menschen möglich sind, davon wird in einem der nächsten Kapitel noch ausführlich die Rede sein.

Trotz der pauschalen Ähnlichkeiten – etwa in Gestalt des Tunnel-Erlebnisses oder eines Führers – verlaufen die einzelnen Reisen sehr unterschiedlich, wie jede Reise in der alltäglichen Realitätsebene schließlich auch. Dennoch läßt sich das Reisen selbst »veranstalten«, also institutionalisieren. Wege dazu sind praktisch allen Stammesvölkern bekannt, soweit diese nicht von westlich orientierten »Nachbarn« kulturell entwurzelt wurden, sei es durch Missionierung, gesetzliche Schamanismusverbote, Verstädterung oder gar durch weitgehende Ausrottung. Erstaunlich ist, wie weit sich diese Reiseerlebnisse und auch die Reiseziele weltweit gleichen. Sie sind bei den Eskimos ähnlich wie bei den Indianern des amerikanischen Doppelkontinents. Sie unterscheiden sich aber auch kaum von jenen der Ureinwohner Asiens, Afrikas, Ozeaniens, Australiens und Europas.

In der Welt, die man die »westliche« nennt und die heute von der Westküste der Vereinigten Staaten über Europa bis ins fernste Sibirien alle anderen Kulturen dominiert, deren Einflußbereich vom Nordkap bis zum Kap Horn reicht, haben zwei große Bewegungen den Schamanismus verdrängt. Zunächst war es die Ausbreitung der christlichen Kirche; nicht die der christlichen Religion an sich, denn diese kennt sehr wohl Mysterien. Die Kirche ließ schamanische Praktiken nur zu, wenn sie, wie die Unterweltreise des Ritters Owein, in ihr Konzept paßten. Dennoch hielt sich selbst gegen Inquisition und Folter das Schamanentum in Europa zumindest im Untergrund bis in die Zeit der Aufklärung, der zweiten antischamanistischen Strömung. Die Aufklärung begann gegen Ende des 17. Jahrhunderts und proklamierte die menschliche Vernunft als einzige und letzte Instanz der Entscheidung über Wahrheit und Unwahrheit. Die neue Geistesrichtung orientierte sich am Modell naturwissenschaftlicher Erkenntnis und verbannte jegliche irrationale Denkweise, jeden Offenbarungsglauben und die gesamte Metaphysik in den Bereich des Aberglaubens.

Erst neuerdings, besonders in der zweiten Hälfte des 20. Jahrhunderts, wächst die Erkenntnis, daß das naturwissenschaftlich geprägte Weltbild zwar durchaus seine Existenzberechtigung hat, daß es aber bei weitem kein vollständiges Abbild der Realität liefert, sondern nur einen Teilbereich davon beschreiben kann. Erstaunlicherweise kamen Denkansätze, die zu einer Rückbesinnung vor die Zeit der Aufklärung, vor die Zeit des Absolutheitsanspruchs des menschlichen Verstandes führen, ausgerechnet aus dem Lager der naturwissenschaftlichen Avantgarde. Der Quantenphysiker Werner Heisenberg bewies, daß und warum naturwissenschaftlichen Erkenntnissen auf der letztlich alles Geschehen bestimmenden Ebene der Elementarteilchen Grenzen gesetzt sind. Albert Einstein fand diese Erkenntnis Heisenbergs derart desillusionierend, daß er ihm entsetzt entgegenhielt: »Gott würfelt nicht!« Er meinte damit, Gott überlasse nichts dem Zufall. Damit hat der Entdecker der Relativitätstheorie allerdings lediglich seine eigenen Schwierigkeiten dokumentiert, aus dem Schatten der Aufklärung herauszutreten. Denn wenn er von der Existenz eines allmächtigen Gottes ausgeht und diesem unterstellt, daß er stets für die menschliche Logik klar verständlich und exakt nachvollziehbar seinen eigenen Naturgesetzen folge, dann wäre dieser Gott, nachdem er die Schöpfung vollbrachte, überflüssig. Das aber war keineswegs Einsteins Auffassung. Zudem berichtete Einstein selbst einmal, er habe seine berühmte Relativitätstheorie nicht aufgrund logischer Folgerungen, sondern in einer Art Eingebung erfahren, also auf einem als schamanisch zu bezeichnenden Weg der Erkenntnis.

Die Grenzen der Naturwissenschaften

13

14

13 Felsenhöhle in der Nähe von Athen, in der ein Eingang in die Unterwelt gesehen wird.

14/15 Angeregt durch ein Versepos von Bernardo Tasso, dem Vater von Torquato, in dem der Held eine schamanische Reise durch einen Zauberwald unternimmt, hat ein italienischer Graf in der Mitte

15

des 16. Jahrhunderts in seinem Park einen »Heiligen Wald« errichten lassen. Neben einer in Stein gehauenen grimmigen Fratze mit weit aufgerissenen Augen, großen Nüstern und riesigem geöffnetem Mund (Seite 54) stehen dort in Stein skulptierte Ungeheuer.

16

16 Die Begriffe von Gut und Böse, von Himmel und Hölle, von einer diesseitigen und einer jenseitigen Welt begleiten die Menschen in allen Kulturen. Ein Künstler, der sich besonders mit den religiösen Fragen des Mittelalters beschäftigt hat, ist Hieronymus Bosch. In seinen Bildern stellt er eine visionäre

Nachdem Heisenberg das Eis der Aufklärung im naturwissenschaftlichen Denken erst einmal – und zwar unwiderlegbar und unwiderruflich – gebrochen hatte, wagten sich andere prominente Naturwissenschaftler vor. Heute entwerfen Physiker von Weltrang mathematisch fundierte Weltbilder, die dem Bereich strenger Kausalitätsgesetze von Ursache und Wirkung nur noch begrenzte Gültigkeit einräumen, die von akausalen kosmischen Sinnverknüpfungen sprechen und die sogar Zeitreisen grundsätzlich für möglich halten. Das Denken der Aufklärung empfing nicht zuletzt einen Dolchstoß von den Neurologen. Sie fanden heraus, daß der »aufgeklärte« Mensch nur rund 15 Prozent seines Gehirns im Alltag nutzt. Ist der Schamane in der Lage, andere Bereiche seines Gehirns zu aktivieren? Nicht wenige Indizien aus klinischen Experimenten sprechen dafür. Die Forschung ist im vollen Gange.

In Zivilisationen, an denen das Zeitalter der Aufklärung vorüberging, leben die alten Zugänge zu schamanischen Erfahrungen und besonders zu schamanischen Reisen fort. Wer verreisen will, der benötigt zunächst einmal eine Landkarte. Schließlich muß er seine Ziele kennen. Solche »Landkarten« gibt es auch für schamanische Reisen. Sie stimmen weltweit erstaunlich gut überein. Und soweit es Prähistorikern gelungen ist, Bräuche und Mythen unserer Vorfahren zu rekonstruieren, sind diese Reiseziele seit Jahrtausenden, vielleicht seit Jahrzehntausenden, immer die gleichen. Ihren Niederschlag finden sie in den mythischen Kosmologien, die den Aufbau der Welt beschreiben. Details weichen zwar stets voneinander ab, wie etwa die Anzahl himmlischer Sphären oder die Beschreibung von Wächtern an der Schwelle zur Unterwelt. Aber die großen Linien stimmen überein. Sie gehen von einer Vierteilung der Welt aus. Die »mittlere« Welt, das ist zunächst einmal die alltägliche Welt, in der wir leben. Diese »mittlere Welt« hat aber neben dem Alltagsbereich auch den Bereich der »nichtalltäglichen Wirklichkeit«. Das ist gleichsam eine Traumwelt, die aber durchaus als real empfunden wird und sich bei vollem Wachbewußtsein, aber in einem veränderten Bewußtseinszustand, erfahren läßt. Unter dieser zweifachen mittleren Welt liegt die »untere Welt«. Sie sei hier bewußt nicht als »Unterwelt« bezeichnet, weil dieser Begriff im christlichen Bereich nur allzuleicht generell mit »Hölle« verwechselt wird. Über der mittleren Welt liegt die »obere Welt«. Auch sie ist nicht unbedingt mit dem christlichen »Himmel« gleichzusetzen, obwohl den Vorstellungen von Himmel und

Landkarte für schamanische Reisen

Traumwelt voller zerbrechlicher Menschen dar, die schutzlos den Dämonen ausgeliefert sind. Das Böse verkörpert er in surrealistischen Wesen mit vulgären Bewegungen. Dieser Blick in die Abgründe der menschlichen Seele spiegelt sich auch in der Mitteltafel des Triptychons »Das Weltgericht«.

Hölle ursprünglich durchaus die schamanischen unteren und oberen Welten zugrunde liegen. Die Kirche mit ihrem Denkschema von Sünde und Strafe, guter Tat und Belohnung, hat die alten mythischen Welten im Laufe der Zeit annektiert und bewußt oder unbewußt umgedeutet. Daß das so ist, geht aus der unglaublichen Fülle von »Reiseberichten« in diese Welten hervor, die die große Trennung in ein teuflisches Inferno einerseits und lichte englische Sphären andererseits nur in seltenen Ausnahmefällen kennen. Nach Aussage der Totenbücher mancher Religionen gibt es diese beiden Bereiche erst in ferneren jenseitigen Ebenen. Viel charakteristischer ist der zitierte Reisebericht aus der unteren Welt, den der Diplomingenieur und Patentrechtler gab.

Wie selbstverständlich dieses Geistreisen bei Stammesvölkern heute noch ist und wie alltäglich es vor der Aufklärung auch in Europa war, läßt sich zum Teil archäologisch belegen. Der Ausgangspunkt für Reisen in die untere Welt ist fast immer ein geeigneter Ort der alltäglichen Realitätsebene. Entsprechend reich ist die Überlieferung von heiligen Grotten, heiligen Quellen und ähnlichen Orten. Es gab und gibt aber auch eigens für Reisen in die untere Welt angelegte, in die Erde führende Öffnungen. Bei den Bellacoola-Indianern an der Nordwestküste Nordamerikas hatte

Eingang in die untere Welt

früher jede Hütte ein Loch im Erdboden, das als Eingang in die untere Welt diente. Im zweiten Band seines 1895 in Berlin erschienenen Werkes »Indianische Sagen von der Nord-Pacifischen Küste Amerikas« berichtet der berühmte Ethnologe Franz Boas: »Die Welt unter uns wird . . . genannt Asiutâ'nEm. Beschreibungen dieser (unteren Welt) werden hauptsächlich von Schamanen gegeben, die glauben, daß sie jenes Land während einer Trance besucht haben. Nach der Aussage einer alten Frau, die meinte, daß sie als kleines Mädchen während einer Trance die (untere Welt) besucht habe, ist . . . der Eingang ein Loch, das es in jedem Haus zwischen der Tür und der Feuerstelle gibt.«

Die Zuñi-Indianer im Südwesten der USA errichten in ihren Dörfern besondere kreisförmige Zeremonialkammern (kivas). In deren Böden waren früher ebenfalls Löcher eingegraben, und zwar zwischen der zentralen Feuerstelle und der Wand. Diese Löcher heißen »sipapu« und werden heute in den »kivas« nicht mehr angelegt. In seiner »Southwestern Archaeology« betont der Indianerforscher John C. McGregor, daß das kiva sipapu »ein Symbol sei, das die mythische Öffnung in die untere Welt darstellt, durch welche die Ahnen die Welt erreicht haben sollen«. Der US-amerikanische Schamanismusforscher Professor Michael Harner nimmt aber darüber hinaus an, daß die Mitglieder der Medizinbünde in Zuñi die Löcher dazu benutzten, um selbst in Trance in die untere Welt hinabzusteigen.

Die zu den Hopi gehörenden Pueblo-Indianer haben keinen sipapu in ihren kivas. Aber sie kennen auch einen derartigen Eingang in die untere Welt. Es ist ein kreisrundes Loch, ebenfalls sipapu genannt, in einer kleinen kuppelförmigen Felsformation, die westlich der Hopi-Dörfer im Grand Canyon liegt.

Ähnlich konkrete »Tore« in eine untere Welt gab es früher auch in Europa. Eines der eindrucksvollsten, heute noch erhaltenen befindet sich im »Sacro Bosco«, dem »Heiligen Wald«, unweit des italienischen Städtchens Bomarzo, etwa auf halbem Wege zwischen Viterbo und Terni. Der Graf Vicino Orsini ließ es Mitte des 16. Jahrhunderts eigens von einem Architekten bauen. Es ist im manieristischen Stil dieser Zeit errichtet und hat die Gestalt einer rund fünf Meter hohen grimmigen Fratze mit weit aufgerissenen Augen,

Ogni pensiero vola Jeder Gedanke fliegt

großen Nüstern und einem riesigen geöffneten Maul, zu dem eine steinerne Treppe hinaufführt. Auf der Oberlippe sind die Worte »Ogni pensiero vola« eingemeißelt: »Jeder Gedanke fliegt«. Historiker vermuten, daß der Graf die Anregung für diesen Eingang zur Unterwelt im Jahre 1560 von Bernardo Tasso – dem Vater Torquatos – veröffentlichten Versepos »Amadigi« fand. In diesem Werk unternimmt der Held eine regelrechte schamanische Reise durch einen Zauberwald. Auch die Ungeheuer, denen er dort begegnet, hat Graf Orsini zum Teil im Park von Bomarzo in Stein skulptieren lassen.

Das Epos »Amadigi« knüpft an die Tradition der Passionsspiele des 13. Jahrhunderts an, in denen regelmäßig Unterweltseingänge in Form riesenhafter Bestiengesichter mit weit aufgerissenem Rachen und großen Augen eine Rolle spielen. Diese Passionsspiele waren bereits deutlich christlich eingefärbt. Sie verteufeln die alten »heidnischen« Bräuche der Unterweltreisen, indem sie diese schamanischen Welten als Hölle interpretieren. So hieß es zum Beispiel im Alsfelder Passionsspiel: »Mit den tufeln muß er yn die helle gan!«

Dennoch kommen die Fratzen mit ihren weit aufgerissenen Mäulern nicht von ungefähr. Hier hat die christlich-abendländische Tradition zwei schamanische Grunderfahrungen miteinander vermischt und in einen Topf geworfen.

Mit dem Eingang in die untere Welt hat die Fratze im Grunde nichts zu tun. Dieser Eingang ist fast immer eine natürliche Öffnung in der Landschaft, in Asien zuweilen auch ein Gemälde oder eine stilisierte Öffnung, etwa in Gestalt eines Mandalas. Immer aber ist er schön und harmonisch, niemals furchteinflößend.

Der geöffnete Rachen hat einen ganz anderen Ursprung. Er knüpft an die Initiationserlebnisse von Geistreisenden an. Häufig nämlich erleben sie auf ihren Ausflügen in andere Realitätsebenen den eigenen Tod, manchmal werden sie dabei von wilden Tieren oder mythischen, dämonenhaften Gestalten aufgefressen. Nicht anders ist etwa die biblische Erzählung von Jona zu verstehen, den ein riesiger Fisch verschlang und nach drei Tagen wieder ausspie. Jesus nahm diese Geschichte sehr ernst; er sah darin ein Bild für seinen eigenen Tod und seine Auferstehung beziehungsweise für seine eigene Jenseitsreise. Im Matthäusevangelium (12/40) sagt er: »Denn wie Jona drei Tage und drei Nächte im Bauch des Fisches war, so wird auch der Menschensohn drei Tage und Nächte im Inneren der Erde sein.« Das ist eine typisch schamanische Formulierung.

Mircea Eliade, der in seinem ethnologischen Standardwerk »Schamanismus und archaische Ekstasetechnik« Berichte über schamanische Reisen und Initiationen aus aller Welt zusammengetragen hat, zitiert Dutzende derartiger Todeserlebnisse angehender oder bereits praktizierender Schamanen. Bei den Ammasilik-Eskimos zum Beispiel werden zukünftige Schamanen bereits im jugendlichen Alter von sechs bis acht Jahren ausgewählt und auf ihre spätere Arbeit vorbereitet. Zu ihrer Ausbildung gehört ein längerer Aufenthalt in der Einsamkeit, etwa am Ufer eines Sees oder in unmittelbarer Nähe eines alten Grabes. Dort muß der Initiand so lange zwei Steine aneinander reiben, bis er eine Vision hat. Das kann viele Tage oder Wochen dauern. »Dann wird der Bär des Sees oder des Eisbergs darin hervorkommen, er wird dein ganzes Fleisch verschlingen und aus dir ein Skelett machen, und du wirst sterben. Doch du wirst dein Fleisch wiederfinden, du wirst wieder erwachen und deine Kleider werden dir zufliegen.« Im westlichen Grönland bleibt der Kandidat nach dem Gefressenwerden durch einen Geist drei Tage tot.

Aufenthalt in der Einsamkeit

Colonel Collins berichtete schon 1798, daß bei den Stämmen von Port Jackson in Australien derjenige »Medizinmann« wurde, der auf einem Grab schlief: »Der Geist des Toten kam, packte ihn an der Gurgel, riß ihn auf, nahm ihm die Eingeweide heraus, ersetzte sie durch andere, und die Wunde verschloß sich von selbst.«

Der sowjetische Ethnologe G. W. Ksenofontow berichtet von einem tungusischen Schamanen, der erzählte, er sei vor seiner Initiation ein ganzes Jahr krank gewesen. »Seine schamanischen Ahnen kamen und weihten ihn ein; sie durchbohrten ihn mit Pfeilen, bis er das Bewußtsein verlor und zu Boden fiel; sie schnitten ihm das Fleisch ab, rissen ihm die Knochen aus und zählten sie; hätte einer gefehlt, so hätte er nicht Schamane werden können.«

»Eine Teleutenfrau«, so schreibt Eliade, »wurde Schamanin, nachdem sie in einer Vision unbekannte Männer ihren Körper in Stücke schneiden und in einem Kochtopf kochen sah.« Ähnliche Todeserlebnisse sind aus aller Welt und aus allen Zeiten überliefert. Schon Tantalos tötete seinen Sohn Pelops und tischte ihn den Göttern bei einem Gelage auf. Sie erweckten Pelops wieder zum Leben, indem sie ihn in einem Topf kochten. Danach fehlte nichts als eine Schulter, die Demeter aus Versehen gegessen hatte.

Doch es ist gar nicht nötig, räumlich oder zeitlich so weit zu schweifen, um Todesberichte von praktizierenden Schamanen zu finden. Bei modernen Schamanismus-Seminaren – davon wird im nächsten Kapitel die Rede sein – sind derartige Erlebnisse recht häufig. Manchmal werden den schamanischen Neulingen nur einzelne Organe ausgetauscht, etwa das Herz, die Leber oder die Augen. Manchmal werden ihnen Quarzkristalle in die Brust eingesetzt. Oft werden sie aber auch vollkommen zerstückelt und wieder zusammengesetzt, und sehr oft werden sie von Hilfsgeistern aufgefressen. Eine derartige Erfahrung spiegelt der folgende Ausschnitt aus einem Bericht wider, der 1991 von einem etwa fünfzigjährigen Deutschen unmittelbar während einer schamanischen Reise gegeben und mit einem Kassettenrecorder aufgezeichnet wurde:*

. . . und er verschlingt mich.

»Er (der Lehrer) öffnet seine Augen weit, und sein Gesichtsausdruck ändert sich. Er mahlt mit den Zähnen, und er fragt mich, ob ich keine Angst habe, ihm zu folgen. Ich frage mich, warum ich mich fürchten sollte. Jetzt öffnet er seinen Mund weit, sehr weit. Ich kann seine Zunge sehen. Zähne sehe ich nicht. Er sperrt den Mund noch weiter auf, und er verschlingt mich. Er verschlingt mich einfach. Ich habe das Gefühl, durch seine Kehle zu gleiten. Rund um mich sehe ich eine netzartige Struktur. Jetzt komme ich in einem sehr engen Raum an, in einer Art Magen, ich weiß es nicht. Alles ist in dunkles rotes Licht gehüllt, wie niederge-

* Dem Autor persönlich bekannt.

17

17 »Was sucht ihr den Lebenden bei den Toten? Er ist nicht hier; Gott hat ihn vom Tod erweckt! Erinnert euch an das, was er euch in Galiläa gesagt hat: . . . aber am dritten Tag wird er vom Tod auferstehen.« »Christi Höllenfahrt und Auferstehung«, Ikonenmalerei aus dem 18. Jahrhundert.

branntes, glühendes Feuer. Aber ich fühle mich dort recht gut. Jetzt komme ich zur Ruhe und warte, was weiter geschehen wird . . . (Pause). Es scheint, daß ich – ohne etwas zu fühlen und ohne verwundet zu werden – gerade verdaut werde. Ich schaue meine Haut an, die Haut meiner Brust; sie schwindet irgendwie dahin. Und ich sehe jetzt mein eigenes Brustbein und meine Rippen. Und es geht weiter. Und ich sehe meinen eigenen Kopf, der auch verdaut wird. Ich kann das Schädelskelett sehen, die Nase zersetzt sich, die Augen verschwinden . . . (Pause). Ich versuche, den Rest meines Körpers zu betrachten, aber ich kann nicht viel sehen. Er scheint auseinanderzufallen. Gerade kommt mein Unterkiefer vorbei. Ich sehe die Zähne darin . . . (Pause). Jetzt fallen sogar die Zähne heraus. Im Kiefer bleiben Löcher zurück, in denen die Zähne steckten. Jetzt treiben einige einzelne Rippen vorbei. Alle einzelnen Teile von mir scheinen in einer Art Flüssigkeit zu schwimmen. Diese Flüssigkeit hat eine Farbe; es ist schwer zu sagen, was für eine Farbe, weil sie sich ständig ändert: Meist sind es Mischtöne zwischen grün und braun, golden, wieder grün. Und in dieser Farbe beginnen sich jetzt sogar meine

Der Reisende klettert hinauf

Knochen aufzulösen. Ich fühle mich vollkommen in Auflösung . . . (Pause). Jetzt beginnt eine Art Neubildung. Ich sehe, daß ich neue Augen bekomme und eine sehr eigentümliche Art Schädel; denn es ist noch kein Schädel aus Knochen, es ist eher eine gelatineartige gelbliche Substanz. Aber darin sind jetzt helle, wäßrig-blaue Augen. Jetzt wird es ganz dunkel um mich herum, und zugleich fühle ich eine Art Wiederzusammensetzung meines ganzen Körpers; nicht Stück für Stück, sondern langsam als Ganzes. Als ob er aus der Flüssigkeit auskristallisiert, wieder zu fester Materie wird . . . Jetzt gibt es wieder etwas Licht. Ich sehe, daß meine Rippen mit Haut bedeckt sind, und ich fühle mich fast wieder komplett. Ich wandere weiter durch den Körper meines Lehrers. Jetzt komme ich aus ihm heraus. Ich weiß nicht wo und wie. Ich komme einfach aus ihm heraus. Oh, es ist sein Mund; er spuckt mich aus. Und jetzt spricht er zum ersten Mal: . . .«

Dieses sehr typische schamanische Erlebnis spielte sich übrigens nicht auf einer Reise in die untere, sondern in die obere Welt ab, wo der Initiand einem geistigen Lehrer begegnete. Auch der Zugang zu dieser oberen Welt hat ganz bestimmte, immer wiederkehrende charakteristische Merkmale. Nicht ein Loch, eine Höhle, eine Quelle markiert den Ausgangspunkt. Er liegt meist völlig im Freien. Irgend etwas leitet nach oben: die Äste eines hohen Baumes, eine Bergkuppe, ein hoher Felsen. Der Reisende klettert hinauf und springt nach oben ab. Manche Indianer steigen mit dem Rauch eines Lagerfeuers oder in einer wirbelnden Windhose in die Höhe. Ein europäischer »Neoschamane« setzt sich einfach auf einen ausbrechenden Geysir. Andere den Schamanismus praktizierende Zeitgenossen sind sogar mit Fahrstühlen, Flugzeugen oder Raketen erfolgreich, aus denen sie in großer Höhe herausspringen. Nach diesem Start aus einer gewohnten Alltagsumgebung geht es dann meist ziemlich leicht und wie von selbst weiter nach oben. Manche Schamanen fühlen, daß sie fliegen; andere schweben einfach aufwärts. Wieder anderen helfen mythische Vögel, fliegende Pferde oder andere Krafttiere. In vielen Fällen muß auf dieser Oberweltreise eine Barriere durchbrochen werden, etwa eine dicke Wolkenschicht, oft sogar eine feste Fläche, die nicht selten als eine Art Membran

Ein Weltenbaum im Mittelpunkt

beschrieben wird. Danach erreicht der Reisende die obere Welt, die allerdings nur selten ausgesprochen himmlische Züge besitzt. Manchmal ist es eine klar beschreibbare Landschaft, oft aber auch ein ausgesprochen »nebuloser« Raum, in dem vor allem diffuses Licht dominiert.

In manchen Kulturkreisen stehen die untere und die obere Welt unmittelbar miteinander in Verbindung, etwa in der altnordischen Mythologie, wo ein mächtiger Weltenbaum im Mittelpunkt der Erde – also in der unteren Welt – wurzelt, während seine Äste bis in den Himmel – in die obere Welt – reichen. In seinem mittleren Bereich äsen Ziegen sein Laub. Dort liegt die nichtalltägliche Realitätsebene der mittleren Welt, in die der Schamane ebenfalls reisen kann.

Natürlich haben die schamanischen Reisen keinen reinen »sightseeing«-Charakter, sondern eine tiefere Bedeutung. Etwas pauschal läßt sich sagen, daß der Reisende in der unteren Welt mit Krafttieren und Hilfsgeistern in Kontakt tritt, die ihm Stärke, Gesundheit und Ausdauer verleihen, während er in der oberen Welt Lehrergestalten begegnet, die ihm existentiell wichtige Fragen beantworten und mit Rat und Tat zur Seite stehen. Im Kapitel über »Verbündete« wird ausführlich darüber berichtet.

1

Nichtalltägliche Wirklichkeit

2

3

In Trance verlieren Raum und Zeit ihre Gültigkeit. Der Mensch erlebt in diesem Zustand den Alltag mit einem veränderten Bewußtsein und kann in tiefer Trance sogar in andere Erlebniswelten hinüberwechseln. Trance läßt sich, bewußt oder unbewußt, auf vielerlei Weise herbeiführen: durch Meditation, Hypnose, Autosuggestion, rhythmischen Tanz, tiefe Gefühle, aber auch durch Ermüdung am Steuer nach langer Autofahrt. Welche Bedeutung haben Trance-Erlebnisse? Sind es bloße Halluzinationen oder vermittelt Trance echte außersinnliche Erkenntnisse, ermöglicht sie Erinnerungen an die eigene Geburt, bringt sie Heilung von Krankheiten, schafft sie sogar Kontakte zu Wesenheiten in anderen Sphären?

1/2 Jugendliche, die völlig gefangen von der Musik ihrem Idol zujubeln und sich im Takt der Rhythmen wiegen, kennen wir von Rockfestivals und aus Discos. Trance in unserem Alltag.

3/6 In Hindu-Tempeln schaffen zahlreiche grellfarbige Götterfiguren eine Atmosphäre, die völlig

4

5

6

vom Alltag losgelöst ist. Wir empfinden die Situation als göttlich. Das ist ein Weg zum Trancezustand.

4/5 Tranceerlebnisse können sehr unterschiedlich sein. Sie reichen von angenehm empfundener Lethargie, Entspannung bis zu ausgeprägter Ekstase. Viele Völker wissen damit seit altersher umzugehen.

Um es vorweg zu sagen: Was Trance wirklich ist, wissen wir nicht. Der Trancezustand läßt sich zwar beschreiben, aber nicht erklären. Auch die Beschreibung ist nicht ganz einfach, weil es verschiedene Grade der Trance-Tiefe gibt, und weil die Trance-Erlebnisse sehr unterschiedlich sein können. Das Spektrum reicht von Gefühlen leichter, meist als äußerst angenehm empfundener Lethargie bis zu ausgeprägter Ekstase oder tiefster somnambuler Versenkung. Erleben läßt sich in Trance beinahe alles, von einem Gefühl der Entspannung bis zur Halluzination und zu meßbaren physischen Körperveränderungen. Auch die Wege, die in die Trance leiten, können recht unterschiedlich sein. Meditation führt ebenso in Trance wie Fremd- oder Selbsthypnose, bestimmte rhythmische Tänze oder auch nur das Hören geeigneter rhythmischer Musik oder etwa die Einnahme trancefördernder Drogen.

Es gibt wohl kaum einen Menschen, der nicht selbst schon viele hundert Male in Trance gewesen ist. Dabei handelt es sich allerdings fast immer um leichte Trancezustände, die gar nicht als solche erkannt werden. Eine typische Trancesituation kann sich bei langen Autofahrten einstellen, besonders wenn einige begünstigende Faktoren zusammenkommen: Der Fahrer verfügt über eine sehr gute Fahrpraxis. Er ist müde oder gedanklich so mit einem anderen Thema beschäftigt, daß er kaum auf das Fahren selbst achtet. Die Fahrstrecke bietet keine Abwechslung, weil der Fahrer sie gut kennt, weil sie durch eine vollkommen monotone Landschaft führt oder weil es Nacht ist. Der Verkehr ist flüssig oder äußerst gering. Eine Idealsituation liefert zum Beispiel eine kaum befahrene, kurvenarme Autobahn zur Zeit der Abend- oder Morgendämmerung, wenn alle Kontraste verschwimmen und das Scheinwerferlicht noch keinen klar umrissenen Kegel ausleuchtet. Unter solchen Bedingungen erlebt der Fahrer Trancephänomene. Am häufigsten ist die völlige Veränderung des Zeitgefühls. Plötzlich ist der Fahrer am Ziel und fragt sich, wie das denn so schnell gehen konnte. Überlegt er genauer, dann stellt er fest, daß er sich an die Details der ihm bekannten Strecke kaum noch oder gar nicht erinnern kann: Bin ich wirklich an der und der Kreuzung vorbeigekommen? Bin ich wirklich durch jenes Waldstück gefahren? Ich habe es gar nicht gemerkt. Aber es muß wohl so sein. Mir vergingen die zwei Stunden Fahrt wie im Fluge.

Das Verlieren des Zeit- und Raumgefühls ist immer ein Anzeichen für Trance. Dabei muß die Zeit nicht unbedingt kürzer erscheinen, sie kann sich auch scheinbar endlos dehnen. Wer einmal einen mittelschweren Verkehrsunfall erlebt hat, wird das bestätigen können. Was sich in Sekundenbruchteilen abspielt, kommt einem dabei wie eine Ewigkeit vor. Jedes Detail läßt sich in Ruhe exakt beobachten. Auch das ist ein Trance-Effekt.

Manchmal wird sich ein Autofahrer seines Trancezustands schlagartig bewußt, wenn ihn ein Selbstschutzmechanismus davor bewahrt, tiefer in Trance zu fallen. Er hat dann das Gefühl, plötzlich aufzuwachen. Dieses Phänomen wird nicht ganz zutreffend von Verkehrsexperten als »Sekundenschlaf« bezeichnet. In Wirklichkeit hat der Fahrer überhaupt nicht geschlafen, er ist in tiefere Tranceregionen abgesunken und hat für kurze Zeit sein Wachbewußtsein verloren. Das ist nicht dasselbe wie schlafen.

»Sekundenschlaf« auf der Autobahn

Eine sehr tiefe Form der Autofahrertrance ist unter Fachleuten als »Autobahnhypnose« bekannt. Sie tritt meistens in der Dämmerung oder nachts auf. Auf dunklem Asphalt zeichnen sich im Scheinwerferlicht kraß die einzelnen Strichelemente des unterbrochenen Mittelstreifens ab. Rhythmisch und monoton springen die reflektierten Lichtimpulse dem Fahrer ins Auge. Der Effekt verstärkt sich noch, wenn ein müder Fahrer zur Erleichterung seiner Arbeit einfach dem Mittelstreifen folgt, ihn förmlich zwischen die Räder nimmt, statt rechts von ihm zu fahren. Schon nach wenigen Minuten stellt sich bei den allermeisten Fahrern eine hypnotische Trance ein. Manchmal induziert sie den »Sekundenschlaf«. In seltenen Fällen führt sie zu einem

7

8

7/9 Ruhe und Gelassenheit strahlen die indischen Buddhafiguren aus. Der Meditierende verliert beim Betrachten das Gefühl für Zeit und Raum, eine erste Stufe der Trance.

8 Blick auf ein Tempelbecken in Benares: Gläubiger nach der rituellen Reinigung.

9 hypnotischen Zustand. Der Fahrer beginnt zu halluzinieren. Er sieht plötzlich ganz deutlich Tiere vor sich auf der Fahrbahn, die in Wirklichkeit gar nicht da sind: Pferde, Kühe, sogar Elefanten, einzeln oder in ganzen Herden. Diese Erlebnisse können äußerst realistisch sein. Die Verkehrssicherheitsexperten haben Dutzende von Berichten gesammelt, in denen der Fahrer bereit gewesen wäre, sein Tranceerlebnis als Realität zu beschwören. »Da brach auf einmal ein Elefant rechts aus dem Gebüsch hervor und lief vor mir auf die Straße. Ich dachte noch, der muß wohl aus einem Circus ausgebrochen sein.« Solche Trugbilder haben schon Verkehrsunfälle verursacht, wenn der erschrockene Fahrer auf sie mit Vollbremsung reagierte. Es müssen nicht einmal glaubwürdige Halluzinationen wie die Bilder vorbeilaufender Tiere sein. Auch auf real völlig unmögliche Situationen reagiert der Autofahrer so, als ereigneten sie sich tatsächlich. Gelegentlich gibt es Berichte davon, daß plötzlich ein großes Haus quer über die Fahrbahn schwebte.

Hypnoseexperten wissen seit einigen Jahren, daß Menschen in Trance nicht schlafen, wie man früher annahm, sondern hellwach sind. Die Beweise dafür reichen vom

10

Das Unbewußte kommt zu Wort

Enzephalogramm, der Registrierung von Gehirnwellen, das in Trance niemals die für den Schlafenden charakteristischen Frequenzen zeigt, bis zur Auswertung verschiedener Körperreflexe, die sowohl im Wachzustand wie in der Trance auftreten, aber nicht während des Schlafs.

Wenn selbst tiefe Trance kein Schlafzustand ist, was ist sie dann? Wir wissen es nicht. Es gibt zahlreiche Erklärungsversuche, aber keiner befriedigt wirklich. Die meisten operieren mit den Begriffen des Wachbewußtseins und des Unbewußten. In der Trance lockert zweifellos das Wachbewußtsein seine sonstige totale Kontrolle über das Unbewußte. Das Unbewußte »kommt zu Wort«. Aber in welcher Form? Indem es uns bewußt wird, dringt es schließlich in das Wachbewußtsein ein. Wie vage diese pauschalierenden Formulierungen sind, ist schon daraus zu erkennen, daß beinahe jede »Tranceschule« eigene Vorstellungen von den verschiedenen Bewußtseinsebenen hat, die zum Teil erheblich voneinander abweichen. Die klassischen Psychoanalytiker und mit ihnen die meisten Hypnoseexperten gehen von der Zweiteilung in Wachbewußtsein und Unbewußtes aus. Ältere Vertreter dieser Richtung benutzten statt Unbewußtes meist den Ausdruck Unterbewußtsein, doch dieser Begriff suggeriert so etwas wie eine Hierarchie zwischen »Bewußtsein« und »Unterbewußtsein«.

10 Gläubige, die ihre Stirn an die dunkelrote Wand eines Kali-Tempels in Benares legt.

Anhänger von östlichen Meditationstechniken differenzieren weiter. Sie sprechen von einem Alltagsbewußtsein und von einem Erinnerungsunterbewußtsein, die beide zusammen das Wachbewußtsein ausmachen, wobei das Erinnerungsunterbewußtsein lückenhaft arbeitet und nicht immer präsent ist. Diesen beiden Bewußtseinsbereichen stellen sie einerseits das unbegrenzte Unterbewußtsein gegenüber, andererseits das Überbewußtsein oder Seelenbewußtsein. Das Unterbewußtsein ist zwar nach ihrer Auffassung grenzenlos, aber es baut sich aus einer Vielzahl voneinander getrennter Inhalte auf, die nicht als Ganzes zu überblicken sind. Das bleibt dem Überbewußtsein vorbehalten. Wieder andere Tranceschulen, etwa die der Zen-Buddhisten, betrachten den Menschen als Teil einer kosmischen Gesamtheit, die sich im Alltagsbewußtsein nur über einen äußerst geringen Ausschnitt dieses kosmischen Ichs Rechenschaft ablegt, genaugenommen über jenen Ausschnitt, der durch Raum und Zeit begrenzt ist. Sie stellen also dem Alltagsbewußtsein das kosmische Bewußtsein gegenüber. Wieder andere Trancekonzepte haben Esoteriker, die davon überzeugt sind, in Trance, also jenseits des Alltagsbewußtseins, spirituelle Kontakte mit anderen Wesen aufnehmen zu können: Lebenden, Verstorbenen und reinen Geistwesen. Hellseher erleben in Trance Visio-

Visionen von gestern und morgen

nen von Vergangenheit, Gegenwart und Zukunft, die sich konkret an irgendeinem beliebigen Ort abspielen. Sie reflektieren nur selten über theoretische Fragen verschiedener Bewußtseinsebenen. Relativ einfach machen es sich auch die Schamanen der Naturvölker. Sie unterscheiden zwischen alltäglichem und nichtalltäglichem beziehungsweise schamanischem Bewußtsein, wobei letzteres je nach Kulturkreis wiederum in mehrere verschiedene Ebenen unterteilt sein kann.

Trance-Erlebnisse werden von den Menschen in sehr unterschiedlicher Intensität wahrgenommen. Der typische Anhänger eines »aufgeklärten Weltbildes« macht im allgemeinen überhaupt keine tiefgreifenden Tranceerfahrungen. Der mit Hypnose arbeitende Mediziner lernt die suggestiven Beeinflussungsmöglichkeiten des Unbewußten durch das Wachbewußtsein kennen. Sie bleiben für ihn meist auf physisch kontrollierbare Effekte beschränkt. Der Psychoanalytiker und Psychotherapeut bedient sich der Hypnose zusätzlich, um in Trance dem Erinnerungsbewußtsein auf die Sprünge zu helfen und um dem Unbewußten Befehle zur psychischen Steuerung zu geben. Wer meditiert, findet in Trance je nach Zielsetzung neue Zugänge zum Ich-Verständnis, aber auch etwa zu kosmischer Weisheit, zur Zeit- und Raumlosigkeit oder gar zu Gott. Dem Trancemedium ist es vorbehalten, Kontakte zum Jenseits zu knüpfen, wie etwa der englischen Pianistin Rosemary Brown, die jahrelang von den Seelen verstorbener Komponisten (z. B. Chopin, Bach, Schubert) Notendiktate aus dem Jenseits erhielt, und das in einer solchen Fülle, musikalischen Qualität und stilistischen Reinheit, daß Musikwissenschaftler diesem Phänomen ratlos gegenüberstehen. So schnell kann eine nur mittelmäßig begabte Klavierspielerin unmöglich selbst ein derartiges musikalisches Werk erschaffen haben, ist ihre kollektive Meinung. Die wohl weitestreichenden Trancetechniken und Tranceerfahrungen finden sich bei langjährig praktizierenden Yogis, bei Zen-Meistern und bei Schamanen. Davon soll in anderen Kapiteln berichtet werden.

Daß sich Trance, etwa beim Autofahren, aber auch beim Tanzen, Musikhören, im Ausdauersport (zum Beispiel Marathonlauf), bei der Liebesvereinigung oder beim tiefen Gebet von selbst einstellt, ist eher die Regel als die Aus-

Das Alltagsbewußtsein verdrängen

nahme. Wie aber läßt sich Trance gezielt erreichen? Die Zahl der Techniken ist groß, aber die meisten davon bauen auf einer Reihe klar überschaubarer Grundregeln auf, die auch bei der Autofahrertrance, beim Sport und Tanzen eine Rolle spielen. Immer geht es darum, das Alltagsbewußtsein in den Hintergrund zu drängen. Völlig ausgeschaltet wird es in der Trance nicht. Meist bleibt es sogar vollkommen präsent, läßt aber zugleich auch die Inhalte anderer Bewußtseinsebenen wahrnehmbar werden. Um das gezielt zu erreichen, muß das Alltagsbewußtsein von seiner normalen Aktivität – nämlich permanent Gedanken zu produzieren – abgelenkt werden. Das gelingt auf verschiedene Weise. Man kann es zum Beispiel mit einer überwältigenden Fülle von Eindrücken konfrontieren, die alle mit alltäglicher Realität nichts gemein haben, mit denen das Alltagsbewußtsein also nicht logisch umgehen kann. Das geschieht zum Beispiel bei manchen religiösen Ritualen. Die Handlung ist abstrakt, allenfalls symbolhaft, meist aber reichlich irreal. Die Szenerie hat nichts mit dem Alltag zu tun. Das Ohr wird durch religiöse Gesänge in Anspruch genommen, die oft recht monoton klingen. Viele Religionsgemeinschaften kennen auch das pausenlose Rezitieren monotoner Texte. Von weltlichen Gerüchen lenkt der sakrale Duft des Weihrauchs oder anderen Räucherwerks ab. In indischen Tempeln schafft eine ungeheure Fülle oft grellfarbiger Götterfiguren –

11

12

13

stammen sie aus dem Dämonenreich? – eine Atmosphäre, die von der Alltagsrealität völlig losgelöst ist. Das alles entwurzelt das Alltagsbewußtsein, es nimmt ihm den Halt. Der Mensch empfindet die Situation als göttlich, ein Beweis dafür, daß er einen Trancezustand erreicht hat.

Statt das Alltagsbewußtsein völlig zu zerstreuen, läßt sich auch das Gegenteil praktizieren. Man kann das Alltagsbewußtsein auf einen Punkt konzentrieren, wie in der Meditation oder bei verschiedenen Hypnosetechniken. Funktionell folgen Hypnose, Selbsthypnose und Meditation zumindest in ihren Anfangsstadien dem gleichen Schema. Sie werden allenfalls unterschiedlich interpretiert. Von der Beziehung, die sich zwischen Hypnotiseur und Hypnotisand aufbauen kann, einmal abgesehen, ist jede Hypnose im Grunde eine Selbsthypnose. Nur suggeriert sich der Hypnotisand nicht seine eigenen Befehle, sondern die vom Hypnotiseur gehörten. Und Meditation ist ebenfalls nichts anderes als eine Form der Selbsthypnose, vielfach stimmen dabei auch die Ziele überein: psychische und physische Selbstheilung und Selbsterkenntnis. Oft stellen sich Meditierende mit jahrelanger Praxis weitergehende, spirituelle Ziele. Auch Selbsthypnose-Praktizierenden ist dies möglich.

Weil die in Hypnose oder Meditation auftretenden Phänomene ebenso faszinierend wie hilfreich für den Menschen sind, ist es kein Wunder, daß entsprechende Techniken schon älter sind als der streng logisch arbeitende menschliche Geist. Gewiß reichen Hypnose- und Selbsthypnosepraktiken weit in die Vorgeschichte zurück. Der

11 Asket, der durch Verzicht der verehrten Gottheit näher kommen will.

12/13 In Asien suchen die Menschen seit altersher Kraft und Ausgeglichenheit im stillen Gebet, in der Einsamkeit: in Thailand vor den Skulpturen Erleuchteter, in Japan im Zengarten.

erste bekannte überlieferte Bericht ist etwa dreitausend Jahre alt und findet sich im sogenannten Ebers-Papyrus aus Ägypten. Die Anfänge der modernen Hypnose gehen indes erst auf den österreichischen Arzt Franz Anton Mesmer zurück, der allerdings noch nicht den Ausdruck Hypnose gebrauchte, sondern von tierischem oder animalischem Magnetismus sprach. Die Wortwahl Mesmers mag uns heute unpassend erscheinen, aber er gebrauchte sie Ende des 18. Jahrhunderts, zu einer Zeit also, in der der Begriff des Magnetismus in der Physik noch nicht Allgemeingut war und so etwas wie eine Lehre der Elektrotechnik noch gar nicht existierte. Bald sprach man im Zusammenhang mit Mesmers »magnetischen« Praktiken auch von »Mesmerismus«. Der Arzt war davon überzeugt, daß ein wohltuendes, heilungbringendes »magnetisches Fluidum« von einem Menschen auf den anderen übertragen werden kann. Die Brücke dazu war der »Rapport« zwischen dem Therapeuten und dem Patienten.

Die Heilerfolge Mesmers in Wien waren sensationell. Das weckte den Unmut der Schulmediziner. Von ihnen diffamiert, zog er nach Paris, wo er schon bald spektakuläre Behandlungsresultate erzielte. Zu seiner Zeit gab es noch keine Psychotherapie. So zählten zu seinen Patienten Neurotiker, Menschen mit psychosomatischen Krankheiten oder Charakterstörungen. Mesmer wurde in Paris berühmt. Und wieder neidete ihm das die medizinische Fachwelt. Die französische Akademie der Wissenschaften weigerte sich, Mesmers Heilmethoden und Heilerfolge zu überprüfen. Das übernahm dann merkwürdigerweise eine Kommission unter Vorsitz von Benjamin Franklin, Erfinder des Blitzableiters und Gesandter der Vereinigten Staaten in Frankreich. Sie kam zu dem Ergebnis, Mesmer sei ein Scharlatan, und alle Heilerfolge beruhten einzig und allein auf der Einbildung seiner Patienten. Mesmer kam in Verruf, mußte nach Österreich zurückkehren und starb in Vergessenheit. Seine Erfolge wurden als Einbildung bezeichnet, Einbildung, die den Kranken zur Genesung verhalf. Aber was ist Autosuggestion, was sind Suggestion und Hypnose im Grunde anderes als Wege zur Mobilisierung der »Einbildung«, einer Einbildung, die so stark ist, daß sie den Körper psychisch und physisch beeinflussen und heilen kann?

Psychische Kräfte mobilisieren

Nach Mesmers Diskreditierung wurde es still um den »animalischen Magnetismus«. Erst in den vierziger Jahren des 19. Jahrhunderts erlebte der Mesmerismus ein erstes Comeback. Es ging von England aus. Dort operierte einer der bedeutendsten Chirurgen seiner Zeit, John Elliotson, Patienten in Hypnose. Ohne jegliches Betäubungsmittel blieben sie auch während schwieriger Eingriffe schmerzfrei. Auch Elliotson wurde von seinen Berufskollegen heftig angefeindet, weigerte sich aber standhaft, seine Hypnose-Anästhesie aufzugeben.

Ein anderer britischer Chirurg, James Esdaile, der um 1840 in einem indischen Gefängniskrankenhaus arbeitete, wandte Elliotsons Hypnosetechnik dort an. Ein Augenzeuge berichtete, daß der Arzt einem Patienten nur unter Hypnose-Anästhesie ein von Krebs befallenes Auge entfernte, während der Kranke mit dem anderen Auge die Operation verfolgte, ohne ein einziges Mal zu zucken. Trotz eindrucksvoller Erfolge griffen die Schulmediziner auch Esdaile massiv an. Er mußte seine Klinik in Indien schließen und nach England zurückkehren, wo ihn die British Medical Association wegen Scharlatanerie vor Gericht stellte. Freilich war ihm kein fachlicher Mißerfolg nachzuweisen. So brachte ein Arzt gegen Esdaile die Anschuldigung vor, er sei ein Gotteslästerer: Gott wolle, daß der Mensch Schmerzen erdulde, und Esdaile verhindere das durch Hypnose.

Heilung durch Hypnose

Um dieselbe Zeit wandte auch der britische Arzt James Braid die Patientenhypnose an. Im Gegensatz zu Mesmer, der den hypnotischen Zustand durch streichende, »magnetische« Handbewegungen über den Körper seiner Klienten einleitete, induzierte Braid die Trance erfolgreich allein durch verbale Suggestion und kam daraufhin zu dem Schluß, nicht »animalischer Magnetismus«, sondern allein Suggestionen bewirke den unerklärlichen Bewußtseinszustand. Braid war es auch, der den Begriff »Hypnose« oder »Hypnotismus« prägte. Er leitete ihn vom griechischen Wort »hypnos« ab, das Schlaf bedeutet.

Die beeindruckenden Erfolge der britischen Ärzte konnten der Hypnose ebensowenig zu genereller Anerkennung verhelfen wie zuvor Mesmers Arbeit. Wieder geriet sie fast in Vergessenheit, bis sie um 1880 einer der führenden französischen Ärzte, H. Bernheim, erneut ins Interesse der Öffentlichkeit rückte. Gemeinsam mit dem Landarzt Liébeault gründete er die Hypnoseschule von Nancy, die bald Ärzte aus ganz Europa und den USA zu ihren Schülern zählen konnte. Einer von ihnen war Sigmund Freud. Und das war bedauerlich. Während die Schule von Nancy hervorragende Hypnoseärzte hervorbrachte, erwies sich Freud als schlechter Hypnotiseur. Um die Jahrhundertwende kehrte er sich resigniert von der Hypnosetherapie ab.

14

14 Im 13. Jahrhundert kam der Zen-Buddhismus nach Japan, wo er sich zur geistigen Grundlage des Rittertums entwickelte. Das angestrebte Ziel Satori, die Erleuchtung, wird über verschiedene Stufen der Meditation erreicht. Die strenge Geometrie und Ruhe der Steingärten laden dazu ein.

Zugleich brachte er sie erneut in Mißkredit und griff seine einstigen Kollegen neidvoll an, darunter den ausgezeichneten Hypnosetechniker S. Breuer. Freuds Skepsis gegenüber der Hypnose wirkt unter Psychoanalytikern noch heute nach.

Zahlreiche begeisterte Anhänger fand die Hypnotherapie nach dem Ersten und später nach dem Zweiten Weltkrieg, als sie sich hervorragend bei der Behandlung von kriegsbedingten Nervenschocks bewährte. Seitdem erfuhr sie langsam auch in medizinischen Fachkreisen die ihr gebührende Anerkennung. 1955 erklärte die British Medical Association offiziell die Hypnose zu einem nützlichen Hilfsmittel der ärztlichen Behandlung. Drei Jahre später folgte ein Komitee der American Medical Association diesem Vorbild. Heute wenden in den USA rund 20000 Ärzte Hypnose in ihren Praxen an. Weit verbreitet ist ihr Einsatz vor allem unter den Zahnärzten, die ihre Patienten in Trance schmerzfrei behandeln. Beachtlich sind nach wie vor die Erfolge der Chirurgie.

Operation unter Hypnose

Es gibt heute wohl keine Art von chirurgischen Eingriffen, die nicht schon unter Hypnose als einzigem Mittel der Anästhesie durchgeführt worden wären. Selbst die schwersten Operationen, etwa am Herzen oder Gliederamputationen, gelangen auf diese Weise.

Was vermag die Hypnose alles zu leisten? Wo sind ihre Grenzen? Die Fragen lassen sich schwer beantworten, denn immer wieder gelingt Unfaßliches. Leicht zu erreichen ist unter Hypnose das Phänomen der Katalepsie, einer totalen Veränderung des Muskeltonus. Einzelne Muskelgruppen können durch hypnotische Suggestion völlig versteift oder zum totalen Erschlaffen gebracht werden. Ein beliebtes Experiment von Jahrmarktshypnotiseuren ist es, den gesamten Körper ihrer freiwilligen Hypnotisanden in Starre zu versetzen und sie wie ein Brett auf zwei Stühle zu legen: den Hinterkopf auf einen, die Fersen auf den anderen. Die Katalepsie ist so stark, daß sich eine oder mehrere Personen auf diese menschliche »Brücke« setzen oder stellen können. Ein Knochenbruch durch Überbelastung läßt sich nicht ausschließen, deshalb ist der Versuch abzulehnen.

Ein anderes phantastisches Hypnosephänomen ist die sogenannte Hypermnesie, ein Zustand stark gesteigerter Gedächtnisleistung. Oft tritt er in Verbindung mit einer durch den Hypnotiseur suggerierten Altersregression auf, bei der sich der Hypnotisierte in eine frühere Zeit seines Lebens zurückversetzt fühlt. Er erinnert sich nicht nur an jedes Detail aus diesem Lebensabschnitt, er durchlebt die

15 Junge Mönche in Thailand lassen sich in die Meditation einführen, um so Erkenntnisse über den Weg der Erlösung zu erlangen, um mit dem Universum eins zu werden. Fast 90% der thailändischen Bevölkerung gehören dem Buddhismus an, der im 13. Jahrhundert nach Thailand kam. Dort hatten die

15

Monarchen der Khmer das hinduistische Konzept des Gottkönigtums übernommen. Der Herrscher verstand sich als Inkarnation Vischnus. Als sich die Könige von Sukhothai dem Theravada-Buddhismus zuwandten, verschmolz das hinduistische Erbe mit der buddhistischen Tradition.

16

16 Der tief verwurzelte buddhistische Glaube der thailändischen Bevölkerung macht es für junge Männer selbstverständlich, nachdem sie ihren Militärdienst geleistet haben und bevor sie in den Beruf eintreten, einige Zeit als Mönch in einem Kloster zu verbringen.

Situation regelrecht noch einmal. Alle Sinne sind daran beteiligt: Er sieht, hört, riecht alles genau wie früher. Er empfindet körperlichen und seelischen Schmerz oder auch Angst oder große Freude wie in der Situation selbst. Revivifikation nennen die Fachleute dieses Wiedererleben. Die Altersregression kann viel weiter zurückführen, als das normale Gedächtnis jemals reichen würde. Suggestiv besonders gut beeinflußbare Menschen können in Hypnose bis zu ihrer eigenen Geburt zurückgeführt werden; und es gibt Hypnotherapeuten, die überzeugt sind, selbst pränatale Erinnerungen ließen sich in Hypnose wachrufen.

Die US-amerikanische Hypnoseexpertin und -lehrerin Leslie M. LeCron erwähnt, daß eine ihr bekannte Psychotherapeutin unter regelmäßigen Asthmaanfällen litt und eine panische Angst vor Krankenhäusern, Messern und behaarten Männerarmen hatte. In Selbsthypnose versetzte sie sich in verschiedene Altersstufen zurück, bis sie herausfand, daß sie als sechzehnmonatiges Baby bei einer Operation von einem Narkosearzt brutal behandelt worden war. Deutlich sah sie in Hypnose die behaarten Unterarme des Arztes und ein Messer, das er in seiner Hand hielt. Die Mutter der

Persönlichkeitsfindung in Hypnose

Betroffenen erinnerte sich daraufhin, daß zwei Krankenschwestern seinerzeit aus Protest gegen die unverantwortliche Härte des Arztes gekündigt hatten. Kurz nach dem chirurgischen Eingriff hatte die kleine Patientin ihren ersten Asthmaanfall. Das Ergebnis ihrer Selbsthypnose-Erkenntnis waren das völlige Verschwinden ihrer Atemnotanfälle und die Überwindung all ihrer Ängste.

Ein anderes unerklärliches, aber tausendfach belegtes Hypnosephänomen ist die Einwirkung auf die physischen Vorgänge im Körper. In Hypnose – auch Selbsthypnose – gelingt es, das Bewußtsein zu veranlassen, den Organismus gezielt auch dort zu steuern, wo das Alltagsbewußtsein keinen Zugriff hat. So kann man beispielsweise den Blutdruck und die Pulsfrequenz dramatisch beeinflussen. In einem Fernsehexperiment versetzte sich ein italienischer Taucher selbst in Tieftrance, reduzierte in diesem Zustand seinen Puls auf nur zwei Herzschläge pro Minute und tauchte dann an einem Seil ohne Sauerstoffgerät in über 100 Meter Meerestiefe. Der Vorgang wurde mit der Kamera verfolgt, und während des gesamten Tauchgangs übertrug ein Mikrophon-Sender die Herzschläge des Mannes.

In der USA wird vielfach jungen Frauen durch Hypnose oder Selbsthypnose geholfen, die über einen zu schwach entwickelten Busen klagen. Bei zahlreichen Patientinnen ließ sich nach einer nur etwa dreimonatigen suggestiven Behandlung ein um 2,5 bis über 6 Zentimeter größerer Brustumfang messen. Vollkommen unerklärlich erscheint auch die Möglichkeit, in Hypnose den subjektiven Zeitmaßstab drastisch zu verschieben. Der amerikanische Hypnosearzt Dr. Cooper suggerierte einer Versuchsperson, er würde ein Metronom zehn Minuten lang ticken lassen, jeweils einmal pro Minute. Während dieser Zeit sollte der Hypnotisierte eine bestimmte Aufgabe lösen, für die zehn Minuten eine durchaus angemessene Spanne waren. In Wirklichkeit tickte das Metronom einmal pro Sekunde. Und der Versuchsperson gelang das Unglaubliche: Sie löste das Problem innerhalb von zehn Sekunden.

Leslie M. LeCron berichtet von einem Hypnose-Instrukteur, der zugleich als Arzt und Konzertpianist tätig ist: »Gewöhnlich steht er um fünf Uhr morgens auf und übt zwei Stunden am Klavier. Bringt er diese Zeit nicht auf, versetzt er

Problemlösung mit Selbstanalyse

sich in Selbsthypnose. Er beherrscht die Technik ausgezeichnet. In geraffter Zeit übt er dann das Klavierspiel im Geist. Mit diesen wenigen Augenblicken der geistigen Übung behauptet er, die gleich guten Ergebnisse zu erzielen, wie sich diese nach zwei Stunden physischer Übung einstellen.«

In mittlerer bis sehr tiefer hypnotischer Trance kann es zu Halluzinationen, also optischen, oder auch akustischen Sinnestäuschungen kommen. Auch Geruchs-, Geschmacks- oder Tastwahrnehmungen können auftreten. Hier erreicht Hypnose ein Feld, das uns in diesem Buch noch in anderem Zusammenhang beschäftigen wird, dem der sogenannten »schamanischen Reisen«. Angehörige von Naturvölkern behaupten, derartige Phänomene seien gar keine Halluzinationen, sondern tatsächliche Wahrnehmungen von Vorgängen in nichtalltäglichen, aber dennoch realen Welten. Die moderne wissenschaftliche Forschung hat zahlreiche Hinweise dafür, daß diese Aussagen nicht aus der Luft gegriffen sind. Ganz ähnliches berichten Meditations-Experten. Das kann nicht weiter verwundern, denn alle Formen der Meditation sind im Grunde nichts anderes als Selbsthypnose. Die Meditation hat viele Gesichter. Angepaßt an abendländische Denkweise erscheint sie zum Beispiel in Form des von dem Arzt und Psychotherapeuten J. H. Schultz entwickelten autogenen Trainings, das durch Autosuggestion und in Trance psychische und physische Probleme lösen hilft und – durch anschließende Selbstanalyse – zu einer besseren Persönlichkeitsentfaltung führt.

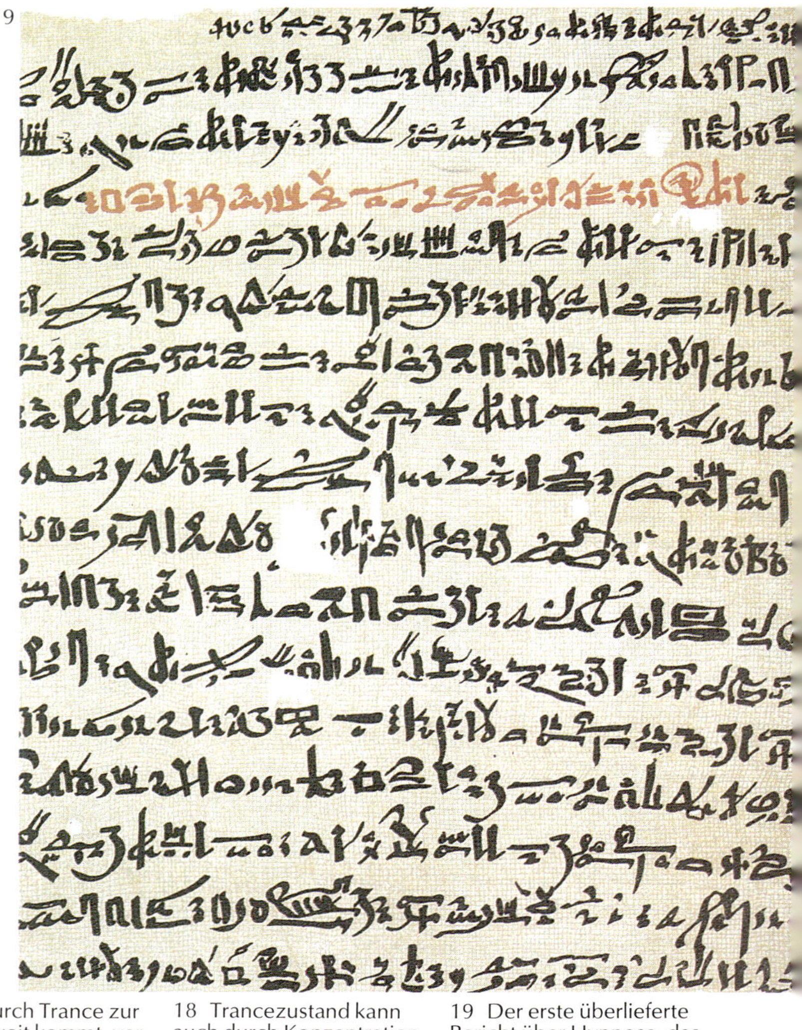

Viele Meditierende in aller Welt knüpfen an klassische indische Techniken an, wie sie unter anderem in der Yoga-Philosophie ihren Ausdruck finden. Sie versuchen nicht nur, der westlichen Medizin bekannte physiologische Vorgänge im Organismus positiv zu beeinflussen, sondern auch sogenannte Energiezentren (Chakras), die nach überlieferten Lehren an acht bestimmten Punkten unmittelbar außerhalb des materiellen Körpers im Bereich des diesen umhüllenden »Äther-Körpers« liegen und von den fortgeschrittenen Meditierenden gesehen werden können. Eingebettet in die bläuliche Hülle des Äther-Körpers werden sie als blütenförmige Gebilde wahrgenommen. Wie immer man dazu auch stehen mag, die Ergebnisse der Chakra-Meditation sind phänomenal. Anhänger dieser Meditationsmethode unterteilen ihre Tranceerfahrungen und -fähigkeiten in sieben Stufen. In der ersten Stufe erfährt der Meditierende eine tiefe Liebe zur gesamten Schöpfung; er wird demütig und geduldig, und sein Streben wendet sich von materiellen Wünschen geistigen Zielen zu. In der zweiten Stufe wird dem Meditierenden bewußt, was Leben bedeutet. Zugleich nimmt er Kontakt zu seinem Unbewußten auf, die Vertreter dieser Meditationsrichtung sprechen von Seelenbewußtsein. Seine innere Haltung spiegelt große Ehrfurcht vor allem Lebenden. In der dritten Stufe wird sich der Übende seiner eigentlichen Aufgaben im Leben bewußt. Er sucht die Wahrheiten nicht mehr in seiner Umgebung, sondern in seinem Inneren, gewinnt Autorität und ein großes Verantwortungsgefühl. In der vierten Stufe überwindet der Meditierende

17 Wer durch Trance zur Hellsichtigkeit kommt, versteht – wie Franz von Assisi – die Sprache der Tiere.

18 Trancezustand kann auch durch Konzentration auf die magische Glaskugel erreicht werden.

19 Der erste überlieferte Bericht über Hypnose, das Ebers-Papyrus, ist etwa 3000 Jahre alt.

sein Ego, und die Äußerlichkeiten der Welt verlieren für ihn an Bedeutung. Ruhe, Gelassenheit, Harmonie und die Liebe bestimmen fortan sein Leben. Die fünfte Stufe wird als Erleuchtung empfunden. Sie bringt spontanes umfassendes Wissen und Zugang zu geistiger Führung durch kosmische oder göttliche Instanzen. Die sechste Stufe ist eine Verschmelzung des Meditierenden mit der gesamten Schöpfung. Er begreift und fühlt sich als identisch mit ihr. Und weil er mit ihr identisch ist, verfügt er über Hellsichtigkeit. Er versteht die Sprache der Tiere und Pflanzen wie weiland der heilige Franz von Assisi, er kann heilen, und er beherrscht die Elemente. Er kann Stürme bannen oder Regen erzeugen. Die siebte und höchste Stufe schließlich bringt große Seligkeit, je nach religiöser Vorstellung völlige Vereinigung mit dem Höchsten Wesen oder dem Universum. Der Mensch kehrt zurück zu seinem Ursprung.

Wissenschaftlich überprüfte Selbsthypnoseexperimente bestätigen diesen Meditationsweg bis etwa zur vierten Stufe. Darüber hinaus hat sich noch kein »klassischer« Psychoanalytiker mit diesen Aussagen beschäftigt. Aber es gibt heute – vorwiegend in den USA und in der Sowjetunion – Forschungsstätten, die sich ernsthaft mit weiterreichenden Hypnose- und Meditationsphänomenen befassen. Dazu gehört das kalifornische Esalen Institute. Die bisherigen Ergebnisse sprechen dafür, daß in der Tat auch paraphysische Fähigkeiten durch Meditation zu erwerben sind. Der Weg dahin nimmt meist viele Jahre in Anspruch.

Erleuchtung durch Meditation

Eine ganz besondere Methode der Meditation befolgen die Zen-Buddhisten. Die Zen-Lehre geht auf den indischen Patriarchen Bodhidharma (japanisch Daruma) zurück, der um 520 nach Christus in China lehrte. Im 13. Jahrhundert brachten die Patriarchen Eisai und Dogen den Zen-Buddhismus nach Japan, wo er sich in der Kamakura-Zeit (1192–1333) und der Muromachi-Zeit (1378–1573) zur geistigen Grundlage des Rittertums entwickelte. Seither spielt er generell im japanischen Geistesleben eine bedeutende Rolle.

Auch die Zen-Meditation kennt einzelne Stufen der geistig-seelischen Entwicklung. Auf jeder Stufe strebt sie von Anfang an nach Satori, nach Erleuchtung. Erreicht wird dieses Ziel jeweils durch die Meditation über sogenannte Koans. Das sind auf der Verstandesebene unlösbare, vom Zen-Meister gestellte Fragen, die oft den Charakter ausgesprochener Paradoxa besitzen. So wollte Meister Gettan von einem Mönch wissen: »Keichu machte einen Karren, dessen Räder hundert Speichen hatten. Nimm die vorderen und hinteren Räder weg und auch die Achse: Was ist es dann?« – Ein berühmtes Koans ist die Frage: »Hat ein Hund Buddha-Natur?«, ein anderes: »Wenn zwei Hände aufeinanderschlagen, gibt es ein klatschendes Geräusch. Was ist der Ton einer einzigen klatschenden Hand?« Die »richtige« Antwort kann viele Jahre auf sich warten lassen, sie kann aber auch spontan kommen, und der fragende Meister erkennt an ihr, ob seinem Schüler Satori zuteil wurde. So antwortete der Mönch Ummon auf die Frage nach dem Ton der einen klatschenden Hand: »Sieh! Die Welt ist groß und weit. Warum legst du dein Priestergewand an, wenn die Glocke ertönt?« Sein Lehrer erkannte daraufhin, daß Ummon erleuchtet war.

Vielleicht beschreibt ein Wort Ummons, der ein großer Zen-Meister wurde, das Wesen des Zens jenseits aller Paradoxa am treffendsten: »Wenn du gehst, gehe; wenn du sitzt, sitze; schwanke vor allem nicht.« Gilt doch Buddha selbst als Urheber der Zen-Lehre, als er eines Morgens im Geierpark 12 000 Menschen gegenübersaß, die seine Lehre erwarteten. Er aber schwieg. Er schwieg eine unerträglich lange Zeit. Endlich hielt er stumm eine Blume in die Höhe. Ein einziger seiner »Zuhörer« lächelte. Er hatte begriffen, daß keine Worte die lebende Blume ersetzen können. Buddha sagte: »Hier ist der wahre Weg, den ich euch vermittle.« Meditation dieser Art kennt keine heuristischen Ziele. Sie führt zu unmittelbarer Erkenntnis, und mit ihr lösen sich alle Probleme schlagartig.

Auch das ist Zen: In seinem Buch »Christian Zen« (»Christlicher Zen«) erzählt der amerikanische Jesuitenpater William Johnston, wie ihm bei der Meditation in einem japanischen Zen-Kloster beim Sitzen im Schneidersitz die Beine furchtbar schmerzten. Der anwesende Zen-Meister gab ihm gute Ratschläge und fragte ihn bei dieser Gelegenheit, nach welcher Praxis Johnston meditiere. Der Jesuit antwortete, daß er »still, ohne Worte, Gedanken, Bilder oder Ideen in der Gegenwart Gottes« sitze. Der Meister fragte, ob Gott überall sei, und als Johnston das bejahte, fragte der Meister weiter, ob er »ganz in Gott eingehüllt« sei. Wieder antwortete Johnston mit ja. »Und das erleben Sie?«, fragte der Meister. »Ja.« »Sehr gut, sehr gut«, freute sich der Meister, »machen Sie nur weiter so. Mit der Zeit werden Sie feststellen, daß Gott verschwindet und nur noch Johnston übrigbleibt.« Der Jesuit war entsetzt, denn der Zen-Meister leugnete offensichtlich das, was ihm das Heiligste war. Er widersprach: »Gott wird nicht verschwinden. Aber vielleicht Johnston, und dann ist nur Gott übrig.« Der Meister: »Ja, ja. Das ist dasselbe. So meine ich es.«

Menschen ohne tiefe Meditationserfahrung werden sich schwer vorstellen können, daß das Meditieren über solche Aussagen – wohl verstanden: nicht das Nachdenken darüber! – zu spontaner Erleuchtung führen kann. Es kann.

Nahtodesforschung als Wissenschaft

1

2

3

Die moderne Nahtodesforschung ist erst wenige Jahrzehnte alt. Aber was sie in dieser kurzen Zeit zutage gefördert hat, ist dazu angetan, unser Bild vom Tode und von einem Fortleben der Seele im Jenseits von Grund auf zu verändern. Zahlreiche Wissenschaftler standen den ersten außergewöhnlichen Ergebnissen dieses jungen Forschungszweiges zunächst sehr skeptisch gegenüber, bis sie selbst zu recherchieren begannen und das Unfaßbare nicht länger ignorieren konnten: Das Jenseits läßt sich schon in diesem Leben erfahren, wenn man die Schwelle zum Tode vorübergehend überschreitet. Den Naturvölkern ist diese Erkenntnis seit langem vertraut.

1/3/4/6 In allen Kulturen beschäftigen sich die Menschen mit dem, was uns nach dem Tod erwartet: In Ägypten wurden die Schutzgeister angerufen, damit sie der Seele ein gutes Geleit gäben. Die Wikinger bestatteten ihre toten Fürsten auf Schiffen, die sie brennend aufs Meer hinaus schickten. Bei den

4

5

6

Der junge George Ritchie war ein Opfer des Zweiten Weltkriegs. Er überlebte seinen Einsatz in Europa, mußte aber mit einer schweren Lungenentzündung zurück in seine Heimat nach Texas geflogen werden. Dort schwebte er tagelang zwischen Leben und Tod, bis eines Tages seine Pfleger davon überzeugt waren, sein Ende sei gekommen. Ritchie selbst wird sich später an diesen Moment erinnern. Erstaunt fand er sich plötzlich außerhalb seines eigenen Körpers wieder. Er begegnete »einem herrlichen männlichen Lichtwesen«, von dem ein Gefühl »totaler Liebe« ausging. Das Wesen führte ihn in eine Reihe phantastischer Welten, zuerst in eine ganz gewöhnliche amerikanische Stadt, die sich nur insofern von ihrer Alltagsrealität unterschied, als Ritchie dort einige »Geister ohne Körper« wahrnehmen konnte. Die zweite Welt, die das Lichtwesen ihm zeigte, machte auf Ritchie den Eindruck einer gigantischen Forschungsinstitution. Die dritte Welt sah George Ritchie nur für einen kurzen Augenblick: eine »Stadt aus Kristall und Licht«. Am liebsten wäre er für immer dort geblieben. Mit einem Schlag wurde ihm klar, daß sein gesamtes bisheriges Leben sinnlos und ohne Liebe gewesen war. Ritchie starb nicht im texanischen Lazarett. Aber sein Erlebnis an der Schwelle des Todes wirkte so nachhaltig, daß er sein ganzes Leben umkrempelte. Noch drei Jahrzehnte später war es ihm so präsent, daß es ihn keinerlei Überwindung kostete, seinen wissenschaftlichen Kollegen – er war inzwischen Professor der Psychiatrie an der medizinischen Fakultät der Universität von Charlottesville – allen Ernstes zu

Naturvölkern sollen symbolische Dämonen oder Totenmasken den Weg ins Jenseits ebnen.

2/5 Allen Berichten über Nahtodeserlebnisse gemeinsam ist ein helles, alles überstrahlendes Licht, das ein Gefühl der Liebe und Geborgenheit vermittelt.

erklären, er sei damals von Angesicht zu Angesicht Christus begegnet. Für keinen anderen hielt er das ihm erschienene Lichtwesen.

Ritchie hatte sich daran gewöhnt, mit dieser Erzählung zumindest Verwirrung auszulösen. Auch dem Philosophie-Studenten Raymond Moody berichtete der Professor diese Vision aus dem Jahre 1943. Sie beeindruckte den jungen Mann auf eine merkwürdige Weise, aber im Laufe der Jahre erinnerte er sich kaum noch daran. Wieder wachgerufen wird sie erst Jahre später, zu einer Zeit, da er selbst schon als Professor an der Universität von North Carolina Philosophie lehrt. Er kommt auf Sokrates und Platon zu sprechen und auf Platons Werke »Phaidon« und »Der Staat«, als ihn seine Studenten fragen, ob diese alten griechischen Philosophen an ein Leben nach dem Tode geglaubt hätten. Besonders ein junger Mann bohrt weiter. Moody spricht ihn eines Tages privat an und will wissen, woher sein besonderes Interesse für Metaphysik und Mystik rührt. Zunächst druckst der Student herum, dann berichtet er frei und offen über

Leben nach dem Tod?

eine Begebenheit in seiner Familie. Zwei Jahre zuvor hatte seine Großmutter mehrere Nächte lang in Agonie gelegen. Schließlich schien ihre letzte Stunde gekommen, doch entgegen allen Erwartungen kam die alte Dame wieder zu sich. Sie berichtete von einem sie erschütternden Erlebnis, das ihren Enkel stark beeindruckte. Als der junge Mann es seinem Professor erzählt, ist auch dieser berührt: Die Geschichte gleicht weitgehend jener, die einst Professor Ritchie erzählt hatte!

Moody wird neugierig. In der nächsten Philosophievorlesung setzt er das Gespräch mit seinem Studenten öffentlich fort. Da meldet sich ein anderer junger Hörer zu Wort. Seine Schwester hatte im Koma gelegen und war ebenfalls mit einer Vision zurückgekommen. Sie glaubte, sich durch eine dunkle Leere, eine Art Tunnel zu bewegen, an dessen Ende sie von einem intensiv strahlenden, aber nicht blendenden Licht erwartet wurde. Die Schwester des Studenten hatte das Gefühl, mit dem Licht zu verschmelzen, »im Paradies zu sein«.

Drei derart übereinstimmende Berichte erschienen Moody mehr als nur Zufall. Er begann, das Gehörte weiterzuerzählen, vor Studenten und Kollegen, in Klubs und Vereinen. In wenigen Monaten ist seine Fallsammlung auf über 15 angewachsen. Die Ähnlichkeit der einzelnen Berichte ist erstaunlich. Eines aber fällt Moody besonders auf: Alle Betroffenen behaupten felsenfest, ihr Erlebnis sei weder ein

7

7 »Aufstieg in das himmlische Paradies« nennt Hieronymus Bosch eine Tafel mit Jenseitsdarstellungen. Auch hier dominiert der Tunnel, an dessen Ende ein Licht erstrahlt, intensiver als alles, was der Mensch sich vorstellen kann. Dort wartet eine helle Gestalt des Friedens.

8/9 Nach dem Erleben des eigenen Todes ändern die Betroffenen oft ihr Leben. Sie werden reifer, leben bewußter, werden ruhiger, aber auch sensibler. Sie freuen sich über die Kleinigkeiten des Alltags, eine grüne Wiese, blühende Bäume im Frühling oder die Spiegelung der Sonne im Wasser.

Traum noch eine Halluzination gewesen. Alles war äußerst real. Wie Ritchie, der von der Lichtgestalt zunächst durch eine amerikanische Stadt geführt wurde, berichten auch andere Personen, vor allem solche, die vorübergehend klinisch tot waren, daß sie sich zunächst in der näheren Umgebung aufgehalten hätten. Sie schwebten über ihrem Körper und sahen sich von oben, oder sie konnten sogar beobachten, was sich im Nebenzimmer abspielte.

Als Moody im nächsten Jahr – man schrieb 1970 – wieder die alten griechischen Philosophen behandelte, änderte er den Inhalt seiner Vorlesung. Gezielt ging er auf jene Seite Platons ein, die üblicherweise in Philosophielektionen wenig berücksichtigt wird: seine mystischen Traditionen. Im zehnten Buch vom »Staat« erzählt Platon die Geschichte des »Er«. »Er« ist ein Soldat, der von seinen Kriegskameraden für tot gehalten wird und auf dem Schlachtfeld liegenbleibt. Später trägt man ihn zusammen mit anderen Leichen auf einen Scheiterhaufen. In dem Moment, als man das Feuer entfacht, steht Er auf. Er war ins »Land der Toten« gereist und zurückgekommen. Seine Seele hatte sich gemeinsam mit anderen gefallenen Soldaten in einem Hochtal auf einem Paß wiedergefunden. Frei seien sie durch die Luft geflogen. Göttliche Wesen seien ihnen begegnet und hätten jeder Seele ihr vergangenes Leben noch einmal gezeigt. Diese Prozedur glich einem Urteil. Nur Er fühlte sich nicht beurteilt. Die göttlichen Wesen sagten ihm, er solle in die Welt zurückkehren und den Menschen erzählen, was er erlebt habe.

In die Welt zurückkehren

Die alten Griechen wußten also um die merkwürdigen Erlebnisse im Angesicht des Todes. Sie waren überzeugt davon, daß die Betroffenen den Tod selbst erlebt hatten. Und diese Erlebnisse waren so beeindruckend, so schön, daß sich mystische Schulen bildeten, die versuchten, sie gezielt hervorzurufen. Wir wissen heute nicht viel über diese alten Geheimlehren. Aber die Altertumsforscher glauben, daß im Rahmen der orphischen Rituale junge Menschen derart erschreckt wurden, daß sie den Tod figürlich auf sich zukommen sahen. Man wollte ihnen zu Todeserlebnissen verhelfen. War das naiver Wahnsinn? Moody und seine Studenten beeindruckten besonders die ausgeprägten Parallelen in der Er-Erzählung Platons mit den zahlreichen Berichten aus ihrer eigenen Gegenwart.

Sie wußten nicht, daß keineswegs nur die alten Griechen gezielt Todeserleben provozierten. In »Across Arctic America« schildert der Ethnologe und intime Kenner der Eskimos, Knud Rasmussen, schamanische Ausbildung und Einweihung in den arktischen Stämmen. »Kinalik war eine noch recht junge Frau, sehr intelligent, warmherzig, sauber und gut aussehend, und sie sprach offen und ohne Scheu. Igjugarjuk war ihr Schwager und war selbst ihr Lehrer in Sachen der Magie gewesen. Ihre eigene Einweihung war hart gewesen: Man hatte sie an ein paar in den Schnee gesteckten Zeltstangen aufgehängt und sie fünf Tage lang dort hängen lassen. Es war mitten im Winter, die Kälte war schneidend, die Schneestürme waren häufig, aber sie fühlte die Kälte nicht, denn der Geist beschützte sie. Als die fünf Tage um waren, nahm man sie herunter und trug sie ins Haus, und Igjugarjuk wurde aufgefordert, sie zu erschießen, damit sie durch die Schau des Todes innige Vertrautheit mit dem Übernatürlichen erlangen möge. Das Gewehr mußte mit richtigem Pulver geladen werden, aber anstelle einer Bleikugel mußte ein Stein genommen werden, damit ihr das Band zur Erde bewahrt bliebe. Igjugarjuk feuerte im Beisein der versammelten Dorfbewohner den Schuß ab, und Kinalik stürzte bewußtlos zu Boden. Am folgenden Morgen, gerade als Igjugarjuk sich daran machen wollte, sie wieder ins Leben zu rufen, erwachte sie aus der Ohnmacht. . . .

Ein anderer Dorfbewohner, ein Mann namens Aggjartoq, war ebenfalls mit Igjugarjuk als Lehrer in die Mysterien des Okkulten eingeweiht worden. In seinem Fall hatte man eine dritte (Rasmussen schilderte noch einen weiteren Fall) Prü-

Die Mysterien des Okkulten

fungsart angewandt, nämlich die des Ertrinkens. Er wurde an einen langen Pfahl gebunden und zu einem See hinausgetragen, ein Loch wurde ins Eis gehackt und der Pfahl mit seiner lebenden Last durch das Loch nach unten gestoßen, dergestalt daß Aggjartoq tatsächlich mit dem Kopf unter Wasser auf dem Grund des Sees stand . . .«

Bei anderen schamanischen Einweihungen im Nahtodesbereich müssen die Initianden fünf Tage ohne zu essen und zu trinken in der Einsamkeit verbringen, erhalten dann etwas lauwarmes Wasser zu trinken, müssen weitere 15 Tage Hunger und Durst ertragen, erhalten wieder etwas Wasser und auch ein Stückchen Fisch und sehen sich dann nochmals einer zehntägigen Fastenperiode ausgesetzt. Igjugarjuk selbst wurde auf diese Weise zum Schamanen. Er berichtete, er sei dabei »manchmal ein wenig gestorben«.

Doch zurück zu Professor Moody. Die Erfahrungsberichte über Erlebnisse in Todesnähe ließen ihn nicht mehr los. Sein Fachgebiet Philosophie wurde ihm zu trocken. Er brauchte Praxis. So gab er den einträglichen Beruf eines

10 Die Erhabenheit einer Landschaft erkennen besonders Philosophen, Dichter und Maler. Caspar David Friedrich sieht die Stille, läßt den Eindruck großer Gefühle entstehen, die unserer Vorstellung von Ewigkeit nahekommen. Die Natur wird hier Offenbarung einer religiösen Botschaft.

Universitätsdozenten kurzerhand auf und mischte sich wieder unter die Studenten. An der Universität von Atlanta schrieb er sich, achtundzwanzigjährig, an der Fakultät für Medizin ein. Fachgebiet: Psychiatrie. Schon als Student hielt er einen Vortrag vor einer Gruppe von Ärzten über die Geschichte von den »Reisen außerhalb des Körpers« und vom »Licht der Liebe«. Er sprach bewußt humorvoll und launig-anekdotenhaft über das Thema, weil er nicht wußte, wie es bei den Medizinern ankommen würde. Mehrere Ärzte kannten ähnliche Berichte von ihren Patienten, hatten bisher aber nicht gewagt, mit Dritten darüber zu sprechen. Die Ärzte luden den Referenten ein, selbst mit ihren betroffenen Patienten zu sprechen. Moody folgte der Aufforderung begeistert. Daneben hielt er immer mehr Referate über das merkwürdige Thema und sammelte Erfahrungsberichte. Ein Verleger namens Iggel aus Atlanta trat mit der Bitte an Moody heran, die Ergebnisse seiner Recherchen als Buch zu publizieren. Moody wollte zunächst ablehnen. Ihm war sein neues Forschungsgebiet zu ernst, um damit Schlagzeilen zu machen oder Geld zu verdienen. Doch schließlich willigte er ein. Er intensivierte seine Recherchen, begann Menschen mit Nahtodeserfahrungen – near death experiences, wie er sie jetzt erstmals nennt – gezielt in Krankenhäusern zu besuchen. Er fand Dutzende. Moodys Buch »Life after Life« (der deutsche Titel heißt »Leben nach dem Tode«) erschien, als der Autor im vierten Jahr Medizin studierte.

15 Merkmale für »Life after Life«

Moody analysiert in seinem Werk nicht nur die einzelnen Fälle, er arbeitet vor allem die Gemeinsamkeiten heraus und findet 15 Hauptmerkmale.

1. Alle »Überlebenden« berichten übereinstimmend, die Erlebnisse ließen sich mit menschlichen Worten nicht schildern. Die bedingungslose Liebe, der sie begegneten, sei mit Worten nicht zu beschreiben.

2. Der im Koma Liegende oder klinisch Tote hört, daß er für tot erklärt wird und ist darüber sehr erstaunt. (Klinisch tot bedeutet, daß nicht nur Herz und Atmung ausgesetzt haben, sondern daß auch die Gehirntätigkeit eingestellt ist.)

3. Ein Gefühl von Frieden und Ruhe erfüllt den Betroffenen, sobald er sich mit seinem Tod abgefunden hat.

4. Der klinisch Tote nimmt im Inneren ein Geräusch wahr, das von manchen als Gong, von anderen als eine Art Klapper beschrieben wird. Es kann als angenehm, zuweilen aber auch als erschreckend empfunden werden.

5. Der Betroffene erlebt, wie er seinen Körper verläßt, und kann seinen leblosen Leib von einem mehr oder weniger entfernten Ort aus beobachten. Er sieht auch alle diejenigen, die sich um ihn bemühen; manche Berichte erzählen, wie der klinisch Tote vergeblich versucht, mit Ärzten, Krankenschwestern und anderen Anwesenden Kontakt aufzunehmen. Die meisten Menschen erleben in dieser Phase, daß sowohl ihr Sehvermögen wie ihre meist als Fliegen empfundene Art der Fortbewegung einem Zoom-Mechanismus entsprechen. Sie brauchen sich nur auf einen Gegenstand oder eine Person zu konzentrieren, dann fokussiert sich ihr Gesichtssinn wie ein Teleobjektiv darauf, oder sie gelangen blitzschnell selbst in dessen Nähe. Die Betroffenen haben das Gefühl, sich mit beliebig hoher Geschwindigkeit fortbewegen zu können. Sie sind auch in der Lage, alle Geräusche wahrzunehmen.

6. Nach einiger Zeit im Nahbereich ihres klinisch toten Körpers fühlen die Betroffenen, wie sie sich in rasendem Tempo durch einen dunklen Tunnel bewegen: eine Höhle, einen Brunnen, einen Schacht oder eine Art Wellrohr, manchmal auch durch einen windhosenähnlichen Wirbel.

In rasendem Tempo durch den Tunnel

7. Schon in diesem Tunnel erscheinen andere Wesen: unbekannte, wohl aber auch früher verstorbene Angehörige oder Freunde, zuweilen Tiere. Sie erweisen sich als Führer für den Sterbenden.

8. Am Ende des Tunnels strahlt ein sehr helles, kristallklares oder goldenes Licht, das aber nicht blendet. Es ist intensiver als alles, was sich der menschliche Geist vorstellen kann, und es vermittelt ein unbeschreiblich starkes Gefühl allumfassender Liebe.

9. Schon der erste Kontakt mit dem Licht läßt den Betroffenen sein gesamtes irdisches Dasein noch einmal durchleben, lückenlos bis in die kleinste Kleinigkeit. Dieses Wiedererleben wird von einer inneren Stimme kommentiert, ernsthaft zwar, aber zugleich durchaus auch humorvoll.

10. Plötzlich erscheint vor dem Sterbenden eine Art Barriere, die er nicht überwinden kann. Es ist ihm unmöglich, weiter in das Licht einzudringen. Die Sperre kann gegenständlich sein und etwa als Schranke, Hecke, Fluß oder Nebel erscheinen. Sie kann aber auch nur rein gefühlsmäßig existieren: Es geht hier nicht weiter. Diese Sperre zwingt zur Rückkehr zum irdischen Körper.

11. Die Rückkehr ins Leben wird von den meisten Betroffenen zunächst als unangenehmer Zwang, als Rückkehr in die Schwere und Begrenztheit empfunden. Einzelheiten der Rückkehr in den eigenen Körper werden selten wahrgenommen.

11

12

13

12. Wieder bei Bewußtsein, hat der ins Leben Zurückgerufene einen zentralen, dringenden Wunsch. Er möchte sofort von seiner Reise erzählen. Und hier beginnen in der Regel ernsthafte Probleme. Niemand will es hören. Und wer aus Höflichkeit dennoch zuhört, hält den Bericht für Halluzinationen im Koma. Ärzte und Verwandte wollen zuweilen trösten: Jetzt ist dieser Unsinn ja vorbei, und bald werden Sie sich nicht mehr daran erinnern. Diese Reaktion belastet den Betroffenen sehr, sie wird als äußerst deprimierend empfunden. Er hat das Gefühl, mit seinen neuen Erfahrungen allein auf der Welt zu sein.

13. Das Erlebnis hat Spätwirkungen. Die Betroffenen ändern ihr Leben. Sie werden reifer, leben bewußter, werden ruhiger und konservativer, zugleich aber auch sensibler. Die Interessen verschieben sich. Manche Menschen beginnen philosophische oder religiöse Schriften zu lesen, alle freuen sich über Kleinigkeiten, das Grün der Wiese, den Flug der Vögel. Einige der Betroffenen werden hellsichtig. Sie erkennen die Gedanken ihrer Mitmenschen und haben Vorahnungen.

14. Es gibt keine Angst vor dem Tod mehr. Das gilt, so betont Moody, für 100 Prozent aller Fälle. Alle Betroffenen sind fest davon überzeugt, eine »Generalprobe« erlebt zu haben.

15. Wann immer ein zurückgekehrter klinisch Toter Dinge aus dem Nahbereich beschreibt, etwa bestimmte Handlungen von Ärzten oder Krankenschwestern, aber auch Begebenheiten außerhalb seines Krankenzimmers,

11 Der Schiffer, der die Toten über den großen Fluß zur Seligkeit bringt.

12/13 Vor ins Leben zurückkehrenden Sterbenden taucht eine unüberwindliche Barriere auf; es ist unmöglich, weiter ins Licht einzudringen. Es geht nicht weiter, die Sperre zwingt zur Umkehr.

14

15

16

Unfallortes, seiner nächsten Umgebung, dann erweisen sich die Berichte als den Tatsachen entsprechend.

Moodys Buch erschien im November 1975. Es wurde schnell zum Bestseller. Die Reaktion in der Öffentlichkeit war äußerst lebhaft. Aber Moody quälte ein Gedanke: »Könnten die zahlreichen Berichte der als so wundervoll empfundenen Sterbeerlebnisse nicht eine Selbstmordwelle auslösen?« Zwar hatte er ausdrücklich betont, daß alle Menschen mit Nahtodeserfahrung Selbstmord mit aller Entschiedenheit ablehnen, daß sie davon überzeugt sind, ihr Leben habe einen Sinn, aber könnten depressive Menschen nicht doch auf eine Chance für eine bessere Zukunft nach dem Tode hoffen? Moodys Furcht erwies sich als unbegründet. Selbstmorde löste sein Buch nicht aus. Später, in den achtziger Jahren, fand die inzwischen gegründete International Association for Near-Death-Studies (IANDS) dann übrigens heraus, daß die Nahtodeserlebnisse wiederbelebter klinisch toter Selbstmordkandidaten bei weitem nicht so positive Elemente aufweisen.

Die Wissenschaftler distanzierten sich entweder von Moodys Buch, oder sie schwiegen ganz einfach dazu. So mancher Arzt hatte wohl von seinen Patienten Nahtodesberichte gehört, aber die meisten hielten sie für Phantasie oder für krankhaft. Bekannt waren diese Phänomene durchaus, man setzte sie im allgemeinen mit den Halluzinationen bei Schockzuständen und in großer Angst gleich, betrachtete

14–19 Wie intensiv sich die Menschen mit einem Leben nach dem Tod beschäftigen, zeigen Bestattungsrituale und Friedhöfe. Besonders ausgeprägt ist das Verhältnis zu den Verstorbenen bei den romanischen, südländischen Völkern. Die Gräber sind bunt und üppig mit Blumen geschmückt.

17

18

19

sie als »postakzidentelles Delirium«. Die Fachwelt sprach nicht von Außerkörpererfahrungen (»out of body experiences«), sondern nannte das »Depersonalisierung« oder auch »sensorische Deprivation« und hielt es für eine Flucht des durch Todesangst in Panik geratenen Gehirns in eine Art Schizophrenie. Die einschlägigen Erfahrungen hatten Psychiater mit Geistesgestörten gesammelt, mit hochgradigen Neurotikern, Paranoikern und ähnlichen. Die Experten hatten sogar Wege gefunden, derartige Geistesverwirrung in leichteren Fällen psychotherapeutisch, in schwereren Fällen chemisch »in den Griff« zu bekommen. Bisher hatte man allerdings nur geistig Behinderte behandelt. Das änderte sich in den USA Ende der sechziger Jahre. Als man erkannte, daß Personen nach schweren Unfällen nicht selten »phantasierten«, schickte man sie routinemäßig nach der medizinischen Versorgung zum Psychotherapeuten zur Behandlung möglicher Schockauswirkungen. Unter diesen Patienten gab es natürlich auch solche mit Nahtodeserfahrungen. Es machte die Psychiater und Psychologen stutzig, daß sie gar nicht behandelt werden wollten. Sie hatten gegenüber ihren Visionen keine Angst empfunden wie die »klassischen« Depersonalisierungspatienten, sie waren glücklich über ihre Erlebnisse und wollten sie um keinen Preis missen.

Ein bekannter Experte für das Phänomen der Depersonalisierung infolge von Angst, Schock und geistiger Unzurechnungsfähigkeit war der US-amerikanische Psychiater Russel Noyes, der Anfang der siebziger Jahre an der Universität von Iowa City lehrte. Er gehörte zu den Hauptkritikern von

Madonnen, Marmorengel, Fotografien, Kreuze finden sich auf allen Grabstätten. Der selbstgepflückte Feldblumenstrauß, das aufwendige Gesteck oder die Zeit überdauernde Wachsblumen schmücken die Gräber und halten das Erinnern wach.

Moodys Buch über Nahtodeserlebnisse. Wie konnte dieser psychiatrische Laie – Moody war schließlich Philosoph und Medizinstudent – sich erdreisten, derartigen Humbug in die Welt zu setzen? Er, Noyes, kannte das unsägliche Leid der Depersonalisierungspatienten schließlich aus der täglichen Erfahrung seiner Praxis. Wie konnte im Angesicht des Todes heitere Gelassenheit und Freude auftreten, und wie sollte dieses Erleben so stark sein, daß es die gesamte Persönlichkeit der Betroffenen dauerhaft zum Vorteil veränderte?

Noyes blieb so lange ein krasser Moody-Gegner, bis ihm selbst ein erstes Beinahe-Todesopfer zur Behandlung in die Praxis geschickt wurde. Das Verhalten dieses verunglückten Motorradfahrers glich keineswegs dem seiner üblichen Patienten. Es entsprach der in Moodys Buch beschriebenen »Checkliste«. Noyes war irritiert. Er mußte sich jetzt mit Moody auseinandersetzen. Mit wissenschaftlicher Akribie versuchte er, den Autor zu widerlegen. Vielleicht hatte der Motorradfahrer ja das ärgerliche Buch gelesen, und dieses hatte die Art seiner Halluzinationen beeinflußt. Der Psychiater erarbeitete eine Methode zur wissenschaftlichen Fallanalyse. Noyes hielt sie für weitaus objektiver als Moodys

3 Faktoren – 26 Variationen

Art und Weise des Vorgehens. Zusammen mit seinen Studenten sammelte und untersuchte der Professor 205 Berichte klinisch Toter und wertete sie statistisch aus. Dabei formulierte er in typischer Wissenschaftlermanier 26 Variable, die er drei Hauptfaktoren zuordnete:

Erster Faktor: Die »eigentliche Depersonalisierung«. Sie umfaßt elf Variable, darunter diese: Das Subjekt hat »keine Emotionen mehr« (69% der Fälle), es empfindet »das Bewußtsein als vom Körper getrennt« (63%) oder »spürt eine Mauer zwischen sich und der Welt« (61%). Auch »veränderte Zeitwahrnehmung tritt auf« (35%).

Zweiter Faktor: Ein »überwacher Zustand«. Merkwürdigerweise scheint dieser Zustand im Gegensatz zum ersten Faktor zu stehen, begleitet diesen aber regelmäßig. Der Faktor umfaßt sechs Variable, darunter diese: »Das Denken des Subjektes funktioniert ungewöhnlich schnell« (69%). »Geräusche, Farben, Formen, alle sensorischen Wahrnehmungen erscheinen plötzlich schärfer und deutlicher« (62%). »Der (fiktive) Körper verfügt über Reflexe von unvorstellbarer Schnelligkeit« (41%).

Dritter Faktor: Der nüchterne Wissenschaftler Noyes kann nicht umhin, ihn als »mystischen Faktor« zu bezeichnen. Er umfaßt neun Variable, darunter diese: Die Subjekte haben »den Eindruck, einen vertrauten, seit langem vergessenen Zustand wiederzufinden« (74%). »Ihr ganzes Leben zieht an ihnen vorbei« (69%). »Sie sind voller Freude« (68%). Sie sind davon überzeugt, »eine Offenbarung gehabt zu haben« (62%).

Professor Noyes blieb nicht der einzige Wissenschaftler, der anhand eigener Untersuchungen vom Skeptiker zum überzeugten Nahtodesforscher wurde. Mindestens ebenso entschieden wie er wehrte sich der berühmte US-Kardiologe Michael Sabom gegen die »unsinnigen Sensationsberichte Moodys«. Als er 1976 mit Moodys Buch konfrontiert wurde, galt er weltweit als Experte für den Einsatz von Technik in der Medizin. Angesprochen wurde er auf die Nahtodesphänomene von Sarah Kreutzinger, einer Sozialarbeiterin, die in der Kirchengemeinde über das Buch referieren und dabei ein Podiumsgespräch mit dem Mediziner Sabom führen wollte. Aber dieser lehnte zunächst ab. Er war zwar schon bei zahlreichen Herzreanimationen »in extremis« zugegen gewesen, aber noch nie hatte ihm ein Patient von derartigen »Erlebnissen« berichtet.

Von der ganzen Kirchengemeinde gedrängt, willigte Sabom schließlich doch ein. Er wollte sich auf seinen »Auftritt« gewissenhaft vorbereiten, um Moodys Ausführungen gezielt und schlagend widerlegen zu können. Aus seiner Patientenkartei suchte er geeignete Fälle heraus und fand auf Anhieb mehr als zehn Reanimierte nach Herzstillstand.

. . . eine Sonne von Liebe . . .

Einige von ihnen lagen noch im Krankenhaus. Er besuchte sie, sprach sie aber nicht auf das dubiose Thema an, sondern stellte allgemeine Fragen wie bei einer Routineuntersuchung. Als letztes wollte er wissen: »Welche Erinnerungen haben Sie an den Augenblick, als Ihr Herz plötzlich nicht mehr schlug?« Die beiden ersten Befragten antworteten nur, sie seien doch bewußtlos gewesen. Aber die dritte Patientin, eine Frau mittleren Alters, wurde sichtlich verlegen. Sie wollte wissen, ob Sabom Psychiater sei. Sie hatte Angst, für verrückt gehalten zu werden. Dann erzählte sie doch. Zuerst habe sie nicht gewußt, wie ihr geschah. Sie fand sich an der Decke schwebend. Es folgte ein ganz ähnlicher Bericht wie in den Fällen aus Moodys Buch. Und er endete damit, daß die Frau, noch immer sichtlich erregt, erzählte, wie sie »mit einer Sonne von Liebe verschmolzen« sei, wie sie »eins geworden ist mit dem Universum, aber ohne jemals das Bewußtsein zu verlieren . . .« Sabom kannte diese Patientin seit Monaten. Warum, wollte er wissen, hatte sie nie davon erzählt? Sie habe es für sich behalten aus Furcht, für verrückt erklärt zu werden.

20

20 Im Gegensatz zu den heiteren südfranzösischen Friedhöfen ist die Atmosphäre auf dieser Darstellung »Der Friedhof«, einem Gemälde von Caspar David Friedrich, eher schwermütig. Die Grabsteine sind alt und verwittert. Man spürt die Grenze zwischen diesseitigem und jenseitigem Leben.

Verunsichert in seiner tiefsten Überzeugung als Wissenschaftler, reagiert der Mediziner Sabom genauso wie der Psychiater Noyes. Er erarbeitet ein streng objektives Recherche-Konzept und macht sich, unterstützt von Sarah Kreutzinger, ans Werk. Zwischen 1977 und 1981 untersuchen die beiden zuerst in Florida, später in Georgia, 116 Wiederbelebungsfälle klinisch Toter. 38 davon klammert der Arzt später aus seinem zusammenfassenden Bericht aus (obwohl sie prinzipiell nicht von den übrigen Fällen abweichen), denn bei 28 Patienten ist er nicht von der absoluten Zuverlässigkeit der Aussagen überzeugt, und 10 weitere Patienten standen unter Anästhesie, waren also von chemischen Mitteln beeinflußt. Von den verbleibenden 78 Personen berichteten 32 (also 43%) über eine Nahtodeserfahrung.

Sabom unterscheidet zwei große Kategorien, die er »autoskopische« (selbstbetrachtende) und »transzendente« Erfahrungen nennt. In beiden Gruppen verlassen die Betroffenen ihren Körper, im ersten Fall bleiben sie aber in irdischen Regionen, während sie im zweiten »in eine nichtirdische Gegend reisen«. Fast immer geht aber auch den transzendenten Nahtodeserfahrungen eine autoskopische Phase voraus. Was Sabom besonders irritiert, sind die autoskopischen Erlebnisse, denn sie lassen sich nicht einfach als religiöse Phantasien abtun. Sie lassen sich kontrollieren, und alle Kontrollen bestätigen haargenau die Berichte. Da trug zum Beispiel ein klinisch toter Herzpatient nach seiner Wiederbelebung dem Arzt in allen Details die getroffenen Reanimationsmaßnahmen vor, und zwar aus einem Blickwinkel, den er selbst dann nicht hätte haben können, wenn er auf dem Behandlungsplatz bei vollem Bewußtsein gewesen wäre. Minutiös beschrieb er die Knöpfe, Skalen und Zeigerausschläge der medizintechnischen Geräte. Ein anderer Patient, ein alter Arbeiter, sah offensichtlich im Koma bei seiner eigenen Herzoperation zu (er gehört zu den wegen der Anwendung von Anästhetika in Saboms Bericht ausgeklammerten Fällen): »Das Herz sieht anders aus, als ich dachte ... Es hat nicht die Form, die man sich vorstellt. Meines hatte eine Form wie Afrika. Die Oberfläche war rosarot und gelb. Ich habe mir gesagt, das Gelbe muß wohl Fett sein oder so ...«

Bei der eigenen Operation zusehen

Als Dr. Sabom seine aufregenden Befunde, streng wissenschaftlich ausgewertet und beschrieben, veröffentlichen will, lehnt jede medizinische Fachzeitschrift das ab. Sein Stil und die Akribie seiner Arbeit lassen sich allerdings nicht kritisieren. Das Argument, mit dem seine Arbeit abgelehnt wird, lautet, das Thema selbst sei unwissenschaftlich. Mit dem Psychologen Blacher gerät Sabom sogar in eine heftige Auseinandersetzung, die den Rahmen wissenschaftlicher Argumentation verläßt. Blacher: Ein Arzt muß »sich vor allem davor hüten, eine religiöse Überzeugung als wissenschaftliche Gegebenheit zu akzeptieren«. Sabom antwortete in einem Brief, Blacher müsse sich davor hüten, »wissenschaftlichen Glauben als wissenschaftliche Gegebenheit zu akzeptieren«. Dabei war es erst einige Jahre her, daß er ähnlich negativ über Moodys Buch geurteilt hatte.

Daß die moderne Nahtodesforschung von den USA ausgeht, kommt nicht von ungefähr. Den Weg ebnete die jahrelange Arbeit einer Ärztin und Psychiaterin, die es in den Vereinigten Staaten überhaupt erst ermöglichte, öffentlich über Tod und Sterben zu sprechen: Elisabeth Kübler-Ross. Als sie in der zweiten Hälfte der sechziger Jahre im Rahmen der Ausbildung junger Ärzte und Krankenschwestern erstmals wagte, im Hörsaal – hinter einer einseitig verspiegelten Wand – Gespräche mit todgeweihten Patienten zu führen, glich das einem öffentlichen Skandal. Sie sah sich sofort drei Fronten erbitterter Gegner ausgesetzt. Da waren einmal die typisch US-amerikanischen Frömmler, die in dem Vorgehen der jungen Wissenschaftlerin ein Sakrileg sahen. Da waren zum andern Psycho-Wissenschaftler, die Frau Kübler-Ross beschuldigten, ihre todkranken Gesprächspartner psychisch schwer zu belasten. Und da waren ihre Berufskollegen, die Mediziner, die bisher routinemäßig den Tod ignoriert hatten, offenbar weil es ihnen peinlich war, daß ihre Patienten gelegentlich auch starben. Vor Kübler-Ross sprach man in vielen US-Kliniken nicht vom Tod, sondern vom »Code 99«.

Alles von der Seele reden

Es gab aber auch zwei Parteien, die die Arbeit von Elisabeth, wie sie sie nannten, von ganzem Herzen unterstützten: die Krankenschwestern und Pfleger und ... die Todeskandidaten selbst, die es durchaus nicht als psychische Belastung empfanden, über ihr Schicksal zu sprechen. Im Gegenteil, sie konnten sich erstmals von der Seele reden, was sie am allermeisten beschäftigte und bedrückte. Langfristig gaben die Erfolge in der Betreuung Schwerstkranker der mutigen Elisabeth recht. Ihr ist es zu verdanken, daß das Thema Tod und Sterben in den USA nicht länger tabuisiert blieb. Sie war es auch, die Moodys Buch den Weg in die Öffentlichkeit ebnete. Sie schrieb das Vorwort. Der junge Arzt, sagt sie darin, hat Mut. Was er sagt, ist wahr. Dennoch

21

22

21 Die ägyptischen Pyramiden stehen auch für ein Weiterleben nach dem Tod.

22 Die Etrusker haben ihren Verstorbenen Totenstädte errichtet. Dort wurden sie mit Dingen des irdischen Lebens versorgt, auf die sie auch im Jenseits nicht verzichten sollten.

wird man ihn angreifen, besonders seitens der Kirche, die es ganz und gar nicht schätzt, wenn jemand in ihre Domäne eindringt; hat sie sich doch mit der Wissenschaft darüber geeinigt, wer welchen »Teil der Realität« für sich beanspruchen darf.

Elisabeth Kübler-Ross kennt den Tod und die Nahtodeserlebnisse nicht nur aus den zahllosen persönlichen Begegnungen in ihrer beruflichen Praxis. Die Sechsundsechzigjährige (geboren 1926) kann auf Hunderte von Workshops zum Thema »Leben, Tod und Übergang« in vielen Ländern der Welt mit Tausenden von Teilnehmern zurückblicken. Und seit langem schon unterhält sie mit einer Gruppe Gleichgesinnter in Escondido in Kalifornien, nahe der mexikanischen Grenze, die Shanti-Nilaya-Gemeinschaft, die sich mit demselben Themenkreis befaßt. Shanti Nilaya – das Wort erfuhr Elisabeth Kübler-Ross in einer Vision – stammt aus dem Sanskrit und bedeutet »Haus des Friedens«.

Elisabeth Kübler-Ross ist die heute wohl berühmteste Sterbeforscherin und Sterbehelferin der westlichen Welt. Sie selbst hatte niemals ein Nahtodeserlebnis. Dennoch ist ihr die Erfahrung, den eigenen Körper zu verlassen, sind ihr der Tunnel und das helle Licht der Liebe nicht fremd. Im Nachwort zu ihrer 1980 erschienenen Biographie schreibt sie: »Ich habe viele wunderbare mystische Erlebnisse gehabt, vom kosmischen Bewußtsein bis zur Begegnung mit meinen geistigen Führern, obwohl ich aus einem konservativ-protestantischen, autoritären Milieu stamme, nie ein ›höheres Bewußtsein‹ angestrebt habe und dieses in frühe-

23 Die Kelten errichteten ihren Toten imposante, behauene Steinkreuze.

24 Die Totempfähle schaffen eine Verbindung zwischen irdischen und jenseitigen Welten.

25 Soldatenfriedhof in einem Herbstwald. Vermittelt er ein Gefühl des Friedens?

ren Zeiten auch nicht verstanden hätte. Ich war nie in der Lage, regelmäßig zu meditieren, da solche Übungen meinem Wesen nicht entsprechen. Ich hatte nie einen Guru und bin nie in Indien gewesen, obwohl ich viele Jahre davon geträumt habe. Ich habe ein Leben ununterbrochener Arbeit gelebt, in dem es kaum Muße gab. Und trotz alledem habe ich vermutlich alle mystischen Erfahrungen gehabt, die einem Menschen zuteil werden können. Ich habe die größten Höhepunkte erlebt, ohne jemals Drogen genommen zu haben. Ich habe das Licht gesehen, das meine Patienten erblicken, wenn sie an die Schwelle des Todes kommen, und ich war umgeben von der unglaublichen, bedingungslosen Liebe, die wir alle erleben, wenn wir uns zu dem Übergang anschicken, den wir den Tod nennen.« – Auf welch ungewöhnliche Weise Elisabeth Kübler-Ross ihre ersten bedeutenden Visionen hatte, davon wird in einem anderen Kapitel noch die Rede sein.

Vielleicht ist es bezeichnend, daß eine Europäerin der Wissenschaft und der Öffentlichkeit in den Vereinigten Staaten den Blick für den Tod öffnete und damit die Nahtodesforschung zur neuen Wissenschaft, genannt Thanatologie, werden ließ. Elisabeth Kübler-Ross ist gebürtige Schweizerin.

Längst vergessen und erst von der Thanatologie eher zufällig wieder entdeckt sind die Recherche-Arbeiten eines

Keine Schmerzen – keine Angst

anderen Schweizers: Albert Heim (1849–1937). Er war Geologe und guter Alpinist und muß wohl als erster systematischer Nahtodesforscher gelten. Ausgelöst hat sein Interesse eine eigene Erfahrung. Von ihr und von zahlreichen Fallbeispielen aus seinen anschließenden Untersuchungen berichtete er 1882 im Band XXVII des Jahrbuches des Schweizer Alpenclubs. Seine Recherchen beschränkten sich keineswegs auf verunglückte Alpinisten. Kriegsverwundete zählen ebenso dazu wie abgestürzte Maurer und Dachdecker, Arbeiter in Bergwerken oder an Bahnlinien. Heim resümiert: »Bei der großen Mehrzahl der Verunglückten – wohl bei 95 Prozent – ergaben sich, unabhängig vom Grad ihrer Bildung, durchaus die gleichen Erscheinungen, nur graduell etwas verschieden empfunden. Angesichts des Todes durch plötzlichen Unglücksfall tritt bei fast allen der gleiche geistige Zustand ein – und zwar ein ganz anderer Zustand, als angesichts einer weniger plötzlich einbrechenden Todesursache. Er läßt sich kurz wie folgt charakterisieren: Es wird kein Schmerz empfunden, ebenso wenig lähmender Schreck, wie er bei kleineren Gefahren (Brandausbruch etc.) erscheinen kann. Keine Angst, keine Spur von Verzweiflung, keine Pein, vielmehr ruhiger Ernst, tiefe Resignation (im Sinne von Ergebenheit), beherrschende geistige Sicherheit und Raschheit. Die Gedankentätigkeit ist enorm, wohl auf die hundertfache Geschwindigkeit gesteigert, die Verhältnisse wie die Eventualitäten des Ausgangs werden weit hinaus objektiv klar überblickt, keinerlei Verwirrung tritt ein. Die Zeit erscheint nur verlängert. Man handelt blitzschnell und überlegt richtig. In zahlreichen Fällen folgt ein plötzlicher Rückblick in die ganz eigene Vergangenheit. Zuletzt hört der Stürzende oft schöne Musik und fällt dann in einen herrlich blauen Himmel mit rosafarbenen Wölklein hinein . . .«

Bei seinem eigenen Nahtodeserlebnis beschreibt Heim auch die Erfahrung, seinen Körper zu verlassen. Während eines schweren Sturzes am Säntis sah er sich selbst frei durch die Luft fliegen. Und: »Dann sah ich, wie auf einer Bühne aus einiger Entfernung, mein ganzes vergangenes Leben in zahlreichen Bildern sich abspielen. Ich sah mich selbst als spielende Hauptperson. Alles war wie verklärt von einem himmlischen Lichte und alles war schön und ohne Schmerz, ohne Angst, ohne Pein. Auch die Erinnerungen an sehr traurige Erlebnisse waren klar, aber dennoch nicht traurig. Kein Kampf und Streit, auch der Kampf war Liebe geworden . . .«

Angst vor dem Tod hatte Heim nach dieser Erfahrung zeitlebens nicht mehr. Damit glich er dem österreichischen Augustiner-Barfüßermönch, Kanzelredner und Volksschriftsteller Abraham a Sancta Clara, der im 17. Jahrhundert lebte und seine Predigten mit äußerst deftigen Witzen, drastischen Wortspielen und satirischen Sittenschilderungen würzte. In einem seiner Werke aber betonte er ganz ernsthaft: »Ein Mensch der stirbt, bevor er stirbt, stirbt nicht, wenn er stirbt.«

Reiseführer für das Jenseits

1

2

3

Totenbücher verschiedener alter Kulturen vermitteln dramatische Bilder der jenseitigen Welt. Sie schöpfen diese Erkenntnis aus Nahtodeserlebnissen, die über die Schwelle des Todes führen. Erstaunlich ist, wie weit sich solche Berichte, die oft zeitlich wie räumlich unabhängig voneinander entstanden sind, decken. Besonders wichtig scheint die allgemein verbreitete Erkenntnis, daß sich die Seelen schon im irdischen Leben auf ihre Jenseitsreise nach dem Tode vorbereiten können, ja sogar müssen, um sich in dieser anderen Welt zurechtzufinden und dort nicht unsäglich zu leiden. Besonders die tibetanischen Totenbücher erweisen sich als regelrechte Jenseitsführer.

1 Sitzender Grabwächter mit hohen Flügelohren aus dem China der T'ang-Zeit (618–906).

2 Hölzerne ägyptische Totenbarke aus dem Mittleren Reich (2100–2000 v. Chr.).

3 Ägyptischer Papyrus: Der Tote und seine Frau opfern vor Osiris (1400 v. Chr.).

4

5

6

Alsdann ist dein Herz ein finsteres Tal; arbeitest du nicht bald wieder zur Geburt des Lichtes, so zündet er (Gott) dir das Zornfeuer darin an ... und du kannst mit deiner animalischen Geburt nicht die Pforten des Himmels erreichen.« Diese dunklen Worte stammen von dem bekannten deutschen Philosophen und Mystiker Jakob Böhme, der im 16. Jahrhundert lebte. Ein anderer, wohl noch bedeutenderer deutscher Mystiker, Meister Eckehart, formulierte: »Wenn ich alles hinauswerfe, was selbstisch an mir ist, dann kann ich in das reine Wesen des Geistes hineinversetzt werden.«

Beides klingt in mehrfacher Hinsicht vertraut. Es erinnert an jene Selbstüberwindung, die viele Gottesmänner predigten. Es erinnert aber auch an die Selbstaufgabe im Augenblick des Todes, die zur Vereinigung mit dem hellen Licht Gottes führen kann und zum Verständnis seines Geistes. Selbstlosigkeit im Leben und geistige Wiedergeburt im Tode fließen hier in mystischer Weise ineinander. Aber es schwingt zugleich mehr mit als etwa das im Kapitel über Nahtodeserlebnisse Gesagte. Hier ist von echter Transformation die Rede, gleich ob im Leben oder im Tode. Böhme spricht von der »Geburt des Lichtes« und deren Bedeutung für die Erlangung der Pforten des Himmels, eine Formulierung, die eindeutig über das irdische Leben hinausweist. Und Meister Eckehart gelangt bereits im Diesseits zum »reinen Wesen des Geistes«, indem er aber zugleich alles Selbstische, also alles Irdische, »hinauswirft«, denn er sagte auch: »Alle Liebe in dieser Welt ist auf Eigen-Liebe gebaut.

4 Auch in Indien werden dem Gott Blumen und Münzen geopfert, um Gnade zu erlangen.

5 Lebensgroße Holzfiguren mit Kleidern und Gesichtszügen der Toten vor einer Gruft in Indonesien.

6 In Nigeria verkörpert diese hölzerne Figur, die Schmucknarben zeigt, einen Ahnengeist.

Ließest du die Eigen-Liebe, so ließest du leicht die ganze Welt.« Er sieht dieses Sich-von-der-Welt-Loslösen durchaus positiv. Liegt demnach die Erlösung von allem irdischen Übel in der Abkehr von der Welt und damit letztlich im Tode? Wenn dem so wäre, dann müßte die Abfolge »Sterben – Erleben des hellen Lichtes der Liebe – Heimkehr zu Gott« ein nachgerade zwangsläufiger Mechanismus sein. Doch bleibt Böhmes Drohung im Raume stehen: » . . . so zündet er dir ein Zornfeuer darin (im Herzen) an . . .«

Genau dort, wo diese Drohung einsetzt, gehen die Vorstellungen vom Jenseits, vom Leben nach dem Tode, weit über Nahtodeserlebnisse, über die nur Berichte von reanimierten »Toten« vorliegen, hinaus. Hier ist vom tatsächlichen Jenseits die Rede. Sofort stellt sich die Frage: Gibt es dieses Jenseits überhaupt, und wenn ja, wie können wir davon wissen? Der einzige Zugang ist die Vision. Aber an Jenseitsvisionen fehlt es nicht. Zwar sind sie weitaus seltener als Nahtodeserlebnisse und auch rarer als alle anderen Arten von visionärem Erleben, aber zu allen Zeiten und in allen Kulturen gab es Menschen, denen derartige mystische Einsichten zuteil wurden. Zwei Fakten sprechen dafür: die große Zahl solcher Berichte und die erstaunliche Übereinstimmung im Inhalt der Aussagen. Vergleicht man die vielen unabhängig voneinander gefundenen Jenseitsvorstellungen aller möglichen Kulturkreise miteinander, dann läßt sich daraus eine regelrechte »Jenseits-Kartographie« aufstellen. Interessant ist, daß die Übereinstimmungen um so beeindruckender sind, je näher der Aufenthalt des Verstorbenen im Jenseits zeitlich noch dem Augenblick seines Todes ist. Das heißt, die diesseitsnahen Regionen der Welt nach dem Tode sind offenbar besser bekannt als die diesseitsfernen Gebiete.

Nahtodeserlebnisse als Jenseits-Kartographie

Eine ergiebige Quelle hinsichtlich Aussagen über das Jenseits ist die deutsche Mystikerin Hildegard von Bingen. Ihre Visionen sind keineswegs generell rosig. Mit plastischen Worten schildert sie Höllenabgründe, die auf jene warten, die im Leben Unrecht getan haben. Hildegard: »Deshalb eilen auch, während die Seele sich loslöst, lichte und finstere Geister herbei, die Genossen ihres Wandels, je nach den Bewegungen, die sie in ihrem Wohnsitz vollzogen hat; denn, wenn die Seele des Menschen ihre Wohnstätte verläßt, so sind . . . gute und böse Engel zugegen, die Zeugen all der Werke . . .« Die bösen Engel beschreibt Hildegard näher: »Ihr Schlund öffnet sich wie eine Grube. Feurigen, stinkenden Rauch atmet sie aus. Denn die verschlingt gefräßig die Seelen, hält ihnen verlockende Reize vor und zieht sie durch gottlosen Betrug hinab an den Ort der Qualen, wo das Feuer brennt, der Rauch sich erschreckend zusammenballt.«

Diese bösen Engel sind aber – wie auch ihre guten Gegenstücke – nach Hildegard von Bingen nichts anderes als Projektionen der menschlichen Psyche. Eine selbständige Existenz haben sie nicht. Das steht im Einklang mit Böhmes Wort, daß Gott ein Zornfeuer »im Herzen« anzündet. Die Schreckvisionen sind demnach eine innere Angelegenheit, und die Welt des Jenseits wird viel mehr zu einer inneren, höchst persönlichen Welt als zu einer äußeren. Gleichwohl ist es eine objektive und keine subjektive Welt; denn einerseits ist das Subjekt, der körperlich lebende Mensch, ja erloschen, und andererseits gelten auch im Jenseits feste Spielregeln. Zu diesen Spielregeln gehört die Wechselwirkung von Gut und Böse. Böhme geht so weit zu behaupten, daß Gott selbst, der Urgrund aller Dinge, sich aus der ihm gegebenen Gegensätzlichkeit von Gut und Böse erzeugte. Denn nur vor dem Hintergrund des Bösen ist für ihn das Gute überhaupt denkbar.

Die Drohungen mit Höllenqualen im Jenseits sind weit mehr als ein Mittel der Kirchen, ihre Anhänger gesetzestreu und gefügig zu machen. Ob sie aber nur als Archetypen tief im menschlichen Unbewußten verankert sind und dort von Mystikern unter den Visionären gleichsam hervorgekratzt werden, oder ob sie ein Bestandteil kosmischer Gesetze sind, die sich – weil universell gültig und allgegenwärtig – auch von der menschlichen Seele erfahren lassen, mag dahingestellt bleiben. Sicher ist, daß die Scheidung von Gut und Böse im Leben nach dem Tode keine bloße Erfindung von Kirchenmännern ist.

. . . keine Erfindung von Kirchenmännern

Wenn nun der Seele nach dem Tode gute und böse Engel als Verkörperungen der eigenen Taten gegenübertreten, wie finden sie zu einem Urteil? Das Christentum arbeitet sehr bildhaft mit dem Begriff der Waagschalen, in die die guten und bösen Taten des Verstorbenen geworfen werden, bevor die Seele – je nach dem Ergebnis dieser Gewichtung – zu himmlischen Freuden gelangt, zu ewiger Verdammnis verurteilt wird oder zur Läuterung ins Fegefeuer befördert wird.

Faßt man die entscheidenden Punkte des Jenseitsglaubens der christlichen Mystiker zusammen, dann läßt sich daraus eine Art Abfolge konstruieren. Unmittelbar nach dem Tode stellen sich die charakteristischen Nahtodes-

7

7 Kere trägt eine Seele ins Jenseits. In der griechischen Mythologie müssen die Seelen Verstorbener zahlreiche gefährliche Unterweltflüsse überwinden, bevor sie ins Totenreich gelangen. Es wurde ein Sündenregister geführt. Rächende und vergeltende Götter erschienen.

erlebnisse ein: die Gegenwart eines gleißend hellen Lichtes allumfassender Liebe, die Rekapitulation aller eigenen Handlungen, das Erscheinen guter und böser Engel als Zeugen für diese Taten, die Beurteilung mittels einer Waage und schließlich Belohnung oder Strafe in himmlischen oder infernalischen Gefilden. Manche Visionäre gaben dazu noch ausführlichere bildhafte Beschreibungen, etwa über die Art des himmlischen oder höllischen Szenarios, über Grenzflüsse, die beide Bereiche voneinander oder von der Welt der Lebenden trennen und die die Seelen überqueren müssen.

Exakt die gleichen Jenseitsbilder finden sich in anderen Religionen. Daß sie im Islam vorkommen, scheint naheliegend, denn das Judentum und das Christentum haben zumindest im Alten Testament gemeinsame Wurzeln. Andererseits haben sich aber die christlichen Jenseitsvorstellungen in ihrer Mehrzahl erst lange nach Mohammeds Lehre, nämlich bei den Mystikern des Mittelalters, herausgebildet, und zwar völlig unabhängig von der Welt des Islam. Was erwartet den Muslim nach dem Tode? Der Islam kennt zwei Welten, Dunya und Akhira. Dunya ist die materielle Welt, in der wir leben, zugleich aber auch eine Scheinwelt, die die Sinne des Menschen fesselt und den Menschen damit von Akhira, der »wirklichen«, nichtstofflichen Welt, ablenkt. Akhira ist in etwa das, was die Naturreligionen als die nichtalltägliche Wirklichkeit bezeichnen. Akhira ist aber auch das Jenseits, also jene Welt, die die Seele erwartet, wenn sie sich vom Körperlichen losgelöst hat. Der Koran legt dem gläubigen Muslim Dunya nahe, denn schließlich handelt es sich um Gottes Schöpfung, zugleich aber warnt er ihn vor der diesseitigen Welt, denn sie ist in ständigem Wandel, sie ist vergänglich, und wer sich nur an sie klammert, hat keinen Anteil an der allein beständigen Welt Akhira. Dennoch ist Dunya für den Menschen existenznotwendig, denn Dunya ist die Welt der Taten, während Akhira die Welt der Bedeutungen und damit der Wertungen ist. In Akhira werden die Taten des Menschen beurteilt. Zugleich werden die zweifelhaften Kenntnisse, die der Mensch in Dunya gesammelt hat, in Akhira durch Wissen ersetzt.

Die Zweiheit Dunya/Akhira ist eingebunden in eine viel umfassendere Kosmologie. Sie reicht bis zur Schöpfung zurück. Und diese begann nach den islamischen Mystikern mit Gottes Frage an alle Geschöpfe: »Bin ich nicht dein Herr?« Ein jedes Selbst antwortete mit »ja«. Diese grundlegende Frage und die Antwort darauf stellen eine Art Grund-

8

8/9 Die Jenseitsvorstellungen des Alten Ägyptens sind in den Totenbüchern dokumentiert. Nach dem Tod erfährt die Seele »das volle Licht des Tages«, ein Reich des Sonnengottes Ra. In der Barke des Sonnengottes muß der Verstorbene den unterirdischen Nil befahren, der zahlreiche große Gefahren

geheimnis dar, das tief im Inneren jedes einzelnen Menschen nachhallt. Es verursacht die ruhelose innere Suche nach dem Transzendenten. Auf dieser Schöpfungsbasis beginnt jeder individuelle Mensch sein Leben als eine Reise mit sieben Etappen. Zunächst hält er sich in Arwah auf, einem Zustand der Ruhe, bis er in das »Reich des Mutterschoßes« gelangt. Von dort aus bringt ihn die Geburt in das

Die eigene Zukunft beeinflussen

»Reich der Mitte«, das Dasein auf der Erde. Fest und zeitgebunden lebt er hier an einem Ort für Absichten und Taten, an dem er in der Lage ist, selbst die eigene Zukunft zu beeinflussen. Der Tod führt die Seele in das Zwischenreich Bar'zakh, in dem sie mit gewaltigen metakosmischen Dimensionen konfrontiert wird, die dem Menschen im irdischen Leben nur gelegentlich in luziden Träumen und Visionen bruchstückhaft bewußt werden. In diesem Zwischenreich macht die Seele entweder erleuchtende oder entsetzliche Erfahrungen, je nachdem, wie sie sich in ihrem irdischen Dasein darauf vorbereitet hat. Anders als im Christentum spielen dabei nicht nur gute und böse Taten eine Rolle, sondern das Beherrschen gewisser Verhaltensmaßregeln, gleichsam einer »Etikette« des Todes. Gut und Böse im irdischen Leben wirken sich erst später aus. Nach dem Verlassen des Zwischenreichs nämlich wird die Seele zum Jüngsten Gericht gerufen, wo ihre Taten im Beisein von Engeln auf die Waage gelegt werden. Erst dann entscheidet sich, ob die Seele in die Hölle (das Feuer) oder in den Himmel (den Garten) gelangt. Wiederum sind beide durch große Gewässer, breite Flüsse oder Ozeane, von den anderen Welten getrennt. Die mythologische islamische Kosmologie geht schließlich aber noch über Himmel und Hölle hinaus:

Jenseits dieses zwiespältigen Bereichs nämlich steht der Lote-Baum, dessen Frucht Ohnmacht und Ekstase verursacht. Wer davon ißt, gelangt nach Sukun, in das Reich des großen Schweigens, in dem nichts mehr existiert als das Antlitz Gottes.

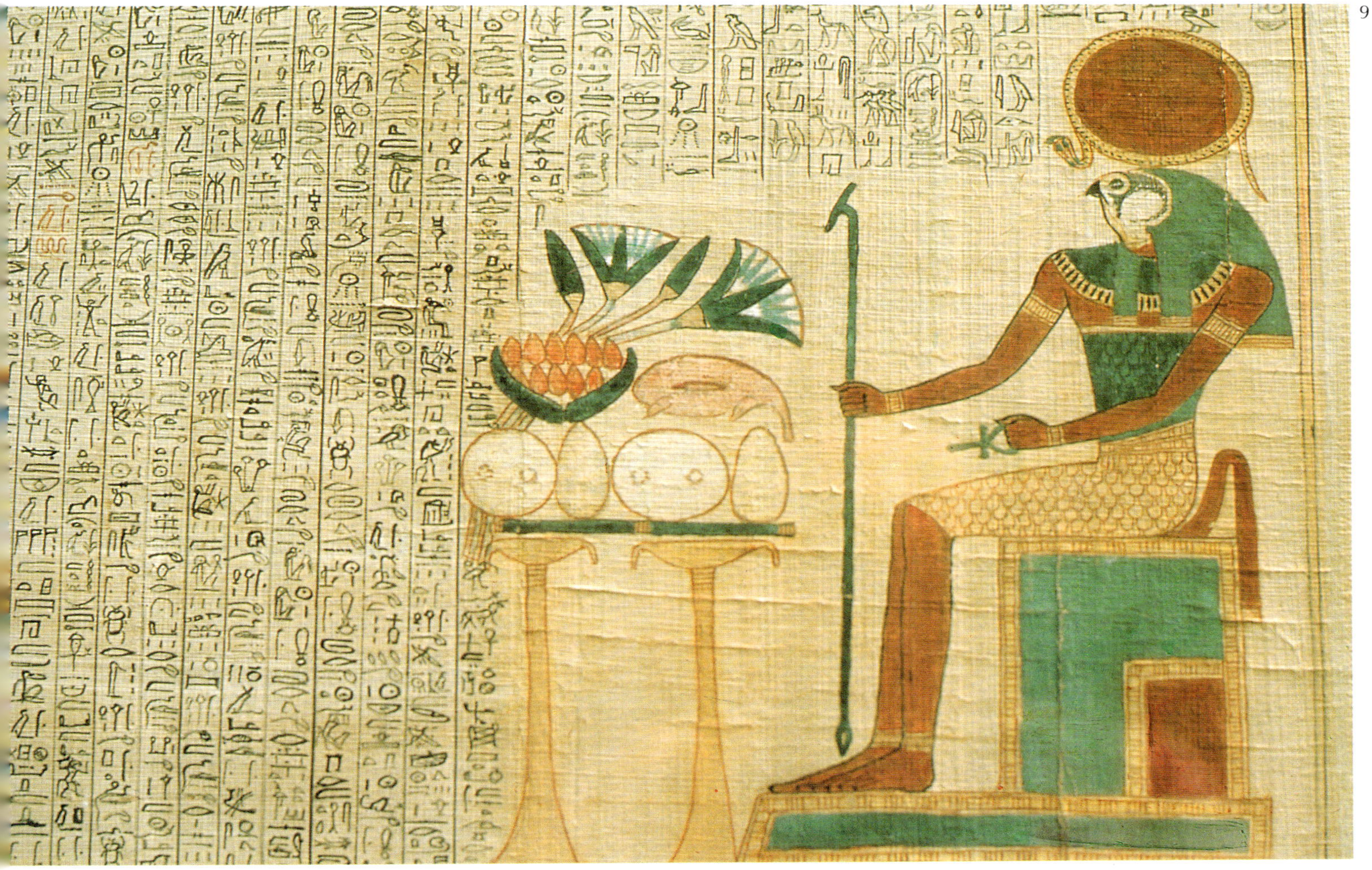

9

birgt. Erst im Gefilde der Seligen müssen sich die Seelen in Gegenwart tierköpfiger Gottheiten dem Totengericht stellen. Der schakalköpfige Anubis und der falkenköpfige Horus wägen die irdischen Taten auf der Waage der Gerechtigkeit.

Beglückende oder entsetzliche Erlebnisse, verbunden mit den sie repräsentierenden guten und bösen Engeln beziehungsweise Geistern in einem Zwischenreich nach dem Tode, ein Richten über die irdischen Taten mit einer Waage, auf der diese gegeneinander abgewägt werden, Paradies und Hölle, all dies haben die Jenseitsvorstellungen des Christentums und des Islam gemeinsam; doch nicht nur diese beiden ohnehin miteinander nahe verwandten Religionen. Im Farsismus des alten Persien, der auch als zoroastrische Religion bekannt ist, gab Zarathustra um 600 vor Christus eine Beschreibung vom Weg der Seele nach dem Tode: Für drei Tage hält sie sich noch in der unmittelbaren Nähe des Verstorbenen auf. Während der ersten Nacht erlebt sie »ebensoviel Freude wie in der ganzen Nacht des Lebens«. Von »Nacht des Lebens« ist die Rede, weil die Seele nach dem Tode den Aufstieg in das unendliche Reich des Lichts beginnt, für das es im irdischen Bereich keinen Vergleich gibt. Am Morgen nach der dritten Nacht gelangt die Seele an einen Fluß. Dort stehen die anklagenden Dämonen Mithra, Sraośa und Raśnu. Raśnu hält die Waage der Gerechtigkeit in der Hand und wägt die guten und die bösen Taten gegeneinander ab. Danach entscheidet sich der Verlauf des weiteren Weges über die Cinvat-Brücke, die als dünner Faden den Fluß überspannt. Die Seelen der guten

Bösewichte stürzen in die Hölle

Menschen überqueren sie problemlos und gelangen in den Himmel, jene der Bösewichter geraten in Panik und stürzen unmittelbar in die Hölle hinab.

Älter noch ist die babylonisch-assyrische Religion. Sie reicht in das frühe zweite vorchristliche Jahrtausend zurück. Nach ihr muß die Seele im Jenseits den Hubur-Strom überqueren, die Wasser des Todes, um erst danach den Berg des Gerichts zu erreichen, wo die Totengottheiten warten. Wiederum haben sie gute und böse Aspekte, denn sie sind zugleich Herrscher über das Leben wie über den Tod, der die bösen Seelen nach altbabylonischer Auffassung in ein Schattenreich führt, während den guten neues Leben beschieden ist.

Im alten Ägypten finden sich noch weitere Parallelen zu den Jenseitsvorstellungen der jüngeren Religionen. In besonderen Totenbüchern, etwa dem sogenannten Zweiwegebuch, sind sie dokumentiert. Nach dem Tode erfährt die Seele des verstorbenen Altägypters »das volle Licht des Tages«, ein Reich des Sonnengottes Ra. Doch ist das nur eine Durchgangswelt, ein Zwischenreich. In der Barke des Sonnengottes muß die Seele des Verstorbenen, eingekleidet in den ätherischen Seelenkörper BA, den engen unterirdischen Nil befahren. Dieser Fluß birgt zahlreiche große Gefahren: einen Feuersee, die bedrohliche Höhle des Sokar, oder etwa die Sandbank mit dem fürchterlichen Apopis-Dämon und seinem Gefolge von Schlangen, Skorpionen und anderen gefährlichen Wesen. Wie im islamischen Jenseits entscheiden nicht in erster Linie die guten oder bösen Taten über die glückliche Passage oder deren Scheitern, sondern das Beherrschen gewisser schon zu Lebzeiten gelernter Rituale, zu denen auch bestimmte Bannformeln gehören. Erst später, nach dem Erreichen der Gefilde der Iaru, der Seligen, müssen sich die Seelen in Gegenwart des großen Gottes Osiris und zahlreicher tierköpfiger Gottheiten – Sechmet mit dem Löwenkopf, Chephri mit dem Käferkopf, Thot mit dem Ibiskopf – dem Totengericht stellen. Der schakalköpfige Anubis und der falkenköpfige Horus wägen die Taten der Verstorbenen auf der Waage der Gerechtigkeit. Das weitere Procedere kann nicht verblüffen: Die Bösen werden zum endgültigen Tode in Höllenwelten verurteilt, die guten Seelen entwickeln einen ACH

In der Nähe der Götter

genannten »Verklärungsleib« und dürfen nach dieser Art jenseitiger Wiedergeburt in der Nähe der Götter weilen.

Schon nach diesen wenigen Religionsvergleichen fällt auf, daß das Erleben des hell strahlenden Lichtes der Liebe unmittelbar nach dem Tode nicht das Ende und schon gar nicht den dramatischen Höhepunkt der jenseitigen Reise darstellt. Danach kommen die Schrecken und die Gefahren der Seelenwanderung, und erst ihnen folgt das Gericht, über das die Waage der Gerechtigkeit im Angesicht jenseitiger Richter entscheidet. Und immer ist vor dem endgültigen jenseitigen Aufenthaltsort irgendwo eine Art Zwischenreich eingeschaltet.

Doch sehen wir uns noch bei anderen Religionen um. Im alten Griechenland ist das Reich der Toten, der Erebos oder Hades, etwa seit der Zeit Homers unterteilt in die glücklichen Gefilde von Elysion für die guten Seelen und den schrecklichen, düsteren Tartaros für die Bösen. Doch bevor die Seelen der Verstorbenen in den Hades gelangten, mußten sie verschiedene gefährliche Unterweltflüsse überwinden, den Styx, den Acheron, den Kokytos oder den brennenden Feuerstrom des Pyriphlegeton. Eingeschaltet in diese Reise war auch ein Aufenthalt in dem Zwischenreich der Asphodeloswiese, auf der gute und böse Seelen gleichermaßen ihren Schatten verloren. Wie schon in den anderen erwähnten Religionen fehlte es im altgriechischen Jenseits auch keineswegs an schrecklichen Todesdämonen, etwa dem Höllenhund Kerberos, dem Thanatos oder dem Pluton, der das Sündenregister der toten Seelen führte. Daneben erschienen zahlreiche rächende und vergeltende Götter und Halbgötter und andere Plagegeister wie die furchteinflößenden Erinyen, die Chimären, Harpyen und Hydren. Die römischen Jenseitsvorstellungen entsprachen im Prinzip weitgehend den griechischen.

Auch in den Religionen der alten nordischen Völker, der Germanen und der Kelten, gelangten die Seelen der Verstorbenen über einen Fluß ins Reich der Toten, nach Utgard oder bei den Kelten zum »Haus der Donn«. Auch hier wurden die Taten während des Lebens gegeneinander aufgerechnet, worauf die Seelen in einen Höllengrund oder in eine Ruhmesstätte, zum Beispiel Wallhall, gelangten.

In der im 3. Jahrhundert von Mani gestifteten asketischen Religion der Manichäer kommt der Unterschied zwischen Diesseits und Jenseits, entsprechend den islamischen Begriffen Dunya und Akhira, besonders gut zum Ausdruck. Nach dieser Lehre entstand die irdische Welt durch eine Vermischung von Licht und Materie. Die Aufgabe des Menschen während seines körperlichen Lebens ist es nun, diese Weltordnung in einem Akt der Erkenntnis zu durchschauen. Gelingt ihm das, so muß er sich als nächstes darum bemü-

Die Seele muß wandern

hen, seinen eigenen Lichtanteil von der Materie seines Leibes zu befreien, denn nur dann kann sich seine Seele nach dem Tode mit der himmlischen Lichtwelt vereinen. Anderenfalls muß sie weiter wandern und ein neues Erdenleben auf sich nehmen. Der Manichäismus, der den Rang einer Weltreligion besaß, bis er 382 im Römischen Reich bei Todesandrohung verboten wurde, folgt mit dieser Wiedergeburtslehre den alten asiatischen Religionen. Voraussetzung für ein gutes Ergehen im Jenseits war auch in dieser Religion, daß der Mensch im Diesseits Zusammenhänge verstehen lernt und diese Lehren befolgt. Auch der Seele des verstorbenen Manichäers begegnen gleich nach dem Ableben verschiedene gute und böse Gestalten. Die guten heißen Isa und sind Abgesandte des Lichtgottes. Zu ihnen gesellen sich noch drei weitere Figuren, kenntlich an Wassergefäß, Stirnbinde, Krone und Lichtglanz. Die bösen Gestalten sind Dämonen aus der Hölle, die allerdings den Isa unterlegen sind, denn nur die lichten Geister betätigen sich als jenseitige Führer.

Bis heute erhalten hat sich im Gebiet des Persischen Golfes die mandäische Religion, eine komplizierte Mischform aus Manichäismus mit babylonischen, farsischen, jüdischen und christlichen Elementen. Sie sieht die Erlösung der Seele ebenfalls in einer Trennung des Lichtes von der Materie, kennt aber keine Seelenwanderung für die bösen Seelen. In der »Mattartâ des Abatur«, einem »bewachten Ort« im Jenseits, werden alle Seelen vor die Waage der Gerechtigkeit geführt und je nach ihren Verdiensten in heiße oder kalte Höllen geschickt oder – nach einer erneuten Vereinigung von Geist und Seele – zum Licht geleitet.

Über besonders ausführliche Schilderungen des Jenseits verfügen die alten heiligen Schriften Indiens, die Upanischaden und Veden. Nach diesen Lehren verfällt beim Sterben des Menschen zuerst der Körper, den sodann der Geist verläßt. Vom Herzen aus beginnt anschließend die Wanderung des Âtman, der Seele, aus dem Körper hinaus. Was ihr im Jenseits begegnet, deckt sich wieder erstaunlich mit den Vorstellungen in anderen Weltreligionen. Die Seele findet sich im Anblick des Klaren Lichtes und gelangt schließlich irgendwann wiederum vor die berühmte Waage der Gerechtigkeit, über die der Satapatha-Brâhmana sagt: »Die

Gutes und Böses auf der Waage

rechte Hand der Vedi (Feuerstätte) ist die Waage. Was einer Gutes tut, das ist innerhalb der Vedi, und was er Böses tut, das ist außerhalb der Vedi. Darum sollte man den rechten Rand der Vedi berührend dasitzen. In jener Welt nämlich legen sie (beides) auf eine Waage. Welches von beiden – sei es das Gute, sei es das Böse – ziehen wird, dem wird er folgen. Aber wer also (um dieses) weiß, der besteigt schon in dieser Welt die Waage, der kommt in jener Welt um das Wägen herum. Sein gutes Werk zieht, nicht sein böses.« Andere altindische Totenbücher beschreiben im Detail, wie die Seele des Bösen von den Handlangern des Höllenfürsten Yama abgeführt, die des Guten aber von himmlischen Führern geleitet wird. Die bösen Seelen müssen nach zahlreichen Leiden den Strom Vaitarani überqueren, der die Hölle einschließt. Im eigentlichen Höllenreich verliert die Seele ihren »Pinda-Leib« und erhält einen besonderen feinstofflichen »Peinigungsleib«. Nach zahlreichen schrecklichen Höllenqualen ist die Seele endlich bereit für eine irdische Wiedergeburt, allerdings unter schlechteren Voraussetzungen als während ihres letzten Erdendaseins. Die Seelen der guten Menschen dagegen erlangen gute Wiedergeburten, entweder auf Erden oder in der himmlischen Welt der Götter.

Die Beispiele ähnlicher Jenseitsbeschreibungen ließen sich ohne Schwierigkeiten fortsetzen, bis hinein in die

Naturreligionen Hunderter von Stammesvölkern. Woher auch immer das Wissen um jenseitige Welten kommen mag, eines wird deutlich: Die Vorstellungen darüber, was der Seele nach dem Tode begegnet, sind meist sehr konkret. Und noch etwas: Hat sie erst einmal den irdischen Körper verlassen, dann hat sie kaum noch Einfluß auf das weitere Geschehen, es sei denn, sie hat bereits im Diesseits gelernt, sich im Jenseits sicher zu bewegen und allen Gefahren und Schrecken, die dort auf sie lauern, furchtlos zu begegnen. Furchtlos, das bedeutet freilich meist zugleich frei von Schuld; denn die Furcht vor den verschiedenen höllischen Gestalten, ja deren Erscheinen selbst, werden fast immer als eine unmittelbare Folge irdischen Fehlverhaltens geschildert.

Bei alledem kann es nicht überraschen, daß manche Religionen über besondere Totenbücher verfügen, geheime oder auch offene »Reiseführer« für die Seelen durch die jenseitigen Welten. Solche Bücher, die zum Beispiel das alte Asien ebenso kannte wie das alte Ägypten, aber auch die geheimen Bruderschaften des Judentums, des Christentums und des Islam, sind keine reinen »Gebrauchsanweisungen« für die Verwendung durch jedermann. Nicht selten verschlüsselt formuliert, sind sie Anleitungen für Geistliche, den Seelen der von ihnen betreuten Sterbenden bei ihrer Reise ins Jenseits zu helfen. Oft lesen die Geistlichen den Todkranken, vielfach aber erst den Seelen der bereits Verstorbenen, geeignete Texte vor. Dabei geht man im allgemeinen davon aus, daß die Seelen sich noch einige Stunden oder Tage lang in der unmittelbaren Umgebung ihrer ehemaligen irdischen Körper aufhalten. Bei den Naturreligionen übernimmt der Schamane diese Aufgabe. Er geht dabei weit über die Funktionen des Vorlesers hinaus. Er selbst begibt sich auf einer Trancereise ins Jenseits, trifft dort die Seele des Verstorbenen und geleitet sie persönlich durch die Fährnisse der Welt nach dem Tode.

Die Seele des Toten betreuen

Diese Jenseitsarbeit kannten auch die alten Griechen. Sie nannten den Seelenführer Psychopompos, und dieser Begriff hat sich heute in der Religionswissenschaft allgemein eingebürgert. Die Funktion des Psychopompos muß aber nicht unbedingt ein lebender Mensch, also zum Beispiel ein Schamane, ausüben. Auch mythische Gestalten kommen dafür in Frage: etwa der Götterbote Hermes bei den Griechen oder der Gott Thor, der in der nordischen Unterwelt im Totenschiff die Seelen begleitet. Bei den Manichäern übernahmen die Lichtwesen Isa diese Rolle.

Die ausführlichsten Totenbücher, die wir kennen, stammen aus dem alten Tibet. Es hat sich eingebürgert, von dem tibetischen Totenbuch zu sprechen; in Wirklichkeit gibt es eine größere Anzahl aus verschiedenen Epochen, zurückreichend bis in die Zeit der alten, noch stark schamanisch geprägten Bon-Religion bis hin zu Schriften, die vollkommen auf buddhistischen Vorstellungen fußen. Die tibetischen Totenbücher gehen nicht vom Begriff »Seele« aus. An ihre Stelle setzen sie das »Bewußtseinsprinzip«. Es unterscheidet sich von der Seele anderer Religionen dadurch, daß ihm keine Individualität zukommt. Eine »persönliche« Seele, auch des lebenden Menschen, kennt der Buddhismus nicht. Allerdings hängen die Jenseitserlebnisse des Bewußtseinsprinzips trotzdem von dem individuellen guten oder bösen Charakter des Verstorbenen während seines vorhergehenden Lebens ab. Das Jenseits der tibetischen Totenbücher heißt Bar-do, was soviel bedeutet wie Zwischenwelt, und die Bücher verstehen sich als Führer durch diesen Bar-do, in dem das Bewußtseinsprinzip genau 49 Tage weilt, bevor es in einer irdischen Wiedergeburt Besitz von einem neuen Lebewesen nimmt.

Die Reise durch den Bar-do ist sehr komplex und kann nur erfolgreich absolviert werden, wenn dem Bewußtseinsprinzip dabei durch rituelle Lesungen aus den Totenbüchern geholfen wird. Diese Lesungen dauern wenigstens 14 Tage lang. Oft werden sie aber auf die vollen 49 Tage ausgedehnt. Die Führungen des Bewußtseins beginnen jeweils morgens um sechs bis sieben Uhr und dauern etwa vier Stunden. Weitere vier Stunden folgen an den Nachmittagen. Dabei wird ein genauer »Fahrplan« eingehalten: Unmittelbar nach dem Tode erfährt das Bewußtseinsprinzip das Helle Licht. Nach drei bis vier Tagen hat sich der Bewußtseinskörper dann als »Yid-kyi« neu organisiert und seinen irdischen Körper vollkommen verlassen. Der Yid-kyi ist mit allen den irdischen Sinnen entsprechenden Wahrnehmungsorganen ausgestattet, kann also den Bar-do in jeder Beziehung erleben. Ihm begegnen zwischen dem vierten und elften Tag nacheinander 42 friedvolle Gottheiten, die aus dem Licht hervorgehen. Vom zwölften bis zum neunzehnten Tag wird das Bewußtseinsprinzip mit 58 zornvollen Gottheiten konfrontiert, die aus einem Meer von Flammen heraufdämmern. Sowohl die fried- wie die zornvollen Gottheiten gelten aber nicht als mythologische Gestalten, sondern als Personifizierungen der guten und bösen Taten des Verstorbenen. Sie sind gleichsam Projek-

42 friedvolle Gottheiten aus dem Licht

10

11

12

tionen aus der Psyche. Vom zwanzigsten Tag an durchwandert das Bewußtseinsprinzip dreimal sieben Tage lang den sogenannten Sridpa'i bar-do, in dem ihm die schrecklichen Erlebnisse der Höllenwelten offenbar werden. Und vom 42. bis 49. Tag schließlich sucht das Bewußtseinsprinzip einen geeigneten Ort für die irdische Wiedergeburt. Dieser freilich hängt wiederum stark von den guten und bösen Taten im vergangenen Erdenleben ab. Nur ein von allen irdischen Bindungen freies Bewußtsein braucht nicht auf die Erde zurückzukehren, sondern geht in das »Nirvana« ein, in die Stufe der Leerheit oder das Reich der Todlosigkeit, wo es weder ein Kommen noch ein Gehen gibt.

Deutlich sprechen die tibetischen Totenbücher das aus, was auch in anderen Religionen zum Ausdruck kommt: Unmittelbar nach dem Tode erlebt das Bewußtseinsprinzip die ganze Fülle des Klaren Urlichts. Erst danach werden die Erlebnisse zunehmend negativer. Die tibetischen Schriften erklären diese Reihenfolge: Das vollkommen reine, von allen irdischen Bindungen losgelöste Bewußtseinsprinzip findet direkt aus dem Erlebnis des Hellen Lichtes heraus endgültige Befreiung. Danach verblaßt für alle anderen Bewußtseinskörper das erste Urlicht und ein zweites Urlicht erscheint, schwächer und von längerer Dauer. Auch von ihm aus findet der Bewußtseinskörper noch zur Befreiung, wenn ihn nur geringe Verfehlungen im vergangenen Leben belasten. Gelingt auch in dieser Phase keine Befreiung, dann erst beginnen zunächst die friedvollen Gottheiten heraufzudämmern, und das weitere Geschehen nimmt seinen Lauf,

10 Auf dieser Zeichnung werden die Höllenqualen dargestellt, die japanische Tote erwarten.

11 Prunkvoll geschmückte, mit Gold verzierte Statuen von Jenseitsfiguren bewachen die Tempel in China.

12 Geschmückter, zurechtgemachter toter Schamane im Sinja-Tal in Nepal.

13

13 Ein unbekannter Künstler des 19. Jahrhunderts hat den viergesichtigen Mahakala mit Schwert, Hackmesser, Dreizack und Schädelschale dargestellt. Die verzerrten menschlichen Gesichter und farbenprächtigen überirdischen Wesen kommen unserer Vorstellung von Hölle sehr nahe.

je nach den Vorbelastungen des Bewußtseinsprinzips. Nur jene Bewußtseinskörper, die ihre Taten vor dem Totenrichter Yama Dharmarâja zu vertreten haben, gelangen vor dem 42. Tag bis tief in den Abgrund der Hölle. Dort hält der affenköpfige »Karmaführer« die Waage der Gerechtigkeit in den Händen. Ein Schreiber mit einem Tigerkopf und ein vogelköpfiger Ankläger sind ebenfalls zugegen, wenn der Totenrichter schließlich sein Urteil spricht. Er bemißt es nach der Zahl der weißen und schwarzen Steine, die für gute und böse Taten zu Lebzeiten stehen und die beiden Waagschalen beschweren. Bei seinem Richtspruch helfen ihm 13 dämonische »Geschworene«, durchweg Gestalten mit verschiedenen Tierköpfen.

Soweit ähneln die tibetischen Totenbücher inhaltlich in den wichtigsten Zügen prinzipiell den Jenseitsvorstellungen anderer Religionen. Doch geben sie darüber hinaus eine äußerst aufschlußreiche Erklärung über die gesamte mythische Kosmologie, in die auch die Jenseitswelt des Bar-do

Brücke zwischen Diesseits und Totenwelt

eingebettet ist. Und diese Kosmologie, die Trikâya- oder Dreikörper-Lehre, ist es, die die Brücke zwischen dem Totenreich, dem Diesseits und der gesamten Schöpfung schlägt. Nach dieser Lehre durchdringt als höchstes geistiges Prinzip, als kosmische Ordnung das »Gesetz der Wirklichkeit« die ganze Welt des Seins. In der Ebene des Vergänglichen, also in der irdischen Welt, in der wir leben, manifestiert sich dieses Gesetz in physischer Gestalt als Nirmânakâya. Aufgrund seiner Vielgestaltigkeit ist es aber auf dieser Ebene vom Menschen nicht unmittelbar erkennbar. Erst durch Visionen, Traumreisen, Offenbarungen oder ähnliches wird das Gesetz der Wirklichkeit in seiner strahlenden Gestalt als Sambhogakâya erfahrbar. Diesen Erkenntnisvorgang kennen praktisch alle Religionen in irgendeiner Form, sei es als »Erleuchtung«, »Gnosis«, »mystische Erkenntnis«, »Satori«.

Unabhängig von der Welt des Stofflichen und von der Erkenntnis durch den Menschen existiert das Gesetz der Wirklichkeit aber auch in zeitloser Selbstsetzung. Als Dharmakâya (Körper des Gesetzes) ist es immer und überall gegenwärtig. Der Dharmakâya ist gleichbleibend, tief, dauernd, einheitlich, harmonisch, rein, strahlend und beseligend. Er ist die Grundlage aller Erscheinungen des Gesetzes, er ist zugleich die höchste Idee wie auch die Möglichkeit ihrer Verwirklichung. Das irdische Leben des Menschen unterliegt dem Gesetz der Wirklichkeit zunächst in Gestalt des Nirmânakâya. Da dieser nur einen Teil des ganzen Gesetzes – nämlich seine materielle Manifestation – darstellt, gibt er dem Menschen Anlaß zu Täuschungen und Wahn. Der Mensch kann sich einseitig an diesen Teil klammern, ohne das Ganze jemals zu erkennen. Diese Bindungen können offensichtlich negativer Natur sein, etwa in Form von Haß, Zorn oder Neid, sie können aber auch scheinbar positiver Natur sein, wie Freude an persönlichem Erfolg, Besitz oder etwa die völlige Hingabe an ein Hobby. Erst die visionäre Erkenntnis des Ganzen ermöglicht die richtige Einstufung des ständig sich wandelnden, vergänglichen und daher trügerischen materiellen Aspekts und damit die innere Loslösung von diesem. Durch einen solchen Erkenntnisprozeß und dem daraus resultierenden Verhalten wird der Weg des Bewußtseinsprinzips im Jenseits, im Bar-do, bestimmt. Dieser Weg ist deshalb so schwierig zu meistern, weil der Bar-do nichts anderem entspricht als dem ewigen Gesetz der Wirklichkeit ohne dessen materielle Komponente.

Übersetzt in die Sprache der modernen westlichen Pychologie bedeutet das: Im Bar-do kann sich nur das Unbewußte orientieren und dieses auch nur anhand der Projektionen aus seinem eigenen Inneren, die in Gestalt der friedvollen und zornvollen Gottheiten erscheinen. Irgendeine Orientierung an äußeren Gegebenheiten wie in der materiellen Welt ist hier ebenso unmöglich wie das helfende Eingreifen des Alltagsbewußtseins, das ja an der Schwelle zum Tode abgelegt wurde. Hat das gesamte Bewußtsein (Alltagsbewußtsein plus Unbewußtes) nicht schon aus dem irdischen Alltag heraus in visionärer Sicht Zugang zur Erkenntnis des Gesetzes der Wirklichkeit gefunden, also Sambhogakâya erfahren, dann ist ihm das im Bar-do auch nicht mehr möglich. Die Folge ist im tibetischen Glauben die unvermeidliche irdische Wiedergeburt, in anderen Religionen sind es höllische Strafen.

Die tibetische Dreikörper-Lehre (die drei »Körper« sind dabei die beschriebenen Erscheinungsformen des Gesetzes der Wirklichkeit) entstammt völlig der rätselhaften Welt des Übersinnlichen. Dem westlich orientierten Leser mag sie wie eine reichlich komplizierte theoretische Konstruktion auf dem Boden der Mystik erscheinen. Aber wie keine andere mystische Kosmologie erklärt sie die in allen Kulturkreisen heimischen Vorstellungen vom Leben nach dem Tode, gleich ob dieses nun zu einer irdischen Wiedergeburt führt oder nicht. Wie im folgenden Kapitel gezeigt wird, erklärt diese Lehre aber zugleich umfassend alle bisher in diesem Buch behandelten übersinnlichen Phänomene, und erstaunlicherweise deckt sie sich weitgehend mit den naturwissenschaftlichen Ansichten mancher prominenter Pioniere eines neuen physikalischen Weltbildes.

Hexer, Heiler, Glaubenshüter

1

2

3

Was ist ein Schamane? Er ist Magier, Heilkundiger, Priester und Prophet zugleich. Was tut der Schamane? Er versetzt sich durch Tanz, Gesang, Musik und Narkotika in Trance, während der er eine Seelenreise in die jenseitige Welt unternimmt, um böse Geister zu bannen und gnädige zum Beistand für die Menschen zu bewegen. Wie wird man Schamane? »Durch das Erleben größten Leids, durch Vernichtung und Neuwerdung«, sagen die dazu Berufenen. Sind die schamanischen Fahrten der Seele die Ausgeburt menschlicher Unvernunft oder Möglichkeit menschlicher Erfahrung? Immerhin haben Naturvölker mit magischen Vorstellungen Jahrtausende in Einklang mit der Natur gelebt, bevor die zivilisierte Welt deren Lebensgrundlagen weitgehend zerstörte.

1/2/3 Bei den Naturvölkern wohnt in allem, ob lebendig oder unbeseelt, ein unsichtbarer, mächtiger Geist. In vielen dieser Kulturen ist der Schamane Mittler zwischen der irdischen und göttlichen Welt. Mit magischen Tänzen beschwört er die Dämonen, gute Geister bittet er um Hilfe.

4

5

6

Bei den Wilden wird die Theorie der Inspiration und Besessenheit gemeinhin benutzt, um alle abnormen mentalen Zustände, besonders Irrsinn oder daran angrenzende Fälle, zu erklären. So glaubt man, daß Personen, die mehr oder weniger verrückt sind – besonders hysterische und epileptische Patienten –, von Geistern bevorzugt werden und daher als Orakel zu konsultieren sind. Ihre wilden und verwirrenden Worte läßt man als Enthüllung höherer Mächte durchgehen, von Geistern und Göttern, die ihr blendendes Licht unter einem dicken Schleier dunkler Weissagungen und mysteriöser Ausrufe verbergen. Ich brauche wohl kaum die sehr ernste Gefahr zu betonen, die jede Gesellschaft bedroht, in der solche Theorien für wahr genommen werden. Wenn die Entscheidungen einer ganzen Gesellschaft bei wichtigsten Angelegenheiten auf den eigensinnigen Phantasien, Schrullen und Grillen von Verrückten und Halb-Verrückten basieren – welche Konsequenzen könnte das für den Staat haben.«

Mit diesen Worten umschrieb 1927 der gefeierte britische Völkerkundler und Gelehrte James Frazer den Schamanismus. Es ist die Sicht des typischen »aufgeklärten«, ausschließlich rational denkenden und fühlenden Wissenschaftlers europäischer Prägung.

Noch bevor man das Phänomen des Schamanentums näher untersucht, sprechen zwei Fakten entschieden gegen Frazers Meinung. Zum einen ist es erstaunlich, wie Völker, deren geistige Führer pathologische Irre sein sollen, Jahrtausende in Einklang mit der Natur als gesunde Gesellschaften überlebt haben, während es den rational

4/5/6 Der Schamane liebt die Einsamkeit. Meditierend will er die Bewegung der Erde unter sich spüren. Hilfsgeister der Ahnenwelt und der Natur warnen ihn vor Gefahren. Sie lehren ihn Machtgesänge und unternehmen mit ihm Seelenreisen in den Himmel, die Unterwelt oder das Totenreich.

denkenden politischen, kulturellen, religiösen und wissenschaftlichen Entscheidungsträgern der sogenannten zivilisierten Welt in wenigen Jahrhunderten gelang, deren Lebensgrundlagen weitgehend zu ruinieren. Zum anderen erinnert Frazers Aussage an den überheblichen Soldaten, der von sich behauptete, als einziger im Gleichschritt zu marschieren, während die gesamte restliche Kompanie außer Tritt gefallen sei. Die moderne westliche Industrie- und Wissenschaftskultur ist nämlich die einzige Kultur überhaupt, die keinen Schamanismus akzeptiert. In allen anderen Gesellschaften der Welt, wahrscheinlich schon beim Neandertaler, gewiß aber vom Altsteinzeitmenschen an, gilt mystische Erfahrung als vollkommen normal. Das trifft nicht nur auf jene Volksgruppen zu, die Frazer »Wilde« nennt, und die heute als »primitiv« bezeichnet werden. Das gilt auch für alle historischen Hochkulturen, außer unserer »aufgeklärten«.

Wie sich der Schamane selbst sieht, beschrieb 1981 der Sioux-Medizinmann Lame Deer: »Der Wićaśa wakan (Schamane oder Medizinmann) will für sich sein. Er will

Die Bewegung der Erde unter sich spüren

abseits von der Menge und dem täglichen Kleinkram sein. Er will meditieren, will sich gegen einen Baum oder Felsen lehnen, will die Bewegung der Erde unter sich spüren. Auf diese Weise kann er Dinge herausfinden und Fragen beantworten. Indem er seine Augen schließt, sieht er viele Dinge klarer. Was du mit geschlossenen Augen siehst, das zählt.

Der Wićaśa wakan liebt die Ruhe, in sie hüllt er sich ein wie in eine Decke – eine laute Stille mit einer Donnerstimme, die ihm vieles erzählt. Ein solcher Mann bevorzugt einen Platz, wo außer dem Summen der Insekten nichts zu hören ist. Er sitzt und blickt nach Westen und bittet um Hilfe. Er spricht zu den Pflanzen, und sie antworten ihm. Er lauscht den Stimmen der Wama káscan – den Stimmen all derer, die sich auf der Erde bewegen, der Tiere. Er ist eins mit ihnen. Von allen Lebewesen fließt ständig etwas in ihn hinein, und etwas fließt aus ihm zu ihnen. Ich kann nicht sagen, wo was fließt, es ist einfach da. Ich weiß es. Dieser Medizinmann ist weder gut noch böse. Er lebt – nichts sonst, und das genügt . . . Der Wićaśa wakan ist einfach er selbst, und dementsprechend handelt er auch. Er hat die völlige Freiheit – die Freiheit eines Baumes oder eines Vogels. Diese Freiheit kann schön sein oder häßlich! Es spielt keine Rolle.«

Wie wird man Schamane? Eine der schönsten und zutreffendsten Formulierungen stammt von dem englischen Soziologen und Autor Edward Carpenter. Er schrieb 1912: »Von allen harten wissenschaftlichen Fakten sind mir keine gewichtigeren und grundlegenderen bekannt als die Tatsache, daß, wenn man zu denken aufhört (und standhaft daran festhält), man nach einer gewissen Zeit unterhalb oder jenseits des Denkens zu einer Bewußtseinsregion kommt, die sich in Beschaffenheit und Charakter vom gewöhnlichen Denken unterscheidet – einem Bewußtsein von quasi-universeller Qualität. Dadurch erwacht ein umfassenderes Selbst als jenes, an das wir uns gewöhnt haben. Und da das gewöhnliche Bewußtsein, mit dem wir im Alltag zu tun haben, vor allem auf dem kleinen lokalen Ich basiert, welches in der Tat in einem beschränkten lokalen Raum selbstbewußt ist, läßt sich schlußfolgern, daß daraus auszusteigen heißt, dem gewöhnlichen Ich und der gewöhnlichen Welt zu sterben.

Man muß mit gewöhnlichen Sinnen sterben, doch in einem anderen Sinne gilt es, aufzuwachen und zu entdekken, daß das ›Selbst‹, unser wirkliches, intimstes Wesen,

Unsere Seele in Verbindung mit den Seelen aller Kreaturen

das Universum und alle Welt erfüllt – daß die Berge, das Meer und die Sterne Teil unseres Körpers sind und unsere Seele in Verbindung mit den Seelen aller Kreaturen steht . . . So großartig, so wunderbar ist diese Erfahrung, daß man sagen kann, in ihrem Angesicht werden alle kleineren Probleme und Zweifel hinfällig. Und es ist gewiß: Kommt ein Mensch nur einmal damit in Berührung, werden, wie Abertausende von Fällen zeigen, sein folgendes Leben und seine Weltschau vollkommen revolutioniert.«

So einfach ist das. Man braucht nur standhaft aufhören zu denken. Aber wie kann das geschehen? Der Zen-Buddhismus beschreibt das so: Du darfst nicht an nichts denken. Auch das ist zu unterlassen. Du darfst nicht einmal versuchen, nicht zu denken. – Das ist ungeheuer schwer, aber manchmal hilft ein äußeres Ereignis, das Denken, das eigene Bewußtsein auszuschalten: Eine lebensbedrohliche Krankheit mit hohem Fieber und Bewußtseinsstörungen. Ein Unfall oder ein ähnliches Trauma, das den Betroffenen dem Tode nahebringt. Panische Angst, Erlebnisse totaler Stille oder völliger Monotonie, etwa in der Wüste, auf ausgedehnten Eisfeldern oder Wasserflächen, oft noch gepaart mit extremer Hitze oder Kälte, Askese und längerem Fasten. Rhythmische Dauerbewegungen oder Gesang bis zum Zusammenbruch oder zur Ekstase, konzentrierteste Meditation. Einnahme bestimmter Drogen.

Die moderne multidisziplinäre Todesforschung, die Thanatologie, hat in jüngster Vergangenheit Tausende von

7

8

9

Einzelfällen dokumentiert, bei denen Unfallopfer, Schwerkranke oder Narkosepatienten vorübergehend klinisch tot waren, dann aber wieder zum Leben erwachten. Unabhängig von Alter, Geschlecht, Bildungsniveau oder Kulturkreis erlebten die meisten von ihnen einen stereotypen Ablauf von Jenseitserfahrungen. Die Seele verläßt den Körper, schwebt zunächst über dem wie leblos daliegenden Leib und kann diesen von oben wahrnehmen. Etwas später entfernt sie sich weiter und fühlt sich oft durch eine lange dunkle Passage, etwa durch eine Röhre, gezogen, in der sie einem hell strahlenden Licht oder einem völlig lichtdurchfluteten Raum entgegenfliegt. Während der Reise erlebt die Seele nicht selten alle einzelnen Phasen ihres vorherigen irdischen Lebens gleichzeitig und begreift deren jeweilige Bedeutung. Schlagartig erkennt sie so den wahren Sinn des Lebens. Oft wird die Seele auf dieser Jenseitsreise von geistigen Führern geleitet. Kommt der Kranke oder Verletzte wieder ins irdische Leben zurück, dann wehrt sich die Seele oft dagegen, weil die neue Erfahrung sie ganz mit Harmonie erfüllt.

Derartige Jenseitserlebnisse gehören grundsätzlich auch zum Werdegang eines Schamanen. Aber seine Erfahrungen gehen weiter. Seine Seele reist nicht nur einmal in eine andere Welt, sie knüpft dauerhafte Kontakte im Jenseits. Er findet persönliche Schutz- und Lehrgeister, die ihn vor Gefahren warnen oder bewahren, die ihm Machtgesänge beibringen, die ihm helfen, im Alltag paranormale Leistungen zu vollbringen, also etwa Kranke zu heilen oder Regen herbeizurufen.

7/8/9 Sendet der Schamane seine Seele zu den Geistern aus, sind ihm außergewöhnliche Kräfte beschieden. Seine Aufgabe in der Gemeinschaft besteht darin, Unheil abzuwenden, Kranke zu heilen, Tote in das Reich der Schatten zu geleiten oder Jagderfolg und Wetter zu beeinflussen.

Die Schutz- und Führungsgeister sind oftmals verstorbene Schamanen, häufig aber auch Tiergeister oder andere Naturgeister, z. B. Sonnen- oder Planetengeister, Wind-, Gewässer-, Feuer- oder Erdgeister. Um in ihre Welt einzudringen, bedarf es mehr als bloßer Nah-Todeserfahrung. Der werdende Schamane muß in einer äußerst lebendigen Vision regelrecht seine körperliche Vernichtung und Neuwerdung erfahren. Es gibt zahlreiche Berichte über solche Vorgänge. Zum Schamanentum berufene Männer oder Frauen werden von jenseitigen Wesen zerfleischt, aufgefressen, zerteilt, verbrannt, ertränkt oder sonstwie vernichtet, meist auf überaus grausame Art. Oft treten dabei Visionen des eigenen Skeletts auf, das nun von den Geistern mit neuen Organen und neuem Fleisch ausgestattet wird. Manchmal geht die Vision nicht ganz so weit, fast immer aber werden zumindest wesentliche innere Organe oder Sinnesorgane ausgetauscht.

Weit verbreitet sind auch Himmel- und Höllenfahrten in der Art von Dantes »Göttlicher Komödie«. Hilfsgeister führen die angehenden Schamanen in die Welt der Toten. Wie beim Nah-Todeserlebnis gibt es auch hier verblüffende Übereinstimmungen der Ereignisabfolge in Berichten aus allen Zeiten und allen Kulturkreisen. Am Anfang steht immer ein Hindernis, etwa ein von Schreckensgestalten bewachtes Tor, meist aber ein schwarzes Gewässer. Die Seelen zahlreicher Verstorbener versuchen vergeblich, dieses Hindernis zu überwinden, und leiden sehr unter diesem Zustand. Der geleitete künftige Schamane hat indes bei seiner Stippvisite im Totenreich keinerlei Probleme, jene Hürde zu nehmen. Nach diesem regelrechten Fegefeuer, das nicht selten in höllische Landschaften übergehen kann, gelangt er in eine harmonische Welt des Lichtes, in blühende Gärten, durchflossen von klaren Quellen und Bächen, in denen selige Geister leben.

Nachtfahrt des Propheten Mohammed

In wohl allen schriftlosen Kulturen sind solche Initiationserlebnisse seit Menschengedenken bekannt. Sie werden mündlich überliefert. In den Offenbarungsschriften der großen monotheistischen Religionen, der Thora, der Bibel und dem Koran, werden sie explizit geschildert. Tod und Wiedergeburt Christi vereinen in sich alle Elemente einer schamanischen Wandlung: das Erleben unsäglichen, das Bewußtsein auslöschenden Leids, klinischer Tod, Höllen- und Himmelfahrt und schließlich die Auferstehung. Die 17. Sure des Korans, die »Nachtfahrt«, beschreibt im Detail eine Geistreise des Propheten Mohammed durch die Luft von der Moschee in Mekka zum alten Tempel Salomos in Jerusalem, der schließlich ein Himmelfahrtserlebnis folgt. Begleitet wird der Prophet vom Engel Gabriel. – Während Christus und Mohammed auf eine solche Geistreise vorbereitet waren, wehren sich die zum Schamanentum Berufenen oft energisch gegen derartige Erlebnisse.

Drei Beispiele sollen dem Gesagten Farbe geben. Bei den Eskimos erzählte der Karibu-Schamane Igjugarjuk dem Polarforscher Knud Rasmussen von seiner Berufung: »Alle wahre Weisheit kann nur fern menschlicher Wohnstatt erkannt werden, draußen in der großen Öde. Und sie wird nur durch Leiden erworben. Not und Leiden sind die einzigen Dinge, die den Geist des Menschen dem öffnen können, was den anderen verborgen ist.«

Den Bericht eines Jakuten-Schamanen zeichnete der Finne Uno Harva 1938 auf: »Im Alter von 20 Jahren erkrankte ich und begann mit meinen Augen zu sehen und meinen Ohren zu hören, was die anderen Menschen weder hören noch sehen können. Neun Jahre lang kämpfte ich gegen den Geist, ohne mit jemandem darüber zu sprechen, was geschehen war, denn ich fürchtete, daß man zweifeln oder mich verspotten würde. Schließlich wurde ich so krank, daß ich nahe am Sterben war. Sodann begann ich zu schamanisieren und fühlte sogleich eine Besserung meines Zustandes.«

Meine Zunge sang, wie der Schamane singt

Der Karagassen-Schamane Kokuiev erzählte dem ungarischen Ethnologen Vilmos Diószegi 1958, daß auch er durch Krankheit gezwungen wurde, seiner Berufung zu folgen: »Auch ich war krank, als ich Schamane wurde. Zuerst tat mir der Kopf weh, dann schmerzten meine Hände. Bei Vollmond habe ich immer noch Kopfschmerzen. Oft besuchten mich die Geister. Während ich schlief, sang meine Zunge. Sie sang, wie der Schamane singt, aber ich wußte nichts davon. Als ich erwachte, sagten mir Vater, Mutter und Schwester: ›Du hast Lieder gesungen, Schamanenlieder!‹ ... Das wiederholte sich alle drei bis vier Monate, drei Jahre hindurch. Es war ein Leiden, ein unaufhörliches Leiden. Man möchte ruhen oder schlafen, und da fängt die Zunge an zu singen. Natürlich weiß man selbst nichts von den Gesängen, denn es ist ja der Geist, der da singt ... Schließlich hatte ich keine Kraft mehr, immer weiter zu leiden. Ich tat, was mir der Geist gebot und willigte ein, Schamane zu werden. Ich veränderte mich vollständig, nachdem ich Schamane geworden war, da ja ein Schamane ein ganz anderer Mensch wird.«

Während die Schamanen der Alten Welt sich meist heftig gegen ihre Berufung wehren, gibt es auf dem amerikanischen Doppelkontinent Indianer- und Eskimostämme, bei denen der Schamanismus in so hohem Ansehen steht, daß die Inspirierten ganz gezielt versuchen, sich im Schamanisieren zu vervollkommnen. Oft durchlaufen sie eine jahrelange Schulung durch bereits etablierte Medizinmänner. Wichtig neben Jenseitskontakten, bei denen oft machtverleihende symbolische Objekte, häufig Kristalle, in ihren Körper eingepflanzt werden, sind bei dieser Ausbildung auch diesseitige Prozeduren, etwa das genaue Kennenlernen der Heilpflanzen und ihrer Wirkungen. Nicht selten führen die Lehrer gezielt Situationen herbei, die ihre Schüler in Angst, Panik und Todesnähe bringen. Sie lassen sie tagelang an einen Baum gebunden ohne Nahrung in der Wildnis allein, oder sie tauchen sie bis an die Grenze des Erstickungstodes unter Wasser.

Hat sich ein Berufener zum Schamanisieren entschlossen, dann wird er bei den Stammesvölkern im allgemeinen zu einer sozialen Institution, mancherorts gefürchtet und gemieden, in anderen ethnischen Gruppen in allen Daseinsfragen als höchste Autorität geachtet. Der Schamane heilt, weiß Rat, lehrt, ist Autorität in religiösen Fragen, vermittelt bei sozialen Konflikten, tritt als Richter auf, bereitet todgeweihte Kranke und alte Menschen auf das Jenseits vor und ist dezidierter Bewahrer des kulturellen Erbes seines Stammes.

Einstein dem Schamanismus zugeneigt?

Dem von wissenschaftlichem Denken geprägten, sogenannten modernen Menschen mag die Welt des Schamanismus äußerst befremdend erscheinen. Er begreift schamanische Wahrheiten ebensowenig, wie etwa ein Blinder die Welt der Farben. Interessant ist, daß aber ausgerechnet zahlreiche der genialsten Naturwissenschaftler unserer Zeit dem schamanischen Denken nahe kommen. So behauptete Albert Einstein von sich: »Ich gelangte nicht durch mein rationales Bewußtsein zur Erkenntnis der fundamentalen Gesetze des Universums.« Können sich die Schamanen in ihren Visionen frei in Zeit und Raum bewegen? So formulierte Einstein 1955 in einem Brief an die Schwester seines Freundes Michele Besso: »Für uns gläubige Physiker stellt diese Trennung zwischen Vergangenheit, Gegenwart und Zukunft jedoch nichts weiter als eine Illusion dar, wenn auch eine besonders hartnäckige.«

Der bedeutende Atomphysiker Louis-Victor de Broglie sprach sich explizit für die gleichzeitige Existenz von Gegenwart, Vergangenheit und Zukunft aus. Er vertrat die Meinung, die vermeintliche zeitliche Abfolge erscheine dem Menschen nur deshalb als solche, weil er immer nur nacheinander in Kontakt mit »Scheiben der Raumzeit« komme, sich also selbst durch diese Raumzeit hindurch bewege. Der Schamane hat jederzeit Kontakt mit jenseitigen Intelligenzen aus verschiedenen Bereichen dieser Raumzeit und kann sich selbst frei in der Raumzeit bewegen.

Die »Bootstrap-Philosophie« des Elementarteilchenphysikers Geoffrey F. Chew gipfelt in der provokativen Aussage, die Natur sei letztlich nicht auf fundamentale Daseinsformen, etwa auf Grundbausteine der Materie, zurückzuführen: »Jeder Teil besteht aus allen anderen Teilen!« Diese Hypothese drückt fast wörtlich das Weltbild praktisch aller Mystiker – Schamanen, Zen-Meister, Hindupriester – aus.

Etwas »verständlicher« formulierte der Quantenphysiker Werner Heisenberg diesen Gedanken in seinem Werk »Schritte über Grenzen«: »Langsam wird sich ein Gefühl dafür entwickeln, daß das Leben auf der Erde eine Einheit repräsentiert, daß Schaden an einem Punkt überall Wirkungen zeigen kann, daß wir samt und sonders verantwortlich für die Ordnung des Lebens auf dieser Erde sind.« Das klingt plausibel. Erstaunlich nur, daß rationale Denker diese Weisheit erst in allerjüngster Zeit herausgefunden haben, während die Schamanen in aller Welt seit Jahrzehntausenden von nichts anderem ausgehen und sich daher seit je als Lebensbewahrer verstehen.

Schritte über Grenzen

Ganz sicher aber hat sich die menschliche Seele zu allen Zeiten und in allen Kulturkreisen die Wege zu höheren Erkenntnisebenen als denen rein sinnlicher Wahrnehmung immer wieder selbst gesucht. Dazu der schwedische Naturwissenschaftler und Visionär Emanuel Swedenborg: »Ich bin mir bewußt, daß viele sagen werden, niemand kann irgendwie mit Geistern und Engeln sprechen, solange er im Körper lebt; und viele werden sagen, es sei alles Phantasie, andere, daß ich diese Dinge erzähle, um Anerkennung zu finden, und wieder andere werden weitere Einwände vorbringen. Aber von alledem lasse ich mich nicht abschrecken, denn ich habe gesehen, ich habe gehört, ich habe gefühlt.«

Krafttiere, Geistführer, Engel

1

2

3

Schutzengel und Schutzgeister sind sie den einen, Krafttiere und jenseitige Lehrer sehen andere in ihnen. Was hat es mit solchen Wesenheiten auf sich, die seit Menschengedenken im Glauben aller Völker eine bedeutende Rolle spielen? Sind es nur Phantasiegebilde, sind es Allegorismen oder gibt es sie wirklich? Wie kann man mit ihnen in Verbindung treten? Was läßt sich von solchen Verbündeten erwarten? Antwort auf diese Fragen gibt vor allem die moderne Schamanismusforschung, die sich nicht länger mit ethnologischen Aufzeichnungen begnügt, sondern zu dem gemeinsamen Kern der zahlreichen Überlieferungen vorgestoßen ist und von diesem ausgehend eigene praktische Experimente unternimmt.

1/2 Kultmasken haben sehr unterschiedliche Bedeutung. Oft repräsentieren sie geistige Führer, die ihren Träger beraten, noch öfter stellen sie menschlich-tierische Mischwesen dar.

3 Das Einhorn stand Europäern mit makelloser Lebensweise zur Seite.

4

5

6

»Sind sie nicht alle nur dienende Geister, ausgesandt, um denen zu helfen, die das Heil erben sollen?« Diese Frage stellt Paulus, Apostel Jesu, in seinem Brief an die Hebräer. Was sind diese Engel? Weiter oben in demselben Brief erklärt Paulus: »Und von den Engeln sagt Er (Gott): Er macht seine Engel zu Winden und seine Diener zu Feuerflammen.« Offenbar handelt es sich um äußerst ätherische Wesen, nicht von dieser Welt und doch dazu bestimmt, Menschen zu helfen, die das Heil erben sollen. Es muß also eine Kommunikation mit diesen Engeln möglich sein. Im Alten Testament erscheint einmal ein Engel körperlich in Gestalt eines Hahnes. Guten Kontakt mit Engeln haben Kinder, mit ihren ureigenen Schutzengeln. »Hütet euch davor, einen von diesen Kleinen zu verletzen«, sagt Jesus im Matthäus-Evangelium, »denn ich sage euch: Ihre Engel im Himmel sehen stets das Angesicht meines himmlischen Vaters.«

Aber auch Erwachsene haben solche Schutzengel. Die Apostelgeschichte berichtet von der wunderbaren Befreiung des Petrus aus der Verhaftung des Königs Herodes: »In der Nacht, ehe Herodes ihn vorführen lassen wollte, schlief Petrus, mit zwei Ketten gefesselt, zwischen zwei Soldaten. Vor der Tür aber bewachten Posten den Kerker. Plötzlich trat ein Engel des Herrn ein, und ein helles Licht strahlte in dem Raum. Er stieß Petrus in die Seite, weckte ihn und sagte: Schnell, steh auf! Da fielen die Ketten von seinen Händen. Der Engel aber sagte zu ihm: Gürte dich und ziehe deine Sandalen an! Er tat es. Und der Engel sagte zu ihm: Wirf

4 Im Hinduismus können »Krafttiere« sogar den Rang von Göttern oder Halbgöttern einnehmen.

5 Hochgradig stilisiert sind diese Schutzgeister repräsentierende Tanzmasken der Bobo in Obervolta.

6 Der grimmige Ausdruck vieler Tiermasken bedeutet keine Gefahr. Er zeigt die Macht des Hilfsgeistes.

7

7 Die meisten im Schamanismus bekannten Krafttiere oder Hilfsgeister sind Säugetiere oder Vögel. Viel seltener kommen auch Fische, Amphibien oder Reptilien vor. Sind sie gutartig, dann zeigen diese Tiere dem Schamanen aber nie die Zähne. Der hier wiedergegebene

deinen Mantel um und folge mir! Dann ging er hinaus und Petrus folgte ihm, ohne zu wissen, daß es Wirklichkeit war, was durch den Engel geschah; es kam ihm vor, als habe er eine Vision. Sie gingen an der ersten und an der zweiten Wache vorbei und kamen an das eiserne Tor, das in die Stadt führte; es öffnete sich ihnen von selbst. Sie traten hinaus und gingen eine Gasse weit; und auf einmal verließ ihn der Engel. Da kam Petrus zu sich und sagte: Nun weiß ich wahrhaftig, daß der Herr seinen Engel gesandt und mich der Hand des Herodes entrissen hat . . .«

Zwar läßt sich die christliche Verehrung der Schutzengel erst seit dem 9. Jahrhundert nachweisen, und seit dem 15. Jahrhundert ist ihnen – zuerst in Spanien – ein eigenes Fest gewidmet, doch ist der Glaube an sie wesentlich älter, älter selbst als das Neue Testament. Im Alten Testament ist ebenso von Engeln die Rede, die in das menschliche Leben eingreifen, wie in den außerkanonischen jüdischen Schriften und im frühen persischen Schrifttum, etwa im Farsismus. Nicht nur als Schutzengel treten sie in Erscheinung. Ihre historisch älteste nachweisbare Funktion ist die von Boten, etwa im Ersten Buch Mose oder in den Psalmen. Darüber hinaus treten sie als Seelenbegleiter während des Endgerichts auf.

Engel und Schutzengel

Neben dem Juden- und Christentum kennt auch die jüngste der drei großen monotheistischen Weltreligionen Engel: der Islam. Er stellt sie in einen etwas weiteren Rahmen zusammen mit anderen Wesen nichtalltäglicher Realitätsebenen, den Dschinn. Volkstümlich versteht man unter Dschinn im arabischen Kulturkreis generell soviel wie Geistwesen, und deshalb deckt dieser Begriff auch eine Unzahl von Märchenfiguren mit ab, etwa Gnome, Wüstenkobolde oder auch Dämonen und böse Geister. Im strengen Sinne des Korans sind es – wie in der Bibel – aus Licht und Feuer geschaffene Bewohner einer »anderen Welt«. Gott selbst wird oft als »Herr aller Welten« bezeichnet, also sowohl als Schöpfer und Erhalter der alltäglichen irdischen Welt wie jener der Engel und anderer für den Menschen üblicherweise unsichtbarer Wesen. Das Wort Dschinn leitet sich von der sprachlichen Wurzel »janna« ab, und das heißt »verborgen«, »mit Dunkelheit bedeckt«. Die Welt dieser Wesen bezeichnet der Koran als »al-ghayb«, das »Reich jenseits der Grenzen menschlicher Wahrnehmung«. Dennoch ist es unter außergewöhnlichen Umständen den Menschen möglich, mit diesen Wesen in Kontakt zu gelangen. Nun könnte man glauben, wenn die alten heiligen Bücher

Schlangentanz der Moki-Indianer ist also eher die Ausnahme als die Regel. Er läßt die Tänzer in Trance mit dem Schlangengeist kommunizieren. Dieser mächtige Geist ist kein persönliches Krafttier eines einzigen Schamanen, sondern ein Stammesbeschützer.

8

8 Oft werden Krafttiere der tiergestaltigen Gottheiten wie dieser südindische Hanuman mit mehreren Augenpaaren oder sogar mehreren Köpfen und mit mehreren Armpaaren dargestellt. Das soll ihre übermenschlichen Fähigkeiten symbolisieren.

von Engeln und anderen »übernatürlichen« Wesen sprechen, dann habe das legendären, mythologischen Charakter. Wie aber passen Aussagen über Kontakte mit Engeln und anderen Geistwesen aus neuester Zeit in dieses Bild? Elisabeth Kübler-Ross betonte, sie habe mit ihren »geistigen Lehrern« kommuniziert, und der bedeutende Philosoph Emanuel Swedenborg führt aus: »Ich bin mir bewußt, daß viele sagen werden, niemand kann irgendwie mit Geistern und Engeln sprechen, solange er im Körper lebt; und viele werden sagen, es sei alles Phantasie, andere, daß ich diese Dinge erzähle, um Anerkennung zu finden, und wieder andere werden weitere Einwände vorbringen. Aber von all dem lasse ich mich nicht abschrecken, denn ich habe gesehen, ich habe gehört, ich habe gefühlt.«

Sind es einzelne Auserwählte, die mit Geistwesen in Kontakt treten können? »Nein, Geister zu sehen, das ist relativ einfach«, betont der Huichol-Schamane Pedro de Haro aus den Bergwäldern Südmexikos, »man muß bloß eine reine Seele haben.« Vielleicht hat die Aufklärung mit

Man muß . . . eine reine Seele haben

ihrer Überschätzung der Fähigkeit des menschlichen Verstandes diese reine Seele verdorben und an ihre Stelle nüchternes Kalkül, Profitdenken, Machthunger und Egoismus gesetzt. Kinder, die diese reine Seele bewahrt haben, kennen ihre Schutzengel, ihre Schutzgeister. Oft sprechen sie von »Spielgefährten«. Eileen Garrett, Parapsychologin und selbst wissenschaftlich gründlich durchleuchtetes Medium, schreibt in »Adventures of the Supernormal« (»Abenteuer des Übernatürlichen«): »Obwohl ich als Kind selten allein war, hatte ich meine geheimen Kameraden. Zwei Mädchen und einen Jungen. Der Junge und ein Mädchen waren jünger als ich, das andere Mädchen war etwas älter. Ich nannte sie ›die Kinder‹. Sie kamen zu mir. Ich mußte sie nicht an einem bestimmten Ort treffen oder etwas verabreden, um sie zu sehen, um mit ihnen zusammen zu sein oder mit ihnen frei sprechen zu können. Die ersten Male sah ich sie mit etwa vier Jahren. Ich stand gerade in der Haustür, und sie waren im Garten. Ich starrte sie an. Ich weiß nicht, wie lange wir uns so gegenseitig gemustert haben – so wie Kinder es eben tun –, aber nichts Bestimmtes ereignete sich zwischen uns bei dieser ersten Begegnung . . . ›Die Kinder‹ erschienen immer wieder, und ich gewöhnte mich an sie. Wir unterhielten uns problemlos, aber ohne Worte. Manchmal blieben sie stundenlang bei mir, manchmal nur für kurze Zeit. Ich bemerkte dann plötzlich ihre Gegenwart, und ebenso plötzlich waren sie wieder verschwunden. Alles, was mich umgab, was mich interessierte, unterlag dem Wandel – die Tiere wuchsen auf und wurden alt, die Blumen starben, der Garten verwelkte – aber ›die Kinder‹ veränderten sich nicht . . .«

Gefährten wie diese »Kinder« stellen sich oft auch bei Erwachsenen ein, wenn sie sich in außergewöhnlichen Streß-, Übermüdungs- oder Gefahrensituationen befinden. So weiß man von Charles Lindbergh, daß ihn 1927 auf seinem legendären ersten Alleinflug über den Atlantik mehrere derartige Gefährten im Cockpit besuchten, ihn vom Einschlafen abhielten und ihm mit Rat und Tat zur Seite standen.

Der prominente Extrembergsteiger Reinhold Messner kennt ebenfalls Begleiter aus der anderen Welt: »Bei meinem Alleingang am Nanga Parbat 1978 hatte ich ab Wandmitte unsichtbare Begleiter. Ich unterhielt mich in vier Sprachen mit ihnen, obwohl ich nur drei spreche. In meinem Tagebuch habe ich notiert: › . . . in diesem ausgebrannten Sein, in diesen Leiden werden Gedanken, die ich noch nicht ganz gedacht habe, plötzlich ausgelöscht. Vielleicht ist meine grenzlos einsame Position nur deshalb noch erträglich. Es ist mir plötzlich, als ob jemand neben mir säße. Ich kann ihn nicht sehen, aber aus den Augenwinkeln glaube

Viersprachiger unsichtbarer Begleiter

ich zu ahnen, daß es ein Mädchen ist. Es ist höchste Zeit, daß ich das Zelt aufbaue. Wir gehen sonst ein bei dieser Hitze. Sie sieht mir zu, wie ich den Schnee niedertrete, und ich denke, es wird ihr zu heiß sein um aufzustehen. Obwohl ich weiterhin alles allein machen muß, ist es doch schön, daß sie da ist . . . Nur um mich herum beachte ich zwischendurch Kinder, Männer und Frauen, ohne diese zu erkennen und von diesen im Speziellen etwas zu wollen. Sie sind nur da, wechselnd. Und ich unterhalte mich mit ihnen.‹ «

In vielen Fällen sind die unsichtbaren – und mitunter auch sichtbaren – Gefährten aus einer anderen Realitätsebene nicht einfach »nur da«. Sie helfen dem Menschen. Nicht immer erscheinen sie in menschlicher Gestalt, als Engel oder als »Lichtwesen«. Wie der alttestamentarische »Engel«, der als Hahn in Erscheinung trat, haben diese Geistwesen sehr oft Tiergestalt. Mich selbst hat einmal während einer einsamen, nassen, eisig kalten Biwaknacht im norwegischen Hochgebirge wenig unterhalb des großen Inlandeisfeldes Jostedalsbreen die ganze Nacht lang ein Wildeselchen warmgehalten. Es kuschelte sich an mich und ließ mich die Kälte und den durchnäßten Schlafsack vergessen. Das spezielle Bild des Schutzengels stammt aus mosaischen

9

10

11

Quellen und wurde von dort auch in die anderen monotheistischen Hochreligionen des Mittleren Ostens aufgenommen. Das Wort Engel stammt vom griechischen ángelos und bedeutet im Grunde nichts anderes als »Bote«. Die allgemeine Vorstellung von einer geflügelten, menschenähnlichen Gestalt bildete sich erst im Laufe der traditionellen religiösen Überlieferung heraus. Auch andere Kulturkreise kennen und kannten solche Boten- und Schutzgeister. In ihren Erfahrungsberichten unterscheiden sich zwei große Kategorien, die bisweilen ineinander übergehen können: Kraft und Hilfe gebende Wesen einerseits und Beratung und Lehre vermittelnde Gestalten andererseits. Die ersteren haben oft das Aussehen von Tieren, auch von gemischten Tier-Mensch-Wesen oder von reinen Fabelgestalten, etwa Drachen. Die »Lehrer« dagegen sind meist menschenähnlich, manchmal aber auch »abstrakte« Erscheinungen: Lichtgestalten, Licht- oder Feuersäulen, Energiewirbel und so weiter.

Zahlreiche tierische Schutzgeister, traditionell in den Rang von Göttern erhoben, kennt zum Beispiel der Hinduismus. Wohl die berühmteste mythologische Tiergestalt dieser Religion ist der Affengott Hanuman, ein trickreicher und heilkundiger Helfer und sogar Kampfgefährte, dessen legendäre Geschichte das berühmte Ramayana erzählt.

Im alten Ägypten fehlte es ebenfalls nicht an Wesen aus anderen Welten. Sie standen in großen Ehren, ihnen wurden eigene Tempel errichtet, und sie besaßen eigene Priester. Historiker und Archäologen sagen, sie hatten den Rang

9 Furchteinflößend oder böse wirken diese ozeanischen Schutzgeister nur auf Europäer.

10/11 Viele Tiermasken zeigen Hörnerträger wie Gazellen, Antilopen, Büffel oder andere Wildrinder. Meist verkörpern sie Kraft und Ausdauer sowie sexuelle Potenz.

von Göttern. Doch mag das irreführen. Die Vokabel Gott hatte nicht immer und überall die gleiche Bedeutung wie heute. Und es ist fraglich, ob manche als polytheistisch betrachtete Kulturen nicht im Grunde eher monotheistischen Charakter besaßen, daß ihre Anhänger neben einer obersten Schöpfergottheit aber zahlreiche Hilfsgeister verehrten, die von späteren Generationen als Götter interpretiert wurden. Es ist durchaus denkbar, daß ein Archäologe des fünften nachchristlichen Jahrtausends im Katholizismus angesichts der zahlreichen Heiligenbilder und der Heiligen geweihten Seitenaltäre in den Kirchen eine polytheistische Religion vermuten würde. Ganz ähnlich kennen die meisten indianischen Religionen nur einen höchsten Gott beziehungsweise ein höchstes Mysterium, den großen Geist »Manitu« zum Beispiel, verehren aber zugleich zahlreiche personifizierte Naturkräfte.

Eine der bedeutendsten Tier-Mensch-Figuren des alten Ägyptens war Anubis, dargestellt als Mensch mit Schakalkopf. Zu seinen wichtigsten Aufgaben gehörte es, die Seelen Verstorbener ins Jenseits zu geleiten und über die Totenruhe der einbalsamierten Mumien zu wachen. Diese Rolle als sogenannter Psychopompos, als Seelenbegleiter, erinnert lebhaft an die Funktion der christlichen Engel beim Jüngsten Gericht, aber auch an die Gestalten, die als Führer in zahlreichen Nahtodeserlebnissen beschrieben werden.

Die Seelen ins Jenseits begleiten

Die Tatsache, daß Hilfsgeister wie Anubis für ein ganzes Volk »zuständig« sind und nicht für einzelne Menschen wie die Schutzengel, liegt in der streng hierarchischen Gesellschaftsstruktur begründet. Die persönlich erfahrenen Hilfsgeister der Herrscher oder auch der Oberpriester wurden hier ganz offensichtlich generalisiert. Mit der einsetzenden Demokratisierung änderte sich das. So kannte man im alten Rom Hausgeister, die Laren, die die einzelnen Familien schützten. Bei Naturvölkern, die keine andere Hierarchie als den Stammesverband kennen, und bei »Individualisten« jeglicher Prägung – vom Kind bis zum Extrembergsteiger – gibt es keine generalisierten Hilfsgeister. Solche Menschen schöpfen weniger aus Überlieferungen, religiösen Dogmen oder gar klerikalen Vorschriften, sie schöpfen aus den Quellen selbst. Sie haben eigene, persönliche Zugänge zu den Wesen anderer Realitätsebenen. Natürlich gibt es in der Intensität solcher Kontakte große Unterschiede. Bedeutende Schamanen, »Zauberer«, Medizinmänner und so weiter haben Kontakte mit zahlreichen Hilfsgeistern, spirituell weniger begabte Menschen stehen lediglich mit einem oder zweien in Verbindung, oder sie haben zwar einen Schutzgeist, sind aber nicht in der Lage, diesen in irgendeiner Weise wahrzunehmen. So sind zum Beispiel die südamerikanischen Jívaro-Indianer der Auffassung, daß ein Kind ohne die Hilfe mindestens eines persönlichen Schutzgeistes nicht einmal das Alter von sechs bis acht Jahren erreichen könnte. Das Leben birgt für die Kleinen zu viele Gefahren, denen sie ohne ihren Schutzgeist, ganz allein auf sich und die Fürsorge ihrer Eltern gestellt, nicht gewachsen wären.

Sprechen die monotheistischen Religionen von Engeln, so sind die Bezeichnungen für die Hilfs- und Schutzgeister weltweit sehr vielfältig. Hier heißen sie »Verbündete«, dort »Geist-Arzt« (doctor spirit), »Seele«, »Vertrauter«, »Hilfsgeist«, »Schutzgeist«, Krafttier«, »Totem«, »Tutelary«, »Nagual«, »Tierhelfer«, »Traumhelfer« und so weiter. Wenn im folgenden nur von »Krafttieren« und »spirituellen Lehrern« oder kurz »Lehrern« die Rede ist, dann geschieht das der Vereinfachung wegen. Zugleich lassen sich mit den Begriffen »Krafttier« und »Lehrer« gut die fast weltweit bekannten beiden Hauptkategorien der »Verbündeten« auseinanderhalten: die Spender von Kraft, Vitalität, Ausdauer, Gesundheit, die zugleich Orientierungshelfer in anderen Welten sind, von den Beratern und Vermittlern von Weisheit, Lebensklugheit und menschlicher Reife.

Krafttiere, Lehrer und Verbündete

Einem Krafttier unvermittelt und unvorbereitet zu begegnen, kann dem in spirituellen Dingen unerfahrenen Mitglied der westlichen Zivilisation Angst und Schrecken einflößen. Weithin bekannt sind die Beschreibungen von Carlos Castaneda in seinen Don-Juan-Berichten von seinen ersten Zusammentreffen mit »Verbündeten«. Die deutsche Autorin des Buches »Bei Schamanen«, Prem Lélia de Haan, die mit ihrem vierjährigen Töchterchen Lena in das mexikanische Hochland zu den Huichol-Indianern zog und dort in den Schamanismus eingeweiht wurde, beschreibt ihre erste Begegnung mit einem Krafttier so: »Ich schaute zu Lena und erschrak fast zu Tode. Neben ihr stand ein riesiges, vogelartig gefiedertes Vieh (eine etwas drastische Charakterisierung für einen Engel?) . . . Meine erste Überlegung war, daß diese Vision eine Folge von Hunger, Übermüdung und des Theaters um die Tasche war. Aber irgend etwas zwang mich, bewußter hinzusehen. Das war doch gar nicht möglich. Ich kniff die Augen ein paar Mal zusammen. Die Erscheinung blieb, und sie war keine Halluzination. Sie war so wirklich wie jeder andere in diesem Raum. Der messerscharfe, zornige, vogelwilde Blick, mit dem das Wesen mich durchbohrte, jagte mir entsetzliche Furcht ein. Ich sah die Struktur jeder einzelnen Feder, jedes kleinste Detail. Nur sah ich die anderen plötzlich nicht mehr, war auch ohne Gefühl für meinen Körper. Ich schloß die Augen. Träumte ich? Nein. Ich wußte, daß meine Augen jetzt geschlossen waren. Die Gestalt war noch immer da. Nur war sie jetzt wie eine Erinnerung, die ich betrachtete, ein Bild, bei dessen Anblick mir plötzlich die Vorstellung kam, daß ich dieses Wesen gar nicht neben Lena, sondern in ihr gesehen hatte. Panik überkam mich. Mit unglaublicher Anstrengung riß ich die Lider wieder auseinander.«

Was den unvorbereiteten Neuling in panischen Schrekken versetzt, damit haben die Priester alter Hochkulturen, damit haben aber auch die Schamanen der Naturvölker umzugehen gelernt. Sie rufen die Krafttiere bewußt herbei und bedienen sich ihrer. Dabei gibt es verschiedene Wege, ein oder mehrere Krafttiere zu erlangen. Generell ist die Auffassung verbreitet, daß Krafttiere gern mit den Menschen zusammenarbeiten. Aber diese Arbeit beruht auf Gegenseitigkeit. Der Hilfsgeist verleiht dem Menschen innere Kraft und Stabilität und leitet ihn sicher durch Krankheiten und Gefahren. Dafür profitiert er von der Körperlichkeit des Menschen, der in der Lage ist, ihm auf der Ebene der alltäglichen Realität Ausdruck zu verleihen. Im allgemeinen geschieht das dadurch, daß sich das Krafttier an Tanz, rhythmischer Bewegung und sportlichen Aktivitäten seiner menschlichen Bezugspersonen erfreut. Die Schamanen unterstützen das dadurch, daß sie ausdrücklich ihre Krafttiere tanzen, also versuchen, deren Bewegungsrepertoire nachzuahmen. Vielfach fühlen die Schamanen dabei eine regelrechte innere Verwandlung: Sie werden eins mit ihrem Krafttier. Das Tier selbst tanzt dann im Körper des Schama-

12

12 Tier-Mensch-Wesen, die schon zu Lebzeiten der Seele des Menschen zur Seite stehen, geleiten sie nach Auffassung zahlreicher Kulturen auch nach dem Tode ins Jenseits wie Anubis, der schakalköpfige Totengott. Hier hilft er einem Verstorbenen im Mumiensarg beim Ritual der »Mundöffnung« im Jenseits zu sprechen.

nen. Ethnologen und auch Kirchenmänner haben diesen Zustand gelegentlich mit »Besessenheit« verwechselt. Doch das trifft nicht zu. Der Mensch behält in jedem Augenblick die völlige Kontrolle. Das Verhältnis ist eher ein umgekehrtes: Der Schamane besitzt das Krafttier, das sich ihm als williger Hilfsgeist zur Verfügung stellt.

Üblicherweise verfügt nach Auffassung der Schamanen jeder Mensch von Geburt an über mindestens ein Krafttier, also über einen Schutzengel. Aber wenn er diesen Hilfsgeist nicht bewußt oder unbewußt pflegt, dann verläßt er ihn. Die Folgen sind mangelnder innerer Antrieb, Gefühlsleere, mangelnde Widerstandskraft gegen Krankheitserreger, Resignation und Depressionen. In solchen Fällen gilt es, ein neues Krafttier zu erwerben. Der einfachste Weg dazu ist, einen Schamanen zu bitten, diese Arbeit zu übernehmen. Er begibt sich auf eine »Reise« in die sogenannte untere Welt und sucht nach einem Hilfsgeist, der bereit ist, für die betreffende Person aktiv zu werden. Der Schamane erkennt dieses Krafttier unter den zahlreichen anderen Bewohnern der unteren Welt daran, daß es sich ihm viermal zeigt; jedesmal aus einer anderen Perspektive. Beim vierten Mal fragt er es, ob es das gesuchte Krafttier für seinen Klienten

Suche nach dem Verbündeten

ist, eine Frage, die verbal oder durch eine sonstige deutliche Reaktion fast immer positiv beantwortet wird. Der Schamane nimmt das Krafttier mit. Aus der Trance in die alltägliche Realität zurückgekehrt, bläst er es symbolisch seinem Klienten in der Brustbeingegend in den Körper. Überschüssige Kraft bläst er ihm anschließend von oben in den Kopf, etwa dort, wo sich beim Säugling die Fontanelle befindet.

Das ganze Ritual mag westlich orientierten Menschen reichlich exotisch vorkommen, seine Wirkung verfehlt es in den meisten Fällen dennoch nicht. Schamanismusforscher Michael Harner und seine Schüler erprobten es an Zigtausenden von US-Amerikanern und Europäern. Die meisten verspürten deutlich und sehr nachhaltig die auf sie übergegangene Kraft. Nun ließe sich ein derartiger Effekt mühelos durch Suggestion oder Autosuggestion erklären. Der Glaube versetzt bekanntlich Berge. Es fehlt aber nicht an äußerst merkwürdigen Begebenheiten, die diese Suche nach Krafttieren begleiten. Ich will dazu einen Fall aus eigener Erfahrung schildern. Ich veranlaßte eine Gruppe von acht Schamanismusschülern, auf Reisen in die untere Welt paarweise füreinander je ein Krafttier zu suchen. Den meisten, wenn auch nicht allen Beteiligten, gelang das. Ein junger Mann, der mit schamanischen Reisen zur Trommel an sich keinerlei Schwierigkeiten hat, berichtete nach den Versuchen etwas verwirrt, daß er zwar eine ganze Reihe von Tieren sah, aber kein einziges Tier viermal. Dafür erschienen ihm zwei Tiere – ein Hirsch und ein Delphin – je dreimal, und jedesmal hatte er den Eindruck, das betreffende Tier müsse das für seine Partnerin gesuchte Krafttier sein. Aber ein viertes Mal zeigte sich keines der beiden. Auf seinen »Reisebericht« hin stellte die junge Dame, für die er auf Suche gegangen war, amüsiert fest, es sei kein Wunder, daß die beiden Tiere ihm nicht ein viertes Mal erschienen seien und ihn infolgedessen auch nicht begleiten wollten. »Wenigstens«, so sagte sie, »haben sie sich ja vorgestellt.« Sie selbst kannte die beiden seit langem als ihre persönlichen Hilfsgeister. Sie brauchten also gar nicht erneut für sie gefunden zu werden.

Über einen sehr ähnlichen Fall berichtet Professor Harner: »Partner A hatte eine einleitende Forschungsreise unternommen, auf welcher er ein altes Bauernhaus und eine Bergziege auf einem Hügel in der Nähe entdeckt hatte. Er hatte niemandem davon erzählt. Als dann Partnerin B (ohne von A's Erfahrung zu wissen) die Reise machte, um ein Krafttier für ihn zu holen, fand sie ein Bauernhaus und eine Bergziege daneben auf einem Abhang. Sie brachte sie für ihn mit. Diese Art von Synchronizität bedeutet, vom schamanischen Standpunkt aus betrachtet, daß es keinen Zweifel über sein Krafttier und dessen Bereitschaft geben kann, zu

Das ganz persönliche Krafttier

ihm zurückgebracht zu werden.« Der Partner A wird von Harner wörtlich zitiert: »Ich hatte ihr nicht erzählt, daß ich die Ziege gesehen hatte. Immer wenn so etwas passiert, fragt mein Verstand: Ist das wirklich eine Erfahrung von außerhalb, oder hat unser Unterbewußtes sie erzeugt? Aber in Wirklichkeit ist das eine illusorische Frage.«

Ein anderer Fall war noch eigentümlicher. Von zwei Damen, die in meinem Gästezimmer übernachteten, rief eine nachts ihr Krafttier zu sich. Die andere wußte davon nichts, beschwerte sich aber am nächsten Morgen beim Frühstück, sie hätte sehr unruhig geschlafen, weil sie den Eindruck hatte, ein zotteliges Pelztier sei nachts durch ihr Bett in das ihrer Schlafnachbarin gekrochen und habe sie an den Füßen berührt. Ihre Beschreibung dieses »Viehs« entsprach genau dem herbeigerufenen Krafttier.

Daß dritte Personen das Krafttier eines Menschen sehen, hören oder fühlen können, gilt bei den Naturvölkern als nicht außergewöhnlich. Bei den Reinigungsritualen in den Schwitzhütten oder Schwitzzelten nordamerikanischer

13

14

15

Indianer ruft der die Zeremonie leitende Schamane sein eigenes Krafttier. Nicht selten ist das ein großer Vogel. Fast immer berichten die Anwesenden, sie hätten das Rauschen der Schwingen gehört, den Luftzug gespürt oder sie wären von den Flügeln gestreift worden. Das gilt nicht nur für Stammesangehörige, sondern auch für westliche Besucher solcher Rituale. Manche von ihnen sind auch in der Lage, diese Krafttiere zu sehen.

Wer gelernt hat, schamanische Reisen zu unternehmen – und das ist für die meisten Menschen keinesfalls schwierig –, kann auch für sich selbst auf Suche nach einem Krafttier gehen. Eines, manchmal auch zwei, wird er relativ einfach finden. Sehr selten gelingt es, mehr als zwei Krafttiere zu gewinnen. Das bleibt im allgemeinen besonders starken Schamanen vorbehalten und dauert oft jahrelang. Allerdings können sich zu den persönlichen Krafttieren im Laufe der Zeit noch zahllose untergeordnete Hilfsgeister gesellen, die nicht als ständige Schutzgeister, sondern nur von Fall zu Fall als Helfer fungieren.

Ein einmal gewonnenes Krafttier gilt es zu pflegen. Im allgemeinen geschieht das dadurch, daß sein Besitzer es regelmäßig – etwa einmal in der Woche – tanzt. Auch andere rhythmische Körperbewegungen eignen sich dafür, zum Beispiel Waldläufe. In den USA und zunehmend auch in Europa gibt es heute Tausende von Menschen, die tagsüber als Physiker im Universitätsinstitut, als Bankangestellte am Schalter oder als Sekretärin arbeiten, während sie in ihrer Freizeit zusammen mit ihrem imaginären Puma, Bären

13 Der falkenköpfige Chentechtai zählt zu den altägyptischen Jenseitswesen.

14 Diese Eskimoplastik »Bärenfrau« verkörpert die Frau und ihr Krafttier.

15 Mythische Tänzerin mit drei Schlangen, die einer nichtalltäglichen Realitätsebene entstammen.

oder Wolf durch die Wälder joggen. Wer das für übertrieben hält, gehe an einem sonnigen Wochenende in den der österreichischen Hauptstadt nahen Wienerwald. Dem aufmerksamen Beobachter wird die eigenwillige Gangart mancher Waldläufer nicht entgehen. In Wien nämlich unterhält der von Harner ausgebildete Paul Uccusic ein Schulungszentrum für Schamanen. Bei diesen sportlichen Betätigungen kann das Krafttier gefühlsmäßig neben dem Schamanen herlaufen, es kann aber auch gleichsam in ihm selbst laufen. Ein skandinavischer Schamane erzählte mir, daß sein Wolf beim Joggen in ihn schlüpfe, während sein Falke über seinem Kopf mitflöge.

Daß der familiäre Umgang mit Krafttieren weit mehr als bloße Phantasie ist, geht schon daraus hervor, daß er bei fast allen Stammesvölkern der Welt in ähnlicher Form verbreitet ist und – soweit es sich zurückverfolgen läßt – auch immer war. In der germanischen Mythologie zum Beispiel zeigt die Gestalt des großen Zauberers Odin zahllose ausgeprägt schamanische Züge. Neun Tage und Nächte hängte sich Odin selbst an einem Baum auf, um Weisheit zu erlangen; eine Praxis, die sich in ähnlicher Form noch heute bei manchen sibirischen Stämmen findet. Odins Krafttier ist das mythische Pferd Sleipnir. Es hat acht Beine und trägt seinen Herrn und auch andere Götterfiguren durch die Unterwelt. Der exzellente Schamanismuskenner Eliade bemerkt dazu: »Nun ist das achtbeinige Pferd das Schamanenpferd par excellence; man findet es in Sibirien und auch sonst (zum Beispiel bei den Muria), und zwar immer in Beziehung zum ecstatischen Erlebnis (das ›ekstatische Erlebnis‹ ist Eliades Bezeichnung für den schamanischen Bewußtseinszustand oder die schamanische Reise).«

Der Edda-Erzähler Snorri schreibt: »Odins Körper lag wie schlafend oder tot da, er selbst aber war ein Vogel oder ein wildes Tier, ein Fisch oder eine Schlange. Er konnte in einem Augenblick in ferne Länder fahren . . .« Auch heutige Schamanen identifizieren sich auf ihren Reisen oder bei ihren Tiertänzen oft mit ihren Krafttieren. So beschreibt ein Osage-Indianerlied die persönliche Einheit der »Bison-Männer« mit ihrem Krafttier:

»Ich erhebe mich, ich stehe auf,
Ich, unter dessen Hufen die Erde erzittert.
Ich erhebe mich, ich stehe auf,
Ich, dessen Schenkel voller Stärke sind.
Ich erhebe mich, ich stehe auf,
Ich, der voll Wut mit seinem Schwanz seinen Rücken peitscht.
Ich erhebe mich, ich stehe auf,
Ich, dessen Schultern vor Kraft strotzen.
Ich erhebe mich, ich stehe auf,
Ich, der im Zorn seine Mähne schüttelt.
Ich erhebe mich, ich stehe auf,
Ich, dessen Hörner spitz und gekrümmt sind.«

Wenn ein Schamane sein Krafttier tanzt, ist er sein Krafttier. Oft unterstreicht er das noch durch das Tragen einer entsprechenden Tiermaske oder eines Tierfells. Er ahmt die Bewegungen des Tieres nach und imitiert dessen Stimme. Eine magische Verwandlung spielt sich dabei ab. Erstaunlicherweise erleben das nicht nur Angehörige von Stammesvölkern, die in einem mystisch orientierten Umfeld aufgewachsen sind. Nach nur kurzer Unterweisung sind weit über die Hälfte der »Industriemenschen« dazu genauso in der Lage, wie die Erfahrung der vergangenen zwei Jahrzehnte lehrt.

Eine völlig andere Kategorie von Wesen, denen der Schamane auf seinen Reisen begegnet, sind seine geistigen Führer oder Lehrer. Kann man die Krafttiere am besten mit Schutzengeln vergleichen, so entsprechen diese Lehrer den Engeln in ihrer Funktion als Boten Gottes, als Übermittler von Nachrichten und Weisheit. Sie beantworten auch existentielle Fragen. Im Gegensatz zu den Krafttieren, die der Schamane üblicherweise in der unteren Welt sucht und findet, begegnet er seinem Lehrer – oder seinen Lehrern – meist in der oberen Welt. Manchmal dient das Krafttier als Führer, der den Schamanen in der nicht selten äußerst unübersichtlichen Szenerie der oberen Welt zu seinem Lehrer geleitet. Erfahrungsgemäß beantworten diese Lehrer Fragen nicht nur, sie zeigen dem Suchenden auch in bildhaften Szenen praktische Beispiele für die Umsetzung der Antwort in die Realität. Manchmal haben diese Szenen auch den Charakter von Allegorien oder Parabeln.

Bekannt sind diese geistigen Lehrer vielen, zum Teil sehr verschiedenen Menschen: Christen und Muslimen, Schamanen und Magiern, Schwerkranken und Todgeweihten; Priestern, Physikern, Bergsteigern, Einödbauern oder Angehörigen von Stammesvölkern. Die Beschreibungen gleichen einander weitgehend. Unterschiede gibt es aber in der verstandesmäßigen Interpretation, um welche Gestalten es sich dabei handelt. Die Griechen sprachen von Olympiern, die gelegentlich für die Menschen sichtbar wurden und mit ihnen kommunizierten. Gläubige Monotheisten sehen in ihnen Engel oder Heilige. Im Buch Hiob heißt es in den Reden Elias: » . . . Wenn dann ein Engel ihm zur Seite steht, ein Mittler, einer von den Tausenden, dem Menschen zu verkünden, was Recht ist . . .« Die Angehörigen der alten asiatischen Religionen kennen die Lehrer als Buddhafiguren oder Boten der kosmischen Weisheit. Bei den Sinti und Roma sind sie als Ursitori oder andere Schicksalsmacher bekannt. In Urwaldgegenden sieht man in ihnen nicht selten Ahnenseelen oder die Geister verstorbener Schamanen. Im alten Europa glaubte man bevorzugt an Naturgeister. Der »New-Age-Schamane« des 20. Jahrhunderts legt sich nicht fest; er nennt sie einfach »Lehrer« oder »geistige Führer«.

1

Drogen verändern das Bewußtsein

2

3

Heute ist allgemein bekannt, daß sogenannte halluzinogene Drogen das Bewußtsein verändern können. Aber sind die Inhaltsstoffe mancher Kakteen, »heiliger« Pilze und gewisser südamerikanischer Lianen auch in der Lage, das Bewußtsein zu erweitern? Vermitteln chemische Substanzen durch ihre Wirkung im Gehirn eine Art von zweitem Gesicht? Erwirbt man durch sie metaphysische Fähigkeiten? Stammes-Schamanen zahlreicher Indiovölker Mittel- und Südamerikas benutzen Pflanzendrogen seit langem, um hellsichtig zu werden, um Weisheit zu erlangen, um Kontakte zu jenseitigen Welten zu knüpfen. Im alten Europa bereitete man damit Hexensalben und Hexentränke zu.

1/2/4/5 Der Haschisch-Raucher ist glücklich wie jemand, der eine gute Nachricht hört, wie der Geizige, der seine Schätze zählt, der Spieler, den das Glück begünstigt, oder der Ehrgeizige, den der Erfolg berauscht. Pflanzen, aus denen Rauschdrogen hergestellt werden, wachsen auf der ganzen Welt,

4

5

6

Nachdem sie nun ausgezogen war, hat sie sich ganz und gar – ich weiß nicht mit was für einer Salbe – eingeschmiert, was für uns durch ein Spältlein in der Türe wohl zu sehen war. Durch die kräftige Wirkung der schlafbringenden Salbe ist sie zu Boden gefallen und in einen tiefen Schlaf gesunken. Wir aber sind dazu gekommen, haben die Tür geöffnet und ihr die Haut ziemlich gebläut. Aber so tief hat sie geschlafen, daß sie keine Spur davon empfunden hat. Danach sind wir wieder hinausgegangen, um den Fortgang der Dinge abzuwarten. Sobald nun die Kraft der Salbung nachließ, erwachte sie auf einmal und erzählte viele seltsame Geschichten, wie sie über Berg und Tal gefahren sei. Wir verneinten es, sie wollte recht behalten; wir zeigten ihr die Striemen, aber es war vergeblich; in summa bewirkten bei ihr all unsere Worte und Taten nicht mehr, als würde man in einen kalten Ofen blasen.«

Diesen Bericht gab 1558 der neapolitanische Magier und Gelehrte Giambattista della Porta über seine Erfahrungen mit einer sogenannten Striga, einer »Nachtfahrenden« oder Hexe. Ähnliches hatte schon der 125 nach Christus geborene römische Dichter, Künstler und Gelehrte Apulejus, ein Mann, besessen von faustischem Wissensdrang, im ersten erhalten gebliebenen Roman der Weltliteratur erzählt. In seinem berühmten »Goldenen Esel« heißt es: »Allererst zieht sich Pamphile fasernackend aus. Nachher schließt sie eine Lade auf, woraus sie verschiedene Büchschen nimmt. Eines von diesen Büchschen öffnet sie und holt daraus eine Salbe, die sie so lange zwischen beiden Händen reibt, bis sie völlig

Peyote-Kakteen im mexikanischen Hochland, die Cannabis-Pflanze in Asien und Afrika.

3 Der Zaubermittelladen in La Paz bietet neben Rauschmitteln auch Glücksbringer an.

6 Die Alchemistenwerkstatt aus dem 18. Jahrhundert zeigt Destilliergeräte und Wunderdrogen.

7

7 Die grüne Eintönigkeit des Bildes täuscht: Hier wird harte Realität gezeigt, Opiumarbeiter auf dem Feld. In vielen der ärmsten Gebieten der Erde wird Schlafmohn, also Opium, angebaut. Die Ernte verspricht den Bauern weit höheren Gewinn als beim Anbau herkömmlicher Pflanzen erwirtschaftet

zergangen ist; alsdann beschmiert sie sich damit von der Ferse bis zum Scheitel. Nun hält sie ein langes, heimliches Gespräch mit ihrer Lampe. Darauf schüttelt und rüttelt sie alle ihre Glieder. Diese sind nicht sobald in wallender Bewegung, als daraus schon weicher Pflaum hervortreibt. In einem Augenblick sind auch starke Schwungfedern gewachsen; hornicht und krumm ist die Nase; die Füße sind in Krallen zusammengezogen. Da steht Pamphile als Uhu! Sie erhebt ein gräßliches Geheul und hüpft zum Versuch am Boden hoch. Endlich hebt sie sich auf ihren Flügeln in die Höhe, und in vollem Fluge hinaus aus dem Erker! Also ward Pamphile vorsätzlich durch ihre magische Wissenschaft verwandelt.« Neugierig geworden, beschafft sich der Romanheld Lucianus mit Hilfe Pamphilens Zofe nun selbst die Zaubersalbe, in der Hoffnung, durch ihren Gebrauch ebenfalls zum Vogel zu werden. Doch verwandelt ihn das Mittel statt dessen in einen Esel.

Vermutlich wußte Apulejus sehr wohl, wovon er in seinem Roman erzählte, denn ihm selbst hatte die römische Justiz den Prozeß wegen Zauberei gemacht. Auch seine Erkenntnis, daß ein und dieselbe Salbe bei verschiedenen Personen zu sehr verschiedenen Transformationserlebnissen führen kann, spricht dafür.

Dokumente aus alter Zeit

Neben dem Bericht des römischen Literaten gibt es auch andere Dokumente aus alter Zeit, die auf den Gebrauch derartiger Salben und Öle schließen lassen, darunter solche aus dem indogermanischen Kulturkreis. Einen regelrechten Boom erlebten derartige »Zaubermittel« aber erst ab dem 6. und 7. Jahrhundert: Hexenkulte bildeten sich heraus, die bestimmte, auf dem religiösen Nährboden dieser Zeit basierende Rituale entwickelten. Wichtigstes Element jeder Hexenzeremonie war die Hexensalbe oder auch ein Hexentrank. Diese Zubereitungen enthielten Extrakte aus Bilsenkraut, Stechapfel, Alraune (Mondragora) und Tollkirsche (Belladonna), auch von Mohn, Schierling, Wolfsmilch und Taumellolch. Um dem Ganzen zusätzlich einen magischen, einen unheimlichen Anstrich zu verleihen, sahen manche Rezepte Beigaben von Insekten, Eidechsen, Schlangenfett, ja sogar Menschenblut und gesottenem Fett lebender oder toter Kinder vor. Die Wirkung dürften diese Zutaten allerdings nicht beeinflußt haben. Das war nur bei der Krötenhaut der Fall, denn sie enthält die halluzinogene Substanz Bufotenin. Rauschzustände mit mehr oder weniger starken Halluzinationen lösen auch verschiedene Bestandteile der genannten Pflanzen aus.

werden kann, ja, teilweise die einzige Verdienstmöglichkeit überhaupt. Aus der unreifen Fruchtkapsel des Schlafmohns wird das Opium gewonnen. Es wird zur Herstellung vieler Arzneimittel benötigt, aber auch als Rauschdroge in aller Welt vermarktet.

Charakteristisch für das mittelalterliche Hexentreiben war ein tranceartiger Schlaf mit äußerst lebhaften Träumen von Flugerlebnissen, sogenannten Hexenritten, die meist zu gemeinsamen Versammlungsorten der Hexen und Hexer führten. Der berühmte Besen oder die Heugabel, auf der die Hexen dabei ritten, waren insofern in der Tat »Reisevehikel«, als die Hexen oft nicht sich selbst mit der Zaubersalbe einschmierten, sondern diese Stöcke, die sie sodann zwischen ihren Beinen rieben. In manchen alten Schriften wird die Hexensalbe denn auch Besenschmalz oder ähnlich genannt. Ein Ende machte diesen Hexenkulten erst die massive Verfolgung durch die katholische Kirche während der Renaissancezeit. Erst in diesem Zusammenhang wurden die »Drogentrips« regelrecht verteufelt und als Satanskult hingestellt. Entsprechende Geständnisse entlockte man

Geständnisse durch Folter

ihren Anhängern durch die Folter. Interessanterweise erwähnen die Akten der Inquisition nur sehr selten irgendwelche Hexensalben. Das konnte auch gar nicht im Interesse des Klerus liegen, denn dadurch wäre die angeprangerte Macht Satans auf einen schlichten Drogenrausch zusammengeschrumpft.

Die geistliche Justiz war es, die dem Hexenwesen den Anstrich des Bösen gab, und sie ist es hier und da heute noch. So standen um 1980 in Rhodesien drei als Hexen angeklagte Shona-Frauen vor Gericht, die sich nach ihren eigenen Aussagen wiederholt in der Nähe dreier gewisser Bäume draußen im Busch splitternackt getroffen hatten und dort mit einer weißen Salbe (mushonga) ihre Hände und ihr Gesicht einrieben, »um nachtzufahren«. Sie ritten bei diesen nächtlichen Exkursionen auf Hyänen, Ameisenbären und anderen Tieren, die sie durch die Luft trugen. Eine der drei Hexen berichtete, sie erinnere sich daran, wie sie drei Krale besuchten.

Wo die Gerichtsbarkeit das Tun der Hexen nicht verurteilt, gewinnt es – was kaum überrascht – ein weitaus positiveres Gesicht. So reiben sich die Hexen des Normanby-Archipels im Südpazifik mit »Blättern und Magie« ein, bevor sie in der farbenprächtigen Gestalt von Paradiesvögeln in die Unterwelt Numu fliegen, um dort Huyowana zu holen. Huyowana ist das Wort dieser Eingeborenen für Glück.

Was unterscheidet die »Hexensalben« und »Hexentränke« von anderen Rauschmitteln? Niemand wäre schließlich im ausgehenden Mittelalter auf die Idee verfallen, einen chronischen Trunkenbold vor die Inquisition zu zerren und ihm unter Folter Geständnisse über magisches Treiben und teuflische Pakte abzupressen. Und auch der zu allen Zeiten in vielen Teilen der Welt übliche Gebrauch der Rauschdrogen Haschisch, Opium, Kokain, Betel, Kath und so weiter führte zwar hin und wieder zu Verboten aus Besorgnis um die Volksgesundheit, nicht aber zur Verfolgung von »Zauberern« und »Hexen«. Die moderne Wissenschaft faßt die alten – und dazu einige neue – »Hexenmittel« als halluzinogene Drogen zusammen. Um es vorwegzunehmen: Auf welche Weise sie die Halluzinationen hervorrufen und was diese Halluzinationen ihrem Wesen nach sind, wissen wir nicht. Auffällig ist, daß diese Bewußtseinsveränderungen in vielfacher Hinsicht schamanischen Trancereisen, Nahtodeserlebnissen, Visionen unter Hypnose und so weiter ähneln und daß sie vom Anwender dieser Drogen fast durchweg als Realität, nicht als Traum oder lebhafte Phantasie empfunden werden. Das Erlebensspektrum reicht je nach Droge von bunten, leuchtenden Farbvisionen über das Hören einer Art Sphärenmusik bis zu Reise- und speziell Flugerfahrungen, zu Begegnungen mit mystischen Tieren,

Geborgenheit und Liebe

Menschen und Fabelwesen. Von Hellsichtigkeit wird ebenso berichtet wie von einer ungeheuren Sensibilitätssteigerung, von euphorischen Gefühlen allumfassender Geborgenheit und Liebe und vom Aufgehen im kosmischen Ganzen. Wie unter Hypnose lassen sich zuweilen längst vergessene Bilder aus der eigenen Vergangenheit zurückrufen und neu durchleben, bis zurück zur Geburt. Ist das alles pure Illusion oder eine Form von Bewußtseinserweiterung, wie besonders manche jugendliche Drogennehmer in den USA und Europa etwa seit den sechziger Jahren betonen?

Es fehlt nicht an wissenschaftlichen Untersuchungen auf diesem Gebiet, angefangen von den Studien der Ethnologen bis hin zu den Arbeiten von Psychiatern, Neurologen, Pharmakologen, Biochemikern und Chemikern. Es lohnt sich, die bisherigen Forschungsergebnisse unter die Lupe zu nehmen, denn sie führen in ein phantastisches Grenzgebiet zwischen Körperphysiologie und Seelenleben oder generell zwischen Materie und Geist. Betrachtet sollen dabei nur jene Drogen werden, denen ihre Anhänger wirklich bewußtseinserweiternde Eigenschaften nachsagen, also nicht etwa Haschisch, das zwar ebenfalls Halluzinationen hervorruft, aber im Grunde nichts anderes bewirkt, als die Wahrnehmungsmaßstäbe zu verändern. Rauschgiftforscher Hartwich: »Haschisch ist kein Neuschöpfer, sondern nur ein Vergrößerer. Die Farben im Haschischrausch wirken heller, die Gegenstände schöner, die Geräusche verstärkt

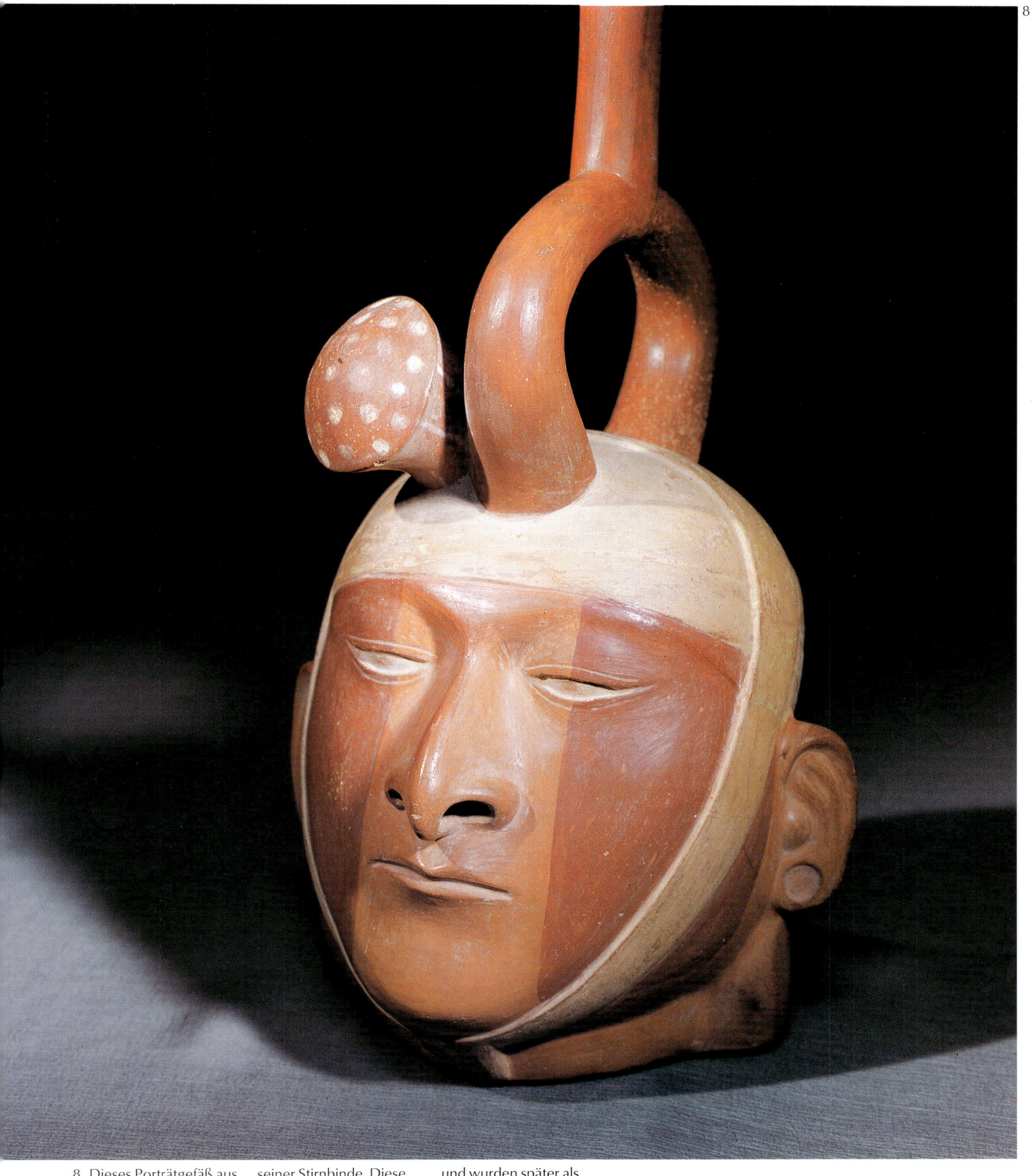

8

8 Dieses Porträtgefäß aus Peru zeigt einen Priester mit dem berauschenden heiligen Pilz Teonanactl an seiner Stirnbinde. Diese und ähnliche Pilze waren in Mittelamerika schon zur Zeit der Azteken bekannt und wurden später als Machwerk des Teufels verboten.

9

9 Präkolumbianische Terrakotta: Schamane mit Kopfschmuck. Die trichterförmig auslaufenden Armbänder sollen heilige Pilze darstellen. Die blicklosen Augen deuten einen Rauschzustand an.

10 Auch diese zylindrischen Kopfaufsätze der beiden Schamanen stellen heilige Pilze dar. Durch

10

11

oder verfeinert, und alle Beschränkungen von Zeit und Raum verschwinden.« In seinem Buch »Haschisch« schreibt Czerkis: »Der Haschisch-Raucher ist glücklich wie jemand, der eine gute Nachricht hört, wie der Geizige, der seine Schätze zählt, der Spieler, den das Glück begünstigt, oder der Ehrgeizige, den der Erfolg berauscht.«

Der deutsche Drogenexperte H. Wagner fügt hinzu: »Die Verfeinerung des Gehörsinns ist der Grund, warum viele Jazz-Musiker behaupten, daß sie unter dem Einfluß der Droge besser improvisieren, leichter Themen und Rhythmen einer Komposition aufnehmen und einzelne Stimmen des Orchesters besser verfolgen können.« Anders verhält es sich erst bei höheren Dosen. Dann führt der Haschischrausch zu Persönlichkeitsspaltung, Verlust der Selbstkontrolle, Brutalität und nicht selten zum Verbrechen. Aber auch hier ist er nichts anderes als ein Multiplikator individuell angelegter Eigenschaften.

Die Halluzinogene, die ihren Benutzern Zugänge zu mystischem Erleben verschaffen, wirken grundsätzlich anders. Um sie zu studieren, empfiehlt es sich, neben den Zutaten der alten Hexensalben und Hexentränke Europas

Andere Wirkung bei Tropenpflanzen

vor allem solche Drogen zu untersuchen, die in wärmeren Gefilden gedeihen, vor allem in Mittel- und Südamerika. Ihre Wirkung unterscheidet sich nicht grundsätzlich von den bekannten Hexenmitteln, ist aber ungleich größer, selbst bei geringsten Dosierungen. Zugleich haftet diesen »magischen Pflanzen« nicht der entscheidende Nachteil der meisten ihrer Pendants aus der Alten Welt an: Sie sind nicht so extrem giftig wie diese. Möglicherweise hängt das mit dem Klima zusammen. Rauschgiftforscher fanden heraus, daß beispielsweise unser einheimischer Faserhanf (Cannabis sativa), der hierzulande vereinzelt in Auwäldern wächst, in besonders heißen Sommern genau dieselben halluzinogenen Inhaltsstoffe produziert wie die »gefährliche« indische Abart. Ähnliches gilt für den Fliegenpilz, der offenbar im kühlen Mittel- und Nordeuropa vermehrt starke Giftstoffe aufbaut, während er in den wärmeren Ländern Südasiens offenbar weniger giftig, dafür aber stärker berauschend wirkt. Neben anderen halluzinogenen Substanzen enthält er dort vermehrt Bufotenin, das interessanterweise chemisch identisch ist mit der Rauschsubstanz in der Haut mancher giftiger Kröten.

Eine der bedeutendsten halluzinogenen Pflanzen in der Neuen Welt ist der Kaktus Lophophora williamsi, eine Pflanze, die der botanische Laie wohl eher für eine weiche

Drogen verschiedener Pilzarten versetzen sich die indianischen Zauberer Mittel- und Südamerikas auch heute noch in einen Wachschlaf, in dem sie traumhafte Gesichte als Wirklichkeit erleben.

11 Maya-Priester mit Federkrone, in deren Mitte ein stilisierter Peyote-Kaktus erkennbar ist.

graugrüne Kartoffel mit direkt angewachsener Rübenwurzel halten würde denn für eine Kaktee. Lophophora wächst in den Wüsten Mexikos, besonders im Staate Cohahuila, und heißt dort Peyote, Pellote oder Peyotl. Die Pflanze enthält 44 Alkaloide, darunter das stark halluzinogene Meskalin, und war bereits den Azteken als zauberkräftig bekannt. Als mit den spanischen Konquistadores der Katholizismus nach Mittelamerika kam, stempelte dieser – wie nicht anders zu erwarten – den dort verbreiteten Peyote-Kult umgehend als Machwerk des Teufels ab und verbot ihn. Nachdenklich stimmt allerdings eine Formulierung, die bereits 1611 Pater Nicolas de León in seinem Werk »Camino de Cielo« (»Weg des Himmels«) Beichtvätern als Frage an ihre eingeborenen Beichtkinder empfahl: »Hast du Peyote getrunken oder anderen zu trinken gegeben, um Geheimnisse zu erfahren, die andere still verbergen, oder Gestohlenes wiederzufinden oder Verlorenes wiederzubringen?«

Glaubte auch der Pater daran, daß der Zauberkaktus Verborgenes enthüllen kann? Mehr als drei Jahrhunderte später verehrte der englische Schriftsteller Aldous Huxley in

Nie erlebte Schönheit

seinem Buch »Die Pforten der Wahrnehmung« die Kaktusdroge mit glühenden Worten. Huxley konnte sich zu dieser Zeit bereits synthetisch gewonnenen Meskalins bei seinen Selbstversuchen bedienen. Er schreibt: »In manchen Fällen kommt es zu außersinnlichen Wahrnehmungen, andere Menschen entdecken eine Welt, wie sie in ihrer Schönheit bisher nie erlebt wurde, vielen anderen enthüllt sich die Herrlichkeit, der unendliche Wert und die unendliche Bedeutungsfülle der bloßen Existenz und des Gegebenen, nicht in Begriffe gefaßte Erkenntnis. Im letzten Stadium der Hilflosigkeit kommt es zu einer dunklen Erkenntnis, daß das All in allem, daß es tatsächlich jedes ist. Weiter kann vermutlich ein endlicher Geist nicht dahin gelangen, alles wahrzunehmen, was irgendwo im Weltall geschieht.«

Besonders stark verändert Meskalin den Gesichtssinn. Hierzu ein Bericht von Havelock Ellis: »Die Luft schien mit einem unbestimmten Parfüm erfüllt ... Ich sah prächtige Felder, dick mit Edelsteinen besät, einzelnen und ganzen Trauben, zuweilen von funkelndem Glanz, manchmal von schwacher mattroter Glutbahn. Sie entfalteten sich dann unter meinem Blick hoch auf zu blütengleichen Formen und schienen sich in prächtige Schmetterlingsgestalten zu verwandeln, oder in endlose Falten glitzernder, bunt schillernder, faseriger Flügel wunderhübscher Insekten. Ich war

12

13

12/13 Der Genuß mancher Rauschdrogen – gekaut oder geraucht – führt zur Verfeinerung der Wahrnehmung und zu Glückszuständen. Höhere Dosen führen bei einigen Drogen zu Persönlichkeitsspaltung und Verlust der Selbstkontrolle, zu Brutalität und nicht selten zu Verbrechen.

erstaunt, nicht nur über die enorme Fülle der Bilder, die sich meinen Augen boten, sondern mehr noch über ihre Vielfalt.«

Die immer wieder beschriebenen optischen Visionen, die auch im völlig verdunkelten Raum oder bei geschlossenen Augen erlebt werden, brachten Wissenschaftler auf den Gedanken, Meskalinversuche mit von Geburt an blinden Testpersonen durchzuführen. Bei ihnen blieben die bildhaften Erlebnisse aus. Statt dessen stellte sich bei einigen ein schwer beschreibbares, verändertes Raumempfinden ein, und manche erklärten, sie hätten ganz klar und deutlich die Gegenwart eines übernatürlich großen Mannes gespürt. Das ist interessant, denn die mexikanischen Indios verehren den heiligen Kaktus als mystische Person, als Übermenschen, als einen mächtigen Geist, einen großen Mann.

Zahlreiche Stämme Mittel- und Nordamerikas verehren den Peyote-Kaktus. Einen ganz besonderen Stellenwert nimmt diese Pflanze bei den Huichol-Indianern des mexikanischen Berglandes »Sierra de los Huicholes« ein. Sie nennen den Kaktus Híkuri und unternehmen alljährlich eine tagelange anstrengende Wallfahrt nach Wirikuta, in das unwirtliche Hauptwachstumsgebiet des Peyote. Dieses heilige Land gilt ihnen zugleich als die mythische Heimat ihrer Ahnen. Dort »jagen« sie den Peyote nach uralten Zeremonien und bringen volle Körbe davon mit in ihre Dörfer. Gemäß einer Schöpfungslegende der Huicholes entstanden sowohl der Mais, der ihnen ebenfalls heilig ist, wie der Peyote vor langen Zeiten aus dem Rotwild. Und Rotwildcharakter besitzen beide Pflanzen noch heute. Deshalb gilt das Peyote-Sammeln als Jagd. Prem Lélia de Haan, eine deutsche Huichol-Kennerin, berichtet: »Die erste Peyote-Pflanze, die der Mara'akame (Schamane) als Leiter der Jagdgemeinschaft entdeckt, erscheint ihm in Form ›unseres Älteren Bruders‹ Káujumari. Ohne daß die Pflanze beschädigt wird, wird die Heilige Rotwildperson, deren Essenz im Peyote enthalten ist, mit Pfeil und Bogen geschossen, bevor sie aus der Erde gegraben und rituell verteilt wird . . .« Nach der Rückkehr der Peyote-Pilger feiern die Huicholes das große Peyote-Fest, Híkuri Neirra, das den zeremoniellen Höhepunkt in ihrem Kalender darstellt.

Mythische Heimat der Ahnen

Der Schamane Ramón Media Silva beschrieb die Wirkungsdauer des Peyote: »Die Wirkung hält bis zu vier Stunden an. Das ist das äußerste, und während dieser Zeit ißt man nichts. Alles hängt davon ab, wieviel man nimmt. Um eine echte Wirkung zu erzielen, muß man einen ganzen Peyote nehmen. Mit einer größeren Menge geht es einem besser. Man sieht mehr Dinge. Mit zwei oder drei kleinen Stücken sieht man nicht sehr viel. Es mag sein, daß man nur einschläft, aber es ist kein richtiger Schlaf. Man schläft, aber kann die Dinge trotzdem noch hören und sehen. Und danach, wenn man einen ganzen Peyote gegessen und viele Dinge gesehen und gehört hat, kann man sich an alles erinnern. Es ist eine sehr persönliche Sache, es ist eine sehr private Sache. Es ist wie ein Geheimnis, denn die anderen haben nicht dieselben Dinge gesehen oder gehört. Deshalb ist es nicht gut, anderen davon zu erzählen.«

Später nahm Lélia de Haan selbst Peyote und erlebte eindrucksvolle Visionen, die sie in ihrem Buch »Bei Schamanen« beschreibt. Sie ähneln stark jenen, die aus Nahtodeserlebnissen bekannt sind. Auch Lélia de Haan sah ein gelb gleißendes Licht, ein Licht, das sie »mit irrsinniger Kraft« anzog. »Und plötzlich«, schreibt sie, »wußte ich, daß der Tod bedeutungslos war, weil ich immer noch war, bewußt geblieben war, weiterhin sein würde, bis in alle Ewigkeit . . .« Und: »Mit jeder Faser meines Körpers fühlte ich die Wirklichkeit dessen, was ich wahrnahm. Die Details waren von so unglaublicher Schärfe und Fülle, daß sie wirklicher waren als alles, was ich bisher gesehen hatte. Mir war bewußt, daß ich die Grenzen des gewöhnlichen Sehvermögens überschritten hatte und erkannte, ohne die Ursache dieser Grenzen zu begreifen, welch unvollkommene, oberflächliche Ansicht der Dinge das bloße Auge vermittelt.«

Der Tod wird bedeutungslos

Wenn Lélia de Haan davon spricht, sie habe im Peyote-Rausch die Grenze des gewöhnlichen Sehvermögens überschritten, dann ist das zwar eine subjektive Empfindung, doch läßt sie sich erstaunlicherweise objektivieren. Ein dem Meskalin von seiner Molekülstruktur her verwandter, aber komplexer aufgebauter Stoff ist Psilocybin, eine halluzinogene Substanz, die sich in gewissen mexikanischen Pilzen findet. In einem wissenschaftlichen Versuch während der sechziger Jahre erhielten 17 Studenten orale Gaben von 10 bis 12 Milligramm Psilocybin. Auf dem Höhepunkt der Drogenwirkung, die sich erst dann einstellt, wenn der Körper bereits den größten Teil des Wirkstoffs wieder ausgeschieden hat, legte man den Studenten Zeitungstexte vor, in denen man in einem Fall 43 Prozent, in einem zweiten Fall 74 Prozent vom oberen Teil jeder Zeile gelöscht hatte. Vier Studenten konnten von diesen verstümmelten Texten wesentlich mehr lesen als ohne die Psilocybinwirkung. Bei den weniger unkenntlich gemachten Texten entzifferten sie

14

15

16

bis zu 95 Prozent, bei den stärker gelöschten Texten bis zu 42 Prozent mehr als bei ihrem normalen Bewußtseinszustand. Der Drogenforscher H. Wagner ergänzte: »Vier Testpersonen gaben sogar an, daß sie die fehlenden Buchstabenteile ›tatsächlich‹ sehen konnten. Sie erschienen ihnen in hellem Grau, und sie waren überzeugt, daß sie nicht völlig gelöscht worden waren.«

Wie das Meskalin vermittelt auch das Psilocybin ein Gefühl von überwältigender Liebe, Freude und Religiosität. Wissenschaftler der berühmten Harvard-Universität versuchten, diesem Phänomen auf den Grund zu gehen und gaben Theologiestudenten etwa eine Stunde vor Beginn eines Freitagsgottesdienstes Psilocybin. Etwa fünf Stunden später – der Drogenrausch war abgeklungen – wurden die Studenten nach ihren Erfahrungen befragt. Alle berichteten von visionären Erlebnissen, die sie mit denen der großen christlichen Mystiker des Mittelalters verglichen. Besonders intensiv empfanden sie ein Gefühl von Einheit, von Aufgehen des Einzelnen im Ganzen, vom Aufgehen des Relativen im Absoluten. Das Subjekt wurde für sie mit dem Objekt identisch, das Ich mit dem Du, und der Mensch ging für sie im Göttlichen auf.

Die kleinen rötlichen Hutpilze, die das Psilocybin produzieren, wurden von den Indiostämmen Südmexikos bis hin nach Guatemala ebenso göttlich verehrt wie der Peyote-Kaktus im Norden des Landes und bei den Stämmen der

14–19 Schlafmohn, Bilsenkraut, Stechapfel, Blaue Trichterwinde und Tollkirsche sind Pflanzen, aus denen Heilmittel, aber auch Rauschmittel hergestellt werden. Im mittelalterlichen Europa wurden damit Hexensalben und Hexentränke zubereitet, die in tranceartigen Schlaf versetzen. In sehr lebhaf-

17

18

19

Vereinigten Staaten. Schon Steinplastiken der Mayas besitzen die Form dieser heiligen Hutpilze, und in ihrem Stiel ist der Kopf oder die ganze Gestalt einer mystischen Figur eingemeißelt. Diese Pilzsteine gehen auf die Zeit zwischen 500 und 200 Jahren vor Christus zurück. Bekannt ist der Pilz, dessen wissenschaftlicher Name Psilocybe mexicana ist, bei Indianerstämmen als Teonanacatl, was soviel bedeutet wie »das Fleisch der Götter«. Über ihren Gebrauch bei den Chichimeken informiert ein alter Bericht des Franziskanerpaters Bernardino de Sahugun: »Sie verwenden eine Pilzart, Teonanacatl genannt, aus der sie ein Gebräu herstellen. Sie betrinken sich damit, steigen auf die Berge, schreien, singen und tanzen ... Er (der Pilz) wirkt berauschend, erzeugt Visionen und reizt zu unzüchtigen Handlungen ... Wenn sie sich mit ihnen (den Pilzen) trunken gemacht haben, beginnen sie erregt zu werden. Sie haben Visionen, in denen sie sich selbst sterben sehen, und das tut ihnen bitterlich leid. Andere wiederum erschauen Szenen, wo sie von wilden Tieren überfallen werden und glauben aufgefressen zu werden ...« Der längere Bericht zielt deutlich darauf ab, ein Negativbild zu zeichnen und den Pilzkult als Teufelswerk anzuprangern. Dennoch kommen darin einige Charakteristika der Teonanacatl-Trance gut zum Ausdruck, zum Beispiel das Erleben des eigenen Todes. Auch dies ist im Grunde ein Erleben der Unsterblichkeit der menschlichen Seele.

Der Schweizer Industriechemiker und Pharmazeut Albert Hofmann, dem es in den Labors der Firma Sandoz gelang,

ten Träumen wurden Flugerlebnisse und Hexenritte zu gemeinsamen Versammlungsplätzen wahr. In Mittelamerika werden solche Drogen auch heute noch, u. a. als Wahrheitsdroge, verwendet. Der Rauschtrank soll das Erinnerungsvermögen erweitern.

die Molekülstruktur des Psilocybins zu erkennen, berichtete über einen Selbstversuch mit dieser halluzinogenen Droge: »Nach einer halben Stunde begann sich die Außenwelt fremdartig zu verwandeln. Alles nahm einen mexikanischen Charakter an. Da ich mir voll bewußt war, daß ich aus dem Wissen über die mexikanische Herkunft dieser Pilze mir mexikanische Szenerien einbilden könnte, versuchte ich bewußt meine Umwelt so zu sehen, wie ich sie normalerweise kannte. Alle Anstrengungen des Willens, diese Dinge in ihren altvertrauten Formen und Farben zu sehen, blieben jedoch erfolglos. Mit offenen und bei geschlossenen Augen sah ich nur indianische Motive in Farben. Als der den Versuch überwachende Arzt sich über mich beugte, um den Blutdruck zu kontrollieren, verwandelte er sich in einen aztekischen Opferpriester, und ich wäre nicht erstaunt gewesen, wenn er ein Messer aus Osidian gezückt hätte. Trotz des Ernstes der Lage erheiterte es mich, wie das alemannische Gesicht meines Kollegen einen rein indianischen Ausdruck angenommen hatte. Im Höhepunkt des Rausches, etwa 1½ Stunden nach der Einnahme der Pilze, nahm der Ansturm der inneren Bilder, es waren meist

20

Wirbel von Formen und Farben

abstrakte, in Form und Farbe rasch wechselnde Motive, ein derart beängstigendes Ausmaß an, daß ich fürchtete, in diesen Wirbel von Formen und Farben hineingerissen zu werden, um mich darin aufzulösen. Nach etwa sechs Stunden ging der Traum zu Ende. Subjektiv hätte ich nicht angeben können, wie lange dieser ganz zeitlos erlebte Zustand gedauert hatte. Das Wiedereintreten in die gewohnte Wirklichkeit wurde wie eine beglückende Rückkehr aus einer fremden, aber ganz real erlebten Welt in die altvertraute Heimat empfunden.«

Das Grundgerüst des Psilocybin-Moleküls bezeichnet der Chemiker als Tryptamin. Das ist eine Molekülpartie mit einer ganz bestimmten Atomstruktur. Chemisch zwar völlig anders zusammengesetzt sind halluzinogene Substanzen, die in zwei mexikanischen Trichterwinden (Rivea corymbosa und Ipomoea violacea) vorkommen; aber auch sie enthalten in ihrem Molekül die Tryptamin-Struktur. Die Früchte beider Winden sind den mexikanischen Indianerstämmen seit langem bekannt. Bei den Azteken hießen sie coatl-xoxouhqui, die »grüne Schlange«. Heute nennen sie die Eingeborenen Ololiuqui. Um mit ihnen allerdings eine »bewußtseinserweiternde« Wirkung zu erzielen, müssen die harten Samen auf besondere Art und Weise zubereitet werden. Die Indios zerreiben oder zerquetschen sie zu

21

20/21/22/23 Um bewußtseinserweiternde Wirkungen zu erzielen, müssen einige Pflanzen bearbeitet werden. Wurzeln oder Samen werden zerrieben, zerstampft, eingeweicht und ausgepreßt. Der dadurch gewonnene Rauschtrank wird oft in geselliger Runde genossen. Vielen Drogen

22 Pulver, geben dieses zum Aufquellen in das Agavenbier Pulque und filtrieren das Gebräu später.

Ololiuqui gilt als Wahrheitsdroge: Zum einen lassen sich Menschen im Ololiuqui-Rausch leicht ausfragen. Sie verraten Geheimnisse. Zum zweiten steigert der Rauschtrank das Erinnerungsvermögen und erweitert es sogar bis weit in die Kindheit hinein, ganz so wie etwa hypnotische Trance. Zum dritten aber führt die Einnahme von Ololiuqui weit über tiefenpsychologisch erreichbare Resultate hinaus: Sie enthüllt Fakten, die auch der Berauschte selbst nicht kennt. Gibt man Kranken die Droge, dann erfahren sie in Visionen Ursache und Art der Krankheit und auch die geeigneten Behandlungsmethoden. Der spanische Konquistador Hernando Ruiz de Alarcón berichtete dazu: »Es ist verwunderlich, welches Vertrauen die einfältigen Indios zu ihm (dem eingenommenen Samen) haben. Sie schreiben ihm Wunderkräfte zu. Sie befragen ihn wie ein Orakel und halten Zwiesprache mit ihm, um zu erfahren, was sie zu wissen begehren, oft Sachen, die man mit dem menschlichen Verstande gar nicht zu erkennen vermag, wie den Verlauf ihres zukünftigen Lebens oder den Ort, wo sich verlorene oder

23

Blick in die Zukunft?

gestohlene Gegenstände befinden ...« Medizinmänner benutzten die Droge auch dazu, Verbrechen aufzuklären.

Ebenfalls für Orakel und Prophezeiungen verwenden Indianerstämme in den Urwäldern am Orinoco und Amazonas im nördlichen Südamerika das Rauschmittel »hakudufha«. Es wird aus der Rinde von verschiedenen Urwaldbäumen der Gattung Virola gewonnen und meist in Pulverform geschnupft. Die Droge fördert aber nicht nur Halluzinationen, sie wirkt zugleich extrem anregend. Hakudufha-Schnupfer brechen in wilde Zuckungen aus und stoßen unartikulierte Schreie aus. Schon geringe Überdosierungen können sogar zum Tode führen. Bezeichnend für den Hakudufha-Rausch ist ein tiefer, an Fieberdelirien erinnernder Schlaf mit lebhaften Träumen, an die sich der betreffende Schamane später aber kaum erinnert. Deshalb wird er im Rausch von einem Gehilfen bewacht, der die oft nur schwer verständlichen Selbstgespräche und Stammeleien sorgfältig verfolgt und im Sinne von Weissagungen deutet.

Eine andere Schnupfdroge ist ebenfalls im Orinoco- und Amazonasgebiet, daneben aber auch auf Trinidad zu Hause. Sie heißt auf dem Kontinent Yopo und auf den Westindischen Inseln Cohoba und wird aus zwei Baumarten gewonnen, die zu den Hülsenfrüchtlern (Leguminosen) und innerhalb dieser zur Gattung Piptadenia gehören.

gemeinsam ist die Wirkung, daß sie den Bewußtseinszustand und das Erinnerungsvermögen erweitern. Zeitgenössische Wissenschaftler, die selbst solche Drogen eingenommen haben, bestätigen die Wirkung und erzählen von abstrakten Formen, Farben und rasch wechselnden Bildern.

24

25

26

Auch dieses Schnupfpulver löst starken Bewegungsdrang aus, bevor es zu einem Schlaf mit lebhaften Träumen, zuweilen aber auch zu einer tiefen Bewußtlosigkeit führt. Es ist noch heute in Kolumbien und Venezuela in Gebrauch und wird regional fast von der gesamten Bevölkerung verwendet. Das ist problematisch, denn die Substanz ist sehr giftig und zerstört auf die Dauer den Organismus. Früher nahmen es Indios nur in äußerst geringen Mengen, die nicht einmal für Visionsträume ausreichten. Sie versetzten sich mit der Droge vor Stammeskriegen oder vor der Jagd in euphorische Stimmung und zugleich in einen Zustand geschärfter Sinneswahrnehmungen. Wirksubstanz ist auch hierbei eine chemische Verbindung mit Tryptamin-Struktur. Sie ähnelt dem Krötengift Bufotenin und ist in abgewandelter Form auch in zahlreichen Nahrungspflanzen enthalten, allerdings in äußerst geringen Mengen. In Gestalt des Serotonin findet sie sich zum Beispiel in reifen Bananen. Aber man müßte diese Früchte schon kiloweise konsumieren, um eine Rauschwirkung zu erzielen. Immerhin: Versucht haben das US-amerikanische Jugendliche, und sie haben die Schalen gleich mitgegessen!

Eine äußerst merkwürdige halluzinogene Droge ist schließlich das Telepathin oder Banisterin. Schon der Name, den ihr die Pharmakologen gaben, deutet auf ihre Eigentümlichkeit: Man sagt, daß sie im Rausch telepathische Fähigkeiten verleiht. Und noch etwas ist merkwürdig. Die in ihrem Molekülaufbau recht eigenwillig strukturierte Substanz wird in gleicher Form von zwei miteinander botanisch in keiner

24/25/26 Zahlreiche Stämme Mittel- und Nordamerikas verehren den Peyote-Kaktus. Manche unternehmen alljährlich anstrengende Wallfahrten in das Hauptwachstumsgebiet des Peyote, nach Wirikuta. Dort wird der Kaktus »gejagt« und dann in Körben in die Dörfer getragen.

Weise verwandten Pflanzen produziert, die noch dazu in geographisch völlig voneinander getrennten Gebieten wachsen: einer südamerikanischen Liane der Gattung Banisteria und der Steppenraute (Peganum harmala), die in den Wüstengebieten südlich des Mittelmeers wächst und auch im südlichen Asien weit verbreitet ist. Nur im nördlichen Südamerika wird die Droge, die dort Caapi, Ayahuasca oder Yale heißt, für die Visionssuche verwendet. Der Ethnologe Goldmann beschreibt den Caapi-Rausch so: »Am Anfang . . . wird das Sehvermögen verschwommen. Gegenstände erscheinen weiß und das Sprachvermögen verschwindet. Die weiße Vision wird rot, wie ein mit roten Federn kreiselnder Raum. Das vergeht und man sieht Personen in den glänzenden Farben des Jaguars . . . Dann beginnt die Halluzination eine aufgeregte und furchtbare Form anzunehmen. Man nimmt gewalttätige Menschen wahr, die sich schreiend und weinend in Kreisen bewegen und zu töten drohen. Die Furcht erfaßt einen, daß man kein Heim mehr hat. Die Balken der Häuser und Baumstämme werden

Die Erde kreist,
der Boden bebt

lebendig und nehmen menschliche Formen an. Man hat den lebhaften Eindruck, von einem Tier in das Hinterteil gebissen zu werden. Man fühlt sich wie festgebunden. Die Erde kreist und der Boden erhebt sich zum Kopf. Es gibt auch euphorische Augenblicke, in denen man Musik . . . singende Menschen, . . . Wasser fließen hört.«

Die gewalttätigen Menschen und Tiere, die im Drogenrausch auftreten, sind offenbar sehr charakteristisch. Sogar Hunde, denen Pharmakologen die Droge unter die Haut spritzten, begannen die Zähne zu fletschen, laut zu bellen und hochzuspringen, als wollten sie sich gegen unsichtbare Angreifer zur Wehr setzen.

Natürlich hat die Frage, wie halluzinogene Drogen wirken, Chemiker, Pharmazeuten, Mediziner – besonders Neurologen –, Psychologen und Psychiater gleichermaßen beschäftigt. Von den heute weit über 20 000 verschiedenen chemischen Substanzen, die in Pflanzen nachgewiesen wurden, sind nur etwa 50 als halluzinogen wirksam bekannt. Viele von ihnen besitzen die erwähnte Tryptamin-Struktur in ihrem Molekülaufbau, aber längst nicht alle. Gibt es andere Gemeinsamkeiten? Interessanterweise fand man heraus, daß all diese Substanzen starke Elektronenspender sind, das heißt, daß sie in ihren Molekülen sehr energiereiche Elektronen besitzen, die sie leicht an ihre Umgebung abtreten. Hat das eine unmittelbare Auswirkung auf die elektrischen Vorgänge im menschlichen Gehirn? Offenbar, denn je größer ihre Elektronenenergie (die Wissenschaftler sprechen von HFMO-Energie) ist, desto stärker ist ihre halluzinogene Wirkung. Produzieren diese Substanzen also nur elektrochemisch ausgelöste Störungen im Gehirn, die diesem als phantastische Bilder bewußt werden? Diese Erklärung befriedigt nicht, denn die Visionen, die diese Substanzen hervorrufen, sind individuell sehr unterschiedlich, und nicht selten kommt es in der Tat zu objektiv kontrollierbarer Bewußtseinserweiterung. Ob dabei Informationen von außerhalb des Drogennehmers eine Rolle spielen oder nur solche, die – wie Erinnerungen bis zurück zum Geburtsvorgang – tief in seinem Unbewußten latent vorhanden sind, ist umstritten.

Der deutsche Drogenexperte und Co-Direktor des Instituts für Pharmazeutische Arzneimittellehre der Universität München, Professor Dr. Hilbert Wagner, schreibt über ein Selbstexperiment mit LSD, einer halbsynthetisch aus dem Mutterkorn gewonnenen halluzinogenen Substanz, er bemerkte »bald nach der Einnahme des Stoffes, wie sich auch die Gesichter der Anwesenden in charakteristischer Weise veränderten. Sie verloren ihre natürliche Farbe, wurden wächsern und bekamen einen zarten pastellartigen Teint. Dadurch wirkten sie wie Masken. Das Belustigende war dabei, daß man sich von diesen Masken bald mitleidig, bald hämisch grinsend und lauernd beobachtet fühlte. Jedes Gesicht schien einer völlig fremden Person anzugehören. Meine eigene Frau verwandelte sich in eine Puppenfee, ein Freund in einen englischen Grafen und der kontrollierende Arzt in einen Gerichtsvollzieher mit strengem, drohendem Blick. Nachträglich schien es mir, als würden unter LSD-Einwirkung die Sinne geschärft und Eigenschaften eines Mitmenschen offenbar, die bei üblicher Beobachtung unentdeckt bleiben. Vermittelt das LSD eine Art von zweitem Gesicht? Erwirbt man mit LSD metaphysische Fähigkeiten? Umfangreiche Untersuchungen mit LSD haben dies nicht bestätigt.« Allerdings hat auch kein Versuch diese Mutmaßungen ein für allemal widerlegen können. Am wahrscheinlichsten ist, daß die sogenannten halluzinogenen Drogen von sich aus überhaupt keine Visionen oder ähnliches verursachen, sondern lediglich die Dominanz des Alltagsbewußtseins so weit in seine Schranken weisen, wie das auch Meditation, Schamanentrommeln, Nahtodeserlebnisse und so weiter vermögen. Was in diesem Zustand dann wirklich geschieht, gehört zu den großen Rätseln des Menschseins. Ist es »nur« das Bewußtwerden des Unbewußten im Sinne der Psychotherapie? Schafft es der Seele einen neuen Freiheitsgrad? Oder vermittelt es Zugänge zu Informationen, die im Kosmos allgegenwärtig sind, gleichsam als eine Art Informationsfeld? Im Kapitel über Telepathie soll der Versuch unternommen werden, Antwortmodelle auf diese erregenden Fragen zu finden.

Fakire, Feuerläufer, Yogis

1

2

3

Wer hätte nicht schon von den außergewöhnlichen körperlichen Fähigkeiten von Fakiren, Yogis, Swamis und anderen »Wundermännern« gehört? Bei weitem nicht alle sind Scharlatane und Jahrmarktsgaukler. Durch Meditation und andere Tranceübungen, durch besondere Atemtechniken und Yoga-Praktiken kann der Mensch lernen, auch seine normalerweise unbewußten Körperfunktionen aktiv zu steuern. Feuerlaufen, Spontanheilungen tiefer, offener Wunden, Schmerzlosigkeit, willkürlicher Herzstillstand, die Kontrolle des Atemzentrums und sogar der Gehirnwellen sind einige der unter Laborbedingungen nachgewiesenen Körperleistungen trainierter Meister.

1 Indische Mönche erhoffen sich Erlösung aus dem tausendfachen Kreislauf der Wiedergeburten.

2 Malaysischer Renaudeau mit durchstochener Lippe.

3 Feuergehen ist bei vielen Stammesvölkern heute noch verbreitet und wird auch im Westen praktiziert.

4

5

6

4 Nepalesischer Priester, zurechtgemacht für das Herbstfest »Durgapuja«.

5/6 Oft ist der Wunsch Aufsehen zu erregen die Triebfeder der Fakire. Sie zeigen ihre Künste in der Nähe großer Tempel und hoffen auf einen Obolus der staunenden Touristen.

Der US-amerikanische Bühnenzauberer Randy, ein Altmeister der Illusion, vertritt die Auffassung, daß Wissenschaftler gleich welcher Fachrichtung nur bedingt oder gar nicht dazu geeignet sind, Menschen mit angeblichen okkulten Fähigkeiten zu entlarven, weil Wissenschaftler nun einmal keine Experten auf dem Gebiet der Taschenspielerei, der Bühnenmagie, der Illusion seien. Er aber ist ein Experte, und die Zahl der Zeitgenossen mit angeblich übernatürlichem Können, die er bisher überführte, ist groß. Wo Uri Geller, der international als »Löffelbieger« bekannt gewordene israelische Gaukler, auftritt, der für sich mediale und paraphysische Fähigkeiten beansprucht, hat Randy Saalverbot. Gelingt es ihm doch, sich ins Publikum einzuschleichen, dann verweigert Geller seine Vorführungen. Mehrere Wissenschaftler indes hat der geschickte Israeli erfolgreich übertölpelt.

Menschen, die aufgrund von jahre- und jahrzehntelangem physischen und mentalen Training eine Körperbeherrschung erreicht haben, die weit über das normale Maß hinausreicht, kümmern sich im allgemeinen weder um Bühnenscharlatane noch um Berufsmagier und meistens auch nicht um Wissenschaftler. Sie treten nicht an die Öffentlichkeit. Sie haben andere Ziele. Daß einige von ihnen in jüngster Zeit dennoch in der westlichen Welt bekannt wurden, ist einer generellen Öffnung vor allem US-amerikanischer Neurologen und Psychologen gegenüber mentalen Techniken zu verdanken. Eine Reihe von Yoga-Meistern, Sufis und anderen stellten sich für klinische Experimente zur Verfügung, nachdem sie von der Ernsthaftigkeit der westlichen Forscher überzeugt waren und in deren Motivation mehr als bloße wissenschaftliche Neugier erkannten.

Eines der beeindruckendsten Experimente führte ein greiser Yoga-Lehrer aus dem Himalaya vor einigen Jahren einer europäischen Ärztegruppe in den entscheidenden Phasen vor laufender Fernsehkamera vor. Der alte Mann versetzte sich in tiefste Trance, ließ dann von Gehilfen seine Zunge weit aus dem Mund ziehen und senkrecht mit einem langen Metallstab durchbohren. Auf diese Weise blieb die Spitze des hochempfindlichen Muskels außerhalb des Mundes fixiert. Nun trennten die Helfer den durchbohrten vorderen Teil der Zunge mit einem scharfen Messer ab. Klinische Beobachter versicherten, daß ein Trick ausgeschlossen war, denn die deutlich sichtbaren Ränder des durchtrennten Muskels zeigten alle typischen Merkmale einer abgeschnittenen Zunge, einschließlich der charakteristischen Ausfransung. Irritierend war für sie aber, daß kein Blut floß. Unmittelbar nach dem für westliche Augen makaber wirkenden Vorgang fügte der alte Mann die abgetrennte Zungenspitze wieder an den Zungenteil in seinem Munde. Nach kurzer, aber sichtlicher mentaler Anstrengung löste sich der Greis aus seiner Trance und zeigte den umstehenden Wissenschaftlern und der Fernsehkamera seine wieder vollkommen intakte Zunge. Die Schnittverletzung war verheilt. Unleugbar war physisch scheinbar Unmögliches geschehen. Eine Erklärung dafür fanden weder die anwesenden Ärzte noch andere kritische Betrachter bei der späteren Auswertung des Filmmaterials.

Unmögliches mit der Kamera festgehalten

Das gut dokumentierte Experiment gilt auch unter praktizierenden Yogis als schwierig, und sie bewundern den alten Meister. Andere Übungen ungewöhnlicher Körperkontrolle sind einfacher und lassen sich selbst von Nicht-Yogis nach relativ kurzem mentalen Training ausführen. Dazu gehört das Feuergehen, eine eindrucksvolle Technik, die bei vielen Stammesvölkern in aller Welt verbreitet war und zum Teil heute noch ist und die in neuerer Zeit zunehmend auch ganz »normale« Menschen in westlichen Ländern praktizieren. Die Begründung eines Kölner Büroangestellten: Ich werde mir dadurch bewußt, was der Geist wirklich über meinen Körper vermag. Der legendäre Hindu-Weise Vivekananda hatte es so gefaßt: »Steht auf, ihr Löwen, und schüttelt die Täuschung ab, daß ihr Schafe seid; ihr seid nicht Materie. Ihr seid nicht Körper; die Materie ist euer Diener, ihr seid nicht die Diener der Materie!«

7 Betender weiser Inder. Die großen Heiligen und Weisen aller Religionen führten ein Leben in Anspruchslosigkeit. Aber keiner quälte sich selbst. Warum nehmen Fakire dann all die Torturen auf sich? Ist es der fanatische Glaube, der diese Männer die Qualen ertragen läßt, um religiöse Verdienste zu

7

erwerben, um einen Platz im Paradies zu erlangen, ja um Erlösung aus dem tausendfachen Kreislauf der Wiedergeburt zu erreichen? Oder sind sie alle Opfer eines Aberglaubens, der ihnen Kraft gibt, Menschenunmögliches zu ertragen?

8

8 »Steht auf, ihr Löwen, und schüttelt die Täuschung ab, daß ihr Schafe seid; ihr seid nicht Materie. Ihr seid nicht Körper; die Materie ist euer Diener, ihr seid nicht die Diener der Materie!« gibt der Hindu-Weise Vivekananda Asketen und Yogis auf den Weg mit.

Wer das Gehen über glühende Kohlen für Scharlatanerie hält, wer es für völlig unmöglich erachtet, glühende Briketts mit bloßen Händen anzufassen, ohne Verbrennungen davonzutragen, der nehme an einem entsprechenden Seminar teil, wie sie seit Jahren immer wieder auch in mitteleuropäischen Ländern abgehalten werden. Er wird lernen, derart merkwürdige Fähigkeiten selbst zu entwikkeln, verstandesmäßig begreifen wird er sein neues Können trotzdem nicht. Einfachere kleine Experimente lassen sich aber auch im Alltag durchführen. Wenn Sie sich einmal geringfügig verletzen, zum Beispiel eine kleinere blutende Hautabschürfung an der Hand haben, dann betrachten Sie eine Zeitlang die offene Wunde und konzentrieren sich fest darauf, daß das Blut aufhören möge zu fließen. Innerhalb kurzer Zeit wird sich der Erfolg dieser Autosuggestion einstellen. Sie können natürlich auch das Gegenteil erreichen,

Kontrolle des Blutflusses

etwa wenn die Schürfwunde durch Erde verschmutzt ist: Nehmen Sie sich ganz fest vor, daß sie stark ausbluten solle. Mit einiger Übung werden Sie es schließlich schaffen, den Blutfluß willentlich einige Male nacheinander verändern zu können: stoppen, ausbluten, stoppen. Ich selbst bediene mich dieser relativ leichten Körperbeherrschungsübung gerne beim Klettern im Gebirge. Vor allem im karstigen Kalkgestein kommt es schon einmal zu einem kleinen Riß an den Fingern, und wenn ich ihn schnell wieder schließe, kommt beim Weiterklettern kein Schmutz hinein. Außerdem verheilt er wesentlich schneller. Besonders erfolgreich gelingt diese Kontrolle des Blutflusses, wenn man dabei entspannt gleichmäßig und ruhig atmet.

Die willentliche Steuerung des Blutkreislaufs gehört zu den einfacheren Praktiken der Beeinflussung der als autonom geltenden Körpersteuerung. Autonom heißt sie deshalb, weil ihre willentliche Kontrolle üblicherweise als nicht möglich gilt. Ein klassisches Experiment in Psychotherapie-Vorlesungen mancher Dozenten bedient sich eines langen Waagbalkens zum Beweis des Gegenteils. Eine Versuchsperson legt sich so längs auf den breiten Balken, daß dieser genau im Gleichgewicht ist und konzentriert sich dann intensiv darauf, daß das Blut vermehrt in die Füße strömt. Allein der Gedanke »meine Füße werden immer wärmer« bewirkt dasselbe. Nach kurzer Zeit sinkt der Waagbalken am Fußende nach unten. Durch den verstärkten Blutstrom sind die Füße schwerer geworden.

Etwas anspruchsvoller als die großräumige Umverteilung des Blutes im Körper ist die willentliche Beeinflussung des Nervensystems. Doch auch auf diesem Gebiet gibt es einige einfache und zugleich sehr eindrucksvolle Übungen. Eine der originellsten hat ein US-amerikanischer Zahnarzt erdacht, der seine Patienten gern schmerzfrei unter Hypnose behandelt. Wenn Sie Kinder im Alter von etwa sechs bis zwölf Jahren haben, können Sie den Versuch gefahrlos selbst vornehmen. Kinder, vor allem intelligente Kinder, können ihren Körper leicht suggestiv beeinflussen, eine Fähigkeit, die der skeptische Erwachsene in unserem Kulturkreis im allgemeinen weitgehend verliert. Erklären Sie Ihrem Kind, wenn man es in die Hand kneife, dann würde ihm der Schmerz erst im Gehirn bewußt. Zwischen der Hand und dem Gehirn verlaufen den Schmerzreiz leitende Nerven. Dann fordern Sie das Kind auf, seine Augen zu schließen und sich bildhaft vorzustellen, in seinem Kopf sei eine Reihe farbiger Kontrollämpchen und darunter eine Reihe dazugehöriger Schalter. Jedes der bunten Lämpchen sei für einen anderen Bereich zuständig, etwa das rote für den linken Fuß oder das grüne für den rechten Fuß. Für die Nervenbahnen der rechten Hand zum Gehirn sei das blaue Lämpchen da.

Den Schmerz ausschalten

Das Kind soll in Gedanken den Schalter unter diesem Lämpchen betätigen und sich vorstellen, wie das Lämpchen erlischt. Sobald ihm das gelungen ist, soll es mit dem Kopf nicken. Sagen Sie dem Kind, daß jetzt der Nervenstrom von der rechten Hand zum Gehirn unterbrochen ist. Beim Kneifen in die rechte Hand wird das Kind nur noch ein dumpfes Druckgefühl, aber keinen Schmerz mehr verspüren.

Vergessen Sie nicht, Ihr Kind das blaue Lämpchen später wieder einschalten zu lassen. Bei besonders sensiblen Menschen könnte sonst eine tage-, ja sogar wochenlange Lokalanästhesie die Folge sein. Der US-amerikanische international bekannte Hypnotherapeut und Hypnoselehrer Leslie M. LeCron praktizierte diesen Versuch erfolgreich mit seiner neunjährigen Tochter. Er berichtet dazu: »Danach ging sie hinaus, um zu spielen, kehrte aber kurz darauf mit zwei anderen Kindern zurück, mit denen sie befreundet war. ›Sieh nur, Papa‹, bemerkte sie triumphierend, ›sie haben alle Schmerzen in ihren Händen abgeschaltet. Sie beide können es.‹« Das gleiche Verfahren ist grundsätzlich natürlich auch bei Erwachsenen möglich, im allgemeinen aber etwas schwerer.

Autosuggestiv läßt sich neben dem Kreislauf und dem Nervensystem unter anderem auch der Muskeltonus im Körper beeinflussen. In einem selbstinduzierten hypnotischen Zustand gelingt es zum Beispiel, einen Arm stunden-

9

10

11

lang ohne Ermüdungserscheinungen waagrecht in die Luft zu halten oder etwa den gesamten Körper in eine totenähnliche Starre zu versetzen.

Zeugen schon diese wenigen, relativ einfach auszuführenden Experimente davon, wie stark der Wille den Körper dominieren kann, so verwundert es nicht weiter, wenn Menschen, die über Jahre und Jahrzehnte hinweg täglich stundenlang derartige Fähigkeiten trainieren, auf diesem Gebiet für den Laien Unbegreifliches leisten. Aufschlußreich war der Fall des Swami Rama, eines indischen Yoga-Meisters, der sich im Forschungsinstitut der Menninger Foundation in Topeka, Kansas, für ausgiebige physiologische und neurologische Tests zur Verfügung stellte. Eines der ersten Experimente, die der Swami dort mehreren Wissenschaftlern vorführte, bestand darin, das Herz für einige Minuten zum Stillstand zu bringen. In der Tat ließ sich kein Puls mehr fühlen. Das Elektrokardiogramm zeigte allerdings, daß das Herz während dieser Zeit nicht stillstand. Es schlug sogar wesentlich schneller; nämlich etwa dreihundertmal pro Minute. Jedoch sank zugleich seine Pumpleistung auf Null. Die Ärzte kennen diesen Zustand als sogenanntes Herzflimmern oder Herzflattern. Normalerweise tritt es nur bei schweren Schädigungen des Herzreizleitungssystems durch Herzschwäche, Vergiftungen, Stromunfälle, Schock oder Herzinfarkt auf. Bei dem sogenannten isolierten Vorhofflattern wird die Herzfunktion meist wenig gestört, das eigentliche Herzkammerflimmern aber führt üblicherweise wegen des Ausfalls des Blutum-

9/10/11/12 Gurudi-Zeremonie: Den Geistern werden Opfer dargebracht, um in einem späteren Leben eine bessere Position zu erreichen. Farbenprächtig gewandet, mit Blumen und Schmuckringen behängt, Stirn und Gesicht mit Farbe bemalt, tanzen die ausgemergelten Gestalten bis zum Zusam-

12

13

menbrechen. Die blutrote Farbe verstärkt noch den grausigen Eindruck.

13 Mann aus Gujarat, Indien.

laufs rasch zum Tode. Genau diese Art des Flimmerns führte der Swami willentlich herbei. Er nannte es eine recht einfache Übung und versicherte, daß es ihm keinesfalls gesundheitlich schaden würde.

Als weitaus schwieriger bezeichnete er seine Fähigkeit, die Hauttemperatur der Hände in bestimmter Weise zu kontrollieren. Das erfordere, so meinte er, jahrelanges Training. In der Tat gelang es Swami Rama, nach intensiver Konzentration eine Temperaturdifferenz von zehn Grad zwischen zwei Punkten derselben Handfläche zu erzeugen, wobei der Daumenballen um fünf Grad wärmer wurde, während der Handteller um fünf Grad abkühlte. Die beiden Meßpunkte waren etwa fünf Zentimeter voneinander entfernt; aber, so betonen die Mediziner, die entsprechenden Kontrollzentren im zentralen Nervensystem haben nur einen Abstand in Millimetergrößenordnung. Eine derartige willentliche Beherrschung dieses Nervensystems ist in der Tat beeindruckend.

Eine andere Leistung, die Swami Rama unter Institutsbedingungen demonstrierte, ist das bewußte Erzeugen verschiedener Gehirnwellenfrequenzen. Per Definition unter-

Einfluß auf Hirnwellen nehmen

teilt man die mit dem Elektroenzephalographen gemessenen Hirnwellen in Delta- (null bis vier oder fünf Hertz), Theta- (vier oder fünf bis acht Hertz) und Alphawellen (acht bis dreizehn Hertz). Jede höhere Frequenz bezeichnet man als Beta. Normalerweise ist jeder Frequenzbereich für ein bestimmtes Hirnverhalten signifikant, etwa für Schlaf, Ruhe, geistige oder körperliche Arbeit, aber zum Beispiel auch für verschiedene Zustände von Geisteskrankheiten oder etwa körperliche Vergiftungserscheinungen. Der Swami vermochte allein bei ruhigem Sitzen wahlweise alle Hirnwellenarten hervorzurufen, was allerdings in manchen Fällen Konzentrationszeiten von über einer halben Stunde erforderte. Im Anschluß an ganze Meßreihen dieser Art meinte er, der Elektroenzephalograph sei nicht subtil genug, um wirklich alle Zustände des Gehirns zeigen zu können. Er selbst sei in der Lage, viel differenziertere Muster zu erzeugen und zu empfinden, was auf den Apparaten nicht zum Ausdruck käme.

Die moderne medizinische Forschung experimentiert heute gern mit dem sogenannten Bio-Feedback. Unter Feedback versteht man in der Technik einen Prozeß, bei dem ein Teil des Ausgangssignals eines Regelkreises gleich- oder gegenphasig zum Eingangssignal addiert wird. Entsprechende elektrische Schaltungen sind beispielsweise aus der

Sender- und Empfängertechnik bekannt. Beim Bio-Feedback macht man ähnliches mit dem »Regelkreis Mensch«. Angenommen, eine Versuchsperson bemühe sich, durch gezielte Meditation Blut in ihre Füße zu lenken. Im Normalfall hat sie dabei keine Erfolgskontrolle und weiß deshalb auch nicht, ob sie in der richtigen Weise, also möglichst effektiv, meditiert. Mißt man aber fortwährend die Fußtemperatur und zeigt deren Steigen etwa durch ein leises Ticken an, dann weiß die meditierende Person sofort und jederzeit, ob sie gerade auf dem richtigen Weg ist oder nicht. Sie erhält also durch das Ticken eine Information im Sinne eines Feedbacks. Therapeuten haben auf diese Weise beachtliche Erfolge zum Beispiel bei der Behandlung vegetativer Dystonien, bei Bluthoch- oder -niederdruck oder bei manchen Augenleiden erzielt. Swami Rama empfand die Überwachung seiner Körperbeherrschungsexperimente durch klinische Meßgeräte sofort im Sinne eines solchen Bio-Feedbacks. Er selbst, so betonte er, habe dergleichen zwar nicht mehr nötig, aber für einen Yoga-Anfänger könnten sich diese Praktiken als überaus wertvolle Hilfsmittel erweisen. Er war fasziniert davon.

So beeindruckend die Leistungen des Swami aus medizinischer Sicht sein mögen, ihnen fehlt das Spektakuläre, ihnen fehlt jene Komponente, die das breite Laienpublikum sprachlos werden läßt. Genau derartige Praktiken üben zahlreiche Fakire aus. Der Begriff Fakir ist erläuterungsbedürftig. Das Wort kommt aus dem Arabischen und bedeutet nichts anderes als »Armer«, »Bettler«. In diesem Sinne bezeichnet es jene Gruppe von Fakiren, die ihre »übernatürlichen« Fähigkeiten zur Schau stellen, um damit zugleich um Almosen zu betteln. Ein Fakir im Sinne des ernsthaften Yogis ist dagegen ein Asket, der in der extremen Selbstbeherrschung, in der Ausschaltung von Schmerz und körperlichen Bedürfnissen, eine Überwindung der Materie und einen Sieg des Geistes oder der Seele im religiösen Sinne sieht. Auch solche Fakire üben zum Teil durchaus spektakuläre Praktiken, aber nicht, um damit die Öffentlichkeit zu beeindrucken, sondern um sich selbst zu beweisen, wie weit sie es gebracht haben. Zahlreiche unter ihnen lehnen jedoch jede auf äußere Effekte zielende Übung ab und beschränken sich auf innere Vorgänge.

Spektakuläre Praktiken zur Schau stellen

Wie stark bei den »Schaufakiren« der Drang zum Aufsehenerregen ausgeprägt sein kann, läßt sich daraus ersehen, daß zum Beispiel manche indische »Touristen-Asketen«, die in der Nähe großer Tempel ihre »Künste« zeigen, sich eines wenig spirituellen Wegs bedienen. Um beim Liegen etwa auf einem Bett aus den Gliedern von Feigenkakteen keine allzu großen Schmerzen zu empfinden, nehmen sie zuvor »bhang« ein, ein aus der Hanfpflanze gewonnenes Narkotikum. »Echte« Fakire, die ihre asketischen Übungen fernab der breiten Öffentlichkeit in der Einsamkeit der Natur praktizieren, wären darüber entsetzt, und sie benötigen derlei auch nicht. Ihre phänomenale Körperbeherrschung macht sie darüber erhaben.

So leben nahe der Quellen des heiligen Flusses Ganges am Gangotri-Gletscher in weit über 4000 Metern Höhe im Himalaya jahrein jahraus Hindu-Asketen, sogenannte Sadhus (heilige Männer), die dort im Sommer wie im eisigen Winter ohne jegliche Kleidung auskommen und noch dazu täglich mehrmals im Schmelzwasser des Gletschers baden. Man begegnet solchen Asketen im Himalaya sogar in Höhen bis über 6000 Metern. Tagelang liegen sie auch dort noch nackt im Schnee und trotzen selbst schneidenden Stürmen. Die meisten sind religiöse Einsiedler, die Bußübungen ausführen, in der Meinung, damit himmlische Verdienste zu erlangen. Manche verschärfen diese Übungen immenser Körperwärmeproduktion noch dadurch, daß sie sich nachts große nasse Leinenlaken um den bloßen Körper wickeln und diese durch die eigene Wärme trocknen. Einige unter ihnen bringen es auf sechs oder mehr Laken pro Nacht.

Tagelang nackt in Eis und Schnee

Eugen Georg, ein Kenner des indischen Fakirtums, berichtete bereits 1937 zusammenfassend über ungewöhnliche körperliche Leistungen dieser Asketen:

»Manche dieser Fakire bringen ihre ganze Lebenszeit in einem eisernen Käfig zu, andere behängen sich mit schweren Ketten, noch andere ballen die Fäuste zusammen und machen sie nie wieder auf, so daß ihnen die Nägel durch die Hände wachsen und auf der anderen Seite hervorstehen. Andere heben beide Arme in die Höhe, fassen einen Baumzweig und lassen sie so lange in dieser Stellung, bis sie unbeweglich stehenbleiben und so steif werden wie ein paar verdorrte Äste. Andere stehen die ganze Zeit auf nur einem Bein und lehnen sich höchstens des Nachts, um im Schlaf nicht umzufallen, an ein ausgespanntes Seil. Andere wieder drehen den Kopf beständig nach der einen Seite und behalten diese Stellung so lange, bis sie ihn nie wieder umdrehen können ... Andere standen, und die herabhängenden Haare lagen um ihre Füße herum. Der ganze Körper war mit Kuhmist-Asche bestreut; noch andere lagen

14

14 Ein echter Yogi ist ein Asket, der in der extremen Körperbeherrschung, in der Ausschaltung von Schmerz eine Überwindung der Materie und einen Sieg des Geistes über den Körper sieht. Er läßt sich nicht von der Öffentlichkeit beeinflussen und führt seine Übungen in Abgeschiedenheit durch.

15

15 Gruppe von Kanphata-Yogis in Nepal. Yogis erstreben über die völlige Beherrschung des Körpers durch den Geist die Vereinigung mit der Gottheit, die Erlösung aus dem Kreislauf der Wiedergeburten. Erreicht wird diese Fähigkeit durch Askese und jahrelanges Training.

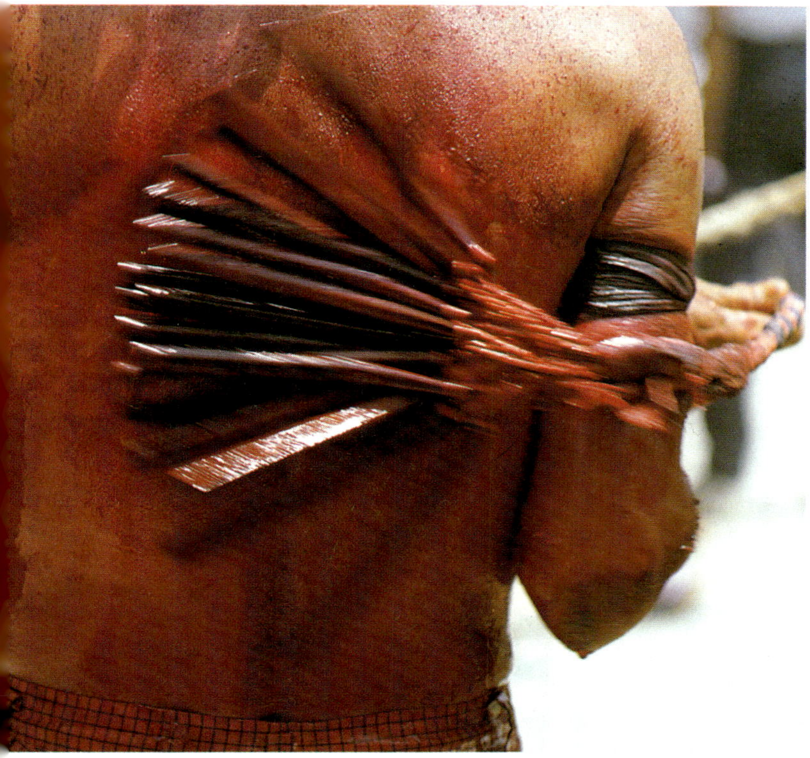

16 nackt auf einem Bett von Dornen oder hatten den ganzen Körper mit Erde bedeckt, bei einigen war dabei über dem Mund eine Öffnung gelassen, durch die sie um Almosen bettelten. Andere waren so ganz mit Erde bedeckt, daß man nicht einmal wahrnehmen konnte, wie sie Atem holten ... Einige tanzten herum und hatten unter dem rechten Arm einen brennenden Docht, so groß und so geformt wie ein Zuckerhut, den sie von Zeit zu Zeit mit Öl tränkten ... Einer steckte zwei Bambusstecken in die Erde und befestigte einen darüber in der Form eines Galgens, zwei Schlingen von Stricken waren daran befestigt. Unterhalb dieses Galgens war eine viereckige Grube, daneben zwei Haufen trockenen Holzes. Nun zündete er in der Grube ein Feuer an, ... kletterte dann auf den Bambus, steckte die Füße in die Schlingen und hing nun mit dem Kopf gerade in die Flammen herab. Er schwenkte sich aber unaufhörlich hin und her, während er selbst mit immer zugeworfenem Holz, das er mit den Händen erreichen konnte, das Feuer unterhielt. Nach einer halben Stunde kroch er an den Stricken in die Höhe, löste die Schlingen, stieg herab. So brachte er sein ganzes Leben zu ...«

Mit dem Geist der Yoga-Philosophie, die auf Gesundheit, auf körperliche, geistige und seelische Harmonie gerichtet

17

Stillstand des Herzens

ist, haben all diese asketischen Übungen freilich kaum etwas gemein. Yoga-Meister lehnen sie denn auch meistens ab, obgleich sie viele dieser Praktiken als »nicht besonders schwierig« einstufen. Ein Experiment, das jahrzehntelang trainierte Yogis gelegentlich vor westlichen Medizinern demonstrierten, um den hohen Grad von Körperbeherrschung darzulegen, ist die absolute Stillegung ihres gesamten Verdauungsapparates vom Mund über den Magen bis zum Mastdarm; Pankreas, Leber und Galle mit eingeschlossen. Manche von ihnen nahmen extrem giftige Substanzen – wie Strichnin oder Zyankali – zu sich und schieden sie wenig später vollkommen unverändert wieder aus. Der in Europa weithin bekannte Yoga-Lehrer Selvarajan Yesudian, der in Prag und Zürich Schulen unterhielt und zahlreiche Fachpublikationen veröffentlichte, beschreibt einen besonders spektakulären Fall:

»Ich war Zeuge einiger staunenswerter, von Hatha-Yogis (der Hatha-Yoga ist gegenüber dem Raja-Yoga oder geistigen Yoga jene Disziplin, die sich vor allem mit der Körperbeherrschung befaßt) ausgeführten Leistungen. Einer von ihnen gab vor berühmten Ärzten zwecks wissenschaftlicher Prüfung eine Vorführung. Drei Flaschen, Schwefelsäure,

16/17 Das Wort Fakir kommt aus dem Arabischen und bedeutet Armer, Bettler. In diesem Sinne interpretieren zahlreiche Fakire ihre spektakulären Fertigkeiten, die sie zur Schau stellen und damit um Almosen betteln. Das sensationshungrige Publikum staunt und zahlt.

Salpetersäure und Karbolsäure enthaltend, standen auf einem kleinen Tisch. Um die Wirkung dieser Säuren zu zeigen, wurden zuerst von einem Arzt einige medizinische Experimente vorgenommen. Der Yogi nahm die erste Flasche in die Hand, goß einige Tropfen in die rechte Handfläche und leckte sie dann mit der Zunge auf. Das gleiche tat er mit den beiden anderen Giften. Während der darauffolgenden zehn Minuten vollführte er eine kraftvolle Folge von Dhautis, Uddiyanas und Naulis (reinigende Übungen), dann, unter Aufbietung einer ungeheuren Konzentration, entlud er die Säuren in seinem Urin. Eine medizinische Prüfung bewies die Anwesenheit der Säuren im Wasser, das seinen Körper verlassen hatte. Mein Meister erklärte diese Leistung wie folgt: ›Durch Bewußtseinslenkungen unterband der Yogi die absorbierende Funktion seines Körpers und ließ so die gefährlichen Stoffe seinen Körper durchlaufen, indem er den ganzen Ablauf in einer begrenzten Zeitspanne zusammendrängte. Solche Experimente sind gefährlich und beanspruchen eine jahrelange Übung. Um solchen ganz besonderen Ansprüchen zu genügen, muß der Körper schon sehr entwickelt sein.‹ Die nächste Leistung war die Aufhebung der Atmung, verbunden mit einem volle fünf Minuten währenden Stillstand des Herzens. Kein Pulsschlag war fühlbar. Eine stethoskopische Untersuchung

Begegnung mit dem Tod

bewies, daß sich kein Betrug in die Vorführung eingeschlichen hatte. Das Manometer zeigte keinen Blutdruck. Die Hautfarbe war sehr blaß, als ob alles Blut sich im Inneren des Körpers gesammelt hätte. Der Yogi hatte die Augen geschlossen und befand sich halb in Trancezustand. Genau nach fünf Minuten kehrte sein Bewußtsein zurück. Darauf wurden mit einem Messer verschiedene Schnitte in seinen rechten Deltamuskel (am oberen Oberarm) gemacht, und obwohl der Chirurg dies ohne vorherige Verabreichung von Betäubungsmitteln ausführte, wurde weder Schmerz verspürt, noch zeigte sich ein Tropfen Blut. Was darauf folgte, war noch interessanter. Die ziemlich tiefen Wunden zogen sich zusammen, bildeten noch nicht fünf Minuten später schon eine Narbe und waren geheilt. Man konnte sehen, wie der Yogi die Heilung durch einen hohen Grad von Konzentration bewirkte. Seine Körpertemperatur war auf 40 °C gestiegen, während die Wunden heilten. ›Diese Fiebertemperatur wird vom Yogi aus zwei Gründen erzeugt,‹ erklärte mein Meister später, ›der erste ist, Keime und Verunreinigungen zu vernichten, der zweite, eine schnelle Heilung der Schnittwunden zu ermöglichen.‹«

Ganz offensichtlich ist auch das Gegenteil dessen möglich, wovon Selvarajan Yesudian berichtet: das willentliche Öffnen mechanisch nicht erzeugter Wunden und deren heftiges Bluten. Bekannt ist dieses Phänomen als Stigmatisation im christlichen Kulturbereich. Besonders glaubensstarke Menschen haben es erreicht, durch ständig wiederholte jahrelange Konzentrationsübungen während der Karwoche die Kreuzigungswunden Christi an Händen, Füßen und in der Herzgegend mental an sich selbst zu erzeugen. Im unmittelbaren Zusammenhang mit demselben Glaubensinhalt steht eine spirituelle Körperbeherrschungspraxis, die heute in der Provinz Bulacan, etwa 80 Kilometer nördlich von Manila auf den Philippinen, von rund drei Dutzend Frauen ausgeübt wird. Begonnen hatte mit diesen Kulthandlungen Lucinda (»Lucy«) Santos-Reyes, die lokal auch als Wunderheilerin bekannt ist. Die Frauen lassen sich alljährlich am Karfreitag kreuzigen, einige von ihnen nach dem Vorbild Christi, wobei lange Nägel durch ihre Hände und Füße getrieben werden. Offenbar empfinden die Frauen dabei keinen Schmerz. Sie verfallen in eine anästhe-

100 Tage lebendig begraben

tische Ekstase und rollen dabei den Kopf beständig von einer Seite zur anderen. Blut fließt nicht aus den Wunden. Interessanterweise erreichte das Christentum den Stamm der Paombong, zu dem diese Frauen gehören, erst relativ spät. Viele Menschen in diesem Volke praktizierten zuvor Schamanismus, und sie haben diese Praxis in die ihnen neue Religion eingebracht. Besonders im Karfreitagsritual treffen sich beide geistigen Welten, denn es geht schließlich um die spirituelle Begegnung mit dem Tod.

Eine andere Art, den eigenen Tod durch extreme Körperbeherrschung vorwegzunehmen, demonstrieren von Zeit zu Zeit besonders fortgeschrittene Yogis. Sie lassen sich lebendig begraben, und zwar nicht nur für einige Stunden oder Tage und auch nicht nur unter einer dünnen Schicht aus Sand oder Erde. Dazu noch einmal Selvarajan Yesudian: »Lebend begraben werden ist nur selten zu sehen. Die Stadt Madras war Zeuge, wie ein Yogi sich selbst für drei Wochen begraben ließ. Der Yogi versank in einen tiefen Trancezustand, während sein Atem immer langsamer wurde, bis er endlich vollkommen aussetzte. Das Klopfen seines Herzens hörte ebenfalls vollkommen auf. Der Körper wurde mit einer Art geschmolzenem Wachs bestrichen und, nachdem alle Körperöffnungen verstopft worden waren, damit kein Insekt eindringen könne, in dünnes Leinen eingewickelt. Der Körper befand sich in einem kataleptischen Zustand, er war steif und leblos. Er wurde in eine sargähnliche, längliche Kiste gelegt, die von innen mit Zink ausgelegt war. Die Kiste wurde hermetisch verschlossen und ungefähr sechs Fuß tief in die Erde versenkt. Die Grube wurde wieder mit Sand angefüllt. Treue Jünger des Yogis hielten Tag und Nacht Wache bei ihrem begrabenen Meister, während sie fromme Lieder sangen und heilige Silben wiederholten. Scharen von Menschen strömten herbei mit kleinen Opfergaben wie Blumen und Früchten, welche sich für einen Heiligen geziemen. In Anwesenheit von Tausenden von Zuschauern wurde am 21. Tag die Kiste wieder ausgegraben und der Deckel gehoben. Der Körper wurde nicht berührt, bis die Jünger das heilige Wort »OM« von den Lippen des Meisters hörten. Dies war das erste Zeichen des zurückkehrenden Lebens. Der Körper wurde in allen Teilen tüchtig massiert, hauptsächlich am Scheitel. Der Yogi öffnete allmählich die Augen und nahm langsam die Tausende von Menschen in seinen Blickkreis auf. Fromme Leute haben einen Gedenkstein in Erinnerung an den Yogi aufgestellt.«

Der bereits zitierte Eugen Georg beschrieb 1937 einen derartigen Yoga-Schlaf von genau 100 Tagen, der unter der Kontrolle von Medizinern und anderen Wissenschaftlern sowie Militärs stattfand: » . . . Am hundertsten Tage erschienen die Brahmanen. Das Grab wurde geöffnet. Man nahm einen zusammengeschrumpften Leichnam heraus, der in seiner graugelben Färbung einen geradezu widerlichen Anblick bot. Er wurde behutsam auf ein weiches Kissen niedergelegt, und nun begann man in Gegenwart der von der Admiralität eingeladenen Offiziere, den Körper mit wohlriechendem Öl einzureiben. Jedem der Brahmanen war ein Teil des Körpers übertragen, so daß der ganze Körper vom Scheitel bis zu den Zehen zu gleicher Zeit abgerieben wurde. Nach Verlauf von sechs Stunden zeigte sich die Haut, die dem Aussehen und Anfühlen nach pergamentähnlich gewesen war, wieder ganz geschmeidig und zart. Alsdann öffnete einer der Brahmanen den Mund des Fakirs, indem er ein Elfenbeinstäbchen zwischen die Zähne steckte, und flößte dem Schlafenden ein herzanregendes Getränk ein. Die Abreibungen wurden fortgesetzt, aber erst nach 32 Stunden, in denen man unaufhörlich um den Körper beschäftigt war, begann dieser wieder zu atmen. Der Fakir erhob sich! Und wenige Minuten darauf vermochte er auch wieder zu sprechen . . .«

Sie »lassen sich sterben«

Georg kommentiert dieses und ähnliche Ereignisse: »Man hat die merkwürdigsten, man hat alle nur erdenklichen Vorsichtsmaßnahmen angewendet, um bei diesen Yoga-Schlafversuchen alles auszuschalten, was Betrug, Schwindel, Täuschung Vorschub leisten, sie überhaupt möglich machen könnte. Man hat den Fakir – der sich sämtliche Körperöffnungen mit Wachs verstopft, den Schlund mit der hintenübergebogenen Zunge verschließt – in einen Leinwandsack gesteckt, den Sack zugenäht und versiegelt; ihn dann in eine Holzkiste gelegt, die Kiste nochmals verschlossen und versiegelt. Über die ausgemauerte Gruft, die die Holzkiste barg, wurden schwere, zwei und drei Meter lange Steinplatten gewälzt. Eine Wache wurde aufgestellt, die das Grab Tag und Nacht zu beaufsichtigen hatte. Über dem Grab selbst wurde Gerste gesät . . . und geerntet . . .«

Aus den Bergtälern des Himalayas dringen immer wieder Berichte von Mönchen oder auch Eremiten, die nicht nur vorübergehende Bekanntschaft mit dem Tod suchen, sondern freiwillig völlig aus der Welt scheiden, um im Nirvana aufzugehen. Sie betrachten ihr Ableben nicht als Selbstmord. Sie »lassen sich sterben«. Zuerst hören sie auf, ein bestimmtes Glied zu gebrauchen, etwa einen Arm oder ein Bein. Bewußt unterbinden sie nach und nach auch dessen Versorgung mit Blut, bis es schließlich grau und gefühllos wird, abstirbt und abfällt. Dann folgen die anderen Glieder, bis nur noch ein Torso übrigbleibt. Als letztes lassen sie auch diesen absterben.

Hoher Grad der Körperbeherrschung

Natürlich drängt sich die Frage auf, warum Menschen all diese merkwürdigen Dinge tun. Angesichts der schiitischen Märtyrer, die sich zum Todestag Alis, des von ihnen verehrten gemeuchelten vierten Kalifen (Nachfolger Mohammeds), zu Hunderten auf offener Straße bis aufs Blut auspeitschen, metallene Widerhaken durch Rücken und Brust bohren und sich oft sogar an diesen aufhängen, könnte man an eine Art masochistischer Massenhysterie denken. Es ist der fanatische Glaube, der die Männer diese Tortur durchhalten läßt, und es ist die Hoffnung auf religiöse Verdienste, auf einen Platz im Paradies. Ähnliche religiöse Beweggründe haben auch die Hindu-Fakire. Sie erhoffen sich die endgültige Erlösung aus einem tausendfachen Kreislauf von Wiedergeburten. Und bei den philippinischen Karfreitag-Märtyrerinnen verhält es sich kaum anders. Sie wollen Christus, sie wollen Gott selbst näherkommen, indem sie an sich geschehen lassen, was die Menschen ihm zufügten.

Sind sie alle Opfer eines gewaltigen Aberglaubens, eines Aberglaubens, der so stark ist, ihnen die Kraft für scheinbar Menschenunmögliches zu verleihen? Der Gedanke liegt

nahe. Denn den Muslimen – auch den Schiiten – verbietet ihre heilige Schrift, der Koran, jede Form der Askese als Gotteslästerung. Den Körper, ein Geschenk des Schöpfers, soll der Mensch nicht quälen. Er soll ihn pflegen und dankbar für sein wunderbares Funktionieren sein. Und die östlichen Heilslehren des Buddhismus, Hinduismus, Konfuzianismus und so weiter predigen in ihren alten heiligen Schriften zwar die Überwindung alles Materiellen, aber nicht in Form von dessen Negierung, sondern von dessen Beherrschung durch Geist und Seele. Was aber sind die Grenzen dieses souveränen Beherrschens und wo beginnt kleinliche Selbstkasteiung? Die großen Heiligen und Weisen aller Religionen führten durchweg ein Leben in Anspruchslosigkeit. Aber keiner von ihnen quälte sich selbst, denn auch das zu tun bedeutet schließlich, sich zu sehr mit dem materiellen Aspekt des Menschen zu befassen, wenngleich auf negative Weise.

Zuweilen gibt es auch durchaus positive Gründe, den Körper zu ungewöhnlichen Leistungen zu zwingen. Einer davon heißt spirituelle Selbstheilung. Ein anderer heißt »Erledigen von Aufgaben, die noch getan werden müssen«. Er betrifft zahllose Menschen, denen es für eine begrenzte Zeit gelingt, den eigenen Tod hinauszuschieben, um sich vor dem Sterben einer selbstgestellten Pflicht zu entledigen. In Kriegsberichten finden sich immer wieder Protokolle über derartige Leistungen. So verzeichnen US-amerikanische Vietnam-Akten den Fall eines Piloten, der nach einem Beschuß seine Maschine mit offener Schädeldecke und

18 Würde strahlt dieser Hindu-Heilige aus. Oft sitzen solche Männer regungslos am Wegesrand.

19 Feuerschlucker – hier aus Sri Lanka – gehören zu den Fakiren, die Touristen um Almosen bitten.

20 Viele wahre Asketen leben an der Quelle des Ganges oder in den Bergen des Himalaya.

stark verletztem Gehirn weiterflog, um das Flugzeug mit seiner Crew sicher im Bereich der eigenen Stellungen zu Boden zu bringen. Unmittelbar nach der Landung konnten die Ärzte nur noch seinen Tod diagnostizieren, und ihr Urteil lautete, daß er eigentlich sofort bei der Verletzung eingetreten sein müsse.

So unglaublich viele der hier berichteten geistig-körperlichen Leistungen erscheinen mögen, keine davon steht erstaunlicherweise im Widerspruch zu den bekannten physikalischen Naturgesetzen. Allenfalls zeitliche Abläufe werden gerafft oder gestreckt, etwa Pulsfrequenzen nach oben oder unten verändert, Heilungsprozesse drastisch beschleunigt, Blutflüsse verzögert oder völlig gestoppt. Eine ganz andere Kategorie speziell von Yogi-Leistungen umfaßt aber angeblich Phänomene, die durchaus mit den Grundlagen des klassischen Physikverständnisses kollidieren. Sie liegen völlig im Bereich des Okkulten. Auffällig ist einerseits, daß sie einander zu verschiedenen Zeiten und an verschiedenen Orten erstaunlich ähneln, also wohl nicht reiner Phantasie entspringen. Andererseits sind für sie im Gegensatz zu den bisher beschriebenen Phänomenen keine Experimente unter wissenschaftlicher Kontrolle bekannt. Dennoch sollen sie hier erwähnt werden, denn entsprechende Beschreibungen finden sich immer wieder in der Yoga-Literatur, in Reiseberichten aus entlegenen Himalaya-Bergtälern und allgemeinen esoterischen Schriften.

300 Jahre alte Yoga-Meister?

Behauptet wird unter anderem, manchen Yoga-Meistern gelänge die Entwicklung zum Übermenschen. Sie könnten nicht nur ihr Leben praktisch beliebig verlängern (im südindischen Kodaikanal-Gebiet soll es bis zu 300 Jahre alte Meister geben), sie würden auch die vier klassischen Elemente beherrschen: Feuer, Wasser, Erde und Luft. Sie seien in der Lage, in der Dunkelheit aus ihren Achselhöhlen ein Leuchten erstrahlen zu lassen, sie könnten über Wasser gehen und sogar durch die Luft fliegen. Sie könnten sich dematerialisieren und an einem beliebig entfernten Ort wieder körperlich in Erscheinung treten.

Die Himalaya-Kennerin Alexandra David-Neel beschreibt die »Lungompas«, bestimmte tibetische Asketen, die sich angeblich frei durch die Luft bewegen können. Sie selbst will miterlebt haben, wie sich ein Lungompa vom Boden erhob, einige Meter weiter wieder die Erde berührte, dort abfederte und weit entfernt erneut aufkam, um in mehreren solchen Sätzen unglaubliche Entfernungen zu überwinden. Er habe sich dabei über gefährliche Felsen und Gipfel bewegt, sogar ohne einem Fußweg zu folgen. Obwohl er jeden Schnelläufer bei weitem an Geschwindigkeit übertraf, hatte sie als Zuschauerin aufgrund seiner elastischen Sprungbewegungen den Eindruck eines langsam bewegten Gegenstandes. So selten diese Luftreisenden im tibetanischen Bergland auch sein mögen, die Autorin behauptet, daß jeder Tibeter einen Lungompa sofort als solchen erkennen und ihm augenblicklich ausweichen würde, um ihn in seinem Trancezustand nicht zu stören. Das könnte den sofortigen Tod verursachen. Hat ein Lungompa sein Ziel erreicht, berichtet David-Neel weiter, dann bindet er sich Gewichte an die Füße, wenn er seinen normalen Zustand wiedergefunden hat.

Diese und andere Erzählungen physikalischer Unmöglichkeiten gehören gewiß in den Bereich der Fabel. Wo aber haben sie ihre Wurzeln? Warum tauchen sie in sehr ähnlicher Form immer wieder auf? In seinen Don-Juan-Büchern beschreibt Carlos Castaneda, wie sich der Indianer-Magier Don Genaro mit schlafwandlerischer Sicherheit ungeheuer behende über die steilen, glitschigen Klippen eines felsigen Wasserfalls bewegte. Sein Bericht erinnert durchaus an die Fortbewegungsweise der tibetanischen Lungompas. Erst wesentlich später erfährt Castaneda von seinem Lehrmeister Don Juan, daß es gar nicht Don Genaro selbst war, den er gesehen habe, sondern dessen »zweites Ich«, dessen »Geistkörper«.

Physikalisch nicht zu erklären

Die physikalisch nicht erklärlichen Leistungen von Yogis und anderen spirituell hochgradig trainierten Menschen liegen – wenn es sie denn gibt – mit Sicherheit außerhalb des körperlichen, des materiellen Bereichs. Sie entstammen den Trance-Erfahrungen, den mystischen Reisen von Schamanen, die in ihrer »anderen Wirklichkeit« ebenfalls fliegen, über Wasser gehen und sich sogar innerhalb der Erde fortbewegen können, und all das als Realität empfinden. Erzählen sie ihren mit physikalischem Denken nicht vertrauten Mitmenschen von solchen Erlebnissen, dann werden diese sie für Fakten halten. Sehr wahrscheinlich sind hier die Wurzeln der Berichte von Übermenschen zu suchen.

Die Pflicht der Suche

1

2

3

Kaum eine Kultur wird heute – auch von Fachleuten – so weitgehend mißverstanden wie die der Kelten. Ganz besonders gilt dies für die Druiden, die keltische Priesterkaste. Römische Autoren sagten ihnen grausame Menschenopfer nach, nach heutigem Wissen wahrscheinlich zu Unrecht. Heute gelten sie oft als die Erbauer prähistorischer Kultanlagen aus gigantischen Steinen, zu sehen in Stonehenge und den Menhiren der Bretagne. Doch stammen diese Stätten aus der Jungsteinzeit und sind Jahrtausende älter.
Wer waren die Druiden wirklich? Nur Indizien erlauben Rückschlüsse auf das religiöse Weltbild und die kultischen Praktiken dieser alten keltischen Seher. Denn historisch belegbare Spuren haben sie kaum hinterlassen. Sie beherrschten die Schrift, verboten aber schriftliche Aufzeichnungen. An ihren heiligen Orten errichteten sie weder Bauten noch Altäre.

1/4 So stellt man sich die Druidenpriester vor. Druiden unserer Zeit begehen ihre Kultfeste zur Zeit der Tag- und Nachtgleiche sowie zur Winter- und Sommersonnenwende.

2/6 Druiden zelebrierten ihre Kulthandlungen auf heiligem Boden. Auch Stonehenge verehrten sie

4

5

6

So ganz ernst darf man die hinreißenden Abenteuer von Asterix, Obelix und den anderen Galliern in ihrem Dorf bei Kleinbonum in der Normandie, das dank der Kraft eines Zaubertranks aus Misteln standhaft Cäsars Angriffen trotzt, nicht nehmen. Zwar mag der Druide Miraculix in der Tat mit goldener – oder besser mit vergoldeter – Sichel Mistelzweige geschnitten und daraus ein Getränk gewonnen haben; aber Obelix hinkte seiner Zeit mindestens zwei Jahrtausende nach, denn die Ära der Menhir-Bauer lag ebensolange vor der gallischen Kultur wie diese vor unserem 20. Jahrhundert.

Zwar mag der Stammesverband von Asterix in einem kleinen Dorf in dichten, dunklen Wäldern gelebt haben, aber mit seiner Selbständigkeit war es nach dem Sieg von Cäsar über den großen Keltenfürsten Vercingetorix im Jahre 52 v. Chr. nicht mehr weit her. Nach anfänglichen Erfolgen wurde dieser letzte Anführer der Gallier in Alesia eingeschlossen, zur Übergabe gezwungen und sechs Jahre später, nach Cäsars Triumph über Gallien, hingerichtet.

Die beliebte Cartoon-Serie um Asterix ist dennoch nicht nur als Unterhaltungsliteratur recht aufschlußreich. Sie spiegelt zahlreiche, tief verwurzelte Vorurteile über die alten Gallier und die Kelten wider, die auch heute nicht ausgerottet sind und bis vor einigen Jahrzehnten sogar noch von manchen Geschichtswissenschaftlern geteilt wurden. Sie gehen samt und sonders auf das Zeitalter der Romantik zurück, als die prä- und protohistorische Forschung noch in ihren Kinderschuhen steckte, frühe Datierungen kaum mög-

kultisch. Das Monument entstand allerdings schon 2000 Jahre früher.

3 Der keltische Totenkult wird an diesem Portikuspfeiler schauerlich dargestellt.

5 König Artus und der Zauberer Merlin, der als Druidenpriester Ratschläge gab.

lich waren und zugleich so etwas wie eine generelle Keltomanie aufblühte.

In dieser Zeit entstanden die zahlreichen wirren Vorstellungen von zauberkundigen Keltenpriestern, den Druiden, die mit magischen Kräften gigantische Hünengräber, Steinkreise aus tonnenschweren Monolithen, viele Meter hohe Menhire und andere sakrale Monumentalbauten auf den Britischen Inseln und in Nordfrankreich errichtet haben sollen. Nichts davon stimmt. Die Großsteinbauer der sogenannten Megalithkultur lebten zwei bis vier Jahrtausende oder mehr vor den Kelten.

Besonders der prähistorische Steintempel Stonehenge in England gilt den Keltomanen als bedeutendes Druidenheiligtum, und die sich auf altes Kulturgut berufende Gruppe heutiger »Neodruiden« begeht dort ihre Kultfeste zur Zeit der Tag- und Nachtgleiche sowie zur Winter- und Sommersonnenwende.

Doch als die wirklichen Druiden auf den Britischen Inseln lebten, war die mächtige Steinkreisanlage bereits rund 2000 Jahre alt. Die Druiden haben dort auf uraltem heiligen Boden Kulthandlungen zelebriert, aber auch unzählige christliche Kirchen stehen heute an Plätzen, wo sich früher Steinzeit-Sanktuarien oder griechische und römische Tempel befanden.

Zwischen Phantasie und Forschung

Auch feierten die alten Druiden ihre Feste nicht an den genannten Eckdaten des Sonnenjahres. Sie hatten einen dem Sonnenjahr angeglichenen Mondkalender, und ihre vier jährlichen Hauptfeiertage fielen auf den 1. November, der das Ende des Sommers markierte, den 1. Februar, der als Mittwinter galt und aus dem das Christentum das Lichtmeßfest gemacht hat, den 1. Mai als Sommerbeginn und den 1. August, den die Kelten als Mittsommerdatum betrachteten. Nichts von alledem ist den meisten Neodruiden überhaupt bekannt.

Der bedeutende Druidenforscher Jean Markale charakterisiert das generell verbreitete Unwissen auf seinem Fachgebiet so: »Jede Studie über das Druidentum muß mit einer Entmystifizierung beginnen ... Zwischen dem Bild der Druiden, das uns die Dokumente (der modernen Keltenforschung) vermitteln, und den romantischen Phantasievorstellungen, die sich hartnäckig bis in die heutige Zeit gehalten haben, liegen Welten ... Leider haben einige durchaus qualifizierte Historiker die Phantasiegebilde der Romantik als bare Münze genommen.«

Wie kam es zu diesen Mißverständnissen? Verursacht haben sie die Druiden selbst, und zwar ganz systematisch: Sie hinterließen ihrer Nachwelt so gut wie nichts. Der Schrift zwar kundig, verboten sie es, schriftliche Aufzeichnungen zu religiösen und kultischen Dingen zu machen, und auch ihre großen Mythen durften nur mündlich weitergegeben werden.

Tempel oder andere Gotteshäuser bauten die Druiden nicht, ja, ihre Kultplätze waren nicht einmal in irgendeiner Weise befestigt. Es waren einfach heilige Lichtungen im Walde. Vielleicht gab es dort einfache Holzkonstruktionen. Wahrscheinlich ist auch das nicht. Kultplätze waren ihnen in der von der Natur gegebenen Form heilig; der Mensch durfte sie weder verändern noch irgend etwas dort hinterlassen.

Erst nach der Eroberung durch Rom bauten einige wenige späte Druiden, in ihrer Funktion zur Bedeutungslosigkeit herabgesunken, Rundtempel nach römischem Vorbild, wohl um die letzten Reste ihrer einstigen Macht zu dokumentieren.

Woher wissen wir heute von den Druiden, ihrem Glauben, ihren Riten und Kulten? Es sind durchweg Informationen aus zweiter Hand, die deshalb einen erheblich spekulativen Charakter besitzen. Zum einen gibt es zahlreiche schriftliche Berichte der römischen Invasoren. Zum zweiten haben auch die frühen Christen im Gebiet der einst keltischen Lande Aufzeichnungen über das Druidentum hinterlassen, das schließlich nicht von heute auf morgen zugrunde ging, sondern dem Christentum Zug um Zug wich und zum Teil sogar in diesem fortlebt.

Zu christlichen Priestern geweiht

Solche schriftlichen Überlieferungen sind generell nicht objektiv. Die noch junge christliche Religion verteufelte die alten »heidnischen« Bräuche. Das geschah teils aus naivem religiösem Eifer, teils auch ganz gezielt, um die spirituelle Konkurrenz auszuschalten. Während der Übergangszeit warb man sogar Druiden ab und weihte sie zu christlichen Priestern. Die religiös weniger interessierten Römer versuchten zwar, objektive Berichte über die Druiden abzufassen, und nicht wenige der intellektuell wie gesellschaftlich hochstehenden Autoren waren sogar mit bedeutenden Druiden befreundet; doch auch ihre Berichte lieferten grobe Zerrbilder, denn die Autoren verstanden die Druiden einfach nicht. Valerius Maximus bemerkte offen: »Sie sind von der Unsterblichkeit der menschlichen Seele überzeugt; ich würde sie deswegen für dumm halten, stimmten die Vorstellungen dieser bärtigen Barbaren nicht mit denen

7

7 An ihren heiligen Orten haben die Druiden keine Tempel erbaut oder weise Männer bestattet. Es sind Plätze in der Wildnis, von den Menschen möglichst unberührt, denen man sich mit größter Ehrfurcht näherte. Charakteristisch sind Gewässer, Berggipfel und stille Waldlichtungen.

8

8 Die keltische Kultur begann etwa im 5. Jh. v. Chr. und hielt sich in den Nordreichen bis ins 6. Jh. n. Chr. Der berühmte Silberkessel von Gundestrup, auf dessen Reliefplatten Reiter, Krieger, Carnyxbläser sowie göttliche Wesen dargestellt sind, stammt aus dem 1. Jh. n. Chr.

überein, die auch Pythagoras, den das Pallium schmückte, vertreten hat.«

Wie unsicher die griechischen und lateinischen Autoren in bezug auf die Druiden waren, geht schon daraus hervor, daß sie diese Keltenpriester einmal als »Philosophen«, einmal als »Magier«, dann wieder als »Seher« oder als »Dichter und Barden« bezeichnen.

Der französische Historiker Etienne Renardet begründet die Wurzeln der zahlreichen Mißverständnisse: »Für einen Römer hört das Universum an der Grenze seines Landes auf. Außerhalb dieses Universums gibt es für ihn nur unwissende Völker, die möglichst intensiv ausgebeutet werden müssen. Diese Völker haben zwar sehr ursprüngliche religiöse Vorstellungen, aber aufgrund seiner Einbildung, dem einzigen zivilisierten Volk der Welt anzugehören, zögert Cäsar nicht, bei seiner Beschreibung der gallischen Religion die römische Götterwelt als Bezugssystem zu verwenden. Die Gallier haben aber keineswegs dieselben religiösen Vorstellungen wie die Römer.«

Dennoch verdanken wir gerade Cäsar einige sehr aufschlußreiche Passagen über die Druiden. So schreibt er in »De bello gallico«: »In ganz Gallien gibt es zwei Klassen von Menschen, die Geltung und Ehre genießen, denn das niedere Volk nimmt beinahe die Stellung von Sklaven ein . . .

Druiden, Ritter, Krieger und das Volk

Die eine Klasse ist die Klasse der Druiden, die andere Klasse ist die der Equites (Ritter oder Krieger). Die Druiden versehen den Götterdienst, besorgen die öffentlichen und privaten Opfer und legen die Religionssatzung aus. Bei ihnen finden sich junge Männer in großer Zahl zur Unterweisung ein, und sie genießen hohe Verehrung, denn sie entscheiden bei fast allen öffentlichen und privaten Streitigkeiten. Sie sprechen das Urteil, wenn ein Verbrechen begangen wurde, ein Mord geschah, Erbschafts- oder Grenzstreitigkeiten ausbrechen; sie setzen Belohnungen und Strafen fest. Fügt sich ein einzelner oder ein Volksstamm ihrer Entscheidung nicht, so schließen sie die Betroffenen vom Götterdienst aus. Dies stellt bei den Galliern offenbar die härteste Strafe dar . . . An der Spitze aller Druiden steht derjenige, der bei ihnen das größte Ansehen genießt . . . Die Druiden ziehen gewöhnlich nicht in den Krieg und zahlen auch keine Abgaben wie die übrigen Gallier. Sie sind vom Waffendienst befreit und haben keine anderen Verpflichtungen.«

Aus solchen und ähnlichen Überlieferungen erarbeitete die moderne Druidenforschung besonders im Verlauf der letzten Jahrzehnte in mühsamer Kleinarbeit ein in sich erstaunlich gerundetes und weitgehend widerspruchsfreies Bild des alten Druidentums. Am gesichertsten sind dabei natürlich die rein äußerlichen Fakten: Das Druidentum ist fest an die keltische Gesellschaftsstruktur gebunden. Und diese fand sich im gesamten keltischen Siedlungsraum. Der allerdings war nicht gerade klein. Er umfaßte die Galater Kleinasiens ebenso wie die Gallier der Poebene und Südgalliens, die Bewohner der Keltika, also der heutigen Schweiz und des Landes zwischen Seine und Garonne, die Gallier Belgiens und der Normandie, die Britonen Englands und Schottlands und die Gälen in Wales und Irland.

Zeitlich betrachtet kristallisierte sich die keltische Kultur etwa im 5. Jahrhundert vor Christus heraus. Nach der Eroberung Galliens durch Cäsar verschwand sie nach und nach auf dem Kontinent. Auf den Britischen Inseln hielt sie sich bis ins 6. Jahrhundert nach Christus, und in der Bretagne, in Wales und Irland hat sie in ihren Grundzügen bis heute überlebt. Das gleiche gilt für das spanische Galizien.

In diesem geographischen Großraum lebten zahlreiche, zum Teil grundverschiedene Völker, deren Wurzeln im einzelnen noch gar nicht bekannt sind. Einige davon gehen sehr wahrscheinlich auf die Skythen zurück. Was sie alle verband, war die keltische Kultur, in der bis zur Christianisierung das Druidentum eine zentrale Rolle spielte. Weil es keine Trennung zwischen Religion und Alltagsrealität, zwischen Sakralem und Profanem kannte, umfaßte es die Fragen des Glaubens und der Metaphysik ebenso wie jene der Philosophie, der Justiz oder der Politik.

Sänger, Priester und Gesetzgeber

Das Druidentum war ein vollständiges soziales System. Getragen wurde es innerhalb der keltischen Kultur von der Klasse der Druiden, die sich deshalb von den Römern und Griechen so schwer beschreiben ließ, weil die Aufgaben der Druiden ebenso vielseitig waren wie das System selbst. Der Druide war zugleich Sänger und Priester, Gesetzgeber und Richter, Philosoph und Magier. Seine Macht war groß. Kein Keltenkönig durfte öffentlich das Wort ergreifen, bevor nicht der Druide gesprochen hatte.

Was insbesondere die Römer nicht verstehen konnten, war die Tatsache, daß jeder, der sich zum Druidentum berufen fühlte und dazu befähigt war, auch Druide werden konnte, gleich auf welcher sozialen Ebene sein Elternhaus stand. Ob er das Mitglied einer Königsfamilie, ob er Krieger, Bauer, Hirte, Handwerker oder Sklave war, er konnte sich um die Ausbildung in einer Druidenschule bewerben und damit in die keltische Eliteklasse aufrücken.

9

10

11

Bei sozialen Systemen, die keine Trennung zwischen Staat und Klerus kennen, ist die Basis immer eine religiöse. Wenngleich sich Christentum, Judentum und Islam sowie einige andere Hochreligionen ausdrücklich als »Offenbarungsreligionen« bezeichnen, kommt ihnen doch dieses Merkmal nicht allein zu. Im Grunde ist jede Religion eine Offenbarungsreligion, denn jede Religion fußt auf Glaubensinhalten, fußt auf transzendentem Wissen, und woher sollte dieses rühren, wenn nicht aus Offenbarungen?

Nur kann die Form der Offenbarungen recht unterschiedlich sein. Ein Religionsstifter beruft sich darauf, daß ihm persönlich ein Verzeichnis göttlicher Gebote ausgehändigt wurde, ein anderer darauf, daß ihm Gott oder einer seiner Engel eine komplette heilige Schrift einschließlich allumfassender Gesetzestexte diktiert habe.

Derartige Offenbarungen kennt das Druidentum offensichtlich nicht. Zumindest ist nichts dergleichen überliefert. Es gibt keine fundamentalen heiligen Texte, und auch bedeutende Propheten sind nicht bekannt. Aber es gab eine grundlegende religiöse Philosophie, und die lehrte den fortwährenden Umgang mit dem Göttlichen. Nicht eine heilige Schrift gab den Kelten Verhaltensmaßregeln und einen Moralcodex für den Alltag, sondern die ständige Zwiesprache mit Gott oder der Natur. Diese Zwiesprache führten in besonderem Maße die Druiden.

Es ist schwer zu sagen, wie das Götterbild der Druiden

9/11 Unzählige christliche Kirchen stehen heute an Plätzen, an denen sich Steinzeit-Heiligtümer befanden. Auch die Druiden begingen ihre Kulthandlungen oft an solchen historischen Stätten.

10/13 »Vor allem anderen verehrten die Kelten den menschlichen Kopf, denn der Kopf galt . . . als Seele . . .«

12

13

14

aussah. Alle Beschreibungen sind römisch oder christlich übertüncht, und während die Römer den Kelten wie selbstverständlich ein polytheistisches Weltbild unterstellten, versuchten die Christen, wohl vorsätzlich als Abgrenzung zur eigenen Religion, den Druiden Vielgötterei und damit Götzenkulte zu unterschieben. Viele moderne Religionshistoriker schließen sich dieser Auffassung an, denn die meisten von ihnen stammen selbst aus dem christlichen Kulturkreis.

Würden Archäologen späterer Jahrtausende auf die Überreste heutiger katholischer Kirchen stoßen, dann würden auch sie sehr wahrscheinlich glauben, die alten Tempel einer polytheistischen Religion vor sich zu haben. An Darstellungen von Gottvater und Gottsohn, von Maria oder auch von zahllosen Heiligen an Nebenaltären fehlt es nicht. Und wenn es keinerlei schriftliche Überlieferungen gibt, kommt es nur allzu leicht zu vorschnellen Urteilen.

Wirklich einfühlsam scheint mir die Auffassung des Druidenforschers Markale: »Es ist überhaupt sinnvoller, sich zu fragen, ob die Anbetung zahlreicher Götter im Grunde nicht nur ein praktisches Mittel ist, um eine einzige, unbekannte Gottheit unter Berücksichtigung der vielfältigen, ihr zugeschriebenen Funktionen zu verehren . . . Um sich zu manifestieren, muß sich die Gottheit in ihre verschiedenen Gestalten teilen. Und das ist der Übergang vom Absoluten zum Relativen. So gesehen sind die keltischen Götter Manifestationen der vielfältigen Funktionen eines absoluten, unbekannten, unfaßbaren, unbenennbaren und damit unendlichen Gottes, den man sich als Ursprung alles Seienden

12/14 ». . . denn bei fast allen öffentlichen und privaten Streitigkeiten urteilen und entscheiden die Druiden . . . Fügt sich ein Privatmann oder ein Volksstamm ihren Entscheidungen nicht, so schließen sie die Betroffenen vom Götterdienst aus. Dies stellt bei ihnen die härteste Strafe dar.« (Cäsar)

15

15 Der römische Autor Lucanus schildert keltische Kultstätten so: »Die Druiden wohnten in den Tiefen der Wälder und zogen sich dorthin zurück, wo es keine andere Menschenseele gab. Sie zelebrierten . . . einen düsteren Kult . . . Ihre Götter beteten sie . . . an, ohne dafür Tempel zu benutzen.«

denkt . . . Aus diesem Grunde wird man kaum von einem Polytheismus seitens der Kelten sprechen können, zumindest nicht auf der höchsten Ebene, das heißt nicht auf der Ebene der Priesterklasse. Daß das Volk die göttlichen Konfigurationen wörtlich genommen haben könnte, liegt natürlich im Bereich des Möglichen, aber nicht einmal das ist sicher.«

Ganz ähnliches kennen wir ja aus dem Hinduismus. Für den Außenstehenden gibt er sich als klassische polytheistische Religion, aber dem modernen Hindu-Gelehrten fällt es keineswegs schwer, seine Religion als Eingott-Glauben darzustellen. Andererseits kennt der streng monotheistische Islam hundert Namen Gottes, und wer weiß, was geschähe, wenn es den Muslimen nicht verboten wäre, sich ein Bild von Gott zu machen. Vielleicht würden sie sich den hundert Namen entsprechend hundert Bilder von Gott machen.

Vieles spricht im Kern für einen druidischen Eingott-Glauben, selbst wenn dieser Gott zahlreiche Aspekte besitzt. Diesen zahlreichen Aspekten Gottes entspricht, daß sich Gott nicht in Formeln fassen läßt, auch nicht in heilige Schriften. Man muß ihn selbst erfahren. Mehr noch: Jeder Druide muß das Göttliche selbst erfahren. Hierin liegt die keltische Auffassung von Offenbarung.

Gott offenbart sich nicht ein für allemal durch den Mund eines Propheten, er offenbart sich jedem, der ihn sucht. Diese Suche war nicht etwa jedem Kelten freigestellt, sie war für jedermann Pflicht. Sie spiegelt sich in der Artus-Legende wider, in der ja auch alle Ritter der Tafel-

16 Schaft eines keltischen Steinkreuzes aus dem 8. oder 9. Jh.

17 Steinrelief eines gehörnten keltischen Gottes aus dem 1. nachchristlichen Jh.

18 Teil eines bronzenen Kübels aus keltischer Zeit, gefunden in Kent.

runde ausziehen, um den Gral zu suchen, das symbolische Gefäß transzendenter Weisheit.

Dabei fällt auf, daß die Ritter nicht etwa nach einem gemeinsamen Plan operieren. Jeder zieht für sich allein aus, jeder sucht den Gral vollkommen auf sich gestellt. Im Grunde bedeutet das nichts anderes, als daß jeder seinen eigenen Gral sucht.

Zugrunde liegt dieser höchst privaten Suche nach dem Göttlichen bei den Druiden das uralte Bild Gottes als ein allumfassender Kreis, dessen Mittelpunkt überall und dessen Umfang nirgends ist. Wo immer sich der Suchende befindet, ist er also im Zentrum dieses Kreises, und genau dort kann er das Göttliche finden. Wichtig ist also nicht der Ort, wichtig ist die Suche selbst.

Dennoch kennt das Keltentum heilige Orte. Aber das sind keine Plätze, an denen der Mensch Tempel gebaut oder etwa weise Männer bestattet hätte. Es sind Plätze in der Wildnis, von Menschen möglichst unberührt, denen man sich mit äußerster Ehrfurcht nähert. Hier steht das Druidentum auf demselben uralten spirituellen Boden wie die Schamanen der Naturvölker, die den Zugang zum Numinosen ebenfalls grundsätzlich überall finden, dafür aber besondere »Orte der Kraft« bevorzugen.

Heilige Orte der Druiden

Die charakteristischen heiligen Orte der Druiden sind Quellen, Berggipfel, vor allem aber das »nemeton«, die heilige oder himmlische Waldlichtung. In der Spätphase des Druidentums errichtete man hier große Götterbilder, wahrscheinlich angeregt durch römische oder christliche Praktiken.

Der römische Autor Lucanus beschreibt diese keltischen Kultstätten: »Die Druiden wohnten in den Tiefen der Wälder und zogen sich dorthin zurück, wo es keine andere Menschenseele gab. Sie zelebrierten barbarische Rituale und einen düsteren Kult . . . Ihre Götter beteten sie in Wäldern an, ohne dafür Tempel zu benutzen.«

Speziell von dem gallischen Nemeton bei Marseille berichtete Lucanus: »Das Volk nahte sich niemals der Kultstätte, denn sie war ausschließlich den Göttern vorbehalten . . . Selbst der Priester fürchtete sich davor, dem Herrn des heiligen Haines nahe zu kommen.«

Was die »barbarischen Rituale« betrifft, die Lucanus und andere Römer erwähnen, so sind damit Menschenopfer gemeint. Die Druiden sollen möglichst vollkommen gebaute und gesunde junge Menschen in geflochtenen Weidengestellen oder in scheiterhaufenähnlichen, aber innen hohlen Holzkäfigen bei lebendigem Leibe verbrannt haben. Liest man aber die römischen Berichte aufmerksam und mit ethnologischer Sachkenntnis, dann fallen rasch zahlreiche Ungereimtheiten auf. Die »Opfer« wurden nämlich vor ihrer »Verbrennung« im Inneren der Käfige mit Nahrung und mit alkoholischen Getränken versorgt. Mehr noch: Zu dem brennenden Holz wurde vielfach Hanf gemengt, dessen Rauch bekanntlich eine berauschende Wirkung hat.

Sichere Anzeichen sprechen dafür, daß die Holzkäfige über unterirdischen Räumen aufgestellt wurden, in deren Innerem die »Opfer« das Ritual überlebten. Genau das entspricht auch keltischen Legenden, nach denen sich Helden, zum Beispiel der Bretone Yann, zuweilen im »Inneren der Feuersglut« aufhalten.

All das deutet auf ein Todes- und Wiedergeburtsritual hin, während dessen der Mensch nicht nur geläutert wird, sondern auch große mystische Kräfte gewinnt. Derartige Totenrituale sind auch heute noch bei zahlreichen Naturvölkern verbreitet. Und an den brennenden Holzkäfig erinnern Reinigungsgebräuche mancher nordamerikanischer Indianerstämme, deren Mystiker sich regelmäßig in Schwitzhütten aus Ästen, Zweigen und Laub zusammenfinden, aus denen im Betrieb heißer Qualm dringt.

Totenritual oder Menschenopfer

Die Römer mögen diese keltischen Rituale durchaus für Menschenopfer gehalten haben, denn auch wenn sie Druiden danach befragten, wird die Antwort gewesen sein, es handle sich um wirklichen Tod. Für sie war mystisches Geschehen ebenso real wie alltägliche Begebenheiten.

Das Erlebnis des eigenen mystischen Todes war eine Wiedergeburtsreise in die »andere Welt«, das die Erfahrung der Unsterblichkeit der Seele gewährte. Rudimente dieses keltischen »Feuertodes« finden sich noch im Brauchtum späterer Zeiten, etwa im Sprung über das Johannisfeuer oder im Brauch, am 1. Mai die Herden zwischen zwei Feuern hindurchzutreiben, um die Gesundheit und Stärke bringende Kraft der »anderen Welt« zuteil werden zu lassen.

Natürlich standen Todesrituale auch im Mittelpunkt der mystischen Suche. Und diese wiederum gab dem Kelten einen unmittelbaren Schlüssel zum Sinn seines Lebens. Das Ziel dieser Suche war es nämlich, die »andere Welt« schon zu Lebzeiten kennenzulernen, und diese »andere Welt« war nach druidischer Auffassung weder ein christliches Jenseits mit Himmel, Hölle und Fegefeuer, noch entsprach sie völlig den nichtalltäglichen Realitätsebenen etwa der Schamanen.

19

19 Von den Kelten sind keine heiligen Texte überliefert, auch bedeutende Propheten sind nicht bekannt. Nicht ein festgeschriebener Moralcodex gab Verhaltensregeln, sondern die ständige Zwiesprache mit Gott und der Natur. Diese Zwiesprache führten die keltischen Priester, die Druiden.

Die Druiden sahen in der »anderen Welt« einen zeit- und raumlosen Ort, an dem im Gegensatz zur irdischen Welt das göttliche Prinzip vollkommen realisiert ist. Die »andere Welt« war ein Platz, an dem eine Gesellschaft im absoluten Einklang mit den Gesetzen Gottes, mit den ewigen Gesetzen des Kosmos, lebte.

Der Sinn des irdischen Daseins lag darin, eine solche göttliche Welt auch auf Erden zu verwirklichen. »Dein Reich komme, wie im Himmel so auch auf Erden.« Es war die Lebensaufgabe aller Geschöpfe, dieses Ziel anzustreben. Damit das aber möglich war, mußte man die »andere Welt« schon zu Lebzeiten kennenlernen. Und das erforderte Traumreisen, Todes- beziehungsweise Jenseitserfahrungen und Offenbarungen in Trance und Ekstase. Das machte die spirituelle Suche zum obersten Gebot für jedermann.

In den keltischen Sagen fehlt es nicht an Bildern der »anderen Welt«, in der es keine Klassen, kein Arm und Reich, kein Leiden und auch keine Arbeit gibt, in der niemand altert und niemand stirbt, weil die Zeit in der irdischen Form nicht mehr existiert.

Die paradiesischen Inseln Avalon und Emain Ablach spiegeln dieses Bild der »Insula Fortunata«, die freilich auf irdischen Landkarten keinen Platz hat und dort nur von naiven Gemütern gesucht wird.

Im irischen Sagenschatz reist der Held Bran über das Meer zur »glücklichen Insel«. Auch das ist natürlich eine mystische Reise. Das Geschaute beschreibt er so: »... anmutige Erde, gespannt über die Jahrhunderte der

20–22 Klare Aussagen über die Druiden sind sehr schwierig, denn obwohl der Schrift kundig, waren schriftliche Aufzeichnungen verboten. Mythen durften nur mündlich weitergegeben werden. Daher liegen zwischen den romantisierenden Vorstellungen und historischer Forschung oft Welten.

23

24

Welt, über die sich Blumen breiten ohne Zahl. Drauf steht ein alter Baum in Blüten, in seinen Wipfeln rufen die Vögel die Stunden . . . Unbekannt sind Klage oder der Verrat, der so bekannt ist auf der kultivierten Erde; nichts Schnödes und Schroffes gibt es hier, statt dessen dringt sanfte Musik ans Ohr. Weder Leid noch Trauer, weder Tod noch Krankheit oder Siechtum, – daran erkannt man Emain, die Insel; selten wurde ein solches Wunder geschaut. Schönheit einer Erde voller Zauber, unvergleichlich sind ihre Nebel . . ., Reichtümer, Schätze aller Art birgt dies stille Land, frische Pracht, die von sanfter Musik widerhallt bei herrlichstem Wein . . .«

Nun ließe sich fragen, warum nicht einige wenige Priester die geistige Suche nach der »anderen Welt« unternahmen und das von ihnen mystisch Erfahrene an alle Kelten weitergaben, so wie das die Propheten und Heiligen der Hochreligionen machten.

Die Druiden waren der Auffassung, daß die spirituelle Welt eine höchst persönliche Welt ist, über die sich mit Worten nichts mitteilen läßt.

Auf Merlins Wegen

Die keltischen Druiden mochten Weissagungen machen, mochten Prognosen für die irdische Zukunft geben, die ihnen in Trance zuteil wurden, aber die »andere Welt« zu suchen, blieb Aufgabe jedes einzelnen. Diese Haltung spiegelt sich in der Gestalt des weisen Druiden-Zauberers Merlin. Stellte ihm jemand eine Frage, dann – so heißt es – brach er in schallendes Spottgelächter aus und gab schließlich eine rätselhafte oder sogar eine sichtlich falsche Antwort. Dieses Verhalten erinnert stark an jenes der Zen-Meister.

Der Druiden-Kenner Markale kommentiert: »Merlins Gelächter hat nämlich die Funktion, zu provozieren: Es will den Frager darauf aufmerksam machen, daß er die Antwort auf seine Frage selbst finden muß, denn der Seher hat lediglich die Aufgabe, ihn mit der ›anderen‹ Welt in Verbindung zu bringen. Diesem Zweck dienen sowohl das Lachen als auch die Kraft der Stimme, denn beide vermögen es, die Gesetze der Zeit außer Kraft zu setzen – eine notwendige Voraussetzung dafür, daß sich die Zukunft mit ihren Geheimnissen offenbart, die wiederum nur eine noch nicht festgelegte Vergangenheit ist.«

Diese Zukunft kann nur gestalten, wer sie kennt, also wer sie höchstpersönlich erfährt. Das ist kein platter Fatalismus, denn die Zukunft visionär zu kennen, heißt ja nicht, einen unveränderlichen, starren Handlungsablauf vor sich zu sehen, sondern Einsicht in das göttliche Weltenziel und damit in den Sinn des eigenen Lebens zu gewinnen.

23/24 Die Druiden sahen in der anderen, der jenseitigen Welt einen zeit- und raumlosen Ort, an dem das göttliche Prinzip vollkommen realisiert ist. Es war ein Platz, an dem die Gesellschaft in absolutem Einklang mit den Gesetzen Gottes, mit den ewigen Gesetzen des Kosmos, lebte.

Das Monster vom Loch Ness

2

1

3

Das wohl berühmteste Ungeheuer der Welt, das scheue Monster vom Loch Ness – existiert es wirklich?

Zahlreiche Augenzeugenberichte sowie undeutliche Foto- und Filmaufnahmen sorgten seit 1933 immer wieder für sensationelle Zeitungsmeldungen. Hatte eine vorzeitliche Tierart in den Tiefen des schottischen Sees überlebt? Oder war »Nessie« nur eine erfundene Phantasiegestalt, um den Tourismus in dieser Gegend zu beleben? Eingesetzte Suchexpeditionen waren erfolglos. In den siebziger Jahren begann sich sogar die Bostoner Akademie für Angewandte Wissenschaft für den Loch Ness und seine Monster zu interessieren.

Die Jagd nach »Nessiteras rhombopteryx« geht weiter: Die geheimnisumwitterten Seetiere sollen auch anderenorts gesichtet worden sein.

1/2/3 Der langgestreckte und 230 Meter tiefe See Loch Ness in Nordschottland soll Lebensraum eines rätselhaften Wassertieres unbekannter Art und großen Ausmaßes sein. Das berühmteste Foto von »Nessie«, das bereits 1934 aufgenommen wurde, zeigt verschwommen Kopf und Hals des Ungeheuers.

4

5

6

In ihrer Ausgabe vom 27. August 1930 berichtete die schottische Tageszeitung »Northern Chronicle« über ein merkwürdiges Erlebnis dreier junger Männer aus Inverness, die von einem Boot aus im Loch Ness fischten. Das Blatt schrieb, daß die Männer in rund 600 Yards (ca. 550 Meter) Entfernung Turbulenzen beobachtet hätten, die sich ihrem Boot rasch bis auf annähernd 300 Yards näherten. Schaum gischtete hoch in die Luft, gab aber doch die Sicht auf etwas frei, was sie als einen ungefähr 20 Fuß (ca. sechs Meter) langen Körper beschrieben, der etwa drei Fuß (90 Zentimeter) weit aus dem Wasser ragte. Die Wellen, die er schlug, brachten ihr Boot arg ins Schlingern, und die drei Männer waren überzeugt, daß sie ein lebendes Wesen gesehen hatten. Auf eine Umfrage des »Northern Chronicle« antworteten mehrere Leser, sie hätten selbst ähnliches erlebt.

Natürlich wollten sich auch andere Zeitungen und schließlich sogar die berühmte britische Rundfunkanstalt BBC die Sensation nicht entgehen lassen. In den folgenden Monaten häuften sich die Berichte über Monster im Loch Ness. Ende 1933 lagen nicht weniger als 30 Meldungen vor. Was allerdings fehlte, waren Fotos. Daraufhin schickte sich ein bekannter Amateurfotograf, Captain Ellisford, mit einer umfangreichen Kameraausrüstung an, diesem Mißstand zu begegnen. Den Erfolg, der ihm versagt blieb, buchte jedoch wenig später ein gewisser Mr. Gray, der – aus rund 180 Meter Entfernung – die ersten fünf Bilder von dem rätselhaften Tier auf Film bannte. Allerdings hat Mr. Gray den Erfolg gar nicht gesucht. Im Gegen-

4/5/6 Ist die Existenz »Nessies« Tatsache, Legende oder Schwindel? Selbst amerikanische und japanische Wissenschaftler begaben sich mit hochmodernen Filmkameras und Sonargeräten monatelang auf die Suche nach dem Seemonster im Loch Ness – ihre Bemühungen waren jedoch vergebens.

teil: Er fürchtete sich vor dem Spott seiner Freunde und Kollegen. Sein Bruder brachte das Material schließlich an die Öffentlichkeit. Ein Bild erschien am 6. Dezember 1933 im »Daily Record« und im »Daily Sketch« zusammen mit einer Versicherung der Firma Kodak, Fälschungen seien ausgeschlossen. Die Sensation wäre perfekt gewesen, hätten Grays Fotos mehr gezeigt als nur etwas Längliches, Dunkles von unbestimmter Größe, das im Wasser schwimmt.

Immerhin, man konnte die Sache nicht mehr auf sich beruhen lassen. 1934 schaltete sich die berühmte »Daily Mail« ein. Sie heuerte Mr. Wetherall an, einen namhaften Großwildjäger und zugleich ehrenwertes Mitglied sowohl der Royal Geographic Society wie der Royal Zoological Society. Zusammen mit seinem Fotografen, Gustave Pauli, und einem »Daily Mail«-Journalisten machte er sich auf

Opfer eines schottischen Witzboldes

die Pirsch nach dem Monster. Überraschend schnell stellten sich erste Ergebnisse ein. Kaum war Mr. Wetherall an den Gestaden des langgestreckten schottischen Sees angekommen, als er bei Dores am Südufer merkwürdige Fußspuren fand. Die »Daily Mail« verbreitete die Sensation sofort: »Das Loch-Ness-Monster ist keine Legende, sondern eine Tatsache!« Es folgte ein wörtliches Zitat des Großwildjägers: »Es handelt sich um ein vierzehiges Tier, und es besitzt Füße oder Pfoten von etwa acht Zoll (20 Zentimeter) Breite. Ich würde es für ein sehr starkes, weichpfotiges Tier von etwa 20 Fuß (sechs Meter) Länge halten. Die Spur, die ich gefunden habe, zeigt deutlich die Falten der Pfoten und die Umrisse der Klauen und Nägel. Ich bin davon überzeugt, daß es wie ein Flußpferd oder Krokodil mit nur einem Nasenloch über Wasser atmen kann. – Die Spur, die ich fand, war nur wenige Stunden alt, was klar beweist, daß sich das Tier in der Nachbarschaft des Ortes aufhielt, wo ich erwartet hatte, es zu finden.«

Die Freude der »Daily Mail«-Redaktion währte nicht lange. Im Januar 1935 erklärten Sachverständige des British Museum of Natural History, daß die von Mr. Wetherall vorgelegten Gipsabdrücke der Fußspuren zweifelsfrei von einem Flußpferd stammten. Verursacht waren die Fährten wahrscheinlich von dem exotischen afrikanischen Regenschirmständer eines in Seenähe wohnenden Schotten. Ob sich der Großwildjäger einen Spaß mit der namhaften Zeitung gemacht hatte, oder ob er selbst das Opfer eines Witzboldes war, kam niemals heraus.

Die »Daily Mail« verwand die Blamage nur schwer. Sie versuchte, wenig später mit einer neuen Meldung ihre Monstergläubigkeit ins rechte Licht zu rücken. Mr. Wetherall habe von dem Boot »Penguin« aus das Tier selbst gesehen. Es handle sich um eine große graue Robbe. Die Zeitung wollte die Wogen glätten und dem Gerede um das Monster auf diese Weise ein Ende bereiten. Das allerdings rief die Konkurrenz auf den Plan. Die »Times« druckte: »Weitgehend aufgrund der Ermutigung durch die Times ist umgehend eine Expedition unter der erfahrenen Leitung des Großwildjägers Admiral Sir Chauncery Foulenough zum Loch Ness aufgebrochen. Die Expedition schließt Schnellboote, Taucher, Filmgesellschaften, Geologen, Scharfschützen, Archäologen, Zoologen, Paläontologen, Wasserflugzeuge, Jagdgehilfen, Fischer, Walfänger, Scharlatane, Schiffsjungen und die berühmte Fee Stinkerbelle ein. Das Ziel der Expedition ist es, den Loch trockenzulegen, Taucher auf seinen Grund zu schicken und dann Wendy (so der Kosename für das Monster) von Wasserflugzeugen aus zu erlegen. Gestern wurden zwei Geologen gebissen, einer von einem Diplodocus, der andere von Seacale, dem Barsoi des Admirals!«

Die »Daily Mail« erholte sich nur langsam von diesem ironischen Gegenschlag. Erst 1969 berichtete sie wieder über das Monster, diesmal meldete sie den Fund eines Skeletteils. Ein Witzbold hatte ihren Reportern den Kieferknochen eines Blauwals unterschoben. Als dem ernsthaf-

Wettlauf um Sensationen

ten Forscher Bob Love später im Jahr Sonarkontakte mit den rätselhaften Wassertieren im Loch gelangen, nahm das die erneut gefoppte Zeitung zum Anlaß, ihr Renommee retten zu wollen. Übereifrig powerte sie 50000 Watt Sonarenergie in den See, schickte damit alle Wassertiere angeschlagen auf den Grund und verärgerte so die Öffentlichkeit.

Auch das war keineswegs das Ende der Loch-Ness-Presse-Enten. Sogar eine Universität löste einmal ein Mediendebakel aus, als ihre Zoologen meldeten, sie hätten ein an Land gespültes totes Loch-Ness-Monster gefunden. Die Zeitungen gaben die Nachricht als Sensation weiter, übersahen allerdings, daß die Wissenschaftler ihren Fund ausgerechnet am 1. April gemacht haben wollten. Das verendete Tier erwies sich später als ein See-Elefant, der in einem südenglischen Zoo gestorben war.

In der Öffentlichkeit entstand der Eindruck, das Monster vom Loch Ness sei eine zwischen Jux und Schwindel angesiedelte Phantasiegestalt, deren tatsächliche Existenz allenfalls ein paar naive oder wundergläubige Exzentriker für möglich halten könnten. Besonders die Wissenschaftler weigerten sich entschieden, nicht zuletzt aus Furcht vor

7

7 Jedes Jahr zieht das prominente Ungeheuer vom Loch Ness zahllose Touristen an. In der Nähe des romantischen Schlosses Urguart am Nordufer des Sees soll das geheimnisumwitterte Wassertier – wenn man Augenzeugenberichten trauen darf – schon öfter gesichtet worden sein.

weiteren Blamagen, Berichte von großen Wassertieren in dem schottischen See ernst zu nehmen. Kommerziell denkende Zeitgenossen glaubten sogar, »Nessie« sei in den dreißiger Jahren von lokalen Fremdenverkehrsverbänden erfunden worden, um den Tourismus zu beleben.

Die Gerüchte um die rätselhaften Tiere sind indes weitaus älter. Zum ersten Mal soll schon 565 der heilige Columba ein solches Wesen gesehen haben. Sein Biograph Adamnan machte den Vorfall im 7. Jahrhundert aktenkundig, als er berichtete, der heilige Mann habe ein

Schon im 7. Jahrhundert aktenkundig

Wasserungeheuer vertrieben. Nun gibt es wohl kaum einen integreren Augenzeugen als einen Heiligen, aber die Fülle von bekannten Legenden zeigt auch, daß den frommen Männern gelegentlich postum so manches angedichtet wird. Nur eines steht fest: Das Monster war schon lange vor unserem Jahrhundert bekannt.

Angesichts der spektakulären Presse-Enten kamen ernsthafte Berichte über Beobachtungen am und im Loch Ness kaum an die Öffentlichkeit, blieben wenig beachtet oder wurden zum Opfer überzogener Skepsis. Dafür machten »Negativbeweise« die Runde. Wenn es wirklich das oder die Monster gäbe, so ließen sie sich doch relativ einfach finden, wurde behauptet. Taucher, automatische Unterwasserkameras, U-Boote, Sonargeräte müßten rasche Aufklärung bringen. Es wurde sogar wiederholt vorgeschlagen, den Loch kurzerhand trockenzulegen. Aber so einfach ist das alles nicht. Der Loch Ness ist 36 Kilometer lang, im Durchschnitt 1,5 Kilometer breit und in seiner Mittellinie fast auf die gesamte Länge über 200 Meter tief. Sein Wasservolumen beträgt schätzungsweise sieben Milliarden Kubikmeter. Loch Ness ist damit der größte Süßwassersee Großbritanniens. Loch Lomond enthält nur ein Drittel soviel Wasser.

Der Spiegel des Sees liegt 16 Meter über dem Meeresniveau. Dennoch kann man den See nicht einfach leerlaufen lassen, denn seine weitaus größten Wassermassen liegen ja unter dem Meeresspiegel. Auch käme ein Ablassen des Wassers aus tektonischen und natürlich aus Kostengründen überhaupt nicht in Frage. Einsätze von Klein-U-Booten haben sich als unergiebig erwiesen, weil die Unterwasserfahrzeuge in dem ohnehin trüben Wasser zusätzlich Schlamm aufwirbeln und damit Beobachtungen unmöglich werden. Große U-Boote waren niemals im Loch, da das weder die verfügbaren finanziellen Mittel noch die Zufahrtswege erlaubten. Taucher hätten kaum Chancen, das riesige Unterwasserareal sorgfältig abzusuchen.

Film- und Fotoapparate sowie Sonargeräte wurden tatsächlich eingesetzt, und sie brachten auch die erhofften Ergebnisse. Allerdings wollte diese kaum jemand wahrhaben. Die Furcht vor Blamage und Spott war mittlerweile so groß, daß ernsthafte Wissenschaftler Filmaufnahmen des schwimmenden Tieres als Bilder eines zufällig monsterförmigen, altersgeschwärzten Baumstamms deuteten, der noch zudem mit Sumpfgas unter Druck gefüllt sein sollte. Weil das Gas durch eine Öffnung am Ende des Baumstamms entweiche, bewege sich dieser nach dem Rückstoßprinzip wie eine Rakete durch das Wasser.

Andere Skeptiker meinten, da es das Monster nicht gäbe, müsse es sich bei den Filmaufnahmen um ein Boot voller dicht aneinandergedrängter Männer mit schwarzen Südwester-Regenhüten handeln, das, aus rund 200 Meter Entfernung beobachtet, wie eine einheitliche dunkle Masse mit einem Buckel aussähe. Allerdings verlieren diese Interpreten keinen Gedanken daran, warum die schwarzen Männer kollektiven Selbstmord verübt haben

Schwimmendes Tier oder alter Baumstamm?

sollten; denn auf dem Filmstreifen ist zu sehen, wie das große schwarze Etwas plötzlich schräg unter Wasser geht und nicht mehr auftaucht.

Welcher Art sind die Beweise? – Zunächst schoß an einem Aprilmorgen des Jahres 1934 kurz nach 7.00 Uhr der Chirurg Lieutenant Colonel Robert Kenneth Wilson mit einer für Vogelbeobachtungen ausgeliehenen Plattenkamera mit Teleobjektiv vier Bilder von einem Wesen, das rund 200 bis 250 Meter vor der Küste durch die Wasseroberfläche brach. Da der Amateurfotograf in nervöser Eile handelte und zudem mit der fremden Kamera nicht vertraut war, fielen die Aufnahmen denkbar schlecht aus. Die zwei ersten Bilder blieben völlig schwarz. Das vierte und letzte war überbelichtet und zugleich unscharf, das dritte Foto der Serie wurde in Fachkreisen jedoch berühmt. Es zeigt, wenn auch sehr klein, einen Kopf, der auf einem langen, schlanken Hals aus dem Wasser ragt. Natürlich begegneten die Zoologen den beiden Bildern mit äußerster Skepsis. Sie wollten tauchende Vögel oder Fischotter sehen, was aber selbst beim besten Willen nicht gelang. Sie argwöhnten eine Fälschung; doch Fotoexperten bestätigten die Echtheit der Aufnahmen, und Detailanalysen der Wellenmuster um das dunkle Etwas deuteten darauf hin, daß sich hinter und unter dem Kopf und Nacken noch größere Körperteile unter Wasser befinden mußten.

Immerhin zogen die Bilder des Chirurgen schon drei Monate später eine private Expedition nach sich. Finanziert wurde sie von Sir Edward Mountain, dem Vorstandsvorsitzenden einer britischen Versicherungsgesellschaft. Ihr Leiter war Captain James Fraser aus Inverness. Am 15. September 1934 um 7.15 Uhr gelang Fraser selbst eine zweiminütige Filmaufnahme mit einer Kodak-16-Millimeter-Kamera durch das Teleobjektiv. Der aufgenommene Gegenstand war etwa eine Dreiviertelmeile entfernt, aber der Streifen zeigt deutlich ein knapp fünf Meter langes, schwarzes, rasch schwimmendes Objekt, das sich zum Schluß hoch aufbäumt und dann in einer Gischtwolke verschwindet. Zoologen der Linnaean Society in London hielten das Geschöpf für eine große Robbe. Allerdings wurden im Loch Ness niemals Robben beobachtet, und als Salzwassertiere könnten sie in einem Süßwassersee auch kaum überleben. Zudem war das gefilmte Tier zu groß, um eine Robbe zu sein. Für den letzten Vorbehalt fanden die Zoologen eine wenig plausible Erklärung: Sie meinten, das abgebildete Wesen sei wirklich eine Robbe, nur der Kopf und der Hals müßten zu »etwas anderem« gehören.

Als im September 1936 ein Malcolm Irvine erneut Filmaufnahmen von »Nessie« machte, die einen Kopf und einen langen Hals parallel zur Wasseroberfläche und die Auf- und Abbewegungen eines mächtigen Körpers zeigen und eine Größenschätzung von etwa neun Metern erlauben, gab schließlich der Zoologe Eric Foxon von der Linnaean Society zu: »Das Tier fällt in keine bekannte Kategorie. Die Zweifel der Skeptiker sind zunichte gemacht. In Zukunft wird jedermann eingestehen müssen, daß es etwas im Loch Ness gibt.« Die Presse und die wissenschaftliche Welt

Das Tier fällt in keine bekannte Kategorie

ignorierten diese Aussage geflissentlich, und E. Boulenger, der Direktor des Londoner Zoo-Aquariums, meinte, es könne sich nur um einen Trick handeln.

Am 14. Juli 1951 hatte der dreißigjährige Waldarbeiter Lachlan Stuart ein merkwürdiges Erlebnis. Später berichtete er: »Ich stand gegen 6.30 Uhr auf, um eine Kuh zu melken. Als ich aus dem Fenster schaute, sah ich etwas, das ich für ein Boot hielt, das in der Mitte des Lochs schnell in Richtung Dores fuhr. Aber ich entschied, daß es für ein Boot zu schnell war. Es sah wie ein Buckel aus. Dann erschien ein zweiter Buckel, und ich dachte, es müsse das Monster sein. Ich rief meine Frau Elsie und Taylor Hay, der bei uns wohnt. Ich schnappte meine Kamera (eine kleine Box) und lief den Hügel hinab. Taylor folgte . . . Ich fokussierte meine Kamera, sah drei Buckel im Sucher und knipste es. Das Tier wandte sich einer Landzunge zu, die rund 40 Yards (37 Meter) in den Loch hineinreicht. Die ganze Zeit waren die drei Buckel sichtbar und vor ihnen ein langer, dünner Nacken und ein Kopf von der Größe und Form eines Schafskopfs. Kopf und Hals schlugen immer wieder ins Wasser. Als es etwa 300 Yards (280 Meter) weit draußen war, tauchte es unter; erst der Kopf, dann die drei Buckel, einer nach dem anderen.«

Fotoexperten sind der Auffassung, es handle sich bei Stuarts Aufnahmen nicht um ein Tier mit drei Buckeln, sondern um drei Tiere, die einander im Wasser jagen. Und der Kurator für Naturgeschichte an einem Glasgower Museum, Eric Palmer, kommentierte: »Das auf dem Bild Wiedergegebene könnten möglicherweise drei ungewöhnlich große Robben sein, die einander jagen und miteinan-

Vom Ozean abgeschnitten

der spielen, aber das ist unwahrscheinlich. Eine mögliche Erklärung ist, daß es sich bei dem ›Monster‹ um eine Art eines Tiefseetieres handelt, das nur selten zur Oberfläche kommt. Es kann sein, daß diese Tiere im Loch Ness vor langen Zeitaltern durch Erdbewegungen vom Ozean abgeschnitten wurden, und daß ihre Nachkommen es geschafft haben, hier zu überleben.«

Im selben Jahr, am 2. Dezember 1951, passierte das Motorschiff »Rival III« bei einer Fahrt durch den Caledonian Canal Loch Ness. Auf der Höhe von Urguart Castle zeichnete der Schreiber des Echolots ein großes unter Wasser schwimmendes Objekt auf. Experten der Herstellerfirma untersuchten die Graphik später. Ihr Urteil: »Es handelt sich mit Sicherheit nicht um einen untergegangenen Baum oder einen Schwarm Fische, diese geben völlig andere Signale. Wenn es im Loch ein großes Tier gäbe, dann ist das die Art eines Bildes, das es in einem Echolot erzeugen würde.«

Ein umstrittenes Foto des Monsters – umstritten, weil das Negativ auf bisher unerklärliche Weise abhanden kam – gelang am 29. Juli 1955 dem Schotten MacNab. Es wurde in derselben Gegend aufgenommen wie die Aufzeichnung des Echolots und zeigt zwei aus dem Wasser ragende Buckel. Aus Furcht vor Spott hielt der Bildautor es bis Oktober 1958 geheim. Ernstzunehmende Indizien häuften sich, Hunderte von Beobachtern hatten einzeln oder in Gruppen große Tiere im Loch Ness gesehen, doch noch immer fehlten unumstößliche Beweise.

1960 kam es zu einem Durchbruch, der auch zahlreiche bisherige Skeptiker von »Nessies« Realität überzeugte. Nach nur sechs Tagen gut vorbereiteter Suche entdeckte der Luftfahrtingenieur Tim Dinsdale mit dem Glück des Newcomers ein Monster, das an der Wasseroberfläche über den See schwamm. Er bannte es auf 16-Millimeter-Film. Das Material wurde vom Joint Air Reconnaissance Intelligence Center der Königlichen Britischen Luftwaffe und vom Jet Propulsion Laboratory der NASA sorgfältigen wissenschaftlichen Überprüfungen unterzogen. Alle Experten sind sich einig: Die Bildfolgen sind weder gefälscht, noch kann es sich um Aufnahmen eines Bootes oder U-Bootes oder gar um Tricks handeln. Dinsdale filmte den buckligen Rücken und das Kielwasser eines Tieres von etwa zwei Meter Durchmesser beim Durchschwimmen des Lochs, beim anschließenden Wenden und beim Untertauchen. Viele Skeptiker gaben sich geschlagen, aber keineswegs alle. Zoologen brachten die skurrile Theorie von einem sumpfgasgetriebenen Baumstamm auf, von der schon die Rede war. Ein solches Phänomen wurde allerdings noch nie irgendwo auf der Welt beobachtet. Es ist mit Sicherheit weitaus unwahrscheinlicher als das Überleben einer alten Tierart in den Tiefen des Lochs.

Immerhin führten Dinsdales Filme zur Gründung eines »Bureau« zur Erforschung der Loch-Ness-Monster, das 1961 – wenn auch mit vergleichsweise bescheidenen Mitteln – mit gezielter Suche begann. In den folgenden zehn Jahren gelangen den Mitarbeitern mehrfach qualitativ schlechte Foto- und Filmaufnahmen, ein Unterwassermikrophon registrierte 1962 Geräusche wie vom Tappen eines Tieres auf dem Seegrund. Und 1970 ließen sich mit einem neuentwickelten Sonarsystem Echokontakte zu großen bewegten Objekten unter Wasser herstellen. Der versuchte Einsatz von zwei kleinen U-Booten – eines besorgte das Bureau, ein zweites war ursprünglich für Dreharbeiten zu einem Spielfilm vorgesehen – brachte keine Resultate.

Um 1970 begann die privat initiierte Akademie für Angewandte Wissenschaft (Academy of Applied Science) in den USA, sich für den Loch Ness und seine Monster zu interessieren. Ihre Forscher setzten auf Sonar. »Wenn nur die Zoologen Sonar verstehen würden!«, war bald ihre Hauptsorge. Alle Sonarexperten nämlich waren sich schnell darüber einig, daß wiederholte Experimente im Loch Ness große Wassertiere nachwiesen. Wer die von den Schallechogeräten aufgezeichneten Karten zu lesen versteht, kann sehr klar zwischen toten und lebenden Unterwasserobjekten, zwischen kompakten Körpern oder etwa Fischschwärmen oder Schlammwolken unterscheiden. Aber die Zoologen blieben skeptisch. Sie erkannten nur dunkle Zonen, die sie nicht zu deuten vermochten.

Akademiemitglied »Doc« Edgerton, emeritierter Professor des berühmten Massachusetts Institute of Technology und ehemaliger Unterwasser-Stroboskop-Fotoexperte im ozeanographischen Forscherteam von Jacques Cousteau, setzte 1972 eine automatische Blitzlichtkamera im See ein. Am 8. August zeigte das Sonarsystem an, daß ein großes Objekt in den Kamerabereich geschwommen war. Die Bilder aber ergaben nur undeutliche Strukturen. Schlamm

8

9

10

8 Ein riesenhaftes Wesen mit drei Höckern vermuten manche auf dem Amateurfoto von 1951.

9/10 Hat »Nessiteras rhombopteryx«, eine alte Tierart, die Elasmosauriern ähnelt, in den Tiefen des Loch Ness überlebt? Weiterhin bleibt das Seeungeheuer ein ungeklärtes Phänomen.

war aufgewirbelt und hatte das Wasser stark getrübt. Aber wodurch war der Schlamm so stark in Bewegung geraten? Ein Spezialinstitut der NASA wertete die Bilder mit dem Computer aus und verbesserte nach einem modernen, erprobten Verfahren die dargestellten Strukturen. Zum Vorschein kam unter anderem ein rautenförmiges, über 1,3 Meter breites und etwa zwei Meter langes Objekt, das so aussieht wie eine große Flosse. Ein anderes Foto bewies, daß die an einem 30 Kilogramm schweren Gerüst montierte Kamera stark erschüttert worden war. Ein drittes Bild schließlich zeigt undeutlich den Hals und den oberen Körperteil eines etwa sechs Meter großen Wassertieres. Die Formen erinnerten führende Zoologen an britischen Museen und sogar Harvard-Professoren an einen Elasmosaurus. Jetzt endlich häuften sich die Stimmen ernsthafter Naturwissenschaftler, die sich für die Existenz »Nessies« aussprechen. Hier die wichtigsten Zitate:

Dr. Georg H. Zug, Kurator der Abteilung für Reptilien und Amphibien der berühmten Smithonian Institution in Washington: »Die 1972 gewonnenen Daten bestehen aus einem 16-Millimeter-Film und einer fortlaufenden Sonaraufzeichnung. Ein Teil der Sonaraufzeichnung zeigt klar eine Reihe kleiner Objekte und mehrere größere Objekte. Sonarexperten interpretieren die kleineren Objekte als Fische und die größeren Objekte als lebende Objekte im Bereich von sechs bis neun Metern. Ich stimme mit dieser Interpretation überein und schlage darüber hinaus vor, daß es sich um Fische und den kürzlich beschriebenen ›Nessiteras rhombopteryx‹ handelt, der früher als Loch-Ness-Monster bekannt war.«

In den 16-Millimeter-Filmaufnahmen erkannte der Wissenschaftler eine Flosse, Körper und Hals und einen Kopf. Er schließt: »Ich glaube, daß diese Daten auf die Gegenwart großer Tiere im Loch Ness hinweisen, daß sie aber nicht genügen, diese zoologisch zu bestimmen. Der neue Augenschein von der Existenz einer Population größerer Tiere im Loch Ness sollte dazu beitragen, die Erforschung der Naturgeschichte des Loch Ness und seiner pflanzlichen und tierischen Bewohner anzuspornen und jeden Wissenschaftler oder jede Wissenschaftlergruppe, die sich mit den biologischen und limnologischen Gegebenheiten im Loch Ness befassen wollen, vom Stigma des ›Beknacktseins‹ zu befreien.«

Dr. Christopher McGowean, Kurator an der Abteilung für Wirbeltier-Paläontologie des Royal Ontario Museums in Toronto:

»1. Ich habe keinen Grund, die Integrität der Forschung der Boston Academy of Applied Science und die Authentizität ihrer Daten zu bezweifeln.

2. Es befriedigt mich, daß es einen ausreichend gewichtigen Augenschein dafür gibt, daß es im Loch Ness ein unerklärtes Phänomen von beträchtlichem Interesse gibt. Der Augenschein spricht für die Gegenwart von großen Wassertieren.

3. Das Loch-Ness-Phänomen sollte Gegenstand konsolidierter interdisziplinärer Forschungsbemühungen werden.

4. Schritte zum Schutz vor unverantwortlichen Aktivitäten im und um den Loch Ness sollten unternommen werden.«

A. W. Crompton, Professor für Biologie und Direktor des Museums für vergleichende Zoologie an der Harvard University in Cambridge, Massachusetts: »Ich persönlich halte sie (die Fotos) für äußerst beeindruckend und ausreichend auf ein großes Wassertier hinweisend, um sowohl vorzuschlagen wie auch darauf zu drängen, daß in Zukunft mehr intensive Untersuchungen ähnlich jenen der Pionierarbeiten der Academy im Loch durchgeführt werden sollten...«

David B. Stone, Direktor, Henry Lyman, Vizedirektor, und John H. Prescott, geschäftsführender Direktor des New England Aquarium in Boston, Massachusetts, äußerten sich gemeinsam: »Die Fotos von 1975 unterstützen mit Sicherheit die Überzeugung, daß ein großes Wassertier Loch Ness bewohnt... Insbesondere unterstützt das Foto des Körpers und seines Anhangs die vorher im Jahre 1972 erhaltenen Fotografien...«

Wissenschaftler sehen Beweise

Sir Peter Scott, Vorsitzender der Kommission für bedrohte Arten der International Union for Conservation of Nature und zugleich Vorsitzender des berühmten World Wildlife Fund: »Die Unterwasseraufnahmen von Dr. Robert Rines' Team der Academy of Applied Science in Zusammenarbeit mit dem Loch Ness Investigation Bureau zeigen meiner Meinung nach Teile eines Tieres, das Dr. Rines und ich als Nessiteras rhombopteryx beschrieben haben, besonders, um von uns für erforderlich gehaltene Schutzmaßnahmen zu erleichtern.« Im Detail beschreibt Scott anschließend Einzelheiten auf verschiedenen Fotos, die er als Körperteile von großen Tieren identifiziert. Er faßt zusammen: »Die Unterwasserbilder lassen nach meiner Auffassung keinen weiteren Zweifel darüber zu, daß große Tiere im Loch Ness existieren.«

Die Jagd nach »Nessie« geht unvermindert weiter. Nicht nur im Loch Ness übrigens, denn ähnliche elasmosaurierartige Wassertiere sollen auch an zahlreichen anderen Stellen in verschiedenen Ländern gesehen worden sein: in einem kanadischen See, in Schweden und Rußland, in norwegischen Fjorden, in der Nordsee, an den Westküsten der Britischen Inseln und Skandinaviens, der Ostküste Nordamerikas und in mehreren schottischen Lochs, in letzter Zeit vor allem wiederholt im Loch Morar, dem tiefsten der britischen Binnenseen.

Von Yetis, Almas und anderen Großfüßen

1

2

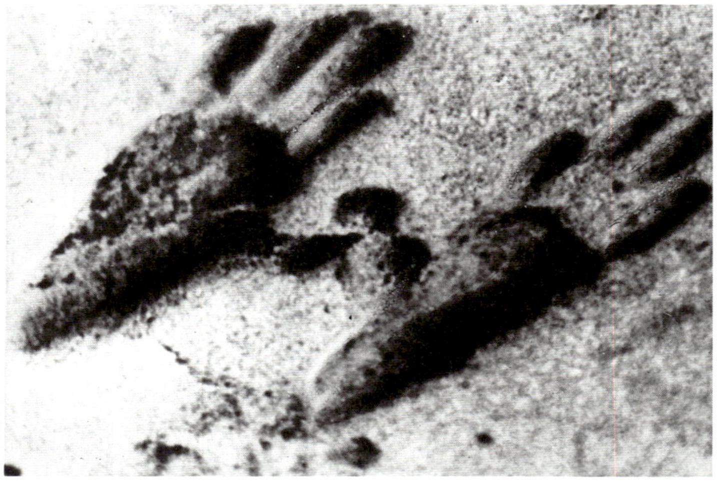

3

Was ist das für ein eigenartiges und schauerliches Wesen, das als Yeti internationalen Ruhm erlangt hat? Der Glaube, daß aufrecht trottende, affenähnliche Geschöpfe mit langen Armen und dichtem, zottigem Haar im ewigen Schnee des Himalaja leben, ist seit langem in ganz Tibet verbreitet. Mittlerweile sollen Spuren dieser rätselhaften und scheuen Kreaturen – auch Schneemenschen, Almas oder Sasquatchs genannt – auf allen Kontinenten außer in Europa gesichtet worden sein. Gehören die wissenschaftlich noch nicht identifizierten Wesen, die durch die abgelegenen Regionen des Erdballs wandern, in das Reich der Phantasie? Oder existieren auf unserer Welt etwa noch Vorformen des Menschen?

1/2/3 In den einsamen Schneewüsten des majestätischen Himalaja-Gebirges soll er heimisch sein, der sagenhafte Schneemensch, den man Yeti nennt. Seine Fußabdrücke, die Forscher und Bergsteiger dort immer wieder entdeckten, gleichen denen eines schwergewichtigen Riesen.

4

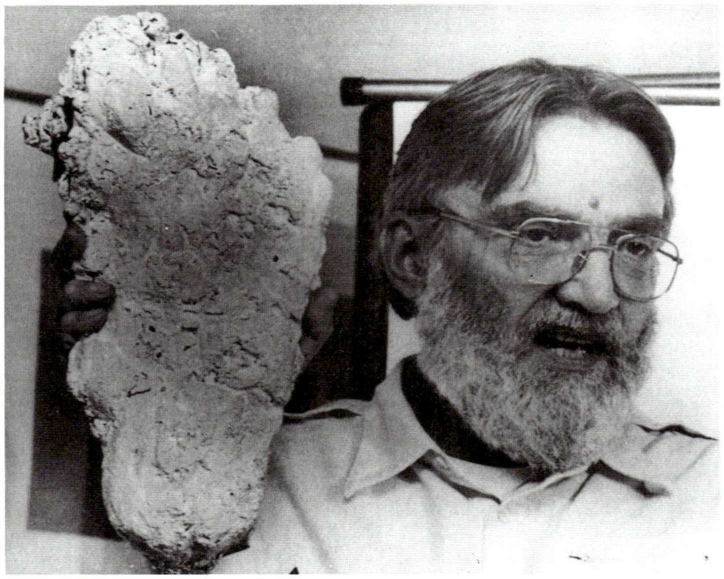
5

6

Große Fußspuren im Schnee kreuzten unseren Weg und führten zu den höheren Gipfeln hinauf. Sie waren angeblich die Spuren der behaarten wilden Menschen, die im ewigen Schnee leben sollen, wie die mythischen weißen Löwen, deren Gebrüll bei Stürmen zu hören sein soll. Der Glaube an diese Geschöpfe ist in ganz Tibet verbreitet. Trotzdem konnte keiner der vielen Tibeter, die ich zu diesem Thema befragte, einen authentischen Fall anführen.«

Die Expedition, auf die sich dieser Bericht bezieht, unternahm 1889, also vor genau hundert Jahren, der britische Major L. A. Wadell. 1899 brachte er seine asiatischen Hochgebirgserlebnisse in dem Buch »Among the Himalayas« zu Papier.

Spätere Tibetreisende hatten mehr Glück. Sie trafen mit zahlreichen Einheimischen zusammen, die von Begegnungen mit dem »abscheulichen Schneemenschen«, dem »Metoh kangmi«, wie sie ihn nannten, zu erzählen wußten. Und immer wieder fanden sich Spuren, die von keinem bekannten Tier herrührten. Sie sahen aus wie die Fußabdrücke eines schwergewichtigen Riesen mit Plattfüßen: 35 bis über 40 Zentimeter lang, sehr breit und tief in den Firn oder den Boden eingedrückt. Gelegentlich stießen Forscher oder Bergsteiger auch auf kleinere Spuren von nur rund 20 Zentimeter Länge und wenig mehr als 10 Zentimeter Breite. Aber alle hatten sie gemeinsame Merkmale. Sie ließen auf einen dicken großen Zeh und vier kleinere Zehen schließen, auf einen kaum oder gar nicht gewölbten Mittelfuß und eine breite, runde Ferse. Die

4/5/6 Nicht nur der Yeti des Himalaja gibt den Wissenschaftlern Rätsel auf. In letzter Zeit wollen viele Augenzeugen auch in der abgeschiedenen Wildnis Nordamerikas und Kanadas Geschöpfe seiner Art beobachtet haben, die sich je nach Region in Größe und Farbe unterscheiden.

Schrittlänge war mit oft mehr als einem Meter ungewöhnlich groß, und die stark eingedrückten Trittmarken zeugten von einem gewaltigen Körpergewicht.

32 Jahre nach Wadells Entdeckung von Tiermenschenspuren im Himalaja gelang es europäischen Bergsteigern erstmals, deren Urheber zu beobachten. Beim Versuch, die Nordwand des Mount Everest zu bezwingen, sahen der Oberstleutnant C. K. Howard-Bury und seine Begleiter 1921 in 6900 Meter Höhe mit dem Fernglas mehrere

Ein dunkles, menschenähnliches Wesen

dunkle Gestalten, die sich über ein Schneefeld bewegten. Als sie wenig später selbst diese Stelle erreichten, entdeckten sie im Firn die bekannten riesigen Fußspuren.

Nur vier Jahre danach berichtete N. A. Tombazi von einer Begegnung mit dem Schneemenschen am Rande des 4500 Meter hohen Zemu-Gletschers. In einer Entfernung von etwa 180 bis 270 Metern hatte er ein dunkles, menschenähnlich wirkendes Wesen erblickt.

Gegen Mitte unseres Jahrhunderts häuften sich die Berichte von Beobachtungen des Yeti, wie man das rätselhafte Geschöpf inzwischen international nennt. 1954 unternahm der britische Wissenschaftler Charles Stonor eigens eine Himalaja-Expedition, um den Schneemenschen selbst oder wenigstens Beschreibungen von Einheimischen über ihn zu suchen. Das Forscherteam begegnete zwar keinem Yeti, fand aber dessen Exkremente. Ihre Analyse zeigte, daß der Tiermensch neben Grünzeug auch Mäuse und Erde gegessen hatte. Das paßte gut zu den Berichten der Eingeborenen. Stonor fand mehrere Augenzeugen, die den Yeti beschreiben konnten und die auch erwähnten, daß zum Speisezettel der Yetis kleine Nagetiere, große Insekten und lehmhaltige Erde gehören. Sherpas erklärten, die Schneemenschen seien grau, hätten Menschengestalt und einen leicht vornübergebeugten Gang. Auffällig wären ihre langen Haare auf dem Kopf, am Rücken und an den Schenkeln, während Gesicht und Brust schwächer behaart seien. Als Größe nannten die Einheimischen meist die eines kleinen Mannes.

Andere Berichte, vor allem jene des Professors René von Nebeski-Wojkowitz, der drei Jahre in Tibet und Sikkim lebte, sprechen von weitaus größeren Geschöpfen. Nach ihnen ist der Yeti durchschnittlich 2,10 bis 2,25 Meter groß und dunkelbraun behaart. Besonders markant sind seine langen, bis in die Gegend der Knie reichenden Arme und sein ovaler, oben spitz zulaufender Kopf mit stark fliehender Stirn und mächtigen, wulstartig vorgeschobenen Knochen über den Augenhöhlen.

Daß die verschiedenen Berichte in mancher Hinsicht voneinander abweichen, dafür haben tibetische Lamas eine Erklärung. Einer dieser buddhistischen Geistlichen unterscheidet klar zwischen zwei, möglicherweise sogar drei Yeti-Arten: Die »rackshi bompo« haben Menschengröße und sind wahrscheinlich mit den »yeh-teh« oder »mi-teh« identisch, von denen Stonor erfahren hatte. Die »rimi« werden 2,10 bis 2,70 Meter groß, sind Allesfresser und leben in Höhen von 3000 bis 3900 Meter. Vielleicht sind die »rackshi bompo« nichts anderes als junge »rimi«. »Rimi« sieht man am häufigsten. Am rarsten sollen die »nyalmo« sein, fleischfressende, 3,90 bis 4,80 Meter große Zweibeiner, die angeblich in Höhen über 3000 Meter leben. Über sie liegen aber bisher so gut wie keine glaubwürdigen Berichte vor.

Wenn in westlichen Medien der Yeti erwähnt wird, dann ist fast ausschließlich vom Himalaja als seinem Lebensraum die Rede. Nun ist diese höchste Bergkette der

Fast fünf Meter große Zweibeiner

Welt aber nur ein Teil eines weit ausgedehnten Gebirges, das sich vom südsowjetischen Turkestan im Westen bis weit hinein nach China im Osten erstreckt. Was den Pressebüros Europas meist entgeht: Sowohl im sowjetischen Teil dieses mächtigen Faltengebirges wie im chinesischen Raum gibt es weit mehr Berichte von Tiermenschenbeobachtungen als im Himalaja selbst. Und nicht genug damit. Rätselhafte Affenmenschen in der Art des Yeti wurden des öfteren auch im Altaigebirge und der Wüste Gobi – also in der südlichen Mongolei –, in der Dsungarei und im Tienschangebirge gesehen. Im Westen beobachtete man sie im Pamirgebirge, in Kasachstan, Tadschikistan und Usbekistan und sogar im Kaukasus. In den Weiten Sibiriens fehlt es ebenfalls nicht an Berichten über Tiermenschen. In der UdSSR kennt man diese Geschöpfe je nach Region unter rund 50 verschiedenen Namen. Am häufigsten ist wohl die mongolische Bezeichnung »Alma«.

Mehrere bedeutende Wissenschaftler befaßten sich in der Sowjetunion und in der Mongolei mit den Almas. Zu den berühmtesten zählen Professor Dr. Rinchen von der Universität Ulan Bator, der bis zu seinem Tode 1978 über ein halbes Jahrhundert lang Material über Tiermenschen in der Wüste Gobi sammelte, und der Tieranatom Professor Dr. V. A. Khakhlow von der alten Kaiserlichen Russischen Akademie der Wissenschaften. Während diese beiden Forscher in ihrer Zeit noch auf allgemeine Ablehnung bei ihren wissenschaftlichen Kollegen stießen, nehmen heute insbesondere die sowjetischen Universitäten die Frage nach den Affenmenschen sehr ernst. In den vergangenen zwei Jahrzehnten unternahmen Anthropologenteams in der UdSSR sogar mehrere Suchexpeditionen. Die Wissenschaftler fanden meist Fußspuren und fertigten Gipsabdrücke davon an. Sie sammelten auch zahlreiche Augenzeugenberichte.

1980 begegnete Nina Grinjowa, eine erst achtzehnjährige Begleiterin einer Forschergruppe unter der Leitung von Igor Tatsl, in den Gissarbergen in Tadschikistan einem Alma, dem sie den Spitznamen »Gosha« gab:

»Er stand etwa 25 Meter weit weg, schaute mich an und durchbohrte mich mit seinem Blick bis auf den Grund meiner Seele. Der Blick war nicht aggressiv, sondern eher wohlwollend, aber er war durchdringend. Die Augen waren groß und glühend ... Ich konnte sehen, daß sein Körper mit Haaren bedeckt war, aber sie waren nicht zottig. Vielleicht waren sie naß. Auf alle Fälle hatten sie einen silbrigen Schimmer. Er war ungefähr zwei Meter groß. Seine Figur war sehr stämmig und breit. Seine Haltung war aufrecht. Er hatte einen kurzen Hals. Der Kopf stand etwas vor, und die Arme hingen lose herunter. Er stand in einer etwas vorgeneigten Position. Ich hatte keine Angst, als ich ihn sah, und ging langsam auf ihn zu. Als ich etwa fünf Schritte gemacht hatte, streckte ich ihm ein Gummispielzeug entgegen. Es hatte die Form eines Vogels. Ich drückte ein paarmal darauf. Es gab ein quietschendes Geräusch von sich. Tatsl hatte es mir gegeben, damit ich mit dem Geräusch Goshas Aufmerksamkeit erregen könnte. Aber gerade das verdarb alles. Gosha drehte sich plötzlich um, ging rasch den Abhang zum Fluß hinunter und verschwand jenseits der steilen Böschung. Mir fiel auf, wie weich und geschmeidig er sich bewegte, obwohl er sehr schnell lief. Das war nicht der Gang eines Menschen. Er ähnelte mehr dem Gang eines Tieres, dem eines Panthers. Trotz Geröllbrocken und anderer Hindernisse bewegte er sich schnell, weich und sogar anmutig. Er muß einen ausgezeichneten Gleichgewichtssinn haben. Er läuft auf einem steilen, holperigen Abhang wie wir auf einer gepflasterten Straße.«

Die Augen waren groß und glühend

Zahlreiche andere Berichte aus den siebziger und achtziger Jahren beschreiben Begegnungen, die ein recht ähnliches Bild der Tiermenschen geben. Gelegentlich erzählten ältere Einheimische den Forschern auch davon, daß sie oder die Bewohner abgeschiedener sowjetischer Dörfer schon Almas gefangen hätten. Die eingesperrten Wesen wurden aber meist bald wieder freigelassen, weil sie kein Futter annahmen und sehr deprimiert wirkten. V. S. Karapetjan, Oberstleutnant im Sanitätskorps der sowjetischen Armee, will 1941 rund 30 Kilometer vor der Stadt Buinaksk sogar einen Alma untersucht haben, der ihm unter dem Verdacht vorgeführt wurde, ein verkleideter Spion zu sein. Der Arzt berichtete:

»Ich sehe das Geschöpf, das damals vor mir stand, immer noch vor mir. Es war männlich, nackt und barfuß. Es war zweifelsfrei ein Mensch, denn seine ganze Gestalt war menschlich. Aber die Brust, der Rücken und die Schultern waren von zottigen Haaren dunkelbrauner Farbe bedeckt. Sein Fell ähnelte stark dem Fell eines Bären und war zwei bis drei Zentimeter lang. Das Fell war unterhalb der Brust dünner und weicher. Die Handgelenke waren klobig und nur spärlich behaart. Seine Handflächen und Fußsohlen waren unbehaart. Aber sein Kopfhaar reichte bis zu den Schultern und verdeckte dabei teilweise seine Stirn. Die Kopfhaare fühlten sich außerdem sehr rauh an. Er hatte weder einen Vollbart noch einen Schnurrbart, aber sein ganzes Gesicht war von einem hellen Flaum bedeckt. Die Haare um seinen Mund waren ebenfalls kurz und spärlich. Der Mann stand mit hängenden Armen völlig aufrecht da. Er war überdurchschnittlich groß, etwa 1,80 Meter. Er stand vor mir wie ein Riese und reckte mir seine mächtige Brust entgegen. Seine Finger waren dick, kräftig und außergewöhnlich lang. Er war insgesamt beträchtlich größer als alle Bewohner dieser Gegend ...

Ein verkleideter Spion?

Wie ich erfuhr, hatte er seit seiner Gefangennahme weder Essen noch Trinken angenommen. Er hatte um nichts gebeten und nichts gesagt. Als er in einem warmen Zimmer gehalten wurde, hatte er heftig geschwitzt ... Er reagierte nicht. Ich verkündete mündlich das Ergebnis meiner Untersuchung: Das sei kein verkleideter Mensch, sondern ein wilder Mensch irgendeiner unbekannten Art.«

Aufgezeichnet hat diesen Bericht Frau Dr. Marie-Jean Kofman im Kaukasus. Aber die militärische Meldung ist keineswegs ihr spektakulärster Beitrag zur Tiermenschenforschung. Im vergangenen Jahrhundert sollen Almas kaukasischen Bauern gelegentlich bei der Feldarbeit geholfen haben, und in der Gegend von Ochamchir in Abchasien hatte, so erfuhr die Forscherin, ein Alma-Weibchen sogar leichte Hausarbeiten verrichtet, etwa Brennholz gesammelt und Korn gemahlen. Nicht genug damit: »Sie hatte sogar Kinder von menschlichen Vätern. Leider wusch sie nach jeder Geburt das neugeborene Kind im Fluß, und die Kinder überlebten das eisige Bad nicht. Später nahmen ihr die Leute des Dorfes die Säuglinge rechtzeitig weg, und vier von ihnen überlebten. Sie entwickelten sich zu fast normalen Männern und Frauen. Zana selbst starb Ende des 19. Jahrhunderts und wurde begraben.

Im Jahre 1964 konnte Dr. Boris Porschnew, ein anderer eifriger russischer Forscher, zwei ihrer Enkel aufsuchen und mit ihnen sprechen. Er berichtete, sie hätten dunkle Haut und sähen leicht negroid aus. Der Enkelsohn hatte sehr starke Kiefermuskeln und konnte einen Stuhl samt einem darauf sitzenden Mann mit den Zähnen hochheben.«

Berichte über Tiermenschen häufen sich seit etwa 1950 auch in China. Bisher sind es über 200. Zuvor wurden entsprechende Meldungen geflissentlich totgeschwiegen. Neben Fußspuren, Haaren und Exkrementen entdeckten

Kinder von menschlichen Vätern

chinesische Wissenschaftler in der Provinz Tschekiang 1980 erstmals auch Nester des Affenmenschen auf dem Boden und auf Bäumen. Die Expeditionsteilnehmer meinten, die aus Ästen gefertigten und mit Gras und Blättern gepolsterten Baue ließen auf ein erhebliches Maß an Intelligenz und Kraft schließen.

Die jüngere Eskimo-Forschung geht häufig davon aus, daß diese arktische Rasse ursprünglich in Nordsibirien zu Hause war und sich von dort über die im Winter oft völlig zugefrorene Beringstraße auch nach Amerika ausgebreitet habe. Eine ähnliche Wanderung vermuten manche Wissenschaftler auch bei den Tiermenschen, nur mit dem Unterschied, daß diese nicht allein den hohen Norden der Neuen Welt besiedelten, sondern schon in der Vorzeit bis nach Südamerika vorstießen. In abgeschiedener Wildnis haben sie sich in kleinen Gruppen hier und da auf dem gesamten Doppelkontinent bis heute erhalten. Diese Theorie versucht zu erklären, warum auch aus dem Amazonasbecken und aus Venezuela, vor allem aber aus dem Westen der USA und aus Kanada weit über 2000 Berichte jüngeren Datums über Begegnungen mit Tiermenschen oder wenigstens über ihre Spuren vorliegen. Die mächtigen Fußabdrücke gleichen den aus Asien bekannten, manche lassen auf Wesen von über 2,50 Meter Größe und einem Gewicht von mehr als 200 oder 250 Kilogramm schließen.

Die US-Wissenschaftler geben sich trotz aller Indizien skeptisch. So kommentierte im Oktober 1982 der Anthropologie-Professor Dr. Grover Krantz von der Washington State University die wohl besten bisher gefundenen Fußabdrücke eines Tiermenschen, die sogar die Tastlinien

7

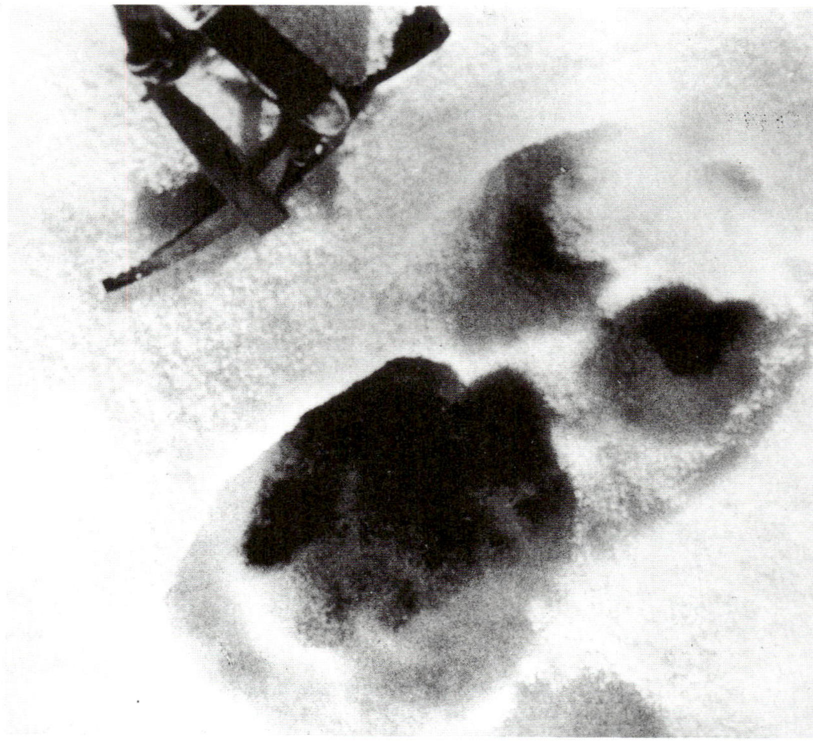

8

7/8 Berichte über ungewöhnliche Spuren und kurze Begegnungen mit wilden Tiermenschen häufen sich in aller Welt: Diesen 36 Zentimeter langen und 17 Zentimeter breiten Fußabdruck, der von keinem uns bekannten Wesen herrührt, hat ein Bergsteiger 1980 im Himalaja fotografiert.

genannten Hautmuster erkennen ließen: »Ich glaube, daß das die besten Fußabdrücke eines Sasquatch sind, die wir bisher überhaupt haben ... Sie stammen von einem höheren Primaten, den es nicht gibt. Wir haben hier ein interessantes Problem.«

Die Vorsicht der Professoren wird verständlich, wenn man erfährt, wie oft schon sensationsgierige Journalisten gefälschte Meldungen in Umlauf gebracht haben, wie oft dem gutgläubigen Publikum Fotomontagen als Ablichtungen von Tiermenschen präsentiert wurden und wie oft schließlich Witzbolde deren Spuren im Schnee und in weichem Boden mit eigens angefertigten Holzfüßen imitierten. Ein einziger Amateurfilm aus der Gegend des Bluff Creek in Kalifornien scheint bisher allen Untersuchungen standzuhalten. Leider ist er qualitativ sehr schlecht, weil der Kameramann, Roger Patterson, dem rätselhaften Wesen über eine Sandbank hinweg nachlief, während er drehte. Die Bildsequenz vom Herbst 1967 zeigt ein großes, dunkles, aufrecht gehendes Geschöpf mit spitz zulaufendem Kopf, sehr langen Armen und einem stark gerundeten Gesäß. Die beobachteten Fußspuren waren 35 Zentimeter lang und an den Zehen 12 Zentimeter breit und zeigten doppelte Ballen. Trickfilmexperten und Maskenbildner aus den Disney-Studios vertreten die Auffassung, daß ein technischer Schwindel bei den Aufnahmen ebenso auszuschließen sei, wie ein Täuschungsversuch mit einem verkleideten Menschen.

Ein einziger authentischer Film

Tiermenschen wurden nicht nur in Asien und in der Neuen Welt beobachtet. Es scheint, als fehlten einschlägige Berichte lediglich in Europa; denn auch aus Afrika, von der malaiischen Inselwelt, aus Japan und vom australischen Kontinent liegen Beobachtungsprotokolle vor, wenngleich weitaus weniger als aus Asien und Nordamerika. Was besonders auffällt, sind die erstaunlichen Übereinstimmungen in den Aussagen voneinander unabhängiger Beobachter in wesentlichen Punkten. Nur die Angaben über die Größe weisen Unterschiede auf.

Nimmt man alle Tiermenschenbeobachtungen zusammen, dann fallen immer wieder folgende hervorstechende körperliche und Verhaltensmerkmale auf: dunkle Behaarung, die im Gesicht und an der Brust schwächer ist oder ganz fehlt, eine sehr kräftige Gestalt mit besonders breitem Schultergürtel und fast ohne Hals, bei den weiblichen Wesen oft ausgeprägte Hängebrüste, extrem starke Augenwülste und ein spitz zulaufendes Schädeldach. Sehr oft wird ein penetranter Gestank erwähnt, den die Tiermenschen verströmen und der an faules Fleisch, Aas, Fäkalien oder Jauche erinnert. Gelegentlich ist von primitiven Werkzeugen, etwa Keulen oder sogar Pfeil und Bogen die Rede, die diese Wesen gebrauchen. Beobachtet wurden auch schon einfache Kleidungsstücke, meist Lendenschurze aus Fell oder Leder. Die Tiermenschen gelten – mit wenigen Ausnahmen – als harmlos und sehr gutmütig, als scheu, zugleich aber auch als neugierig. Sie sind dämmerungs- bis nachtaktiv. Vieles spricht dafür, daß sie Gemischtköstler sind.

Nur wenige Wissenschaftler kümmern sich zur Zeit ernsthaft um die Tiermenschenforschung. Aber was diese Wesen sein könnten, wenn es sie wirklich gibt, darüber existieren bereits akademische Hypothesen. Zum einen könnte es sich um Nachfahren des Gigantopithecus handeln, der vor etwa 500000 Jahren in Südchina lebte und von dem 1937 erstmals Zähne und später auch Knochen entdeckt wurden. Er gilt als primitiver Vormensch. In Frage kommen aber auch letzte Exemplare der prähistorischen Menschenart Paranthropus, die schon vor rund drei bis fünf Jahrmillionen in Afrika auftauchte und dort nachweislich bis vor wenigen Jahrhunderttausenden lebte. Und schließlich bleibt noch der Neandertaler, den vor rund 40 Jahrtausenden Cro-Magnon-Menschen aus Europa verdrängten, vielleicht aber nicht ausrotteten. Der Anthropologe Dr. John Napier schließt auch nicht aus, daß der Gigantopithecus oder der Paranthropus für die Bigfoot-Berichte vom amerikanischen Kontinent verantwortlich wären, wohingegen die sowjetischen Alma-Beobachtungen auf letzte Neandertaler hinweisen könnten.

Die letzten Neandertaler?

Klarheit über die rätselhaften Tiermenschen wird wohl erst ein gefangenes und wissenschaftlich untersuchtes oder ein getötetes Wesen bringen. Aber ist es moralisch vertretbar, einen Yeti, Alma oder Sasquatch nur aus wissenschaftlicher Neugier umzubringen?

Professor Krantz: »Ich sage Ihnen klipp und klar, daß ich darauf aus bin, die Existenz des Sasquatch zu beweisen. Die einzige Möglichkeit, das zu tun, besteht darin, daß ich ein Stück seines Körpers beschaffe.« Er reist denn auch stets mit einem Jagdgewehr vom Kaliber 458 Magnum in der amerikanischen Wildnis.

Jane Goodall, die jahrelang mit Berggorillas zusammenlebte: »Ein Geschöpf zu erschießen, einfach nur, um herauszubekommen, was es ist – das ist höchst unmoralisch. Ethisch ist es nicht zu vertreten. Das wäre ein Kennzeichen eines schlechten Forschers.«

Das Zahlenwunder des Korans

1

2

3

Das höchste Gut der Muslime, der Koran, enthält nicht nur die Offenbarungen des Propheten Mohammed, sondern auch ein Zahlenwunder. Im Mittelpunkt steht magisch die Zahl 19. »Im Namen Gottes, des Gnädigen, des Barmherzigen«: Jede der 114 Suren des Korans, mit Ausnahme der neunten, beginnt damit. Der arabische Schriftzug dieser Formel hat genau 19 Buchstaben. Die Zahl 114 ist exakt durch 19 teilbar. Die verblüffenden Beispiele lassen sich beliebig fortsetzen. »Darüber sind 19«, äußert die heilige Schrift des Islam im Zusammenhang mit Zweiflern an der Richtigkeit des Korans. Außerdem heißt es dort: »Wir Selbst wollen sie gewißlich vor Verfälschungen behüten.« Ist das Zahlenwunder des Korans also ein geheimer Zahlencode?

1 Reiche, farbenprächtige Ornamente sind für die islamische Kunst kennzeichnend.

2 »Es gibt keinen Gott außer Allah, und Mohammed ist der Gesandte Gottes«, bezeugen die Muslime.

3 Kniend, mit der Stirn die Erde berührend und nach Mekka gewandt, beten die Muslime fünfmal am Tag.

4

5

6

Eine Nacht im Juli oder August des Jahres 610 verbrachte der fromme vierzigjährige Araber Mohammed (Muhammad) draußen in der Einsamkeit der Wüste, in einer Höhle des Hügels Hira in der Nähe Mekkas. Er meditierte und betete, wie er das seit einiger Zeit des öfteren tat. Da erschien ihm der Engel Gabriel und forderte ihn auf: »Lese!« – »Ich kann nicht lesen«, war die Antwort des Analphabeten. Erst bei der dritten Aufforderung verstand Mohammed in einer plötzlichen Eingebung, daß er dazu berufen wurde, Gottes Botschaft zu »lesen«, also zu empfangen und zu verstehen und an die Menschheit weiterzugeben.

Im Laufe von etwa 20 Jahren übermittelte der Engel Mohammed die Offenbarungsschrift des Islam, den Koran. Mohammed ließ ihn Stück für Stück von Schreibern aufzeichnen.

Mohammed predigte von Anfang an öffentlich und stieß dabei, wie kaum anders zu erwarten, zunächst auf den heftigen Widerspruch dreier Gruppen: der polytheistischen Araber, der Juden und der Christen. Die meisten unter ihnen bezeichneten Mohammed als Zauberer, als verwirrten Geist oder als Betrüger. Diesen Zweiflern hielt er die Worte des Korans (Sure 17, Vers 88) entgegen: »Würden sich auch alle Menschen und alle Geister vereinen, um ein diesem Koran Gleiches hervorzubringen, sie brächten doch kein ihm Gleiches hervor, selbst wenn sie einander beistünden!«

Als der Engel dem Propheten zum vierten Mal erschien, offenbarte er die ersten 30 Verse der Sure 74. Die Verse 18

4 Streng geometrische Grundmuster zieren ornamental manche Moscheen.

5 Nach dem gemeinsamen Gebet sitzen die Muslime oft noch besinnlich beisammen.

6 Im Innenhof der Moscheen spenden meist Brunnen Wasser für rituelle Waschungen.

bis 30 beziehen sich direkt auf die Beurteilung des Korans durch Zweifler. »Siehe (wenn Unsere Botschaft jemand erfährt, der an der Wahrheit zweifelt,) denkt er nach und überlegt (wie er sie widerlegen könnte)... Dann runzelt er die Stirn und blickt finster, und schließlich wendet er sich ab und glänzt in seiner Arroganz und sagt: ›Das sind nur Zaubergeschichten, das ist nur Menschenwort!‹ Ich (hier spricht Gott selbst) werde ihn das Höllenfeuer erleiden lassen. Und was lehrt sie, was das Höllenfeuer ist (also wohin der Zweifel am Koran führt)? Es erlaubt weder zu leben noch zu sterben und öffnet dem Menschen die Augen (für die Wahrheit). Darüber sind 19.«

Das alles klingt mystisch. Jahrhundertelang haben die Korangelehrten und Sprachforscher herumgerätselt, was mit der Zahl 19 gemeint sein könnte. Die meisten Korankommentatoren einigten sich darauf, daß es sich um 19 Engel handeln müsse, die die Hölle bewachen. Die erst später offenbarten Verse 31 bis 33 derselben Sure geben eine ebenso schwer zu deutende Erklärung: »Und zu den

...Darüber
sind 19.

Hütern des Feuers setzten Wir allein englische Kräfte, und Wir machten ihre Anzahl nur zu einer Versuchung für die Ungläubigen, auf daß die, denen die Schrift gegeben, gewiß wären (hinsichtlich der Wahrheit des Korans) und die Gläubigen zunehmen an Glauben, und daß diejenigen, denen die Schrift gegeben ward und die Gläubigen nicht zweifeln, und daß diejenigen, in deren Herzen Krankheit ist, und die Ungläubigen sprechen: ›Was will denn Gott mit diesem Gleichnis?‹«

Es scheint, als stünde die ominöse Zahl 19 nicht nur im Zusammenhang mit dem strafenden Feuer, sondern primär mit dessen Ursache, dem Zweifel an der Richtigkeit des Korans, und als würde sie andererseits diese Richtigkeit untermauern können.

Ein möglicher erster Ansatzpunkt ergibt sich aus der historischen Tatsache, daß der Offenbarung der Verse 1 bis 30 der genannten Sure nicht unmittelbar deren einunddreißigster Vers folgte, sondern daß Mohammed direkt nach der Aussage »Darüber sind 19« die einleitende erste Sure des Korans, noch heute das wichtigste Gebet jedes Muslims, erfuhr. Sie, wie alle anderen Suren (die neunte, die als direkte Fortsetzung der achten Sure gilt, ausgenommen), beginnt mit den Worten »Bismillah al-Rahman al-Rahim«, »Im Namen Gottes, des Gnädigen, des Barmherzigen«. Im Arabischen schreibt sich das بسم الله الرحمن الرحيم, und dieser Schriftzug hat genau 19 Buchstaben. Ein Zufall? – Vielleicht. Aber ist es auch ein Zufall, daß die vier Begriffe

7 »Lob sei Allah dem Weltenherrn, dem Erbarmer, dem Barmherzigen, dem König am Tag des Gerichts! Dir dienen wir und zu dir rufen um Hilfe wir; leite uns den rechten Pfad, den Pfad derer, denen du gnädig bist, nicht derer, denen du zürnst, und nicht der Irrenden.« Das erste

7

Kapitel auf der rechten Seite des prunkvoll ausgestatteten Korans ist das Hauptgebet der Muslime. Die 114 Suren des heiligen Buches des Islam sind bis auf die erste nach dem Prinzip der abnehmenden Länge geordnet: Die längsten stehen zu Beginn, die kürzesten am Schluß.

8

8 Jeder volljährige Muslim soll nach Möglichkeit einmal im Leben nach Mekka pilgern, schreibt der Koran vor. Zur Begrüßung umschreiten die Pilger siebenmal die Kaaba, den Ort des Altars, vor dem der Überlieferung nach bereits Abraham betete.

9

10

11

»Name«, »Allah« (beziehungsweise Gott), der »Gnädige« und der »Barmherzige« jeder für sich im gesamten Koran jeweils in einer Anzahl vorkommen, die sich exakt durch 19 teilen läßt? Das Wort »بسم« (Name) findet sich genau 19mal. Das Wort »الله« (Allah) erscheint 19 × 142 = 2698mal, »الرحمن« (der Gnädige) 3 × 19 = 57mal und »الرحيم« (der Barmherzige) 6 × 19 = 114mal. Die Häufigkeit des Vorkommens dieser Begriffe wurde gezählt, schon lange bevor im Jahre 1976 Rashad Khalifa den gemeinsamen Teiler fand.

Die wohl mystischsten Bestandteile des gesamten Korans sind die Al-Muqatta`at, einzelne arabische Buchstaben, die allein, in Zweier-, Dreier-, Vierer- oder Fünfergruppen vor 29 der insgesamt 114 Suren stehen. 114 läßt sich übrigens ebenfalls ohne Rest durch 19 teilen. Diese Buchstaben sind Alif, Ha, Ra, Sin, Sad, Ta, Ayn, Qaf, Lam, Mim, Nun, Ha, Ya und Kaf. Sie kommen in folgenden 14 Zusammenstellungen vor: Qaf, Nun, Sad, Ta Ha, Ya Sin, Ta Sin, Ha Mim, Alif Lam Mim, Alif Lam Ra, Ta Sin Mim, Ayn Sin Qaf, Alif Lam Mim Sad, Alif Lam Mim Ra und Kaf Ha Ya Ayn Sad. Die 29 mit derartigen Buchstaben beginnenden Suren sind die Suren 2, 3, 7, 10, 11, 12, 13, 14, 15, 19, 20, 26, 27, 28, 29, 30, 31, 32, 36, 38, 40, 41, 42, 43, 44, 45, 46, 50 und 68.

Die Bedeutung der Al-Muqatta`at ist äußerst mysteriös. Manche Koranforscher sahen in ihnen einfach Kürzel für die Namen der jeweiligen Schreiber Mohammeds. Das aber kann nicht zutreffen, denn sie sind immer als erster Vers (in einem Fall als erster und zweiter Vers) einer Sure

9 Der Koran ist in gereimter Prosa geschrieben und stellt das älteste arabische Prosawerk dar.

10 Koranschatulle mit magischem Zahlenquadrat: Enthält auch das heilige Buch einen Zahlencode?

11 In den Koranschulen werden die Kinder auf Arabisch in den Lehren des Islam unterrichtet.

12

13

14

mitnumeriert und wurden auch von Mohammed selbst als integrale Bestandteile des Korans mitrezitiert. Andere Interpreten sehen darin verschlüsselte Segensformeln oder Abkürzungen für die Eigenschaften Gottes. Die Spekulationen sind zahlreich. Auffällig ist nur, daß ausnahmslos alle Suren, an deren Anfang solche Al-Muqatta`at stehen, gleich zu Beginn ausdrücklich von göttlichen Offenbarungen in Schriftform sprechen. Dazu kommt die Aussage mehrerer Suren, daß Gott selbst über diese schriftliche Offenbarung wachen wolle. So sagt etwa Sure 15, Vers 9: »Siehe, Wir Selbst sandten Schritt für Schritt die Warnung von oben herab; und siehe, Wir Selbst wollen sie gewißlich (vor Verfälschungen) behüten.« Und der erste Vers der elften Sure lautet: »Alif Lam Ra. Göttlicher Geist (ist das), mit Botschaften, die in sich und durch sich selbst klargemacht wurden, und die zugleich genau buchstabiert wurden – (herniedergekommen auf euch) aus der Gnade des Einen, der weise ist und allwissend.«

Wie schützt man Texte vor Verfälschungen? Moderne Informationstheoretiker würden sagen, durch einen geheimen eingebauten Sicherheitscode, etwa einen Zahlencode. Das läßt aufhorchen. »Darüber sind 19«, sagt der Koran selbst in bezug auf die Überprüfbarkeit auf seine Richtigkeit. Rashad Khalifa hat eine Tabelle zusammengestellt, aus der hervorgeht, wie oft die Al-Muqatta`at-Buchstaben in allen Suren vorkommen, die mit solchen Zeichen beginnen. Das Ergebnis ist überaus erstaunlich: Mit einer Ausnahme – von der noch die Rede sein wird – lassen sich all diese Zahlen ohne Rest durch 19 teilen! Hier

12 Vor seinem Hause liest ein Gläubiger im Koran. Die islamische Religion ist weltweit verbreitet.

13 Eine der ältesten Koranhandschriften, datiert vor 911, aus der Umayyaden-Moschee in Damaskus.

14 Zur islamischen Mystik gehören Engel: Acht tragen den Thron Gottes, 19 bewachen die Hölle.

15

sind die exakten Häufigkeitswerte für die einzelnen Buchstaben bzw. Buchstabengruppen:
Qaf (ق) 57 (3 × 19)
Nun (ن) 133 (7 × 19)
Sad (ص) 152 (8 × 19)
Ta Ha (طه) 589 (31 × 19)
Ya Sin (يس) 969 (51 × 19)
Ta Sin (طس) 494 (26 × 19)
Ḥa Mim (حم) 8987 (473 × 19)
Alif Lam Mim (الم) 37962 (1998 × 19)
Alif Lam Ra (الر) 30514 (1606 × 19)
Ta Sin Mim (طسم) 9177 (483 × 19)
Ayn Sin Qaf (عسق) 722 (38 × 19)
Alif Lam Mim Sad (المص) 38114 (2006 × 19)
Alif Lam Mim Ra (المر) 39197 (2063 × 19)

Allein die Gruppe Kaf Ha Ya Ayn Sad macht eine Ausnahme. Addiert man die Buchstaben dieser Gruppe in allen Suren, vor denen Al-Muqatta`at stehen, dann ergibt das 1631, eine Zahl, die sich nicht durch 19 teilen läßt.

16

Zahlenrätsel – Zahlenwunder

Vielleicht aber liegt hier bewußt ein Ausnahmefall vor. Einerseits eröffnet diese Buchstabengruppierung nur eine einzige Sure, und das ist ausgerechnet die neunzehnte. Andererseits beträgt die Summe aller fünf Buchstaben in eben dieser Sure allein 798, also exakt 42 × 19. Und schließlich weist der Text dieser Sure in den Versen 83 und 84 selbst möglicherweise auf die Ausnahmesituation hin: »Erkennt ihr nicht, daß Wir über jene, die die Wahrheit (der göttlichen Offenbarung) verleugnen, alle satanischen Kräfte losgelassen haben, die sie mit starkem Drang (zur Sünde) treiben? Deshalb habt Langmut mit ihnen: Denn wir zählen für sie nur eine Zahl.« Die meisten Kommentatoren verstanden das so, daß die Zahl der Tage für diese Sünder (bis zum Jüngsten Gericht) gezählt seien. Doch gibt es keinerlei Hinweis auf eine solche Interpretation.

Wirft das Zahlenwunder des Korans, für das es noch weitere Belege als die hier dargestellten gibt, ein Licht auf die offenbarte Aussage, alle Menschen und alle Geister könnten nicht einen einzigen Koranvers hervorbringen? In der Tat, wäre irgendwo ein Buchstabe zuviel oder zuwenig, der den Neunzehner-Code verletzt, dann wäre das Gesamtwerk verfälscht. Sagt Allah deshalb von seiner Heiligen Schrift: »Und siehe, Wir Selbst wollen sie gewißlich (vor Verfälschungen) behüten«?

15 Am Koranpult sitzend studiert ein islamischer Gelehrter besinnlich die Heilige Schrift.

16 Gahangir, der Enkel Timurs, und seine Geliebte erfreuen sich an Tanz und Musik: Höhepunkt der islamischen Buchmalerei waren die persischen Miniaturen des 14. bis 16. Jahrhunderts.

Literatur

Die Bibel (Altes und Neues Testament).
Der Koran. Die prophetische Schrift des Islam.
Anati, Emmanuel, Evolution and Style in Camunian Rock Art, Capo di Ponte 1976.
Andreae, Bernard, Odysseus. Archäologie eines europäischen Menschenbildes, Frankfurt/M. 1982.
Apulejus (Hrsg. Horst Rüdiger), Der Goldene Esel, Zürich 1960.
Ariès, Philippe, Geschichte des Todes, München 1982.
Ariès, Philippe, Studien zur Geschichte des Todes im Abendland, München 1982.
Ashe, Geoffrey, König Arthur, München 1987.
Aurobindo, Sri, Der integrale Yoga, Hamburg 1957.
Bakhtiar, Laleh, Sufi, London 1976.
Bancroft, Anne, Zen, München 1985.
Baptista, António Martinho, A Origem da Arte do Vale do Tejo, Porto 1981.
Bergamar, Kate, Discovering Hill Figures, Aylesbury 1968.
Berlitz, Charles, The Bermuda Triangle (dt.: Das Bermuda-Dreieck, 1975), New York 1974.
Berlitz, Charles, Spurlos, München um 1987.
Beyer, Rolf, Die Königin von Saba, Bergisch Gladbach 1987.
Beyer, Wilhelm, Der mediale Geisterverkehr, St. Goar 1991.
Bhaktivedanta Swami Pradhupāda, A.C., Bhagavad-Gītā as it is, Los Angeles 1972.
Biedermann, Hans, Lexikon der Felsbildkunst, Graz 1976.
Biedermann, Hans, Bildsymbole der Vorzeit, Graz 1977.
Biedermann, Hans, Die versunkenen Länder, Graz 1978.
Böhling, Alexander, Die Gnosis, Zürich und München 1980
Bonin, W.F., Die Götter Schwarzafrikas, Graz 1979.
Bord, Janet and Colin, Mysterious Britain, London 1973.
Bord, Janet and Colin, The Evidence for Bigfoot and Other Man-Beasts, London 1984.
Borgna, Cesare, Studio metodico-cronologico del repertorio di sculture preistoriche della zóna di Fentans – Galizia Spagna, Madrid 1973.
Borgna, Cesare et al., Arte Rupestre Preistorica nel Piemonte e nell'Europa occidentale, Torino 1977.
Boyd, Doug, Rolling Thunder, München 1981.
Boyd, Doug, Swami Rama, München 1983.
Brück, Michael von, Weisheit der Leere, Zürich 1989.
Butler, Walter E., Telepathie, Basel 1984.
Capra, Fritjof, Das Tao der Physik, Bern 1988.
Cereghini, Mario, Rock Carvings in the Valcamonica, Milano 1954.
Champdor, Albert, Das ägyptische Totenbuch in Bild und Bedeutung, Bern 1977.
Christensen, Peter Sass und Hans Rostholm, Vitlycke-Felszeichnungen, Vitlycke 1968.
Deedat, Ahmed und Edip Yuksel, Kur' an en Büyük Mucíze, Istanbul 1983.
de Haan, Prem Lélia, Bei Schamanen, Frankfurt 1988.
Distelbarth, Margret und Fuchs, Rudolf, Umgang mit der Upanishad, Gladenbach 1981.
Distelbarth, Margret und Fuchs, Rudolf, Mandukya Upanishad, Gladenbach 1989.
Drury, Nevill, Vision Quest, Bridport, Dorset 1984.
Drury, Nevill, The Elements of Shamanism, Longmead, Dorset 1989.
Dürr, Hans-Peter, Traumzeit – Über die Grenze zwischen Wildnis und Zivilisation, Frankfurt 1985.
Dürr, Hans-Peter (Hrsg.), Der Wissenschaftler und das Irrationale, Band 1–4, Frankfurt 1985.
Dürr, Hans-Peter (Hrsg.), Physik und Transzendenz, Bern 1986.
Eersel, Patrice van, Sterben – Der Weg in ein neues Leben, Bern 1987.
Eliade, Mircea, Schamanismus und archaische Ekstasetechnik, Frankfurt 1989.
Englert, Sebastian, Island at the Center of the World, New York 1970.
Evans-Wentz, W.Y. (Hrsg.), Das tibetanische Totenbuch, Olten 1971.
Forde-Johnston, J., Prehistoric Britain and Ireland, London 1976.
Fuchs, Prof. Dr. med., Unveröffentlichtes Manuskript über das Tschikung-Volk der Einarmigen.
Gadow, Gerhard, Der Atlantis-Streit, Frankfurt/M. 1973.
Garfield, Patricia, Kreativ Träumen, Interlaken 1980.
Gehrts, Heino und Gabriele Lademann-Priemer, Schamanentum und Zaubermärchen, Rheine 1986.
Gill, Derek, Elisabeth Kübler-Ross, Stuttgart 1981.
Gnädinger, Louise (Hrsg.), Deutsche Mystik, Zürich 1989.
Graichen, Gisela, Das Kultplatzbuch, Hamburg 1988.
Grinsell, Leslie V., Folklore of Prehistoric Sites in Britain, London 1976.
Grosjean, Roger, La Corse avant l'Histoire, Paris 1966.
Grosjean, Roger, Classification descriptive du Mégalithique Corse, Issoudun 1967.
Grosjean, Roger, Les alignements de Pagliaiu (Sartène, Corse), Issoudun 1972.
Grosjean, Roger, Filitosa, Filitosa 1973.
Gundert, Wilhelm, Bi-Yän-Lu, München 1967/1977.
Haan, Prem Lélia de, Bei Schamanen, Frankfurt/M. 1988.
Hadingham, Evan, Ancient Carvings in Britain, London 1974.
Halifax, Joan, Die andere Wirklichkeit der Schamanen, Bern 1983.
Halifax, Joan, Shaman, London 1990.
Hansen, Walter, Die Edda, Wien – Heidelberg 1981.
Hansen, Walter, Asgard. Entdeckungsfahrt in die germanische Götterwelt, Bergisch Gladbach 1985.
Harmsworth, A.G., The Loch Ness Monster Exhibition, Drumnadrochit 1980.
Harner, Michael, Der Weg des Schamanen, Reinbek bei Hamburg 1988.
Hawkins, Gerald S., Stonehenge Decoded, Fontana 1970.
Hillebrandt, Alfred, Upanishaden, München 1988.
Hirigoyen, Robert, La Pierre et la Pensée, Lausanne – Paris 1978.
Hogue, J. de la, La Vallée des Merveilles, Paris 1979.
Hülle, Werner, Steinmale der Bretagne, Ludwigsburg 1976.
Imam ›Abd ar-Rahim ibn Ahmad al-Qadi, Das Totenbuch des Islam, München 1981.
Iyengar, G.K.S., Licht auf Pranayama, Bern 1984.
Jilek, Wolfgang C.G., Indian Healing, Surrey, B.C., Kanada 1982.
Jung, C.G., Der Mensch und seine Symbole, Olten 1968.
Kalweit, Holger, Die Welt der Schamanen, Bern 1984.
Kerényi, Karl, Die Mythologie der Griechen, Band I und II, Zürich 1951/58.
Kern, Hermann, Kalenderbauten, München 1976.
Kern, Hermann, Labyrinthe, München 1982.
Keyes, Daniel, Die Leben des Billy Milligan, München 1985.
Kirchner, Georg, Pendel und Wünschelrute, Genf 1977.
Klemm, Friedrich, Perpetuum mobile, Dortmund 1983.
Kühn, Herbert, Die Felsbilder Europas, Stuttgart 1971.
La Barre, Weston, The Peyote Cult, Hamden, CT., USA 1964.
Lao-tse, Tao tê king, Zürich 1959.
Läpple, Alfred, Wunder sind Wirklichkeit, Augsburg 1989.
Lauf, Detlef-I., Geheimlehren tibetischer Totenbücher, Freiburg i.Br. 1979.
Le Cron, Leslie M., Fremdhypnose – Selbsthypnose, Genf 1973.
Lessing, Erich, Die Odyssee, o.O. 1965.
Leuner, Hanscarl, Die optische Halluzinose und ihre Sinngehalte, Basel 1963.
Lilliu, Giovanni, La civiltà dei Sardi, Torino 1967.
Liu, Da, T'ai Chi und Meditation, München 1989.
Louis, M. et G. Isetti, Les Gravures Préhistoriques du Mont-Bégo, Cuneo 1974.
Lukan, Karl, Alpenwanderungen in die Vorzeit, Wien – München 1965.
Maier, Johann und Schubert, Kurt, Die Qumran-Essener, München/Basel 1991.
Mails, Thomas E., Geheime indianische Pfade, München 1991.
Markale, Jean, Die Druiden, München.
Maxia, Carlo, La civiltà megalitica nuragica rivelata con l'astroarcheologia, Firenze 1973.
Messner, Reinhold, Grenzbereich Todeszone, Köln 1978.
Metzger, Werner, Discokultur, Heidelberg 1980.
Meyer, Hugo, Medeia und die Peliaden, Roma 1980.
Milstreu, Gerhard, Die Felszeichnungen von Tanum, Tanum um 1970.
Morris, Ronald W.B., The Cup-and-Ring Marks and Similar Sculptures of South-West Scotland, London 1966/67.

Morris, Ronald W.B., The Cup-and-Ring Marks and Similar Early Sculptures of Scotland, London 1969.
Morris, Ronald W.B., The Prehistoric Rock Art of Argyll, Poole 1977.
Mountjoy, Joseph B., Proyecto Tomatlán de salvamento arqueoloógico: el arte rupestre, Ciudad de Mexico 1987.
Müller, Ernst (Hrsg.), Der Sohar, München 1982.
Müller, Rolf, Der Himmel über dem Menschen der Steinzeit, Berlin – Heidelberg 1970.
Naegeli-Osjord, Besessenheit und Exorzismus, St. Goar.
Nicholson, Shirley (Hrsg.), Shamanism, Wheaton, IL, USA 1990.
Nikhinalanda, Swami (Hrsg.), Die Katha-Upanishad, Bern 1989.
O'Kelly, Claire, Passage-grave art in the Boyne valley, Ardnalee 1975.
Owen, William, Loch Ness revealing its Monsters, Norwich o.J.
Paschetta, Vincent, Merveilles-Tende-Gordolasque, Grenoble 1978.
Paturi, Felix R., Zeugen der Vorzeit, Düsseldorf 1976.
Paturi, Felix R., Unbekannter Nachbar Orient, Aarau 1982.
Pauli, Ludwig, Die Geschichte der Alpen, München 1980.
Pause, Walter, Der Tod als Seilgefährte, München 1977.
Peat, F. David, Synchronizität – Die verborgene Ordnung, Bern 1987.
Pritschard, James G., Solomon and Sheba, London 1974.
Quint, Josef, Textbuch zur Mystik des deutschen Mittelalters, Halle/Saale 1952.
Quint, Josef (Hrsg.), Meister Eckhart, Deutsche Predigten und Traktate, München 1955.
Radhakrishnan, S., The Hindu View of Life, Bombay 1979.
Rätsch, Christian, Bilder aus der unsichtbarenh Welt, München 1985.
Rätsch, Christian, Indianische Heilkräuter, Köln 1987.
Reichardt, Hans, Die Sieben Weltwunder, Nürnberg – Hamburg 1987.
Reiche, Maria, Geheimnis der Wüste, Hohenpeißenberg 1980.
Reps, Paul, Ohne Worte – ohne Schweigen, Bern 1976.
Riba, Daniel, La Vallée des Merveilles, Nice 1982.
Rohr, Wulfing von (Hrsg.), Orte der Kraft – Kräfte des Lebens, Münsingen – Bern 1991.
Roy, Biren (Übers.), Mahabarata, München 1989.
Ryzel, Milan, Parapsychologie, Genf 1970.
Ryzel, Milan, Die biblischen Wunder, Genf 1974.
Schipperges, Heinrich (Hrsg.), Hildegard von Bingen, Mystische Texte der Gotteserfahrung, Olten 1978.
Scholem, Gershom, Die jüdische Mystik, Frankfurt/Main 1989.
Schönberger, Martin, Verborgener Schlüssel zum Leben, Bern 1981.
Schreiber, Flora Rheta, Sybil, Chicago 1973.
Schröder, Leopold von (Übers.), Bhagavadgita, München 1978.
Schumann, Hans Wolfgang, Mahāyāna-Buddhismus, München 1990.
Schwarz, Hildegard, Aus Träumen lernen, München 1987.
Séguy, Marie-Rose (Hrsg.), Muhammeds wunderbare Reise durch Himmel und Hölle, München 1977.
Sethna, T.R. (Hrsg.), Khored Avesta, Karachi 1975.
Shaman's Drum (Zeitschrift), Willits, CA, USA 1985–1991.
Stacul, Giorgio, Arte della Sardegna nuragica, Verona 1971.
Stadelmann, Rainer, Die ägyptischen Pyramiden, Mainz 1985.
Stearn, Jess, Der schlafende Prophet, Genf 1968.
Stemberger, Günter, Der Talmud, München 1987.
Strack, H.L. und Stemberger, G., Einleitung in Talmud und Midrasch, München 1982.
Stumfohl, Helmut, Heilige Berge und Höhen, in: Almogaren XXI/1, Hallein 1991.
Sturm, Dieter und Völker, Klaus (Hrsg.), Von den Vampiren oder Menschensaugern, München 1968.
Tauler, Johannes, Predigten, Einsiedeln 1979.
Tauler, Johannes, Gotteserfahrung und Weg in die Welt, Olten 1983.
Tegtmeier, Bettina, Der große Schlüssel zum Orakel, Interlaken 1985.
Tegtmeier, Ralph, Tarot, Köln 1986.
Temple, Robert K.G., The Sirius Mystery, London 1976.
Thom, Alexander, Megalithic Sites in Britain, Oxford 1967.
Thom, Alexander and A.S., The Astronomical Significance of the Large Carnac Menhirs, Cambridge 1971.
Thom, Alexander, Verschiedene Beiträge in: Journal for the History of Astronomy, Cambridge 1972–76.
Tompkins, Peter, Cheops, Bern – München o.J.
Vandenberg, Philipp, Das Geheimnis der Orakel, München 1979.
Vignati, Alejandro, El Triángulo Mortal de las Bermudas, Barcelona 1975.
Vojatzi, Mata, Frühe Argonautenbilder, Würzburg 1982.
Vries, Jan de, Altgermanische Religionsgeschichte, Berlin 1956.
Wagner, Hildebert, Rauschgift-Drogen, Berlin 1970.
Waters, Frank, Das Buch der Hopi, München 1990.
Watkins, Alfred, The Old Straight Track, London 1980.
Watson, James D., Die Doppel-Helix, Reinbek 1969.
Wehr, Gerhard, Die deutsche Mystik, Bern 1988.
Werner, Helmut (Hrsg.), Die Prophezeiungen des Nostradamus, Bindlach 1991.
Wickland, Carl, 30 Jahre unter Toten, St. Goar.
Wilhelm, Richard (Übers.), I Ging, Köln 1973.
Winer, Richard, The Devil's Triangle, New York 1975.
Wolff, Karl Felix, Dolomitensagen, Innsbruck – Wien – München 1974.
Wollenik, Franz, Abwehrhand und Drudenfuß, Hallein 1982.
Yesudian, Selvarajan, Selbsterziehung durch Yoga, Thielle 1961.
Zamarovský, Vojtech, Gilgamesch, Hanau 1979.

Bildquellen

Die Zahlen nennen die Bildnummern in den jeweiligen Kapiteln.

Menhire: Bildarchiv Paturi, Rodenbach 2; G+J Fotoservice/Stefan Schlueter 9; Claus Hansmann 14; IFA Bilderteam/Comnet 5; Silvestris 4, -/Eckhardt 1, 3, 13, 15, -/van Hoorick 10, -/Krongard 7, -/Schmied 8, -/Stadler 6, 11, 12, 16, 17

Cheops-Pyramide: Bildarchiv Paturi, Rodenbach 11, 13; Wolfgang Claus 3, 5, 9, 12, 14, 16; Claus Hansmann 10, 15; Silvestris 2, 8, -/Brinzer 7, -/R. Godel 6, -/Hingst 4; Stern/Ihrt 1

Sirius B: Werner Forman Archive, London 1 (Dogon-Frau); 4 (Nommo-Figur); 14; 16; 18
Robert Harding, London/Matthews 10
Hutchison Library 2; 5; 9; 17; -/Hatt 6; -/Hughes 8; -/Parker 3; 11; 12; 13; 19
Silvestris Fotoservice, Kastl/A.N.T. 7; -/Chesi 15

Weltwunder: AKG 2, 3, 5, 8, 13, 16; Bavaria/Füllenbach 20, -/Hubert 12, -/Scholz 6, -/Spectrum 19, -/Taubenberger 14; Wolfgang Claus 21; Dr. Gerster 15, 17, 18; Silvestris 11, -/Breig 10, -/Dietrich 4, -/Dr. Pfirrmann 1, 7, 22, -/Wörle 9

Kalenderbauten: Bildarchiv Paturi, Rodenbach 23, 24; Silvestris 1, 7, 12, 18, 19, 20, -/Dr. Franz 9, 16, 17, -/Hrdlička 21, 22, -/Janond 2, 3, 4, 5, 6, 8, 10, 11, 13, 15, -/Schmidt 14

Nazca: Silvestris/Janond 1, 2, 3, 4, 5, 6, 7, 8, 9

Rapa-nui: Ardea 4, 10, -/Bunge 12; Michael Friedel 1, 2, 3, 5, 6, 8, 9, 11, 13, 14, 15; Silvestris 7

Vorzeitstatuen: Bildarchiv Paturi, Rodenbach 3, 4, 7, 8, 11, 12, 13; Silvestris 9, -/Stadler 1, 5, 6; Weiß 10; Wothe 2

Scharrbilder: Aerofilms, London 6, 8; Bildarchiv Paturi, Rodenbach 9, 12, 13; Dr. Gerster 3, 10; Silvestris 11, -/Bühler 1, -/R. Harding 2, 4, 5, 7, -/Rosing 14

Leys: Ardea 2, 5, 9, 14; Silvestris/R. Harding 1, 3, 4, 6, 7, 8, 10, 11, 12, 13

Orte der Kraft: Bavaria/Heuss 5 (Fackelprozession in Fatima, Portugal); -/Nautsch 21 (Stupa, Sanchi, Indien); -/Winter 20 (Berg Machapuchare, Nepal)
Claus Hansmann, München 23 (Boröbudur-Tempel); Schuster/Arim 9 (Meteora-Kloster, Griechenland); -/Kasch 15 (Stonehenge)
Silvestris 3 (Mount McKinley); -/A.N.T. 1 (Ayers Rock); 7 Rainbow Valley); 19 (Fuji-Yama); -/Becker 11 (Kyffhäuser-Denkmal, Barbarossa); -/Bühler 4 (Mont-Saint-Michel); -/Dietrich 13 (Maria-Magdalena-Kirche, Jerusalem); -/Harding 17 (Puntsoling-Kloster, Tibet); -/Hot Shot-Fotografenteam 16 (Huangshan-Berge, China); -/Janicek 14 (Dolmen, Grafschaft Clare, Irland); -/Kottal (Kreuzgang Kloster Maulbronn); -/Marklein Günter G.A. 12 (Steingrab in Niedersachsen); -/Stadler 2 (Externsteine); -/The Telegraph Colour Library 6 (Mekka); -/Wiener 10 (Blautopf, Schwäbische Alb)
Philippe de Wilde/HOA-QUI 22

Labyrinth: Bildarchiv Paturi, Rodenbach 2, 4; Claus Hansmann 7, 8, 10; Janet & Colin Bord 1, 3, 11, 12; Silvestris/Kürschner 6, -/Dr. Pfirrmann 5, -/Schuy 9

Petroglyphen: Bildarchiv Paturi, Rodenbach 2, 3, 4, 5, 6, 8, 9, 15, 17, 18; Robert Pecher 1, 7, 13; Silvestris 19, -/Brinzer 14, -/Dr. Franz 10, 11, 12, 16

Ladin: Silvestris/Breig 16, -/Luhr 19, -/Dr. Pfirrmann 1, 2, 3, 4, 5, 7, 8, 10, 11, 12, 13, 14, 15, 17, 18, 20, 21, 22, -/Remmert 6, 9

Königin von Saba: AKG 2, 5, 9; Claus Hansmann 3, 4, 7; Silvestris/Friedrich 1, 6, 8

Asgard: Bildarchiv Paturi, Rodenbach 10, 15; Klaus D. Francke/Bilderberg 6; Historia-Photo 11; Isländisches Fremdenverkehrsamt 9; Silvestris 3, 5, 7, 14, -/Cramm 1, 13, -/Delhaes 2, -/Kozeny 12, -/Schwirtz 8, -/Wurm 4, 16

König Arthur: Ardea 5; Bavaria/Teuffen 8, 9; Janet & Colin Bord 1, 6, 7; Silvestris 14, 15, 16, 21, 22, 23, -/Kozeny 3, 17, 18, 19, 24, -/Schwirtz 20, -/Stadler 2, 10, 11, 12, 13, -/Wurm 4, 25, 26

Die Argonauten: AKG 5; Bavaria/Kreft 7; Interfoto 13, -/Gidal 14, -/Hintzen 3; Silvestris/Breig 4, 9, -/Brinzer 16, -/Hamel 21, -/Hrdlička 11, 17, 20, -/Radtke 2, -/Rausch 1, 15, 18, -/Wehrmann 19, -/Wörle 6, 8, 10, 12

Odysseus: AKG 1, 4, 8, 9, 12, 18, 23; Bavaria/Mariani 10, -/Rudolph 19, -/Taubenberger 17, -/Thiele 13, 20, -/Ullrich 6; Interfoto/Gidal 24; G. Klammet 2, 7, 22, 25; Silvestris 11, 15, -/Kürschner 21, -/Rudolph 3, 14, 16, -/Ungarphot 5

Gilgamesch: Bavaria/Fiore 5, 6, -/Scholz 9, 10, 12, -/WPS 11, Claus Hansmann 1, 3, 4, 7, 8, 13, 14, 15, 16, 17; Silvestris 2

Die Sintflut: AKG 7, 8, 9, 10; R. Godel 3; Eberhard Grames/Bilderberg 4; Claus Hansmann 11; Thomas Höpker/Bildagentur Anne Hamann 1; IFA/Aberham 13; Ernst Neukamp/Bildagentur Anne Hamann 2; Silvestris/A.N.T. 6, 12, 15, -/Beck 14, -/Coleman 5

Atlantis: AKG 14; Bavaria/Eckebrecht 5, 9; dpa/Scholz 6; Michael Friedel 1, 2, 3, 10, 11, 12, 13, 15, 16; Harenberg Kommunikation 7, 8; R. Pecher 4

Bimini: AKG 2, 3, 4, 5; Silvestris/Michael Friedel 1, 6, 7

Magnetische Stürme: Bilderdienst Süddeutscher Verlag 2, 5; PM-Magazin 1, 4; Silvestris 3, 6, 7

Propheten: Archiv für Kunst und Geschichte, Berlin 1 (»Der Evangelist Matthäus«, Rembrandt, Musée du Louvre, Paris); 4 (»Der Apostel Paulus«, Rembrandt, Kunsthistorisches Museum Wien); 7 (»Die Israeliten nach dem Durchzug durch das Rote Meer«, nach Jordaens, Staatl. Kunsthalle, Karlsruhe); 11 (»Moses zerbricht die Gesetzestafeln«, Bibelillustration, Deutschland, 19. Jh.)

Claus Hansmann, München 3 (»Maria Eleousa«, Detail der Rückseite einer Ikone aus Nessebar); 6 (»Die Geburt des Buddha«, Kalksteinrelief aus Angkor, Kambodscha, Nationalmuseum, Bangkok); 12 (»Szenen aus dem Leben der Eremiten in der Thebais«, Toskana-Schule, Kunsthaus Zürich); 13 (»Szenen aus dem Leben der Eremiten in der Thebais«, Kunsthaus Zürich); 14 (»Johannes der Vorläufer«, bulgarische Ikone, Nationale Kunstgalerie, Sofia)

Silvestris Fotoservice, Kastl 2 Dünen in der Namibia-Wüste); -/HDA-Qui 8 (Tiddis, Algerien); -/Lange 5 (Sandwüste, Sahara); -/Pölking 10 (Feigenbaum bei Sonnenaufgang, Kenia); -/The Foto-Werbung 9 (Feuerberge, Lanzarote

Orakel: AKG 13, 14, 15, 16, 17; Wolfgang Claus 2, 5, 6, 12; Claus Hansmann 1, 4, 7, 8, 9, 10, 11; Silvestris/Wörle 3

Traumwelten: Archiv für Kunst und Geschichte, Berlin 2 (»Die Hängematte«, Gustave Courbet, Sammlung Reinhart, Winterthur); 8 (»Die Versuchung des heiligen Antonius«, Hieronymus Bosch, Museo de Arte, São Paulo); 10 (»Jakobs Traum von der Himmelsleiter«, Raffael, Freskenzyklus in den Loggien des Vatikans, Rom); 11 (»Jakobs Traum von der Himmelsleiter«, Matthäus Merian d.Ä., Kupferstich); 13 (»Der heilige Franziskus befreit die Stadt Arezzo von Dämonen«, Giotto); 14 (»Traumwelten«, Odilon Redon); -/Stefan Diller 6 (»Der heilige Nikolaus erscheint dem Kaiser Konstantin im Traum«, Giotto-Schule, um 1300)
Claus Hansmann 1 (Dorischer Tempel in Attika, 450 v.Chr.); 4 (Asklepios, Votiv-Relief auf Epidauros, Nationalmuseum, Athen); 5 (»Das Heilige Schiff«,

Rom, 291 v.Chr.); 17 (»Neuestes Traumbuch«, kolorierte Lithographie, Verlag Oemigke & Riemschneider, Neuruppin)
Interfoto-Presse-Agentur 12 (Heiligtum der Athene, Delphi)
Scala 9 (Epidauros)
Volker Schöbel 16
Ronald Sheridan 3 (Asklepios, Pergamon)
Silvestris 7; -/Frank Lane 15

Die Schamanentrommel: Claus Hansmann, München 14 (Südindische Standtrommel, Musikinstrumentensammlung, Münchner Stadtmuseum)
Reiner, München 5
Silvestris/HOA-QUI 6 (Maske aus Bali); 7 (Ritual, Elfenbeinküste); 9 (Begräbnisfeierlichkeiten, Elfenbeinküste); 10 (Anrufung der geheimen Mächte, Westafrika); 11 (Tanz, Elfenbeinküste); 12 (Bali); 13 (Maske, Bali); 16 (Fest in Les Bamoun, Kamerun); -/Stadtler 2 (Gamelanmusik, Ubud, Bali); 4 (Kecak-Tanz, Bali); 15 (Kris-Tanz, Butubulan, Bali); -/The Telegraph Colour Library 8 (Asaro Mudmen, Neuguinea); -/Dr. Unbescheid 1 (Herbstfest der Schamanen, Jumla, Nepal); 3 (Schamane aus Dhandar, Nepal)

Durch Himmel und Hölle: Ancient Art & Architecture Collection, London 13 (The Cave Entrance to Hades, Eleusis)
Archiv für Kunst und Geschichte, Berlin 3 (»Der Garten der Lüste«, Hieronymus Bosch, Museo del Prado, Madrid); 6 (»Die Höllenstrafen«, Französische Buchmalerei, 15. Jahrh.); 9 (»Jonas und der Wal«, Matthäus Merian d.Ä.); 10 (»Gebet des Jonas«, Byzantinische Buchmalerei, 10. Jahrh.); 16 (»Das Weltgericht«, Hieronymus Bosch); 17 (»Christi Höllenfahrt und Auferstehung«, Ikonenmalerei, 18. Jahrh.)
Fortean Picture Library/Gruber 2 (Eingang in die Unterwelt, Bomarzo, Italien)
Claus Hansmann 11 (»Der Höllensturz«, Zürcher Nelkenmeister, 16. Jahrh.); 12 (»Indianisches Pueblodorf in Laguna, New Mexiko«, Thomas Moran)
Messerklinger, München 8 (»Mohammeds mystischer Aufstieg in den Himmel«, Türkische Miniatur)
Silvestris/Stadler 1 (Geflügelter Löwe, Singa, Bali); -/Fichaux 5; -/A.N.T. 7 (Cradle Mountain – Lake St. Clair, Australien); -/Kemmether 14 (Ungeheuer in Bomarzo, Italien); 15 Ungeheuer in Bomarzo, Italien)

Trance und Meditation: Archiv für Kunst und Geschichte, Berlin 19 (Ebers-Papyrus)
Fortean Picture Library 18; -/Gruber 5 (Sufi in Trance)
Claus Hansmann 4 (Hinduistischer Sadhus in einer Versammlungshalle des Tempels von Cuttack); 6 (Zwölfarmiger Subrahmanya, auf einem Reittier sitzend); 8 (Tempelbecken, Benares); 10 (Gläubige am Kali-Tempel, Varanisi)
Interfoto/Singh 3 (Größte Buddhastatue in Fiktse, Indien); 7 (Goldene Buddhastatue im Birma-Tempel, Neu-Delhi); -/Hegele 9 (Schwarzer Buddha, Prinz Siddharta Gautama);
Messerklinger, München 17 (»Heiliger Franziskus predigt den Vögeln«, Giotto);
Silvestris/HOA-QUI 12; 16; -/Bauer 13 (Kyoto-Ryoanji-Tempel, Japan); -/A.N.T. 14 (Tofukuji-Tempel, Kyoto, Japan); -/Harding 15
Unbescheid 11

Thanatologie: Archiv für Kunst und Geschichte, Berlin 7 (»Der Aufstieg in das himmlische Paradies«, Hieronymus Bosch, eine von vier Tafeln mit Jenseitsdarstellungen, Dogenpalast, Venedig); 10 (»Das Große Gehege«, Caspar David Friedrich, Gemäldegalerie, Dresden); 20 (»Der Friedhof«, Caspar David Friedrich, Gemäldegalerie, Dresden)
Ancient Art & Collection, London/Sheridan 11
Albert Messerklinger 1; 4
Volker Schöbel 2; 5; 9; 12; 13; 14; 15; 16; 17; 18; 19
Silvestris/Albinger 8; -/A.N.T. 3 (Buddhistische Feuerbestattung, Indonesien); -/Frenzel 24 (Totempfähle, Stanley Park, Kanada); -/Godel 22 (Etruskische Totenstadt Norcia, Italien); -/HOA-QUI 21 (Pyramiden im Sonnenuntergang, Ägypten); -/Janicek 23 (Hochkreuz in Monasterboice, Irland); -/Rutz 25
The Telegraph Colour Library 6

Totenbücher: Archiv für Kunst und Geschichte, Berlin/Bator 13 (»Thanka«, Farbe auf Stoff, Fine Arts Museum, New York); -/Lessing 2 (Totenbarke, Ägyptische Kleinplastik, National Maritime Museum, Haifa)
Claus Hansmann 1 (Chinesische Grabkeramik); 3 (Papyrus der Huneter, Britisches Museum, London); 6 (Detail einer Ahnenfigur aus Ibo, Nigeria); 7 (Kere trägt eine Seele ins Jenseits, Terrakotta, Griechenland); 8 (»Das Segelboot mit dem Toten« aus dem Papyrus des Nu, Thebanisches Totenbuch, Britisches Museum, London); 9 (»Thronender Horus mit der Sonnenscheibe auf dem Kopf, um die sich eine Uräusschlange windet; vor ihm ein lotusblütengeschmücktes Speiseopfer«, Detail eines Totenpapyrus aus Theben)
Pansegrau 11
Silvestris/ANT 10 (Zeichnung im Monjudoo-Tempel, Kyoto, Japan); -/Lughofer 5 (Tao Tao in Suaya, Indien); -/Dr. Unbescheid 12 (Tod eines Schamanen, Nepal); -/Wagner 4 (Blumenopfer für den Gott, Tempel in Varansi, Indien)

Schamanen: Bildarchiv Paturi, Rodenbach 1, 4; Prof. Rösing 7, 8, 9; Silvestris 5, -/A.N.T. 3, -/Michael Friedel 6, -/Kozeny 2

Verbündete: Claus Hansmann 1 (»Olmekisches Maskengesicht«, David Alfaro Siqueiros, Museum of Modern Art, New York); 3 (Wandbehang »Le Toucer«, 18. Jahrh., Le Musée de Cluny, Paris); 4 (Schattenspielfigur »Der Affenkönig Hanuman«, Südindien, Puppentheatersammlung der Stadt München); 7 (»Der Schlangentanz der Moki«, Irving Couse, Anschutz Collection, Colorado); 8 (Sitzender, fünfköpfiger und zehnarmiger Hanuman von einem Tempelwagen, Russek-Collection, Schweiz); 12 (Ausschnitt aus dem Papyrus der Huneter mit einer Szene in der Grabkammer des Toten, Ägypten, Britisches Museum, London); 13 (Ägyptische Statuette des Falkengottes Chentechtai mit Krummschwert und Krone, Staatl. Sammlung Ägyptischer Kunst, München); 14 (Eskimo-Kunst »Frau mit Bär«, im Besitz der kanadischen Regierung); 15 (»Mami-Wata-Figur«, afrik. Holzplastik) HOA-QUI 2; 6; 9; 10; 11
Silvestris/HOA-QUI 5 (Ritual des Bobo-Stammes, Obervolta)

Heilige Pflanzen: Bavaria/Lederer 17 (Blaue Trichterwinde); -/Str. 13 (Opiumraucher, Thailand)
Friedel 1 (Kava-Zubereitung); 4; 12; 19,; 20 (Kava-Zubereitung); 21 (Kava-Zubereitung); 22 (Kava-Zubereitung); 23 (Kava-Zubereitung)
Claus Hansmann 6 (Alchemistenwerkstatt, 18. Jahrh., Schweizerisches Pharmazie-Histor. Museum); 8 (Porträtgefäß mit Steigbügel-Ausguß, Peru); 9 (Terrakotta-Sitzfigur, Ecuador); 10 (Präkolumbianische Terrakotta); 11 (Maya-Priester mit Federkrone)
Silvestris 2; -/A.N.T. 3 (Zaubermittelverkauf in La Paz, Bolivien); -/Dr. Furst 24; 25; 26; -/Kuch 14 (Schlafmohn); -/Layer 18 (Tollkirsche); -/Nill 16 (Weißer Stechapfel); -/The Telegraph 7 (Opium-Arbeiter, Türkei); -/Weinzierl 5 (Cannabis-Pflanze); 15 (Bilsenkraut)

Die Kraft des Geistes: Silvestris/Bertrand 13 (Mann aus Gujarat, Indien); -/Braun 19 (Feuerschlucker); -/Dani/Jeske 1; -/Günter 20 (Indus-Tal, Landschaft bei Ladakh, Himalaya); -/Hrdlička 14 (Gangotri-Gletscher mit Shivling, Indien); -/HOA-QUI 2; 3; 7 (Mann beim Gebet, Indien); 16 (Mann wird ausgepeitscht, Pampanga, Indonesien); 17 (Mann mit Nadeln und Haken im Rücken, Mauritius); -/Janicek 18 (Hindu-Heiliger, Kathmandu, Indien); -/Papita Noble 9; 10; 11; 12 -/Dr. Unbescheid 4; 5 (Priester in Trance, Indien); 6 (Pasupatinath-Asket beim Sivaratri-Fest, Indien); 8 (Yogi im Kathmandu-Tal, Nepal); 15 Yogigruppe, Kanphata, Nepal)

Druiden: Ancient Art & Architecture Collection, Harrow 1; 3; 10
Archiv für Kunst und Geschichte, Berlin 8/8a (Nationalmuseum Kopenhagen)
Jill Bailey 2
C.M. Dixon, Canterbury 13; 16; 17; 18
Werner Forman Archive, London 19 (The Pointe du Raz)
Robert Harding, London 5; 7 (Landschaft in Nordwales); 15 New Forrest); 9 (Ring of Brogar, Orkney); 11 (Men-an-Tol, Cornwall)
Volker Schöbel, Stuttgart 4; 20; 21; 22; 23; 24
Silvestris Fotoservice, Kastl/Stadler 6 (Menhire in Carnac)
Paul Watts 12; 14

Nessiteras rhombopteryx: Bilderdienst Süddeutscher Verlag 2, 4, 5, 8, 9; dpa/Palnik 6; Silvestris/R. Harding 1, 3, 7, 10

Affenmenschen: Bilderdienst Süddeutscher Verlag 5; Mehmet Gülergün 1; Keystone 2, 7; Silvestris/A.N.T. 4, 8, -/Dekelver 6, -/Studer 3

Al-Muqatta at: AKG 1, 9; Bildarchiv Paturi, Rodenbach 10; Claus Hansmann 7, 13, 14, 16; Fritz Kortler 2, 5, 11, 12, 15; Silvestris 3, 8, -/Friedrich 4, 6